L・ダヴィドフ／C・ホール［著］
山口みどり／梅垣千尋／長谷川貴彦［訳］

家族の命運

イングランド中産階級の男と女
1780～1850

Family Fortunes
Men and Women of the English Middle Class 1780-1850

名古屋大学出版会

家族と友人たちに捧げる

とくに
甥ジョナサン・ダヴィドフ（1959〜85年）を偲んで
レオノーア・ダヴィドフ

そして
母グラディス・バレットに
キャサリン・ホール

FAMILY FORTUNES :
Men and Women of the English Middle Class 1780-1850, 3rd edition
by Leonore Davidoff and Catherine Hall

謝辞

この研究の起源となるものは、女性解放運動と過去一五年にわたってフェミニズム史学が提起してきた諸問題にある。私たちは、現在でも引き続きフェミニズム運動の存在に多くを負っているのである。

本書のもとになった研究を支援してくれた経済社会研究評議会とナフィールド基金、とりわけ、ジョン・マーリンとパトリシア・トマスに謝意を表したい。

惜しみなく時間を割いて、原稿の一部を読んで意見を寄せてくれた方がた、サリー・アレグザンダー、ヴェロニカ・ビーチー、ロザリンド・デルマー、スチュアート・ホール、コーラ・カプラン、デイヴィッド・ロックウッドに感謝する。イギリスの中産階級に関する幅広い知識を与えてくれたロバート・モリスの寛大さはきわめて貴重なものであった。エレン・ロスは、草稿段階の本書を読むヘラクレス的な仕事を引き受けてくれた。彼女の激励と批判的な編集者としての眼が、この企画を促進してくれた。私たちは、彼女に計り知れないほど多くのものを負っている。

つぎにあげる友人や同僚たちは、何年にもわたり私たちの話に耳を傾け、支えてくれ、この仕事があまりにも壮大すぎると思われたときに励ましを与えてくれた。デイヴィッド・アルベリー、ジョーン・バスフィールド、アイダ・ダヴィドフ、アナ・ダヴィン、ダイアナ・ギティンス、エレイン・ジョーダン、リュドミラ・ジョルダノーヴァ、ジーン・レスペランス、ダイアナ・レナード、ジェイン・ルイス、ジュディ・ローン、スージー・ミークル、ソニア・ローズ、マーガレット・ラスティン、アリスン・スコット、バーバラ・テイラー、ポール・トンプソン、マーサ・ヴィシーナス、ジュディ・ウォルコヴィッツ、そして北東ロンドン・ポリテクニク文化研究学部の面々である。

特別に史料を貸してくださったつぎの方がたにも謝意を表したい。グラディス・バレット、クライヴ・ベハッグ、ウェンディ・ブラッドショー、ウィリアム・ブラムウェル、ジョージ・バンティング、ジェイン・カプラン、エド・コープランド、ブレンダ・コルティ、ジェフリー・クロシック、ジェフ・イリー、エスター・グッデイ、マイケル・イグナティエフ、マイケル・レイン、ジュールス・ラボック、ヒュー・マクロード、マイケル・マン、ジュディス・ニュートン、メアリ・プーヴェイ、ジョン・サヴィル、レナード・シュバルツ、オリエル・サリヴァンである。

地域史家や地域の住民の方の専門的知識とご厚意がなければ、このような研究を続けることは不可能だっただろう。つぎの方がたには特別な恩義を受けている。

バーミンガム：パトリック・ベアード、ジョン・ケンリック、イアン・クリスティー・リー、ジョン・L・モイリエット、バーバラ・スミス。

エセックスおよびサフォーク：ジョン・ベンスーザン＝バット、ナンシー・ブリックス、デイヴィッド・クラーク、シャニ・ドゥクルーズ、デイヴィッド・ダイモンド、ジーン・ハーディング、フィリップ・ヒルズ、アンドリュー・フィリップス、ジョン・ペンフォルド、デイヴィッド・ランサム、ヒルダ・セバスチャン、エレイン・ストラット。アーサー・ブラウンは変わらぬ熱意をもって、膨大な量の情報を分け与えようとしてくれた。ウィッタムの歴史についてのジャネット・ガイフォードの惜しみのない専門的な支援には大いに感謝する。

バーミンガム、エセックス、イプスウィッチ、ベリ・セント・エドマンズの文書館の地域研究部門、コルチェスター市図書館の地域研究コレクション、エセックス考古学協会図書館、フレンズ・ハウス図書館、ドクター・ウィリアムズ図書館のスタッフ、またエセックス大学および北東ロンドン・ポリテクニクの相互貸借部門は、一貫して支援をいとわなかった。ローズマリー・プロクターは、バーミンガム家系図協会と人材派遣サーヴィス社を通じて一八五一年の国勢調査の複写を調達してくれた。

エディンバラ大学のマイケル・アンダーソンと彼の同僚は、国勢調査のデータに関して手助けと励ましを与えてくれた。エセックス大学のエリック・タネンバウムとフィル・ホルデンは、数量的データ一式を処理する際に大いに頼りになった。ピーター・ディッキンソン、マーティン・グリーンウェイ、メル・リードは我慢強く、コンピューターに関わる援助をしてくれた。

私たちは、エセックス大学社会学部の事務員のサンドラ・ダイソン、リンダ・ジョージ、メアリ・ガーリング、とりわけ、このような長くて複雑な原稿を何度もタイプし、著者からの要求にたいして嫌な顔もせずに対応してくれたキャロル・アリントンに特別な感謝を表する。

最後ではあるが、すべてのことを実現させてくれた編集者、サラ・コニベアとクレア・レンファントに深く感謝する。

一九八六年一〇月

レオノーア・ダヴィドフ
キャサリン・ホール

著者と出版社は、親切にもつぎの画像の複製の許可を与えてくれた著作権所有者の方がたに感謝したい。

バーミンガム市立図書館：地図2、3、図4、5、6、9、10、15、20、21、26、29
バーミンガム博物館と美術館：図1、11、28
エセックス州立文書館：地図4と図2、3、19
ロンドンのナショナル・ポートレート・ギャラリー：図7
ナショナル・トラスト：図25
ヘリテージ・イメージ・パートナーシップ有限会社／アラミー・ストック・フォト：図16
ピクトリアル・プレス有限会社／アラミー・ストック・フォト：図23
E・ストラット夫人：図17、18、24
ハーヴェイ・ベナム氏：図22
メアリ・マラワラッチ：図27

目次

謝辞 i
凡例 viii
プロローグ …… 1
イングランドの中産階級とは何であったのか 2 ／概念と方法 10
場面設定 …… 19
場所 19 ／登場人物 28
第Ⅰ部 宗教とイデオロギー
第1章 「必要なただひとつのこと」 …… 50
——宗教と中産階級
国教会と非国教会の活動 51 ／福音主義的な信仰復興運動と敬虔なキリスト教信仰 54 ／宗教的な共同体 65

第2章 「あなたがたは皆、キリスト・イエスにあって一つだからである」……70
——男性、女性、宗教
男性性に関する教義 71／女性性に関する教義 75／聖職 79／牧師夫人 82／ジョン・エンジェル・ジェイムズ 84／教会組織 87／男女の平信徒 94

第3章 「徳を養う場所」……101
——家庭重視イデオロギーと中産階級
キャロライン王妃事件 102／中産階級の読み手と書き手 106／ウィリアム・クーパーとハナ・モア 112／領域の分離について論じた地方の著述家たち 119／一八三〇年代から四〇年代にかけての家庭重視イデオロギー 125

第II部 経済構造と経済機会

第4章 「中庸なる資産」……141
——男性、女性、財産
企業組織 143／土地と資本 149／企業の資金調達 151／家族の扶養 155／経営体、家族、友人の相互依存 158／企業における婚姻の役割 162／企業経営のための訓練 166／企業からの引退 168

第5章 「男なら行動しなければ」……171
——男性と企業
中産階級男性と職業 173／「健全な商業教育」の探求 176／商取引 182／銀行と

銀行業 186／製造業 188／農業経営 192／専門職 197／給与職 202

第6章　「隠れた投資」……207
——女性と企業
女性と財産 210／家族経営体への女性の貢献 213／女性の教育とその効果 222／教師としての女性 225／宿屋経営者としての女性 229／商売をする女性 231／女性が置かれていた経済的な周縁の場 233／女性、男性、職業的アイデンティティ 236／どうやって女性たちは生き延びたのか 241

第III部　日常生活——作動するジェンダー

第7章　「わが家族は小世界」……248
——家族の構造と関係
家族形成における婚姻の役割 250／父親であること 254／母親であること 258／子どもたち 263／兄弟姉妹 267／親族の役割 271

第8章　「わが炉辺」……275
——中産階級の家庭の創造
家庭とは何だったのか 276／仕事からの家庭の分離 280／庭園の意味 283／家の間取り 286／家の切り盛り 289／使用人の問題 296

第9章　「そびえたつ松と絡みつくブドウの木」……304
——中産階級のなかでジェンダーを受け入れる

作法と上品さ　304／性的欲望にたいする態度の変化　308／移動の自由とジェンダー　309／ジェンダーと社交の催し　311／外見としてのジェンダー　315

第10章　「向上のとき」……320
——男性、女性、公共圏
自発的結社　322／慈善団体　329／余暇と娯楽　334／男性、女性、市民権　340

エピローグ……345

原著第二版に寄せて　351
原著第三版に寄せて　385
附　録1　398
附　録2　401
訳者あとがき　407
注　巻末37
主要参考文献　巻末19
図表一覧　巻末17
事項索引　巻末8
人名索引　巻末1

凡例

一、本書は Leonore Davidoff and Catherine Hall, *Family Fortunes: Men and Women of the English Middle Class 1780–1850* (Routledge, 3rd Edition 2019) の抄訳である。

一、原文中のイタリック体や大文字表記による強調部分には、傍点を付した。

一、原著者による引用文などへの補足説明には、〔 〕を用いた。

一、訳者による補足説明には、［ ］を用いた。

一、原文中の明らかな誤りと思われる箇所は、とくに明示せず訳者の判断で訂正した。

一、本書の中心的概念となるつぎの語句について、訳語選択の意図を述べておく。

middle class：「ミドルクラス」「中流階級」などの訳語があてられることもあるが、本書では、その流動性をもった財産形態によってこの階級が定義されている。この含意を表現するため、「中産階級」という訳語を選択した。

separate spheres：男女の領域区分を意味する概念で、「分離領域」と訳されることもある。しかし、固定的な単一の領域があるという想定を避けるため、本書では文脈に応じて、「領域の分離」「分かたれた領域」「領域の区分」などと訳出した。

プロローグ

『家族の命運』は、一八世紀末から一九世紀中葉にかけてのイングランドの中産階級のイデオロギー、制度、実践に関する書物である。本書の関心は男女双方に向けられており、急激に経済、政治、社会が変動する時代の家族の位置づけとジェンダーの違いの線引きを検討している。主たる議論の前提に置かれているのは、ジェンダーと階級はつねに連動して機能する、つまり階級意識はつねにジェンダー化された形態をとるという想定である。もちろん、階級とジェンダーの接合は、決して完全に調和したものにはならない。実際、階級的な志向性と女性のアイデンティティとのあいだの緊張関係は、一九世紀中葉のフェミニズムを発展させた強固な推進力のひとつであった。

　私たちは、中産階級の人びとが世界を公的領域と私的領域に分割したことにとりわけ注意を払っている。本来これは国家と私的利害との対立についての政治論争ではなく、道徳や情動の領域と、とりわけ市場の力として認識される合理的活動の領域とのあいだの常識的な区分のことである。私たちがこうした公私の分断を超えて試みるのは、「ひとかどの人物」となる、つまり富や権力や影響力を根拠に独立した個人として認められようとした中産階級の男性[1]が、現実にはいかに立身出世を支える家族や女性による支援のネットワークのなかに組み込まれていたのかを示すことにある。

　中産階級の形成に関する多くの側面を探究するとはいえ、本書は中産階級とほかの階級との関係についての研究ではない。それは重要であるが、また別の物語となる。本書は雇用主としての中産階級の男性や、労働現場における諸関係、労働過程の組織についてはほとんど語ることはない。むしろ、資本主義的企業の発展にとって、家族内部の性別分業がその中心的位置を占めていたことを論じる。本書はまた、性差に関する新たな概念がどのように既存の伝統のうえに構築されたかを突きとめ、そうした考え方の社会的および制度的な影響を詳細に描きだすものでもある。

イングランドの中産階級とは何であったのか

一八世紀末から一九世紀初頭にかけての動乱の時代に、地方の中産階級はその姿を現わした。一八世紀の中間集団は、貴族やジェントリと多くの点で類似性をもっていたが、財産基盤や価値体系――とりわけこの階層の多くにみられた非国教主義――が中間層を独自の階層として分離させていった(2)。これらの差異が融合して、地主の富と権力による庇護関係からの独立を求める声を増幅させたのである。

フランス革命の初期の高揚期には、自由を求める叫びは商人から小規模の没落ジェントリにいたるまで、中間層の広範な層に訴えかけるものとなった。そのなかには、ウィリアム・クーパー、メアリ・ウルストンクラフト、ウィリアム・ワーズワースといった多彩な顔ぶれが含まれていた。この叫びは、地方の聖職者、医師、見習いの訴訟代理人、小売業者、書籍販売業者、商人たちにも伝播した。人《マン》［ママ］は自分や家族に影響を与えるような政治的決定にたいして発言権をもたないかぎり、自由の果実を保証されえない、と多くの者が感じるようになった。摂政皇太子［のちの国王ジョージ四世］の宮廷の取り巻きたちに象徴された統治階級の腐敗は、放蕩息子とは対照的に家庭的な生活を送った国王ジョージ三世が狂気に陥り隠退したことによって、はっきりと露呈した。

しかし一七九〇年代には、国内の革命運動と政治改革を求める運動の高まりが、フランスでの過激化と相まって反動を生みだし、財産所有者たちを一致団結させた。フランスに刺激を受けていた中間層内の急進主義は、自分たちの財産にたいする恐怖が増大するにつれて退潮し、急進的主張は地方都市の熟練職人社会のなかにより強固に組み込まれていった。

フランスとの戦争は、「第一次世界大戦と並ぶ文化的分水嶺」であった(3)。膨大な数の人びとが動員され、一八一五年以降には帰還兵が国内にあふれかえった。侵略の恐怖は沿岸地域を震えあがらせていた。大陸封鎖によって衰退してしまった産業もあれば、繁栄した産業もあった。戦争のもたらした利益は、会社経営や農業経営に従事する家族を活気づけ、社会的認知を求める欲望に火をつけた。しかし、パンの価格が高騰すると肉体労働者の地位は悪化し、下層中間層とのあいだの溝が広がった。戦争、そして戦争と結びつけられるようになった熱狂的愛国主義が、社会における位置という観念を先鋭化させた。女性の地位が理想化されて、イングランドの優越性を謳う国民主義的な主張のなかの中心的テーマとなり、その一方で、フランス人の女々しさが物笑いの種となった(4)。数年にわたる闘争を経て、ついに一八三二年の選挙法改正によって中産階級世帯の家長は政治の一端を担う存在となった。ここで重要な意味をもつのは、選挙権が「男性」に限定されたことにより、初めて女性の明確な排除が生じたことである。中産階級の利害は、新救貧法（一八三四年）や都市自治体の改革（一八三五年）のなかに突出して反映された。地方レベルでも全国レベルでも、非国教徒が市民権を行使するうえでの障害が取り除かれたことによって、中産階級のなかの批判的勢力に、より広範な社会参加と政治参加の道が開かれることになった。[5]

それでも、土地が「特有の重みと一連の義務感」をともなった特別な地位をもたらす独特の財産形態であることに変わりはなかった。[6]土地は購入することも可能ではあったが、貴族の屋敷の場合にみられたように、氏姓や出自が土地と結びつくことでこそ、指導的地位を示すものとなっていたのである。土地所有集団は、流動財産に投資することで富を増大させたり、地代を得るために不動産を開発したりしていたが、主たる収入は依然として農業地代からもたらされていた。中産階級が依拠していた富の源泉は土地ではなかったが、彼らもまた、絶対的な財産権という概念を基盤にしていた。この多様な財産権の使用法に関しても、重要な違いがあった。商業利害と専門職利害は、未成熟で不安定な市場システムの影響をもっとも受けやすかった。自然災害、浮動的な景気循環、金融制度の不備に起因する恒常的欠陥に翻弄されていたためである。信用や費用損益といった基本概念は、いまだ初歩的な段階にあった。おそらく貴族と中産階級を分かつ最大の点は、中産階級の成員には能動的に収入を求める必要があったことであろう。それは、貴族が地代と官職からの報酬をあてに生活をし、もてる時間を政治、狩猟、社会的行事への参加など、名声を高める活動に費やしていたのとは対照的であった。中産階級の財産は流動的なものであり、巧みに処理しなければ成長はおろか生き残っていくことさえできなかったのだが、それにより、経営手腕を誇りとする独特なエートスが促されることになった。

新たな経営慣行を重んじ、それが地域社会全体に利益をもたらしうるとする信念は、政治経済学のなかに共鳴板を見いだした。アダム・スミスの『諸国民の富』は、「公正なる価格」があるとする民衆の信念と、新たな市場経済の法則のあいだで板挟みになっていた多くの穀物商や製粉業者にとって慰めとなったにちがいない。自己利害の追求が、拡大する経済と社会にとっての基礎になることを正当化したからである。長期的にみた場合の全体にとっての利益という言葉を使って、由緒ありげな権利と自由を攻撃することもできた。しかしこの集団に属するもうひとりの人気著述家、ウィリアム・クーパーは、家庭への愛着をもつ福音主義者の詩人で、貨幣経済の発達を忌み嫌い、家父長主義的な田園生活への回帰を切望したのだった。[7]

中間層が新たな商業活動への関与を深める一方で、親方と職人の衝突、破産や没落への恐れといった、この階層内部の危険にたいする不安や懸念も高まっていた。この不安は、伝統主義的思想や家父長主義的思想のいくつかの側面への傾倒につながった。この層の人びとの心象風景には、農村的なものへの賞賛や市場からの逃避の場としての家族への信仰が含まれていた。そうした中産階級的思考のいくつかの側面が前提としていたのは、市場と家族の分離であった。しかし同時に、市場そのものが性差の枠組みによって構造化されていたため、これはきわめて矛盾した発想だった。ほとんどの中産階級の思考の根底には、自由市場経済への信頼と、何としても社会秩序への帰属の絆を維持していこうとする思いとのあいだの緊張関係があったが、おそらくそれは、多くの雇用主が家父長主義的な思考様式を執拗にもち続けたことをいくらかは説明してくれるだろう。なかには、階級対立や資本と労働との闘争という言語だけに頼っていては説明のつかないこともあった。雇用主は、妻子や使用人だけではなく、その被雇用者にたいしても「一家の大黒柱」となる場合があった。妻、子ども、使用人、労働者といった存在は、すべて父、支配人、保護者に扶養される者やその子どもとして、家父長主義的言語による説明が可能だったのである。[8]

貴族たちは、豪勢な生活を誇示し散財することで長らく指導力を主張してきたが、それにたいして中産階級は、家庭的な慎ましさを強調した。中間層にとっては、信用の確立と財政難の回避が死活問題であったため、貴族が金銭問題をさもしいものと軽蔑し、つねに債務状態に置かれ、ギャンブル中毒に陥っている様子は、とりわけ強い嫌悪感をもよおすものだった。摂政皇太子の宮廷の取り巻きには「当世流」と呼ばれた集団が存在したが、そのなかにいた高級娼婦が大っぴらに公の場に登場し、地方の節度ある人びとの怒りを買った。こうした理念の衝突が頂点に達したのが、決闘をめぐる問題である。私的な名誉をめぐる争いで剣を使うことは、平和を好み信仰心篤く商業を重んじる地方の中産階級の感性にとって、およそ不快に思われるものの極みだったのである。[9]

しかし、貴族的な規範に含まれる諸要素への抵抗は、貴族の内部からも発生していた。福音主義運動の初期の信奉者にはジェントリ層の末端から出た者が多かったが、この運動のなかで復興したピューリタン的教義はさまざまなかたちの家庭性を奨励しており、これは中産階級の慣行とも多くの共通点をもっていた。しかし、土地階級の家族にはみずからの選択で貴族的規範に抵抗する余地があったのにたいし、中産階級にとって、これは強いられた義務であった。

地方の中産階級の「対抗文化」は、宗教的背景をぬきにしては理解することができない。[10]中産階級の男女は、あらゆる宗派を通じて吹き荒れた信仰復興運動の中心に位置していた。彼らのなかでもっとも声高に信仰復興を唱えた者たちは、照準をジェントリの模倣ではなく、天の家に定めた。市場でせわしなく働く目的はひとえに、家族に適切な道徳的および宗教的生活の糧を与えることにあった。貴族たちが具現化するさまざまな強い野心は、中産階級の可動資本にも、「魂の」不滅という考えにもなじむものではなかった。中産階級の多くの親にとって、子どもたちに残すべき遺産とは、教育と宗教的原理でなければならなかった。[11]利益を冷徹に追求する姿勢にも、金儲けにまつわる汚点を取り除きたいという欲求にも、同じように道徳的理由から深い懐疑の眼差しが向けられたのであった。

中間層の人びとが道徳問題や行動様式の統制に関心を示した理由の一端は、浮沈する経済的運命だけでなく、病気や事故によってもすべてが奪い取られかねないという不安定さにあった。相対的にみれば高い生活水準を維持していたにもかかわらず、彼らは波状的に襲ってくる熱病やコレラの伝染病の被害者となっており、結核による死は恒常的な脅威であった。経済的破滅や死にいたる大病を生き延びることができた者でも、労働力以外に売るものがない階層にまで没落することは容易に起こりえた。

この時期までに、労働条件や価格にたいするギルドや国家による統制は実質的に消滅し、親方と、しだいに自力では一本立ちできなくなった農家の奉公人や職人とのあいだの溝は、拡大しつつあった。それなりの独立心を奮い起こすことができた者は、とくに宗教的熱情によって動機づけられたときには、自分たちのわずかばかりの余力を、読み書き能力の向上、視野の拡大、知見の増大に費やした。男性もときには女性も、市場活動に参加することで遠方へ赴く機会を得たが、道路の改良や廉価な運輸手段の発達によって旅行も容易となった。とりわけ、より裕福で野心にあふれた人びとは、みずからの手仕事に頼る職人として働くよりも、原料、時間、労働力を管理することにエネルギーを集中させつつあった。「普通の人びととの規範と、教養あるエリートのそれとの距離がこれほど拡大した時代はなかった」のである[12]。労働者階級の男女はしばしば地域社会の支援を失い、慈善や救貧法への依存度を高めた。戦後の平和な時代が二、三〇年も続くと、穀物価格と農村部の賃金の下落にともない、さらなる不況がやってきた。階級間の距離は固定化し、成功した裕福な者たちは、「スウィング暴動で」干し草に放たれた火が夜空に揺らめくのを眺めたり、チャーティストの群衆が自分たちの心地よい応接間の窓の外を行進していくのを目撃したりしたのだった。

このようにジェントリや形成期の労働者階級との相違はあったものの、この時代の初期の中間層は、一枚岩とみなしうるものではない。中間層は利害の相違によって縦横に引き裂かれ、内部での意見の不一致によって分裂していた。ロンドンの専門職や商人の大部分は、北部やミッドランド地方［イングランド中部］の製造業の家族とは異なっていたし、後者の経験もまた、市場町の商人や事務弁護士、あるいは彼らの顧客であった農業経営者のそれとは異なるものであった。国教徒（国教徒自体も福音主義者と伝統主義者とに分断されていた）と非国教徒とのあいだの分断に加え、非国教会系の宗派も複雑に分かれていた。表向きは原理的な問題にもとづいていたものの、そうした宗派的な分断が、しばしば水面下の社会的区分を覆い隠していた。政治的連携は急進派からトーリー派までと幅があったが、それはある面ではしばしば、製造業者や農業経営者といった生産や原料の管理に生計を頼る人びとと、商人や専門職といったサーヴィスに基礎を置き直接的には賃金労働者と対峙することのない人びととのあいだの分断を反映していた。しかし一九世紀の半ばまでに、そうした相異なる要素は、力強く統一された文化へと結合されていったのである。

一九世紀初頭の中間的集団は、いくつかの所得水準でよりはっきりと区分されながら、ひとつの地位を示す等級として階層化されていた。しかし、特定の集団を明確に同定するような所得階層を正確に示すことは、周知のように困難である。この時期において、中産階級の成員としてふさわしいと歴史家たちが

表1　中産階級内の区分

下　層	上　層
個人事業	共同経営もしくは信託
主に家族の労働力を利用	従業員を雇用
50〜300 エーカーの農業経営	300 エーカー以上の農業経営
死亡時に不動産を遺す	死亡時に信託財産のかたちで扶養家族に財産を遺す
家屋や建物に投資	政府発行有価証券，土地，その他に投資
小資本，供給元／友人からの短期的支援	地方またはロンドンの銀行での信用取引，長期貸付
男性は，小規模の通学制私立学校や学費無料のグラマースクールで教育を受ける	男性は，私立のアカデミー，学費のかかるグラマースクールで教育を受ける
メソディスト，バプティスト，独立派，国教会	クエイカー，ユニテリアン，会衆派，国教会
トーリー派または急進派，あるいは政治に無関心	利害に応じてトーリー派またはホイッグ派
都市中心部に居住	都市中心部の中産階級向けの住宅地または郊外住宅に居住
地元での社交を行なう	地元以外の都市，場合によってはロンドンでも社交を行なう
自発的結社の一般会員	自発的結社で指導的役割を果たす
妻が事業を手伝う，または独自の営利活動／技能をもつ	妻は家庭の専業主婦

主張している所得の概算は，議論される文脈によって年間一〇〇ポンドから「少なくとも年間二〇〇〜三〇〇ポンドほど」[13]までと幅広い。家族の所得は多様な源泉から構成されており，そのことが推計をさらに困難なものにしている。しかし平均的な家族にとっては，年間二〇〇ポンドから三〇〇ポンドの収入があれば中産階級としての位置が保証されたという点では，ほとんどの歴史家が意見の一致をみている。

中産階級に含まれる人口の割合は，場所によってさまざまに異なるが，一般的に一八世紀には拡大していたようである。こうした歴史研究は，私たちの地域研究の成果と一致しており，バーミンガムでは全人口の約六分の一，コルチェスターとエセックスでは一七パーセントから二〇パーセントである。[14]

私たちの研究は，中産階級内部で上層と下層の分裂があるという，ほかの研究者たちの観察結果を上書きするものであるが，この区分を実証することは必ずしも容易ではない。たとえば，融資を行なうことができる者と信用連鎖の末端に置かれた者とのあいだには，重要な相違が存在した。[15]遺産目録や一八五一年の国勢調査にもとづく私たちの分析が示すのは，地方の中産階級内部において，三分の二が下層で，三分の一が上層に属し，後者がさらに三〜五パーセントを占めるもっとも裕福で有力な地位にある者と、そうでない者とのあいだで区切られるという分類である。[16]

しかし、そのような多様な暮らしぶりのなかに働く遠心力は、共通の物質的な利害によっても根本的な価値観によっても相殺されうるものだった。より裕福な者は下層の人びとにモデルを提供し、下層の人びとはそうした規範をささやかな暮らし向きに合うよう修正していった。さらに、家族と親族の紐帯もその溝を架橋することができ、似通った教育や読書内容、説教を聴く経験も同じ機能を果たした。こうした異質な利害をもつ人びとをもっとも強力に束ねたのは、何があっても守らなければならない道徳規範を遵守し、自分たちの家庭という世界をその実践にふさわしい場へとつくりかえる行為であった。この時代の初期において、このことは必ずしも女性が家庭領域に閉じ込められなければならない、あるいは男性にはそこで果たす役割がないということを意味していなかった。しかし、家庭は女性らしさの一形態と強固に結びつけられており、中産階級の顕著な特徴になりつつあった。

女性の場所についてのさまざまな考えは、女性を従属させる法、政治、社会的慣行によって支えられていた。しかしこの考えは、家族経営における女性の経済的価値にたいする認識とも結びついていた。男性を太陽に、女性を月に喩えるピューリタン的比喩は、男女が占める相対的な位置を正確にとらえている。織物商の娘は店で仕事を手伝い、農業経営者の妻はバターやチーズの製造を取り仕切り、印刷工の未亡人は事業を引き継ぐ。これらはすべて女性にとって定番の人生の歩みであった。女性を完全に排除したギルドはほとんど存在しなかったものの、慣習によって規定されていたのは、女性が仕事に関わるのは夫や父親を通じてのことであり、女性のギルド会員は男性と同様の地位や特権を保証されない、ということだった。

一八世紀の福音主義の信仰復興運動により、一九世紀半ばまでに宗教的な言葉を使うのが中産階級にとっての文化的規範となっていた。その核心にあったのは個人の救済への関心で、それは積極的な努力によってしか獲得することができないものだった。この押しの強い宗教は、労働貧民の宿命論と富裕層の無関心の双方をかき分けて進んでいった。国教会の高教会派や伝統的な非国教主義とは違い、この宗教はうち捨てられた［ドルイド教など土着の］異教の預言を消し去るような情熱的な来世への信仰を提供した。[17]あらゆる人びとが救済に値する存在であったため、都合よく救えそうな距離で苦しんでいた奴隷たちが、主たる改革運動の対象となった。この世界観は、女性、子ども、動物、狂人、囚人といった寄る辺なき者、弱者にたいする人道主義的な共感を涵養していった。しかし、この慈愛に満ちた関心のなかには、まさにこれらの弱者の集団を統制しようとする衝動も入り混じっていた。これらの集団はより自然に近く、社会秩序の外部とはいわないまでも、その周縁に位置するとみなされていたのである。[18]

地方の中産階級にとって中心的な闘争の場となったのは、道徳的秩序であった。彼らは、イングランドの農村地帯に深く根ざし、労働者階級とともに都市部へもち込まれた占い、奇術、亡霊、魔女、魔法使い、その他の「前期的文化」の発露に対抗するものとして、神の意志と祈りの力を掲げた。[19] 聖職者は医師や科学者と力を合わせて、これらの一見したところ反動的な勢力にたいする攻撃を展開した。この同盟が示すように、宗教的心性はいまだなお、科学的思考と敵対するとは考えられていなかった。それどころか、熱心なプロテスタント信者は、秩序化された生活を創出するための新たな形態に関心を抱いていた。中産階級は時間の概念を日ごと、週ごと、年ごとに組み直して、より大きな目的のために役立てようとした。「いまもなお異教の祝祭の余韻が残る」[20] 聖日は、家族、教会、自発的結社の年次行事へと姿を変えた。「[活動の]始末の報告」は、絶えず神の前で行なわれた。

宗教的信仰はこうして、合理的な世界観と積極的な商業活動を支えるものとなった。宗教的信念は、自然科学の研究とも矛盾をきたすことはなかった。ある地方の著述家が引用したクーパーの言葉によれば、園芸学という学問は、「花について教えるものではなく、神による比類なき筆の力の一部」を明らかにするものであった。[21] 宗教とは「偉大な信仰の原動力」であり、「魂にとって利益があり」そうな行動の指針を説教壇から示すことができるものだった。[22]

生産、設計、建築との関わりを考えれば、中間層が合理的かつ科学的な世界観の主たる支持者となったのは驚くべきことではない。一九世紀初頭には、外国からの旅行者たちは、この「合理的」精神の広がりに衝撃を受けるようになっていた。たとえば、計測器が普及し、どこの教会の塔にも時計が設置され、「誰のポケットにも懐中時計」があり、自分の体重をはじめ何から何まで秤を使って測ってみたり、人の正確な暦年齢を突きとめたりしようとする熱狂にである。[23]

このように分類を好む心性は、あらゆる進歩的なものと関連づけられるようになった。農村文化といえば、中産階級は家事使用人を思い浮かべることが多かったが、それは「民謡やおとぎ話、超自然的で闇に包まれた地方の家族の歴史」の宝庫となった。[24] 同じように、荒々しい演劇やカーニヴァルの要素は分離されて囲い込まれ、子どもたちや子どもじみた下層民のためだけの専有物となった。もっとも非合理的な力のひとつとみなされたセクシュアリティは、結婚の中核をなす秘められた部分へと追いやられ、性的な遊戯は合理的な労働と究極の対照をなすものとなった。[25] 女性――とりわけ明白に生殖と関わる身である妊婦――は動物的な本性と結びつけられ、世俗の真摯な務めとは両立しない存在とされた。[26] 純潔と不潔というカテゴリー、そしてゴミや雑草や屑から役に立つものを抽出するという発想は、有害な物質、景観、音、におい、そして民衆を統制するために、科学的な公衆衛生運動によって唱えられたものだった。[27]

女性も同じように、この秩序と義務に関する宗教的枠組みのなかに加わった。彼女たちに期待されたのは、家の切り盛りと金銭に関わること、とりわけ消費に関連する事柄において、合理的にふるまうことだった。しかし、女性たちはまた、非合理性と結びついた肯定的属性と否定的属性のどちらをも具現化する存在とみなされていた。一九世紀初頭には、農村地域に暮らす女性は、「老婆が語る迷信」にみられる伝統文化の最後の担い手と考えられるようになっていた。若い男性は、女性たちが昔ながらの治癒やまじないにこだわっていることを嘲り笑ったかもしれないが、女性的な愛と「心の内面の知識」は、女性の最大の財産であった。

一九世紀初頭までに、この福音主義的宗教と合理主義の特異な混成体のなかに加わったのが、現在ではしばしばロマン主義と呼ばれる思想とイメージである。通常ロマン主義という言葉は芸術家や作家と関連づけられているが、この思想とイメージはそれ以上に、広範な層に訴えかけるものだった。ロマン主義の中核をなしたのもまた、個人のアイデンティティであった。製造業と都市の発展は中産階級の生活を支えるものであったが、これによって引き起こされる破壊や不潔さと、秩序や道徳的優越性を求める熱烈な欲望とのあいだにみられる矛盾は、ロマン主義的な幻想によって架橋されていた。都市のせわしなく腐敗した生活にたいして田園の静けさを求める心性は、家庭と俗世間という二分法へとつながっていったが、これらのいずれとも結びついていたのが、男性性と女性性という包括的カテゴリーであった。

女性は子どもと同じように、自然界の無垢なるものを代表する存在であり、能動的な男性性がそれを支え、保護し、監視しなければならなかった。ウォルター・スコットのロマン主義は、ある種の男性的なアイデンティティを駆り立てる疑似騎士道精神のうねりを引き起こしたが、この男性的なアイデンティティは、その熱心な信奉者たちの出自が商人層であったことを打ち消しはしないまでも、覆い隠すことができた。(28) 製造業者、農業経営者、地方商人の多くにみられる、しばしば自己奉仕的な家父長主義も同じような刺激によって影響を受けていた。ロマン主義的な想像力が永遠に不動のものにしていたのは、庭園のなかに建つバラで覆われた田舎家のイメージであり、そこでは女性が待ち受け、男性はそこから仕事へ、戦争へ、そして帝国へと外の世界に出撃していくものとされた。(29) この二元論的な概念化はあまりにも強力であったため、急進的な集団でさえ、それに賛意を示すことになった。

同様の視点が、美意識《テイスト》と美に関する観念をかたちづくった。一八世紀半ば、エドマンド・バークはそれ以前のモデルにもとづいて、美というものを規模の小ささ、滑らかさ、愛らしさ、明るい彩り、繊細さ、そして「子どもらしいもの」一般の特徴として思い描いた。バークがこうした美の認識に対置させたのが、崇高という壮大な徳、すなわち判断力、才知、力能であり、これらは武骨で恐怖の念さえ抱かせる面をもつものであった。(30) こうした明らかにジェンダー化された意味合いは、のちに道徳的性質と結び合わされたため、女性性は美のモデルであり続けた一方で、個人の行為のなかで示される女性の非道徳性は当然、醜悪なものとされた。さらに古典の教養が、若い時期にラテン語やギリシア語に触れた一部の男性を通じて、別の次元をつけ加えた。古典古代の著作のなかで、男性的な徳が賞賛され、女性に関わる事柄が無視ないし軽視されることで、すでに複雑化していた男性性と女性性に関する見解は、さらに混み入ったものとなった。この豊かで影響力のある混合が、中産階級の生活における洗練の縮図となり、ヴィクトリア時代の常識として圧倒的な勝利をおさめていったのである。

概念と方法

この研究で私たちが試みてきたのは、地方の中産階級が見て、経験し、理解したように世界を再構成すること、つまり勃興しつつある文化を正確に再構築することである。私たちの目的は、なぜその世界がそのような姿となったのか、その世界がどのように構造化されたのか、中産階級の経験が依拠した過程と条件とはどのようなものだったのか、なぜそれらが道徳的および文化的形態として流布するにいたったのかを、納得いくかたちで理解できるような分析と解釈の枠組みを発展させることにある。歴史研究というものはみなそうであるが、当然この試みも現在の関心によって方向づけられている。とりわけ私たちが関心を払ってきたのは、この時代の中産階級の社会生活の形成と構造化のなかで、これまで無視されてきたジェンダーという側面の重要性と複雑性を十分に解明することである。

私たちの研究は、あるものはより一般的な抽象の次元で、またあるものは歴史的な時空間に固有なかたちで、さまざまな基礎的概念から枠組みを提供してもらっている。私たちが研究に着手する際に前提としたのは、アイデンティティとはジェンダー化されたものであり、性差の構造が社会という世界にとって中心をなすという命題であった。男女の区別はつねに存在し、経験をかたちづくり、行動様式に影響を与え、規範を構造化する。ある世代のフェミニストたちが論じてきたように、個人が世界とのあいだに結ぶ関係は、どれもジェンダー化された主観性を通じて濾過されているのである。そのような性差にもとづくアイデンティティは、社会関係の複雑な体系を通じてつくりあげられ、家族や親族という制度によってだけではなく、あらゆる次元の法的、政治的、経済的、社会的枠組みによっても構造化されている。これらのアイデンティティと制度的慣習は、いずれも固定的でなく不変でもない。「男性性」と「女性性」は、歴史的な時空間に特有な構築物である。それらは、一定の幅をもつイデオロギーはもちろん、社会的な制度と慣習のなかでも絶え間なく練りあげられ、せめぎあい、つくり直され、再確認されるカテゴリーである。このような互いに矛盾し合う複数の定義のなかでは、つねに交渉と変化の余地が存在するのだが、しばしば解釈の相違は、一見すると画一的な「常識《コモン・センス》」によって覆い隠されてしまう。[31] 男性であれ女性であれ、一般に承認されたジェンダーの境界を侵犯する者が、嘲りから暴力にいたるまでさまざまな制裁を受けるのは、昔も今も変わらない。

このような関心を社会的および歴史的な分析の主たる課題へともち込むことは、きわめて困難であった。私たちの研究が向き合っているのは、世界を公と私に分けるという一般的に認められた区分法と、それと関連する生産と再生産という理論的カテゴリーの両方であり、後者はもっぱら、前者にのみ関心が集まってきた状態を是正しようと、社会主義フェミニズムの理論のなかで精緻化されたものだった。伝統的なマルクス主義の研究者は、家族や私的な事柄や家庭といった、女性が概念的に帰属させられてきた場所にほとんど関心を払ってこなかった。生産の世界と国家が、歴史理解の中心に位置するものとして体系的に特権化されてきたのである。歴史家ばかりか多くの社会科学者も、社会秩序に関するこの「二元論的な見解」を継承し、社会理論においては概念的にも分析的にもまるで重要性が与えられない家族や家庭という場に、女性を割りあてている。女性はそのセクシュアリティによって定義され、男性は依然としてジェンダー的に中立とされ、階級によって定義されているのである(32)。

マルクスの概念に影響を受けつつも、還元主義的および経済主義的公式から自由な研究方法をとることで、この無益な二分法から抜けだすための道筋を見いだすことができる。マルクスが強調したのは、必要な労働力の再生産をともなった生産、分配、交換の循環であったが、このことは私たちに、資本の全循環、ひいては消費の中心的な重要性を教えてくれる。この社会的再生産の過程は、家族と女性の労働に依拠しているが、その労働形態は、私的なものとしてカテゴリー化されることで隠されてしまっている。しかしそれでも、私的領域の創造は、消費者の需要をつくりあげるうえで中心的な問題であり、近代社会を特徴づける拡大および蓄積の過程にとって不可欠なものでもある。消費を「文化の生産」過程として分析してきた近年の研究は、再生産における消費の役割だけでなく、需要の創造や、特定の欲望や快楽が社会的アイデンティティを定義し、文化的産物として表象されるようになる過程にも目を向けている(33)。この研究方法は、必然的にジェンダーの次元を重視している。さらにいえば、消費とは、階級と「相関関係にある」要素である社会的地位を形成し維持するための手段であり、それは承認と正当性にたいする不断の権利要求であり対抗措置なのである(34)。ジェンダーによる分類は、集団や個人の立ち位置を決定する際にも、資源を求める競争という社会のどの層でも起こる問題においても、つねに重要な要素となる。女性は消費との関連ゆえに、社会的地位の担い手であるばかりか創出者としてみなされることも多いのである。

産業資本主義内部にしだいに囲い込まれていく社会を対象とした歴史研究を行なううえで、必然的に階級――階級と生産、分配、交換の手段との関係や、階級に関連したさまざまな文化形態――が私たちの第一の主要な概念的基軸となった。この二〇年間の理論的論争は、階級の非還元論的分析に光をあて、道徳的権威や文化的権威の問題に焦点を合わせてきた。しかし、階級は性別による特異性を考慮せずに分析され続けている。この時代のイングランドに関するエドワード・トムスンの古典的研究は、階級の文化的側面を強調する重要なものであるが、この研究ですら、労働者階級内部での男女の立ち位置の違いにはほとんど注意を払っていない[35]。私たちが焦点をあてるのは、階級編成のジェンダー化された性質と、性差がどのように階級的帰属に影響を与え続けているかという問題である。この点で私たちは、一九世紀初頭のニューヨーク州の中産階級に関するメアリ・ライアンの研究に従っている。その研究では、家庭性を重視する家族が、新たな階級文化にとっての「揺りかご」になったことが論じられている[36]。家庭重視主義の発展を扱ったほかの研究には、政治的、イデオロギー的、官僚制的な要因を重視するものもある。それらの要素は重要ではあるものの、主たる変化を説明するには十分ではない[37]。

イングランドの中産階級が形成されたのは、混迷の度合いが極度に増し、経済と政治が危うく無秩序状態に陥ろうとしていた時期である。そのような時代であったからこそ、男女の差異など集団間の差異を誇張する社会カテゴリーへの分割が風土病的な流行となり、「見せかけの秩序」を創出するための努力が活発化したのであった[38]。中産階級の認知を求める主張は、ジェンダー化されたレンズを通じて屈折したものとなった[39]。この時代の中産階級の農業経営者、製造業者、商人、専門職は、貴族の特権や権力には多くの側面で批判的であり、高まりつつあった自分たちの経済的な力を、道徳的権威や文化的権威へと転換しようとした。彼らが行なった道徳的優越性の主張は、かつての貴族的なヘゲモニーにたいする異議申し立ての核心に位置するものだった。中産階級は、この道徳的権威を自分たちの地域社会や領域内のみならず、ほかの階級との関連のなかでも誇示しようとした。彼らの「誇り高い自負」や、既存の土地階級の支配への批判、そして彼らの主張の中心を占めた、労働者階級を統制して改良する能力が自分たちにあるという信念は、ジェンダー化された階級概念の内部で表出された。中産階級の紳士《ジェントルマン》と中産階級の婦人《レディ》はそれぞれ、新たに配置された社会という世界で指定された位置を占めた。婦人の特権と義務は、決定的に重要な点において紳士のそれとは異なるものだった。親方と家長が一方では雇用主、他方では夫や父親へと変容するにしたがって、厳しくジェンダー化された世界観が、成長段階にある階級制度から生まれた分裂を、否認するとはいわないまでも緩和するために利用されることになった。男性的なアイデンティティが「職業」という新たな概念と同一視される一方で、女性は家族の枠内に留まったのである[40]。

したがって、歴史的および分析的カテゴリーとしての家族が、本書での重要な概念となる。家族形態の可変性は、強調してもしすぎることはない。本質的な「家族」など存在せず、つねに「さまざまな家族」が存在するだけである。ケンブリッジ学派の研究は、家族と世帯とを明確に区別することを教えてくれた。とりわけ近世の世帯に関するミランダ・チェイターーの研究は、「ほとんどの家庭内の取り決めが、脆弱で一時的であること」に注意を向けている[41]。チェイターはフェミニズム的な視点から批判的に研究対象を広げ、家族内部とほかの制度との関係の双方における男性と女性、子どもと老人の多様な経験を記録している。カスモールが述べるように、一八世紀初頭には、世帯内部で「親族のみ」を意味する言葉は存在しなかった。世帯のなかには、奉公人、下宿人、客人、弟子、店員、血縁関係のない子どもなども含まれる可能性が大いにあったのである(42)。

この「世帯という」構成単位は家父長の支配のもとにあったが、家父長は、より広範な政治体にたいして扶養家族を代表した。男性が自分自身のことをこの構成単位の外部ではなく、その一部とみなすようになる過程は、きわめて緩慢としたものだった。家族にしても世帯にしても、同じ屋根の下で寝食をともにする集団とは、必ずしも完全に重なり合う概念ではなかった(43)。数多くの宿屋や「居酒屋《パブリック・ハウス》」が宿泊施設を提供していたし、親しい客人がやってきて、親類や友人と打ち解けた様子で夕食をともにする光景は絶えずみられた。あらゆる種類のよそ者が、下宿や一時的な宿泊をしていた事実を踏まえれば、厳密な区分を設定することは歴史的に考えて支持しがたいものとなる。そのような柔軟な家族のとらえ方が重要であるのは、自分たちの子孫のなかで生産的事業に加わる者がいない場合や、彼らの能力が欠如していたり、やる気がなかったりする場合に、親族や友人のネットワークのなかにいる他人に参入の機会を与えて、首尾よく問題が解決されることがあったからである。一九世紀後半になると中産階級は、家族をより厳密に定義して経営にたいする忠誠心を生みだすようになったのかもしれないが、このことには実証的な確認が必要となる。

私たちは、家族をこの時代の中間層にとって中心的な制度としてとらえる一方で、家族の柔軟な性格と、その境界線が透過性をもつものであったことも認識している。家族の包摂と排除はひとつの社会原理であり、それを基軸として女性のセクシュアリティや生殖、財産権や政治的地位が構造化されていた(44)。家族内部では、遺産相続（男系世襲主義）や名づけの慣習（父系主義）を通じて男性の優位性は明らかであった。それにもかかわらず、女性は明らかに家族の存続にとって中心的な位置にあった。このように家族概念を解きほぐすことを通じてのみ、家族という場の内外で展開される現実の日常生活や諸関係のなかで、男性と女性を理解することができるだろう(45)。

労働者階級に焦点をあてた家族と経済の歴史研究は、しばしば家族を前工業時代からの残滓や遺物とみなす「本質主義的」見方を用いて、家族と経済とを概念的に切り離す発想を基盤としてきた(46)。企業家や専門職を扱った研究は数が少ないが、そこでも似たような概念が研究の枠組みをつくっている。伝統的な経済史家は、経営体へ資本や人員を提供するという家族の役割を認めてきた。しかし、経済史家は経済の発展や停滞に焦点をあてるため、たいていは家族の問題を追求することなく、依然として研究の対象は個々の企業家や企業集団に限定されている。ごく最近では、多様な地域的環境のなかでのより広範な中産階級の研究が、家族を独特の中産階級文化の一部に含めはじめている(47)。しかし、一九世紀中葉の「ロンドンの」ハイゲート地区を詳細に扱い、家族と企業との相互関係を明らかにしたドロシー・クロージャーの初期の研究に匹敵するものはほとんどなかろう(48)。最近ではR・J・モリスが、消費の決定だけでなく貯蓄や多様な投資の配分までもが、生産上の必要性と同じく、家族のもとに起こるさまざまな出来事によっても規定されていたことを強調している(49)。

公と私を架橋して市場と家庭的なものを結びつけたのは、家族であった。一九世紀になっても、家族は依然としてほとんどの経済活動の基礎にあった。ギルド、同業組合、株式《ジョイント・ストック》会社は、特定の限定された機能しかもたない男性だけの制度であった。利潤目的の生産のほとんどが、私たちの研究がとくに焦点をあてている家族経営体という社会的実体を通じて行なわれていた。経営体内部の資産の構成や権力の形態が、結婚、分業、遺産相続の慣行を通じてジェンダー関係の枠組みをつくった。当然、ここには子どもの「生産」も含まれていた。もっとも広い意味でいえば、資産の構造は、男性を権力と主体をもつ存在として、女性を受動的な被扶養者として位置づけることによって、ジェンダーと階級の双方を創出する強力な「関係表現」とみなすことができる(50)。

しだいに企業経営体は、労働、原料、資本、信用、販路を求めて市場関係に組み込まれることになった。市場の細かな仕組みは、過去数世紀にわたって発達したものだったが、その端緒から形態も人員の面でも基本的に男性的なものだった。市場は家族と切り離されるどころか、両者は固く組み合わされた一組の精緻な結合体となっていた。通常の認識とは異なり、市場は決して「性の違いに無頓着《セックス・ブラインド》」ではなかったのである。

いかなる社会においても、家族という組織は親族の体系のなかに組み込まれている。しかし、親族の紐帯は柔軟な場合もあり、とりわけ結婚相手の選択という要素がある社会では、結婚によって親族の紐帯が拡大した。親族と認められれば、利用できる資源やサーヴィスの交換の幅が広がり、とくに親の負担を軽減したり、親の役目を果たしたことへの見返りを受けられたりする点で歓迎された。そのような「親代わり」、すなわち何らかの親の機能を引き受けてくれる親族ないし擬制的親族は、生物学上の親により近づき、社会的な網の目の密度を増すものになっただろう(51)。親族同士の結婚が多く、親族ネットワークが広範であったということは、「親族として」選ばれる者もいれば、忘れ去られたり、それどころか積極的に拒まれたりする者もいた可能性を示唆しているが、それは広範囲にわたるクエイカー教徒の共同体であっても、緊密に結合した村落であっても、平等に機能するメカニズムであった(52)。社会構造内部には当然のことながら上昇する者と没落する者とがおり、親族は、階級の切れ目を横断して強い関わり合いをもつ傾向がある。階級を基盤とする社会では、親族としての認知を柔軟に行なう必要があるのだが、残された紐帯でさえ、階級的な敵対心を緩和することに役立つものである。

親族と家族は、定義からいえば通常、男女の双方を含んでいる。実際、親族と家族は、ジェンダーの輪郭を描くための重要な方法のひとつである。全体としてみれば、女性は親族や家族という関係性の内部に含まれる頻度が高く、他方で男性はその関係性を乗り越えて、男性限定の場や組織へと踏み出してきた。

アメリカのフェミニズム史家の研究は、家族という境界の内外で女性相互の関係が強い力をもったことや、女性としてのアイデンティティや女性主導の文化を確立するうえで、そのような紐帯が重要な意味をもったことを強調してきた(53)。私たちの研究も、家族構成員、親族、友人間における女性相互の紐帯の重要性を認識している。私たちは、実際に女性だけに限られた文化があったことを裏づける史料をほとんど発見できなかったが、それでも、男性に権力、権威、報酬を与えるように組み立てられた諸制度が支配的であった社会では、女性たちはしばしば自分たちの別個の領域を求める主張を行なうことで、みずからの要求や欲求を表現する方法を見いだし続けてきた。しかし、そのような主張には、男性と女性が直接対立するような表現を避ける傾向がみられる。

家族と親族の柔軟性を認識することによって、ほかの歴史的に固有な関係にも目が向けられることになる。ジェンダーに強調点を置くことと併せて、このことによって私たちに求められたのは、この時代に特有な媒介的概念に注意を払うことだった。後援と庇護は依然として、とくに若者の仕事の世話をする場合に用いられる重要な社会的紐帯であった。そうした諸関係は、たとえば世話役や信託関係といった観念に示されるように、徐々に中産階級内部で新たな意味を帯びつつあった。このような慣行がもたらす隠された影響のひとつは、後援者たちや成人たちを、共通の関心事を通して、あるいは被扶養者や請願人の管理を通して、ひとつに結び合わせることにあった。貴族の支配下では、こうした垂直的な紐帯が友人関係として定義されていた(54)。しかし、私たちはこの言葉の意味がより水平的な紐帯へと変化したことに注目してきた。友人関係という言葉は、親族関係の延長あるいは親族関係を再確認するものとして、親族以外も含むより平等な個人のあいだで用いられるようになったもので、宗教的共同体の内部で使われることが多かった。こうした語法は、生まれた時点では身分が決まっていない中産階級によって取り入れられた、順応性のある社会形態を示している。

私たちがこの研究の構想を練り、研究を進めていく過程で試みてきたのは、「領域の分離《セパレート・スファイアズ》」という一九世紀の遺物を乗り越えていくことであった。しかし、強さや独立性が「男らしい」ものとして、弱さが女々しいものとして認識される場合のように、ジェンダーの用語が、社会的に価値の高い属性や価値の低い属性の代わりに用いられる傾向があることによって、独特の問題が生じている。逆に、私たちが市場の例でみてきたように、現実にはジェンダー化されている制度や組織が、中立的でジェンダーにとらわれないものであるとされている。この「相互の比喩化」の森をかき分けて道を見いだすには、鋭い洞察力とバランス感覚が必要となる(55)。

イデオロギー的な分断を表わす言語によって覆い隠された相互関係を理解するためには、特別な感受性もまた必要となる。たとえば、家庭という私的領域で行なわれる女性の家事は、仕事とは認められてこなかった。既婚女性がみずからの労働、縁故、資本を通じて家族経営体にたいして過去に行なった貢献、またいまだに行なっている貢献にも同じく光があてられてこなかった。「生産」が狭義の意味で用いられるかぎり、このような結びつきはまったく見えてこない。生産の世界は、真鍮、庭仕事の道具、カーテン、壁紙を求めるブルジョワ家族によって刺激された消費者の需要を満たしながら拡大した。公人としての男性は、妻や娘や姉妹や女中によってつねに世話をされ、奉仕を受ける存在だった。政治経済学でも福音主義的宗教でも賞賛される、一見すると自律的な個人は、ほとんどつねに家族や親類に取り囲まれており、彼らのおかげで個人としての活動をすることができたのである。

同じように、男性は私的な世界ともうまく折り合いをつける必要があった。多くの男性は、家庭生活を高く評価してその生活を楽しんでいたが、家庭生活に反するものとして自己を規定する者もいた。中産階級の家庭は、職場という公的な世界においてであれ、二〇世紀になってもなお女性労働力の大半を女中として雇用していた家庭という私的な職場においてであれ、働く男性と女性の労働力の搾取のうえに成立していた。「領域の分離」という強力なイメージが存在したにもかかわらず、公的領域は現実には公的なものでなく、私的領域は現実には私的なものではなかったのである。それらはいずれも特異な意味をもったイデオロギー的構築物であり、特定の歴史的時代の産物として理解されねばならない。

公と私の分断を探究し脱構築しようとする歴史研究にとっては、史料が公私いずれかの様式にしたがってカテゴリー化されていることが足枷となってきた。家族史の史料は、経済史、経営史、政治史の史料とは切り離されていることが多い。ジェンダーと階級が生みだす複雑な体系のなかで生きる人びとの歴史像をかたちづくるためには、特定の団体も日常の行動も観察可能となる地域社会へと目を向ける必要があるように思われた。資本主義的な経営体が、この時代の階級とジェンダーの配置を決めるダイナミックな要因になったという前提に立脚していたため、私たちが研究対象として選んだのは、都市部と農村部であり、そのうち後者は市場関係に深く組み込まれている地域であった。こうして、通常は都市に焦点をあてる中産階級の歴史研究に比べて、私たちは自分たちの分析をより広範な領域に応用することが可能となった。二つの地域のあいだにある類似性と差異は、普遍的な論理を明らかにするものであった。

私たちの研究は、工業都市のバーミンガムと、耕地作物農業に経済的基礎を置くエセックスとサフォークの農業州に関心を集中している。この時代の終わりまでに、バーミンガムは二五万人の人口を擁し、［エセックスとサフォークのある］東部諸州の人口は概算でその二倍に達した。これらの地域は多様な職業集団や宗教集団を含んでいたが、個人や家族や団体に関して詳細な情報を提供してくれるだけの密集性をもっていた。この二つの地域を全般的に取り扱ったのに加えて、私たちはバーミンガムではもっとも旧い郊外住宅地であるエジバストンについての詳細な研究を行なった。また、州レベルでみた場合に農村地域では史料が散逸しているために、エセックス州の市場町コルチェスターと、代表的な村落ウィッタムに特別な注意を払うことにした。

それぞれの地域内部において、私たちは三層にわたるアプローチを用いた[56]。第一の研究視角が取りあげたのは、特定の個人や家族、そして彼らのあいだの関係性である。それはもっぱら六二二通の遺言書の標本抽出《サンプル》によって補われた質的な史料にもとづいている。第二の研究視角が焦点をあてたのは、地域社会、つまりその物理的配置、経済的、政治的、宗教的、社会的な輪郭、その地域の団体である。第三の研究視角は、質的な解釈を位置づけるための数量的な枠組みを与えてくれた。ここではもっぱら、世帯と職業についての信頼できるデータを提供する初の国勢調査となった、一八五一年の国勢調査から得られた中産階級世帯の標本抽出に依拠した[57]。こうした史料が、家族文書への依存にたいして距離をとって修正を行なう手がかりとなった。それぞれの地域のこうした多様な史料群から、個人、家族経営体、団体に関する個別のファイルを構成した。これらはその後、バーミンガム、エセックス、サフォーク、ウィッタムという四つの地域のファイルへと集約されていった。

図 1　サミュエル・ラインズ「バーミンガム公会堂」1821 年

完全な歴史像を描こうと試みてきたものの、空白や歪みは依然として残っている。とりわけ、弁護士所有文書や法廷記録を使用できなかったことが、それらを使っていた場合に浮かびあがったはずの不協和音を消去し、結果としてより調和的な歴史像を描くことになった可能性がある。私たちは、比較的豊かで教養のある層に比べて、中産階級の下層について多くを語っていないことも自覚している。これは、下層中産階級の生活についての史料があまり残っていないことによる。当然ながら、研究の成果は、没落して歴史的記録から消え去ってしまった多くの家族よりも、成功をおさめた家族に焦点があてられることになる。

私たちは二つの地域に関心を集中させてきたが、だからといって本書が純粋な地域研究であるというわけではない。女性の経験を探し求める際には史料が少ないこともままあるが、そうした場合には、ほかの地域からの史料を使うことも躊躇しなかった。ただしその地域は、似たような経済構造や社会構造をもつミッドランド地方や南東部にほぼ完全に限定している。この研究が投げかける問いは、たとえその答えがもっぱら地方中産階級の特定の層に関わるものであったとしても、イングランド社会全体にたいするものとなる。確かに地方ごとに多様性があり、とりわけロンドンは、商業や専門職の集団が集中することで、いくぶん異なる様相をもつのかもしれない。しかし、基本的な議論は、一般的に適応可能であると感じている。こうした多様な手段によって、私たちは中産階級の男性と女性が織りなす豊かな歴史像、つまり、彼らが日々の仕事を行ない、個々人の人生を歩みながら、その時代のなかで重要な歴史的変化の主体となり客体にもなった様子を描こうと試みてきたのである。

場面設定

場　所

〈都市――バーミンガム〉

バーミンガムは、金切り台と刻印機、圧縮機と旋盤、金槌と鑢《やすり》がまき散らす「耳障りな音楽」でよく知られた都市であった。マンチェスターが綿業で有名になったように、バーミンガムという名前は真鍮の代名詞となった。怠け者を矯正して真面目な働き者へと変えるためには、バーミンガムの空気を吸わせさえすればよかった。少しでも利益を上げそうなものがあれば、バーミンガムの人間はそれを嗅ぎ分けたことだろう[1]。

　バーミンガムの金属加工業での地位は、一七世紀までには確立しており、とりわけ銃器と刀剣の製造で知られていた。一八世紀におけるバーミンガムの拡大は、スタフォードシャーの石炭業と製鉄業の発達、そして南部と西部、さらには植民地の市場へと道を開く運輸手段の改良を基盤としていた。ギルドや都市自治体の規制が存在しなかったことによってその発展は促進され、とりわけ技能をもった非国教徒がバーミンガムに定住するようになった[2]。一七八〇年にはおよそ三万五〇〇〇人であったバーミンガムの人口は、一八〇〇年には七万人近くに達した。ほかの産業都市と同じく、その成長が絶頂に達するのは一八二一年から三一年にかけてであり、人口は四一パーセントを超える割合で増加していた。

　拡大しつつある人口に仕事を提供し、都市の街路を騒音と煙で満たしたのは、金属の仕上げ工程と関連した多様な産業であった。仕上げ工程においては、広範な下請け工程と結びついた技能が引き続き重要なものとされ、その結果として、小親方たちはしばらくのあいだは生きながらえることができた。しかし、一八〇〇年から五〇年のあいだに、蒸気を動力源とする大規模な工場がバーミンガムのほとんどの主要産業に導入され、好況期にさらなる投資が新しい工場に向けられた結果、賃金労働者と小ブルジョワのあいだの境界が鮮明になっていった[3]。

　バーミンガムの初期の歴史家を驚かせたのは、この地方では貴族が不在であったことと、財をなした紳士《ジェントルマン》がバーミンガ

地図1　イングランド。本文中であげられる主な地名を示す

ムを早々に離れてしまうことであった。[4]しかし、一七八〇年から一八五〇年にかけての時期には、バーミンガム生まれの中産階級がますます存在感を増し、バーミンガムを住むに値する場所にしようと意を決した。一連の都市改良法は、寡頭的エリートに迷惑行為への対処、照明や清掃、市場の再編のための権限を与えた。[5]住宅地の開発は、最初は都市の中心部の限られた地域で始まったが、「喧噪の中心」からはるかに離れたエジバストンのような地域でも行なわれ、労働の場から、つまり騒音、煙、近隣に労働者階級が住む環境から切り離された家庭を求めていた中産階級を刺激し満足させようとした。[6]私的な結社が基金を設立して、印象的なギリシア風の公会堂、専用の構造をもった穀物取引所、新たな読書室、会員制図書館が建設された。

一七八〇年から一八五〇年にかけての時代は、バーミンガムで政治と宗教の両面における激しい分裂がみられた時期として特徴づけられる。一七九一年のプリーストリ暴動は、教会と国王への支持を

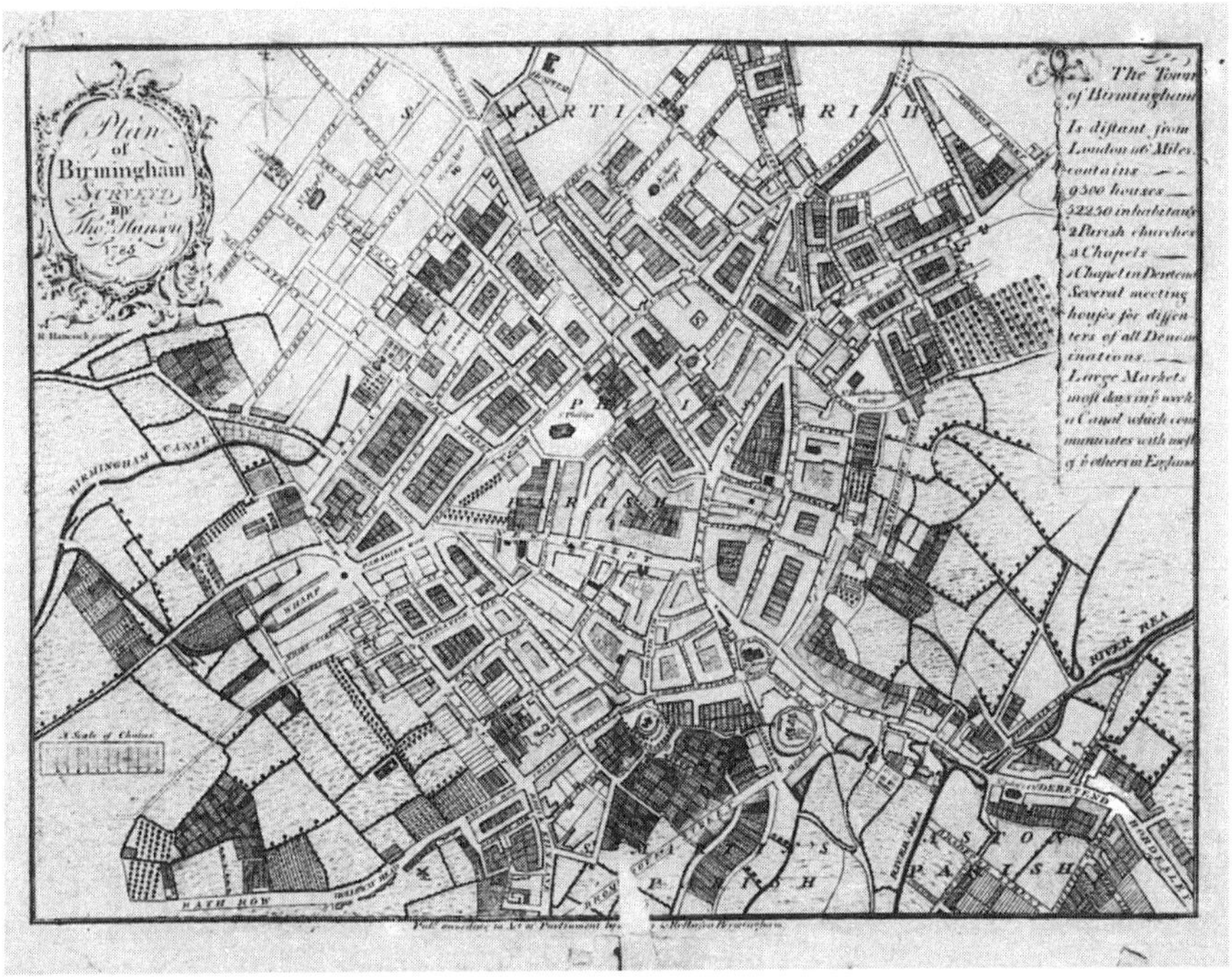

地図 2　バーミンガム，1787 年。都市の中心部では住居と作業所が隣接して建ち並び，運河と河川が交通の大動脈となっている

表明する暴徒が、指導的な非国教徒の家や店舗を、彼らのフランス革命への共感を理由に襲撃した事件であり、深い亀裂を残した。しかし、次の数十年のあいだには、熱心な国教会派と非国教徒が、キリスト教徒としての関心から多くの問題を共同で設定し取り組む努力がみられるようになった。

　宗教的な分断は、決して政治的な分断の反映ではなかった。多くの場合、国教会派はトーリー派であったが、非国教徒はホイッグ派と急進派とのあいだで分断されていた。トーリー派と急進派、産業資本家と銀行家、親方と職人の同盟を基盤としたバーミンガム政治同盟は、政治的代表権を求める運動を展開し、それは直接的には都市自治体化の要求と、代表機関をもつ都市政府の要求へとつながった。この時期には、チャーティスト運動によって生じた労働者階級の脅威もなくなっており、階級的な同盟を先導して「小貴族や名望家の末裔」に対抗していた中産階級急進派は、法と秩序の擁護者、ミッドランド地方の大都市バーミンガムの支配階級となっていた。(7)

　バーミンガムの中産階級は宗教や政治によって分断されていたとはいえ、このことは共通の文化の出現を妨げはしなかった。一八世紀後半の世代の男性にとっての選択肢は、多くの商人や製造業者のように倉庫や仕事場に隣接した住居をもち都市の中心部

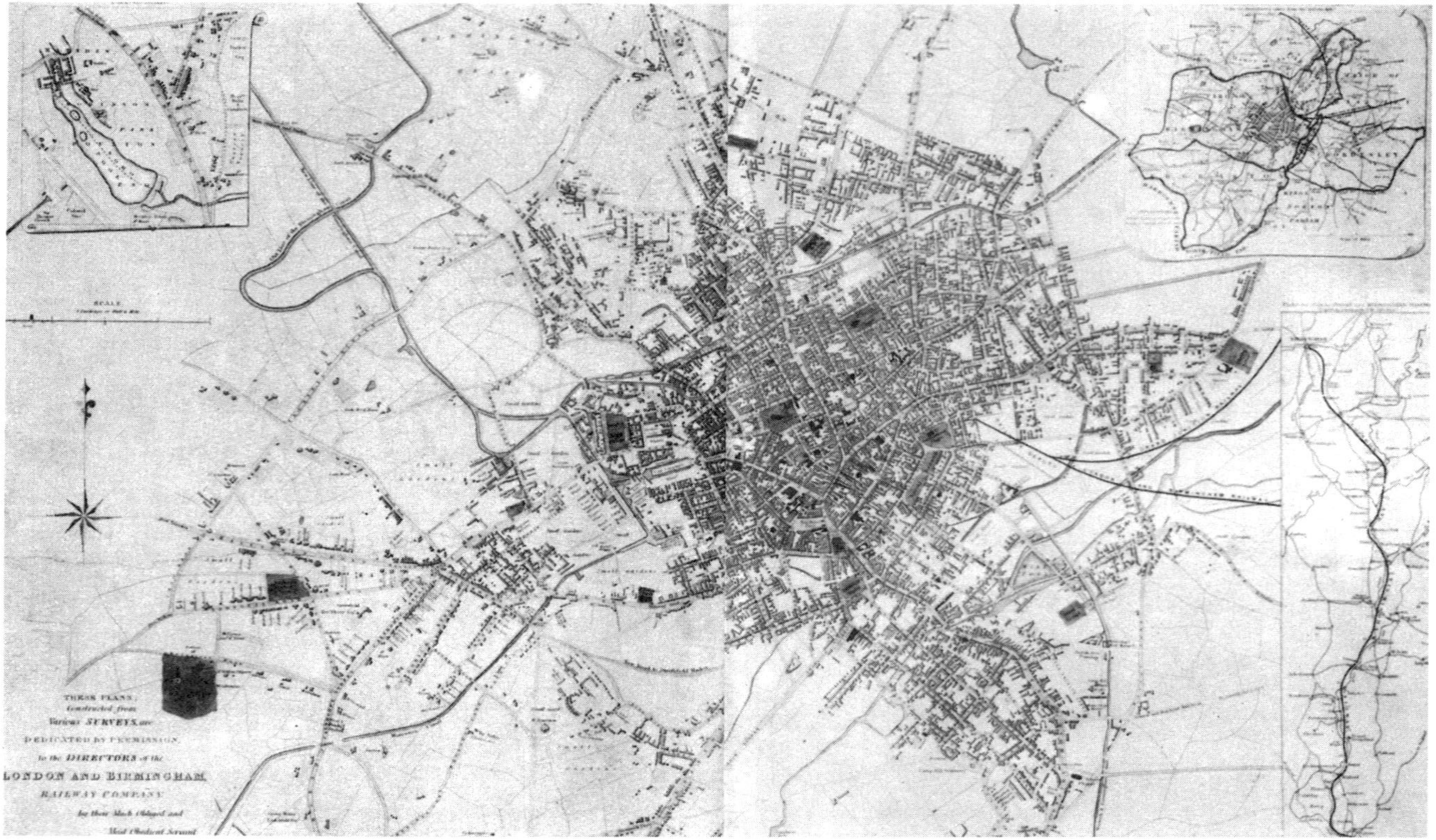

地図3　バーミンガム，1848年。都市の周辺の田園地帯にも街路が広がり，主要幹線道路沿いに住宅地が造成されている。東側（右）へと鉄道が延び，バーミンガムと国内各地を結んでいる。南西（左下）にはエジバストンの整然とした開発が見てとれる

に居住するか、都市の周辺に移り住むかの二つしか存在しなかった。次の若い世代には、新たな選択肢が生まれていた。すなわち、家庭的な静寂さへと逃避できる中産階級向け郊外住宅地に居住することである。エジバストンをはじめとする郊外では、専門職や商業や製造業に現役で従事する人びとと、自立できるだけの財産をもつ男女、そしてその家族が、それまで欠けていた中間的な階級を構成した。バーミンガムに留まって働いたこの家族たちこそ、バーミンガムの名を、真鍮だけなく、真鍮がもたらした富で買い取った文化によって知らしめたのである。

〈農村――エセックスとサフォーク〉

一見したところでは、バーミンガムの躍動感ともっとも隔たったところにあったといえるのが、平地で海岸地帯に位置し、小ジェントリや都会紳士《シティ・ジェントルマン》の農村部での邸宅が点在したエセックス州とサフォーク州である。[8] バーミンガムと比べた場合、コルチェスターのようなこの地方の比較的大規模な都市は、広々としていて清潔であった。城壁の遺跡やローマ帝国時代の建物の残骸を部分的に使って建てられた小修道院と教会は、この都市の古さを絶えず思い起こさせるものであった。これらの州では毛織物業が主要産業で、その経済はロンドンや海外貿易路とすでに深く結びついていた。[9] しかし、一八世紀末には海外との競争や織物生産の北西部への移動によって貿易が衰退しており、耕作農業がこの地域の経済の要となった。[10] 市場活動は、すでに運河、河川、沿岸交通によって十分に整備されていたが、有料道路《ターンパイク》を基盤とした道路交通によって発展し、駅馬車、貨物馬車、あらゆる種類の荷馬車や軽馬車を利用できるようになった。[11]

平均して一五〇～三〇〇エーカーという広大な農場は、企業家的発想をもった農業経営者が借り主となった場合には、農業の新たな発展から利益を引きだすには十分であった。[12] 生産規模とロンドン市場の誘因により、エセックスとサフォークでは、改良農業の特徴である灌漑施設、穀物輪作、根菜栽培が真っ先に採用された。[13] この規模での耕作では、より多くの労働力が必要であったため、エセックスは農業賃金労働者の雇用率がもっとも高い地域のひとつとなった。[14] 改良していく力と意志をもった農業経営者や地主にとって、一八二〇年代までは利潤が生まれる黄金時代であったが、戦争の終結が凶作と相まって穀物価格の高騰を逆転させると、十分な資本金がない人びとは窮地に陥った。しかし、比較的しっかりとした基盤を築いていた人びとは立ち直り、その後も繁栄を続けた。この賃金労働者を雇用する「農業ブルジョワジー」[15] は、製粉業、麦芽製造業、醸造業、製鉄業、運輸業といった関連する製造業の発展を刺激し、さらに土地測量、土地管理、不動産譲渡証書作成業、競売業、銀行業、土木業といった専門職によるサーヴィス業を促進していった。

ほとんどの地域で、農業経営者は引き続き村落に居住して働いており、都市の中心部に住む場合もあった。農村工業の発展は、着実であったが劇的なものではなかった。[16] 風や河川や潮の干満を動力とする風車や水車小屋が、農産物を加工するための

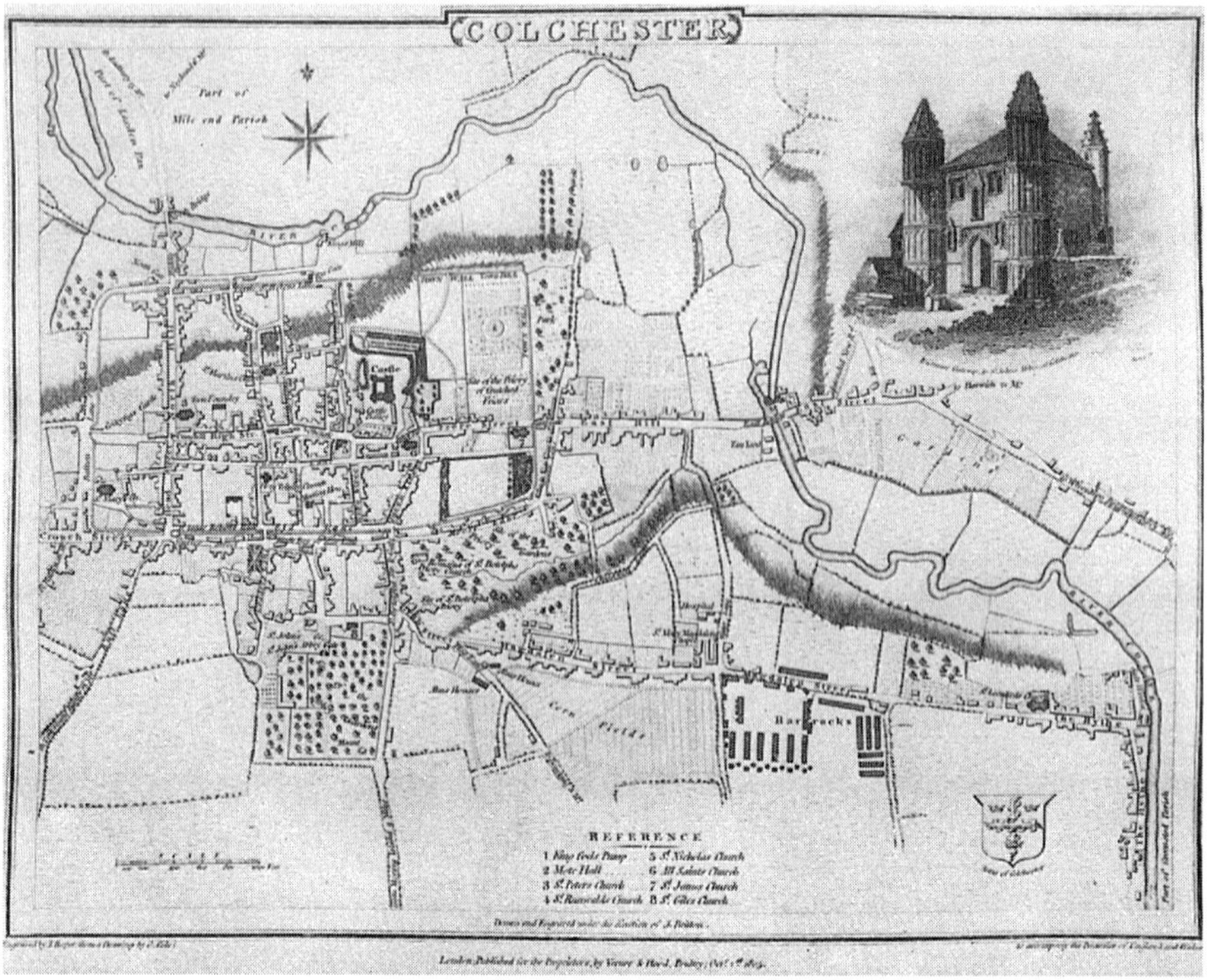

地図4　コルチェスター，1805年。ほとんどの建物は依然として都市の城壁の内部にあり，通りのあいだには広い空き地がある

動力源の大部分を供給した。[17] こうした発展は、人口分布にも反映されている。人口は一八〇〇年から一九世紀半ばにかけてほぼ倍増した。[18] 人口二万人から三万人の比較的大規模な市場町のなかで最大であったのは、エセックスのコルチェスターとサフォークのイプスウィッチであった。残りの人口は、地域の経済次第で浮沈する小規模な町、村落、集落に散在していた。エセックスのウィッタムのような町は、一八世紀末にロンドンからの輸送路の停車地として再活性化したが、その後四〇年間のうちに鉄道が開通すると、多くの町はまたしても活気を失うことになるのだった。

　コルチェスターのように後背地にある農村の用に供した市場町には、職人や小規模な小売店主が居住していた。農業経営者、専門職、商人、裕福な小店主が、経済や社会の動向を支配した。一八世紀後半以降のコルチェスターのような都市の急激な繁栄は、崩れかけた都市の城壁の外側にも広がった活気あふれる街路に感じとることができよう。正面が煉瓦構えになった家屋や張り出し窓のついた商店、大通りの中央市場での売り買い、繰り返し開かれる定期市に押し寄せる人びと、これらが穀物価格の高騰と軍事請負契約によってもたらされた繁栄を証明するものとなった。

一九世紀初頭の活動がもたらしたのは、都市の北門の先にある救貧院、西にある正面玄関つきの施療院、南にある劇場と新教会など、新たな種類の荘厳な公共建築であった。大通りの頂点には、穀物取引場とエセックス＝サフォーク保険会社の合同社屋の列柱がそびえていた。中間層の重厚な家屋は庭園と果樹園で囲まれ、かつて毛織物商が布地を乾燥させるのに使っていた広々とした土地は、いまや市場向けの野菜畑となった。

工業生産は、コルチェスターやイプスウィッチのような町を飛び越えて進展していったが、これらの町は決して後進的な農村ではなかった。戦時中の軍隊の駐屯、金融街から引退した家族の流入、相対的なロンドンとの距離の近さにより、将来に展望が開かれていたのである。一八二〇年代には、一日に四〇本の駅馬車がエセックス南東部を通ってロンドン東部とのあいだを往来しており[19]、のちにこの行路は鉄道の発達に寄与すること

図 2　北側からのコルチェスターの眺め，1820 年代

図 3　コルチェスターの大通り，1820 年代

になった。駅馬車を利用する場合であっても、コルチェスター近隣の住人は、午前のうちに［ロンドン東部の］オルドゲイトのブル亭に到着し、日中買い物をしたり、会合に参加したり、友人を訪問したりしたのち、同じ日の晩に戻ってくることも可能だった[20]。個人用や事業用の郵便は郵便馬車で一日に二度配達され、地元の新聞に加えてロンドンの新聞も読むことができるようになった。世俗的な人びとには、社交集会場《アセンブリー・ルーム》での舞踏会、観劇や競馬観戦があった。より真面目な人びとには、連続講義、読書室、博物館の展示、植物園が用意されていた。平日や日曜の説教は、多様な宗派の違いを超えて聴衆を集めた。男性には、あまたある居酒屋で開かれる社交や政治クラブの会合があった。

　エセックスのウィッタムのような、二〇〇〇人から四〇〇〇人の人口をもつ大規模な村落もまた、農業の繁栄を基盤に、市場、製粉所、麦芽製造、果汁圧縮工場、なめし革工場、煉瓦工事を発展させた。路肩に芝を植えた幅広い道路の両側には、正面が煉瓦構えの町屋敷や店舗や農家が一列に並び、その後ろには開けた草地が広がっていた[21]。

　ウィッタムのような町には、一応の書店、文芸クラブ、巡回の見せ物も存在した。目抜き通りの突きあたりにある何軒かの大邸宅は、修復されて新たに階段が取りつけられ、漆喰塗りの工事がほどこされ、優雅な調度品が整えられていたが、そこにはジェントリの家族、とりわけ寡婦や未婚の娘たちが住んでいた[22]。ウィッタムの社交界は、所得水準だけでなく［国教会の］教会や［非国教会の］礼拝堂をもうひとつの軸として形成されていた。農業の優越性とジェントリの存在は、ウィッタムを「かなり貴族的傾向の強い、瀟洒でこぢんまりとした町」にしていた[23]。この町に住む専門職の大半、取引業者の多く、在地ジェントリの何人かは町の外で生まれており、多くはその地方の出身者でもなかった[24]。

　小規模な村落の多くは、ずっと辺鄙な場所にあった。中産階級の文芸文化がこれらの遠く隔たった集落や農場にまで到達するには、より時間がかかったであろう。だが、人びとは似たような志向性をもつ少数の家族の結びつきを頼って遠方の日曜礼拝に出かけ、また互いに訪問し合って、日常的な活動の範囲を超えたところで知識を蓄えていった。農業経営者や商人が世界観を広げ、生活水準を向上させるにつれて、必然的に彼らと農業労働者とのあいだの社会的障壁は高くなった。しかし、自分たちに社会的な指導権があると考えていた小ジェントリや聖職者もまた、中間層として新たに獲得した自負心から、社会秩序における自分たちの位置を再定義する必要があった。この経済的および社会的な衝突は、多くの場合、複雑な宗教的同盟関係にみてとることができるのだが、それが政治的色彩も帯びるようになったのは驚くべきことではなかろう。

　一八世紀後半の市場町は、もっぱら党派利害に支配された閉鎖的な都市自治体によって運営されており、腐敗と紙一重の縁故関係にどっぷりと浸かっていた。一八三〇年代には、非国教徒に官職の保持が許され、都市自治体を改革する全国的な法制度が発展したのを受けて、より自由主義的な勢力が都市自治体の支配権を握ることに成功した。ところがコルチェスターでは、リベラル派の支配は手腕の欠如で悪名をとどろかせ、数年後にはトーリー派による寡頭制支配が勝ち誇ったように復活して、世紀半ばをまたいで支配を維持することになった。[25] イプスウィッチのリベラルな非国教徒は、基盤となるホイッグ派が少数であったわりには比較的首尾よくことを進め、一〇年以上にわたって権力を獲得し保持することになった。[26] 農村部では、大規模な農業経営者が教区会《ヴェストリー》を牛耳り貧民監督官を務めて支配力をふるったが、一八三五年の地方自治体改革は、多くの非国教徒のエネルギーを解放することになった。

実際のところ、コルチェスターでは、一八三二年の選挙法改正の結果、職人層の有権者が減少していた。凶作の一八二〇年代を通じて暴発寸前であった怒りは、苛烈な新救貧法の施行の強制によって燃えあがり、一八三〇年代にコルチェスターの穏健なチャーティズムへの支持を増大させた。エセックスやサフォークでのチャーティズムは主として熟練職人の運動であったが、ひと握りの中産階級男性も後ろ盾となっていたのである。

チャーティストとリベラル派との危うい同盟関係は一八三〇年代を通じてなんとか保たれ、三八年に普通選挙権を求めて三〇〇〇人にのぼる群衆がコルチェスターの中心部を埋め尽くした際にも、どうにかこの運動を支持した。しかし、国内のほかの地域では、より戦闘的なチャーティストの活動によって、中産階級の支持者たちは震えあがった。農村部では、チャーティストの主張はいくつかの村落で少数の支持者を見いだしたにすぎなかった。チャーティズムは、この地域でいくらかでも積極的に女性を巻き込もうとした唯一の政治運動であった。しかし、この運動は、職人層のエネルギーが形成期の労働組合運動に転じるにしたがい、衰退しはじめた。いずれにしても一八四〇年代までには、農業経営、商業取引、専門職に従事して富をなすことは、社会的に評価されるものとなっており、それは非国教徒の場合も同じであった。選挙演説の場では党派政治が依然として存続したかもしれないが、労働者階級の啓蒙と統制という大事業では、コルチェスターのトーリー派は、ヴィクトリア時代中期の堅実な地方中産階級の共同構成員として、非国教会系のリベラル派と手を携えて日曜学校運動や博愛主義活動に取り組んだのである。[27]

これら二つの地域の経済は、穀物と金属という別個の生産物を基盤としていたが、それらが地域市場や全国市場と関わることで、中規模の工場と中規模の農場とが互いに対応関係をなす、似通った社会構造の土台が築かれていた。当然、バーミンガムの何十万人もの住人は、「エセックスとサフォークという」二つの州で農村部や市場街に分散して暮らしていた同じ数の住民よりも、物理的にはより密集して暮らしていた。さらに、この製造業都市は全国的に人口が最大の伸びを示した一八二〇年代から三〇年代にかけて、エセックスとサフォークの二・五倍もの拡大を遂げていた。[28] しかし両地域とも、発展のかなりの部分が新たな機会を求める移住者によってもたらされており、そうした精力的な新来者は、とりわけ中産階級に多かったようである。[29]

バーミンガムも、エセックスとサフォークの都市も、首都ロンドンとの往来が便利な場所に位置していた。二つの地域には、ほかの地域とも商業上および輸送上の結びつきがあり、バーミンガムの運河に相当したのが、エセックスとサフォークの沿岸航路であった。こうした基本的な類似性にもかかわらず、階級間の関係では重要な差異があった。工業都市［バーミンガム］では、都市内部に労働者と職人ばかりが集中したことで、彼らよりも上に位置する集団は、労働者と職人の生活状態を敏感に意識し、それがつねに懸念材料となっていた。［エセックスとサフォークの］農業労働者は分散していたうえ、あまり動きを見せていなかったために無視されがちであり、彼らに目が向けられるようになったのは、戦後の恐慌期に財産にあからさまな攻撃が加えられるようになってからのことであった。[30]

このような社会階層の逆の端に位置したのは、土地所有者としてのジェントリであり、彼らは農村部でより大きな存在感を発揮し、また市場町では商人や専門職の多くが貴族との恩顧関係に依存して生計を営んでいたため、強力な影響力を誇っていた。バーミンガムは、それとは対照的により自己充足的な地域社会だった。バーミンガムはきわめて俗物的だという評判であり、在地のジェントリに目をかけられる都市ではなかった。［エセックスやサフォークのような］東部地域では、ささやかな財産しかない家族の息子でも、ケンブリッジで教育を受けるという道を切り拓くことができたかもしれないが、バーミンガムには、このように周囲に広く影響力を及ぼす古くからの大学は存在しなかった。[31]

貴族の支配権とケンブリッジ大学の存在により、農村部エセックスとサフォークでは国教会の存在感がより強くなり、国教会伝統派と福音派の双方が強力であった。このような要因に加えて、中産階級の家族が点在して暮らしていたことを考えれば、私たちがエセックスとサフォークで家庭をテーマにものを書く地元の作家をより多く発見してきた理由は、部分的には説明がつくであろう。密集して居住していたバーミンガムの中産階級は、製造業や商業のなかで、また郊外や自発的結社のなかで家庭的な文化を積極的につくりあげていた。［他方、］村落や州都に暮らす副牧師、医師、農業経営者、地方商人、その女性の親類たちは、こうした考え方を著述のなかで伝え広める傾向があったのである。

登場人物

一七八〇年代から九〇年代にかけて中間層に生まれた世代は、福音主義運動の衝撃をまともに受けた。彼らの幼年期から青年期にかけての時代は、フランス革命をめぐる初期の熱狂とその後の急激な反動の時代であり、絶えず戦争状態にあった社会特有の不安定な時代であった。彼らの多くは新来の家族としてやってきて、その地域社会で成長することになった。彼らの繁栄は中産階級の消費と密接に結びついていたが、それは多くの場合、彼らが生活の糧にしていた物品の生産やサーヴィスが、彼らもその一部をなす中産階級文化の特徴をかたちづくっていたからであった。

ここで詳述する二つの家族は、一方は商店経営と食品製造業から、もう一方は聖職と著述業と出版業から生活の糧を得ていたが、いずれもこのパターンにならっていた。いずれの場合も、こうした活動は三〜四世代にわたって続く家族の伝統となった。バーミンガムのカドベリー家では、ある分家が織物商で、中産階級が着用するよそ行きの立派な衣服を仕立てる布地を商った。別の分家は茶とコーヒーを販売していたが、ほどなくチョコレートの製造に特化するようになった。チョコレートは、この時代にはもっぱら温かい飲み物［ココア］として消費され、興奮性のあるアルコール飲料に取って代わる健全な家族の飲み物として、意図的に宣伝販売されていった。エセックスのテイラー家は、文化的な財を世に送りだすことを稼業とし、講演や説教を行なうとともに、正しき中産階級の道徳や行動様式についての考え方を印刷し、著述し、出版したのだった。

つぎに繰り広げられるこれら二つの家族の詳細な描写は、本書でのちに解明される多様なテーマの実例を集約したものである。

〈家族商店——バーミンガムのカドベリー家〉

神は男性を家族のなかに位置づけられた(32)。

ジョージ・カドベリー、一八三九〜一九二二

デヴォン州で綾織物《サージ》製造業を営むクエイカー教徒の家に生まれたリチャード・タッパー・カドベリーは、三四歳となった一七九四年にバーミンガムにやってきて、織物商の事業を立ち上げた。一七九六年、彼はイプスウィッチのエリザベス・ヘッドと結婚し、一八〇〇年には第一子のセーラを伴って、都市中心部の大きな商店街、ブル街に面した店舗の階上を住まいとする、ほどよい大きさの庭つきの家に引っ越した。一家が長年かけてなんとか家業を繁盛させると、リチャード・タッパー・カドベリーは六〇歳にして、息子のジョンの言葉を用いれば「ささやかな資産」とともに引退することができ、この事業を長男のベンジャミンの手に委ねたのだった(33)。

その始まりから、ブル街の店舗は家族経営であった。この店舗の建物は、仕事場と家庭を合体させたもので、リチャードとエリザベスによる共同経営として運営されていた。既婚女性であるエリザベスは、完全な共同出資者になることはできなかったものの、いつでも緊急の場合には呼びだされる心づもりをし、必要とされれば店を手伝う用意をしていた。夫の不在時には、彼女が経営全体を監督し、注文を確認したり、卸売取引についての知らせを夫から受け取ったり、来客を相手に商談をしたりした。その一方で、彼女はつぎつぎと数が増えていく子どもたちや徒弟、ときおり滞在しにやってくるさまざまな親族やクエイカー教徒の仲間を抱えたこの家の管理にたいして責任を負っていた。一七九七年から一八一一年までの一四年間に、エリザベスは一〇人の子どもを産み、そのうち八人は成人したので、

彼女はほとんど切れ目なく出産と子育てに追われていたことになる。彼女は同居していた自分の母親の死だけでなく、ひとりは三歳、もうひとりは一三歳で亡くなった二人の子どもの死にも対処しなければならなかった。水を運び、家を清潔にし、食事の準備をし、使用人《サーヴァント》を監督し、衣服を仕立て繕い、徒弟たちを束ね、小さな子どもたちの世話と教育をし、店の経営に注意深く目を光らせて、彼女は絶え間なく動きまわる必要があったにちがいない[34]。彼女が家族と世帯の物理的ニーズに心を砕いていたおかげで、リチャードは家族全員を支える家業の経営に専心することができた。店舗で顧客を出迎えるにも、新しい織物を選ぶためにロンドンへ出かけるにも、徒弟に裁断の訓練をするにも、地元の新聞に広告を依頼するにも、事業の拡大にともない不動産や株式に投資を行なうにも、彼は家族の助力をあてにすることができた。

身内の者は、店舗での手伝いを頼まれることもあった。娘のマライアとアンは、求められれば手を貸した。幼い息子たちは、使い走りや伝言の役割をすることもあった。成長すると、息子たちは小売業の異なる側面について学ぶため、徒弟に出された。長男のベンジャミンは戻ってきて店の経営を引き継ぎ、次男のジョンは隣の店で茶とコーヒーを扱う商売を始めた。拡大家族もまた多種多様な援助を提供し、カドベリー家から見返りを受けていた。結婚して絹織物商の夫とロンドンに暮らしていた姉のセーラは、首都ロンドンでの拠点を提供してくれた。セーラの息子サミュエルは、リチャードのもとに徒弟に出された。家族は、信託財産管理人や遺言執行者、助言者や相談役の役割も果たした。ベンジャミンがランカスターのキャンディア・ワドキンと結婚すると、二人の義父は互いに経営の問題について助言し合った。火災保険の手配に関する忠告や、鉄道株を購入すべき時機といった話題は、親類や友人に関する知らせと同じく、家族の手紙の重要な一部となった。娘のセーラの二人の息子たちは、いずれも拡大する家族経営体のさまざまな活動のなかに引き込まれていった。

クエイカー教徒の仲間たちもまた、経営の問題で支援が必要なときには頼りにすることができた。クエイカー教徒のネットワークが提供してくれたのは、宗教的な共同体だけでなく、国全体に広がる交友の場だった。カドベリー家の子どものうちで結婚した者はみな、由緒あるクエイカー教徒の家族の一員となった。実際のところ、ふさわしい相手が選ばれない場合には、結婚にいたらなかった。エマ・カドベリーの記録によれば、マライアとアンという二人の姉にはいずれも恋人がいたが、結婚を認めてもらえなかったという。二人は独身を通し、母親が亡くなってからは父親の面倒を見ることになった。バーミンガムのクエイカー教徒は、凝集力と強い自意識をもった共同体であり、定例の社交行事で開かれる礼拝や日常生活のなかで、ともに独特の習慣を守っていた。彼らはともに語り、ともに食事をし、祝祭日をともにしたのであった。

クエイカー教徒の共同体は、その構成員に資力と援助を与えたが、決して彼らを外部の社会から切り離すことはなかった。

リチャード・タッパー・カドベリーは、この時代の中産階級にとってきわめて中心的な意味をもつ公共の諸団体や自発的結社のなかで重要な役割を果たした。彼はバーミンガムの特権的役職のひとつである街路改良委員に任命された。彼はいかなる意味においても党派的な人間ではなかったが、一八三八年の地方自治体選挙ではエジバストンのトーリー党の候補者として出馬し、落選した。彼がもっぱら関心を注いだのは博愛主義的問題であり、総合病院、聴覚障害者施設、視覚障害者施療院、幼児学校といった団体のために尽力するのみならず、反奴隷制運動や禁酒運動にも積極的であった。彼は超党派的な状況のもとで働くことにたいして覚悟と意欲をもち、ウィリアム・マーシュ牧師のような国教会福音派の人びとと手を携えて、バーミンガムの改良事業や道徳強化に向けた運動を展開した。彼はバーミンガムの「しかるべき」人物として広く認知されており、重要

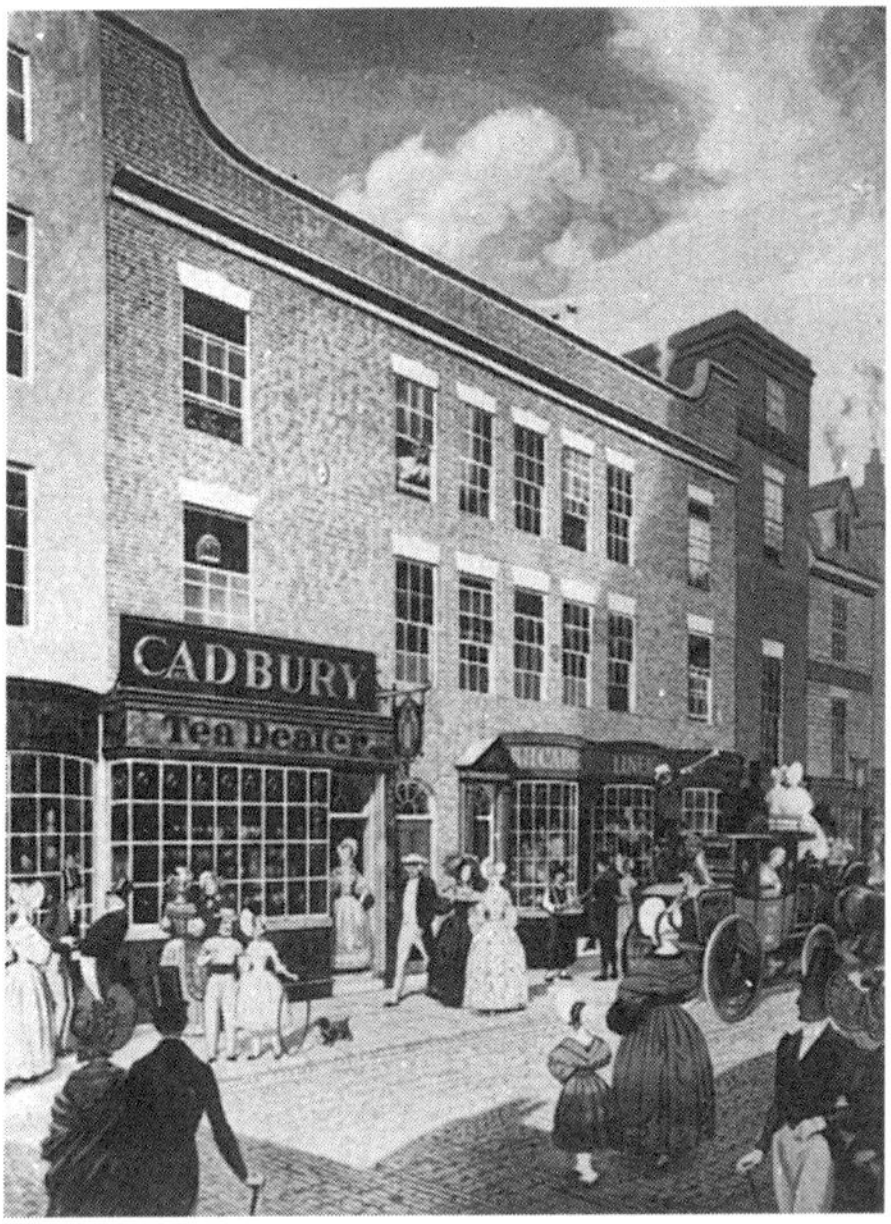

図 4　バーミンガム中心部ブル街に面したカドベリー家の店舗と家屋，1824 年

図 5　ベンジャミン・ヘッド・カドベリーとキャンディア・ワドキン・カドベリー（1829 年に結婚）夫妻とその子どもたち。一家は織物商の事業をもとに財をなした。1850 年ごろの撮影

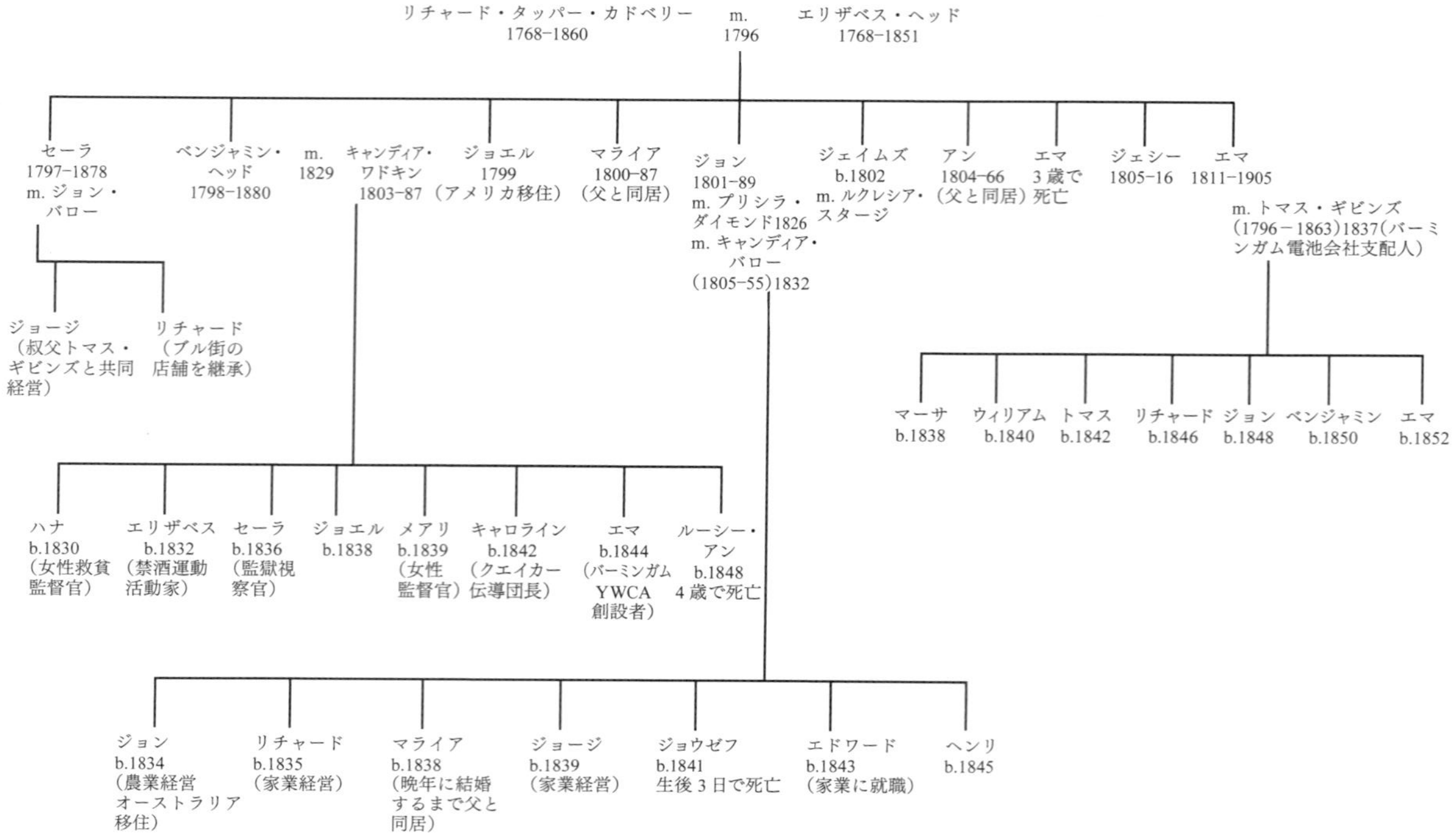
リチャード・タッパー・カドベリー
1768–1860
m.
1796
エリザベス・ヘッド
1768–1851
セーラ
1797–1878
m. ジョン・バロー
ベンジャミン・ヘッド
1798–1880
m.
1829
キャンディア・ワドキン
1803–87
ジョエル
1799
（アメリカ移住）
マライア
1800–87
（父と同居）
ジョン
1801–89
m. プリシラ・ダイモンド1826
m. キャンディア・バロー
(1805–55)1832
ジェイムズ
b.1802
m. ルクレシア・スタージ
アン
1804–66
（父と同居）
エマ
3 歳で死亡
ジェシー
1805–16
エマ
1811–1905
m. トマス・ギビンズ
(1796－1863)1837(バーミンガム電池会社支配人)
ジョージ
（叔父トマス・ギビンズと共同経営）
リチャード
（ブル街の店舗を継承）
マーサ
b.1838
ウィリアム
b.1840
トマス
b.1842
リチャード
b.1846
ジョン
b.1848
ベンジャミン
b.1850
エマ
b.1852
ハナ
b.1830
（女性救貧監督官）
エリザベス
b.1832
（禁酒運動活動家）
セーラ
b.1836
（監獄視察官）
ジョエル
b.1838
メアリ
b.1839
（女性監督官）
キャロライン
b.1842
（クエイカー伝導団長）
エマ
b.1844
（バーミンガムYWCA創設者）
ルーシー・アン
b.1848
4 歳で死亡
ジョン
b.1834
（農業経営オーストラリア移住）
リチャード
b.1835
（家業経営）
マライア
b.1838
（晩年に結婚するまで父と同居）
ジョージ
b.1839
（家業経営）
ジョウゼフ
b.1841
生後 3 日で死亡
エドワード
b.1843
（家業に就職）
ヘンリ
b.1845

家系図 1　カドベリー家

な問題では町の対話集会に姿を現わし、その葬儀の際にはブル街の全商店が敬意を示して閉店したほどの名士であった。

　とはいえ、息子のジョンにとって、敬愛する父親の「もっとも興味深く重要な特徴は、……家族水入らずで続けられた私的な散歩のなかに見いだせるものであった」[35]。しかし、その「私的な散歩」の性格は変化しつつあった。織物商としてそれなりの成功をおさめたことにより、リチャードは一八一二年以降、

図 6　エジバストンのコールソープ街にあるカドベリー邸。撮影は 1860 年ごろ。エジバストンのこのあたりにはカドベリー一族の住居が数軒建てられていた

当時はまだまったくの農村部であったエジバストンのはずれに二軒目の家を借りることができた。ここで幼い子どもたちは、日々のかなりの時間を使って鳩、兎、犬、猫を飼育した。両親も、可能な場合はいつでも子どもたちに加わった。エリザベスは二つの世帯を切り盛りし、絶え間なくそのあいだを往来しながら、子どもの世話や家の模様替えをし、庭いじりや果実栽培を楽しんで、家族とクエイカー教徒の世界に完全に没頭していた。一八二九年に長男のベンジャミンが結婚すると、リチャードは実質的に事業から引退し、彼とエリザベスは娘のマライア、アン、エマと一緒にエジバストンの新しい家に移り住んだ。ベンジャミンと［妻の］キャンディアは、店舗の階上にある住まいに引っ越し、家族に伝わるこの家を改築して六人の娘と一人の息子を育てた。一八四〇年代になると、彼らもまたエジバストンに転居した。

　その間、次男のジョンはリーズとロンドンでの修行から戻ってきていた。一八二四年には、父親からささやかな資金援助を受けて、家族で経営していた古い店舗の隣で茶とコーヒーを扱う商人として商売を立ち上げた。当初は、店舗の階上にある住まいに最初の妻とともに暮らしていたが、妻が早世して彼は独りになってしまった。一八三二年に再婚すると、結婚後の二年間はブル街に留まっていたが、最初の子どもが生まれてからは、エジバストンの小さな家に引っ越した。その後、リチャードとエリザベスの家からほんの数軒離れたところに田舎家風の外観の家を見つけ、改築と増築を何度も繰り返しながら、この屋敷

を四〇年以上にわたって家族の住まいとした。ここでジョンとその妻は、五人の息子と一人娘のマライアを育てた。マライアは甥や姪たちのために書いた手記のなかで、子ども時代を想い起こしながら、「我が家はあたたかな家庭」であり、「私たちの誰にとっても家庭が魅力の中心であった。素朴な家庭の楽しみが、何よりの喜びだった」と記している(36)。

この世代の結婚生活は、ある点において親たちとは大きく異なっていた。彼らはエジバストンに住んでいたため、母親は店の経営とは直接的に関わらず、父親は毎日仕事をしに家を出て晩に帰宅するという生活であった。郊外での生活のため、昼食ではなく晩の食事が正餐となった。彼らの店は、それが家族を支え、その管理職が主として家族から選ばれ、その所有権が引き続き家族のもとにあったという意味で、依然として家族の事業であった。しかし、ジョンの妻が店舗で仕事を手伝ったり、徒弟の面倒を見たりすることはなく、有名なココア飲料用の豆の焙煎とすり潰しのために一八三一年に設立された工場の運営にも、彼女は関わりをもたなかった。彼女の子どもたちは、使い走りも店での手伝いもしなかった。しかし、彼女の存在は、依然として事業の成功のためには不可欠だった。妻に身のまわりと情緒面を支えられ、ジョンの仕事は順風満帆であったが、一八五五年に彼女が亡くなると、家族の命運《フォーチュンズ》は急激に落ち込んでいった。この事業の傾きは、男やもめの不幸という点から説明され、息子のリチャードとジョージが会社を完全に継承し、母親の遺産を使って増資を行なったことでようやく歯止めがかけられた。リチャードの伝記作家の視点からすれば、これは彼らの男としての試練であった。伝記作家が記すには、「彼らは男らしく奮闘し、懸命に力を尽くした」。

彼らは自己規律、完全主義、細部への注意という点で有益な訓練を受けていたし、またアルコールや煙草、肉体的および道徳的な気質を弱めるような快楽をいかなるものでも慎む習慣が身についていたことが、大いに役に立ったのである(37)。

彼らの自己規律は、バーンヴィルの新工場というめざましい成果をもたらすことになったが、それは懸命な労働と禁欲的な生活があったからこそかなえられたのだった。一八七二年に経営が安定して軌道に乗るとリチャードは結婚し、居心地のよい自分の家をもった。彼の妻は義母と同じく、店の経営には直接的に関わらなかった。それどころか、ジョージ・カドベリーは既婚女性の雇用にたいして強固に反対し、バーンヴィルでの既婚女性の就業を拒否したのである。

エリザベス・ヘッド・カドベリーにとって、店の経営とは人生の一部であったが、エリザベスの義理の娘や孫娘たちは、女性がすべき仕事についてやや違う考え方をしていた。彼女たちは店舗の階上の住まいで結婚生活を始めたが、全員が人生のいずれかの時点で職場と家庭との物理的な分離を経験した。当時進行していた男性領域と女性領域のより厳密な分離を映しだす変化である。夫の金属製品作業所の隣に暮らしているかぎり、エマ・カドベリー・ギビンズの家庭は、共同経営者たちとの晩餐や急な会合の場となったし、工場の責任者になっている怠惰な従兄弟を住まわせることもあった。しかし、そのような家庭が意味したのは、作業所の火炎だけでなく、ストライキやチャーティストの示威行進という厄介な事態にも直接的にさらされるということである。エジバストンでの生活は、都市の中心部の生活で感じていた脅威を取り除いてくれるものだったが、家族経営体にたいするエマの関わりをかなり希薄なものにした。母親であることに専門職的な特質を見いだす考えは同時代人のあいだでますます強まったが、エジバストンのカドベリー家の居心地のよい家庭や緑豊かな庭にも、その考えが反映されていた。エジバストンとはまさに、典型的な中産階級向け郊外住宅地の先駆であり、そこでの女性は家族の団欒、夫と子どもたちにだけ時間と関心を向けていればよいとされたのである。

「女性の使命」が家族の内部にあるものと定義された時代に、結婚しない女性にはどのような選択肢があったのだろうか。エリザベスの娘マライアは独身を続け、両親が亡くなるまでともに暮らし、父親の最晩年にはその介護をした。彼女の遺言は、絆の強い大家族のなかで、独自のささやかな財産をもって暮らした独身女性の社会的および情緒的世界を映しだす史料となる。彼女の大好きだった家族の想い出の品は、愛する妹のエマに送られ（もうひとりの妹のアンは長年にわたり一緒に暮らしていたが、マライアより早く亡くなっていた）、高価なティースプーン、ソース用レードル、角砂糖挟みは、何人もいる姪や甥たちに遺された。マライアが［遺言で］特別に経済的な義理を果たしたのは、姪たちと、一人の年老いた使用人と、彼女が関わってきた博愛主義事業であった。マライアの人生は、家族と友人への奉仕の人生であり、彼女の経済的支えは、彼女が間接的に援助してきた家族経営からもたらされたものだった。

しかし、一八三〇年代から四〇年代にかけて成長したマライアの姪たちには、新たな可能性が開かれていた。兄のベンジャミンの七人の娘たちに、彼女はそれぞれ三〇〇ポンドを遺した。生き残った六人の娘たちは、専門的な仕事《プロフェッション》として博愛主義事業を始めたが、これはおばたちの世代にはなかった選択肢であった。おばたちは、奴隷制反対のような問題に関わるために、女性の権利を求める先駆けとならざるをえなかったのである。おばのひとりは人目につく活動をとても嫌っていたので、自分の家族のなかでは「妻や母として輝いていた」ものの、博愛主義活動では目立たずひっそりと仕事をこなした。次の世代ではハナが女性救貧監督官、エリザベスは禁酒活動、セーラは監獄視察官、メアリは女性監督官《メイトロン》、キャロラインはシリアへのクエイカー伝道団長となり、エマはバーミンガムのＹＷＣＡの創設に携わっていた。博愛主義活動は独身女性のもっとも典型的な領域となっていたため、奉仕事業という公共の世界において、このおばのように慎み深くふるまうのは望ましくないと考えられたのかもしれない。

ハナの母親は、一八四〇年代にクエイカー教徒の女学校に寄宿していた娘に宛てて、手紙を送っている。彼女が娘に向けて強調したのは、家族のなかに世代を超えた連続性が存在することだった。「愛情に満ちた気持ちは、人生を通じて多くの艱難辛苦を癒やしてくれます。……あなたのおじいさまの家族と同じように私たち一家も、ずっと愛情で結ばれた家族でいられますように……」と彼女は記した。[38] カドベリー家の人びとにとって、そうした愛情は、自分たちのキリスト教信仰、家庭生活への献身、廉直な経営慣行から生まれた、自然で時間を超えた現象であるように思われたのかもしれない。しかし、そうした愛情は、特定の法制度や経済的諸制度によって、つまり家族、男女間の適切な関係、男女の仕事の性質についての特定の思想によって枠づけられたものであった。それは、一定の方向の活動にたいしては正統性を与え、そうでないものは認めない愛であり、男性と女性のどちらにとっても将来像を決めてしまう愛であり、恩恵だけでなく代償もともなう愛だった。そしてその愛は、「家族経営の」従業員からなる「家族」を強化するために意図されたもので、利害の対立を認めようとはしないものだった。それは、寒い冬の夜に夫や子どもたちのために世話をやく母親が準備してくれた、湯気のたちのぼる一杯のホットココアに見事に象徴される暖かい家族という幻想であった。

〈家族の文筆――エセックスのテイラー家[39]〉

主よ、人生とは何なのでしょうか。
主とともに、義務、讃美、祈りのなかで歩むのならば、
短かくとも長くとも、悩むことなどないのです。
生と死が過去のものとなっても
永久なるものは、ずっと続くのですから。

ジェイン・テイラー、アン・テイラー、一八〇六年

一八世紀半ばに生まれたアイザック・テイラーとアン・マーティン・テイラーは、エセックスとサフォークの農村部に活気を与えた新たな文化を代表する存在であった。アイザックの家族は、金細工職人として高く評価されていた。彼の父親は、銅板彫刻という新しい技能で生計を立てていた。長兄のチャールズは聖書事典の普及版を編集し、弟は出版業で財をなした。文芸と宗教に造詣の深い家族だったのである。

アイザック自身は、十代の早い時期に回心を経験した。彼は牧師を志したが病気のせいで断念せざるをえず、父親から教わった銅板彫刻の仕事を続けた。アン・マーティンは小ジェントリと聖職者の家系の出身だった。アンの父親は建築投機で世襲財産を失い、ロンドンで不動産管理人として身を立てた。彼は少年期に回心しており、その信仰は早世した彼が残した主たる遺産となった。礼拝堂で知り合ったアイザックとアンは、一七八一年までには結婚していたが、アイザックの生活の支えとなったのは兄のチャールズからの定期的な彫刻の注文、いくらかの自由契約の仕事、それに蓄えておいた三〇ポンドだけであった。アンは一〇〇ポンドと家具をいくらか持参し、それらを携えて二人はロンドンに居を定めることとなった。

結婚してから五年間で四人の子どもが生まれたが、そのうち

二人が亡くなった。生活費がかさまない健康的な農村地帯への転居を決意したアイザックは、会衆派のつてで引っ越し先を探し、ロンドンから約六〇マイル離れたサフォーク州のラヴェナム村を選んだ。郵便と輸送手段の発達のおかげで、アイザックはときおりひとりでロンドンを訪れるだけで銅板彫刻の仕事を続けることができた。ラヴェナムでは、テイラー家が礼拝堂の中心的な信徒となり、そこでアンは日曜学校を開き、アイザックは平日の礼拝と講演の準備をした。この夫婦は、のんびりとした村民の大部分に比べて教養があり、広い視野をもっていたが、裕福な商人や農業経営者のなかに友人を見いだした。こうした人びとのあいだでは、彼らの聡明で物おじしない二人の娘たちが大いに賞賛を浴びた。この家族にはわずかな資本しかな

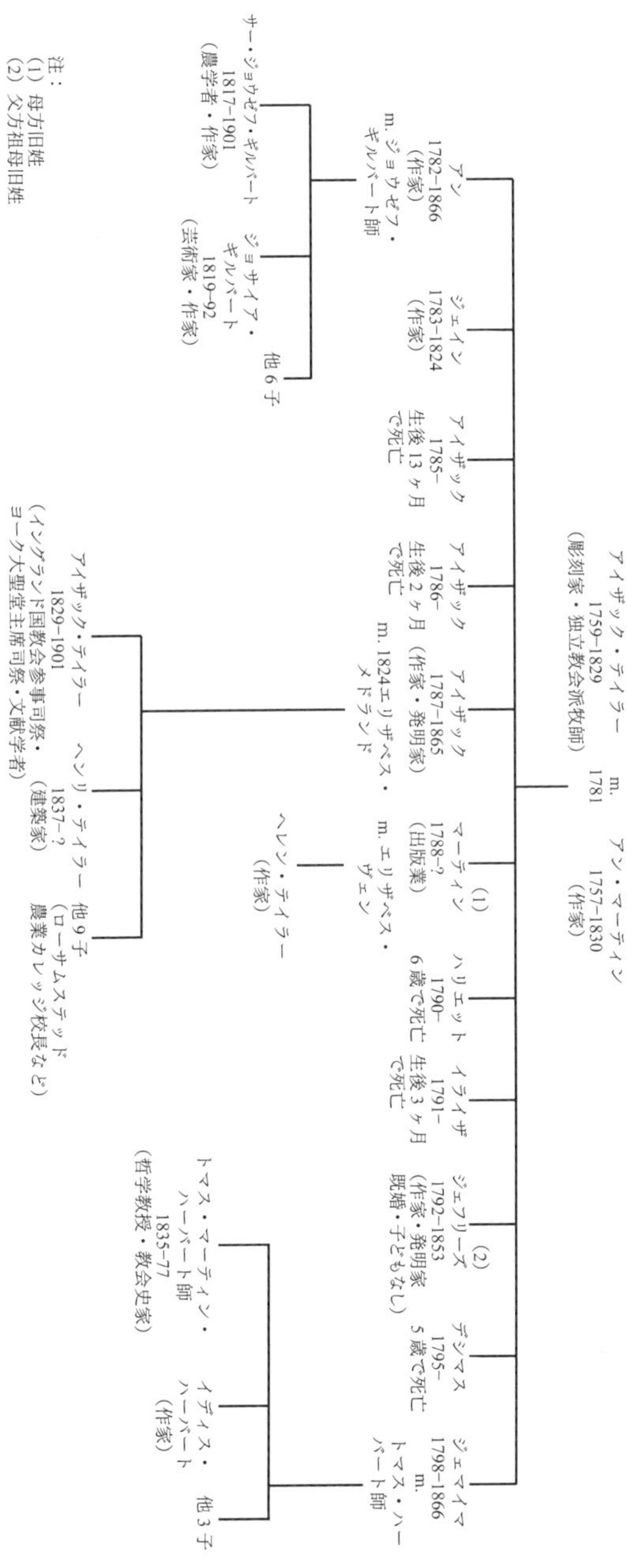

家系図 2　テイラー家

かったが、教育と技能、そして能動的な宗教心から湧き出た膨大なエネルギーがあり、そのエネルギーは子どもの教育や地域社会の啓蒙に注がれた。それでも、夫妻が結んでいたロンドンとの関係はきわめて重要な生命線であった。

アイザックの銅板彫刻のほとんどはフランスに輸出されていたため、革命と戦争という混乱は彼らの収入に悪影響を及ぼした。さらに一七九二年、彼は熱病で倒れ、危うく死にかけた。この若い夫婦は、家屋を改築して貯蓄をつぎ込んでしまっていたのに、医師への出費は三〇ポンドにも達した。アン・マーティンは、一〇歳、九歳、五歳の子どもたちと六ヶ月の赤ん坊を抱え、破産の瀬戸際にあった。彼女は精神的に参ってしまい、この時期には信仰を失っていた。

三年後、アイザックは口説き落とされて、コルチェスターの小規模な会衆のための牧師となった。彼は残りの人生を独立派の牧師としての務めに捧げたが、つねに作業部屋を設けて銅板彫刻の仕事を続け、これにより増えていく家族を支えた。一〇番目の子どものデシマスは、夫妻がこの賑やかな市場町に到着したその月に生まれ、末子のジェマイマはその三年後に生まれた。合計すれば、生まれた一一人の子どものうち、生き延びたのは六人だけということになる。コルチェスターでアイザックは、大通りから少し離れたところにある旧い織物商の家に住んだが、このむやみに広く背の高い建物にはつねに徒弟が同居し、たいていは二~三人の寄宿生もいた。屋根裏には、それぞれが独りで勉強や祈りをする隠れ家として、男の子用と女の子用の部屋がしつらえられていた。

アイザック自身はつねに朝の六時から七時、夜の八時から九時までを祈りと瞑想の時間とした。彼の生活は多方面の活動に対応するように、またその宗教的信念と合致するように入念に計画されていた。説教や牧師としての仕事に加え、彼は銅板彫刻の仕事を続け、さらに定期的に教育や講演も行なっていた。彼は若い男性向けの助言書や、『物の由来をたどってみよう』や『黒パンの歴史』といった題名の旅行書、自然史に関する書物を執筆した。彼の息子はアイザックの驚異的な功績を思い起こして、「あらゆることにおける几帳面さ、計画性、規則性が、父の性格の特徴であった」と述べた。[40] こうした予定の詰まった生活にもかかわらず、アイザックは、食事時、授業や作業部屋でのひと時、日々の散歩や特別な小旅行、家族の夕べや素人劇などの場面で、実によく子どもたちの面倒を見ていた。

アン・マーティンは夫と多くの活動をともにしていたが、つねに収入が不安定でほとんど人手も借りられない状態であったので、必然的に家の切り盛りにかかりきりになった。アイザックと同様、彼女は新しいやり方で子どもたちを育てようと心に誓っており、子どもたちに思いやりと優しさ、喜びにあふれた宗教的信仰を与えた。結婚後間もないころには、アンは妻として母としての「重要な間柄」にともなう義務が自分のエネルギーと思想のすべてを奪っていると感じていた。[41] 二〇代半ばから三〇代にかけて、彼女は絶え間なく妊娠し、子どもを育て、よちよち歩きの幼児の相手をしていたが、食事時に声に出して本を読むことで、心身にのしかかる重圧を忘れようとした。これはそのときから家族の慣行となり、赤ん坊でさえ静かに高椅子に座っていることを教わったのだった。しかし、健康面と精神面での過労は明らかで、四一歳で最後に身ごもったときには、危うく完全に身体を壊すところであった。テイラー家の人びとは家族生活を賞賛していたが、厳しい経済状況のなかで育てられたこのような大家族に高い代償が求められたことは、ここかしこに暗示されている。アン・マーティンは、父親の違う妹や年長の子どもたちからの助けに頼らなければならなかった。長女のアンは、一六歳で末の妹ジェマイマから慕われる母代わりの存在になった。アン・マーティンは家族生活が重要であるというみずからの信念に支えられて気力を奮い起こし、ついにはこうした考えを出版物のかたちで表明することになった。夫と子どもたちにしきりに促された彼女は、中年期の後半になって家庭生活に関する一連の書物を執筆し、大きな成功をおさめたのだった（第3章を参照）。

テイラー家がコルチェスターに到着したとき、彼らの目に映ったのは、人口約一万、一二の教区《パリッシュ》教会といくつかの非国教会系の礼拝堂を擁する、活気に満ちた市場町だった。それにもかかわらず、テイラー家は町の雰囲気が、聖俗いずれの状況に

図 7　ジェイン・テイラーとアン・テイラー，父親アイザック・テイラーの作品，1792 年

図 8　アイザック・テイラー，1787～1865 年。アイザック・テイラーとアン・マーティン・テイラーの息子。牧師であり作家であり発明家であった

おいても停滞していると考えた。一家は、見識のあるひと握りの住民たちに近づいた。テイラー家はまた、ロンドン在住の気心の知れた友人の出版者、著述家、医師の家系、牧師やその家族のもとにも訪問し続けた。テイラー家は熱心な非国教会主義のため政治活動も行なわなかったし、コルチェスター哲学協会のような、より組織化された科学団体や文芸団体が設立されるころには、一家はこの町を去っていた。しかしこうした団体の多くは、アイザックの講義や教育によって整えられた土台の上に築かれたものだった。

一八〇七年には、わずかな財産を遺してアイザックの父親が亡くなり、一八一〇年には、断続的に沸き起こる分裂の動きによってコルチェスターの会衆のあいだに亀裂が走り、友人同士、親類同士が対立することになった。アイザックは離職を余儀なくされ、翌年には、ロンドンから二〇マイル離れた農村部に暮らすより小規模な会衆たちのもとに招かれてやってきた。ここで一家は、一軒の農家を自分たちで作業部屋と書斎のある家につくりかえ、アイザックは日曜学校、書物クラブ、平日の晩の祈祷会や講演にますます多くの時間をかけるようになった。彼は一八二九年に亡くなるまで、そこで牧師として活動した。

一七九六年に家族がコルチェスターに引っ越してきたとき、テイラー家の年長の子どもたちは、ちょうど十代半ばに差しかかろうとしていた。彼らの子ども時代は宗教的な義務と勉学によって枠をはめられていたが、その育てられ方には、身体を使った遊びや想像上の遊びも含まれていた。最年長のアンとジェインという二人の姉妹は、一八ヶ月しか年が離れておらず、ごく親しい遊び仲間であり、その後に生まれた二人の子どもが幼くして亡くなったため、弟のアイザックとは四歳の年齢差があった。小さいころから二人は自分たちで作ったゲームをして遊んだ。七歳になるころからは、詩や散文を書きはじめた。しかし、彼女たちはまた母親にならって家事を勤め、「行なったことはすべて、その理由もやり方も一度で覚える」ように期待されていた。[42]

子どもたちは全員、家庭で教育を受けたが、男の子は通学制の学校《デイ・スクール》にも送られた。子どもたちは十代後半になると、息子の場合でも娘の場合でも作業部屋の一員として迎え入れられ、銅板彫刻の訓練を受けて、アイザックの仕事を手伝った。その対価として、食事と宿とわずかな賃金を受け取ったのだ。当時はこれが普通のことだと思われていたが、中年になるとアンは弁解がましく、自分の父親は娘たちが「女らしさを損なうことなく」自活できるようにとそうしたのであり、「また、自宅で私たちを自分のまわりに留めておくことで、父は私たちの誰にたいしても家庭的な優しさを強くもち続けた」のだと述べている。[43]息子たちは、空いた時間を使って家庭菜園を耕したり、田舎を歩きまわったり、屋根裏部屋で初歩的な機械の発明品の実験を行なったりした。娘たちは、家の手伝いを期待された。アンとジェインは代わる代わる、ある週は銅板彫刻師（「彼女たち曰く」「上」）の仕事をし、翌週は家事（「下」）を行なった。彼女たち自身の著述活動は、仕事や散歩、家族の集いの合間に生まれた細切れの時間に行なわれ、最終的にはアイザックを説得して、決められた夕食の時間を三〇分遅らせることで、著述の時間が捻出された。このような厳しい監督に憤慨するどころか、娘たちは自分たちの家事能力を誇らしく思い、洗練された女流文筆家たちを軽蔑していたのである。

成人に近づくにつれて、子どもたちも友人をもつようになった。コルチェスターでのアンとジェインの親しい仲間のなかには、あらゆる宗派の娘たちが含まれていた。父親のアイザックに鼓舞されて、二人は討論協会をつくった。ここでは男女どちらの子どもたちも論文を発表し、時事問題について議論した。晴れた日には、仲間でピクニックや「あてのない放浪」に出かけた。

しかし一八〇七年ごろ、この仲間たちは、若者を餌食にする結核のせいで引き裂かれてしまった。一年のうちに友人の八人が亡くなり、さらにテイラー家の末の弟も腸チフスで亡くなった。テイラー家の子どもたちは内向的になり、宗教はひしひしと現実味を帯びたものとなった。この時期のことについてジェインが記しているように、彼らは「人口の多い都市の住人というより、山の奥深くにあるどこかの孤独な城の所有者のよう」だった。[44] 一八〇九年になると、成人したマーティンはロンドンの出版業者のもとに徒弟に出され、アイザックは細密画の絵画を学びに行かされた。後に残されたジェインは弟への手紙のなかで、「仕事に専心し、友人に囲まれたあなたには、この問題について私たちと同じように感じることはできないでしょう」と書いている。[45] この数年前、アンは若者向けの年鑑の作文コンテストで最優秀賞に入賞していた。児童書に特化した出版社からさらなる作品の執筆を求められ、アンとジェイン、一四歳のアイザックさえもが定期的に作品を寄稿するようになった。その後アンとジェインは、一八〇四年に最初の書物『幼い子どものための創作詩』を共同で著わした。七年後にコルチェスターを離れるまでにテイラー一家は九冊の児童書を出版しており、これらは主としてこの二人の姉妹による作品だったが、弟妹たちからの寄稿も含まれていた。ロンドンの知り合いを通じて、これらの書物は広範に流通し、きわめて高い人気を博すことになった（なかでも所収された詩「きらきら星」はテイラー姉妹の名を現在に伝えるものである）。

友人や伯父のチャールズ・テイラーが仲介してくれたロンドンの出版業者とのつながりは、テイラー家全体の著述業を売り込むうえで決定的に重要であったが、とりわけ若い女性で、地方で孤立状態にあったアンとジェインにとってはなおさら重要であった。この姉妹は、初期の作品では五ポンドから一〇ポンドというわずかな金額しか受け取っていなかったが、ときには魚や果実の贈り物というかたちで支払いを受けたこともあった。職業的な著述業にたいする二人の複雑な思いは、自分たちは作品に対価を要求したことがなく、出版業を営む「友人」に作品を預けただけだと自慢げに語っていたことからも読みとれる。ある出版社に投資していた貯金がすべてなくなったときでさえ、ジェインは「まあ、私が何を手にすべきかを決めるのは、神様なのですから」と記している。[46]

コルチェスターから引っ越したころ、アンとジェインはロンドンでしばらく過ごしながら、学校を開設する計画の下調べをした。しかし、ひと世代後のブロンテ姉妹同様、彼女たちには原資金も十分ではなく、生徒のあてもほとんどなかった。二人は胸をなでおろして帰宅し、そこでジェインは「原稿をついたてにして」引きこもった。一年もしないうちに、弟アイザックは結核の徴候を示すようになり、姉たちに付き添われてデヴォンへと送られた。アンの不在中に、テイラー夫妻は、ジョウゼフ・ギルバートという独立派の牧師から、アンとの結婚の申し出を受けた。彼は中年の男やもめで、アンが書いた文章のなかの宗教的表現に魅せられていたのだった。アンは両親の判断を信頼し、信仰を同じくする者同士であるから愛は後から生まれるだろうと信じて、一度も会わぬまま彼の申し出を受け入れた。一八一三年、彼女は三一歳で結婚し、夫について北部のさまざまな礼拝堂の牧師職を渡り歩いた。彼女は（一一年間に生まれた）八人の子どもたち、夫の前妻の十代の姪、絶え間なく受け入れていた寄宿生たちからなる世帯を切り盛りした。長いあいだ、彼女はいつも赤ん坊の声が気になって、ひとりで引きこもることも執筆に向けて自分の気持ちの「お守《も》り」［ママ］をすることもできず、ほとんど作品を書かなかった。結婚後まもないうちから、彼女は家事と執筆活動とを両立させようとしていたが、「犠牲にしなければならないとすれば、それは間違いなく著述のほう」だった。

それでも彼女は家事に加えて、夫の手紙を代筆し、ピューリタンの神学者として引っぱりだこであった彼の生活の手助けをした。子どもたちが成長すると、病人の訪問や日曜学校での教育、母親向け会合の運営といった宗教活動や博愛主義活動で積極的な役割を担うようになった。彼女は地方共済組合、自由貿易図書館、視覚障害者施療院、反奴隷制協会の会員となり、この地域を去った友人の土地管理も行なっていた。アンはエセックスの実家と緊密な関係を保ち続け、家族を訪問したり、妹のジェマイマを何ヶ月も滞在させたり、長男のジョサイアを実家に送って五歳から一五歳まで祖父母と同居させたりした（ジョサイアという名前はおそらく祖父アイザックの弟にあたるジョサイアにちなんで名づけられたもので、このときに付き合いができたことで、ジョサイアはこの大叔父から遺産を譲り受けることになった）。

ジェインは生涯結婚をせず、彼女の中心的な「人生の事業」は、「自己犠牲の精神で根気強く、心を尽くして」弟のアイザックの健康を快復させることにあった。[47] この時期に彼女は執筆活動を続けており、書かれたものには唯一の小説『見せかけ《ディスプレイ》』（一八一五年）や、押韻詩で綴った道徳的随筆を集めて本の長さにした作品が含まれていた。しかし、臆病な彼女は日曜学校で教えるのさえ気が引けてしまうくらいであり、自分自身を職業的な作家とみなすことにつねに抵抗を感じていた。彼女が八歳のときに綴った、最初の作品として知られる詩からは、女性の著述活動は禁じられているという認識が垣間見える。

女流詩人になどなりたくはありません
そのような称号からは、慎んで身を引かせていただきます
でも、ときおり試しに詩を書いてみるのです……(48)

それでも彼女は、独身女性には「主に関わることに心を砕く」特別の使命があると信じていたため、「出版という聖職」を追い求めた。

彼女の著述はまた、家族の資力にたいして貢献しはじめてもいた。『幼い子どものための讃美歌』は、一八一〇年に一五〇ポンドの収入をもたらしたが、それは普通の副牧師や男性学校教師が一年に獲得できる額よりも大きかった。一八一六年から二二年にかけて、彼女は若者向けの福音主義雑誌の編集者を務めた。彼女はまた、母親の著述業を手伝ったが、そうした活動はどれも家族水入らずですることができるものであった。三〇代のはじめごろ、彼女は「ある恋愛」に夢中になったが、何らかの理由で結婚へといたることはなかった。そのすぐ後に彼女は乳癌を患い、友人の父親であった医師から文筆活動は一切やめるよう助言されたが、一八二四年に四一歳で亡くなるまで、実際にはときおり詩を書いていた。

アイザックとアン・マーティンは、それが家族の伝統であったにもかかわらず、娘たちが作家になってほしいとは思っていなかった。二人は職業として文学に携わるのは不安定かつ不適切であると考えていた。両親の希望を尊重し、アンとジェインの初期の刊行物はすべて匿名であった。弟のアイザックは、闘病中であった二〇代初めでさえ、牧師の職や海外探検の製図工としての職を打診されていた。彼は細密画家として有名になったが、科学書、哲学書、神学書を著わして作家としても名を成した。彼の『熱狂の博物誌』はこの分野の古典となった。アイザックはジェインの死後間もなく、三七歳のときに結婚したが、ジェマイマはもし姉が生きていたら、アイザックが結婚することはなかっただろうと述べた。彼は甥のジョサイア・ギルバートとともに、ビール樽の栓や、最終的にマンチェスターの綿業で用いられることになる捺染機などさまざまな発明を行なった。彼の一一人の子どもたちのうち、やはりアイザックと名づけられた長男は、国教会の参事司祭を務める文献学者となり、ほかの二人の息子たちは建築家と科学者になった。マーティンは、テイラー家のなかではただひとり、執筆をせずに出版業に留まった。ジェフリーズは、博物誌を扱った児童書の文章と挿絵を手がけ成功したが、機械の発明も行なった。ジェマイマは、三一歳で両親を亡くすまで、その介護を続けた。その後、ジェマイマはアンのもとに身を寄せ、そこで非国教会系の牧師と結婚して五人の子どもをもうけた。息子のひとりは牧師に、娘のひとりは作家になっている。

テイラー家の著作には、もっぱら自作の原画と銅板彫刻を使った挿絵がほどこされていた。彼らの作品は大きな成功をおさめ、その多くが三〇版以上も版を重ね、一九世紀末になっても改訂版が刊行されている。『創作詩』や『創作讃美歌』は、多くの言語に翻訳される一方、イングランドとアメリカだけで百

版以上も重ね、その詩は一九三〇年代まで出版され続けた。

テイラー家の両親と子どもたちは、合わせて七三冊の書物を世に送りだした。全員が若者向けの本を書いたが、父親のアイザック、そして息子のアイザックとジェフリーズは科学的、哲学的、神学的な主題も扱った。しかし、子ども向けの本と急進派のパンフレットの両方を執筆した一八世紀の先駆的な女性たちとは異なり、アン・マーティンとその娘たちは、もっぱら女性や少女、幼児向けの本を執筆した。十代の後半にアンが初めて刊行した作品は、コルチェスター選挙区に出馬した福音主義者のトーリー党候補者を支援する選挙声明文であったが、彼女はそのような主題を扱った出版物に二度と取り組むことはなかった。優雅な女性らしさという教義がますます大きなうねりとなって、この世代の女性に制約を課しはじめていたのである。アイザックは姉のジェインについて、手紙でこう語っている。

彼女は子どもたちや若者たちに向けて書き続けましたが、ただ単にそうすることが自分に向いた仕事だと考えていたからというわけではありません。むしろ理由として大きかったのは、この慎ましやかな領域ならば安心だったからです。その領域の外に出ないかぎりは、自惚れという恐ろしい非難の言葉が彼女に浴びせられることはありえなかったからです。[49]

テイラー家は、中産階級の経験のなかでもとりわけ劇的な例である。一家は社会的に孤立し、その熱心な宗教的献身によって親族ともやや疎遠であり、またその高い教養とロンドン暮らしの経験によって、隣人からも浮いた存在であった。テイラー家の人びとは、個人の不安定性を熟知していた。一七九〇年代には「国教会と国王」支持の感情が高まって、ラヴェナムの村落民たちがテイラー家を敵視するようになったため、一家は家を捨てて逃げだした。一八〇二年には、コルチェスターでナポレオンの侵略にたいする恐怖が頂点に達したため、年長の子どもたちは安全のため農村部へと送りだされた。父親のアイザックの深刻な病気は、一家の経済的な脆弱性を浮き彫りにしていた。一一人の子どものうち五人が亡くなっており、同時代人のあいだでは病気と死がいたるところに蔓延していた。アン・テイラー・ギルバートの言葉を使えば、「あらゆる安楽が、ぼろぼろに砕けた土でできた断崖絶壁の上で風雨にさらされて」おり、「病気や事故は、どんな家にも入り込むことができ」たのである。[50]

テイラー家にとって身を守り、自分たちの居場所を見つけるすべは、宗教と家族を通して得られるものであった。一家は、説教壇、講義、書物、銅板彫刻を通じて家族や宗教といった制度を切々と論じ擁護したが、これは同時に「家族の文筆」によって家族の財産《フォーチュンズ》を拡大させる行ないでもあった。テイラー家の人びとが創造し、ひと括りにして売りさばいたメッセージは、一九世紀初頭の地方の中産階級を形成するうえで、その役割を果たしたのである。

第I部　宗教とイデオロギー

第I部への序

一八世紀後半にイングランドの中産階級の男性たちが暮らしていたのは、表向きは実質的な権力をみずから握ることが認められない世界だった。彼らは自分たちの営利活動や専門職のなかでは影響力を発揮していたかもしれないが、それは必ずしも政治的領域や社会的領域では通用しないものだった。しかし、専門職、商人、製造業者、農業経営者たちは、身分や土地財産がものをいう世界では周縁に位置しながらも、しだいに社会的結合とネットワークを築きあげて自分たちの生活を意味あるものにし、その過程で既存の権力機構に異議申し立てをしていった。中産階級の多くの人びとにとって、最終的に威信の高さを決めるのは宗教的な信仰心であって、それは血統でも、また特定の物を所有しているといったことでもなかった。これまで論じられてきたように、一八世紀に「国民」の範囲、つまり一六八八年の［名誉革命で定められた］王位継承に同意し、生まれながらに自由なイングランド人の伝統的な諸権利を守る責務を負った統治者を任命する「人民《ピープル》」の範囲は、「洗練された社会」に加わろうとするすべての者を含むまでに拡大していた。だが、「洗練された社会」の一員になるには、土地からのものであれロンドン金融街《シティ》からのものであれ、働かずに暮らせるだけの収入が必要だった。[1] 一八世紀末には、このように紳士の地位《ジェンティリティ》を精神的労働と肉体労働のいずれも必要としない収入や生活様式に結びつけてとらえる発想は、もはや中間層の多くの者にとって受け入れられないものとなっていた。新たに唱えられたのは、救済に値する信仰心こそ紳士の地位を示すものであって、農村の僻地で生まれ育った職人の息子であっても、どうにか独学して牧師になれば、貴族と同じように紳士の地位という言葉にたいする権利をもつという主張であった。

メソディズムは一八世紀の信仰復興運動の始まりを告げるものだったが、この宗派は下層民衆や貧民と強い結びつきをもっていた。国教会福音主義はイングランド国教会で始まり国教会内部に留まった信仰復興運動で、メソディズムとは社会的起源が非常に異なっていた。地位と財力が傾いた家族を出自とする没落ジェントリは、福音主義の信者のなかでは重要な位置を占めており、そのおかげで、福音主義はメソディズムほどには苦労せずとも、中間層のあいだに揺るぎない影響力を獲得することができた。福音主義は、商人や製造業者、専門職や農業経営者のあいだで信者を集めることに成功したが、中産階級の支持を獲得し、その支持を保つうえで競合相手となったのが、新非国教徒のなかではとくに独立教会派、旧非国教徒のなかではとくにユニテリアンとクエイカーであった。宗教的なアイデンティティは、中産階級の文化を支える中心的な支柱となっていった。

男性たちは、自分たちが神のための管理者《スチュワード》や管財人《トラスティー》として行動し、［国教会の］教会や［非国教会の］礼拝堂での務めと公的な仕事と商取引活動を通じて、みずからの信仰を示していると主張した。この主張は、のちに別の種類の影響力や権力を求める主張を基礎づけるものとなった。確かに、神のための管財人として礼拝堂の財務を管理できる男性であれば、社会的責任をともなったほかの役割を果たすことが可能であった。管理という概念は、伝統的には貴族が与える保護や、貴族から代理人への義務の委譲と結びついたものだったが、一九世紀初頭には宗教的言説に置き換えられていた。このように定義された管理者や管財人は、直接的に神にたいしてのみ責任をもっていた。そのような男性と神とのあいだに、世俗的な権威は介在しなかった。非国教徒は、国家が自分たちの事柄に介入することを拒絶したが、この姿勢の基盤になっていたのは、いかなる世俗的権力にもその権利はないという確信だった。宗教的自由とは、安心して礼拝を行なう権利だけを意味するのではなく、自分たちの営業活動に携わり、自分たちの礼拝堂で結婚式を挙げ、もしそう望むならば公職に就く権利をも意味するものでなければならない、と彼らは確信していたのである。

国教会と非国教徒のあいだには伝統的に敵対関係があったが、それにもかかわらず、この時期には新たな希望に満ちた雰囲気があり、そのおかげで人びとは、ひとつの宗教的な共同体に属しているという感覚をもつことができた。異なる宗派に属していた熱心なキリスト教徒たちは、自分たちが活動をともにすることができ、古くからの溝を越えるような道徳的大義のために、互いに共鳴し合えることに気がついた。敬虔なキリスト教徒たちがつくりだしたネットワークは、農村の共同体と都市の共同体をつなぎ、国教徒と非国教徒を結びつけた。信仰復興運動に関わる宗派とはまったく縁のなかったユニテリアンでさえも、信仰の力と道徳的な誠実さがあればこそ、「愛ある家庭に生まれたキリスト教徒の男はつねに神を敬う」といえる、という信条を共有することができたのである[2]。

キリスト教、敬虔さ、家族。このつながりは決定的に重要だった。一九世紀初頭の新たな同盟および協調関係のなかで、キリスト教徒たちが共有する信条の核心をなしていたのが、家族のもつ中心的な重要性であった。男らしさ、女らしさ、家族に関する厳密な教義には、後でみるように、異なる宗教集団のあいだでさまざまな違いがあったが、しかしそこには、男女の領域を明確に分けるという一連の信条と実践を生みだすのに十分な共通基盤があった。こうした一連の信条と実践が、世紀半ばまでに、中産階級のあいだで共有される文化の基礎を提供したのである。

男女の違いから「自然に」生まれる帰結とは何か。さまざまな想定が中産階級内部の分断を越えて影響を及ぼした。国教徒も会衆派もクエイカーもユニテリアンも、市場という非道徳的な世界のなかで、家庭はしっかりとした道徳秩序の土台にならなければならないという主張や、新しい政治経済学の世界には家庭経済という新たな領域が必要であるという主張、そして家庭で女性が道徳の乱れに警戒を払って救ってくれるからこそ、男性はこの非道徳的な世界で活動することができるといった主張については、こぞって賛同することができた。このような信条が、独特な中産階級の文化の基盤をかたちづくる組織や結社のネットワークの創出を促したのである。救済の力や道徳的な影響力を求める主張の前提となる発想は、必ずしもいずれかひとつの階級だけの占有物というわけではなかった。銀行家であれ乞食であれ、「婦人」であれ「女」であれ、奴隷であれ自由民であれ、あらゆる人びとが救済を求めることができた。

しかし、救済の意味、実際の救済の効果は、その救済がどの階級的位置と結びついているかによって異なっていた。「城のなかにいる金持ちも、城の門にいる貧乏人も」、救済された者からなる天国の階層のなかで、自分たちが占める位置を承知していなければならなかった。安定した一八世紀の世界は、啓蒙主義という思想的性格をもつアメリカ革命とフランス革命、そして経済的変化の衝撃との複合的な効果によって崩壊した。とりわけ一七八〇年代から九〇年代にかけては、階級関係と政治権力における重要な変化と結びつき、激しい社会的、政治的、経済的な動乱と分裂に揺れる二〇年だった。この時代はまた、男女の違いと男女の対立という問題が表面化し、結婚や家族に関して当然とされてきたことに異論が唱えられ、さまざまに異なる形態の社会的組織をともなった新たな種類の関係性が、単に可能なだけではなく望ましいものにみえた二〇年でもあった。男女間のあるべき関係をつくるものとは何なのか。保守的なハナ・モアにとっても、急進的なメアリ・ウルストンクラフトにとっても、それが中心的な問題であった。

保守派と急進派のあいだに起こった論争は、一八三〇年代から四〇年代にかけての嵐のような二〇年間にふたたび蒸し返されることになった。福音派は社会主義者と表立って論争を行ない、バーミンガムのカーズ通りを拠点としていたジョン・エンジェル・ジェイムズという有名な独立教会派の牧師は、ユートピア主義フェミニストたちと論戦を繰り広げた。ここで引かれた政治的な境界線は、すでに確立していたほかの政治的立場や宗教的立場の違いをしばしば踏み越えるものだったが、それは急進派のなかにフェミニストがほとんどおらず、また多くのトーリー派が福音派ではなかったためである。だが、のちに「女性問題」と呼ばれるようになる男女の違いをめぐる論争は、イングランドの中産階級の信仰生活ばかりでなく、その心情や精神のなかでもひとつの中心的位置を占めるものとなった。

この時代には大きな変化が起こっていた。一七八〇年代から九〇年代にかけて活発な行動をしていた男女は、フランス革命の経験によって大きな動揺を受け、しばしば成人してから宗教的な回心を経験していた。しかし、一八三〇年代から四〇年代にかけて活動した人びとは、彼らとは異なる育ち方をしており、多くの者は、すでに信仰復興運動に始まる福音伝道活動の洗礼を受けた社会に生まれた「揺りかごからのキリスト教徒」であった。この時期までに、新たな種類の世俗主義と教会内部の反発が生まれていた。どれほどその装いを凝らそうとも、社会主義は昔と変わることのない敵であるというエセックスの福音派副牧師の主張には、多くの人びとが共鳴しただろうが、イングランドの勢力地図は、政治的にも社会的にも一七九〇年代のそれとは非常に異なるものにみえた[3]。中産階級の男性は議会で代表権を獲得しており、非国教徒は公職に就く権利を勝ち取っており、中産階級の人びとはひとつの文化的世界をまるごと確立しており、階級関係は決定的な変化を遂げていたのである。

　この第I部では、第1章で中産階級の文化の内部における宗教の位置を扱う。そのなかでは、宗教的な帰属意識が多くの信仰上の利点と物質的な利点をともなうものだったことを論じ、それから、バーミンガムと東部諸州の中産階級の男女にとって中心的な意味をもったいくつかの宗派と、これらの集団のあいだにみられた協調と分裂の動きを検討する。第2章は、男女の違いに関わる宗教的な教義と実践を扱い、教義に明記されていたにせよ、実践のなかで続けられていたにせよ、分かたれた領域のあいだの境界を画定することが、すべての集団にとって中心的な関心事であったことを論じる。第3章は、聖職者の唱えた宗教的教義から一歩離れて、それと密接に関連した家庭重視イデオロギーの内容を吟味する。例としてキャロライン王妃事件を用い、結婚とセクシュアリティにたいする人びとの態度が変化したことを示しながら、中産階級の内部にイデオロギーの伝達回路があったことを明らかにし、そのうえで、教義としての家庭重視イデオロギーが、普通の中産階級の男女にとっての「常識」に移り変わっていく様子を考察する。

第1章 「必要なただひとつのこと」

——宗教と中産階級

自慢とするのは私の生まれが
国王を産む腹やこの世の支配者とは結びついていないこと
それよりはるかに高く私の誇りとするものは
私が天にのぼった両親の息子であること

——ウィリアム・クーパー

一八五一年の宗教に関する国勢調査では、教会や礼拝堂への出席が、労働者階級よりも中産階級に強く結びついた実践であることが明らかとなった。[1] 世紀半ばには、福音主義的なプロテスタント信仰の様式を信奉することは、紳士の地位《ジェンティリティ》とまではいかないにせよ、体裁《レスペクタビリティ》のよさを示すものと受けとめられるようになっていた。教会や礼拝堂に通うことは、たとえ宗教上の規範とはされていなかったとしても、社交上は必要不可欠なものだった。体裁のよさとは、教会への参加、家族での礼拝、安息日の遵守、宗教書への関心を包括したものになりつつあった。一八四三年にトーリー派ジャーナリストのT・W・クロウカーが評したように、「社会の全般的様相には、キリスト教的な色彩」といったものが存在していたのである。[2]

この「色彩」は、一八世紀後半から一九世紀前半にかけてイングランドを飲み込んだ宗教的熱狂の波に直接にはさらされていなかった多くの人びとにも、影響を及ぼした。敬虔なキリスト教徒たちの熱意を土台に、中産階級ならではの特徴となる文化的な諸実践と諸制度が確立していったからである。一八四〇年代に、ある七〇代のエセックスの農業経営者は、日曜日にヤマウズラを撃ったと後ろめたげに記録している。やましさに耐えかねて書いたのである。[3]

信仰と実践は、なぜこれほどまでに中産階級の男女の心に訴えかけるものとなったのか。それはどのようにして、「必要なただひとつのこと」と定義されるようになったのか。なによりもまず、そうした信仰と実践は、急速に変化しつつあった社会のなかで、自分たちを結びつけるアイデンティティと共同体を個々人に提供した。信仰は、どのようにふるまうか、正しいことと間違ったことをどのように区別するのかという問題についての確信を与えてくれた。信仰心の強さゆえに、エセックスのある小店主の妻は、乗合馬車のなかで罰当たりな悪態をついていた男性に注意をし、嘲笑にもひるまなかった(4)。信仰心の強さゆえに、非国教徒は自分たちが直面していた敵意と軽蔑にたいして立ち向かう勇気をもち、自分たちの権利を主張することができるようになった。ビンフィールドが論じるように、敬虔な宗教心は、「ひとつの生き方とそのための道理を与えるものであった。それは既存の様式にはほとんど負うところがなく、道理の通らない社会でも意味をなす道理」だったのである(5)。

立身出世を目指していた借地農や小規模製造業者や専門職の人びとは、信仰と実践の双方によって、貴族やジェントリの価値観を部分的に拒否しようとする主張やその根拠に確信をもつことができた。その確信は、中産階級の女性に貴婦人という貴族の理想像とは異なる独自のアイデンティティを与えた。なぜなら、敬虔なキリスト教信仰は、信者たちの多くが政治的には保守的であったにもかかわらず、まったくもって能力主義的なものだったからである。男性であれ女性であれ、誰もがキリストを通じて罪から救済されることができた。教会や礼拝堂のなかでどのような階層制が打ち立てられようとも、すべての者は神に近づくことができ、その宗教的共同体の核心には魂の平等があった。最終的に、宗教的で道徳的な実践こそが、地位と権力を求める中産階級特有の主張に基盤を与えてくれたのである。彼らの価値を認めてくれるのは、天国の声であった。エセックスのある皮なめし業者の娘は、一世を風靡した詩人、ウィリアム・クーパーの詩を引用して、つぎのように記した。

> 自慢とするのは私の生まれが
> 国王を産む腹やこの世の支配者とは結びついていないこと
> それよりはるかに高く私の誇りとするものは
> 私が天にのぼった両親の息子であること(6)

信仰心は、個々人に一体感と共同体の感覚を与える一方、不安定で危険な世界のなかで個人的な慰安や安心をもたらすものでもあった。中産階級の家族にもっともよく起こりがちだった二つの災難、すなわち死と破産のいずれかに直面したとき、意味と説明を与えてくれたのは信仰心であり、ケアと支援をもたらしてくれたのは宗教組織だった。宗教によって得られる満足は時間を超越し、健康や財力の変化に影響されるものではなかったが、それは、永遠不変のものにたいする信仰が救済をもたらしてくれたからである。

国教会と非国教会の活動

宗教を中産階級の文化の中心に据えたのは、一八世紀後半に始まった福音主義の信仰復興運動だった(7)。この信仰復興運動は、都会においても農村においても生活上で大きな役割を担ってい

図9　バーミンガムのカーズ通り会衆派礼拝堂。ジョン・エンジェル・ジェイムズが牧師を務めた

た。そのことは慈善活動の拡大、宗教的な印刷物の増加、日曜学校の発展、教会や礼拝堂の建設や信徒数の増加に示されている。一七九〇年から一八二〇年にかけて、宗教関係の定期刊行物が一〇〇誌以上も創刊された。[8] もっぱらこうした刊行物を通して、人びとは読み書き能力や文化を手にすることが多かった。

　推定によると、一八〇〇年の時点で、日曜学校の立ち上げなり団体や集会の設立なりの教区活動を奨励していた国教会聖職者たちの数は、三〇〇人から五〇〇人ほどだった。[9] 一七八〇年代以降、バーミンガムでも東部諸州でも新たな教会や礼拝堂の建物が着々と建設され、イングランド国教会、非国教会の双方で既存の設備が拡充された。しかし、こうした努力にもかかわらず、労働者階級は相変わらず教会とは距離を置いていた。マクロードが指摘するように、「都会でも農村でも、教会に通わない者たちはもっぱら労働者階級の出身で、中産階級の教会出席率は、世紀末まで高いままであった」[10]。

　イングランド国教会の信仰復興運動は、もちろん信徒数という点のみからでは評価しきれるものではなく、慈善団体の発展や、教会の建築増築や、有力な聖職者による活動の記録も吟味の対象となる。［後述する福音主義者］ウィルバーフォースやシメオンの個人的な友人で、第一世代の福音派聖職者のあいだで突出した活動家であったウィリアム・マーシュは、一八二〇年代にはコルチェスターの聖ピーター教会の教区牧師として熱心に活動し、教会を改修して中二階を加え、座席を三〇〇席増設するための設備を整えた人物である。一八二九年、彼はバーミンガムに赴き、とくに労働者階級を対象として新たに建てられた聖トマス教会の初代牧師となった。やがてこの有名な「千年至福《ミレナリアン》のマーシュ」は、コルチェスターにいたときと同様、この教会で献身的な信者を集めることに成功した。[11] ほかの福音派の聖職者と同じように、彼は特別礼拝に重きを置き、日曜日には多いときで特別礼拝を三回、平日の夕方には祈りの会や聖書読書会を催した。このほかに、博愛主義活動へとかたちを変えていくような宗教活動も行なった。

このようにイングランド国教会が地方レベルと全国レベルで行なった運動の多くは、非国教会各派で行なわれていた活動に呼応するものだった。新非国教徒の集団、つまり独立教会派とも呼ばれる会衆派とバプティスト派の一部の信徒の数は、一七八〇年代から急増し、一八五〇年から七五年までのあいだに頂点に達した。全国的には一八〇〇年に約一〇〇〇万人に達していた総人口のうち、メソディストを含む非国教徒は三〇万人であった。非国教徒の増加はとりわけ地方で顕著だった。一七七八年の調査によれば、独立教会派の信徒の九〇パーセントは、南部とミッドランド地方南部とイーストアングリアに集中していた。国内でもっとも集中度が高かったのは、エセックスであった。つまりバーミンガム、エセックス、サフォークが位置していたのは、一八五一年の時点でもっとも宗教実践がさかんに行なわれていたこのベルト地帯ということになる。この地域は、「イングランドの宗教闘争の場」だったのである。[12]

図10　エジバストン教区教会。国教会福音主義派の影響下にあったバーミンガムの教会のひとつ

このような高水準の宗教活動はめざましい効果を生んだ。国教会聖職者たちは、自分たちの聖職禄を聖職上の義務のない閑職とみなすのをやめて、教区で生活を送りはじめた。日曜礼拝は一日に二度行なわれるようになり、また平日には夕拝が行なわれるようになった。教会や礼拝堂への定期的な参加がみられない場合でも、知名度のある中産階級の人びとのあいだで、信仰をもたないと認める覚悟がある者はほとんどいなかった。コルチェスターの非国教徒たちは、一八二九年には人口のわずか二七パーセントしか占めていなかったにもかかわらず、この都市では多数派とみなされていたが、同様に、バーミンガムでも敬虔なキリスト教徒たちは、地元の言論界や社交界で幅を利かせていたようである。[13] もちろん、福音主義の影響力にたいしては、これに対抗する動きもあり、とくに一七九〇年代、そして一八三〇年代から四〇年代にかけての動乱の時期にはその動きが顕著だった。しかし、それでも敬虔なキリスト教徒たちはど

うにかして中産階級の文化的営みの多くの側面に自分たちのしるしを刻みつけ、自分たちの「キリスト教的な色彩」を社会に投げかけようとしていたのである。

福音主義のキリスト教徒たちの社会的基盤は多様であった。国教会福音派、つまり回心主義的で熱心な活動をともなう信仰を支持するイングランド国教会内部の改革派と言われる人びとは、もともとは小ジェントリの周縁層や商人層の出身だった。一八世紀後半には、公務員、軍隊の将校、銀行家、商人、専門職の人びとは、製造業者や農業経営者の一部と同じように福音派に引き寄せられ、主要な支持基盤は中産階級の上層へと移行する傾向にあった[14]。

福音主義の非国教徒たちは、そこまで上層には位置していなかった。その大部分は中産階級の中間層や下層の出身であり、貴族や非熟練の労働貧民は信徒のなかにはほとんどいなかった。一方、職人たちは一般信徒としては非国教徒の中心的な支持基盤であったといえるだろうが、大規模な教会や発展しつつある全国組織のなかでは影響力をもたなかった。ユニテリアンとクエイカーについては、特別な事情があった。この両宗派は数字のうえでは、一九世紀初頭にはバーミンガムでもほかの地域でも衰退しつつあり、とくにその傾向は新非国教徒の成長と比べると顕著だった。しかし、この両宗派の信徒たちはともに、「上層中産階級のなかでその影響力をますます不釣合いに拡大させ、イングランドの工業地域に暮らす富裕な商人や製造業者のあいだで、また一八三五年の都市自治体法の後に台頭し、伝統的なトーリー＝国教会エリートに対峙していく急進的な都市寡頭支配層の内部で、力を強めていった[15]」。

福音主義的な信仰復興運動と敬虔なキリスト教信仰

国教会福音派は、すでに一七八〇年代から全国の宗教状況に影響を与えていた。確認できる最初の集団をつくったクラッパム派は、回心の訴えと啓示宗教の強調という点でメソディズムに呼応する部分もあったが、この集団の先導役となったウィリアム・ウィルバーフォースとハナ・モアは、みずからが商人やジェントリの出身であることが功を奏して、熱狂的なメソディズムと下層の社会階級との結びつきを断ち切ることに成功した。もともとは小さな集団であったにもかかわらず、その影響力が広範囲に及ぶことになったのは、彼らが権力に近接していたためであり、また彼らの活動水準ゆえでもあった。「錆びつくよりは使い古したほうがよい」という言葉は、のちに活躍するクラッパム派の傑出した人物のひとりが掲げた訓言であったが、この集団の標語となるものだったのかもしれない[16]。

福音派は、人間の罪深さにたいする確信から始まって、回心体験の重要性、そして神の恩寵により個人の信仰生活を刷新することがいかに大切かを強調した。霊魂は教会のうわべの装飾とは別の回路を通じて働きうる、と彼らは信じていた。個々人の信仰が道徳刷新の鍵であり、信仰を守るための基礎となる場所は、宗教を重んじる家族と世帯にあった。

福音派は当初、名士や有力者の説諭によって影響を及ぼして

表2　対象地域別の宗派分布

（%）

	エセックスとサフォーク	バーミンガム	地域の合計
国教徒	47	34	40
ユニテリアン	2	34	17
独立派	30	8	17
クエイカー	20	10	18
バプティスト／メソディスト	0	4	2
不明	1	10	6
合　計	100	100	100

注）N＝192
出所）Essex and Suffolk File ; Witham File ; Birmingham File より。

表3　対象地域における職業別宗派分布

（%）

	聖職者	法律職（不動産管理人）	医療関係	貿易商／銀行家	製造業者	商業	農業
国教徒	53	46	62	39	29	12	53
ユニテリアン	16	35	11	13	31	8	0
独立派	31	15	4	9	13	38	21
クエイカー	–	0	4	26	14	38	26
バプティスト／メソディスト	0	4	4	0	2	4	0
不明	0	0	15	13	11	0	0
合　計	100	100	100	100	100	100	100

注）N＝186
出所）Essex and Suffook File ; Witham File ; Birmingham File より。

いこうとしていたが、やがてしだいに、とりわけ一七九〇年代の政治的危機という文脈のなかで、自分たちの訴えを広く世に行きわたらせようとするようになった。廉価版教養文庫協会と内外聖書協会の設立を通じて、彼らは自分たちの出版物を幅広く読まれるものにしようとし、また主張に同調する聖職者を任命することで、教区の生活を刷新しようと考えた。

福音派が信じるところによれば、教区とは、すべての人びとの魂を勝ち取るための絶え間ない努力の場となるべきであり、教会の礼拝や信徒の家庭訪問に加えて、日曜学校やクラブや集会を発展させ、誰もが真の宗教を体得できるようにしていくべきなのであった[17]。この務めのもとでは、聖職者であれ平信徒であれ、また男性であれ女性であれ、あらゆる人の援助と支えが奨励されてしかるべきである。教区や聖職者の役割にたいするこうした見方は、のんきに狩猟ばかりしている「地主兼牧師《スクワーソン》」とも、また難解な神学論争に没頭している学者肌の聖職者とも、明らかに対極をなすものだった。このような見方にもとづき、教区不在牧師は実例をあげて指弾された。教区と牧師の活動は、こうして新たに強調されることになったが、このことは、日雇い賃労働への移行、物納であった十分の一税の金納化、また穀物商や仲買人のような中間商人の台頭にともない、貨幣関係が強化されることから生まれた不和にたいする恐怖を、人びとが都会でも農村でも直接的に経験していたことと関係していた。教区が階級の違いをことさら強調せずに済んだのは、教区の境界内部では、すべての魂が同じ天国の家に一緒に行くことになっていたからだった。

福音派がまず抱いた関心のひとつは、自分たちの信奉者を重要な聖職者の地位、すなわち聖職禄につけることで、これは金銭と影響力を要する企てだった。ケンブリッジの福音派の有力な説教師であり、教師でもあったチャールズ・シメオンは、聖職禄推挙権を購入して信奉者たちを良い地位につけるため、一八一七年に信託財団を設立した。コルチェスターの聖ピーターー教会は、一七八三年という早い時期から福音派の教会となっており、シメオン信託財団の一員だったウィリアム・マーシュ師は、一八一四年に就任してから二九年にバーミンガムへ移るまで、この教会のきわめて有力な牧師となった。聖書協会などの組織がこうした熱狂的な信者たちの集合場所として機能する一方で、信者たちは書簡や非公式な会合によって連絡を取り合った。平信徒たちは、さらに多くの聖職禄を買うために土地や金銭を寄進することで、貢献していくことができた。

もともとそれほど豊かな基盤がなかったバーミンガムでは、福音派のネットワークがつくられるまでにさらに長い時間を要した。一八二四年、ある福音主義者が主教に任命され、戦略的に牧師を任命することが可能になると、「聖人たち《セインツ》」という名で広く知られていた人びとの地位が強化されることになった。こうしたネットワークのなかには、ウィルバーフォースと、この都市の有力な地主であった地元のコールソープ一族との家族的な結びつきも含まれていた。福音派のコールソープ家は、開発中の郊外エジバストンに聖職禄推挙権をもっていたので、この地域にいくつかの新たな教会をつくるだけでなく、その大部分に福音派の牧師を据えることもできた。(18) 都市の中心部でも、「千年至福のマーシュ」をはじめとする福音派が聖職者の任命権を引き継ぐようになった。

こうして福音派は聖職禄推挙権を拡大させていくことに成功したが、この事態に誰も注意を払っていなかったわけではない。一八二〇年代から三〇年代にかけて、イングランド国教会内部に生まれた改革集団から強い影響を受けたある若い聖職者が、バーミンガムの福音派にたいする反対の急先鋒に立った。彼は、福音派の教義の多くを公然と否定し、儀式と聖奠《サクラメント》への回帰を求め、牧師の義務の特殊性や平信徒からの独立性を強調した。しかし、自分たちの道徳的な誠実さにたいして自信と確信をもつ「聖人たち」の指揮力が揺らぐことはなかった。(19)

福音派が攻撃的であったのは、ある面では非国教徒が手中にできる権力と支持基盤が拡大していたことに触発されたものだった。敬虔なキリスト教信仰は国教会でも広がったが、一方で非国教徒の会衆も新たに増加していたからである。たとえば、サフォークのある独立派教会は、「さまざまな布地を扱う織物商、麦芽製造業者と製粉業者、大規模農業経営者、事務弁護士、土木業者と船主、印刷業者」といった働き者の男たちとその家族を引き込むことに成功した。彼らのなかには都市自治体で役職に就いた者もいたし、イプスウィッチの新しい街路沿いの邸宅で暮らす地元の指導者たちもいた。(20) 一九世紀半ばになると、非国教徒は改革運動の成功を支える力をもつ補助的な圧力団体として組織されるようになっていた。「国教反対派《ディセント》」から「非国教徒《ノンコンフォーミティ》」への変化は、一八世紀後半の体制批判的で急進的なつながりから、より狭義の宗教問題を中心とした政治への変化を意味しており、それは彼らがゆっくりと体制内に取り込まれていく動きでもあった。(21) 社会全体を批判していた〔一七世紀のピューリタン作家ジョン・〕バニヤンの〔『天路歴程』の〕「巡礼者」は、教会維持税の是正だけに問題を絞った活動家に変容していたのである。

非国教会派の信徒の一員になるために求められたのは、個人の選択だった。教区民は誰でも地元のイングランド国教会の教会で陪餐に与ることができたが、それにもかかわらず非国教会派の礼拝堂に出席することは、国教会の権威に背いて、ある任意の教義体系に賛同することを意味していた。礼拝に集まる会衆は、こうした自発的な選択を支える共同体となり、その後も支援を行なうことで信仰の維持を助けた。一九世紀初頭の独立教会派の信仰復興運動は、国教会福音派と同じように、回心経験の中核にあるキリストとの個人的な結びつきに重きを置いていた。個々の「聖人《セイント》」がキリストと結合するという生まれ変わりの経験は、信仰復興運動の核心をなすものだった。

かつては厳格に神の選びを強調していたカルヴァン主義は、やや穏健なものになっていた。一八〇〇年以降の時代に新たに独立教会派の信徒になった人びとは、それ以前の時代ほど規律にこだわらず厳格でもなかったし、知的な性格が薄く、より情緒的で熱狂的だった。説教の仕方は、説教書の朗読から口演に変わり、音楽を多用した新たな夕方の集いや礼拝や祈祷会が導入された。独立教会派はあらゆる形態の儀式や定型の礼拝に反対し、聖書や日曜を聖日にすることや家族礼拝、そして朝晩に個々人が祈り内省することの重要性を強調した。彼らの教義は、「能力」、時間、金銭を正しく使うといった個人の責任を道義的な義務として強調していた。営利活動での失敗は、管理能力の欠陥とみなされたが、それは財が神からの信託であり、「廉直さだけが信用を支えてくれるはず」だったからである。このような責任感はさらに広がり、妻子や使用人といった扶養家族を支えることへの信念にもつながっていった。(22) 「可視的教会」とは、「信仰の篤い男性たちの集まり」を指していたが、この表現は、この信仰集団に男性が属するときと、女性が属するときとの微妙な形式の違いを示している。(23) この宗派の構成員たちは、みずからに規律を課し、自分たちが給料を払うことにもなる牧師と執事を選出した。しかし、このまったく民主的であった組織形態は、この時期にかけてより階層的なものになった。地方の会衆が地域の連合体に加わるにつれ、牧師と長老たちの権力がかなり増大したからである。

　イングランド国教会や独立教会派と比べると、クエイカーははるかに小さな集団だったが、数の少なさを埋め合わせる富と影響力をもっていた。そのほとんどは、服装と話し方によってほかの共同体とのあいだに一線を画しつつ、自宗派の共同体内部で暮らし、あらゆる種類の支援を大家族と広範囲にわたるクエイカー教徒《フレンド》のネットワークに依存していた。クエイカーは、出生時もしくは回心によって信徒となり、自発的に辞めたり追放されたりして信徒でなくなることもあった。権限は地域の月会を通じて行使され、ロンドンで開催される年会にはすべてのクエイカーが出席を許された。クエイカーの牧会者は職業ではなく、まったくの無給であった。牧会者は霊感を頼りにしており、男性でも女性でもその地位に就くことができた。クエイカーには静寂主義的で神秘主義的な伝統があったが、彼らのなかには福音主義的な信仰復興運動から影響を受けた有力な分派も存在した。一八三〇年から八五年までの時期にさかんに活動を展開したこの集団は、慈善行為の重要性と原罪の観念と聖書の重要性を強調する点で福音派と共通したところがあり、また回心の経験にも重きを置いていた。このために、クエイカーはほかの宗派に接近していき、やがて敬虔なキリスト教信徒集団の一翼を担うようになったのである。(24)

　敬虔なキリスト教徒たちの経験の中心にあったのは、回心であった。それはイエス・キリストを通して神の意志と慈悲に導かれ、それらにすべてを委ねることで、神の恩寵で魂が満ちあふれ、自己ないし個人のアイデンティティや個人の意志が消えた状態として感じとることのできるものだった。エセックスに暮らす小店主の妻だったクエイカー教徒の女性は、つぎのように書いている。

> 自然な状態の人間がかぎりなく高潔な神の御目に適うように変わるには、聖霊の働きが必要です。自己を捨てて葬り去り、キリストがなによりも大切なすべてとなることが必要なのです。(25)

このような自己の放棄とキリストとの融合は、とくに女性の書き手によってしきりに強調されるものとなる。無私の行ないと自己の謙譲が、男性よりも女性にとって受け入れやすいものだったのは、それが女性の従属的な立場に適合していたからである。またそれは、女性が弱く保護を必要とするがゆえに、男性にたいしてもちうる感化の力が重要なものであるという考え方にも沿うものだった。このような自己犠牲の究極的な段階は病気と死であったが、それは病気と死だけが自己を完全に解き放ち、俗世の汚れからの清めを確実なものにし、魂をキリストのもとに戻す過程となるからだった。このような精神のもとで、死はひとつの誕生の瞬間として歓迎されたのであった。(26)

　心を「神聖な権威」に「完全に服従」させることは、堕落にたいする絶えざる恐怖と隣合わせの目標だった。罪を犯すかもしれないという不安や、自分自身を堕落して弱く無力な存在とみなす感覚から生まれたのは、内省にたいする強迫観念である。

バーミンガムの福音派の国教会聖職者だったジョン・ブレイ師は、「私ほどの卑しい虫けらに、人生のなかで一瞬でも喜びが与えられるということは、豊かな恵みと考えなければならない」と記している。彼は自分の子どもたちに向けて、「本当の宗教とは、自分自身のことをいちばん後まわしにするよう教え、そうしたいと思わせるものである」と諭した。[27] しかし、自分の魂の状態を探るためには、恩寵に背く徴候にたいして絶え間なく注意を払う必要があったため、この自己放棄は矛盾を含むことになった。福音主義はこうして強力な自己の感覚を促したが、その自己とは変容し改められた自己だった。新たな道徳規範にもとづく著しい行動様式の変化を生みだすことができたのは、そのためである。敬虔なキリスト教徒たちは、勇気をもって自分たちの弱さに立ち向かい、その卑しい衝動を否定しながら、まだ改変されていない自分自身との不断の闘いを遂行した。あるコルチェスター出身の国教徒の女性は、一八二七年の日記のなかで、「たとえ主のご意志が私の意に沿わないものであったとしても、ありがたいと思いたい。自分自身の意志など、ほかにはいらない」と自省した。[28]

敬虔なキリスト教徒たちは、より良い自己を求めるこの闘いにおいてもっとも大切なのは祈りの力だと考えた。みずからの祈りを頼みとし、また自分の子どもや貧民などほかの人びとに祈りの方法を教えることは、福音の取り組みの中核をなすものだった。[29] 日記をつけ、新年の決意を記し、誕生日の記録帳を書くことをつねに重視し、神の前で毎年、一年を振り返って評価を下すことは、すべて自分自身の魂を監視するための、また母親たちにとっては自分の子どもたちの魂を監視するための努力の一端であった。一八三四年一月一日、イプスウィッチの農業経営者の妻ジェイン・ランサム・ビドルは、信仰の「評価」をつけるための欄が印刷された、まっさらな一冊の備忘録を一五歳の娘に与えた。この小さな本の冒頭に、ジェイン・ビドルが娘のために書いた一篇の詩は、最初と最後の節がつぎのようなものだった。

この備忘録、短くもはっきりと記されるのは
かけがえのなき一刻一刻の記録
良心の声に従って過ごした時間
思い出は喜んでそこに留まる

こうして守った歳月は教えるだろう
汝が大事に時を過ごしてきたことを
この地上の国で
汝が利用できる時はごくわずか
もし年ごとに真の改良が記されるならば
われらはより高貴な世界にふさわしきものとなろう[30]

自己と子どもたちにたいするこうした細かな監視は、信徒団のなかで行なわれる信徒たちの私事や営利活動上の事柄にたいする監視にまで敷衍された。教会や礼拝堂の牧師と年長の男性信

徒たちはほかの信徒たちを監視し、必要とあらば裁くこともあった。個人的な道徳と世俗的な関心とがこのように密接につながっていたことから（独立教会派とクエイカーは、金銭問題での規則違反によって追放されることもあったので）、霊的にも物質的にも報われるように、生活全般を注意深く規制するようになったのである。

聖職者や信仰の篤い父親は父なる神を象徴し、またその代理を務める存在としていっそう重要な意味をもった。作家のメアリ・ライト・スーエルは、父の農場で過ごした子ども時代を振り返りながら、「父のおかげで私は神の父性を理解できるようになった。父なる神はとても情け深く、優しい慈悲の心をおもちだ。私の愛する父もそうだった」と述べた[31]。このように重ね合わせることで生じる説得力は、聖職者の子どもたちの場合には、なおさら強いものとなった。ウィリアム・マーシュの娘、キャサリンにとって「聖なる父と地上の父は一体」であった[32]。このイメージは世帯の枠を越えて広がり、信徒の集まりをひとつの家族とみなす考え方をつくりあげるのに巧みに利用された。会衆が少なければ少ないほど、牧師にとっては個人的な力をふるう余地が増すことになった。信徒数がごくわずかだったエセックスのオンガーの牧師アイザック・テイラーは、ある教区信徒の言葉を使えば、その「父権的」な権威を行使することで愛されても恐れられてもいた。彼はためらいもせず、「一般礼拝や聖餐式にきちんと出席しない者や、家庭内や商業上のふるまいのなかでキリスト教倫理にもとる行動をした者にたいし、教会信徒からの離脱を勧めた」という[33]。

「家庭内のふるまい」の監視がとりわけ重要だったのは、敬虔なキリスト教徒たちはみな、道徳秩序を保ち、人間の反抗的な時期や性格をより確実に管理下に置くことができる場所は、家庭の内部だと考えていたからだった。これは家族礼拝に強調点を置いた考え方で、家族成員それぞれの成功や失敗をめぐって祈りが捧げられ、また個人はそれぞれ家族全体にたいして説明を求められることになった[34]。家族の祈りは、一般礼拝と私的祈祷の中間に位置するものだった。世帯の長である父親は、自分の扶養家族である妻子と使用人、あるいは寄宿生や徒弟を整列させた。

イングランド国教徒の家庭でも非国教徒の家庭でも同じように使われた聖歌集のなかに偉大な非国教徒の道徳家たちが登場していた「ことに示される」ように、教義上の違いは見過ごされた。ウィリアム・マーシュの娘のキャサリンは、熱烈な福音主義者の家庭で育ったが、コルチェスターに住んでいた五歳のころに、非国教徒であるアイザック・ワッツの詩「せっせと働く可愛いミツバチさんは、なんて上手に時を使うのでしょう」を使って読み方を教わった。彼女の両親は、この詩が自分たちの必要とするものに完全に一致しており、自分たちのものの見方を表現するものだと考えたのである[35]。

敬虔なキリスト教徒たちはまた、現世における生命のはかなさと、しばしば天国の家として理解していた永遠の命の圧倒的な重要性にたいする強い関心を共有していた。牧師は忠実な信徒たちを積極的に働かせ、教会に帰属させておくための方法として、死への恐怖心を利用した。一八二三年の三月、ある農業経営者の妻は日記に、教区牧師が「クック夫人の突然の死について短い説明をしてくださり、私たちがいかに注意深く生きるべきかを教えてくださった」と記した。[36]敬虔なキリスト教徒はみな、「現世」に背を向けるよう強く促されたが、この「現世」がどこから始まるのかという問題をめぐっては、意見が分かれた。もっとも厳格な人びとは、スポーツや劇場やカード遊びを避けるようになった。小説全般を拒絶する者もいたし、また家庭で音楽を奏でることや壁に絵画をかけることを禁じる者もいた。意見の一致がみられたのは、家庭内での隠遁が真の宗教的生活の正しい基礎になるという点である。そして、女性は本来この家庭領域に身を置くものとされていたので、そのことが理由のひとつとなって、女性は男性よりも「生まれながらに」宗教的な存在なのだと考えられた。回心の経験は、しばしば現世の汚れから清められ、浄化される過程として描きだされた。「おお救い主よ、私の汚れを洗い落としたまえ。清めによって、私は雪よりも白くなることでしょう」と、信心深いウィリアム・マーシュの妻、マライア・マーシュは書き記した。[37]浄化という概念が女性に特別な響きを投げかけていたのは、ある面では、セクシュアリティの汚染力が恐怖心を呼び起こしたことによる。中産階級に顕著にみられる特徴のひとつは、彼らが身体機能についての礼儀作法《エチケット》と体の清潔さに気を配っていたことだった。そうすることで清純と清潔を維持することは、女性にとって宗教的な目標となり、また日常的な務めにもなった。

しかしながら、敬虔なキリスト教信仰には個人で内省するための私的な空間が必要であり、そのことが家事や育児といった日々の生活に明け暮れる女性にとって悩みの種になることもあった。毎日「自室に入り、その戸を閉める」喜びと特権は、贅沢なものとなるかもしれなかった。[38]家庭は男性にとって、ある程度まで避難と隠遁の場になりえたが、中産階級の女性にとって、家庭とは自分たちが責任をもつ場であった。真の宗教に目覚めていた女性たちは、しばしば結婚によって自分の宗教生活にどのような影響がもたらされるのか、自分が家庭の管理や娯楽や衣服といった俗事に関心をもちすぎるあまり、宗教的な生活を送る余地が失われてしまうのではないかと危ぶんだ。[39]あるエセックスの小店主の妻が書いたように、「日々多くの邪魔が入る若い家族には、宗教的な歩みや個人の魂の状態を記録するための機会がほとんどないように見える」のは当然であった。[40]

男性には、隠遁の必要性をめぐって別の問題があった。男性は日常生活のなかで危うい世俗的領域に頻繁に入り込まなければならず、清純さは男性の「生来的」な性質のなかには含まれていなかったためである。一つ目の方策は、ウィリアム・ウィルバーフォースが採用したように、内省と祈りのための時間をつねに確保できるように細心の注意を払って日常の仕事の段取りをつけることだった。[41]二つ目の方策として、男性が女性たちを頼りにして、自分たちの宗教的な務めをいくらかでも果たしてもらうことも可能だった。あるバプティストの農業経営者兼製粉業者は、つねに自分の魂の状態が気がかりで、一八二〇年代に婚約者に手紙を書き送ったときには、彼女がいれば自分は俗事から遠ざかっていられるだろうと感謝している[42]。

男性たちはまた妻に頼って、親として果たすべき宗教的責任の多くを引き受けてもらっていた。説教者として知られるチャールズ・スパージョンの父は、コルチェスターで石炭商の事務員をしており、俗人説教者や執事としての社会的な義務を果たすことに余念がなかった。彼はある夕方、一七人の子どもたちの宗教教育を顧みてこなかったことを気に病みながら帰宅したが、静かに二階に上がると妻の声が聞こえてきた。

妻は子どもたちとお祈りをしていた。妻が一人ひとり名前をあげて子どもたちのために祈っているのが聞こえた。……私は彼女が祈りをやめるまでその声を聞き、「神よ、私はあなたの仕事を続けましょう。子どもたちの世話は大丈夫でしょう」と感じたのである[43]。

公的な仕事と私的な宗教生活のあいだの矛盾した要求に直面した男性がとりえた三つ目の戦略は、「ささやかな資産」が手に入るやいなや営利活動から引退し、息子か甥に事業を託したうえで、長年の仕事の成果をゆっくりと味わうことだった。つまり、「現世のものを脱ぎ捨て、来世のものを身につけるための廊室のようなもの」としての隠遁生活を送ることである[44]。

敬虔なキリスト教徒たちの政治活動は、もっぱら道徳的な問題（あるいは教会政治）に焦点が絞られていた。奴隷制反対のような政治運動には途方もないエネルギーが注ぎ込まれ、その一方で急進派はイングランドにも「白人奴隷」が大勢いることを揶揄したが、この運動の基盤となっていたのは、奴隷にも魂があるという信条だった。しかし、魂の卓越性と社会的な階層制度の必要性にたいする確信は、強力な保守主義にもつながりうるものであった。アン・テイラーとジェイン・テイラーは、「貧しき子」という子ども向けの詩をつぎのように締め括った。

私に慎ましく信心深い気持ちをお与えください
おとなしく控えめな心を……[45]

こうした福音主義的な救済の重視と結びついていたのが、千年王国説の流れである。奇跡と預言への強い関心は、中産階級の詩人のなかでもっとも人気のあったクーパーの思想全体を貫くひとつの系譜をなしていた。徴候や前兆をきちんと見極め、その意味を理解する必要があるというのである。一七九九年に刊行された預言に関するある書物では、黙示録に出てくる獣が不信心とジャコバン主義を表わすとされたが、これはフランス革命にたいする敬虔なキリスト教徒たちの一般的な反応を示すものだった。しかし、非国教徒たちはより曖昧な立場をとる傾向があり、多くが一時期は革命にたいして共感を示していた。［ジョウゼフ・］プリーストリのような全国的に知名度の高い人物から、ほぼ無名の地方の人物にいたるまで、革命は甚大な影響を与えたが、ウィリアム・ワーズワースのように若いころに経験した場合、その影響はとりわけ大きなものとなった。

信仰心篤い人びとは、政治的には保守主義の立場をとり、社会を変えるために改革者たちとは異なる検討課題を求めていたが、こうした様子をよく映しだしているのが、一八三〇年代から四〇年代という騒然とした二〇年間にバーミンガムでみられた国教徒と非国教徒とのあいだの協力関係である。実際、福音派のキャサリン・マーシュは、父ウィリアム・マーシュが、仲間の敬虔なキリスト教徒たちとともにバーミンガムをチャーティズムと無秩序の危険から救う責任を負っているのだと強く確信していた。「チャーティストの暴動の舞台だったところから」、この町が「平和で秩序正しい」ものになるまでの回復をもたらしたのが、福音主義者たちであった。(46) ジョウゼフ・スタージのような急進派でさえ、もしマーシュがこの町を去ることになったらバーミンガムは恐ろしい損失を被るだろうと考えていた。(47) 同じように、エセックス在住のクエイカー教徒で醸造業を営んでいたジェイムズ・ハーナードは、マーシュがコルチェスターにいたときにはその賛同者となり、みずからは急進派として地元の反穀物法同盟の会長を務めていたにもかかわらず、尊敬の証としてマーシュに詩を捧げている。(48)

一八一九年にはすでに、福音主義の非国教徒であったジョン・エンジェル・ジェイムズは、改革を求めるデモや扇動がバーミンガムを席捲しているのを見て、政治には関わらないという非国教徒の伝統を守るようにと説教壇の上から訴えた。彼は、「危機」とは改革者たちが論じる賃金や労働の問題よりむしろ、信仰の軽視や不道徳や飲酒や罰当たりな言葉と結びついたものであると力説した。この危機において、「信仰とは愛国心であり、不道徳とは国家への反逆」なのだから、「われわれは神に助けを求めなければならない」と彼は論じた。(49)

一八二〇年代には、福音派と非国教徒が互いに力を合わせて、人びとにキリスト教的な生活様式を獲得させるための試みを続行した。彼らは聖書協会やバーミンガム幼児学校協会で活動をともにした。ジェイムズは何度も国教会伝道協会の演壇に登った。彼らは奴隷制反対と禁酒を共通の大義とした。一八三八年からは都市貧民救済事業をめぐって協力し、一八四六年から五九年までのあいだ、ジェイムズと聖マーティン教会の新しい福音派の教区牧師は非常に親密な関係を築いた。(50) 同じように、熱意あふれる国教会福音派のジョン・チャールズワース師は、サフォーク東部全域を旅したが、ある非国教徒の「兄弟牧師」としばしば合流し、両者はともに「納屋や宿屋の大きな部屋で、村の聴衆たちに囲まれて」立ちあがり、ひとりでも聞いてくれる者がいれば、どこでも説教を行なった。(51) ジェイムズが実に雄弁に述べたように、問題にすべきは罪であって、政治的な主張ではなかったのである。(52)

バーミンガムではオウエン主義の影響力が強固だった。一八四〇年代までにオウエン主義運動の中心的な関心事は、宗教的な自由思想、女性の権利、結婚制度の改革、労働者階級の教育へと集中するようになっていた。オウエン主義者たちはひとつの新しい生き方をもたらしたのであり、その一員になるには、福音主義者と同じように生まれ変わることが必要だった。彼らが福音主義者の宣伝方式を利用して伝えたメッセージは、正統派のキリスト教信仰を根本から覆すものだった。オウエン主義に賛同していた社会主義者とフェミニストの多くは、みずからも宗教的な経験をしていたが、その体験をより急進的な方法で再解釈し、新たな共和国は競争を廃止しなければならず、女性の使命とは女性の力になるものでなければならないと主張した。一八三〇年代後半から四〇年代にかけては、オウエン主義者と福音主義者のあいだで公然とした対立が絶えず生じており、この時期のバーミンガムで創設された宗教色のある貧民救済事業の狙いのひとつは、労働者階級のあいだで広がっていた社会主義や無神論の思想に対抗することであった。改革の問題をめぐって結ばれた中産階級の一部と労働者階級の一部のあいだの協力関係は、バーミンガム政治同盟を中心とする組織や活動によって維持されていたが、一八三〇年代後半には瓦解しつつあったのである。

敬虔なキリスト教徒たちは、オウエン主義とチャーティズムという双子の挑戦にたいして精力的に立ち向かった。多くの人びとは、社会主義に対抗するための唯一の道は「真の宗教」を通じて切り拓かれると信じており、そのうちのひとりであったジェイムズは、フランス革命とオウエン主義が孕む反宗教的な性格を集中的に攻撃した。(53) バーミンガムのある説教者は、「危機にある今、必要なのは、すべての聖職と信徒、支配者と臣民が心と精神をひとつにし、地上にあふれる不信心と神への不敬という流れを食い止めるためにこぞって努力することである——いまや紛争と非難と冒瀆の時代なのだから」と宣言した。(54) 千年至福のマーシュが一八四一年に声高に述べたように、

危険に満ちた時代が到来し̇て̇い̇ま̇す̇。チャーティズムは、人間が築くあらゆる統治にたいする反対勢力以外の何だというのでしょうか。社会主義は、道徳的で宗教的な統制にことごとく反対する勢力、あるいはそのもっとも危険なかたちをとった不信心以外の何ものでもないでしょう。博愛主義の衣をまとって犠牲者に近づいて、人間のあらゆる罪深い情念を解き放つと、そのつけを宗教にまわしてくるのが社会主義なのですから。その害悪を和らげたり取り除いたりできるのは宗教だけなのです。(55)

キャサリン・マーシュは、一八四八年の「身の毛もよだつような」出来事を観察し、革命運動の「不信心で悪魔的な起源」と、彼女の見たところ、それがとくに女性を奴隷状態にする傾向をもつことについて論評を加えたが、彼女は自分自身が従来の意味で政治的であるとはまったく考えていなかった。(56) イングランド人の心と精神をつかもうとする福音主義の取り組みは、政治集会や投票箱や選挙演説会場を通じてではなく、説教や小冊子や日曜学校や付属団体や慈善訪問を通じて行なわれた。それは、神を否定するものを戒め、諭し、その罪を悟らせるとい

う不断の努力のなかで、男性であれ女性であれ、中産階級のかなりの部分を引き込む闘いだった。「信仰の炎は、もしも愛という業によって燃えあがらなければ、やがて消えてしまうだろう」と、ある信心深い若者は、エセックスの農場にいた若い義理の妹の備忘録に書き記した。[57]キリストの愛に導かれた「善行」がイングランド社会を復活させることができるという確信は、あらゆる宗派の福音主義者たちに共有されていた。この確信があったからこそ、永遠の罰を宣告されてしまいかねない人びとを救おうとする企てのなかで、中産階級の国教徒と非国教徒のあいだに協力関係が成立しえたのである。

宗教的な共同体

これまで論じてきたように、国教会や非国教会の一員となることで、男性も女性も志を同じくする者たちの共同体を手に入れたが、その拠りどころとなったのは、みずからの道徳的な優位性であった。どの宗派においても、宗教活動にはより広範なネットワークとのつながりをもてるという利点があった。クエイカーの場合、そのネットワークは全国にわたって高度に組織されていたが、一九世紀前半には、福音主義者と独立教会派とイングランド国教会信徒はすべて一様に、より緊密な絆をつくりあげることに関心を払っていた。

「敬虔なキリスト教徒たち」は、既存の社会から自分自身を切り離し、従来のものとは異なる文化をつくりあげようとして、かなりのイデオロギー的投資を行なった。その取り組みの焦点は必然的に、まず家庭と、教会や礼拝堂およびその付属組織へと向けられた。宗教的ネットワークはどれも、親族関係や職業的紐帯の双方と重なり合っており、その重なり方は、クエイカーの場合にはほぼ完璧であったが、ほかのキリスト教集団の場合でもはっきりと目につくものだった。

宗教的ネットワークは、ひとつの完結した世界を提供してくれるものであった。それはイングランド全土にわたり、エクセター・ホールでの五月大集会のように毎年信徒が顔を合わせる集いをもつ世界であり、さらには海外に設立されていった伝道団にまで広がる世界であった。[58]そして何より信徒たちの共同体はこの世を超えて天国にまで届き、永遠の生命のもとでの再会を約束するものであった。絶えず開かれる信徒の会合や集まりや行事は、農耕の季節と結びついた狩猟や競馬といった貴族やジェントリの社交上の年中行事とも違い、また一八世紀に中産階級の男性たちがよく訪れたクラブやコーヒーハウスとも異なった独自の枠組みを提供するものだった。「敬虔なキリスト教徒たち」は、家庭生活や教会生活の場が「人を誘惑する俗世の歓楽や愚行」よりもつねに優先されるような社会秩序をつくりあげる必要があった。[59]一九世紀初頭にバーミンガムのカーズ通り独立教会派礼拝堂を訪れたひとりの若い修業中の牧師は、招待状を受け取った会合の多様性と、出席した社交行事の数の多さに感心していた。彼は定期的に食事や茶話会に呼ばれ、多くの魅力的な若い女性たちに出会い、嬉々として彼女たちに助言を与えた。[60]

宗教的な共同体は思春期以降の若者たち、なかでも家庭を離れて別の町や村で暮らしている男性たちにとって、とくに重要なものになりえた。教会や礼拝堂は、ある種の宗教的な「家族」の役割を果たすこともあり、営利活動上の最初の接点をもたらしただけでなく、宿泊先や友人関係や心の支えを与えてくれることも多かった。独身女性もまた、宗教的な「家族」の一員となることがとくに有益だと感じていたのではないだろうか。たとえば、コルチェスターに住んでいた福音派のエイミ・キャンプスのような女性は、長年にわたって自分の生活を社交面でも情緒のうえでも完全に教会を軸としてつくりあげた。(61) 宗教的なネットワークが潜在的な結婚相手を提供する源泉として重要だったことも、とくに驚くべきではなかろう。多くの若い女性にとって、そのネットワークは親族以外の者との主たる出会いの場を意味していたからである。陪餐に与ることや、礼拝堂の一員になることは、男性と女性のライフサイクルのなかでの重要な舞台を提供するものだった。年季奉公を終えて仕事を始めようとする若い男性は、さらに礼拝堂の一員になることで完全な成人期に入る区切りをつけたかもしれない。若い女性の場合は、新たに任される家事が増えてもそれは世間一般には認識されにくかったので、礼拝堂の一員になったり、日曜学校での教師の仕事などの教会関係の仕事を任されたりすることを、大人になる過程の一環とみなしたかもしれない。成長して親元を離れた若者たちは、別の教会や礼拝堂に移ることで反抗を表現したのかもしれない。

親族集団はしばしば同じ宗派内に根ざしていたので、貧しい親族が、同じ教会の会衆であるなしにかかわらず、より富裕な親族の宗教的な義務感を引きだして破産を免れることも多かった。貧しい人びとは、物質的な成功に恵まれなかった埋め合わせに、教会に時間と労力を注いだかもしれない。物質的な富の違いが一族内に不和をもたらしかねない場合であっても、同じ宗教的共同体に属していることが、一族を結び合わせる助けになることもあった。このような共同体の感覚が家族の絆によって強められた場合に、クエイカー教徒の商業的な卓越性を説明する鍵になるような、驚くほど有利な立場が生まれたのである。

しかし、家族の成員が苦境にあって、教会からの勧告や道徳的な教訓にもかかわらず、親類たちが歩み寄って手を貸さないときには、失望が余計に大きくなった。家族の絆と宗教的な絆が非常に緊密であることは、時として家族への忠誠と宗教的な忠誠が衝突する場合もありうることを意味していた。このような事態がみられたのは、エセックスの小村の会衆派教会が、牧師の行動のいくつかの側面をめぐって牧師と執事とのあいだの激しい論争に巻き込まれたときである。フィールディング師は、もしかりに聖職からの離脱を強いられることになれば、自分の物質的な支えも社会的アイデンティティも失うことになると恐れた。長くその地に住み礼拝堂と結びついていたため、「彼にとっては家庭も同然で、家庭的な交流の場」にもなっていたからである。フィールディングの妻の従兄弟は、フィールディングに反対する側に加わるよう説得を受けており、このことは心底フィールディングを震えあがらせた。「われわれは、ここに肉と血の絆の冒瀆を目にします」と彼は抗議した。その一方で執事たちの一派は、宗教的な良心よりも家族への忠誠を優先して牧師を支持し続けているとして、フィールディングの妻の甥を厳しく非難した。(62)

裕福な信徒たちは、血縁でない場合でも、貧しく成功に恵まれない人びとを助けることを期待されていた。こうした支援は個人単位で行なわれることもあれば、バーミンガムのニュー・ミーティング礼拝堂が信徒のうちの老齢者や困窮者に提供した資金援助のように、集団で行なわれることもあった。(63) イングランド国教会の聖職には自分の裁量で使える任命権が相当数あり、地元の慈善活動に関わる請負契約の配分が、そのような恩恵のひとつであった。小規模な小売商や農業経営者は、このような方法で教会との結びつきから利益を得ており、それはイプスウィッチのパン屋、ジェレマイア・ハウジーゴウの場合も同様だった。彼は熱心に教会に通っていたわけではなかったが、宗教的な事柄に純粋に関心をもっており、日曜学校の慰安会や他宗派の多種多様な特別礼拝を支援して、ロンドン滞在中には、呼び物となった「黒人」の説教を聴いたり「ユニテリング」「ユニテリアンの誤り」の礼拝に参加してみたりした。しかし、それでも彼は福音派の教会の熱心な信徒であり、教会の慈善活動との結びつきを通じて、パン屋としてまとまった規模の注文を受けていた。(64) エセックスのある一家が地元の独立教会派の礼拝堂に加わったときには、一家の織物業に、木材商と農業経営者という「まったく新たな部類の顧客を営利活動に加えることになった」。(65)

非国教徒の男性たちは、礼拝堂の管財人を務めて請求書の支払いをすることで、力量と誠実さについて良い評判を得ることができた。有償の仕事をもたらす依頼人を獲得して出世しようと努力していた専門職の人びとが、教会や礼拝堂の縁故によってもたらされる利益に気づく場合もあった。あるエセックスの医師は、『ジョージ・エリオットの』『ミドルマーチ』に出てくる架空の医師と同様、収入の足しに薬を売ることを好まず、自分の専門技術だけで渡っていきたいと考えていたが、所属する礼拝堂の牧師がもつ任命権と、会衆派に属するある金持ちの法律家一家の縁故が計り知れないほど貴重な新規参入の機会となることに気がついた。(66) 妻がマーシュ夫人の友人だったコルチェスターの国教徒の医師にも、これと似た有利な状況があった。彼は、マーシュの母親のかかりつけの医師であったのに加えて、コルチェスター城図書室の会計係、コルチェスター哲学協会の副会長、貯蓄銀行の支配人、植物園芸協会とコルチェスター＝東部エセックス聖書協会の熱心な会員だった。彼はまた、エセックス＝コルチェスター病院の創設者のひとりであり、そこでの医師の仕事も無償で引き受けた。この病院の理事会役員はもっぱら国教会聖職者であり、医員は彼らと緊密に連携をとりながら働いていた。非国教会の牧師たちも病院で礼拝を行なうことは認められていたが、病院の関係者が主に高位のイングランド国教徒たちであったため、内科医たちの潜在的な専門職ネットワークはかなりの広がりをもつことになった。[67]

しかし、宗教的なネットワークと企業家のネットワークの重なり合いは、自動的に有益なものになったわけではなかった。誠実さと勤勉さと能力に厳しい監視の目が向けられたことは、破産した場合には営利活動の世界から追放されることを意味していた。さらに宗教的な共同体による監視が、収益という動機を直接的に否定するものとなることもあった。銃器製造業で地位を確立していたバーミンガムのクエイカー一家のゴルトン家は、仲間のクエイカーたちの宗教的な良心の咎めによって、自分たちの営利活動をしぶしぶ中断することになった。彼らの工場は直接的に奴隷貿易を基盤としていたが、奴隷貿易の廃止は多くのクエイカーが切実な願いとしていた問題だったからである。サミュエル・ゴルトンは、自分はあくまでも生計を立てることを第一に考える必要があり、奴隷貿易や武器販売に従事することが奴隷や武器の使用を是認することにはならないと主張した。[68]

貴族やジェントリが社会的名誉を手にする伝統的な回路にたいして中産階級が異議を申し立てていた時代にあっては、宗教的な共同体の一員になることが、イングランド社会における地位と身分を手に入れることでもあった。少なくとも理論的には、宗教は「必要なただひとつのこと」だった。宗教が男女の双方に与えた一体感と共同体は、社会的にも経済的にも利益をもたらすとともに、公的世界でも私的世界でも新たなアイデンティティを生みだし、個人にみずからの要求を主張する力を与えたのである。私的世界で権力意識と目的意識が強まったのは、この世で受け継ぐものではなく天国で受け継ぐものが名誉の源だというクーパーの訴えにつながる宗教的な確信があればこそだった。公的世界の活動は、敬虔なキリスト教徒、とくに男性にとっては、自分たちの時代にたいする宗教的な要求と結びついていた。一八五九年には、バーミンガムで精力的に活動を行なった福音主義の非国教徒、ジョン・エンジェル・ジェイムズが亡くなった。彼の葬儀では、何万もの人びとが通りに行列をつくったという。それは、家族や友人や同じ礼拝堂の会衆だけでなく、都市の住民の大部分が出席した大規模な公開式典となった。このような行事は、非国教徒の価値を公共の場で認めるものにほかならなかった。[69]

イングランド国教会の聖職者が公の場に姿を現わす習慣はすでに確立されており、戦争終結や戴冠式のような市民を巻き込んだ式典では、彼らが代表として目立つように登場したが、こうした大がかりな場面は権力を見せつけ、また強固にする手段を提供してくれた。行進の参加者として選ばれた集団は、公衆に認められた存在であることを示しており、聖職者はその先頭で重要な位置を占めていた。一八二〇年にエセックス＝コルチェスター病院が開設された際にみられたように、非国教会の牧師たちもしだいに招きを受け、こうした行進に加わるようになっていった。[70] 都市の上層役人や都市改良委員、官庁の役人や市議会議員、都市自治体の市参事会員や市長とならび、牧師はエリートとみなされる存在だった。一九世紀前半には、イングランド国教会の教会建築が大々的に拡張されたおかげで、聖職者には公の場で人前に出る機会が十分にあり、またその機会には、儀礼的な場面にはおなじみの州のジェントリとのつながりを示すこともできた。一八〇五年にバーミンガムのクライスト教会に礎石が据えられた後には、ロイヤル・ホテルで晩餐の場がもうけられ、そこでは「貴族とジェントリと聖職者」のなかに「都市や近隣の紳士たちの大集団が加わった」(71)。このようないくつかの「公」の晩餐会は、もちろん誰にも開かれているという意味で公開《パブリック》のものだったわけではない。それらはこの都市の残りの人びと、つまり「紳士」ではない商人や職人、労働者階級、非国教徒や女性が見物することのできる公の式典であった。婦人たちは礼拝の聴衆のなかで重要な部分を占めていたが、彼女たちは通常、こうした晩餐会に招待されることはなかった。「公衆」とは、財産をもつ男性たちのことだったのである。

　非国教徒の社会的地位が上昇したとはいえ、依然としてイングランド国教会のほうが格が高く、多くの人びとは財力や威信が高まると、［非国教会の］礼拝堂を去って国教会に加わった。宗教的な帰属によってもたらされる地位が、つねにこのように世俗的に定義されたわけではなかったが、それでも、社会的地位が重要であるとか、道徳はそれ相応の服装やふるまいのなかで表現されなければならないといったことを否定する者はまれであった。キリストのもとでの平等を認める発想と、社会的階層秩序にたいする健全な敬意を両立させなければならないという矛盾は、ジェイン・テイラーの『見せかけ』をはじめとして、しばしばこの時期の小説のなかで具体的に描きだされた。同じ礼拝堂に属している身分の高い信徒と身分の低い信徒のあいだでは、どのような種類の関係が適切なのか。「不釣合いな親しさ」に批判的だったテイラーは、みずからの場をわきまえ、そこから踏み出そうとする「姿勢がまるでない」架空の酒場店主の娘に拍手喝采を送った。しかし彼女はまた、上流階級の恩着せがましい態度も嫌っていた。真の宗教には精神の自立、つまりほかの社会的利害に影響されず、理性の主張と真理と霊魂を武器にして自分自身で前に進む力が必要だった。宗教はまさに「必要なただひとつのこと」であり、古い社会の恩着せがましい習慣や隷属的な慣習から個人を解放することができ、また自分たちの「誇り高き自負」はみずからの信仰から生まれているという主張を可能にさせるものだった。宗派を問わず敬虔なキリスト教徒や熱心な信者たちは、信仰に由来するものであれ、理性に由来するものであれ、自分たちの信念に従って行動するべきだという共通の発想をもっていたのである。

第2章 「あなたがたは皆、キリスト・イエスにあって一つだからである」
――男性、女性、宗教

もはや、ユダヤ人もギリシヤ人もなく、奴隷も自由人もなく、男も女もない。あなたがたは皆、キリスト・イエスにあって一つだからである。

――ガラテヤ人への手紙、三章二八節

宗教は、中産階級の男女にとって「必要なただひとつのこと」だったかもしれないが、男性と女性がともに同じかたちで宗教を経験したわけではなかった。実際、公私の領域で男女がどのような位置を占めるべきかという議論は、当時の宗教実践の中心部分をなしていた。一七世紀のピューリタニズムは、信者一人ひとりを重視し、宗教を守る家族や世帯の重要性を強調するものであり、教会における男女それぞれの居場所をめぐる議論の端緒を切り開いた。ピューリタン内部の急進的な勢力――ファミリスト、ランターズ、ディッガーズ――はすぐに力を失ったが、個人の良心の自由にたいする信仰と、男と女は「皆、キリスト・イエスにあって一つ」であるという魂の平等にたいする信念が失われることはなかった。こうした前提から、男女の宗教的本性、［国教会の］教会や［非国教会の］礼拝堂での男女それぞれの権利、また俗世でのあるべき行ないに関する議論のための基本線ができあがった。国教会福音派から原始メソディズム、さらにはオウエン主義フェミニズムにいたるまで、多様な意見があったが、注目に値するのは、一九世紀に女性の居場所に関する通説が定着していくにつれて、より急進的な声がかき消される傾向にあったことである。たとえば、千年王国運動のなかでは、女性は説教者や教師としての重要性を認められていたが、そのような運動が当初の熱狂主義的な原点を失って、より権威や形式を重んじるようになっていくと、女性はたいてい周縁に押しやられることになった(1)。

それでも、教会や礼拝堂に通う女性の数の多さは男性と比べて顕著であり、女性はより宗教の影響を受けやすい存在であると広く信じられていた。女性の役割も拡大したが、それは、会衆にたいする職権の強化を狙う聖職者の試みから生まれた副産物でもあった。この変化をもたらしたひとつの要因は、宗教実践において個々人の決定が重要性を増したことだった。教会あるいは礼拝堂の内部に、女性たちは自分たちが排除を免れた公的な活動の舞台を見いだすことができた。一九世紀のキリスト教徒にとっては個人の道徳性が関心の中核をなしていたが、このことは、ほとんどの中産階級の女性たちが家族や友人の世界のなかだけに閉じ込められて暮らし、一方で祈祷会のような集団が道徳性の検証や支援を行なう女性の下位文化を提供するという状況に合致していた。男性たちには教会や礼拝堂以外にも人と出会い活動する場が多くあったが、彼らの営利活動上の関心は、宗教上の教えとしばしば矛盾していたし、男性の下位文化は、宗教的には問題になりかねない形態の男らしさを軸にかたちづくられていた(2)。しかし、教会や礼拝堂での指導的地位は依然として男性のものであり、女性たちは平信徒のままだった。魂の平等を信じていながら、どのようにしてこうした男性領域と女性領域のあいだの区別が構築されたのだろうか。その区別はどのような宗教的教義にもとづいており、またどのような実践のなかでその区別が遵守されたのだろうか。男性と女性の領域の区分は、所与のものではなく、信仰と実践を通じて創造されたのである。

男性性に関する教義

妻たる者よ、夫に仕えなさい。それが、主にある者にふさわしいことである。夫たる者よ、妻を愛しなさい。つらくあたってはいけない。子たる者よ、何事についても両親に従いなさい。これが主に喜ばれることである。父たる者よ、子供をいらだたせてはいけない。心がいじけるかもしれないから。僕たる者よ、何事についても、肉による主人に従いなさい。人にへつらおうとして、目先だけの勤めをするのではなく、真心をこめて主を恐れつつ、従いなさい。

——コロサイ人への手紙、三章一八～二二節

この聖句は、家族の祈祷用の句集のなかで好まれたものだった(3)。これは神の掟であり、人間の法であった。このような考え方は、世帯が社会の基本的単位であり、ほとんどの世帯内には使用人を含むひとつの家族があるという想定のもとで成り立っていた。神と神の法に関する知識がある世代から次の世代へと手渡されるのは、家族を通じてであった(4)。社会組織の原初形態は当然家族であるという想定は、キリスト教思想を下支えするものだった。さらに現世の家族は、天国の家族の延長線上にあった。良きキリスト教徒は、「来世では世帯の構成員たちが再会を果たして互いの存在に気づき、永遠に幸せになるという揺るぎない信仰」をもつことができた(5)。エセックスのあるクエイカー教徒が記したように、「家族礼拝を行なうことで、地上に小さな神の王国がつくられていき、天の国を心待ちに感じるようになる」のだった(6)。

宗教実践が家族内にしっかりと埋め込まれることの大切さは、労働が家庭から切り離されていくにつれ、しきりに強調される

ようになった。『余暇時間』の編集者は一八五二年、「大きな企業では、一日の仕事が始まると、家族的な場や宗教的思索は一日が終わるまですべてお預けにしなければならない。これが当然のように思われることがなんと増えたことか」と嘆いた。(7) 家族の祈りという儀式は、一九世紀が進むにつれて、しだいに普及していった。バーミンガムの独立教会派の牧師であるジョン・エンジェル・ジェイムズは、つぎのように論じた。

どの家族も、しかるべく導かれるならば神聖な性格をもちます。家長は神の知識を家族に教え、また神を敬うよう家族を導くことによって、世帯のなかで預言者の役割と司祭の役割の両方を演じるのですから。家長は秩序と服従と規律をもつ体制を支えることで、同時に国王の義務をも果たしているのです。(8)

ジェイムズは教会の信徒にたいし、仕事の妨げにならないよう朝は十分早い時間に、そして祈りを捧げる人びとが疲れないよう晩はあまり遅くなりすぎない時間に家族の祈りを行なうよう強く助言した。彼は、「商売の営み」にたいする熱意が行きすぎたものになると朝の祈りに差し支え、また遅い時間に訪問を行なう流行が夕べの礼拝を妨げるのではないかと心配した。

敬虔なキリスト教徒たちは、世帯を率いる男性家長が一定の責任と義務を負うと考えていた。この任務の助けになったのは、平信徒たちの執筆した無数の小冊子やパンフレットで、執筆者は主に女性であった。男らしさ《マンリネス》のあり方という問題は、女らしさのあり方ほどには重要視されず、公然と論じられもしなかったが、それは男性の本性が神のイメージのなかにあると考えられていたのにたいして、女性は「他者」として定義されていたからであった。しかし、男性性《マスキュリニティ》をめぐっては、敬虔なキリスト教徒たちの言説のなかに何度も繰り返し登場するいくつかの要素があり、それらはキリスト教徒の中産階級男性という新たな主体の構築を可能にするような、矛盾を含みながらも筋道の通った一連の考え方を示していた。福音主義的なキリスト教信仰と結びついた価値の多く――行ないの誠実さを重視し、愛の力を信じ、弱者や困窮者に思いやりをもつこと――は、ジェントリが前提とし、追求した世俗的な価値とは相反する性格をもっていた。ジェントリの立場からすれば、男性的な特質とは、軍事的な武勇に由来するスポーツや決闘の作法にもとづき、狩猟や乗馬、飲酒や「女遊び」のなかで表現されるものだった。初期の福音派の多くはジェントリ出身だったため、彼らは新たな男らしさ《マンフッド》の型を意識的に確立していかなければならなかった。

さらに多くの人びとは、座業が中心となる中産階級の職業に就いていた。福音派の男性たちは、相当な権力や影響力を行使したいと考えたとしても、それは政治的な見返りや物質的な報酬を求めてのことではなく、道徳的で宗教的な目的からだった。ひとりの人間の魂が回心を遂げれば、それは収入よりも価値のあることだった。不動産収入で暮らしていた場合でも、福音派の者たちにはなおも現世で行なうべき勤め、つまりほかの人びとを救済へ導くという勤めがあった。こうした勤めは、職業として聖職に就く牧師だけが負うべき責任ではなく、あらゆる敬虔なキリスト教徒が負うべき責任であった。

敬虔なキリスト教信仰と結びついた宗教的な影響力は、男性に新たな機会を切り拓いた。シメオンとウィルバーフォースの友人であり、コルチェスターでもバーミンガムでも牧師として働いたウィリアム・マーシュは、新しい種類の男性アイデンティティの実例を示してくれる。娘のキャサリンによれば（おそらく後講釈で、必ずしも正確なものではないのだろうが）、幼年時でさえ、マーシュの「優しい思いやり」は際立っており、その思いやりは、後年「ほとんど女性的な優雅さ」を彼に与えていた。彼は学校の友だちのあいだで「聖書《バイブル》ビリー」と呼ばれていたが、あるとき使用人の男性から、悪態もつけない「ビリー坊ちゃま」は男ではないとからかわれた。マーシュ少年は、自分の男らしさを証明してみせるために一緒になって悪態をつくよう煽られて、その後、自分が周囲の言いなりになったことを深く後悔して泣いたのだった。マーシュは兄と同じく陸軍に入る予定だったが、回心体験と宗教的な使命に男性的な表現で応える道を選び、「救済を行なう偉大な指揮官に仕えるという、より高度な任務」を引き受け、「キリストの御旗のもとで罪と戦った」のだった。そのような使命をもったことで、マーシュは「子どものころにもっていた多少の女性的感受性」を清算するような断固とした姿勢と自己犠牲の力を獲得し、「神の恵みによって」、彼は「純粋さと誠実さと力強さと優しさと揺るぎなさのすべてを兼ねそなえた真に男らしい人間へと陶冶されていった」のである。[9]

福音派の牧師は、それまでの国教会牧師たちの田舎風の野卑な楽しみ方に背を向けなければならず、そのため自分の男性としてのアイデンティティを危険にさらすことになった。福音派牧師のもつ新たな顔《ペルソナ》は、弱さとして受け取られるかもしれず、もともとの上流階級の仲間たちを遠ざける恐れがあった。そのうえ現職の牧師として、彼は自分よりも低い地位にある者たちと日常的に交わらなければならず、キリストの同胞として彼らと一体化されるべき存在でもあった。福音派の信仰にたいする情熱的な献身だけが、これらの障壁を乗り越えることを可能にした。しかし、マーシュのような男性たちは、別の方法で男性性を示すこともできた。聖職の務めを活発に果たすべく、彼は各地を旅してまわり、地元でも旅先でも数多くの人びとに説教を行なった。彼の所属する聖トマス教会は、バーミンガムに新設された当初は閑古鳥が鳴いていたが、間もなく熱狂的な信徒たちでいっぱいになった。マーシュが二三年間ぶりにコルチェスターを再訪したときには、駅から都市の中心部までの道沿いにかつての教区民や友人たちが列をなして、彼を英雄として歓迎したほどである。彼が一八二五年にコルチェスターの銀行を救った出来事は広く知られていたが、公共の場でのこの種の行動が、身体的な武勇や富や官職にともなう権力ではない、道徳的権威を基盤にした男らしい存在感をますます強化していったのだった。[10]

とはいえ、自己犠牲と感化の力を強調する福音派の男らしさは、危うく「女らしい」特質を含みかねないところにまでいたっていた。私たちは一八世紀末の地方の記録のなかに、福音派の「心優しい」男性が、［ウォルター・スコットの］ウェイヴァリー小説を読んだりノリッジ大聖堂を初めて見たりして、感動のあまり涙を流したという事例を見いだすことができる。[11] ロマン主義と感情主義が好まれなくなった一九世紀半ばには、このような行動は、より抑制された型のキリスト教徒紳士《クリスチャン・ジェントルマン》のものへと移り変わりつつあった。

男らしさの情動が福音派の信仰によって高められたとすれば、労働という概念もまた同様だった。既存のプロテスタント信仰の伝統にのっとった宗教的な天職という観念は、福音主義信仰の重要な一部をなすものだった。労働は軽蔑すべきものではなく、むしろ現世において神の義務を果たすものとみなされるべきだった。労働とは厳粛かつ真剣なものであり、まったくの男性的な営みだった。このような考え方は、往々にして商業という軽蔑された活動で生計を立て成長してきた中産階級の必要とするものだった。営利活動や専門職での取引関係における名誉や能力は、男らしさと品格の双方に、より密接に結びつけられるようになった。この組み合わせを体現したのが、クエイカー教徒である。営利活動での廉直さは、男性にとってもっとも大切な徳であり、雇用主たるものはみな従業員の清潔さや家庭生活に気を配り、道徳面でも宗教面でも従業員に責任をもつことが肝要であった。専門職に就いているにせよ、商業を営んでいるにせよ、中産階級のキリスト教徒の男性が従事していたのは、きわめて重要な仕事だった。商業の世界には、かつての戦場や当時の政界を思わせるような誉れはなかったのかもしれない。しかし、それはひとつの重要性をもつ世界となったのである。

しかしながら、このように廉直に働くことの価値を高めることと、その仕事を金持ちによる侮蔑から救いだすことには、矛盾する要素があった。福音主義思想の鍵となっていたのは、「俗世」の拒絶と、その結果として生じる家庭重視主義への方向転換だった。ウィリアム・クーパーが、農村的なものや家庭的なものを賛美しつつ、こうして軍事的なものであれ政治的なものであれ商業的なものであれ、激しい闘争から身を引くことの重要性を正当化しなければならないと感じていたことは明らかであった。実際、ヘイズリットは、クーパーの詩には英雄的なところがないばかりか、「男性的ですら」ないと不満をもらしている。[12] クーパーは、家庭的な男性を怠け者でも役立たずでもないと擁護し、そうした男性に現世での野望や強引さがみられないのを咎めようともしない。私人としての男性にとっての真の見返りは、もちろん来世にあった。多くの回心した男性たちにとって、このような信念は、彼らの男らしさや生殖力にさえも攻撃が加えられるなかで、自分たちの信仰を貫く助けになったにちがいない。奴隷制度への反対であれキツネ狩りへの反対であれ、社会の犠牲者のために戦おうとする者も、同じように軟弱であるとか弱腰であるとかいって嘲られた。野蛮な娯楽を拒絶するのは、福音主義者の歓迎する「健全な道徳的感情」

の表われであり、彼らはその感情を、「女々しい感傷主義」と鋭く対立する「男らしい感受性」に結びつけた。男らしさと優しさは両立可能なものであり、思いやりとは、真にキリスト教的かつ男性的な属性なのだ。ウィッタムの会衆派牧師サミュエル・ニュートン師の自宅での様子は、つぎのように描写されている。

彼が夕方の家族礼拝を執り行なったとき、私たちはみな、聖書を引用した男性的で熱烈な祈りによって啓発された。この祈りでもって、彼は私たちを神の恵みの御座へと導いたのである。[13]

このようなキリスト教的な男らしさを牧師が容易に演出できたのは、彼らの宗教的な働きと暮らしのあいだに乖離が存在しなかったからである。彼らの教会や礼拝堂は、彼ら自身の家庭や家族を職業として拡張させたものとみなすことができた。しかし、女性とは異なり、男性は家庭に愛着をもちすぎないよう注意しなければならなかった。それにより性格の弱さや依存心といった、男らしさとは決して結びつきようのない特質が強められると考えられたからである。[14]優しさや思いやりや心遣いがどれほど重んじられようとも、天国の主である神に由来する男性の権威と、その権威と結びついた家長の諸権利は、法と慣習のなかに揺るぎなく打ち立てられていた。

ある面で、これは古くからある家父長主義の言葉を、異なる文体で表現したものだった。不動産、とくに土地に付随していた諸権利は、いまや別のものに属していた。それに付随する義務を十分に果たすかぎり、不動産をもつことには何ら問題はなかったが、紳士らしさ《ジェンティリティ》の資格を得るために、地主ジェントリの一員になる必要はなかった。真の男らしさと同様、真の紳士らしさは内面の状態の問題であって、外形の問題ではなかった。救済が得られなければ、男性たちはその内面生活では敗北することになり、真の「しかるべき人物」になることは望めなかった。救済が得られれば、彼らは自分たちのなかで神の権威と男性の権威を結びつけることができた。ジョン・エンジェル・ジェイムズ師が言ったように、信仰心篤い父親や主人をもつことは、家族にとって「無上の喜び」だった。彼は会衆のなかの若い男性向けに特別に用意した一連の説教のなかで、彼らに向けて「信仰によって、一家を統べるにふさわしい重々しさがそなわってくる」と語った。[15]ジェイムズはある意味で、世帯の主人は神の名のもとで治めなければならないという、聖パウロのコロサイの信徒への言葉を詳しく説明したにすぎなかった。だが、彼は同時に、一九世紀前半のキリスト教的な男らしさを特徴づける原理を表明してもいた。信仰心、家庭生活、営利活動にたいするしかるべき責任感――これらが新しい男性の属性だったのである。

女性性に関する教義

家族や世帯を支え治めるという男性の能力が男性性の中核に

あった一方で、女性がもつ女性性《フェミニニティ》はその依存性のなかにもっともよく表現されていた。依存性とは、女性のあり方《ウーマンフッド》に関する福音主義的見解の核心にあるもので、宗教的な言葉で構築された新たな女性主体とは、敬虔《ゴッドリー》なる妻や母というものだった。男性の場合と同じく、これらの新しい概念に含まれていた要素には、長い歴史が存在した。新しかったのは、福音主義者たちが「女性の領域」の概念を展開した文脈と、彼らが「生来的」な女性らしさとみなした要素の独特な組み合わせ方だった。

　男性にたいする女性の服従についての宗教的な説明の根本は、聖書に記された人間の堕罪にあった。イヴはこの世に罪をもち込んでしまったので、そのために苦しまなければならない。実際、出産を「女性の悲痛のとき」ととらえる宗教思想家もいた。彼らによれば、そのとき「特有の苦痛」状態に置かれた母親は、それぞれイヴの堕罪に思いを致し、イヴのもたらした破滅の「永久に消えない記憶」と「罪の邪悪さを強烈に思い知らせるもの」として、痛みを経験するという。[16] しかし、イエスの母マリアが、イエスを生んだことで女性を絶望から引き上げたため、出産は女性が救済にいたる道を示すものにもなりえた。このように、女性のあり方に関するキリスト教の考えは、母や妻や娘や姉妹としての責任のなかに女性の救済があることを前提としていた。女性は家族に奉仕することで、かつてのイヴに通じるようなセクシュアリティに関わる自分自身の危険な部分を抑えることができた。ジョン・エンジェル・ジェイムズが述べているように、「良き妻であるということは、女性の美徳を高度に達成したことにほかなりません。堕罪以来、それが女性にとってもっとも輝かしい栄光なのです」。[17] 家族に属していないということは、女性が「余分」な状態、つまり自分の人生に何の意味ももたず、さらに抑えられないセクシュアリティという危険を孕んだ状態にさらされることを意味しただろう。

　敬虔なキリスト教徒は、社会的に女性が男性の下にあり、男性に従属すべきであることを疑わなかった。これはすでに確立された聖書の教えだった。しかしそれと同時に、彼らはすべての女性が救済される権利をもつこと、また男女が魂においては平等であることを固く信じてもいた。決定的な区別は、魂の平等と社会的な従属関係のあいだにもうけられていた。しかし、多くの敬虔なキリスト教徒たちは、下位にあることは劣位にあることを意味しないと主張した。結婚における従属とは、女性が男性よりも重要性が劣ることを意味するのではなく、単に女性は「活動の異なる部門と領域」[18]、つまり男性が働く外部の世界に劣らず重要な領域で働いていることを意味しているというのである。

　キリスト教社会は女性の地位向上に重要な役割を果たしてきており、とくにプロテスタント信仰が、女性にたいする態度という点で高次の文明を示しているというのは、広く信じられていたことである。女性が創造されたのは男性、まさにひとりの男性のためであり、このことから必然的に、家庭が「女性の活動と感化の力のための適切な場」であるという推論が生まれた。[19] それゆえ女性を「俗世」の危険から遠ざけて家庭内に隠遁させ、彼女たちが道徳的な安息の地として家庭を築きあげることを可能にしたイングランド社会の歩みは、進歩のしるしであった。したがって家庭は、女性が使命を果たすべき第一にして主要な場でなければならない。ジェイムズが論じたように、

> われわれの言葉のなかで、すべてのイングランド人の心に喜びを生むあの家庭という言葉ほど、つぎつぎと幸せなことを連想させていく語はほとんどありません。家庭とは愛の理想郷であり、徳を育む場所であり、喜びの庭であり、調和の神殿であり、愛情に満ちたあらゆる関係の輪です。……この家庭――愛しい家庭《スイート・ホーム》――は、結婚した女性の使命となる領域なのです。[20]

この家庭というイングランド特有の舞台のなかで、女性は自分の道徳的な感化の力を発揮し、自分自身だけでなく男性をも、人類がもたらした堕罪から救済することができた。家庭内に隠遁し、信心深い家族のなかへ引きこもることで、女性は風雨から守られた土手に咲くスミレのように、「優しさという受動的な力」を通して働きかけるのである。[21]

著名な福音派のハナ・モアが述べたように、女性の務めは妻や母になることであったが、ひとたびこの仕事をきちんと成し遂げれば、外に出て何らかの宗教的な仕事や慈善活動をしてみようと考えても差し支えなかった。[22] しかし、つねに家族が第一に優先されなければならず、そうした家族のなかで個人としての信仰生活を求める気持ちは、母親としての責任とどうにかして折り合いをつけなければならなかった。さらなる争点になったのは、女性の雇用という厄介な問題だった。聖書が記された時代には、売買に関わることは「徳のある女性」の特性の一部をなすものだったかもしれない。しかし、もはやそれはあてはまらなかった。会衆派のある著名な牧師はつぎのように論じた。

> 営利活動に関わるすべての事柄は、その大部分にわたり、もっぱらイングランドの妻たちの夫の領分です。どのような方法であれ、妻たちが独力で財をなすことは期待されていないのです……

女性には男性の成し遂げる業績は必要なく、また公の世界でも教会の世界でも、男性の仕事に部分的に関わったり男性の責任を引き受けたりする必要もなかったが、男性に感化を及ぼし、彼が神から与えられた義務を果たすための支えとなることは差し支えなかった。同じ牧師は、「性格や野心や仕事や功績において、女性が男性になってはなりません。女性はそれ以上のものになるのです。女性は男性の造り主になるのですから」と書いた。彼はこの文章を、「母親は子どもの父親なのです」という驚くべき言明で締め括り、こうして女性の感化の力が男性の権力と同等のものであると主張した。[23] ジョン・エンジェル・ジェイムズは、女性の信徒にこのような大げさな要求は決してしなかったが、会衆のほとんどが下層中産階級であったため、女

性の助けが必要とされる場合には、女性が夫を助けて営利活動に携わること自体には、何ら問題はないと説かざるをえなかった。とはいえ、この言葉がほのめかしたのは、そうするのは避けたほうがよいということだった[24]。

男女の責任の厳密な定義については、このころには福音主義者たちのあいだでもはっきりしない部分がみられた。女性が従属的な存在であることは明らかだったが、それでも女性は感化の力をもっていた。家庭と子どもたちが女性の領域であることは明白だったが、それでもときには女性が男性の仕事に携わって家族の扶養を助けたり、あるいは実際、完全に家族を扶養したりしなければならなかった。女性の役割に関する正確な線引きが、固定された規則というよりも交渉で決まる問題となっていたのは、細部の小さな点をめぐって、こうした曖昧さがあったことによる。プロテスタント信仰の倫理は、女性に強い自己意識、つまり自分自身の魂にたいする責任は自分個人にあるのだという信念を与えており、この信念が、もっとも弱い者たちをも行動に駆り立てる可能性があったからである。実際、敬虔なキリスト教信仰が道徳的な感化の力を通じて過度に女性に力を与えてしまうかもしれないという問題は、長期にわたって緊張をもたらす論点であった。その点は、サッカレーの小説『ニューカム家の人びと』のなかで、クラッパムにあるニューカム家が意地悪く諷刺されて描かれていることに表われている。ある銀行家の娘と結婚して銀行の共同経営者になったトマス・ニューカムには、実は何の実権もなく、「庭師たちは帽子に手を添えて挨拶し、銀行の行員たちは彼に台帳をもっていったが、彼らはニューカムではなくその妻から命令を受けていた」。やりくり上手な彼の妻は、複雑な世帯を取り仕切り、「黒人奴隷、ユダヤ人、無神論者、カトリック教徒、普通の洗濯女」の「解放という」大義のすべてに関わるだけでなく、スレッドニードル街の実質的な管理人という役割も引き受けている。彼女は颯爽と銀行のなかに入っていくが、そこは現実にはまったくありえない、完全に女性が支配する場となっている。彼女の取り巻きは猫なで声でおべっかを使う牧師で、この物語の主人公である、男らしく飾り気のない陸軍将校とは明らかに対照をなす人物である[25]。

真に信心深い女らしさの本性に関するこのような信念は、多様な解釈を許しながらも強力なものとして、一七八〇年代からイングランド全域で表明された。このような使命が切迫したものになったのは、ある面では、メアリ・ウルストンクラフトが示したような、この時代に別のかたちで定式化された女性らしさに対抗するためだった。「高潔な女性の価値はルビーをも凌ぐ」から、「人《マン》は内助者《ヘルプミート》をもつべしと主なる神が定めた」にいたるまで、聖句にもとづく説教が全国各地で行なわれ、信仰心篤い女性をその葬儀の場面で賞賛する言葉が同じ説教壇から高らかに発せられた。数多くの回想録や伝記もまた、特定の姉妹や妻や母や娘たちがもっていた穏やかな感化の力を後世に伝えた。メアリ・ライアンは、死にゆく女性のまわりを家族たちが囲んで、その言葉をひと言ももらさぬよう聞く臨終の場面を指して「その場かぎりの説教壇」と呼んだが、こうした回想記や伝記、そして出版された信仰心篤い女性の日記や手紙は、その拡大版だといえる。それらは小説や詩や小冊子と同じように、信仰心篤い女性たちにひとつの声を与えたが、その声は、内輪の家族か家族同然の教会の信徒たちにしか届かないものだった[26]。敬虔なキリスト教徒の男女の領分として教義が定めていたのは、こうしたことであった。それでは、実践のなかではどうだったのだろうか。

聖職

キリスト教の教義を専門的に解説する存在として、聖職者や牧師はキリスト教の実践の中心に位置づけられた。聖職者の行ないや聖職者の世帯はつねに精査の対象であった。彼は「神聖な」男性という、キリスト教的な男らしさの手本だったからである。一八世紀に聖職者の上位組織の多くに指摘された「規律の」弛緩に対抗して、イングランド国教会福音派は、教区生活の活性化と、自分の仕事を天職としてとらえる活動的で献身的な牧師を求めた。牧師の義務は霊的なものであるとともに司牧的なものであるべきとされ、福音派は教区を訪問することと、基本的な主日礼拝にとどまらず、教区民の教育面や世俗面の必要に応じた教会付属クラブや団体を教会活動の一環として幅広くつくることを重視した最初の集団となった[27]。聖職は特殊な天職なのだと彼らは主張した。実際、役割がますます特殊化し、養成パターンが確立したことで、国教会聖職者は専門家としての性格を強めていった。古典教育と、できればオクスブリッジでの大学教育が望ましいとされたことで、聖職は宗教生活と職業生活を結びつける仕事に魅力を感じていたかもしれない多くの若い男性たちの手には届かないものになっていった。そのような教育を受ける必要を満たすことが難しかったせいで、非国教会へ改宗しようとする者も現われた。非国教会では、非国教徒アカデミー、のちには養成学校《カレッジ》が聖職に就くための道筋を提供しており、より融通がきいて費用のかからない方法が用意されていたのである。

聖職の道に入ることは、若い男性に社会的上昇の可能性も与えたが、それは野心をもつ若者ならば逃すことのできない機会であった。コルチェスターの食料雑貨商であったウィリアム・バージェスは、いくらかの蓄えのあった女性と結婚し、その金で数軒の店をもつまでに事業を拡大させた。彼は熱烈な国教会福音派で、ウィリアム・マーシュからの激励と後援を受けていた。バージェスは三八歳のときケンブリッジ大学とのマーシュの縁故を利用してケンブリッジに行き、聖職に就いた。彼はコルチェスター近郊の村の教区牧師となり、そこで牧師とその信徒の義務について、福音主義的な説教を行なった。バージェスは教区のなかで相当な権力と権威を求め、牧師館の修繕や日曜学校の設立といった事業のなかで権力を行使して、食料雑貨商としてはもちえなかった地位を獲得することになった[28]。

マーシュのような権威ある人物の後ろ盾を得ることは、聖職への道のひとつだった。マーシュは、コルチェスターで過ごした一五年のあいだに、自分の説教に影響され、自分の縁故に支えられた宣教師と牧師を二二人送りだしたと公言した[29]。家族のつながりもまた役に立ち、女性は家族関係と、相互の協力関係を築きあげる友人関係の絆をいずれも強めて、信仰を源泉とする助けとなった。牧師の娘たちは牧師と結婚する傾向が非常に強く、息子たちは父親やおじや祖父にならって牧師になったようである。通常の意味で家業として継承していくものは存在せず、牧師が共同で教会を運営することは違法とされていたが、牧師の息子の教育や知識や縁故関係は、文化資本としてしばしば大きな財産となった。もちろんそのような機会は女性には閉ざされていたが、実際のところ、非国教会でしだいに厳格な養成課程が発達していったのはまさにそのためであり、形式偏重の傾向が高まるにつれ、ますます女性は周縁に追いやられた。それでも聖職という事業は、「領域の分離という」特定のイデオロギーを強調しながらも、ほかの専門職における組織形態をそのまま取り入れるというかたちで、家族の業務であり続けた。

牧師が信徒たちと結んだ関係のあり方は、イングランド国教会と非国教会とで異なっていた。イングランド国教会の牧師は教会組織に頼って支援を得ており、その生計は基金や信託財産を源とし、教会によって管理されていた。他方、非国教会の場合は直接的に会衆に支えられており、国教会の牧師が推挙権に頼っていたのにたいし、非国教会の牧師は会衆によって選ばれ、金を支払われ、また彼らを満足させなければならなかった。だがしかし、イングランド国教会においても非国教会においても、聖職者の内部では財力と地位による明確な境界線があった。個人収入と富裕な後ろ盾《パトロン》をもった牧師から、わずかな聖職給だけに頼って生活苦にあえぐ牧師まで、状況はさまざまに異なっていた。聖職から得られる収入を教育や公開講演によって補塡することは、収支を合わせるための常套手段だった。牧師には学識があり、教会は生徒の供給源でもあった。しかし、牧師が信徒のために尽くす重要性が主張されるようになると、こうした活動は本来の業務から逸脱したものとみなされるようになり、あまり許容されなくなった。イングランド国教会では、副牧師の聖職給の上昇に加え、農業の生産性の向上と十分の一税の金納化にともなって聖職禄の価値がしだいに上昇すると、教会外で収入を得る仕事は、世紀半ばまでにそれほど必要ではなくなった[30]。しかし、多くの非国教会の牧師にとっては、ほかにも生計を立てる手段がなければ、経済的に生き延びることは難しいままだった。

階層秩序内の地位がいかなるものであれ、国教会牧師は自分の職から相当な高い社会的地位がもたらされることを期待することができた。そうした男性たちが道徳面や政治面でかなり高い評価を受けていたであろうことは、一八二五年の銀行危機にたいするウィリアム・マーシュの介入という、繰り返し語られる物語のなかにはっきりと示されている。その年、国内の多くの銀行と同様、コルチェスターでも市場日には多くの地方銀行、農業経営者、その他の預金者たちが集まっていたが、ほかの銀行がつぎつぎに倒産したという知らせが届くと、彼らは自分たちの預金を引き出そうと銀行に押し寄せた。銀行員のひとりは通りを横切って牧師館へと走り、「コルチェスターの友」に助けを求めた。マーシュの自宅には、ある慈善活動のために集められていた多額の現金があった。金貨銀貨の入った鞄を通りに持ちだして、それを群集の目に見えるよう高く掲げながら、マーシュはそれを恐れることなく銀行に預けると公言した。信用は回復され、そのコルチェスターの銀行は、この危機を乗り切ったのだった。(31)

地元の共同体におけるマーシュの影響力は、最初はコルチェスターで、つぎにバーミンガムでみられたように、教区民一人ひとりの献身的な愛情に支えられていた。この牧師は、信徒たちの生活のなかで重要な意味をもつ人物だったのである。マーシュ家の主治医だったチャールズ・バウトフラワーは、次男をウィリアム・マーシュ・バウトフラワーと名づけた。(32)教区牧師の訪問は感謝され、その言葉は注意深く心に刻まれた。中年になるまで独身で、結婚してから間もないうちに夫に先立たれたコルチェスターのエイミ・キャンプスのような女性にとって、教会は家族の代替物だった。二〇代前半に親をなくして孤独を実感した彼女にとって、ウィリアム・マーシュは「癒し」だった。「自分たちの交わす会話がどんなに人びとの気にとめられるのかを牧師たちが知っていれば、彼らは自分たちの言葉に注意するだろうに」と彼女は書いた。(33)このような女性たちにとって、一流の教育、社会的地位、父親のような権威、精神面の絆という組み合わせは強力だった。教会や礼拝堂の信徒たちは、牧師の家族のために建物の掃除から裁縫や食事の提供まで、互いに競い合うようにして奉仕に励んだ。世紀半ばまでにイングランド国教会内部では、人びとに模範を示すため、すべての教区にできれば結婚して家族をもった在地牧師がいること、そして牧師は彼の時間とエネルギーのありったけを司牧に注ぎ込むことが期待されていた。牧師にとって結婚がきわめて重要だったのは、それが「家庭生活一般にみられる親愛の情」を保障してくれたからである。こうした感情が欠如している点は、独身のカトリック司祭にたいする攻撃の主要な一因となっていた。(34)

結婚と在地牧師が意味していたのは、牧師館をもたない教区には家を提供する必要があるということだった。改善は一八世紀末からみられるようになった。全国で既存の設備に修繕が加えられ、新しい邸宅が購入され、新しい牧師館が建てられた。牧師がその教区民たちと触れ合うのと同様に、人びとも牧師のもとを訪れることができるようになるべきだというのである。とくに在地のジェントリがあまりいない地域では、牧師の生活は彼の教義を具体的に示し、「家庭生活の心地良さの実例」を与えるものにならなければならなかった。(35)しだいに教区にたいする牧師の義務と、牧師が近づきやすい存在になる必要があることに強調点が置かれるようになったが、このことが意味していたのは、牧師の家庭がある種のせわしない公の場所になったということだった。牧師の世帯は、世俗的な心配事と信仰上の心配事の両方に対応できるよう入念に組織されたものでなければならなかった。牧師の避難所であるはずの彼の私的領域は、必然的にまったく私的なものにはなりえなかった。彼の家族もまた、模範として行動しなければならなかった。サフォークのある福音派の教区牧師の娘は、自分の幼年期を評して、「村人たちが牧師の娘の軽々しく当世風の態度や派手なドレスを目にすることで、信心深い牧師の影響力がどれほど多くの場面で弱まっていることか」と記した。[36] 聖職者は生活のあらゆる面で、しかるべきジェンダーにもとづくふるまいを示さなければならなかったのである。

牧師夫人

牧師が専門職となり、聖職者特有の義務がより強調されるようになると、牧師夫人という地位に新たな注意が向けられるようになった。この時代の中産階級が営んでいたあらゆる家業にいえることだが、良い結婚はかなりの物質的利益をもたらす可能性があった。しかし、このような物質的貢献よりもはるかに重要だったのは、信心深さと思慮分別をそなえた妻の性格であった。こうした性格の妻は、夫の仕事を丸ごと自分のものとして受けとめ、あらゆる点で彼を支えることができた。妻が家事のやりくりをすることで、夫は自分の力を余すところなく公共の義務のために捧げることができたのである。

夫がいつも仕事で家を空けがちであるというのが、敬虔なキリスト教牧師の妻たちに共通した嘆きだった。マライア・マーシュはウィリアムの不在を遺憾に思ったが、「夫には主の御用があるので、今は一緒にいられないことが多いけれど、終の棲家にたどりつけばずっと一緒にいられるようになるのだから」と自分に言い聞かせ、新たに生じた家庭の義務をすすんで引き受けた。[37] マライア・マーシュは実際、模範的な牧師の妻であった。彼女が切り盛りしていた世帯には、五人の子どもたちと三〜四人の使用人、隣に住む義理の母と数えきれないほどの客人がいた。客人の多くは夫の弟子の若者たちで、長期間にわたって滞在することもあった。マライアは、夫が「必要な準備を整えるうえで何ら心配事や面倒」をせずに済むように取り計らい、「日々、自分の義務を果たし、恩恵に与った」のである。[38]

マーシュ夫人のもっとも重要な活動のひとつは、使用人と子どもたちの宗教教育であり、誰かが不心得を働いたときに、それぞれと一緒に祈りを捧げることもその一部であった。幼い子どもたちには彼女が特別の責任をもっていたが、青年期に達すると、ウィリアムの負う責任が増した。母親の道徳的な感化の力は信仰復興の要だったので、それは牧師の妻に委ねられた義務のうちでとりわけ神聖なものとなった。毎日の宗教的訓育に加えて、マーシュ夫人は日曜の午後に自分の幼い子どもたちの教育にあたり、コルチェスターの良家の子どもたちも何人か招いて、冬には暖炉のそばで、夏には庭先で聖書を教えた。商人の子どもたちには、土曜日の午後に宗教教育をほどこした。

マライア・マーシュは、牧師館の隣にある馬車置場を改装した建物で日曜学校の教師を務め、彼女が亡くなった後には娘のキャサリンがこの役割を引き継いだ。彼女たちは貧民の相談相手になり、台所からスープを配給し、日曜には遠くからやってきた教区民のために礼拝の合間に家の裏手の洗濯場で簡単な食事を提供し、聖書協会、伝道協会、ユダヤ人回心協会、祈祷書協会、説教協会、宗教基金協会、反奴隷制協会、さらにその他の活動ではしばしば別個の婦人委員会を指導して、夫や父親を「心を尽くして助け」た。彼女たちは良きピューリタンの伝統にのっとって、それぞれの協会の記念日を祝うために牧師館を会場にして大きな集まりを主催した。こうした集まりでは（世俗的なものと宗教的なものの両方の）報告が行なわれ、新たな熱意が呼び覚まされるとともに、友人や宗教活動家たちが互いに情報を交換して、共通の信条にたいする思いを強くする場となった。

マーシュ家の三人の娘たちは母と同じく、福音派の家族経営体に嫁いだようなものだった。マライアが若くして亡くなった後、とくにキャサリンは二人の姉が牧師と結婚してからは、母親が果たしていた役割を引き受けようとした。ごく幼いころからマーシュ家の娘たちは、牧師を補助する存在になるようしつけられていた。一八二七年にマーシュ夫人は、「私の愛する娘たちはうれしい成長を見せています。小遣いはすべて貧しい人びとのために使っています」と書いた[39]。牧師の娘たちは、ほかの信仰熱心な少女たちと同様、自分たちの「説教」ごっこが兄弟とは違ってむなしいものだと気づいてショックを受けたことを記憶している。彼女たちが「神の」言葉を直接的に解釈するのを許されることは決してなかった[40]。ほかの多くの女性たちと同じように、キャサリン・マーシュは不自然なほどに父親を崇拝することによって、自分の領域の限界にたいする矛盾した感情をどうにか抑え込んだ。彼女が若い婦人のために開いた「お仕事会」は、マーシュ師が説教をしに入室するのが終わりの合図で、彼女は牧師がいるときにはみずからすすんで話をしようとしなかった。キャサリンは母親の流儀を引き継いでいたのである。マライアが一八二四年に出席したイプスウィッチでの裁縫会では、「婦人たちは縫い物、紳士たちは議論」をし、とくに発言を求められるまで、女性たちが議論に加わることはなかった[41]。マライア・マーシュとキャサリン・マーシュは、「叙任された聖職者にたいする女性の義務」について明確な考え方をもっており、女性としての義務を反故にしてよいのは、自分たちが「お召しを受けた」と確信できる場合のみだと考えていた[42]。通常は、牧師である父や夫や兄弟が与える［神ではなく］人による認可がなくては、「お召し」が本物であったかを実証することはできなかった。

多くの国教会牧師の娘たちは、牧師を務める兄弟のために家庭を築いて、教区において牧師夫人とほぼ同様の機能を果たすことに天職を見いだした。牧師はかなりの晩婚だったので、このような奉仕の機会はよくあるものだった。しかし、適当な兄弟がいない場合もあったし、牧師の死後は寡婦も娘たちも、生活手段をもたぬまま後に残される恐れがあった[43]。牧師の女性親族たちは宗教的なジャンルの作品をよく発表したが、それは通常十分な教育を受けていた彼女たちが、しばしば執筆で生計を立てたり資金を補ったりしようとしたからだった。ただし、そうした作品は、彼女たちの宗教的使命の一環として提示されることが多かった。世紀の半ばにかけて、牧師の女性親族は、より組織的な地域訪問の拡大や修女会にも力を尽くした。(44) しかし、キャサリン・マーシュと同様、彼女たちは男性聖職者の権威を受け入れ、自分たちの役割を二次的かつ補助的なものとみなしていた。

ジョン・エンジェル・ジェイムズ――バーミンガムの「主教」

この時代を通して、牧師とそれを支える女性たちの立場はともに変化していった。イングランド国教会がしだいに国教としての力を失っていくと、国教会の牧師たちは新たに正当性を求める主張を行なうようになった。一方で、新非国教徒の勃興は、必然的に旧非国教徒からも同様の反応を引きだした。同じころ、女性たちは生産活動のなかで周縁化されつつあった。彼女たちの多くは道徳的な感化の力という領域のなかに、牧師と連帯する場所を見いだした。しかし、信仰復興運動によって、イングランドのあらゆる宗派の牧師はその権威と政治的指導力と職業的地位を上昇させていた。収入や地位や政治的立場や宗派的立場に大きな違いがあったにもかかわらず、牧師は公の場の「重要人物」となり、地方社会の品格ある《リスペクタブルな》中産階級文化を体現し、道徳的な誠実さにもとづいた新しい男性性を示す存在とみなされた。教育活動や慈善活動への関わりを通じて、彼らは中産階級の諸団体のなかに自分たち自身の揺るぎない場所を築きあげた。彼らのメッセージの中核部分にあったのは、男女にはそれぞれにふさわしい領域があるという考え方だった。聖職者が女性たちに支えられていたことや聖職者の世帯内での分業は、女性の役割に関する彼らの信条を反映したものだったのである。

バーミンガムの非国教会牧師のうちでもっとも有名であったジョン・エンジェル・ジェイムズ（彼はバーミンガムの非公式「主教」と呼ばれていた）の公私にわたる人生は、こうした展開を映しだすひとつの物語である。ジェイムズは一七七五年、ドーセットの織物商の息子として生まれた。母親は敬虔なバプティストだった。かたちばかりの教育を受けた後、彼は織物商のもとへ年季奉公に出され、熱心なキリスト教徒となり、日曜学校で教えはじめ、聖職の道に入ることに決めた。二年間の勉強ののち、彼は一八〇四年にカーズ通り礼拝堂という、バーミンガムの中心地にある小さな独立教会派の会衆から招きを受けた。こうして、たいした教育も受けずほとんど経験もないまま、ジョン・エンジェル・ジェイムズは二〇歳にして自分の礼拝堂の指導者となった。しかし、彼は力のある説教者としてその名声を高めていき、一八一二年には内外聖書協会の年次総会で行なった講演が評判になった。カーズ通り礼拝堂の会衆も同じくその勢いを増していった。(45)

ジェイムズが当初もらっていた聖職給は年間一二〇ポンドで、下宿住まいの若い独身男性にとっては十分な額だった。一八〇六年、彼は格式あるバーミンガムの内科医の娘で、十分な収入源を相続していた女性と結婚した。カーズ通り礼拝堂には牧師館が設置されていなかったため、ジェイムズは結婚後、妻が相続した家で生活するようになった。一八一九年、彼の妻は息子と娘を残して亡くなり、一八二二年にジェイムズは、二万ポンドの財産をもつ寡婦と再婚した。この一家がエジバストンという新興の郊外住宅地に引っ越したのはおそらくこのころで、ジェイムズはそこで残りの人生を過ごすことになった。「カーズ通り」礼拝堂ができた当初、信徒たちはそのすぐ周辺の地域に住む傾向があった。しかし、この都市の発展とともに、中産階級のなかの裕福な層が郊外へ移動していくと、信徒のなかにも、少しずつ遠くで暮らしはじめる集団が現われるようになった。カーズ通り礼拝堂は、とりたてて財力のある教会ではなく、信徒の大部分は中間層の末端から集まってきていたので、「郊外に住むという」ジェイムズの選択は、彼の特別な地位を示すものとなった。

教会の信徒が増加しつつあった一八一八年には、新たにより大きな教会を建設する決定が下された。ジェイムズの名前は、この都市では幅広い領域にわたって知られるようになっていた。国内外の伝道活動から始まり、慈善団体、反奴隷制運動、監獄改革、禁酒運動、幼児学校協会、さらには芸術協会やアヘン貿易反対運動のような、世俗的な色彩の強い活動にいたるまで、彼は数多くの活動領域で精力的に働いた。華麗で凝った表現を用いながらも、力強さのあるジェイムズの説教や話し方は、明らかに彼の影響力の源泉のひとつだった。彼はまた、忠誠心や敬意であれ、敵意であれ、人びとから強い反応を引きだしていたようである。

ジェイムズは牧師の地位について野心的な考えをもっており、その考えを広めるために、自身の教会内やその地域、さらには全国にわたって自分の影響力を行使した。彼はみずからを信徒たちの指導者とみなし、教会の集まりでは人を強く戒めるような口調を用いた。たとえば一八四一年、教会の集まりで説話を行なった際には、「母親たちがともに集って子どもたちのために祈りを捧げ、子どもたちの教育に関して私からの教えを受ける「母親協会」をつくることが、私の願いであり、意志でありますす」と述べた[46]。彼の議論によれば、牧師は単なるもうひとりの信徒仲間というわけではないのであり、大きな尊敬の念をもって扱われるべき存在である。牧師の権威に関する彼の信条は、聖職に就くには選ばれし少数者のみに与えられる「召命」が不可欠だという発想に深く根ざしたものだった。

ジェイムズにとって、牧師としての仕事は公人としての義務よりもつねに重要なものであり、彼は教会を自分の家族になぞらえた。彼の考えによれば、聖職とは、あらゆる人間の仕事のなかでもっとも偉大なものだった。牧師の責務は、個人的な友情によって妨げられるようなことがあってはならない。牧師は決して夜遅く人を訪問するべきではなく、つねに自宅で夕食をとるべきである。「女性の場合と同様、信頼されるためには、私たちは人格に一点の曇りもあってはならない。……私たちは、非常に公的な地位を占めている。天上にいる天使と同じように、私たちは見られる存在でなければならないのだ」と彼は宣言した[47]。

ジェイムズは、あらゆる問題に関して会衆に詳細な助言を与えることが自分の責務であると考えていた。彼は家庭内の事柄であれ、商売や公務に関する事柄であれ、会衆の日々の生活を監視する存在だった。会衆の日曜日の行動は、もっとも重大な関心事のひとつだった。彼は信徒たちの良心として、それも絶えず口やかましい良心として行動した。確固とした彼の信念によれば、会衆は自分たちの牧師の生活を十二分に支えるべきであり、これは聖書にはっきりと書かれた命令なのであった。礼拝堂が十分な生活費を支払う余裕があるのに、牧師が学校を経営したり、ほかに収入を得る手段を見つけたりしなければならない状況に置かれることは、間違ったことだと彼は信じていた。聖職給の支払いは、慈善行為ではなく正当なる債務の支払いなのである。ジェイムズ自身は、二度の結婚のおかげでかなり裕福となり、晩年には馬車を所有していたほどだったが、息子によれば、若いころの彼は質素な生活様式を続けていたという。

当然ながらジェイムズは、牧師夫人の役割に関しても非常に揺るぎない考えをもっていた。彼の議論によれば、「彼女がその妻となった相手は、神を主人とし、魂の救済を仕事とし、キリストの教会を労働の場とし、成功しようが失敗しようが、その努力の結果が無限かつ永遠なものとなる男性なのです。彼女をしかるべく行動させなさい」。[48]

牧師夫人は、夫との関係によって、夫に次ぐ感化の力をもつ存在という名誉ある地位を占めるとジェイムズは信じていた。

> 彼を除いて、益となることでも害となることでも、彼女が手にしている機会は、教会のあらゆる信徒たちのなかでもっとも重大なものです。牧師の妻は、ひとりの妻として、夫婦の絆が意味する優しい愛情、揺らぐことのない信頼、朗らかな服従、夫を居心地よくさせるためのひたむきな献身の模範とならなくてはなりません。結婚のすばらしさを一点の曇りなく美しく示すべきなのです。[49]

彼女はまた、信徒のなかにお気に入りをつくってはならず、とくに牧師の妻であることから得られる情報がある以上、慎重に話をしなくてはならない。牧師は公の場で講演をする機会がますます増えていったが、牧師夫人は内輪の話にさえ注意を払わなければならないとされた。ジェイムズは、噂話を女性の本性にもとづく行為とみなしていたので、このように歓談を禁じることは、女性にとってはとくに難しいことだと考えていた。子どもがいるのであれば、彼女は「母親としての美点のすべてにおいて秀でるよう努力」〔強調はジェイムズによる〕しなければならず、また世帯を率いる女性の指揮者として、判断力と規律をもって管理にあたらなければならない。このことがとくに重要な意味をもっていたのは、牧師が会衆から集める尊敬の一部が、彼の家庭生活の状態から引きだされていたからである。「愛すべき……家庭の場」は、「うっとりするほど美しい光輪……彼の公人としての性格に光を与える宝珠をかたちづくる」はずだった。[50]

教会で牧師夫人に課された特別な務めは、女性向きの補助的活動をこなすことだった。そうした働きをするなかで、彼女は教会における平信徒の男女の分業を映しだす存在となった。ジェイムズの同僚の妻、シャーマン夫人は、活発に働く牧師夫人という彼の理想を体現していた。彼女は四つの教室をつくり、ひとつは貧しい母親のために二週間に一度、ひとつは「社会のなかで高い地位を占めている」母親のために自宅でひと月に一度、ひとつは会衆のなかの若い婦人たちのために、そしてひとつは日曜学校を終えた使用人やほかの若い人びとのためにそれぞれ開いていたが、こうした階層化された活動は、階級と身分の区別をつくりだすのにひと役買うことになった。彼女はまた、教会に付属する衣服クラブや［貧民に衣類を与える］ドルカス協会でも忙しく働いた[51]。

ジェイムズの二番目の妻は、彼自身のものを含むさまざまな記録によれば、牧師としての仕事にとって完璧な伴侶だった。ジェイムズの同僚牧師でもあった伝記作家は、夫が自分の成功に振りまわされすぎることのないよう、彼女が重要な役割を果たしたと書いている。

つねに目をやる必要のある小さな子どもたちが家にいなかったので、彼女は大部分の時間を病人や貧しい人びとの訪問に注ぐことができた[52]。

以上がジョン・エンジェル・ジェイムズの人生だった。西部地方のつましい家族のもとに生まれながら、彼はわずかな教育と二度にわたる裕福な相手との結婚、そしてほとばしるほどの宗教的熱情によって身を立て、地元ばかりか全国的にも影響を及ぼすような立場を手にすることができた。『心から救済を求める探究者』という彼のいちばん有名な書物は、『天路歴程』以来、イングランドでもっともよく普及した宗教書と言われた。彼の会衆は千人を超え、バーミンガムで行なわれた彼の葬式は大がかりな公的行事となった。彼は、新たな活力を得た聖職が誇りうる男性だった。彼はまた、理論と実践の双方において、男女の領域の分離を固く信奉した中産階級の男性でもあった。

教会組織――女性の投票と発言

イングランド国教会と対比させた場合、おそらく非国教会の礼拝堂のもっとも際立った特徴は、その自治組織にあった。イングランド国教会の「信徒」になるには形式的な参加の手続きが求められず、すべての教区民が潜在的には会衆に含まれていたため、陪餐に与るには「堅信」しか求められなかった。しかし、非国教会の礼拝堂の信徒になることが意味していたのは、国教会を拒絶して、別の共同体に身を投じる決断を下すことだった。こうした信仰者たちは、礼拝堂の運営責任を負っていた。牧師は信徒自身によって選ばれ、その聖職給は信徒によって調達され、建物は信徒の努力で維持され、その幹事は信徒のなかから選ばれた。

信徒たちには特権と義務の双方があった。特権のなかには、聖餐式への参加、牧師の選出に加わる権利、幹事の選出や信徒の入会と除名における一定の役割に加えて、牧師からの監督や、礼拝堂から弔慰や祈りを受ける権利が含まれていた。彼らの義務とされていたのは、公的活動と私的活動の両方において明確にキリスト教的な生活を送ることや、礼拝堂での役目を果たすことだった。非国教徒の会衆はみな、一部の男性信徒にほかの信徒を凌ぐ特権を、またすべての男性信徒に女性信徒を凌ぐ特権を与える傾向があった。しかしながら、女性が「共同体の仕事」において正確にはどのような役割を果たすべきで、どのような役割を果たすべきでないのかは、決して明白な問題ではなかった。女性たちが絶えず言い聞かされていたように、魂の平等は社会的平等を意味するものではなかった。だが、個人の救済が中心的な重要性をもつことは、礼拝堂の組織にとって何を意味していたのか。この時代の信心深い人びとが行なった熱心な活動のなかで、女性が数において男性を上まわっていたことを考えれば、この問題は喫緊の課題であった。

いずれにせよ、さまざまに異なる男性たちが礼拝堂の運営においてどのような役割を果たすべきかという問題をめぐっては、つねに意見の一致がみられたわけではなかった。何らかの決断を下すとき、富裕者はより大きな影響力をもつべきなのか。財政的な貢献度の大きさから、彼らが非公式な影響力に加えて、公式にも発言権をもつことができるよう取り計らうべきなのか。定期的に献金する寄付者たちはどのような権利をもつべきで、こうした権利は礼拝堂の共同体に活発に参加する信徒たちの権利と比べた場合、どのようなものとして位置づけるべきなのか。牧師にはどれほどの支配力が与えられるべきで、また牧師は教会の集会でどのような役割を果たすべきなのか。これらの問題が論じられるときには、従うべき単純なルールなど存在せず、聖書を根拠に対立する解釈が提示され、正しい実践だとして異なる結論が引きだされた。個人がキリストと結びついて聖人になるという発想は、金持ちであれ貧民であれ、男性であれ女性であれ、すべての信徒たちに、宗教的な共同体の組織のなかで自分たちの役割を主張する道を切り拓いたのである。

一八二二年にジョン・エンジェル・ジェイムズは、教会組織についての自分の方針をおおまかに説明した。その題辞「あなたがたは皆、キリスト・イエスにあって一つなのです。愛のもとを歩きなさい」は、聖パウロの手紙からとられている。ジェイムズは間を置くことなく、これは絶対的平等という意味ではないと指摘した。彼は「少数の裕福な男性が、神から受け継いだ財産にたいして我が物顔をしようとすることは、絶対的に間違いであります」と攻撃しながらも、若者や未熟な者たちが「平等な権利を要求」することは、同じくらいに間違いであると論じた。あらゆる社会には、ほかの人びとよりも大きな影響力をもつ個人が何人か存在しているはずであるが、これは「地位」というより「人格や手腕」の結果であると彼は主張した。[53]ジェイムズは、身分と富によって権利を主張することに反対し、知恵と能力を重視する議論に与していた。そのかぎりで、彼の語り口には急進的な激しさがあった。しかし彼はまた、自分の直接的な指導のもとで、実質的に教会を上から支配する男性エリートが現われることを正当化してもいた。男性信徒が選んだ男性執事たちから構成されるそのエリートは、会衆のなかの富裕層から集められていた。そのひとりは、ネジの製造業者として成功した彼の弟のジェイムズ・ジェイムズで、もうひとりは、姻戚のジョウゼフ・フィプソンだった[54]。教会の議事録からは、ジョン・エンジェル・ジェイムズが自分の思いどおりに物事を進めがちであったことがうかがえる。彼は通常、教会の集会がある日の夕方にはたいてい執事たちと軽い夕食をとり、仕事を片づけた。日曜には、礼拝が始まる前に聖具室で執事たちと顔を合わせた。主な仕事の内容は通常、新しい信徒の入会許可と、信徒や教会から離れている者たちにたいする懲戒だった[55]。

　一八〇二年にジェイムズの礼拝堂が見舞われた脱退騒動は、当時牧師を務めていたブルーワ師の地位をめぐるものだった。礼拝堂の信徒から不適切な行動があると告発されたブルーワは、集会にこの教会の男性信徒だけを招集した。彼はそこで「ひとりの女性と猥褻なふるまい」をしたと告発され、辞任を強いられた。その後、間もなくして別の集会がブルーワの支持者たちによって招集され、すべての教会信徒たちが出席を求められた。「何人かの女性信徒たち」がこの集会に出席し、「そのなかには教会の集会での投票権を主張する者もいた」。この主張は阻まれたが、「たいへんな激論が続き」、投票で決着するにはいたらなかった[56]。

　こうした分裂は、この時期の教会活動のなかではありふれたものだったが、興味深いのは、この論争が女性の権利というせめぎあいの場をとらえるための洞察を与えてくれる点である。この問題をめぐっては、一八三七年の『会衆雑誌』に掲載された一連の記事と手紙にみられるように、独立教会派のあいだで熱い論争が戦わされていた。寄稿者たちのあいだで問題になっていたのは、コリントの信徒たちにたいする聖パウロの命令の解釈だった。

> 婦人たちは教会では黙っていなければならない。彼らは語ることが許されていない。だから、律法も命じているように、服従すべきである[57]。

この文章の解釈は多種多様だった。女性の説教は「酩酊や偶像崇拝」の禁止と同じくらいはっきりと禁じられており、そのような行為は、女性の慎みを深く傷つける「自然にたいするひどい冒瀆」になると考える人びともいた。クエイカー教徒が女性の説教を認めていることに関しては、さまざまな意見が混在していた。それを擁護する者もいたし、皮肉を込めながら「こうして男女の説教を認めることで説教者が倍増したため、礼拝が静かになった」という奇妙な状況を指摘する者もいた。しかし、聖パウロの手紙のより自由な解釈を擁護しようとする意見もあった。ここで示されている規則とは、女性が教会で私語をすべきではないということであって、女性が説教を行なうのはまったく結構なことで、間違っていたのはもともとのギリシア語の翻訳なのだと考える者もいたのである。[58]

エセックスのウィッタムにあった会衆派の礼拝堂では、こうした問題をめぐって嵐の吹き荒れた時期がいく度かあった。会衆は、小店主、麦芽業者、製粉業者、教師、農業経営者、医師数名、収税吏、さらには救貧院所長とその家族たちから構成されていた。[59]会衆と安定した関係を築いていたサミュエル・ニュートン牧師が一八二二年に急死すると、後任の選考方法をめぐって論争が勃発した。執事たちは、教会の集会で選出され、教会の男性信徒の代表者に任命された存在として、自分たちには、若い候補者をひとり試験的に招く権利があるはずだと判断した。しかし、一部の月定献金者はこの取り決めに不満をもち、教会の男性信徒たちが独占的な牧師選出権をもつことにたいして異議を申し立てた。執事たちは、最終決定権をもつのは教会信徒だけだが、自分たちは月定献金者たちの見解に耳を貸すことにやぶさかではないと切り返した。しばらくして、どの教会信徒が投票権をもつかという問題が提起された。「女性が牧師の選択にあたって票を投じることは聖書に記されている」のか。採決では否決されたが、わずか三人の差によるものだった。妥協案が成立し、「女性信徒のうち、寡婦、独身、あるいは夫が信徒ではない者」全員に意見表明を求めるための訪問が行なわれた。信徒の夫がいる既婚女性は、すでに夫に代表された存在とみなされた。[60]

この独立教会派［会衆派の別名］の会衆から得られた証拠が示しているのは、教会運営における男女の権利に関して、聖書にもとづく確証はなく、しかしそれでも女性を投票や意思決定、そして役職就任から排除する慣習があったことである。似たような曖昧さは、ユニテリアンの礼拝会にもよくみられた。ユニテリアンの礼拝会では月定献金者が影響力をもち、独立教会派では信徒たちの影響力が強いという違いがみられたが、ここからは、ユニテリアンが財政的な貢献を行なう人びとに権限を与えた一方で、独立教会派は、信徒としての活発な行動を通じて示される救済の可能性を重視したことがうかがえる。どちらの場合にも、女性［の立場］をめぐっては問題があった。女性は献金はしても、決して管財人にはならなかった。男性の場合は蓄財家や経営者であれば、礼拝堂でも同様の役割を果たし貢献するだろうと想定されていたが、女性は単に献金するだけの存在だった。[61]月定献金は、礼拝堂の財源の一部を担っているにすぎず、主な収入源は、信徒席の貸与料だった。信徒席の持ち主の大多数は男性で、通常は、家長として自分の家族用の座席を確保していた。しかし、女性が信徒席の持ち主になることは制限されておらず、実際、遺言書からは、女性の所有する信徒席が、貴重な相続財産として譲られていたことがわかる。当然ながら、女性よりも男性が礼拝堂に献金した証拠のほうがはるかに多い。［だが、］緊急時には、月定献金者のなかの比較的裕福な人びとに支援を求める声がかかっただろう。資本金が生産活動と結びついていた男性と比べれば、働かずに暮らしている寡婦や独身女性たちは財源を枯渇させることが少なかったので、間違いなくこれらの「比較的裕福な人びと」のなかには女性が含まれていたはずである。すべての公式の地位で女性が少ないにもかかわらず、資金面では女性がかなりの貢献をしていたというパターンが、非国教徒の会衆のあいだにみられるように思われる。[62]それでも自動的に代表権が与えられることはなかった。男性であり、かつ財政的な貢献をする者のみがその権利をもっていたからである。

とはいえ、女性は「集会」で投票したり発言したりしなくても、礼拝堂の問題に関与することができた。女性は欠席や噂話、また誰を訪問して誰を除くのかという選択によって暗黙のうちに意思表明をしており、それらは教会政治のなかで有力な武器になりえた。[63]新しい牧師の任命が潜在的な軋轢の契機になったのは、それが、みずからの力を月定献金者たちが行使する場面のひとつだったからである。男女はいずれも宗教的な共同体のなかで、より広い社会であればとてもできないような方法で権力と影響力を行使することができたのかもしれない。この時代のほとんどの時期にかけて、非国教徒であるため公職から締めだされていた男性が、礼拝堂ではさかんに活動し、公的な集会を開き、議事録をとって票を数え、論争や話し合いをして妥協案に達し、党派をつくって同盟を築くことを学んだ。つまり端的にいえば、彼らが従事していた教会活動という複雑な世界は、代表制にもとづく別の統治機関をつくるための潜在的な訓練の場となっていたのである。女性には、それは難しいことだった。宗教は欠くことのできない個人としての空間を与えてくれたし、一般に女性にとっての自己実現の場など高い価値が置かれていなかった時代に、そのための場所を与えてくれた。だが、ほとんどの場合、そのような場所が公的な責任をともなう立場と結びついていくことはなかった。とはいえ、女性が発言すべきか、投票すべきか、教育を担うべきかという問題をめぐる混乱が起こったこと自体が意味していたのは、そうするための道が形式上閉ざされていたわけではなかったことである。

教義のうえでは男女の領域の違いが強調されていたものの、ごく小規模な会衆のあいだでは、女性が指導的役割を担うこともできた。女性であっても強い個性や富の持ち主であれば、公的な役割を引き受けるにあたって、自分自身や周囲の不安を克服することができたかもしれない。農村部のある国教会教区では、教区牧師が不随の身になったため、その妻が（副牧師がいなかったこともあり）聖務をできるかぎり多く引き受けることになった。一八二〇年に福音派の『クリスチャン・オブザーバー』誌に掲載された彼女の死亡記事によれば、「彼女は自分には歩むべき道があると考えた。その道とは、牧師の職務を侵害することなく、聖職の大いなる目的を促進していく道であった」。葬儀を執り行なったウィリアム・マーシュ師は、彼女が教区で必要とされる仕事と、女性らしさという束縛のあいだの小道を、細やかな気遣いをしながら歩んでいたことを賞賛した。[64]

しかし、女性らしさのイデオロギーがより厳密に定義されるにつれて、このような余地を残しておくのが難しくなった形跡がある。農村地域では、女性が地主や農業経営者としての地位にあった場合に、その地位に付随する貧民監督官や教区教会書記や教区委員といった役職を務めることがあった。こうした女性たちはほとんどが寡婦だったが、やがて寡婦であっても容認されなくなり、名義上の資格をもつ者たちは、しだいに代理人を置くようになった。教会改革を行なって、教会運営にたいする尊敬を確かなものにしようとしていた熱心なキリスト教徒にとって、教区の役職に女性が就いているのは迷惑なことだった。それは不自然なことで、教区組織が進歩や文明から背を向けた状態にあることを示すものとみなされた。そこから連想されたのはメソディストのなかの急進派で、そこでは女性の役職就任や公の場での説教が認められていたが、外部からは野蛮性のしるしと受け取られていた[65]。熱心な福音派のジョン・チャールズワース師が、一八一四年、サフォークのある辺鄙な教区を引き継いだとき、彼はそこの住民たちを野蛮な存在とみなした。この村の「堕落」の度合いはつぎのようなかたちで明らかだった。

> 文字をそこそこ読むことができる労働者はおらず、チャールズワース氏が初めて聖書台に足を踏み入れたとき、ひとりの女性が教会書記を務め、唱和の言葉を読みあげた〔強調は伝記の著者による〕。

チャールズワース師とその夫人は、ともに「人びとに清潔さと整理整頓と一般の行儀作法を教えなければならない」と責任を感じていたが、それらと並んで適切な男女の境界線を人びとに教えようとしていた。チャールズワース牧師はこの女性教会書記を解任し、代わりにほとんど文字の読めない農夫を教会書記にした[66]。

ほかの宗派からも似たような証拠があがる。メソディストのあいだでも女性説教者の存続はより困難になった。メソディズムの中心母体は、一八〇三年に女性の説教を中止させており、正式に認めていたのは南西部のバイブル・クリスチャン派のような、地元に根ざして中央から分離した集団だけになった[67]。クエイカーという特別な宗派のあいだでさえ、一九世紀初頭にみられたような男性にたいする女性牧会者の優位はいつの間にかなくなっていた[68]。アメリカ合衆国で反奴隷制の問題に関する女性の演説を聴いた後、ジョウゼフ・ジョン・ガーニーが家族に語り聞かせたように、

> 直接聖霊の導きを受けているのでないかぎり、たとえそれが反奴隷制の主張であっても、婦人たちが公の場で語ることに私は賛成しない。聖霊の直接的な導きがあれば、そのときにかぎり、すべてが許される[69]。

クエイカーの女性は男性よりも霊性に満ちた存在とされ、とりわけその会話や外見、ふるまいや服装は、世俗の女性とは一線を画した慎み深いものだと賞賛されていた。しかし、彼女たちの擁護者のひとりは、クエイカーの女性には「ほかの集団の女性たちがもっていないもの、つまり公人としての性格がある」ことを認めていた[70]。ここに問題があった。表立ってキリス

ト教の聖職に従事することは、女性ならではの義務を全うすることと両立しうるのか。婦人の繊細で洗練された心は、外界との接触によって汚されてしまうのだろうか。これらは簡単に解決できるような問題ではなかった。

女性牧会者の手紙や日記や回想録は、召命を受けた公的な道と、私的な義務とのあいだの緊張を示す証拠に満ちている。アナ・ブレイスウェイトは、一七八八年にバーミンガムで生まれ、一八〇八年には家柄のよいクエイカー一家のもとに嫁いだ。彼女には生存する実子が七人おり、一八二二年以降は亡くなった姉が遺した七人の幼い子どもたちの面倒をみる責任も感じていたが、それでもなお、宗教上の義務を最優先に位置づけなければならないと考えていた。彼女は、女性としての礼節を重んじる気持ちを、ただ「キリストへの愛に駆られて」乗り越え、公の場で語るための強さをもつことができた。一八二三年には、姉の死にもかかわらず、また自身の子どもたちがいまだに「人格形成の途中の感じやすい年ごろ」で、「母親の影響がもっとも重要だった」にもかかわらず、彼女は説教をするためにアメリカ合衆国へと旅立ったのだった。(71)

一九世紀の社会的風潮は、しだいに女性が説教を行なうことにたいして否定的になっており、女性が神の言葉を解釈する資格は厳しく制限された。クエイカーの運動を蘇らせた福音主義の熱狂は衰えており、その一方で、上品さという規範によって、自分自身の共同体内部でさえ、女性が説教師として公的な場面に姿を現わし続けることは難しくなっていった。神の種《たね》が男女を問わずあらゆる人びとの精神に宿っているというクエイカーの信仰は、彼らを社会的平等にたいする信念へは導かなかった。クエイカー教徒は男女の違いを強く意識しており、その感覚は男女別の着席にいたるまで、彼らの組織形態のなかに反映された。会合は男女別々に行なわれ、月会では地域の執行部権限に焦点を絞って誕生、結婚、死亡、財政といった問題を扱い、年会は中央の立法権限に関心を集中させた。

クエイカーの女性たちも、国教会や会衆派やユニテリアンの女性信者と同様、宗派内での意思決定に関与することはなかった。彼女たちが説教や祈祷を行なう力は神の特別な恵みによるものであり、女性にふさわしいふるまいに関する観念との共存が認められる余地はあったが、困難はしだいに増していった。ヴィクトリア時代の有名なクエイカーのひとりであるジョン・ブライトは、「自分にとって魅力的な女性を崇拝することはできた」。

しかし、彼は女性の自己主張には決して我慢できなかった。彼は姉妹たちに結婚の申し込みについて自分で考える権利があるとは考えなかった。……あるとき彼が私に話したところによると、父親が娘たちに財産を遺したとしても、兄弟が営利活動をするのにその財産が役立つならば、娘たちにはそれを所有する権利がないという。(72)

こうした話に異議を申し立てようとする男性の声は、疑いなく多く聞かれたことだろう。しかし、魂の平等という内なる光と、社会的俗世という外部の構造とのあいだの亀裂は深いものだった。

男女の平信徒

ほとんどの敬虔なキリスト教徒の男性は、聖職の道へは入らず、会衆のために積極的に働き、信仰を俗世の仕事と両立させる人生を送ることを選んだ。教会や礼拝堂のために積極的に働く機会はいくらでもあった。改革の熱意を共同体にもち込もうという時間と気概をもった男性には、正式な役職以外におびただしい数の選択肢があった。伝道活動にせよ、労働貧民に教養をもたらす活動にせよ、自分たちの階級内部を改革する活動にせよ、教会や礼拝堂と連携した活動は、この時代がまさに結社《ソサエティ》の時代であるという主張に内実を与えていた(73)。このようなきわめて幅広い事業が、物質的な富のみならず、何千もの人びとの技能や経験を動員したことが、福音派の兵器庫のなかでもっとも強力な武器のひとつになった。福音主義の創成期に、創始者のひとりだったシメオンは、クラッパム派の友人ジョン・ヴェンにたいし、会衆のなかの長老を七〇人ほど活動に駆り立てるよう勧めた。彼はつぎのように提案した。

彼らを活用したまえ。男性と女性の両方ともだ。アメリア〔ヴェンのおば〕が女性支部を率いるだろう。そこでは二〇名から三〇名が彼女のもとで喜んで働く用意ができている。男性はあなたのもとで働くだろう(74)。

国教会信徒にとって、これは革命的な提案だった。女性であっても構わずに平信徒を活用することは、国教会の伝統を断ち切って、メソディズムの野卑な熱狂主義に危ういほど近づいていくことだった。しかし、福音派は、女性のあるべき領域の内部に留まっているかぎりは、女性の活動を認めることにやぶさかではなかった。

一例として、一八〇〇年にコルチェスターで生まれ、ウィリアム・マーシュの教区民であったエイミ・キャンプスのような女性を取りあげよう。五〇代まで結婚せず、全人生を宗教に捧げた彼女は、福音主義のもとで教区についての見方が広がるなかで、自分自身に合った場を切り拓くことができた。「親愛なるマーシュ夫人の」貧民学校の訪問を皮切りに、彼女は生涯にわたって聖書協会と病院訪問の支援に力を注いだ。キャンプスは病床や臨終の床を訪ねることにとりわけやり甲斐を感じていたが、この活動によって教区内の情報に通じ、その内容を牧師や教会のほかの有力者に伝えることができるようになった。一八四〇年代に、彼女はある名前のあげられていないコルチェスターの教会に行き、そこでおそらく高教会派の教区牧師の影響のもと、彼女が「偶像」と呼んだ使徒の図像を取りつけている職人たちを目にした。彼女はその教会の教区牧師に直談判し、神が自分のあらゆる行動を導いているのだという強い信念をもって、この図像を取り除くよう彼を説得した。

熱烈な女性信者たちは福音派の経験の中核に位置を占めるようになった。彼女たちは公の場で説教を行なうことはできなかったが、私的な場で人びとを回心に導くことはできた。自分の使用人から、身近な友人や隣人、地元の貧民、旅行中に馬車や船や宿先で出会った人びとにいたるまで、エイミ・キャンプスのような女性は相手に面と向かって、またしばしば広範囲にわたる文通のなかで福音を述べ伝えることを決してやめなかった。キャンプスのように首尾よく相手を回心させたら（そしてその首尾に少なからず満足したら）、その後は、担当者を男性である牧師に引き渡さなければならなかっただろう。エイミ・キャンプスは二一歳のときコルチェスターの救貧院へ出かけ、収容者たちに語りかけはじめた。例によってこの「仕事」は、夫に先立たれて死を前にしていた母親の面倒をみるために家庭に閉じ込められたことで中断した。母親の死後、彼女は病人の訪問員や日曜学校の教師となったが、こうした立場はウィリアム・マーシュのような男性たちが新たにつくったものだった。キャンプスにとっての絶好の機会は、一八三四年にやってきた。開設後まもないエセックス＝コルチェスター病院で訪問活動を始めたのである。しかし、一八四二年、女性の居場所についてより厳格な考えをもったひとりの国教会聖職者が病院の委員会に現われ、彼女を「説教と祈祷を行なう女性」として糾弾したことで、彼女の病院訪問の道は絶たれてしまった。この病院では、牧師だけが患者とともに祈ることを許されるという規則をつくるよう提議がなされた。だが、キャンプスは、みずからに課した使命に神の導きを求めて聖書に向かったところ、伝道の書［コヘレトの言葉］一〇章四節の部分を目にした。

つかさたる者があなたに向かって立腹しても、あなたの所を離れてはならない。

聖職に就いていた彼女の支持者たちは結集した。マーシュの後任の教区牧師は、彼女の働きが禁じられるのを見るくらいなら、いっそ彼女をこの病院の終身会員にしようと約束した。エイミ・キャンプスはしだいに［読者］公衆に目を向けるようになり、自分の経験を公表してもらおうと、聖職に就いていた友人を頼った。その友人は彼女に宗教冊子を自費で出版するよう提案し、この冊子はすぐに売り切れとなった[75]。

エイミ・キャンプスのような女性は、宗教的大義を中心にした人生を送ったが、女性たちはもっとささやかな手段で、形式的には表に出ないかたちをとりながらも、会衆のなかで積極的な働きをすることができた。人気のない牧師をこれみよがしに冷遇することもあっただろう。自分たちが認めた牧師は、手厚くもてなし社交上のネットワークで良い評判を広げることで支援した。女性は時として、非公式の「控訴院」として機能し、舞台の裏側で緊張を和ませたり論争を調停したりすることもあった。亀裂の入った非国教会の共同体では、地元の商店や礼拝堂自体で人目もはばからずに繰り広げられた劇的事件において、女性たちは記録には残っていないにせよ、観衆として影響力を発揮した[76]。女性たちは、牧師に寄せる尊敬と高い評価を、贈り物や、説教壇で身にまとう手作りのガウンの贈呈や、贔屓にしている説教者に小額の遺産を贈るといったかたちで表現することもあった[77]。信徒名簿や献金者名簿の断片的な証拠を集めると、家族のなかで最初に回心したのが女性であった場合が多いことがうかがえる。彼女たちは一家の男たちにそのメッセージをもち帰り、敬虔な信仰者としてのふるまいを子どもたちに教え込んだ[78]。健脚で、あちこちの家に立ち寄ってお茶を飲む中年の農業経営者の妻には、病気になったりもめ事に巻き込まれたりしている教区民の情報を教区牧師に伝え、牧師が訪問できるよう取り計らうことも可能であった。しかし、地元の慈善活動の集金委員会のために「帳簿をつける」よう求められると、彼女は尻込みしてしまうのだ。牧師夫人は、女同士で話をし、この役職を引き受けてもらうことが牧師のたっての希望なのだと伝えなければならなかった。彼女は後任牧師の着任を、何度かの説教を聴くまでは一定の疑いをもって見た。彼女が自分で焼いた「ハム、鶏肉、タルト」が揃った夕食で彼をもてなして初めて、牧師は最終的な承認を得たといえるのだった[79]。このような方法で人を受け入れたり拒絶したりし、もてなしをその手段に用いることは、女性の消極的な闘いのための武器のひとつだったのである。

教会や礼拝堂に関わる活動に男女がともに取り組むときには、そこに明確な境界線が存在した。ウィッタムの会衆派礼拝堂が主催した週日学校兼日曜学校の慰安会では、男女で準備を分担した。ある紳士は地元の名士を訪れ、邸宅の庭園を使う許可を求める役割を担った。別の紳士はテーブルを調達し、ほかの紳士たちは肉を買って切り分ける役や、当日に子どもたちを預かってまとめる役に分かれた。その一方で婦人たちは、友人たちに声をかけてプラム・プディングを作ってもらったり、湯沸かしを貸してもらったり、お茶を入れてもらったりすることになっていた。地元の医師に二五〇人の小さな口に入るジャガイモの無償提供を依頼し、深鍋と平鍋を使わせてもらい、塩を提供し、ケーキをつくり、家庭で切り分けてもらうパンとバターの割りあてをするのも女性の役割であった[80]。このような分業に映しだされていたのは、倹約協会から宗教冊子の配布や貧民の訪問にいたるまで、衣服協会から日曜学校にいたるまで、種々の任意組織の活動のなかに浸透していた想定であった。すなわち、男性は公式なものを扱い、女性は非公式なものを扱う。男性は何かを決断する存在で、女性はそれを支える存在である。男性は俗世間のなかでふさわしい場所につき、女性は家庭に関わり続ける、という想定である。

そのような期待は、カーズ通り礼拝堂でジョン・エンジェル・ジェイムズが着手し、また彼が奨励した多くの活動のなかに染みわたっていた。ここでは理論と実践が結びつき、男性と女性は互いに異なりながらも、それぞれにふさわしい方法で貢献を行なった。日曜学校では、男女の厳格な区分が必要であった。ベストセラーとなった『日曜学校の教師の手引き』でジェイムズが警告したように、女性教師は自分の服装にとくに気を配り、つねに慎ましくこぎれいでなくてはならなかった。日曜学校の共同体という男女混合の社会のなかでは、釣り合わない相手との面識や交際が生じる危険に「若い女性をさらす」可能性があるが、注意すればこの危険は回避することができた。男女混合の教師たちの会合はまったく必要がないもので、支部活動はすべて男女に分かれた領域で行なうことが肝要だった[81]。

カーズ通り礼拝堂の男子学校は紳士委員会が、女子学校は婦人委員会が運営にあたったが、形式的には両方とも男性の管理下に置かれていた。ジェイムズと教会財務担当者、そして一〇人の紳士たちが「総務委員会」を構成し、男子学校の日常的な運営と女子学校の監督にたいする責任を担った。これと同等な位置にある婦人組織は、ジェイムズ夫人と執事の妻たち、そして何人かの未婚の熱心な信徒たちが担い、男性委員会の書記に定期報告を行なった。この書記が必要性を判断して総務委員会にまわし、一冊しかない議事録を更新した。カーズ通り礼拝堂で行なわれていた過剰なほどの仕事にも似たような組織があった。宣教師の支援、宗教冊子の配布、貧民の訪問、子どものベッド用リネンの供給、聖書の提供を行なうさまざまな協会のほかに倹約協会や共済組合があり、そのすべてはジェイムズと彼の「賢明にして経験豊かな」執事たちによって巧みに運営されていたが、そのうちの多くは、信心深い女性たちの支援を頼りにしたものだった。

ジェイムズは、地区訪問協会、世俗教育と宗教教育と救済のための慈善組織、そして聖書協会と伝道協会をすべて女性にふさわしい活動とみなしていた。宗教冊子の配布は、訪問場所への配慮があれば容認できるものであり、貧民や病人の訪問は女性の特別な仕事だった。彼はつぎのように論じた。

ここでは女性の慎みに相反するもの、女性の虚栄を満たすものは何もありえません。その場所が隔離されているため、こうしたことはすべて阻まれます。そこではどんな無作法な眼差しも詮索好きな眼差しも女性を追うことがありません。そこでは辟易するようなお世辞や、うんざりするような賛辞の言葉が女性に捧げられることもありません。女性はひとり悲しみと向き合ったり、良心や神によってのみ見守られたりするのです[82]。

ジェイムズや彼と同等な地位にある人物が表に立って組織をつくり、報告を行なうかぎり、女性たちが日常的な仕事を行なうことは差し支えなかった。女性たちが管財人や財政の達人として組織のための新たな施設の建築計画を立て、資金を工面し、建設にこぎつけることは決してなかったが、新しい礼拝堂が抱える借金の支払いを助ける集金担当者として、女性たちはあちこちに送りだされた。五〇年間で、イプスウィッチ聖書協会の婦人補助部は二五七四ポンドの金額を集め、六八一八冊の聖書を配布した。婦人たちの働きは「静かで疲れを知らない」もので、さらにこの協会に「金銭的負担をかけることなく」行なわれていたので、このうち後者の数字はとくにすばらしいものだと指摘された[83]。

上層中産階級の女性は、しばしば「女性聖書普及員《バイブル・ウーマン》」を組織して報酬を支払い、自分たちに代わって宗教冊子や聖書を配布してもらったが、エイミ・キャンプスのように、どこに行くときにも自分で冊子を持ち歩いた女性もいた。キャンプスは何年にもわたって自分自身のささやかな財産から宗教冊子を購入し、それを「友だち」である行商人に託して、商品と一緒にエセックスの村々に運ばせた[84]。婦人は賃金のために働くものではないという意識が強まるにつれ、女性は無償で貢献するという原則がいかに大切なものかが強調されるようになった。

聖職者の女性親族たちと同じように、信仰心篤い女性たちは、ものを書くことによって教育や病人訪問の仕事から自分たちの活動をさらに広げることができた。個人の魂の記録を残すことは、敬虔なキリスト教信仰の伝統であり、しばしば子どものころに誕生日の記録帳や日記をつけることから始まり、生涯続くこともあった。エイミ・キャンプスは、わずかな相続財産のうちのかなりの部分を自分の日記の死後出版のためにとっておいた。母親たちは若くして亡くなった娘の回想録を出版し、娘たちは母親の信仰生活を称える書物を出版した[85]。

ある意味で、このようにものを書く目的は自己探求にあったが、出版には、神の言葉を通して模範を広めるべきであるという意味も含まれていた。男性であれ女性であれ、信心深い若者たちの死が人びとに強く思い起こさせたのは、俗世を寄せつけず、つねに自分の魂を天国に向けて準備しておく必要性だった。だが、若い女性たちの死には、忍従、純潔、そして弱さと謙虚さにひそむ逆説的な強さがないまぜになったとりわけ強烈なメッセージがあり、それは一八二八年にサフォークの銀行家の娘のために書かれたつぎの詩のなかに示されている。

> 苦しみのなかでの穏やかさやほがらかさ
> そして弱さが無言の教えとなるのならば、
> 汝の生は無駄ではない
> 汝の生がその教えとなることを悲しんではならぬ[86]。

つましい暮らしをしていた家族の集まりのなかでは、このように女性の美徳を描くことが、希望や励みになることもあった。

女性の宗教的表現の回路はほかにも存在し、身内向けや地方向けに出版されるものから広範に流通されるものまで、さまざまな詩や讃美歌や物語があった。エイミ・キャンプスのように、自費で著作を出版した女性もいた。自分の小作品の購買予約を募る者もいた。彼女以上に広範な読者を獲得したり専門的な地位に就いたりすることができた女性はごくわずかであった。だが、クエイカー教徒の農業経営者の娘で、一八〇〇年に生まれたメアリ・ライト・スーエルは、母親集会や女性聖書普及員の活動や禁酒運動の運営に携わったのち、説得によって身を転じ、一八五〇年代には『教育についての考察』を出版した。一八六〇年代には宗教冊子をいくつか書きはじめ、そのうち『母親の最後の言葉』は一〇〇万部以上、『我らが父の心痛』は七五万部の売れ行きをみせた[87]。こうしたジャンルを手がけたこの地域の女性著述家のなかで、いちばん有名だったのはアンとジェインのテイラー姉妹で、彼女たちは子ども向けの作品という、とくに女性的な領域を得意とした。雑誌の編集に手を広げ、地方や全国の読者向けに出版することができた少数の女性もいた。このような道筋は、ジェイン・テイラーが一八二〇年代に『若者雑誌、あるいは福音主義の雑録』を編集したときのように、共鳴してくれる宗教的な出版者が見つかった場合にはいっそう容易なものとなった。しかし女性による出版は、たとえ宗教的な衝動にもとづくものであっても、世間に自分をさらすことになる点や世俗的野心を認めることになる点で厄介な問題を孕んでいた。こうした問題は、男性でも回避すべきであったが、女性にとっては危険が倍増するとされていた。

このようにものを書くという可能性は、教会や礼拝堂の世界にあったクラブや結社や補助組織とならんで、女性にひとつの空間を与えるものであった。そのような活動は、たとえ狭い範囲に限定されていたとしても、地域共同体の内部で現実の権力や承認を手にするための道筋になったかもしれない。サフォーク州フロウトン教区のジョン・チャールズワース師の娘のマライア・チャールズワースは、牧師の娘として、宗教的な「家業」にとくに深く関わっていた女性である。後年、彼女は人気を博した物語集『貧民を見舞う女性訪問員』のなかで、彼女自身のような女性が抱いていた野望にもとづくファンタジーを描きだした。この書物は、打ち捨てられた田舎教区の人びとのための実践的な手引きとして書かれていたが、彼女の欲求不満や願望について、私たちに多くのことを教えてくれる。この物語のなかでは、家柄のよい中産階級の女性が労働者の妻たちのために聖書勉強会を開くことができたり、牧師の娘が日曜の夕方に課外クラスを受けもって、それから引き続き聖具室で信心深い小屋住み農の妻たちにかしずかれて、ひとりでお茶を飲むことができたりする。チャールズワースにとって、牧師の娘（彼女自身）が中心となって組織する日曜学校のお祝い行事は、異教的で騒々しい収穫祭に代わって一年でいちばん盛りあがる場面である。彼女は食事をつくって提供する農業経営者の妻たちと、資金集めをする女性教師たちを従えている。出席の招待状を送るのは彼女なので、この牧師の娘は思いのまま、善行に報いてあげたり、この行事からの追放を言い渡したりすることができる。行事が開かれる納屋を飾り立てるために、村人全体がやってくる。彼女の特別な玉座は、緑の葉のついた枝で飾られて高い演壇の上に位置づけられており、彼女はそこから「賞賛や譴責や助言を授ける」のである。すでに奉公に出て村を離れている少女たちまでもが、「素行調査が行なわれ」たのち、女主人の許可を得て招待されている。農場内の家屋では「身分の高い客」にお茶がふるまわれ、納屋のなかでは日曜学校の教師たちがお茶を飲むなか、この行事はお開きとなる[88]。

このファンタジーのなかで、真に信仰心篤い女性たちが放つ道徳的で宗教的な感化の力は、村の「共同体」を再建するために用いられている。その共同体のなかで、それぞれの集団は自分にふさわしい場所に身を置き、教区牧師の娘である彼女は、領地の地主夫人の位置についている。だが、行間を読むと、これはほとんど完全に女性の共同体である。際立っているのは、現実の女性が大いに支援の頼みとしていた（あるいは女性を妨害していた）はずの男性権力の不在である。マライア・チャールズワースが示した家父長主義の女性化という方向性を、あらゆる女性が共有していたわけではないかもしれない。しかし、女性ならばみな、男性と同じように女性が重要な存在とみなされ、ひとかどの人物になり、ほかの人びとに影響を与えることができるような世界を描く彼女の夢を共有することができただろう。宗教が与えたのは、そのような世界の扉を開くための鍵だった。その世界では、女性が物質的な力ではないにせよ、自分たちの霊的な価値のために尊重されることがありえたし、そこでは「宗教的な仕事」が女性の経験に意味を与えて、彼女たちの熱い志をいくらかでも表現するものになりえたのである。

第3章 「徳を養う場所」

——家庭重視イデオロギーと中産階級

家庭の幸福、汝のみが
堕落を生き延びてきた楽園の喜び
……汝は徳の養い手なり

——ウィリアム・クーパー『務め』第三編

家庭……徳を養う場所

——ジョン・エンジェル・ジェイムズ

男性らしさ《マンリネス》と女性らしさ《フェミニニティ》に関わる新たな信念と実践を表現し普及させるうえで、教会と礼拝堂は中心的な役割を果たした。だが、一八世紀後半から一九世紀前半にかけての社会は、新たな形態の社会秩序と家庭秩序を描きだそうとする多くのほかのイデオローグたちであふれていた。個人の道徳性にたいする公衆の態度は、キャロライン王妃事件と、この事件にまつわる男女の二重規範への決然とした攻撃に示されるように、著しい変化を遂げていた。家族やセクシュアリティをめぐる公の議論の語彙にみられたそのような変化は、中産階級がむさぼるように読んだ小冊子や手引きや小説や雑誌のなかに示された男女の占める場所についての新たな考え方と結びついたものだった。ウィリアム・クーパーとハナ・モアという一八世紀の二人の福音主義作家たちは、家庭重視主義と男女の差異を特徴づける際の語彙を定めるうえで、重要な役割を果たした。彼らの後に続いたのは、数多くの二流のもの書きたち、とくにそうした価値観を、育児室であれ台所であれ、家庭の日々の実践へと移し変える方法を模索していた女性たちだった。それぞれに異なる方法で書かれた文章のなかで彼女たちが取りあげ、思いを巡らせたのは、女性の優越性の主張と女性の社会的な従属状態とのあいだの矛盾だった。男女の差異について文章を書くことは、決して領域分離の主唱者だけに限られた行為ではなかったが、女性の場所や女性の使命という言葉は、ますます議論の場を支配するようになった。女性のあり方は、思想だけでなく実践においても、せめぎあいの場となった。一八三〇年代から四〇年代にかけての時期までに、使われる言葉はしだいに世俗的なものとなり、本来はとくに福音主義とのつながりで生まれていた男女の生得的な差異や相互の補完的な役割にたいする確信は、イングランドの中産階級の常識となっていた。

キャロライン王妃事件

一八二〇年、「もっとも厄介な家庭問題」がイングランド社会に衝撃を与えた(1)。この「汚らわしい話題」とは、国王と王妃の危険な性的関係と不貞に関わるものだった。そこで話題になったのは、高位にある者のスキャンダルであり、愛のない結婚であり、イングランドにはそぐわない金持ちの快楽であった。さらに具体的にいえば、それは人気のないジョージ四世が、はじめから気に入らなかった妻、ブラウンシュヴァイクのキャロラインと離婚するため、貴族院で彼女にたいする訴訟を起こし、その結果、彼女の悪事とされた行為を、拡大しつつあった識字能力をもつ公衆の好奇心にあふれた目と耳にさらしてしまったことに関するものだった。

ジョージとキャロラインは一七九五年に結婚し、二人のあいだにはその九ヶ月後、一人娘のシャーロットが生まれた。それは政略結婚だった。ある政治パンフレットに書かれたように、「偉大なG—には借金があったので、可愛く素直なC—と結婚した。彼は現金をポケットにしまい込み、無視と失望で痛めつけたまま、妻を放置しているのだ(2)」。この夫婦は、結婚とほぼ同時に別居したが、ジョージが公然と、ほとんど手当たりしだいに異性関係を追求することができたのにたいし、妻の軽率な友人関係や思慮に欠けた会話は、より深刻な結果を招くものとなった。一八〇六年に始まった「細心の注意を要する調査」で、キャロラインが非嫡出の男子を産んだことが証明されることはなかったが、疑いが晴れたにもかかわらず、彼女はイングランドを去ってしまった。しかし、王位にあったジョージ三世が亡くなると、キャロラインは帰国を決意し、公の論争が巻き起こる嵐のさなかに上陸し、意を決して王妃としての正当な地位を主張した。それからジョージは彼女との離婚を主張し続けたが、彼自身の数々の不貞が知れ渡っている以上、教会裁判所への訴えは不可能であり、そのため貴族院への［王妃の地位を剝奪するための刑罰法案を成立させる］裁判請求が行なわれた。

一八二〇年八月一七日に裁判が始まった。すべての貴族たちが出席を求められた。王妃自身が裁判に出席し、彼女は男性で占められた議場のなかで、唯一の女性となった。公衆の興奮ぶりはすさまじく、キャロラインが出退廷するたび、彼女のまわりには連日大きな示威行動が起こり、国中の新聞がその日明らかになったことの詳細な説明を書き連ねた。王妃を支持しようとする人びとは幅広く存在した。国民は固唾を呑んで見守っていた。キャロラインは従者ペルガミと不義密通を犯したのか。外国人の証人たちは真実を語っていると信用できるのか。この男女は船上で肉体関係をもったのか。この男は仮面舞踏会のための王妃の着替えを手伝ったのか。王妃を厄介払いしようとする国王の計画は成功するだろうか。この［刑罰］法案があまりにも僅差で可決されたせいで、政府はその撤回を余儀なくされ、そのため最終的に王妃は事実上、無罪となった。バーミンガムのような都会の中心地から小さな農村の村々にいたるまで、かがり火が焚かれ、灯火がともされ、祝賀行事が催された。(3)

この出来事は伝統的には、王室の離婚訴訟が政治体制の腐敗の象徴であったことから、急進的な政治運動にとっての重要な契機とみなされてきた。そこで使われたレトリックの多くは、政治参加を求める人びとの要求が、彼らの徳から生じているという考えにもとづいていた。逆に、政府の道徳的腐敗は、体制全体が堕落しているという証拠を提供するものだった。裁判が終わってからわずか七ヶ月後、王妃はジョージの戴冠式に出席しようとしたが支援を集められず、それから間もなくして「失意のうちに」亡くなった。(4)急進派がつくりあげようとしていた政治的な物語《ナラティヴ》は、腐敗した政府と評判の悪い国王の弾劾を主眼とするものだったが、それは「家庭的なメロドラマと王党派のファンタジーという、より人を動かさずにはおかない、より文化的に複雑で政治的には安全なかたちをとった物語に圧倒されてしまった」。(5)王妃は国王の邪悪な大臣たちから救いだされ、彼女の名誉は回復し、彼女の徳はふたたび擁護された。物語は幸せな結末を迎え、それにより君主制はふたたび安定したものとなり、ジョージは意気揚々と戴冠式に臨むことができたのである。

キャロラインを支持する立場は、彼女に着せられた罪が無実であることをその根拠としていたが、この立場は、夫は何らお咎めなしであるにもかかわらず、妻のほうは申し開きを求められるという二重規範にたいする非難と結びついていた。キャロラインは徳のある女主人公であり、支えを必要とする女性の姿を象徴する存在だった。「男たる者」や「勇者」は立ち上がって、彼女を守ってあげなければならない。忠実な女性臣民からキャロラインに捧げられた呼びかけの大部分は、騎士道精神への訴えや、男性は女性のために行動するはずだといった想定に頼る傾向にあった。巨大な力によって襲われた「寄る辺ない女性」というものだった。(6)

そのようなイメージは、キャロラインについてわかっていることを考え合わせると、どうにも辻褄が合わないものとなる。当初からジョージが彼女にたいして抱いていた反感のひとつは、彼女に自制心が欠如しており、発言が軽率で、自分の感情について明け透けなところだった。これらは、か弱く誰かに依存していて受動的であるという、しだいに女性らしさと結びつくようになった徳とは似ても似つかない性格であった。裁判という公の舞台でキャロラインは、（貴族院の議事進行に関して「誰も私のことには配慮してくれない」と発言したように）(7)彼女自身とは縁もゆかりもない理想の女性像を体現することになったが、その理想に示されていたのは、しだいに強力なものとなりつつあった結婚観と家庭観であった。この出来事全体にたいする反応からは、これが初めて公的に結婚とセクシュアリティに関するひとつの見方が決定的に拒絶され、それに代わって別の見方が支持されるようになった契機のひとつであったことが見てとれる。世論は一八二〇年には、「ジョージ四世と彼の妻キャロラインに捧げる詩」を歌った「ジョン・ブル〔擬人化されたイングランド〕」に同調していた。

国の父たる者ならば、
　王妃の夫なる証を立てよ
そして心安く、汝の国民の愛のもとで
　平穏でうららかに統治せよ(8)

「国民」がジョージに求めていたのは、彼が家庭内の義務を果たすことであり、その義務を果たしたとき初めて彼は、国父にふさわしい存在にもなりえた。家庭的であることは、君主の特性のなかに刻印されていたのである。

　ジョージ三世が亡くなったとき、とくに家庭の義務にたいして彼が寄せた愛着は、死亡記事のなかで詳しく取りあげられていた。それとは対照的に、不人気だった彼の息子のもっとも不人気な顔のひとつは、「家庭の絆をないがしろにする人物」というものだった(9)。実際、摂政時代《リージェンシー》〔ジョージ三世治世末期の一八一一～二〇年〕のロンドンは、真面目な中産階級の生活、とくにその田舎風の装いの対極に位置するあらゆるものを映しだしていた。高級娼婦、オペラでのボックス席、娼婦の売り込みに使う公園の馬車道、安楽で機知に富んだ暮らし、みだらで旺盛なむきだしのセクシュアリティの快楽、これらすべては敬虔なキリスト教徒たちにとっての呪いだった(10)。

　家庭生活をないがしろにする摂政の姿を目の当たりにして、人びとはより良い将来に向けた自分たちの希望を、ジョージとキャロラインの一人娘で王位継承者であるシャーロット王女に注いだ。一八一七年、シャーロットは短いながらも幸せそうな結婚生活を送ったのち、出産時に亡くなった。この死をきっかけに、詩人や説教者たちは彼女の一点の曇りもない女性らしさを賛美しはじめた。彼女が家庭での基本的な義務や慈善活動を喜んで果たし、自分と夫と生まれるはずだった子どものために美しい家と庭をつくることに喜びを見いだしていたことが記録にとどめられた。

　キャロライン王妃にたいしては、通常の政治的境界線をある程度まで踏み越えて支持が寄せられており、これは、のちに純粋に政治的な一致点ではなく道徳的な一致点にもとづいた提携がなされるようになる先駆けであった。王妃の主な擁護者は公の秩序を脅かす急進派であったため、トーリー派は彼女を支持することに難色を示していた。しかし、〔保守的な〕『クリスチャン・オブザーバー』誌にさえ、王妃を支持しようとする寄稿者がおり、この出来事全体に、高位にある者の退廃や、道徳改革の差し迫った必要性を示す証拠として解釈される部分があった(11)。

　バーミンガムでは、王妃にたいする訴訟が取り下げられると、地元の中産階級の集団が祝賀行事を組織した。エセックスの農村部では、ユニテリアンの絹織物業者サミュエル・コートールドが、灯火と行進の準備を手伝った。[12] サフォーク出身の副牧師で福音派のチャールズ・テイラーは裁判に出席し、気がつけばロンドンのキャロライン支持の集会に加わっていた。主教のなかには、離婚を擁護できないという理由で政府側への投票を拒否する者もいた。犠牲になった有徳な女性の擁護、結婚の擁護、離婚の拒絶といった道徳的論点が掲げられたことは、ほんの淡い刹那ではあれ、国王や政府にとってあまりにも手ごわい道徳的多数派が生まれたことを意味していた。国王が夫でもなければならないという主張において、ジョン・ブルは勝利をおさめたのである。[13]

裁判が終わって九ヶ月後、キャロラインは亡くなった。その死は彼女を守る最後の騒動を引き起こした。八月一六日、埋葬先として希望されていたドイツへの船出に備えて、王妃の遺体がハリッジ港へ移送される途中で、コルチェスターは王妃に最後の敬意を表した。人びとは近隣地域から集まり、さまざまな宗派の教会の鐘が鳴り、取引はほとんどが停止され、五時には徒歩で進む二〇〇人、馬に乗った二〇人を先頭とする行進が町にたどり着いた。大通りには見物人の行列ができた。棺が降ろされた後、「ブラウンシュヴァイクのキャロライン、傷ついたイングランド王妃、五三歳で一八二一年八月七日にこの世を去る」という銘の刻まれたプレートがネジで棺に取りつけられた。当然ながら、この表現は政府の代表者を当惑させ、それを取り外して公式プレートをつけるべきだという要求があがった。しかし王妃の支持者たちはこれを断り、結局このプレートは、押しかけた見物人の群集がいなくなったのち、真夜中に取り外された。[14]

「傷ついた王妃」はその名を残した。ジョージ［四世］の死後、イングランドの国王は中産階級にとって「明るい模範」を提供するものとなった。家庭の理想を支持した［新国王］ウィリアムと［王妃］アデレイドは、地方の記録文書でも賛美されている。[15] アデレイドのふるまいは、「イングランドの妻たち」にとっての完璧な手本を与えてくれた、とバーミンガムのある国教会の牧師は評価した。彼女は優しく愛情あふれる妻であり、高い地位にありながら自分の［妻としての］義務を軽んじることもなかった。夫の臨終の際、彼女は彼を看病し、薬を与え、枕のしわを伸ばし、彼に聖書を読み聞かせ、彼とともに、また彼のために祈りの言葉を捧げた。[16] 模範としての王妃／女王《クィーン》という考え方は、その後、「イングランドのバラのつぼみ」と言われたヴィクトリアの即位にともない、頻繁に利用されるようになった。イングランドの妻や母たちはみな、どれほど質素な家庭であろうとも、自分の家庭の王妃であり、結婚を賛美するこの若い女王にならうと公言することができた。[17] 王室は実際にひとつの家族でなければならず、国王と王妃は国民の父と母になるというのなら、自分たちの家庭でも父と母でなければならない、と世論は命じていたのである。

中産階級の読み手と書き手

キャロライン王妃事件は、結婚とセクシュアリティにたいする公衆の態度という点からみると、重大な画期をなすものだった。それは、女性らしさとは徳と名誉を意味しているという主張を跡づけるものとなった。だが、このような特別な価値観は、どのようにして結婚や男性らしさや女性らしさと結びつくようになったのか。また、これらはなぜほかの価値観、たとえば奔放で貪欲な女性のセクシュアリティに強く惹かれていた一八世紀の価値観にたいして勝利をおさめたのか。家庭的な徳、すなわち結婚や家庭や子どもたちに力点が置かれることは決して新しい現象ではなかった。ピューリタンの神学者たちは一七世紀初頭から率先して、家庭と家族がしかるべき場所であるという教義をかたちづくっていた。こうした考え方の一端は、上層ブルジョワジー、さらには貴族の一部によっても引き継がれていた。[18] しかし、一八世紀後半からは、すでに確立していた考え方に重大な手直しがほどこされるようになった。

聖職者の著述活動や説教に加えて、しばしば宗教的な影響を受けながら家庭生活に関する文章を書いた平信徒もいた。何世代にもわたって中産階級を縛りつける礼節の掟がつくられるうえで、彼らは非常に重要な役割を果たした。これらの書き手のなかにはウィリアム・クーパーやハナ・モアの場合のように、誰もが知っている著名人もいた。それほど知られてはいなかったが、全国というより地域で名声を得ることになった者もいた。こうした家庭重視イデオロギーの喧伝者たちは、自分たちの著作やそこで掲げられた世界観のなかで、男性と女性にそれぞれしかるべき別々の場所があるという一連の信仰をつくりだすことに貢献した。こうした信仰は、社会的な制度や実践をかたちづくるうえで一定の役割を果たし、物質的な現実に影響を及ぼした。しかし、彼らの考え方はせめぎあいのなかにあった。男性らしさと女性らしさに関する言説は閉じられたものではなく、とくに女性にとって、読むことと書くことは、危険を孕んだ実践になることもあった。

著述家たちの出自はさまざまで、それぞれが自分の生きる世界の変化を解き明かそうとしていた。メアリ・ウルストンクラフトが抱えていた雇用問題は、女性が経済的生産の周縁に追いやられていることにたいする『［女性の権利の］擁護』での彼女の懸念の土台をなすものだった。女性を代表した彼女の雄弁な嘆願は、何世代にもわたって波紋を広げることになった。[19] バーミンガムのジェイムズ・ラコックのような男性は、家庭生活という新しい理想に魅了され、ささやかながらこの分野で執筆も行なった。彼がみずから選びとった生活、事業の編成、家庭と労働のあいだの関係のなかに染みわたっていたのは、彼の行動や家族生活に現実的な影響を及ぼした家庭重視の信念だった。[20]

一八世紀末には、読書は中産階級の生活のなかで重要な位置を占めるようになっていた。この層の人びとは、「失われた無駄な時間」が「惨憺たる痛ましい結果」をもたらすだろうとか、余暇の時間を読書や討論に用いたほうがより実りが多いだろうといった、アイザック・ワッツのような神学者たちの命令に敏感に反応した。プロテスタント信仰はつねに「書物の宗教」であり、そこではひとりで読書することや、ものを考えることの重要性が強調されていた。しかし、雑誌や書物や新聞によって「家庭生活に関する情報や、［精神的］向上と娯楽を組み合わせた情報」が提供されるようになったことは、世俗的な文芸にたいする関心の高まりを示していた[21]。教育の改善も一定の役割を果たし、「個人の道徳と社会の改良にたいして真面目な関心をもつ」重要な読者層を生みだした[22]。ますます複雑になる日常世界のなかで情報や手本が求められたことで、営利活動や私的生活のあらゆる側面を扱った助言の手引書もさかんに出まわるようになった。要するに、「洗練された世界」への参加を求めるには、その主張がどのようなものであれ、正しく読み、考え、話す能力をある部分まで身につけていなければならなかったのである[23]。

バーミンガムのような都市にはいまや地方新聞があり、印刷所、出版社、私設図書館の数がますます増えていた。書店はざっくばらんに議論をするための会合の場となり、エセックスの村にさえ図書協会ができた。一八〇五年に設立されたこの協会では、ひと握りの農業経営者と自由教会系の牧師からなる会員たちが年に六回、「満月の日やその前日に」顔を合わせ、ロンドンで購入してきた書物を交換した。協会での話題は、はじめは宗教的なものであったが、一八三〇年代には、それほどの制約はなくなっていた[24]。

書物が手に入りやすく大切にされていたことは、地方の人びとの回想録や日記や手紙のなかで、読書経験やお気に入りの作家に重点が置かれていたことから裏づけられる。絶大な人気を誇ったジェイムズ・トムソンの『四季』（一七三〇年）のような、詩人たちによる自然の賛美には、福音主義的な熱情も注入されていたが、とくにそれが顕著だったのが、ウィリアム・クーパーの作品である[25]。クーパーは、［バーミンガムと東部諸州のエセックスとサフォークという］二つの対象地域にある地方の記録のなかで、明らかにもっともよく引用された詩人である。クーパーのもっとも有名な詩は、個人の救済への関心と家庭的な場の賛美とを結びつけた好例であるが、家や庭、野原や森での穏やかで細やかな日常生活に思いを巡らせるものだった。あるエセックスの農業経営者の一七歳になる娘が作者名を入れずに備忘録に書き写した短い詩にみられるように、クーパーの詩の中心的なテーマは、漆喰で塗られた小屋のなかで見つかるような謙虚さと慰めと安らぎだった[26]。一七八〇年代から九〇年代にかけて生まれた敬虔なキリスト教徒にとって、クーパーは自分たちの世代の希望と恐怖を象徴する存在となった。銀行家や小店主や製造業者や農業経営者や皮なめし業者やビール醸造者や製粉業者や国教会聖職者の家族たちもまた、その政治的立場が急進的なものであれ保守的なものであれ、クーパーのなかに救いと感動を見いだした。クエイカーも独立教会派もユニテリアンもバプティストも英国国教徒もみな、クーパーから思考の糧を得た。クーパーはジェイン・オースティンのお気に入りの詩人だったとも言われている[27]。

「神は田舎をつくり、人は都会をつくった」というクーパーのおそらくもっとも有名な格言は、さまざまな人びとを感激させた。福音派で保守的なマライア・マーシュは、コルチェスターの騒然とした中心部を離れ、バーミンガム郊外の緑豊かなエジバストンの家へ引っ越したとき、クーパーを引用した。

のどかな隠れ家、静かな木陰は
祈りと賛美と溶け合い
汝のみ恵みによりて
みあとに従う者たちへとつくられしや(28)

温室製造業者のトマス・クラークは、バーミンガムを拠点とした営利活動でクーパーの勧め（「庭を愛する者は温室も愛する」）から多くの利益をあげ、十分な収入を手にすると田舎に隠遁し、そこでつぎのように書いた。

「神は田舎をつくり、人は都会をつくった」
詩人のクーパーはこう詠った
誰だってこの思いを否定しない
正しいものと誤ったものを区別できる者ならば(29)。

不治の病にかかったジェイン・テイラーは、一八二二年、エセックスからオルニーにあるクーパーの庭へ巡礼の旅に出かけ、この訪問から着想を得て、最後の詩のひとつを書いた(30)。クーパーの『オルニーの讃美歌』、また彼の詩や手紙や随筆は、多くの地方の図書館に寄贈され、大切に貯めた資金で購入され、蔵書のなかに収められた。彼の二行連句は、備忘録や日記のあちこちのページに登場した。彼のもっとも有名な詩『務め』は、好んで音読された(31)。家庭生活を賛美することで、クーパーは政治的、宗教的、経済的な分断線を踏み越えて、この時代のもっとも愛された詩人としてのみずからの位置を確立したのである(32)。

クーパーは、女性として彼と並ぶ位置にあったハナ・モアよりも、人びとの信仰心を鼓舞したようにみえる。しかし、モアの教訓的な書物は若い女性への贈り物としては最適なものとみなされており、あるバーミンガムの製造業者の娘もモアの書物を贈られた。モアが書いた唯一の小説『［妻を探す］シーレブズ』は、非常に広範に読まれ、実際にコルチェスターでは、一八〇九年に刊行されてから二年後、この作品が「時の書物」となった(33)。モアは、バーミンガムのジョン・エンジェル・ジェイムズのように影響力をもつ人物たちのお気に入りの作家であり続けた(34)。より宗教色の強い作品も人気を保っていた。『天路歴程』は座右の書の地位を守ったし、一九世紀前半に書かれた死についての瞑想詩、エドワード・ヤングの『夜想詩』は敬虔なキリスト教徒たちを魅了した。アンとジェインのテイラー姉妹が大人と子どもに向けて書いた詩は、多くの人びとに親しまれ、そのなかには、この二人の社会的な保守主義とはまったく相容れない急進的な政治活動を展開したバーミンガムのクエイカー教徒のスタージ家も含まれていた(35)。

有力者や貴族の庇護からの自由にたいする欲求は、宗教的な信念によって増幅され、中産階級の大部分にとって強力な衝動になっていた。小説を読もうとしない極端に宗教的な人びとを除いて、ウォルター・スコット卿は大人気の作家になった。バーミンガムのある銀行家の娘が記しているように、スコットは、大衆文学の格調を高め、そのなかに「たくさんの教訓や情報のみならず、高貴かつ高尚な感情、そして全体に流れる立派で男らしく、高度に道徳的で、ある程度までキリスト教信仰にもとづく感情」を吹き込んだのである。[36]

しかし、「ある程度」のキリスト教信仰という点では怪しかったものの、地方の読書家のあいだで二番目に人気の作家は、意外なことにバイロンであった。このことは、フィクションには潜在的に危険を生みだす恐れがあり、その危険は簡単には解消できないものであったことを強く感じさせる。読書は受容を示すだけでなく、抵抗を表わすものにもなりえたからである。バイロンの出版物は、急進的信条をもつ人びとだけではなく、それ以外の、彼に魅力を感じるのが意外に思われるような人びとからも熱狂的に受けとめられた。[37]ウィッタムにある会衆派礼拝堂の牧師として強い影響力をもっていたサミュエル・ニュートンは、バイロンの『ヘブライの調べ』を手に取ったことがあると告白し、「バイロンの詩はすべてが、その基調において不道徳だとはもう絶対に口にできない」と述べた。[38]ジェイン・ランサム・ビドルは、ハナ・モアを愛読し、家庭や友情、その他の家庭的なテーマを中心に、花の描写や信仰上の熱意あふれる詩を書く女性だったが、バイロンにも熱を上げ、農業経営者の夫とともにバイロンの主人公に敬意を表して、息子のひとりを「マンフレッド」と名づけたほどだった。ジェイン・ビドルもほかのバイロン崇拝者たちも、バイロンの常軌を逸した社会的行動や性的なふるまいが暴露されたことを、それほど気にかけていなかったようである。ジェイン・ビドルの「バイロン卿の死に捧ぐ」という詩は、バイロンの魅力の一端を表現している。

　彼女［イングランド］が嘆くのは無理もない、なぜなら彼は
　彼女の若者たちに、暴君のくびきをはねつけさせたから
　そして彼は自由の祭壇に命じて
　彼女の輝かしい帰還を祝う炎を広げさせたのだから。[39]

やがて薬種商のもとで徒弟奉公することになったあるクエイカー教徒の小店主の息子は、こうした中産階級の集団の読書パターンを典型的に示している。彼の回想録には、各章の冒頭に引用文が置かれていたが、そのうちの多くはクーパーからの引用だった。彼はもらいはじめた賃金を貯めて、一七世紀のピューリタン作家、［フィリップ・］ドッドリッジの『家族のための解説者』［新約聖書の注釈書］を買った。誕生日にはおばからクーパーの書簡集と詩集を与えられ、徒弟期間が終わったときには母親からお祝いとしてトマス・クラークソンの『［ウィリアム・］ペンの生涯』を贈られた。彼は宗教的作品に加えて、スコットとバーンズを愛読した。ほかの徒弟たちと一緒にウェー

ルズで山歩きの旅をし、日没を賛美した。彼は自分の若い婚約者にジェイムズ・トムソンの『四季』と、ハナ・モアの『実践的信仰』を贈った。しかし、彼のお気に入りはバイロンで、彼は「発刊と同時にバイロンの詩をいち早く目にすることができる」よう、読書室の会員となった[40]。

これらの中産階級の男女が好んだ著述家たちの型破りな組み合わせからは、彼らの価値体系のなかの矛盾する要素が浮かびあがる。農業経営者のアーサー・ビドルと妻のジェインの蔵書には、定番のクーパー、モア、バイロンに加えて、シェイクスピア、そして興味深いことにメアリ・ウルストンクラフトが収められていた[41]。バイロンの大きな魅力の一端は、彼の詩の情熱的性格にあった。回心主義者の信仰に注ぎ込まれていた感情は、ロマン主義的な感受性とそれほど隔たりのあるものではなく、両者はともに個人、そして自由というテーマに焦点をあてていた。しかし、この二つの様式のあいだには決定的な緊張関係があった。詩人に霊感を与える女神《ミューズ》は、「ギリシアの聖なる」山の頂にあっても身の危険を免れず、キリスト教信仰のもとで「謙虚に深き谷に身を沈め、生命の不滅の河」を見いだして初めて安全を得る、というのである[42]。言語の美しさとロマンティックな連想は、家庭的な含みをもった宗教の対抗的な力がなければ、危険なものになる恐れがあった。そのような緊張は、女性にはとくに胸に突き刺さるものになりえた。スタール夫人の情熱的な物語『コリンヌ』は、その後に続く何世代もの女性たちにきわめて大きな衝撃を与えた作品である。この物語は、知的自由と芸術的自由を謳歌するイタリアの地で公的な栄誉を勝ち取った女性の天才を寿ぐことで、女性の潜在的な創造力を象徴する作品となった。コリンヌは、家庭のあらゆる徳を体現しているオズワルドというイングランド人の男性と恋に落ちるが、彼女はこの恋人と縁を切り、やがて彼が物静かで慎ましやかな別の女性と結婚するよう事を運ぶ。コリンヌ自身は公の場で踊り、話し、演じ、即興詩を吟じ、音楽をつくり、絵を描き、歌いながら華々しくイタリア中を旅していく。コリンヌは「芸術を表現する女主人公という空想」であり、「バイロンの長編物語詩の主人公」チャイルド・ハロルドの女性版だった[43]。

芸術を通じた承認というテーマは、その後の数世代にもわたるイングランドの女性文筆家たちにとっては眩暈がするほど強力なものだったが、それは彼女たちにとって、公の場で成功することがつねに厄介な問題を招いたからである。「首都でのコリンヌ」という詩のなかで、（コリンヌに「言葉にできないほどの力」で心をとらえられたと書いた）英国国教徒のフェリシア・ヘマンズは、五節を費やして、ローマでのコリンヌの熱狂的な受容、彼女の声の美しさ、外見、音楽的才能を称揚した。しかし、ヘマンズにとってこの並外れた女性は、家庭のもつ魅力を軽蔑しているがゆえに欠陥をもつ存在だった。

かがやく太陽の娘よ！　いまや汝はローマに冠せられ
この世の花輪を勝ち得た――おお、汝は
その栄光ある運命に満たされていないのか？

額に月桂樹を授けられし
汝よりはるかに幸福なるは
天に愛でられる
ささやかな炉辺を築く女なり[44]！

独立教会派のジェイン・テイラーもまた、『コリンヌ』のページの「魔術」にかかり、スタール夫人は「友」だと思うと書いた。しかしテイラーにとっても、宗教的な感情が欠如している点が、自分の世界とスタールの世界とを分かつ違いであった。コリンヌについての彼女の詩はつぎのように終わっている。

いかにも、彼女の魔術はわが心をとらえた。
わが魂よ、あの隠遁に戻れ
罪と苦悩を離れ――救い主の御許へ！
そこで彼女の知らざる技を学べ
主が否定するものを手放すために――
ただ主にひれふし、
主を満ちたりた友とする
ここに、また天の聖なる世界に
わが運命――そしてわが唯一の愛はある[45]！

こうした女性たちにとって読書は重要な経験であり、彼女たちはさまざまに異なる方法をとりながら、その読書経験に応じるかたちでものを書いた。ヘマンズとテイラーは、ともに詩を書いて出版したが、個人の日誌のなかで自分の気持ちを表現した女性もいた。読書は教育や自己発見や自己定義の一形態であるのみならず、深い喜びの源泉でもあった。日誌や日記、手紙や回想録、韻文や散文、そのいずれであろうと、何かを書くことは、多くの女性と男性が好んだ活動だった。執筆によって生計を立てられた者はわずかだったが、圧倒的に大部分の人びとは、自分自身の楽しみや、親戚や友人たちとの意見交換のためにものを書いた。

著述と出版は重要な拡大途上の経済部門であったが、家族経営の内部では、エセックスのテイラー家の場合のように、そのなかの男女それぞれにふさわしい技能を活用しながら分業体制がとられることが多かった。テイラー家の二世代ほど後、バーミンガムで説教師として知られていたジョージ・ドーソンの場合は、執筆した祈祷書と説教集の編集や出版準備を妻に頼んでいた。この妻の姉は、多くの児童書を書いて成功をおさめた作家であった[46]。このような著述家たちと、こうした出版物が中産階級の文化の中心に位置したのは、全国的にも地域的にも「文化を取引する市場」が存在したためである[47]。人気のある著述家たちは、会話や手紙の題材、そして個人の想像上の思考の糧を生みだした。こうした著述家たちの作品と考え方は議論の対象となり、彼らの生活は憧れの源となり、彼らの家と庭は表敬訪問の場所となった[48]。そのような作家たちが、ひとつの読者層の形成に寄与し、自分たち自身が暮らす変わりゆく世界に応答するなかで、中産階級特有の信仰や実践として理解されるようになるものを定義していたのである。

ウィリアム・クーパーとハナ・モア

ウィリアム・クーパー（一七三一～一八〇〇）は、私たちが扱うバーミンガムとイーストアングリアの中産階級の人びとにとって、もっとも人気があり有名な作家だった。家柄のよい聖職者の長男だったクーパーは、わずかな遺産を受け取って法曹界を目指したが、精神衰弱を患い、養成課程を修了することができなかった。クーパーは――感情的にも知的にも身体的にも経済的にも――つねに他人に依存していた。社会的には保守的な立場をとっていた彼の関心は、中間層のそれと重なり合い、宗教経験をともなった静かで落ち着いた生活様式を擁護する彼の姿勢は、多くの信奉者を引きつけた。彼のもっとも人気のあった作品『務め』は、彼が中年の終わりにさしかかった一七八五年に出版された。彼はロンドンの文学界には加わらず、ほとんどの読者が経験していたのとは異なる生活様式を勧め、働かずに暮らす「利益に無頓着な《ディスインタレステッド》紳士」という伝統を守ったことから[49]、「浮世離れした人」と言われてきた[50]。

クーパーは、貴族やジェントリの生活の多くの側面を真剣に批判し、多くの福音派と同じように、社交や政治の世界を刷新するよう求めた。成人してから回心したため、宗教的な信念は彼の人生に大きな意味を与えており、彼は魂の救済を人間の「もっとも高貴な要求」とみなした。

不滅の真理に支えられ、
神とともに歩み、神のように自由になり、
空高く舞い、天を待ち望む……[51]

審判の日にはトランペットの音が響き、「尊大な区別」は崩れ去り、良心とふるまいのみが人間の運命を裁決するものになるだろう[52]。人生でもっとも重要な務めとは、神とともに歩むことを学ぶ務めであり、もっとも重要な自由とは、神の御業を知る自由だった。

個人の自由が宗教的な信念のなかにあると強調することには、きわめて重要な意味があったが、それはそうすることで、名誉と身分を結びつける伝統的発想に代わる評価と正当化の源泉が得られるからだった。真の名誉とは、土地や財力ではなく、宗教的な信念にかかっているとクーパーは論じた。このような自由や独立の観念と渾然一体となっていたのが、制限王権にたいする彼の信念であり、奴隷でさえも思想の自由をもち、精神は決して金で買うことができないという主張だった[53]。

宗教を重んじる生活を送るうえで、田舎は都会よりもずっと良い環境を提供するとクーパーは強く信じた。男性らしさを軍事的な武勇や公的な功績と結びつける発想からは距離をとり、クーパーは内省と平和、弱者や動物の保護に価値を置く、より慎み深い男性のふるまいをよしとした。たとえもっとも卑しい生き物でさえ、神によってつくられ、生きる権利をもつからである。彼の考える愛国心とは、「善行を見せるのではなく感じとってもらう」ような生き方をすることだった[54]。クーパーの批評家たちは、こうした見方を危ういほど女々しいものとみなして拒絶し、不快感を顕わにして、クーパーは男らしからぬ娯楽にふけっていると述べた。彼は馬に乗らずどこにでも歩いて行き、園芸を楽しみ、好んで手紙や詩を書き、お茶を飲み、座って女性たちと閑談した[55]。

男性らしさは、身分や武勇で決まるものでもなければ、金儲けで決まるものでもなかった。クーパーにとって真の男性とは、「いかにして富を増やせるかという心配事にとらわれない」精神をもつ者のことだった。彼にとって人生のなかで重大な仕事とは、営利活動ではなく宗教的探究であった。彼が信じたところによれば、「政治家、法律家、商人、小売商」が、

図 11　W・ウィリアムズ「エジバストンのモニュメント通り沿いにある邸宅前での家族の肖像」1780 年ごろ。都市近郊で周囲にはほかの建物もあるが，田園風の環境であること，玄関へと弧を描く車まわし，門と柵，務めを果たしている使用人たちの存在，そして家族が打ち解けた様子で親しげに描かれていることなど，家庭の理想が視覚的に表現されていることがわかる

憧れるのは田舎の木陰の隠れ家
長きにわたる不安を忘れ去るのは
隠遁の地の魅力のなか

クーパーが田舎への隠遁を勧めたのは、遊んで過ごすためではなかった[56]。金儲けにともなうあれこれにではなく、真の義務のために心を砕くべきであるからだった。彼が信じたところによれば、人生とは、自分が楽しむためにあるのではない。人間は「能力を委託」されていて、神にたいして責任を負っていると考えるべきなのである。このことは、宗教が楽しみを否定しているという意味ではまったくなかった。学習、園芸、読書、散歩、自然観察、親睦、これらはいずれも「罪なく追求される数えきれない楽しみ」だった[57]。クーパーの評論の背後にあったのは、彼の強い温情主義的傾向である。彼にとって個人の良心の自由は、社会的な階層秩序にたいする確信と何の問題もなく結びついていた。社会秩序の欠陥の原因は、不平等にではなく、責任をもって行動すべき統治階級の失態にあった。貨幣経済の成長と結びついた温情主義の衰退こそ、大部分の害悪の根源に

あるものだった。邸宅は、売り買いの対象になる風景へと変わっていき、地主と借地人に損失をもたらすほど「改良」されていった[58]。ロンドンや流行の温泉地で見せつけられる富裕者の強欲は、あらゆる階級を汚染しつつあった。クーパーは、貧民にはほとんど共感を抱いていなかった。彼らはなすべき仕事をし、場をわきまえるべきであるが、しかるべき社会的紐帯の維持は、彼らよりも優れた人びとの力にかかっているというのである。

『務め』のなかのもっとも印象的な部分で、クーパーは、田舎で過ごす冬の夕べの楽しみを思い起こした。郵便が届き、新聞が読まれ、家族はゆったりとくつろいでいた。

さあ暖炉に火をおこし、しっかり雨戸を閉めよう
カーテンを下ろし、ソファを動かして円になろう
そして、お湯がぐつぐつ沸き立って、湯沸かしシュンシュン音をたて
蒸気の柱を吹きだして、
酔いではなく元気のもととなる
茶碗が前に並んだら、
さあ穏やかな夕べを迎え入れよう

居心地のよい暖炉、きっちりと閉じられた雨戸は、風雨だけでなく、一七八〇年代から九〇年代にかけて彼の家の周辺で頻発していた社会的混乱をも締めだした。誰かが書物を朗読するあいだ、「縫い針はせっせと務めを果たし」、それから夕食とその後の語らいがあったが、「ここではカード遊びは必要なかった」[59]。こうした夕べこそが家庭生活の喜びだった。だが、家庭的なものにたいするクーパーの愛は「屋内にとどまらず」庭園にまで広がり、そこでは「人が手を入れ整えた自然」が「彼の趣味に合わせて美しく飾られ」ることになっていた[60]。

クーパーはジェントリの出身だったが、それでも中産階級のあいだできわめて高い人気を誇った。彼は自力で生計を立ててはいなかったが、自力で生計を立てている人びとの声を代弁した。彼は一度も結婚せず子どももいなかったが、それでも家庭と家庭生活を謳う卓越した詩人だった。彼の周縁性が、より穏やかで優しく純粋な、ひとつの比類ない別世界を詩のなかで呈示することを可能にしたのである。宗教にたいする彼の信仰は深遠なものだったが、彼は、その熱狂的性格があまりにも粗野に映り、社会的混乱の恐怖やメソディストの下層民衆とあまりにも結びつけられて人びとを怯えさせることもあった福音主義を、穏やかでより身近なものにした。

商業取引の場で企業家として活動する多くの男性にとって、クーパーの世界はつねにひとつの夢であったろう。実現の可能性はほとんどないものの、その世界は、彼らが日常的に直面している緊張や矛盾にたいして何らかの解決法を与えてくれるものだった。郊外の庭は、彼らが『務め』の世界にもっとも近づくことのできる場所だったかもしれない。だが、なかには、クーパーの後を追って実際に隠遁する者も存在した。「企業家の理想」とは、結局、地方の中産階級の社会が取り揃えた男性像

のひとつにすぎなかったのである。[61] クーパーは、女性らしさ自体についてはほとんど何も語らなかった。だが、彼がとくに女性の心に訴えかけたのは、私的領域の価値を高めて、家庭生活のなかの日々の義務と個人の祈りが、「神とともに歩む」という「もっとも高貴な要求」を満たすものになるとする、彼が形式化した福音主義の主張だった。女性は実際に、その尊厳を手に入れたいという望みをもつことができたのである。

家庭生活についての文章を書いた著述家たちのなかで、地方の公衆にとって二番目に重要な著述家だったハナ・モア（一七四五～一八三三）は、クーパーと似たような境遇の出身だった。ジェントリの家系に生まれたが、父親が遺産を失ったのち、彼女と四人の姉妹たちは、一七五七年にブリストルに学校を設立して成功をおさめた。モアは一時期、劇作家として活躍し、ロンドンの知識人たちとも密接な関わりをもつようになった。しかし一七八〇年代にかけて、彼女はしだいに福音主義の影響を受けて回心を遂げ、宗教的な作品や道徳的な作品を書きはじめた。一七九〇年代になると、彼女は保守主義の立場から、トマス・ペインと急進主義を敵にした論戦に深く関わっていった。彼女の「廉価版教養文庫」は、貧民向けに平易な言葉で書かれたもので、日曜学校の設立という彼女の先駆的な仕事とともに、フランス革命後の困難な時期にイングランド社会を安定化させるための重要な貢献として幅広く歓迎され、彼女はきわめて人気のある作家となった。[62]

一八〇七年、モアは唯一の小説『妻を探すシーレブズ、家庭の習慣と作法、宗教と道徳の包括的観察』を匿名で出版した。この作品はただちに成功をおさめ、彼女の生前に三〇版が印刷された。[63] ある若いイングランド人女性は、インド在住であったにもかかわらずこの本に魅了され、母親につぎのような手紙を書いた。

今朝、妻を探すシーレブズという題名の書物を読み終えました。満足感は非常に大きく、言葉では表わせないくらいです。

「お母様と考え方が合わない箇所は、この書物のなかにほとんど一ページもありません」と彼女は続け、「これは、あなた〔私の最愛のお母様〕とこの著者の両方への最高の賛辞として言っているつもりです」と書いた。[64]『シーレブズ』が、すでに存在している考え方とかなりの程度まで重なり合っていたことを強調するこの若い女性の主張は、この小説がどのように既存の発想を、人びとに幅広く読まれるひとつの形態にまとめあげたのかという問題に注意を向けさせる。モアは、「社会的地形の中間地帯……貸本屋の登録会員」の心に訴えかけるという意図をもって『シーレブズ』を執筆した。[65]『シーレブズ』は、登場人物の多くがさまざまな徳や悪徳の理念的イメージに近いとはいえ、それでも独自の性格をもった現実の人びとを取りあげた小説として執筆された。モアは、小説という形態がもつ危険な傾向に懸念を抱いていたにもかかわらず、かつての自分の教訓

的な著作では決して近づけなかったような読者に近づく筆力を身につけていたのである。(66)

『シーレブズ』が出版されたときまでに、一七九〇年代の激しい論戦は終わっていた。メアリ・ウルストンクラフトは世を去り、ナポレオン帝国が樹立され、中産階級の急進派は沈黙していた。この小説は、十分な地代収入をもったある青年の物語で、彼の愛する両親は二人とも亡くなってしまう。家庭の幸福を信じた両親の思いを胸に、彼は妻探しに出かける。敬虔なキリスト教徒であるこの作品の主人公は、この時期にもっとも人気のあった二人の作家、ウォルター・スコットとバイロン卿が描いた主人公たちとは明らかに違っていた。だが、美しく慎み深く家庭的なその女主人公は、スコットやその後のバイロンが描いた女主人公たちとはそれほどタイプが異なっていなかった。(67)シーレブズ自身が記しているかのように書かれた序文では、強い情熱や試練にたいして異議が唱えられ、愛情とは、理性と宗教が命じるものであると主張されている。女主人公のルシーラは、従順かつ受動的で、「家政の役に立つことを学び、夫の良き仕事を促す」ことに満足を感じる女性だった。(68)

モアの小説の舞台となっているのは、居心地のよい地主社会である。これは、一見したところ時間を超越して揺らぐことのない、優れて前工業的な世界である。そこに暮らしているのはジェントリと労働貧民で、この小説では両者の関係が、自然な階層的社会秩序にたいする信念と結びついた有機的な共同体をもたらすものとして理想化されていた。「相互の愛情、相互利益、相互義務」として表現された階層制度と温情主義と従属関係は、国家だけでなく家族の安定性も確かなものにする接着剤であった。(69)

家族内の従属関係と国家内の従属関係との結びつきは、保守主義思想の長い伝統に根ざすものだった。(70)実際、福音派のなかでは、社会の上層部にみられる義務の放棄が、一八世紀末のイングランドが直面している中心的な問題であると考えられていた。だが、上流階級に潜在能力や知恵や権力があるとするモアの信念には、批判も込められていた。実際、『シーレブズ』のなかで好意的に描かれている登場人物は、上位の身分の人びとにたいする模範として行動することができる、誠実な紳士たちである。

愛する両親が亡くなった後、シーレブズはロンドンを訪れる。「真の」キリスト教信仰がこの首都にみられないことに、彼は衝撃を受ける。シーレブズはロンドンでの暮らしの宗教的な空虚さを、出会った若い女性たちの軽率で無教養な性格のなかに見てとり、彼女たちの誰をも自分にふさわしい配偶者であるとは考えない。彼はロンドンを去って、地方に住む父親の友人たちのもとに行くことにする。「木立邸《ザ・グローヴ》」で、シーレブズは心の底から素敵だと思えるような、真に宗教を重んじる家族に出会う。

モアは、男性と女性は習慣や礼儀作法のみならず、その本性によっても別々の領域に身を置くのだと信じていた。『シーレブズ』は、社会的にも宗教的にも認められた地位にあるひとりの女性が提供する、男女双方のためのふるまいの手引きであった。この小説の教訓に従いさえすれば、中産階級の人びとは、上品さが損なわれることを心配する必要はないのだ。木立邸の主人は、道徳的な目的意識の強い地主で、借地人の利益を考えて、自分の地所の改良に関心を注いでいる。この家の娘のルシーラが、妻としてどれほどふさわしいか気づけば気づくほど、シーレブズの感情は強まるが、それは彼もまた、愛する父親の記憶が呼び起こされる場面にみられるように、心を動かされるとすぐに涙を流してしまうほど感情豊かだったからである。しかし、こうした性格は、慎重で思慮深いことや、攻撃的にならずに権威をもつことや、思慮に富んでいることや、他人に理を説くことと同様に、男性的なものとみなされている。とくに家庭生活を楽しみ、息子と娘の両方の教育にたいしてすすんで責任をもつことは、男性らしいことなのだ。こうした徳の模範となっているのは、信仰を通じて懐疑的な人びとを説得したキリストの姿にほかならない。

女性たちにも救済の助けとなるような生活規範が必要なのだが、『シーレブズ』のなかで、女性の領域は厳しく制約されている。モアは、道徳的目的をそなえた女子教育には賛成の立場をとっていた。シーレブズは、ルシーラが父親からラテン語を学んだことを知って喜んだが、これは、さもなければ教養のある男性が、妻とともに過ごすときに自分の教養の水準を引き下げなければならないからだった。(71) シーレブズの考える女子教育の要点とは、女性が男性のより良い伴侶として家庭環境の質を高め、その環境を外部の「社会」よりもずっと魅力的なものにするようでなければならないということだった。ルシーラは、真面目な議論にたいしても十分に賢く耳を傾けることができる。ロンドンでは、若い女性たちがひそひそ話やクスクスとした笑いに頼るのにたいし、ルシーラはつねに男性たちが話すことをきちんと聴いているのだが、そもそも、この小説が多くのページを割いている道徳問題や宗教問題をめぐる議論のなかで、女性たちは決して口を開くことがない。

モアは、女性らしさが生来的なものだと強調するが、女性は努力して女性らしくなる方法を習得しなければならないとも主張していた。彼女が書いた文章のなかには、彼女自身が女性の姿だと感じているものと、女性のあるべき姿のあいだの根本的な緊張がある。教訓的な作品では、モアは女性らしさの内部にある緊張をよりはっきりと表現している。一七世紀から一八世紀前半にかけての女性論では、奔放で貪欲な女性のセクシュアリティ、女性の飽くなき欲望が強調されていた。この見方は、とくに福音派によって抑制されたものとなり、一八世紀後半の見方は、女性はもともと性的に活発ではなく、その性的感情は、結婚のなかの愛を通じてのみ喚起されるはずだというものだった。女性は、自分たちのセクシュアリティを何かの裏づけとしてしか表現すべきではない、という発想から結果的に生まれたのが、慎みこそが女性の特徴としてまさにもっとも価値あるものだと強く打ちだそうとする姿勢である。(72) 男性は妻が派手で光り輝いているよりも、静かで貞節で従順なのを好むとモアは論じた。[73] 慎み深い自己のあり方をすすんで引き受け、他者への奉仕を通じて自己実現を達成すべしという発想を受け入れられる妻たちは、道徳的な感化の力の行使のなかにその埋め合わせを見いだすことだろう。権力は男性のため、感化の力は女性のためのものだった。自分の生き方の実例を示すことを通じて、女性は家族の集まりのなかで、周囲の人びとの教化を望むことができた。道徳的な感化の力によって、女性はふたたび自己を主張することができるはずだったのである。

ハナ・モアが作品を書いたのは、一七九〇年代に存在した女性らしさに関する二つの対抗的な価値観の誤りを指摘するためだった。一つ目は、「社交界」や煌びやかな世界の価値観であり、それを彼女は空虚でけばけばしく利己的なものとして厳しく非難した。二つ目は、とくにメアリ・ウルストンクラフトから寄せられた急進的な批判だった。

『シーレブズ』のなかで、ウルストンクラフト的な人物は、ルシーラの家の隣人で、四五歳の独身女性スパークス嬢として登場する。彼女は学識があり、狩猟を好み、政治に関心をもち、馬の世話に詳しいといった、本質的に女性らしくない性格を気取ってみせる。彼女は機知に富み大胆で、不思議なことや信じられないことが大好きで、自分に自信をもっており、この書物のなかで「口を開く」唯一の女性である。彼女は鞭を手に縁なし帽をかぶり、馬に乗って木立邸に到着し、本質的に男性の領域であるはずの馬のことは何でも知っているとうそぶく。彼女は女性よりも男性のことが好きなのだが、もちろん男性は彼女のことを好きではない。なにより彼女は家政を軽蔑しており、このような「しみったれた仕事」は「天与の才を束縛し、知性を低下させ、精神を衰えさせ、美意識の品位を下げ、想像力の翼をもぎ取ってしまう」と述べる。だが、こうした彼女の意見は、木立邸にいたすべての紳士たちを立腹させて、生活の中心としての家事の重要性にたいする強力な擁護へと彼らを駆り立てることになる。しかし、スパークス嬢は黙っていない。彼女は挑発に乗って、男性が世界のなかで有利な立場にあり、権力と栄光に近づくための回路をもっていることへの妬みを顕わにする。

スパークス嬢の描写は、女性の発言権を求め、男性と平等な市民になる権利を要求するという、モアにとっては馬鹿げているように思われた急進的でフェミニズム的な主張にたいする彼女の反駁にほかならない。モアの強調点は、男女の差異に置かれている。スパークス嬢が立ち去ったのち、一同は、彼女が上品さや受動性といった、「キリスト教徒に特有かつ女性に特有」だと彼ら全員が考える属性を拒絶したことについて話し合った。スパークス嬢はメアリ・ウルストンクラフトのように、規範を逸脱して社会になじまない、女性らしくない存在だというのである。[74]

したがって、いくつかの点で、モアの書いたものは大いに反フェミニズム的である。『シーレブズ』では、女性は従順でなければならない、という聖パウロの命令が正しいものであると彼女が断言しているだけでなく、この小説の構造そのものが、明らかに女性を従属的な場所に位置づけている。もちろん皮肉なのは、この小説が、一度も結婚せず、宗教と文芸という公的な世界でかなりの尊敬を集め、学校経営に成功し、つねに自立した生活を維持していたひとりの女性によって書かれていた点である。彼女は本当に、女性の従属という主張に身を捧げていたのだろうか。その答えは、モアが展開している矛盾したメッセージのなかにある。彼女は一方で、女性を私的なものや家庭的なものという領域のなかに閉じ込めたが、他方では、道徳が失われた世界のなかで道徳を養うには、女性の感化の力が中心的な重要性をもつと唱えた。彼女は、政治は女性に向いていないと論じたが、しかし、政治は家庭のなかから始まるとも主張している。国を救うための唯一の道は、下からの改革を行なうことにあり、真に宗教的な家庭こそが、そうした改革のための唯一の確かな基盤を提供するというのである。もしきちんとした教育を受ければ、女性は理性を働かせることができるとモアは力説した。女性らしさとは生まれつきの特質かもしれないが、しかし、それを鍛えあげ表現するための社会的形態と文化的形態が必要なのである。このような考え方は、決して本質的に保守的なものではなく、実際そのうちの多くは、保守的な色彩を帯びたこうした一連の理論からやがて分離して、女性の感化の力に潜在的な力を認めようとする、より急進的な発想へと組み換えられていくことになる。慈善活動は女性にふさわしい天職であり、貧民の世話は女性にとっての専門職であるというモアの議論は、長年にわたって共鳴を呼ぶものとなった。レイ・ストレイチーが一九二八年に指摘したように、そうする意図はみじんも抱かないままに、彼女〔モア〕は中産階級の若い女性たちのための新たな領域をつくりあげていた。その当然の結果として、そうした女性たちはみずからの制約された無為な生き方にたいする反乱を起こすことになったのである。[75]

それがすべて「当然の結果」だったという判断にはためらうかもしれない。しかし、モアの哲学の矛盾した性格には敏感であったほうがよい。なぜなら、彼女をこれほど強く人を動かす存在にしたのは、ある部分ではこの矛盾した性格であり、またその性格が、「感化の力」の性質を別の方法で解釈する余地を生んだからである。

領域の分離について論じた地方の著述家たち

クーパーやモアのような著述家たちは、男女の差異というイデオロギーを体系化するうえで、きわめて重要な役割を果たした。しかし、彼らは地方の著述家たちに着想の源を与えてもおり、こうした著述家たちは、クーパーやモアが描いたジェントリ層ほどの資金をもたない普通の中産階級の人びとの日常的な生活様式に合わせて家庭重視主義を解釈する試みのなかで、とくに重要な存在となった。彼らはしばしば、母親として、父親として、牧師として、医師や設計師としての自分たちの経験に直接的に頼っていた。彼らは、全国的な名声を誇る偉大な学者や著述家という意味での知識人ではなく、むしろグラムシであれば中産階級の「有機的知識人」と呼ぶであろう集団だった[76]。こうした人びとは、自分たちの読み書き能力や表現能力のおかげで経験を意味づけ、彼ら自身の階級の大集団の心をつかむことができた。この時期には、地方に多数の著述家がおり、幅広く知られるようになった者もいれば、相対的に無名のままだった者もいたが、彼らはひとつの集団として、クーパーやモアの熱い願いを自伝や伝記の記述や日常生活に関する実用的な助言のなかに取り込むことで、媒介者としての機能を果たした。家庭重視主義は、彼らの書いた文章のなかで、抽象的なユートピアから実用的な知恵へと変化したのである。

そうした著述家のひとりが、アン・マーティン・テイラー夫人だった（「場面設定」の三六頁を参照）。彼女は一七五七年の生まれで、やはり没落しつつある下層ジェントリ家庭の出身であった。結婚後は、もっぱらエセックスで暮らした。彼女が中心的なテーマとしたのは真の上品さであり、わずかな資産で多くの責任を負う人びとでも、宗教を通じて社会における地位を守ることができるという考え方であった。夫アイザック・テイラーが書いた若者向けの手引書は、営利活動での規則正しさと堅実さの重要性を強調していたが、これは、妻アンの出版物が示すように、若い女性の家庭の務めにもあてはまるものだった。一八一四年から一八年のあいだに、アン・テイラー夫人は女性向けの手引書四冊と教訓的な小説を何冊か執筆した[77]。そのすべては、母親としての彼女自身の経験から生まれたものだった。彼女がもっぱら師と仰いでいたのは、マライア・エッジワースとハナ・モアだった。

テイラー夫人の最初の作品は、もともとは出版が目的ではなく、おそらく十代の娘のアンのために書かれたものだった。彼女が言うには、自分の思索は「母親としての長年の経験から、若く未熟な子どもたちにたいして自然に感じる暖かな気遣い」〔強調は引用者による〕から生まれていた[78]。彼女のあらゆる書物の内容は、実のところ、母親にとって何が「自然」であるべきかをはっきりと示すことに関心が注がれていた。夫と同様、アン・テイラーは福音主義の一派である会衆派に改宗しており、宗教的な光に照らして自分の著わした出版物を提示しようとした。「キリストのもとでは男も女もないように」、彼女はこう論じた。

> もしも魂の戦いにおいて、あなたがたを励ますために……私もまた剣と弓で敵にたいする勝利を獲得してきたのだと宣言したとしても……私は無作法ではしたないなどと咎められることはないでしょう[79]。

社会についての保守的な考えにどっぷり浸かった初老の女性が使うにしては思いがけなく戦闘的なこうした比喩を用いながら、彼女はさらに続けて、家庭の世界での戦いは、家庭外での魂の戦いに劣ることなく重要であると主張した。先達のハナ・

モアと同様、彼女は「家庭の徳を促進し、炉辺の家庭的な幸福を守ることは、国家の繁栄を増大させるための簡単かつ有効な方法です」と主張した。モアと同様、彼女は文化的浸透というものを単純にとらえていた。中間層の影響力は、「慈雨」のように彼らの下にいる人びとへ降り注がれていくはずであり、そうすれば、下位にある人びとは何の問題もなく、そのような模範のもとで生きようとするだろう、というのである[80]。

テイラーは、しかるべき夫婦関係を宗教生活の中心をなすものとみなしていた。家庭と炉辺を、外界で誘惑を受ける男性にとって魅力的な場所にすることは、既婚女性の特別な務めだった。したがって、既婚女性は当然、家庭にいるべきである。テイラー家の住居は家族の版画事業の場でもあったため、このことは彼女にとってはもっともな規範だった。

テイラーはさらに、家庭の管理は営利事業の運営に良い影響を与えることができるかもしれないとも論じた。

> おそらく、彼女［妻］が示すあの秩序の精神、あの規則正しさを愛する気持ちがいくらかでも店舗や会計事務所へと伝われば、それは快適さを増大させ、事業の永続性を確かなものにするかもしれません[81]。

しかしながら、モアと同様、テイラー夫人は、世帯の長として父親が支配力をもつべきであると固く信じていた。子どもたちにたいする信心深い親の義務もまた、テイラー夫人の作品のなかでは詳細かつ実用的なかたちで強調されている。両親はともに重大な責任をもつと考えられているが、母親の義務にたいしては特別な注意が払われている。みずからの家族の文化資本を思い起こしながら、彼女は、両親が子どもたちに与えうる最高の遺産とは、自分たちの勤勉な習慣と独立心であり、それらは、子どもたちの意志を親に従属させ続けることを通じてしか学ばせることができないと主張した。しかし、それと同時に、彼女は子どもたちの言うことに耳を傾け、敬意をもって彼らを扱おうとする姿勢を支持してもいた。母親である彼女にとって、子どもたちを正しい方向に導くことは、彼女の人生の「事業であり勉強」だった。版画家であり独立派の牧師であることが彼女の夫の仕事であったのと同じように、このことは彼女の仕事だった。アン・テイラーが一九世紀前半に示していたのは、専門的な母親業という観念で、一八三〇年代から四〇年代にかけてよりはっきりと表現されることになる考えである。これは、妻や母親が彼女たち自身、教育を受けるべきであることを意味していた。しかるべき準備もせず、方法を考慮することもなく、体系性も規則正しさも欠いた状態で、どうすれば彼女たちはそのように重要な仕事をやり遂げることができるだろうか。「すべてがきちんと秩序どおりになされるべし」とは、「われわれの宗教に関わる事柄から始まって、人生のあらゆる出来事へと拡張されるべき教訓なのです」と彼女は書いた[82]。

しかるべく秩序立てられた世帯は、女主人に指揮を委ねなければならなかった。テイラーは、子どもの世話を使用人任せに

図12　ジェイン・テイラー作品集の口絵。若者向け福音主義系宗教雑誌の編集者としての著作物を集めたもの。ジェイン自身か弟たちがエッチングをした作品で，描かれている農家はエセックス州オンガーのテイラー家であると考えられる

図13　アン・マーティン・テイラーが母親の務めについて著わした『実用的手引き』の口絵。母子の関係が明らかにロマン主義的に描かれている

する慣習に激しい非難を浴びせた。彼女は子ども時代を満たすものが、使用人階級の場合のような巨人や妖精や空想的な迷信ではなく、理性と信仰心であってほしいと望んでいた。したがって彼女は、両親が管理を担える家庭での教育が最善であるけれども、男の子たちは幼年期に家庭でしつけをした後、寄宿学校に送る必要があると考えていた。

　こうした見解に立つ人びとは、自分たちの価値観が大多数の人には共有されていないことを知っていた。このような文化様式がより広範に受け入れられるようになるまで、家庭重視イデオロギーの主導者たちは、みずからを、信仰生活がおろそかにされた社会のなかで、自由に使える武器は何でも使って戦うキリスト教戦士であるかのように考えていた。テイラー夫人にとってペンとインク、そして福音主義的な出版社とのつながりは、彼女の武器だった。彼女の執筆活動は、もともとは自分自身のために行なっていたものだが、やがてそれは否応なく母親としての実践を彼女に自覚させ、それをはっきりと表明させるものになった。彼女は明らかに母親としての実践を、実際に行なっていたものよりも一貫性をもち、筋道の通ったものとして提示したのである。

　モアの著作に認められた、限られた領域を受け入れることと、その領域にひそむ無限の感化の力を主

張することとのあいだの矛盾は、テイラー夫人の著作のなかにも余すところなく示されている。「公私の幸福の礎石は、育児室に据えられるべきである」と彼女は主張し、これには「知的なキリスト教徒の母親の巧みな手腕」が必要不可欠である、と厳しくつけ加えた。[83] 育児室という「忘れられがちな部屋のなかで」、「階下にある炉辺の将来の幸福と不幸は（もしこの表現が許されるのならば）製造《マニュファクチャー》されるのであり、それは、ここからはるか遠くにまで広がっていくことでしょう」と彼女は続けた。[84] 商工業の言葉で母親業について語ったテイラー夫人の言いまわしは、その後の時代にはごく一般的なものとなったが、それは、母親であることがまさにひとつの事業だったからである。[85]

テイラー夫人はまた、家庭を切り盛りするための実践的な助言をふんだんに示した。彼女は帳簿をつけることの重要性を固く信じ、家計簿を購入するよう勧めた。貯金が重要であり、また商人の請求にたいしては支払いの期日を守ることが望ましいと忠告した。世帯の秩序を守るには早く起きる必要があり、女主人は早起きして使用人の仕事を点検してまわらなければならず、食事はつねに決められた時間にとるべきだというのである。

満ちたりた仕事としての母親業と、骨折り仕事としての母親業のあいだ、そして、創造的な自己の本質をなす部分としての著述活動と、家庭の義務よりも下位に位置するものとしての著述活動のあいだの緊張は、たやすく折り合いをつけられるものではなかった。アン・マーティン・テイラーの娘たち、アンとジェインは、ともに若いときには多くの作品を書いたが、大人になってからはまったく異なる道を選んだ。アンは結婚して世帯の管理を担い、八人の子どもたちを育てあげた。彼女はものを書き続けようとしたが、つぎのことに気がついた。

いま私がこの方向に注ぐ一時間一時間が、ほとんど私の良心に反するものです。余分な時間がないからです。これまで、ものを書くためには落ち着いてじっくり取り組める精神状態が必要だとつねに思ってきましたが、今の私はそうした状態にはまったくありません。私の耳は、愛する子どもの声や泣き声にひっきりなしに向けられていますし、子どもの世話で、慌てて仕事を中断することを余儀なくされてばかりなのです。[86]

一方、妹のジェインは実家に留まったが、娘や妹としての家事の責任は限られたものだったため、読むことも書くことも出版することもできた。ジェインがこうした機会をつかんだことを、アンは複雑な気持ちでとらえていた。しかし、テイラー家の母親と娘たちのような著述家たちは、自分たちの矛盾した感情を、個人の日記や手紙のなかに閉じ込める傾向があった。

テイラー家の人びととは異なり、地方の作家たちの多くは、根っから地元の名士であり続けた。これらの人びとはものを書くなかで、家庭生活という言葉の意味を定義したり、存在する教義や実践からいくつかを選んで確認したりしていた。このような文章は、夫や妻や父や母や子どもとしての特有なあり方を神話化するものだった。執筆や出版の理由は、金を稼ぐため、新しい思想を宣伝するため、愛する家族の死を公的に跡づけるため、自分自身の感情を表現し探究するためなど、さまざまだった。書かれた文章の総体は広範囲にわたり、本格的な小説や手引書、さらには地方新聞の短い埋め草などのような活字形態のみならず、私蔵原稿や手稿コレクションのなかにもみられる。避難所や聖域としての家庭という発想は、ジェイムズ・ラコックが感情のままに書き殴った未公刊作品「私の家と庭」のような、この時期の数えきれない詩や手引書のなかに見いだせる。[87]家庭は、女性にとっての事業であり、男性にとっての聖域だった。家庭とは、「掘っ建て小屋でも、大理石の屋敷でも同じように」、万人に通じる概念だった。「安寧の巣」は、金持ちであれ貧乏であれ、「あらゆる人びとにとって愛しいもの」だった。[88]家庭が単なる家屋と対比されたのは、家屋は、そこに愛情と配慮がなければ家庭になりえないからだった。[89]

我にとり家庭とは、汝のいるところ
汝のいない家庭などありえない。[90]

家庭こそが潜在的に平安を得る唯一の場所であったとすれば、農村地域にある家庭はとりわけ魅力的なものだった。コルチェスターの作家、メアリ・アン・ヘッジは、森の端に建てられた藁葺き屋根の「可愛い小さな田舎家」の物語のなかで、その一般的なイメージを再現してみせた。「田舎家の正面では、格子で組んだ小さな張り出し玄関のまわりにバラとジャスミンが絡みついており」、そこには夫を亡くした祖母が孫たちとともに暮らしていた。男の子は仕事に出かけて稼ぎをすべて家に持ち帰り、その妹は暖炉に十分な薪をくべ、夕食のためにゆで団子とじゃがいもを用意して、この小さな田舎家を快適な安息所にした。[91]

田舎暮らしが無理であれば、代わりに家族の愛情を安息の源とすることもできると考えられたが、それは現実の生活において、中産階級の多くが都市の中心部に住んでいたからだった。ともかく愛情は、自然の魅力に取って代わりうるものだった。あるサフォークの女性は、結婚を機に、大きな庭園のある家を去ってロンドンに向かおうとしていた姪のために書いた詩のなかで、彼女をつぎのように安心させた。

たとえ汝の未来の家庭が
自然の美しさに満たされた地にはなくとも
確固たる愛情はその場を神聖なものとするだろう
そしてそこにも輝きが見つかるだろう。[92]

家庭生活を営む物理的な場が家庭であったとすれば、結婚はその感情的な中核に位置するものだった。「家庭の喜びを育むもの」は、

家庭にとっての親友
それは結婚の愛！　家庭であれ粗末な小屋であれ

みすぼらしい物置きや飾り立てられた屋根のもとであれ
……
貞淑な結婚生活が堕落した男に与えるのは
この世でもっとも豊かな喜び。そして神の祝福のもと
甘やかなる天上の喜びを先んじて味わうのだ
陰りなき天の王国の喜びを。(93)

結婚は、個人の結びつきに安定と秩序をもたらし、もっとも完全な友情を与えるものであった。さらにそれは、「母親の胸」と「父親の膝」の両方を必要とする子育てにもっとも適した場をつくりだした。(94)

親としての務めは、そのような著述家たちのまた別の大きな関心事だった。あるサフォークの銀行家が書き、やがてハンカチーフに転写された詩には、神と手を携えて、わが子の救済のために働く母親の姿が描かれている。

ここで彼は目にするのだ
聖なる唇から聞かされてきた物語が、目の前に繰り広げられるのを
目にしたことはきっと信仰へとつながる
神のみ言葉が、優しき母の言葉が、すべて真なりと告げているのだから！(95)

このような著述家たちは、新たなテーマを打ちだしていたわけではなかった。彼らの考え方、そして実際に彼らの詩のイメージには目新しさがなく、彼らの価値観はありふれたものだった。しかし、このようにして書かれたものに関して重要なのは、それらが広範に存在した点であり、それらが市場を動かした点であり、またそれらが、イングランド国教会と非国教徒の結束した中産階級の文化のなかで、家庭的な価値が中心的役割を果たしていたことを示す証拠となる点である。さらに階層を問わず、すべての職業範囲にわたって、急進派とリベラル派とトーリー派が、そして男性と女性が互いに結束して、領域の差異と分離を寿いだのである。

一八三〇年代から四〇年代にかけての家庭重視イデオロギー

一八二五年ごろから五〇年ごろにかけては、全国規模の著名人たちが、家庭というユートピアを中産階級の公衆にとってわかりやすいものに翻訳する過程をさらに推し進めた。エリス夫人、ハリエット・マーティノー、ジョン・ラウドンは、それぞれ非常に異なった方法で日常生活を変容させ、家庭重視主義を現実の生活に根づかせるための道を見つけだそうとした。この三人はいずれも自覚的なイデオローグで、美意識をかたちづくり、ほかの人びとを自分たちの意見に引き寄せようとした。確立されたジャンルの内部で語りながら、彼らはそうしたジャンルのもつ意味を拡大させ、新たな可能性を提供し、繰り返し信仰心を説いた。彼らは、国内外で政治的にも社会的にも混乱が広がった一八三〇年代から四〇年代という騒然とした時代に文

章を書き、一七九〇年代にクーパーとモアが行なったのとちょうど同じように、安定性と確固とした価値観の貯蔵庫としての家庭像を喧伝した。一部の社会主義者とフェミニストたちが新たな結婚形態と新たな男女関係を模索していたとき、これらの思想家たちは、社会的調和だけでなく個人の自己実現をも成り立たせる手段として、安定的な家族の大切さを説いていた。一七九〇年代にそうだったように、男性らしさ、女性らしさ、家族と家庭をめぐる論争の中心にあったのは、男女の差異が何を意味するのかという問題だった。女性は生まれながらに男性に従属する存在なのか。もしそうであれば、魂の平等とは実際には何を意味しているのか。女性は男性と平等になりうるのか。男女の平等とは、女性が男性と同じようにふるまわなければならないということを意味するのか。家庭領域は女性にとって唯一のあるべき場所なのか。女性が「利益を目当てに仕事をする」ことは受け入れられることなのか。

一八三〇年代から四〇年代にかけての時代までには、土地にもとづいた有機的な社会の姿は、もはや妥当なものでも可能なものでもなくなっていた。中産階級の家族はしだいに、仕事場と生活空間が混ざり合った家屋ではなく、仕事から切り離され、営利活動の圧迫からも徒弟や従業員からも逃れることができるような家庭で生活するようになり、あるいは少なくともそのように生活したいと思うようになっていた(96)。

そのためエリス夫人は、モアのように男女がともに暮らす社会全体のことについては書いていない。彼女の手引書や小説で想定されているのは、家庭の領域に女性と子どもと使用人しかおらず、男性はその場にいないが存在感をもち、指図や命令はするがほとんどの時間、物理的にほかの場所に身を置いているような世界である。同じように、ハリエット・マーティノーが想定するのは、政治経済と家庭経済に二分された世界である。また、ジョン・ラウドンが中産階級の家族に助言し、教えているのは、どのように家を建てて内部をしつらえ、庭の設計をすれば、併設された工場や会計事務所がない純粋に家庭的な暮らしにふさわしいものになるのかという問題である。

一八三〇年代から四〇年代にかけての時代までには、二つ目の大きな変化が起こっていた。クーパーとモア、テイラー夫妻といった世代の人びとは、成人になってから回心しており、真理を新たに発見しようとする強い熱意をもっていた。しかし、それより後の時代に生きた多くの著述家にとって、宗教とは所与の知的枠組みの一部であって、もはや舞台の中心に位置するものではなかった。多くの人びとにとって、もはや家庭生活とは、すぐれてキリスト教的な言葉で表現されなければならないものではなかったし、また魂の救済をもたらす宗教の革命的な力を必要とするものでもなくなっていた。

エリスとマーティノーとラウドンは、非常に異なる背景や関心をもちながら、いずれもこうした変化を具体的に示している。彼らはそれぞれ、私たちの扱う地域の中産階級の人びとと関わりをもつ存在だった。

セーラ・スティックニー・エリス夫人は、家庭重視イデオロギーの唱道者のなかで、おそらくもっとも有名な著述家であった。彼女が手がけたのはきわめて人気のあるジャンルで、実際、保守的な思想家たちは時として、手引書がかなりの割合で女性によって書かれていることに懸念を示していた。一七九九年生まれのエリス夫人は、借地農の娘だった。幼いころから世帯への貢献を求められた彼女は、自分の時間を家族としての責任を果たす時間と、文筆活動に使う時間とに区別していたが、一八三〇年代半ばには、文筆活動からなにがしかの生活の糧を得るようになっていた。彼女には実子がなかったが、異母弟や異母妹、自分の姪や甥、また三人の義理の子どもたちの養育に大きな責任を担った。彼女は長きにわたる経験をもとに、子どもたちの世話について女性に助言していたものの、彼女がしていたのが母親代わりだったことを考えれば、母性本能の重要性を強調したその主張は皮肉に感じられる。結婚後、彼女は多くの作品を書き続け、さらに一八四四年には農村部の自宅に学校を設立した。彼女はかくして生涯にわたって家族のために経済的に貢献したのであった[97]。

図14 「愛情あふれる家族」。セーラ・スティックニー・エリス夫人の小品集『家族の秘密』のなかの挿絵版画，1840年代

彼女のもっとも有名な書物は、イングランドの妻、母、娘、女性についての連作だった。彼女はよく批判されたが、重要なのは、エリス夫人の立場がかなりの程度まで急進的な新方針として、つまり実用性よりも上品さをあまりにも重んじていたイングランドの中産階級の家庭の不幸な状態を打ち破ろうとする試みとしてとらえられていたことである。彼女自身は、世間に認められようとしてもがいていた著述家であり教師であったが、彼女は誰よりもまず、金を稼ぐ必要のない女性に向けて語りかけた。このことは、彼女個人の心理的欲求というよりも、しかるべき家庭の理想にたいする彼女の考え方と関わっていたかもしれない。彼女がとくに関心をもっていたのは、一人から四人ほどの使用人がおり、何らかの種類の教養教育がほどこされ、それほどの家柄をもたない商人や製造業者や専門職の家族だった。

「男性との関係に左右される被造物」として女性をとらえる発想と、社会を下から改造する女性の潜在能力を賛美しようとする発想のあいだの緊張は、エリス夫人の著作の核心にあり、彼女の人気を説明する助けにもなる。感化の力こそ女性の力の真義であり、女性が妻や母としてもつこうした感化の力は、彼女たちがほかの種類の正当性を求める必要がないことを意味していた。女性をあまりにも低く位置づけていると批判されたとき、エリス夫人はそれに応じてつぎのように論じた。

> 女性は妻としては、どこかに位置づけられる危険を犯す代わりに、従属的な地位にみずからを位置づけるべきであると私は依然として思っています。母親としての女性については、どんなに尊重しても、どんなに敬意をもって扱っても、足りないと思うのです。[98]

従属と感化の力のあいだ、道徳的な力と政治的な沈黙のあいだの緊張は、「女性の使命」を唱えるあらゆる人びとの頭を占めていたものだった。[99] 女性は、女性の専門職である家族のなかで自分たちの人生の真の意味を見いだすことができ、そこで見つかる愛情こそが、女性の欲求を満たしてくれるはずだった。エリス夫人によれば、公人としての性格をもつ男性とは異なり、女性にとって愛情とは自分の存在そのものであり、「そのなかで女性は生きるのであって、さもなければ女性に人生はありません」[100]。愛することは女性の義務であり、愛されることで報われるのである。女性の目的は、より良い妻と母になることでなければならない。「いわば家と庭のなかに囲い込まれている」妻や母や娘や姉妹は、ほかの人びとを幸福にするという家庭の徳を実践すべきだというのである。[101]

エリス夫人は、自分自身としては「家と庭」に囲い込まれていれば十分であるという幻想をまったくもっていなかった。多くの中産階級の世帯では、まさに彼女自身の場合がそうだったように、女性の経済的貢献がきわめて大きな効果をもたらしうることを彼女は熟知していた。どうしても必要であれば、女性が職に就くことで品位を落とすようなことは何もなかったし、またよく行なわれていた教師や針仕事のみならず、木版彫りや図案の線描のような分野もあった。[102] しかし、このことは、女性の居場所は家庭にあるという圧倒的な量の議論のなかの小さな注釈にすぎなかった。彼女は『イングランドの女性たち』の序文に、この書物が金銭のために働く必要のない人びとのために書かれているという但し書きをつけたが、それにもかかわらず、彼女の作品や、彼女と似たような著述家の作品は、はるかに広い範囲にわたって適用されるべきものと受け取られた。これは、イングランドの炭鉱や製作所や工場で働く女性が目につくようになったせいで、一八四〇年代に発生した道徳的恐怖《モラル・パニック》にたいするひとつの反応だった。彼女が意図していたかどうかはともかく、エリス夫人は、女性が働くことは上品なことではないという従来の見方を厳格化するのにひと役買っていた。『イングランドの女性たち』を書いていたのと同じころ、彼女はある手紙のなかで、義理の娘たちや、実際に自分自身が通いのガヴァネス［女性家庭教師］として教えることから手にした「継続的な仕事の恵み」について書き記した[103]。だが、このことは、妻や家庭の女主人として彼女自身が果たすべき仕事が損なわれているのではないかという罪悪感や不安を生みだしもした。

明らかに似たところがあったにもかかわらず、エリス夫人はハナ・モアの保守的な政治姿勢を共有してはいなかった。それは、エリス夫人がエセックスのアン・テイラーのように、進歩的でリベラルな主張への傾倒を表明し、生涯にわたって幼年期に親しんだクエイカーの信仰と、クエイカーが力を注いだ奴隷制反対、平和、死刑廃止、禁酒のような問題に共感し続けたからである。さらに、彼女ははるかに広範な読者に向けて語りかけ、家庭重視主義をより実践可能なものにしようと努めた。すべての女性は母親になりうると論じ、彼女はこう続けた。

> 女性の心は、田舎家の屋根の下にあっても、一本の木の木陰で雨露をしのぐ場合でも、そのいとも優しく神聖な感情に変わるところはないのです……[104]。

このように大衆化された家庭重視主義は、下層ジェントリの田舎の邸宅ではなく、中産階級の家庭のなかにしっかりと根ざしたものだった。

モアとエリスのあいだの第二の大きな違いもまた、家庭重視主義をある特定の宗教集団の実践ではなく、ひとつの階級の実践にするうえで重要な役割を果たすことになった。エリスは宗教において福音主義に傾倒したことは一度もなく、大まかにはキリスト教的枠組みの内部に留まりながらも、霊的なものから着想を得てはいなかった。むしろ彼女の主たる関心は道徳にあった。セーラ・エリスにとって、自分の教えに従う女性たちは、真剣に宗教を信じていなくても差し支えなかった。彼女が自分の作品を緩やかなキリスト教的枠組みの内部に位置づけ、「世俗の世界をすっかり諦めることは望んでいないが、まったく神なしで生きていきたいわけでもない」人びとを含んだかたちで、宗教的な感化の力や「雰囲気」を特徴づけたことにより、彼女の作品は多くの人びとに受け入れられるものになったのである[105]。

セーラ・スティックニー・エリスは、女性にとって充足感とは無私の献身を通じて獲得するものだという持論を展開したが[106]、ハリエット・マーティノーはまた異なる伝統から、家庭重視主義のなかに別の利点があることを見てとった。商業と製造業で成功をおさめたユニテリアンの娘として、一八〇二年にノリッジに生まれたマーティノーは、不幸で満たされない子ども時代を送った。彼女が知的関心をもち、またユニテリアンは女子教育に関して比較的進んだ立場をとっていたにもかかわらず、彼女は家庭で暮らす若い婦人としての生活のなかに身を落ち着けることを期待されていた。「女子教育について」という初期の論文のなかで、彼女はそれ以前にウルストンクラフトが論じていたように、男女のあいだに生まれつき知的な差異があるという考えを拒絶し、女性には男性と同じ知的能力があると主張した。しかし、それと同時に、彼女は女性の精神がとくに宗教と徳の影響を受けやすいと信じ、女性にとっていかに人格と道徳が重要なものであるかを力説した。[107] 一八二九年には家業が破産したが、ハリエットにとって、このことは不幸なようでいて実はありがたいことだった。朝食前にこそこそと行なわれていた彼女の執筆は、本格的な仕事となり収入源となった。[108] しだいに政治経済学に関心をもつようになると、マーティノーは、スミスやリカードやマルサスやベンサムの理論を大衆化させるための説話を執筆することを思いついた。あまり女性には似つかわしくないこの計画を引き受けてくれる出版社を見つけるのは難しかったが、この思惑はただちに成功をおさめた。

古典的リベラリズムは、有産男性の個人の権利にたいする信念を、家庭内の男女の不平等を容認する姿勢と両立させることに何ら疑問を抱かなかった。[109]［その考えによれば、］女性は慎み深く繊細で、男性よりも迷信深く、子どもにたいする愛情が深かった。要するに、女性は男性よりも小さな領域を占める存在だった。さらに最悪なことに、女性は公益性の原理にたいして男性ほど強い共感を抱いていないというのである。［それゆえ］結婚はひとつの契約でなければならないが、そこでの権力は「主人」や「保護者」として行動する夫のもとになくてはならないという。[110] 政治経済学者たちはおおむね、家族を市場から切り離され、経済の世界で巻き起こる激しい競争からの避難所を提供するものとみなす因習的な見方に満足していたのである。

マーティノーの家庭生活の経験は複雑なもので、結婚にはまったく関心がなく、自分の望む世帯をもつことができたのは晩年になってからだった。では、なぜ彼女は家庭生活を賛美する必要を感じたのだろうか。功利主義とユニテリアン信仰という双子の伝統の上に基礎を置き、彼女はこの両者から、個人の権利と合理性への傾倒という強力な信念を受け取っていた。あらゆる女性は自分たちの潜在能力を完全に開花させる権利をもつべきであると考えた彼女は、一貫して教育上の不平等や経済上の差別に反対した。しかし、女性のための機会の改善を求める主張は、情念や悲嘆からではなく、合理性の精神からなされなければならない。ウルストンクラフトを情念の哀れな犠牲者とみなして批判したマーティノーが掲げたフェミニズムとは、自己抑制と自己規律の必要性を基礎としたものだった。女性の大義にとって頼りとなる最高の友人とは、幸福な妻たちと「忙しく明るく満たされた独身女性」であると彼女は主張した。[111] 賢く頭を働かせて話をすることができ、また子どもたちを健全に育てあげることができる女性は、誰もみな、女性の利害が社会のなかでより良く反映される時代の到来を早める存在であった。

彼女が女性に求めたのは、個人的な自己実現だった。既婚女性にとって、これは妻や母としての自己実現を意味していた。独身女性や、既婚ではあっても労働者階級の女性が賃金を得るために働かなければならないことを認めながらも、彼女は家庭と家族こそが中産階級の既婚女性がもっとも満足を感じられる場所だとみなした。その後のジョン・スチュアート・ミルと同様に、彼女は決して真剣には家庭内［の性別役割］分業にたいして疑義を挟まなかった。(112) だが、もしも家族だけが女性のいられるしかるべき場であるということであれば、女性は良い妻や母になるよう、より良い教育を受けなければならない。彼女は「あらゆる女性は自分の能力を正当に評価してもらうべきです」と書いて、古典的なリベラル・フェミニズムの立場を主張した。(113)

マーティノーは職人の家庭を、世帯管理の模範を示すものとみなしていた。主に母親が子どもたちの責任を引き受けるのだろうが、父親も夕方に帰宅すると子育てに協力するだろう。子どもたちは最初から手伝いをすることを学ぶだろうし、女の子たちは家庭の切り盛りを最良の方法で身につけるだろう。彼女は、愛情は親の権威の正当な源泉であると考え、このことを母乳育児と新鮮な空気や運動、そして清潔さの重要性に関する助言と結びつけた。子どもたちは規則と規律、そして時間をうまく使うことの大切さを学ぶべきである。この文脈でマーティノーが強く薦めたのは、アン・マーティン・テイラー夫人の作品だった。

マーティノーが（その福音主義信仰にたいしては反感をもっていたものの）テイラー夫人を推薦し、部分的にはモアやエリスの考えに近い態度をとっていたことからは、どれほど家庭重視主義が浸透していたのかがうかがえる。しかし、これらの作家たちの文章のなかにみられた緊張、つまり、感化の力と制限された領域のあいだの矛盾や、自己実現と家庭経済のあいだの矛盾は、彼女たちの作品が大衆化するなかでしばしば失われていった。その一例が、中産階級の読者を対象に一八三五年に創刊され、六ペンスの価格で毎月刊行された『家庭経済雑誌』である。

この雑誌の狙いは、その主幹がほかの定期刊行物では見過ごされてきたと感じていた目的、つまり「家庭の楽しみがより広く認められ、より習慣的に感じられるようにするための原理と実践」を探究することにあった。この雑誌は、家庭経済を最大限に広い意味でとらえていた。誌面では、「すばらしいマーティノー女史」が強く推奨され、その助言の多くは、テイラー夫人（その宗教は除いて）かエリス夫人の書いた文章をそのまま引用したものだったかもしれない。しかし、論調は穏やかで、この独創的な著述家たちにみられた緊張は消え去っていた。この雑誌は、道徳的規範や政治的責務を一切もちだすことなく、領域の分離を受け入れるさまをはっきりと示してみせた——それこそ、あるべき道だったのである。男性の本分とは、家庭を支える手段を見つけることであり、女性の本分とは、家庭を楽しめるものにすることだった。この雑誌はこう論じている。

ある決定的な地位と引き換えに、女性はその世俗的な所有物をあきらめるのです。保護や支援を求め……彼女は地位を得て……保護を得るのです……。

これ以外の何が女性にとって必要だというのだろうか。(114)

エリス夫人は、女性の慈悲深い感化の力を通じた社会の刷新を望み、ハリエット・マーティノーは、個人の人格の強化と改善を契機とする社会の進歩に期待をかけたが、一方、ジョン・クローディアス・ラウドンは、しかるべき家庭生活を営むための条件を郊外につくりだすことにより、社会的徳の促進に貢献できると考えた。ラウドンが関心を抱いていたのは、精神的というより物質的な生活だった。彼は、家庭生活の喜びを深められるよう設計された現実の家と庭の建設を通じて、クーパーやモアの夢を実現するための方法をイングランドの中産階級に提供した。スコットランドの農業経営者の息子として一七八三年に生まれたラウドンは、風景式造園家のもとで徒弟奉公を行なった。ある面では独学ながらも、彼は造園、農業、園芸、設計についての著作を専門的に手がけるようになった。彼は二〇歳のときロンドンに移ったが、四七歳まで結婚しなかった。彼の妻のジェインは、バーミンガムの製造業者トマス・ウェッブの娘だった。彼は、みずから設計して建設したベイズウォーターの二戸建住宅に妻とともに暮らし、その隣に出版物用の版画や挿絵の技術を教え込んだ三人の姉妹を住まわせた(115)。

ラウドンのもっとも有名な書物は、一八三八年に出版された『郊外での庭仕事と郊外住宅の手引き』だった。彼は一八〇四年から亡くなる四六年まで休むことなく執筆し、建築、造園、家具、温室といった広範囲に及ぶテーマを扱った。さらに彼は三つの雑誌を創刊して編集を行ない、国内のあらゆる場所で、とくに植物園や墓地の設計の仕事に関わった。ジェイン・ウェッブ・ラウドンは、夫の著作の編集や出版の仕事を手伝っただけでなく、みずからも『婦人のための園芸』という大衆的な手引書を含む一九冊もの書物を執筆した。一八四一年に出版された彼女の『婦人のための花壇の手引き』は九版にも達し、二万部の売り上げを記録した(116)。彼女が「ヴィクトリア時代の家庭の女主人のために、経験不足の屋外活動の面」でなした貢献は、「ビートン夫人の偉大な作品が屋内の家政面で行なった貢献」にも匹敵すると言われている(117)。彼女の夫は、「新しい中産階級にとって、家庭環境面における美意識の実質的な権威」だったと評されてきた(118)。

ラウドンが得意としたのは、もっぱら実践的なことだった。彼は「あらゆる題材を、造園のことも田園のこともほとんど知らない人びとに理解できるような方法で論じること」を約束した。「とくにそれがご婦人方の教養と娯楽にふさわしいものになるように」と彼はつけ加えた(119)。植物の世話をどうするか、どのような種類の家具を選ぶか、家と庭の首尾一貫した全体性をどう生みだすか、といった問題のすべてが詳細に論じられた。ラウドンは彼自身、何かをすることが大好きで、妻とともに自分たちの庭を設計しただけでなく、土を掘り起こして草木の植え込みもした。庭の種まきから、食事室の本棚に飾るのにふさわしい作家の名前にいたるまで、彼の書物は家庭生活のあらゆる側面を取りあげた(120)。

中産階級の文化にたいする大きな貢献となったのは、家庭生活は郊外で花開かせることができるという彼の認識だった。彼が信じていたところによると、都市の娯楽には女々しさや浪費や贅沢を助長する効果があるという。しかし、やがて彼は、わずかな人びとしか田園生活を送ることができないことに気がついた。家庭と仕事が分離していくなか、郊外がひとつの解決法となった。ラウドンは、世帯の構成員全員が家と庭をつくりだすことに貢献できるのだから、多額の費用は必要ないと信じていた。ここでは私有地という概念が、家庭という概念と緊密に結びついているのだが、ラウドンは、ほとんどの中産階級の不動産が賃貸で、引っ越しが頻繁に起こりがちであることも十分に意識していた。こうして彼の詳細な指示は、質素なものから野心的なものにいたるまで、臨機応変にあてはめることができる家庭生活のひな型をつくりだすことになった。

彼が構想した郊外での暮らしの目的には、ジェントリと似たようなものもあったが、その規模ははるかにずっと慎ましやかだった。彼は読者にこう問いかけた。

家庭の主人が成熟した趣味の園芸家として、町から帰宅して夏の夕暮れの庭に行き、手動ポンプを使って壁沿いの木に水をやりながら、自分自身も植物も生き返るような喜びを感じ、またおそらくその仕事を見ている子どもたちを喜ばせる。このときに味わう満足ほど、道理にかなうものはありえるでしょうか。

ここで彼は、クーパーと同じように一定程度の肉体労働を正当化し、それは上品さを損なうものにはならないと主張した。郊外の生活は大人にも子どもにも、木々の調枝や虫の扱いを学ぶことを通じて科学教育をほどこすものとなり、美意識や設計の知識を身につけるのに役立つ場合もあった。たとえば婦人は、花々を愛でることから花壇の設計へといたるステップが、踏み越えられないものではないことを新たに知ることができた[121]。壁と垣根という具体的な面から、彼は郊外生活で非常に重要なものとなるプライヴァシーを促進した。ほかの人びとの営みをじろじろ見て関心を抱きすぎると、家庭生活の魅力が奪われてしまうからである[122]。貧民たちの誰彼を問わない気楽な付き合いを思わせるような共同生活は、ここでは異質なものだった。クーパーに改良を加えながらも、ラウドンの設計の最終的な目的は、野蛮な、あるいは不毛な農村部の土地を征服し、地方の労働者住民を影響下に置いて支配することにあった[123]。

ラウドンは、影響力のある人びとが自分の書物を読んでくれることを望んでいた[124]。彼にとってとくに重要だったのは、女性読者と、広範な影響力をもつと彼が考える牧師と学校教師だった。彼は、家庭生活をつくりあげるために、男女がともにそれぞれの領域で働くことが望ましいと考えていた。

このような発想は、家庭内の専門分化を促す彼の姿勢のなかに投影されていた。女性は「生まれつき」屋内にいる存在で、男性は屋外にいる存在だった。女性は、花や色を「生まれつき」愛していた。「温室は、とくに家族のなかの女性たちが世話をすべきものであり、母親と娘たちが楽しく世話をするという興味深い情景をつくりだします」と彼は書いた。ラウドンによる女性の家庭化は、庭の花壇にある植物と、植木鉢のなかにある植物とのあいだの対比と結びついている。彼によれば、後者はとくに可愛らしく、「特別な配慮を受ける」ことのできる「まったく家庭的なもの」であった。[125]

ラウドンは、優れた良識《テイスト》という基準に沿うよう中産階級を教育しようとしたが、そのなかで、女性は特別な役割を果たすことになっていた。「優れた良識という厳格な規律ほど、情念を道徳的かつ政治的に制御することに貢献するものはありません。その規律は、つねに優れた道徳性の規律と呼応するものです」と彼は論じた。[126] 優れた良識がなければ道徳は存在しえず、女性はその感化の力を通じて良識をもたらす者になるだろう。女性にしかるべき家庭教育をほどこし、それを基盤に家族を改善することで、三〇年のうちに社会に革命を起こすことができると彼は信じていた。[127] 女性たち自身が良識の究極の表われとなったのは、美が女性の形象のなかにもっともよく表現されるものだったからである。「男性の精神にとって至高の美しさは、愛らしい女性のなかにのみ見いだされるでしょう」とラウドンは述べた。彼は美を所有愛と結びついたものととらえ、「女性の特質にもっとも近づいた」特質をもっとも美しいものとみなした。

したがって、優しいうねり、気づかないほどの変化、滑らかですべすべとした表面、円や円錐を描くかたち、これらはいずれも、男性との関係で何らかの道徳的な害悪や欠陥と結びつけられるときを除けば、美しいものとみなされます。[128]

このような美の形象は、支えの台を利用すること、優雅な家具や柱と同じく扱う物質の量を少なくすること、うねりや滑らかさをつくりだすこと、やわらかな飾りや色を使うことによって、物質的なかたちに移し変えられた。ラウドンにとって、ごつごつした風景は崇高ではあっても美しいものではありえなかったし、彼にとって美の対極にあるのは欠陥と奇怪さで、それらはつねに道徳的判断と結びついていた。

家庭生活を賛美したほかの著名人の多くと同様に、ラウドンは女性の地位を高めつつも、同時に女性を男性との関係に左右されるひとつの領域のなかに押し込めた。男性著述家であった彼にとって、この封じ込めは問題を引き起こすものではなかった。しかも、女性は物理的な存在感と道徳的な感化の力の双方を通じて、ほかの人びとに優れた良識を教え込む能力をもっており、一八四〇年代には、優れた良識、つまり下品にならないための能力が、救済に値する信仰心に代わって特別な地位を示すものとなりつつあった。しかし、このような理論はまた、女性をその外見においてもふるまいにおいても、女性らしさという特定の観念のなかに閉じ込めることにもなった。女性が大きかったり、うるさかったり、力があったりすることは醜いということになり、そうであることは、身体的に模範に合わせるのに失敗したというだけでなく、道徳的に退廃しているという観念もともなうことになったのである。

女性の美の極みは、その封じ込めのなかに存在した。それは、植木鉢のなかの植物のように制限され、家のなかに置かれ、性的に支配され、女性が属さない領域へとはみだすこともなく、また社会的混乱という「雑草」にも征服されないものだった。このような封じ込めには所有権もついてまわった。女性は男性保護者に守られた妻や娘や姉妹として、家族の内部に位置づけられなければならなかった。福音主義の世界でもっぱら道徳の担い手として女性がふるった宗教的な感化の力は、ラウドンにおいては、世俗的な代替物に取って代わられた。女性は良識を象徴しており、良識がなければ道徳は存在しない。だが、女性は対象化されることにもなった。女性の形象と道徳的な善のあいだの関係を強調し、またそのような確信を支える物質的な環境を提供するうえで、ラウドンのような著述家は、家庭重視主義という観念に重要な新しい要素をもち込んだ。女性の身体は女性らしさの中心に引き戻されたが、それは閉じ込められ、家庭環境のなかに適応させられた女性の身体であった。ラウドンの理念型は、一八世紀にみられたような貪欲かつ能動的に性を楽しむ女性ではなかった。それはまた、ハナ・モアが描いたような、感化の力のために情念を拒絶する宗教中心の道徳主義者でもなかった。[129] むしろ、その女性像には物理的な存在感があったが、その存在感が正当化されたのは、繊細で洗練されて上品な家庭の世界に属するのにふさわしい感覚を表現するときだけだった。

第II部　経済構造と経済機会

第II部への序

家庭重視という理念がしだいに経済活動の条件を定めていくと、家族、一家団欒、家庭という場が企業経営の存立根拠となり、舞台となった。この時期の経済諸制度は、男性に特権を与えて女性に従属的な役割を担わせる、伝統的な法、金融、慣習上の枠組みから発展してきたものだった。しかし、少数のエリートにとどまらない、より多くの人びとが女性の生産労働なしで生活できるようになったのは、資源が生存維持に必要な水準をようやく十分に上まわるようになってからのことにすぎない。中産階級は、流動資本への転換と財産形態の再解釈のおかげで、自分たちの資本を運用しながら扶養家族の女性を養うことができるようになった。扶養家族――妻、子どもたち、弟妹たち、そして成人した親戚の女性たち――を養えるだけの安定した収入を求めることは、総体としての中産階級にたいし、単に利益の最大化だけを追求する考え方をあらためさせ、彼らの投資や生産の意思決定に著しい影響を与えたといえるだろう。この議論は、家庭的な性格をもつ生活様式を中心に据えた道徳性や宗教的価値への関心が、一九世紀初頭の経済活動を制限して枠にはめたという、より一般的な主張の特殊な事例でしかない。

逆の側からみれば、経済活動は家族にたいして深甚な影響を与えた。企業の規模と立地、労働力と規律の問題、製品の種類とその流通、設備と技術、仕事の速度、人事管理の流動性、これらすべてが家族生活と密接に関連していた。家族と生産とのあいだの相互浸透はまた、新たに登場しつつあった階級構造に強い影響を与えた。一八世紀末から一九世紀初頭にかけての中産階級が繁栄を遂げたのは、ある部分では、国民が海外帝国からの利益を獲得しようと待ち構えていたときに、中産階級の創出した制度が莫大な物質的資源と社会的自信をもたらしたからであった。しかし、中産階級が採用した生産方法は、労働者階級の男性と女性、子どもの労働力を搾取し尽くすものであったし、中産階級のイデオロギーは、そのような過酷な状況がやむをえないものであると宣言していた。最優先の目的を道徳的で上品な生活の追求に置いたために、雇用主は、資本主義的な工業生産の拡大のもとで被雇用者や仕事を失った職人たちがどれだけの犠牲を払ったか、ほとんど認識することができなかった。中産階級にとっては、家庭を重視し神を重んじる生活を送ることこそが、存在を正当化してくれたのである。そのような生活を可能にしていた営みは、それがどれほど嫌悪を催させるものであっても、神によって認められた目的にいたるためのひとつの手段でしかなかった。

一八世紀末以降、中産階級の資本蓄積が始まりつつあった。ナポレオン戦争時には、利子や家賃の受け取り手に有利なように、所得分配がさらに変化した[1]。中産階級の富は、国内外で財やサーヴィスを膨大に供給することでつくりだされていた。こうした財やサーヴィスの多くが中産階級自身によって消費され、その消費パターンは中産階級によって牽引されるときもあれば、ジェントリのそれに追従するときもあった。ジェントリと中産階級のいずれもが、東インドや西インドからもたらされた富と嗜好に浸りきっていた。

新たな生産方法は、それ自体が新製品への需要を生みだした。たとえば、イングランド東部地方における耕地農法の変化によって、醸造の副産物としてできた麦芽汁を肥料に使う必要が生じたし、農機具の意匠の変更や大量生産によって、この地域でのいくつかの成功の基盤が築かれた[2]。バーミンガムの金属加工業は、蒸気力を動力として機械を生産し、さらにほかの製品の製造に使う道具を考案してつくりだした。しかし重要なのは、同じ鉄鋳造所が、台所の火格子やほかの家庭器具をも生産していたことである。

バーミンガムで一八世紀にもっとも多く生産された物品は、ボタン、ベルトの留め金、玩具、刀剣、鉄砲、混凝紙製品であった。生産される物品の種類は徐々に拡大し、バーミンガムはこうした物品の仕上げ工程でもっともよく知られるようになった。地元のある批評家が自慢げに主張したように、「工場や家庭で使われる金属製品のほとんどが、バーミンガムのいくつかの業種と何らかのかたちで直接結びついていた[3]」。バーミンガムで製造される物品は、寝台の金属製骨組みから銀メッキされた食器まで、配管用のパイプから針やピンまで、鋼のペン先からポットや鍋まで広範囲に及んだ。真鍮が導入されると、鉤と蝶番、脚輪と柄、窓と戸の掛け金、馬車と馬具の装着具、ボタン、留め金、外套と帽子のピン、針箱とかぎ煙草入れ、額縁とはさみ、傘の柄と歩行杖、お茶［の時間］を知らせるベルと犬の首輪、これらすべてが「品格ある富の完全なる象徴」であるバーミンガムの真鍮から供給可能になった[4]。［バーミンガムと東部諸州のエセックスとサフォークという］二つの地域で研究対象とした地元の家族は、時計、紙、温室用硝子、版画、深さのある食器類、讃美歌集、油絵、馬車や軽量車、園芸用の種子や植物などの製造と販売に生計の基盤をおいていた。この時期にみられた日常生活財の消費の変貌ぶりは劇的であった。

中産階級の繁栄は、製造業や物的財の販売だけでなく、サーヴィスにも依拠していた。一八世紀末における不動産市場の活発化と建築物の急増は、競売人と土地差配人、建築家と技師、風景式庭園の造園家と設計士、訴訟代理人《アトーニー》と銀行家などに活躍の場をつくりだした。製造業者たちは、製品の質を高めるために工業用意匠設計者と科学者を必要とし、同じように、より良質な交通機関や道路や橋、船や馬車を開発するためにも工業意匠設計者と科学者が必要とされた。

中産階級の文化的な向上心は計り知れない影響をもたらして、教師、音楽家、画家、著述家の需要を拡大させた。健康への関心が増大し、運命論的な見方が弱まったことで、医師たちの職業機会が拡大した。また、国教会と非国教会の双方にみられた信徒数の飛躍的増大により、聖職者にも多くの役職がつくりだされた。文化的な創作物やサーヴィスを苦労して生みだした人びとのなかには、精神的および物質的な観点から中産階級とはいかなるものかを中産階級自身に向けて説明し、上品ではなくとも体裁のよい生活様式の特徴を列挙しようとする専門家の先駆となった者もいた。著述家、出版業者、書籍販売業者（そして、突き詰めていけば製紙業者）は、こうして成功したのである。彼らの多くは、職業上の利益をさらに拡大するために、宗教的共同体とのつながりを利用することができた。博愛主義的伝道活動における有給職、敬虔なキリスト教信仰の教材の執筆と出版、ちょっとした収入になった宗教冊子の販売でさえも、中産階級の信仰と価値観によって促進された営利活動であった。

この第II部ではまず、男性と女性の財産との関係、家族企業の発展、家族企業と世帯の人口動態構造との関連を検討する。つぎに、新たな型の教育と職業訓練を必然的にともなった、男性的アイデンティティの一部としての職業概念について検討する。一九世紀の職業は複合的な活動から登場してきたが、そうした活動の多くは、庇護者《パトロン》への個人的奉仕として行なわれていた。中産階級の男性の仕事とは、そうした紐帯から経済的独立と公的地位を手に入れることにあった。最後の章は、社会的規範と財産形態の両方によって、しだいに女性が家業や専門職の活動で直接的な役割を果たすことが難しくなっていった時代における女性と経済の関係に焦点をあてる。この章は、支えもなく残された女性にたいしてこうしたパターンがもたらした深刻な結果を検証し、この事実と比較対照させながら、男性がどのようにして、家庭と企業の双方で女性の資本と労働に支えられて拡大する機会をつかむことができたのかを明らかにする。

第4章「中庸なる資産」
——男性、女性、財産

「女の子たちは、ドンビー父子商会とは何の関わりもないのだ」とドンビー氏は言った。

——チャールズ・ディケンズ、一八四八年

この時代における利益の追求は、多くの場合「家業《エスタブリッシュメント》」の創造と維持よりも下位に位置づけられるものだった。「家業」とは、事業と家族／世帯との結合体という意味で使われた言葉である。宗教的信念から湧き出た家庭生活に価値を置く考え方が、ここで扱う時代の初期の経営活動の枠組みをかたちづくっていた。経済上の組織、資金調達、職業訓練、人員の配置は、家庭内の事情と絡まり合っていた。男女はともに経営に関わっていたが、男性と女性の家族経営内での地位は、財産との関係から労働力としての使い方にいたるまで、本質的に異なるものだった。

一八世紀末のイングランドは、依然として土地によって支配されていた。土地財産の所有は、富と権力、社会的栄誉の最大の源泉であり、かつ市民権の基礎となっていた[1]。しかし、この時期までに、土地の概念それ自体が変化を遂げつつあった。鉱石や木材のような地表や地下にある資源が営利目的で開発され、都市の建築物の土台として、土地がもたらす地代がひとつの財産形態となりつつあった。譲渡抵当もまた、ひとつの流動資産とみなされつつあった[2]。たとえば、緊急事態で赤字が生じても土地を売却しなければならない場合のように、土地の固定性と安定性そのものが、そうしたより流動的な財産形態に比べて不利になりえたのである。

同時に商業活動は、古い概念がもはや妥当性をもたないような段階に達していた。商業活動では流動資産が用いられていたが、流動資産が依拠していたのは信用という観念であった。しかし、貸借においては柔軟性が必要とされたとはいえ、信用という抽象概念を構想するには、依然として葛藤が存在した。あらゆる徳と名誉の主張の基盤である土地という不動産の上に「人格《パーソナリティ》」が築かれるという強力な考え方が残存していたからである。信用機構に関わる人びとは、往々にして「情熱と幻想」のとりこになった者として、疑いの目で見られることにな

った。(3)

このような不信の念から、商業社会や工業社会にともなって発展していた土地管理人、所領差配人、仲買商人などの社会的地位をめぐる緊張が生じた。一八世紀のこうした「金持ち連中」は、政府や貴族の恩顧関係の手先とみなされていた。一九世紀初頭になると、そのような地位は、運河会社や地方自治体のような不特定かつ複数の顧客のために働く有給の準専門職に変わりつつあった。公職が、「名目だけで実務のない」閑職から官僚制的地位へと、ゆっくりと変化していったのである。

このような新たな発展は、経済的および政治的な「貴族支配」から自由になろうとする運動の一部であった。(4) そうした発展は、一九世紀初頭の社会秩序がより世俗的で家父長的要素の薄れたものへと全般的に移行したことを反映したものであり、政治経済学の支持者によって熱狂的に迎えられた。(5) より多くの賃金労働力を扱っていた製造業者や市場志向の農業経営者も、こうした政治経済学の考えを取り入れた。彼らは、地域社会との家父長的な紐帯を拒絶したいと思うならば、固定価格を求める伝統的な規範の枷を断ち切り、市場の命令に従う必要があることを道徳的に正当化しようとしたのである。(6)

政治経済学という概念の内部で断固として人的紐帯を放棄したことで、男性的な名誉と独立を同一視する中産階級的な考えが力を増していった。その結果、一九世紀初頭の「男らしさ」という概念は、性的な意味だけでなく政治的な意味をもつことになる。男らしさは、中産階級が指導的な立場を正当化する主張の核となるものであった。この展開は、扶養にたいする態度や、男性による個人的奉仕を含意し続けた地位にたいして向けられた態度のなかに跡づけることができる。男性の家内使用人は、男性のなかでも最後に選挙権が与えられることになった人びとであり、家父長的な階層秩序の代わりに独立の拠点を確立しようとしたフリーメイソンのような組織への参加も認められていなかった。(7) 男らしさはまた、女性や子どもを扶養し保護するための能力と意欲を意味するものであった。男性は自由な主体として市場に参入したが、自分たちの私的および博愛主義的な立場においては、こうして社会の道徳的な絆を保持しようとしていたのである。

政治経済学という荒涼とした世界が構想されてきたのは、親族関係や、修正されたにせよ伝統的な恩顧関係のしがらみに深く組み込まれた現実の生活のなかであった。(8) これらの直接的な対面関係からは互いの義務が引きだされたが、その義務は「友情」という概念に包み込まれていた。しかし、友情という概念は、回心を遂げた魂の平等という福音主義の宗教サークルにおける考えや、フランス革命に鼓舞された政治的平等というい っそう急進的な思想によって、中産階級のあいだでは微妙な変化を遂げていた。

一九世紀初頭には、中産階級の「家族と友人」が強力な支援を提供するようになり、中産階級の男性は、それによって恩顧関係の紐帯からの独立を主張することができるようになった。男性たちはまた、職業や専門職にもとづく新たな形態のアイデンティティに支えられ、仲間たちに保証を求めた。全国的あるいは地域的な科学団体や専門職団体のほとんどは、一七五〇年から一八三〇年までのあいだに中産階級の男性と少数の献身的なジェントリによって設立された。彼らは「仕事の話をし、晩餐をともにする」ために定期的に会合をもつ同好の士の集団であった(9)。より公式な制度への前段階としてクラブのような非公式な集いを利用することが、この時期の経済生活では典型的なものとなった。というのも、一八世紀の商業も製造業も、「政治と同様、制度化されていなかった」からである(10)。財産の配置や事業の継続についての決定は、依然として家族や世帯のなかで行なわれており、一九世紀になって初めて、そうした意思決定が経済活動の場や法制度の規則を基盤とする領域へと完全に移っていったのである(11)。

業務手続きの先例は所領地に求められ、会計業務のほとんどが所領慣行にもとづいていた。初期の貿易商は、目的を達成すると解消される一時的な共同経営関係《パートナーシップ》を築く短期的業務として始まっていた。より永続的な組織は、市場操作を目的としたものではなかった。「ロンドン同業組合」や「オクスブリッジの学寮」は、数世紀のあいだ、信託形態のもとで運営されていた。しかし、そのような法人信託は、非営利目的にはっきりと限定されていた(12)。非国教徒の礼拝堂から保険会社にいたるまで、多くの中産階級の組織は信託を利用することが可能だった。そして、中産階級の男性にとって信託財産管理人《トラスティー》になることは、実業界の慣習に親しみ、また縁故をつくるのに恰好の入口となった。しかし、これらの信託は、特定の目的に限られていたため柔軟性を欠き、管理するのにも費用を要した。経営の拡大にとって最大の可能性をもつ組織は、かつては株式会社であったが、株式会社は一八世紀初頭の南海泡沫事件後に減少していった。厳格な法律が制定され、市場活動に参加する者は誰しも、個人として破産の被害をすべて引き受けることになったためである。このことが、事業規模の拡大の可能性を制限すると同時に、そのような事業に携わる人物に望ましい道徳的資質を強く求める見方を促したのである(13)。

したがって、一八世紀末から一九世紀初頭にかけて、企業経営と専門職の業務が急激に拡大していったときでさえも、経営体を包括的に含む非人格的な形態は欠如していた。非人格的な企業経営体というもの自体、一九世紀に入ってしばらくするまで法的には存在しなかった。しかし、顧客、債権者、被雇用者は、あたかも非人格的な経営体というものが存在するかのようにふるまった。要するに、企業経営者や共同経営者の人格が、経営体そのものだったのである。創業者の死去や引退により事業が急速に消滅したことは、経営体のもつこの不定形な性格を表わしている。

企業組織

ほとんどの営利活動や専門職の活動のために発展した「経営」形態は、単純で柔軟性があり、親族世帯から直接的に成長したものだった。企業経営者は、妻や子ども、ほかの親族、そして家事使用人とともに、商業や製造業や専門職の仕事を遂行していった。経営の拡大が必要とされるときには、この経営単位は共同経営者を迎え入れて再生産された。共同経営関係を組むにあたって正式の契約は必要とされず、その関係性は、単に利益をあげることを目的とする人びとのあいだに存在し、それぞれの共同経営者が通常、資本、株式、道具、技術、労働力を提供するというものにすぎなかった[14]。共同経営者は家族の構成員のようなもので、それぞれの共同経営者は、ほかの共同経営者の代理人として行動することができたが、すべての債務にたいして責任を負ってもいた。「共同経営関係とは、ある意味では互いの代理人を務める兄弟のようなものだった」のである[15]。

この「兄弟という」家族を示す言葉は、深い意味をもっている。実際には、商品やサーヴィスの生産はほとんどが家族生活の一環として営まれていたので、妻たちは事実上の「共同経営者《パートナー》」であったが、慣習法《コモン・ロー》上での妻の地位《カヴァチャー》の原則のもと、既婚女性は夫の庇護下で夫の人格の内部に存在したにすぎなかった。妻は、為替手形に署名することも、契約を結ぶことも、告訴することもされることも、債権を取り立てることも、保証人になることもできず、したがって共同経営者になることはできなかった。というのも、事実上、結婚によって女性は市民的権利のうえでは死んだようなものだったからである[16]。独身女性は結婚する可能性があったので、彼女たちが共同経営者とみなされることも、慣例上ほとんどなかった。死去した共同経営者の寡婦や子ども（や使用人）で、営利活動の利益から分け前や年金を受け取っている者でさえ、はっきりと「非共同経営者」と呼ばれた。たとえ営利活動に資金を貸しつけて利益の分け前に与ったとしても、それでその人物が共同経営者になれるわけではなかった[17]。サミュエル・コートールドの大おばと母は、サミュエルの事業の存続にとって決定的に重要な時期に、エセックスにあるサミュエルの絹糸工場に投資していたが、二人が共同経営者とみなされることは決してなかった[18]。

共同経営関係の目的は、もっぱら積極的な経営参加にあった。共同経営関係の本質は、その関係のもつ個人的な性質にあり、そもそも見知らぬ者の代理を務めることなど不可能だった[19]。共同経営者たちが個人として責任を負わなければならなかったのは、金融や社会［の制度］が総じて不安定であったこの時代には、この方法が詐欺や業務上の背任行為にたいする唯一の防衛策だったからである。この拘束を取り除いてしまえば、「野心的な高望みや株式相場での投機癖」にたいして歯止めがきかなくなるという恐れがつねに存在していた[20]。共同資本という形態が個人企業を消滅させるという恐怖も存在した。そのため、世帯主は家族分の利子を代表し続け、共同経営は経営体と同義であるというかたちをとり続けた。実際、企業は共同経営者たちの質によって判断される傾向にあり、その判断には道徳的ないしは宗教的な意味合いさえ込められていたのである[21]。

企業家とその扶養家族が企業の財産と緊密に結び続けられたことから生じる影響は、個人による返済や、しばしば債務のための投獄を要求するようなイングランドのとりわけ厳しい破産法によって、さらに大きなものとなった。一八二五年の恐慌によって破産したあるエセックスの銀行の共同経営者であったジョイナー氏は、実際には長期にわたって活動を停止していたが、自分の名前を共同経営関係から取り下げるのを忘れていた。破産管財委員会は、三万二〇〇〇ポンドにのぼる彼の全資産を奪い取ったに等しく、返還したのは一〇〇ポンドと懐中時計だけであった[22]。

個人責任という原則は、有限責任制の導入と株式会社の発展をめぐり長期にわたって繰り広げられた論争の背後に多分に存在していた。会計の公的監査と正式な会社登記が発展して初めて、企業家個人とその家族からリスクを取り除くことができるようになった。一九世紀半ばにようやく有限責任制が施行された際、それが自由放任の原則への訴えという盾に守られてなされたことの意義は大きい[23]。個人とその扶養家族を主要な経済的形態との人的関係から分離し、彼らの権利と責任を管理職や株主としての公式の契約に限定したことは、労働者階級が個人的奉仕から賃金契約に移行したことと類似した現象とみることができよう。

実際のところ、家計が家業の会計と分離されないかぎり、修正された有限責任の形態でさえ成り立たせることは困難だった。財務上の絡まり合いがゆっくりとほぐれていく過程は、それと同じように不均等なかたちで進む家庭と作業場との空間的分離と結びついていた。会計簿を調べてみると、正式の記録が残っている場合でも、往々にして収入と支出の項目は混在していたし、世帯用の購入と事業用の購入もほとんど区別されていなかった。地方の小売店では家庭と商売が入り混じっていたために、そのような混在状態が長きにわたり続くことになった。

一八世紀から一九世紀にかけて、より計測可能で数量的な方法で世界を観察する様式が広く発達し、その一環として、しだいにより正確な会計手続きが採用されるようになった。このような世界観にともない、とりわけ経営慣行と専門職慣行が拡大した。初期の商人は、貿易収支について一貫した理解を得るために、輸入と輸出を記録する簡単な手順を発展させる必要があった。このような必要性に促されて、こうした層の統治階級のあいだで簡単な算術に関する知識が広まった。彼らは「これまでこの科目についてきわめて無知であった[24]」のだが、女性だけでなく男性も無知な状態にあったことは、注目されるべきだろう。

この時期を通して、農業経営を含めた事業経営のあらゆる局面で、会計手続きの改善と正確化が熱心に奨励された。印刷された会計簿に加えて、肥料やその他の投下物にたいして各耕地での収穫を計測し、一覧表をつくるための形式がつくりだされた[25]。そのような方法が農業経営に適用されたことは、とりわけ興味深い。なぜなら、そうした方法は、農業経営をもはや「生活様式」ではなく資本主義的企業とみなす人びとによって提唱されていたからである。農業経営者にとって、会計簿をつける誘因となったのは、貿易商や小売商の場合と同じく「秩序への愛、そして自分自身の業務についてしっかりと把握しておきたいという気持ちであった。……というのも、農業経営は穀物や牛に関する総合販売業務であり、したがって、経営の規則性と正確性は、ほかの経営者と同じく農業経営者にも期待されてしかるべきだったからである[26]」。

この時期のほとんどの会計簿は、利益の計算というより資産状況を記録するもので、所領管理を模範としていた。とはいえ、そのような原初的な慣行でも、企業の将来目標の定式化や目標達成度の確認をすることは可能だった[27]。共同経営の拡大によって、長期的な計画の立案や計量的な知識が奨励されていったのは、もし共同経営者のひとりが撤退ないし死去した場合に、経営体全体の価値を初歩的な減価償却の概念を用いて計算しなければならなかったからである。このことはまた、日々の出納帳から四半期の会計を記録する元帳への転換を促し、一定期間での損益の収支という考え方を促進していった。

経営慣行の拡大によって、多様な経営活動を見積もるこうした秩序立った体系が必要とされるようになったが、会計簿を常時つける原動力となったものは、経済的経験のなかにのみあったわけではない。生産は必ずしも規則的に、週ごと、月ごと、年ごとの単位で進行するものではなかった。所得の源泉はきわめて多様であったが、経営不振、凶作、家族の病気、子どもの結婚などにともなう出費により資源の流出が急増することもあった。実際、こうした人為的な記録形態の枠内で男性に企業を経営させるのに必要な力とは、何よりもまず敬虔なキリスト教精神の命じるところ、つまり神の前で「始末《アカウント》を明らかにする」というプロテスタンティズム内部での基本的役割から生じていたという議論も成り立つだろう[28]。

とくにクエイカー教徒をはじめとする非国教会系の宗派では、貴族にみられる奢侈の顕示や債務とは対照的に、みずからの資力を知ってその枠内で活動することが宗教的な義務のひとつであった。彼らは価値を正確に評定するという運動の先頭に立った集団であり、たとえばクエイカー教徒は、固定価格を支持して値切りの交渉を拒否した最初の人びとだった。そのような態度によって、彼らには信頼できる「実業家」としての比類のない評判が与えられることになった。信心深い会衆派の小店主であったコルチェスターのジョン・ケントは、売上高が著しく上昇した年の終わりに、帳簿につぎのように記録している。

> 詩篇一二六篇、三　主はわれらのために大いなることをなされたのでわれらは喜んだ[29]。

非国教会系の信者たちは、信者の財務状況を公の監視対象として、財政上の不正や破綻を信徒団からの除名理由とする懲戒手続きをとるべきだとする考えを公に認めていた。ジョン・ケントが通っていたコルチェスターのライオン通り礼拝堂は、一八二三年にそのような決定をして、そのとき牧師はつぎのように記録している。

> われわれの兄弟J・Bの破産を鑑みて、今後三ヶ月間、彼の

執事職の保持は停止される。教会の名誉を考慮して職務停止が適当と判断されたが、彼の熱意と失われぬ誠実さを認めて、短期の停止とする。(30)

収入と支出の量的推計を一般国民会計の基礎として用いる必要性もまた増大していた。これは、地方自治体が地方税を見積もって大規模な予算を管理するという新たな要請に直面していたからであった。全国規模での同様な展開は、エセックスとサフォークの海岸地帯で重要な収入源となっていた密輸にたいする攻撃にその一端がみられる。流入する大量の密輸物資は、国庫に影響を与えるだけでなく国民会計業務を徒労に終わらせる恐れもあったのである。

密輸の場合と同じく、こうした動向の多くは、ジェントリ、農業経営者、労働貧民とのあいだの力関係の均衡を保つために続いていた慣行にたいする、中産階級からの攻撃とみなされた。このことがもっとも明らかとなる領域は、民衆の食糧の基礎をなした穀物の市場取引にあった。市場には伝統的に地元の民衆に穀物の購入権を与える規制があったが、一八世紀後半になると、穀物価格の設定をめぐる激しい闘争が数多く発生していた。(31)発達しつつあった新制度は、このような民衆への保護を無視していた。その結果、競売人や穀物仲買人のような中間商人という職業が幅を利かせることになった。一八一五年に東部諸州を旅した同時代人は、より洗練された市場取引の導入に衝撃を受けている。「荷馬車に載せて市場に運んでくる昔の方式に代わって、穀物を標本取引する慣行は、いまやどこでもみられるものになりつつある」(32)。中産階級の男性が力を合わせて建設した柱廊式玄関をもつ新しい穀物取引所が、かつて街頭で開かれていた市場を圧倒していった。関わった男性たちは、多くが製粉工場を経営しており、新たな経済秩序の象徴として攻撃の対象となった。バーミンガムにあったピカードの製粉工場は、一七九九年の暴動の舞台となった。また戦争中には、チェルムスフォードの穀物仲買人と製粉業者たちが穀物価格を吊り上げていると非難され、ひとりのクエイカー教徒の穀物商が、チェルムスフォードの中心街で身体に危害を加えられたのだった。(33)

生産物にたいして一様に貨幣価値を与えるとすれば、それらを比較可能にする必要があった。そのため、度量衡の標準化が多くの改革者たちの目標となった。サフォーク出身で新農法を熱心に信奉していたアーサー・ヤングは、度量衡の標準化と敬虔なキリスト教信仰の飽くなき支持者であった。ヤングは、世紀転換期に新設された農業委員会に提出したエセックスに関する報告書のなかで、二〜三年前までは各種の穀物が別々の度量衡で販売されていたと記している。(34)進歩的な地主の多くは、総所得を見積もる方法を、地代の合計額から毎年投入した資本と労働に課された利子率へと変化させていた。この収益計算法は、費用に敏感な不動産管理人と所領差配人によって実施され、農業経営者たちにも影響を与えていった。一〇〇〇エーカー以上の農地を経営していたエセックスのある男性は、自分自身を「単なる農業経営者というより、資本を運用する人間」とみなしていた[35]。

こうした傾向にさらなる拍車をかけたのが、ナポレオン戦争である。侵略の脅威にさらされた東部諸州では、教区牧師たちが地元の資産を評価するよう要請を受けていた[36]。他方で、戦時期における所得税の創設によって、多種多様な富と所得のカテゴリー上の分類が必要になった。一七九〇年代の「陸地測量」は、主として軍事目的のために実施されたが、土地保有についてはるかに正確な知識をもたらすという副次的効果があった。陸地測量は、囲い込みのための見積もりとしてすでに始まっていた広範な地図作成事業によって補完され、十分の一税をめぐる交渉のなかで拡大し、一八三〇年代から四〇年代にかけての鉄道路線のための測量調査で頂点に達した。地方行政において、貨幣価値による評価は、多様な財産形態にたいする地方税査定によってさらなるかたちで促進されていった。この流れは、遺言の評価額を貨幣価値で表現し、労働者への現物支給《トラック・システム》を廃止するなど、多様な展開をとって続いた。とりわけ後者の現物支給の廃止は、人道主義者と政治経済学者の双方がとくに関心をもっていた問題であった。

こうした換算の仕組みは、都市でも農村でも、測量と地図作成、会計事務、競売と鑑定などの多方面にわたる新たな技能を創出するのに役立った。ほかにも、会計や有価証券の販売という金融の専門分野に有利な条件をもたらす発展が生まれた。一九世紀初頭は、公定価格のもとで有価証券の一覧表がつくられ、バーミンガムを含めて各地に地方証券取引所が設立され、また鉄道会社のような企業にたいする公的会計監査が受け入れられた時期であった。これらすべてのメカニズムは、財産管理人としての負担を個人の行動からより制度化された形態へと移譲していく方向性を示していた。しかしその一方で、アマチュアからさらに切り離された専門家集団が創出され、職業訓練を受けていない労働者階級の男性、また出自に関わりなく女性一般にたいしては、その「専門家としての」地位が閉ざされたのである。

同様の傾向として、一八世紀末は火災のリスクにたいする保険が広範に利用されはじめた時代でもあった。建物に取りつけられた保険の銘板は、火災保険会社の消防車用の目印であっただけではなく、地方では一種の地位の象徴《ステイタス・シンボル》にもなった。火災の損害にたいする補填費用は、それ自体が数量化の実践であったが、補填額を計算するためには、家屋はより正確に分類されなければならなかった。何が危険要素ないしは有害物なのか、何が生産設備なのか、何が廃棄物なのか。生命保険という概念もまた、一七五〇年ごろから七五年ごろにかけて受容されはじめていた。生命保険は、別種の流動財産として使われるべき有価証券の一形態として認識されていた。寿命を見積もり計測する必要性、つまり健康な人と不健康な人とを区別することは、そのような鑑定の専門家である保健数理士だけでなく、医師たちをも巻き込むことになった[37]。生命保険の掛金の計算にも年金の掛金の計算にも、個人の実年齢をより正確に定義する必要があった。正確な年齢というものも、初期の統計団体と国勢調査を創出しようと圧力をかけていた人びとによって推奨された概念であり、その努力によって一八三七年には、誕生、死亡、結婚の民事登録制度がつくられた。最後に、数量化された合理的思考のさらに明白かつ直接的な源泉は、科学の発展、とくに一七四〇年代以降のバーミンガムの製造業者たちの中心的関心となっていた、技術への科学の応用にあった[38]。ある製品が成功するかどうかは、単に科学的発明だけでなく、互換性のある部品の生産を可能にする度量衡の標準化による正確性にかかっていた。たとえば、イプスウィッチにあったランサム家の製鉄所の成功の一因は、鋤べらを規格化し、容易に交換可能としたことにあった[39]。

貨幣的観点から行動やデータを評価することは、典型的な男性の技能であり特権であるとみなされていた。そうした専門的知識は、賭け事、決闘、狩猟、性的武勇などで技能をとらえるジェントリや貴族の男性にたいする中産階級の男性の異議申し立てにとって必要不可欠な部分であった。中産階級男性の嗜みとは、座業に慣れて学問のあること、すなわち剣や銃よりもペンや定規を使いこなすことにあった。それらは知性による世界の統制を意味したが、富と権力につながりうる経済的な報酬を生みだすうえでも、同じくらいに有効なものだったのである。

土地と資本

こうした方向性に逆行するのは、土地の所有それ自体というより、むしろ土地にたいする見解と使用法のほうであった。土地所有家族の男性家長は、所領を損なうことなく継承していくことが権力と地位の基盤になると信じて、世襲の観点から物事を考えた。あらゆる財産所有者と同様、貴族とジェントリは世襲財産を完全なかたちで次世代に相続させたいという欲求と、さまざまな扶養家族を支えていきたいという欲求とのあいだに葛藤を感じていた。扶養家族とは、通常は自分たちの家族のことだったが、それだけには限られなかった。土地は無限ではなかったので、通常は長子相続が貴族の相続形態となっており、その形態は、相続人が所領の一部を売却したり譲渡したりする力を制限する限嗣不動産設定という装置を通じて強化されていた。にもかかわらず、家族を扶養するために限嗣不動産設定を解体しようとする圧力が絶え間なく存在していたのである。

したがって、土地から分離してしだいに流動化していく資本は中産階級の経済的繁栄にとって不可欠であり、少なくともこのジレンマの部分的解決を意味していた[40]。中産階級が好んだのは、分割相続、すなわちすべての扶養家族のあいだで財産を大まかに均等に分割する方法であった。しかし、中産階級による分割相続のパターンがもたらした重大な影響は、すべての息子たちが働く必要性から解放されるには莫大な富が必要とされたことにある。ロンドン金融街の商人であり、エセックス農村部に引っ越して農業経営を行ない、地方紳士風の生活をしていたジョン・ハンソンは、無事に成人した一四人の子どもたち全員をロンドンで育てたほうがよいと認識していた。ロンドンでは、息子たちが「商人や銀行家といった実業界、あるいは自分に向いている職業」に就くための訓練を受けられるだろうし、「実業界の大舞台から完全に引き離され、社交的な楽しみの多い場で育てられたら」、「息子たちに実業界を好きになってもらうは骨の折れる仕事になる」かもしれないからだった。[41]

共同経営は中産階級の営利活動に柔軟性をつけ加えたが、この柔軟性は、相続や購入や婚姻だけでしか土地所有を増大させることができない貴族のあいだでは欠けていたものだった。共同経営関係が意味したのは、新たな人員、新たな技能や資源が、結婚を必要とすることなく、経営体にもたらされるということであった。とはいえ、結婚が既存の共同経営関係を固めるために利用されることも多かった。[42]長子相続がさほど必要とされなかったのは、共同経営関係やほかの適用可能な機能によって、中産階級のあいだでは大部分の重要な資本が流動的な形態をとり続けていたからであったと論じることもできよう。分割相続もまた、男性たちの積極的な経済生活にたいする肯定的な見方を促していたのである。

私たちが二つの対象地域から手にした六二二の遺言書を分析したところ、顕著だったのは、長子相続の不在である。下層中産階級の遺言の五五パーセント、上層中産階級の四八パーセントの遺言書からは、明確な分割相続を示す証拠が見つかった。事例の七九パーセントには何らかの分割相続を示す証拠がみられ、息子あるいは義理の息子であるひとりの子どもが株式か商売道具を受け取った場合には、通常ほかの子どもたちはすでにそれなりのことをしてもらっていたか、あるいは応分の現金を受け取っていた。地域のジェントリと密接な関係をもつ成功した商人や製造業者でさえも、一種の分割相続を固守していたようである。サミュエル・ゴルトンはバーミンガムの裕福な銀行家だったが、一八三二年に亡くなったときにはかなりの土地所有者となっており、土地と流動資本が彼の三人の息子たちのあいだで分割された。サミュエルの娘たちは、同じぐらいの所得をもたらす実入りのよい信託を遺してもらった。[43]この遺産相続のパターンは、上層中産階級のモデルとして登場してくる。概して息子と娘は、異なる種類の財産を相続したとしても、価値の点からすれば、あたかも平等な相続権をもっているかのように取り扱われたのである。

また、重要な点として留意しておくべきなのは、農業経営にせよ専門職の仕事にせよ、企業経営が利益の出るものとして後継者の目を惹きつけるために、潜在的に実入りのよいものでなければならなかった点である。多くの経営体は、このことを可能にするにはあまりにも小規模であった。[44]したがって、私たちが検討した遺言書の三〇パーセントに、売却によって固定資産を流動資産に転換し、またしばしば「均等に」という命令を添えて、利益をさまざまな遺産受取人のあいだで分割するよう明確な指示があったのは驚くべきことではない。遺言書も含めた多様な証拠から明らかとなるのは、子ども（あるいはほかの扶養家族）の生涯を通じて、一括金、徒弟の謝礼金、共同経営の資本、その他の譲渡金が、生前譲与として行なわれていたことである。これは、たとえば結婚の場合のようにその必要性が生じたときに、また家業の資産が増減したときに、順次子どもたちに手渡されることになったのだろう。こうした相続パターンと経済戦略は、経営体の継続性に重きを置かないという一般的な特徴と一致している。ひとりの男性がいくつかの異なる共同経営関係に加わることや、ひとつの種類の事業から別の事業に移動していくのは、よくあることであった。家業に強力なアイデンティティを与えることにも関心がなかったようである。

相対的にみた場合に多くの企業経営が流動性をもっていたことは、中産階級の生活において営利活動が占めた位置とも関連している。企業家精神に関するいくつかの見解とは異なって、営利活動や経済活動への従事は、必ずしも男性の意識を支配するものではなかった(45)。これまで述べてきたように、宗教に熱心な男性の多くは、営利活動への関心が彼らの活力と注意力を奪うことを恐れていた。サフォークのある会衆派の醸造業者は、政治やその他の地域の問題に積極的であったが、「男が商売《ビジネス》を自分の主人にしてしまい、奴隷のように商売に奉仕しはじめることは、たいへんに悲しむべき不幸である」と感じていた(46)。エセックスのユニテリアンであったジョージ・コートールドでさえ、青年期の息子がどのような職業に就くべきか決められなかったときには、「営利活動の目的は、現世での必要なものと快適な生活を与えること」にあり、家族を養い共同体への社会的義務を果たすためにより多くの金銭が手に入るのであれば、化学研究よりもゴミ拾いのほうが良いだろうとくぎを刺した(47)。

企業の資金調達

多くの人びとがそのような緩やかな見解をとっていたのはもっともなことであった。この時期を通じて、資本調達や投資のための信頼に値する諸制度が依然として乏しい状態にあったからである。銀行制度の諸問題が、もっともよく知られているものだろう。とくに小規模な地方銀行は、度重なる破産を経験した。一八二五年から二六年にかけての厳しい冬に破綻した六〇もの地方銀行は、「企業経営と金融市場の双方の激しい変動から生じた」全般的不安のもっとも劇的な犠牲者となった(48)。この時期のエセックスの村落ウィッタムを詳細に検討してみると、多くの銀行が倒産していたことが明らかになる。無限責任制のもとでの銀行の倒産は、関係する個人や家族に壊滅的な打撃を与えかねず、こうした予想外の運命の変化はヴィクトリア朝の小説の主題にもなった。しかし、小規模な地域社会では、その影響は個々の家族をはるかに超えて波紋のように広がった。指導的な訴訟代理人にして不動産所有者であり、国教会の中心的人物であったジェイコブ・ハウエル・パティソンは、一八五〇年に劇的なかたちで破産してしまった。彼と地元のジェントリの娘であった妻は、一六人の子どもたちとともに、この町を去らねばならなかった。しかし、パティソンは信託財産管理人かつ全般的な財務管理人でもあったため、小規模地主《ヨーマン》であったジェシー・オウワーズのような男性は、パティソンとパティソンの父親（かつ共同経営者）を遺産執行者に任命して、自分の死後、遺された妻への収入を生みだす公債に投資するために、三六〇ポンドの財産を手渡してしまっていたのだった[49]。

このような信用制度の不安定性、そしてその制度が本質的に地域に根ざし、せいぜい複数の州にまたがる程度の状態にあったという現実のもとでは、個人的な評判が生存にとっての鍵となった。企業家とその家族や世帯のふるまいと物質的状況が、道徳的および財務上の廉直さを示す目に見える指標となった。一八世紀後半の地主兼農業経営者のためにつくられたつぎの対句は、あらゆる家族経営体に等しくあてはまったことだろう。

　体裁を保ちなさい。試されているのです。
　そうすれば、世間は汝に生涯の信用を与えることでしょう[50]。

ほとんどの経済史家のこれまでの認識によれば、資本と信用は主として個人的資源から生まれてくるものであった。製造業においてさえ、ほとんどの資本が、大きな工場や機械というよりは、運搬、労働、家屋の賃貸料のために必要とされた。信用が必要だったのは、株式を購入したり、原料の購入と商品の生産や販売とのあいだ、種まきと収穫とのあいだの空隙を埋めたりするような短期の目的のためだった。「現金の資金繰り《キャッシュ・フロー》」は、手形決済に長期間待たされることで損害を受けやすい専門職の男性にとっても、もっとも深刻な問題となっていた[51]。

教会や礼拝堂の会員であることは、清廉潔白さを示すことではとくに有効な方法であった。自発的結社もまた、より一般的な事業との関わりだけでなく、信頼に値するかどうかについての地元の情報を提供してくれた。そのような基盤を確立することが、この時期にさかんとなったフリーメイソンのような集団の魅力のひとつになっていたのは間違いない。積極的に活動するフリーメイソンの会員たちは、教会や礼拝堂と同じく、ほかの男性の人格的資質や資産についてかなりの理解に達することができた。そのような組織の会員仲間であれば、事情に通じていたので、より積極的に融資や投資を行なっただろうし、郵便局長から銀行支配人にいたるまでの多様な役職を約束したり、そうした仕事の保証人になったりもしたことだろう。地元の情報から手に入る、重要ではあるが実体のつかみにくい資産のなかに含まれていたのは、善意であるとか、経営手法や専門職の仕事のやり方に関わる評判であった。慣習的な金融業務の多くが、最終的にはある一定の人格的な信頼度を必要としていた。個人銀行は独自に発行した銀行券を用い、地元の商店は（独自の貨幣として発行された）代用硬貨《トークン》を使う慣行を続けていた。商業活動の中心には為替手形と約束手形があったが、それらはいずれも、取引相手が信頼に値する人物であるという想定にもとづくものだった[52]。

中産階級が資本の必要性、信用、そして世襲財産と扶養家族のあいだのバランスの問題を解決しようとして発達させたあらゆる機構のなかで、おそらくもっとも重要なのが男性と女性の財産権の取り扱われ方であろう。女性の扶養を保証する一方で、女性の財産を使用する権利を保持するための仕組みが発達したが、それが意味するのは、娘や姉妹の結婚が必ずしも資源の流出ではないということであった。それどころか、以下にみるように、そのような結婚が共同経営者や縁故、経済上の資源を生みだす土壌を拡大することもあった。

こうして、バーミンガムのゴルトン家の息子たちには土地と現金を相続し、資産を管理して使用することが期待されたが、その一方で、娘たちは信託のかたちで収入を与えられた。女性は積極的な経済的主体になることや、自分たちの財産に関心をもつことさえ期待されてはいなかった。ゴルトン家の事例では、女性の財産は六人の男性信託財産管理人の手に委ねられていた。男性の信託財産管理人が自分たち自身の利害を追求するために女性の資本を利用する権利をもつというかたちで、扶養家族への引当金の支給が行なわれたのである[53]。

個人的な信託が創設されたのは、土地財産をそのまま保全する一方で、結婚後の娘の保護を確実なものにするためだった。そこにはとりわけ、娘の息子が祖父の不動産の相続分を受け継ぐことを保証するという意図があった。信託の形態が中産階級によって大規模に流用されたのは、上述したように扶養のための所得と資本とを分割できるからであり、また、無限責任制のもとでも債権者から家族の資産の一部を安全に守るという副次的な利点があるからであった。

信託のような取り決めが増加したのは、寡婦が慣習法上もっていた伝統的な寡婦産（夫の不動産の三分の一として定着していた）にたいする権利を失ったことにともなう変化の一部であった。一八三三年に公式に寡婦産が廃止されると、妻たちは無条件の相続権を喪失した。あらかじめ信託（あるいはそれと同等のもの）のかたちで規定されていた場合にのみ、寡婦は「自分の財産の使用権を享受」しても差し支えなかった[54]。この変化が表わしていたのは、しだいに財産が流動資産のかたちで準備されるようになる変遷の一環であったが、実際には夫が信託財産管理人となることが多かったため、それは同時に、男性保護者にたいする女性の人格的な従属を増大させることにもなった。

慈善信託であれ個人信託であれ、あらゆる信託の本質は、法的所有権をひとりないしは複数の信託財産管理人に付与し、財産がもたらす特定の利益にたいして信託受益者がもつ権利から、法的所有権を分離することにその主眼があった[55]。信託財産管理人には、その財産に関する決定を下すこと、法的所有権を売買または貸借すること、そして法的所有権についての契約を締結することが認められていた。受益者が利益を受け続けるかぎり、多くの業務は信託財産管理人の自由裁量に任されていた。実際のところ、遺言書で指名されたすべての信託財産管理人の三分の二弱が男性の友人であり、三五パーセントが男性の親族であった。信託財産管理人をもっぱら親族や「友人」から選ぶかぎり、信託は、家族が決定権をもつ相続制度と国家が定める規則との中間に位置するものとなった[56]。

結婚や死亡の際に信託を用いることは、収入や身分が高い人物であることのおおまかな指標としてとらえることができる。なぜなら、そのことが寡婦や子どもたちを自活状態に追いやらずにすむだけの十分な資源の存在を示すからである。二つの地域から得られた遺言書の標本では、三分の一の事例で妻への信託が設定されていた。下層中産階級では四分の一強、上層中産階級では五五パーセントであった。働かずに生活していける資産のある男性の七一パーセントが、信託のかたちで寡婦に財産を遺していた。商人、小売商、製造業者では三五パーセント（おおよそ平均値）であったが、専門職ではわずか一五パーセントであり、これはその資源が不動産にではなく技能や所得にあったことを意味している。

慣習法のもとでは、女性の流動財産は、土地とは違いすべてが結婚によって彼女の夫のものとなった。もしあらかじめ信託を設定していなければ、家族の資源の全部が負債による差押えの対象となった。さらにいえば、娘と寡婦は、それほど多額な財産をもたない場合でも、財産目当ての結婚の標的となる恐れがあった[57]。こうして、女性の不安定な財産を保護したいという欲求が中産階級の慣行の中核部分となり、同時に女性の従属性という観念が、宗教的、政治的、社会的な思想のなかで賞賛されたのである。

これとは別に、とりわけ下層中産階級でよくみられた慣習は、子どもが継承するに十分な年齢になるまでの現状維持策として、寡婦による営利活動の続行を指示するというものであった。ウィッタムの皮なめし業者であったエイブラハム・ガラードは、一八〇一年に、仲間の皮なめし業者と農業経営者の二人を子どもの信託財産管理人兼後見人として指名した。彼の妻は、「現在の住宅と皮なめし事業所で、皮なめし業の経営を続ける」ことになっていた。信託財産管理人たちは、長男が二一歳になるまでこの妻を援助することになった。妻は、存命中にはすべての財産を相続して管理していた場合でさえも、亡くなる際には何も指示を出せないことが多かった。彼女の夫が、その処分に関して遺言書のなかで指示を与えていたからである。くわえて、しばしば寡婦や子どもたちにたいし、暮らし向きについて具体的な指示がなされることも多かった。遺言書の標本のなかでは、妻に財産や生活の方法に関する統制や指示をまったく与えていないものは、上層中産階級の一五パーセントだけであった。遺言書からはまた、女性の財産にたいする遺言で指定された管理統制が、この時期を通じて拡大していたことを示す証拠も存在する[58]。

同じような扶養と管理の組み合わせが、子ども、甥、姪、孫のためになされた対策を特徴づけている。子どもがいる事例では、相続の約三分の一が信託のかたちでなされており、上層中産階級ではその数が四八パーセントに達している。しかし、妻の場合に比べると、これら二つの集団の差異は少ない。これは当然のことで、そこには自活できない幼い子どもたちが含まれていたからである。子どもたちが性別によって区別された事例のなかでは、娘よりも息子のほうが指示を受けることが多かったことが重要である。事例の四六パーセントでは、娘にたいする詳細な指示がなかったが、相続財産で自分のしたいことが自由にできた息子は、二八パーセントにすぎなかった。このことが示すのは、娘たちは信託のような取り決めによって経済的に扶養されながら、少なくとも自分たちの生活を好きなように送ることができたということであり、その一方で、息子たちのほうが家屋、道具、家畜などを相続しがちであったため、より明確な指示を受けていたということである[59]。

家族の扶養

中産階級の男性としての役割のひとつは、扶養家族を支えるために財産を手際よく処理して管理することにあった。公式ないし非公式の信託は、そうした役割を拡大して正式に認めたものであった。標本のなかでは信託財産管理人のわずか九パーセントが女性であり、そのほとんどが子どものために信託のかたちで財産を維持する寡婦であった。女性が他人の財産に関わる信託財産管理人になった例は皆無だった。ウィッタムの農業経営者の寡婦、アーマレッタ・アージェントは、子どもの後見人であると同時に信託財産管理人となった。しかし彼女は、同じく農業経営者であった夫の二人の兄弟とともに共同で信託財産管理人となっていた。彼女は馬や牛などの家畜、耕作用具一式を相続したが、信託財産管理人たちはほかのすべてを売却し、それを七人の子どもたちのあいだで分割するよう指示されていた。彼女の相続分は、家庭用品を含めても、一〇〇ポンドを超えるものではなかった。彼女は「寡婦でいるかぎり」共同の信託財産管理人かつ後見人であり続けるが、「再婚した場合はその任を解かれる」とされた。こうした一連の条件は、通常の信託財産管理人がもつはずの裁量権をほとんど奪うものであった。

それでも妻たちには、遺言執行者としての役割を果たすことがしばしば求められた。遺言執行者の身元が判明している遺言書のうち、二八パーセントが妻であり、三〇パーセントが男性の友人で、一九パーセントが男性の親族であった。遺言執行者は信託財産管理人と同じような役割を果たして、遺言者の意志にしたがって財産を管理することができたが、取り決めはそれほど公式のものではなく、さらに重要なことに短期だけのものだった。ひとたび財産が処分されたり、所有者が変えられたりすると、その仕事は終了した。この点は、信託財産管理人と信託受益者の存命期間を超えてもその仕事が継続した信託財産管理業務の場合とは異なるところであった。

注目されるのは、専門職の男性のうちの小さな集団が、寡婦の備えとして信託の装置を用いていたように思われることである。ここで該当するのは、ある重要な集団、つまり、その財産が主として都市の土地、建物、証券、機械や道具というよりも、サーヴィスへの対価、小額投資、年金《アニュイティ》、恩給《ペンション》、賃料、抵当権などを基盤とする所得の形態をとっていた集団である[60]。一九世紀のある銀行業務の専門家は、聖職者、海軍や陸軍の将校、専門職、またあらゆる肩書の有給官吏が、生涯所得を上まわる財産を別途所有していないかぎりは、銀行から借り入れをするにも、他人のための保証人となるにも「はっきりと不適格」であると表明していた[61]。

女性は投資家として言及すらされていないが、彼女たちの投資は都市の拡大のための資本を供給するうえで重要であった[62]。

女性の資本は、地方の公益事業や鉄道の背後にある株式会社を支えていた[63]。寡婦や独身女性は、管理上の心配のない安定的な収入を必要とするこうした投資家の核をなしており、「地域社会の熱心な貯蓄部門」として、年金のような安全な投資先を好んだ[64]。実際のところ、年金は、扶養家族のための古典的な定期収入源とみなされていたのかもしれない。年金とは、定期的に固定額が受給者に支払われるように、元金から定期収入を取得することであった[65]。年金には、終身のものや、相続可能な財産の一種となるものもあったが、たとえば、再婚の禁止や遺言者の子どもたちの世話などといった付帯条件つきで、終身または一定期間のものが多かった。年金は一種の定期収入であったが、贈与者やその代理人による管理がよりいっそう入念になされるタイプの収入であった。というのも、信託とは異なり、受給者がもつ権利は元金にたいするものではなく、そこからの定期収入にたいするものでしかなかったからである。

このタイプの収入と密接に関連していたのが、依然としてしばしば公職にともなう特権とみなされ、時として購入可能でさえあった恩給である。バーミンガムの事務弁護士の最初の世代であったアーサー・ライランドは、親族からのかなりの支援と地元の恩顧関係があったにもかかわらず、一八四〇年代には辛うじて慎ましやかな生活を営んでいる状態であった。一八四四年に財務省は、彼が失っていた破産委員会委員職の埋め合わせとして、年九四ポンドの年金を与えた。彼は「これならいいだろう。私はしばしば自分が病気になって臥せってしまったらどうしようと案じてきたからだ。これで家族は困窮から逃れられるだろう」と日記のなかで吐露している[66]。とりわけ［ナポレオン］戦争後、地方都市で社会の雰囲気に影響を与えはじめていた集団のひとつが、軍隊の将校であった。というのも、一八世紀半ば以降、将校たちは収入半減で引退し、さらに寡婦や孤児には恩給を支給してもらうという選択肢をもっていたからである[67]。退役将校の家族は、エセックスやサフォークの地域の中産階級の重要な一部を構成していた。

そうした安定的な収入源に加えて、出資金［という制度］が才能のある人や特別な職務への報酬として、あるいは地位ある人びとにそのような資金の授与を求める要求としてしばしば用いられ、ある場合には慈善に近いものとなった。コルチェスターの時計製造業者の娘であったメアリ・アン・ヘッジが書物の出版のために地元で寄付金を募ったときのように、受け取る側が出資を強く求めることもできた。出資者の名前がそうした書物の序文や地元の新聞に明記されて出版されたため、彼らは将来性のある人物を支援する助けとなり、地域社会にたいして模範を提供しているという地位を得ることになった。

こうして、賃料を含む多様な源泉と類型をもつ所得が存在し、これらが積極的な関与を必要としない「上流階級にふさわしい資産」を望む人物に生活の糧を与えた。そうした資源は男女双方によって用いられたが、女性がこうした資源にずっと依存していたことは間違いないだろう。このように扶養家族を支えるための多様な資源が寄せ集められなければならなかったのは、まさに貧しくて信用リスクが高いと銀行家がみなした男性、つまり背後に財産をもたない男性による扶養を成り立たせるためであった。偶発的事故にたいする保険として相互扶助組合を設立するためにクラブに集うという発想は一八世紀初頭に始まったが、中産階級内部では妻や子どもたちにたいする個人責任の概念によって、そのような仕組みが生命保険証書の購入へと変容していった。もっとも目に見えるかたちで関心を引いたのが、専門職の男性であった。一年に一〇〇〇ポンドの収入がある者でさえも、死んでしまえば家族が窮乏状態に陥ることがあったからである[68]。公務員、医師、聖職者が、生命保険の領域での指導的存在となったことは驚くにあたらない。一八二七年に教区牧師のリチャード・コボールド師は、サフォークのある村に牧師館を建設したが、自分が死んだときに「働かなくても生活していけるだけの住居」を妻に残してやれない点を嘆くことになった。というのも、彼が言明しているように、「境遇の変化にたいしてもっとも深刻な影響を受けるのは、牧師の寡婦であろうから[69]」。

　男性的な責任の縮図である生命保険ほど、女性と子どもたちの扶養という考え方を明瞭に示す経済形態はほかに存在しないであろう。バーミンガム・ヴィクトリア建築共済組合は、一八五〇年に生命保険を推進する意義をつぎのように要約している。万一の死亡時には、自活していけない者たちが生活の資を得るために、「生命保険が唯一の確実な手段を確保してくれる」。「まわりの者たちのために将来の備えをし、死によって本来の保護者を奪われた人びとに資産と慰めを確保してやろうとし、そうする力を得る、これこそが生命保険の第一の目的である。それは、文明化された人間の第一の義務のひとつであり、またひとつの特権でもある[70]」。

　そのように前もって合理的に計画を立てることが、神の意志に反し、かつ信仰心の欠如を示すものであるという潜在的な恐怖は、一掃されねばならなかった。ある生命保険の提唱者は、一八〇四年にこう記している。「人類の創造主たる存在への男性《マン》［ママ］の信仰上の従属にたいして異議を唱えるつもりはない[71]」。その一方で、ある家族向け雑誌の生命保険に関する記事は、信仰を通じて「神のご加護にたいする保険」をかける必要性を強調して文章を締めくくることで、この問題を巧みに解決していた[72]。

　このようにさまざまな金融組織を通して中産階級の男性は資源を手にし、その専門的知識を確立していった。自分の家族の運命を管理するなかで、そうした男性は、地域の問題を処理していくために不可欠な技術や縁故を獲得していたのであった。こうしたパターンがもっとも明瞭に現われたのが、信託財産管理人という役職である。時代が進むと、法務ないし財務の訓練を受けた者、あるいは少なくとも実務経験のある者は、信託財産管理人や遺言執行者として専門職化するようになった。ウィッタムでは、父親と息子が共同経営関係を結んだ数軒の法律事務所が、信託財産管理人や遺言執行者といった立場できわめて多くの遺言書のなかに登場してくる。当然のことながら、顧客から投資用の金銭まで預けられていたジェイコブ・パティソンのような事務弁護士が、そのなかに含まれていた。信託財産管理人と遺言執行者は慣習として、その労力にたいして少額の金銭を受け取ったが、こうした専門家の場合には、それがかなりの金額に膨れあがることもあった。しかし、信託財産管理人であることの最大の利点は、地元の事情に関する内部情報、とりわけ不動産契約に関するものであった。多様な地方の記録からは、同じような半公《セミ・パブリック》的な地位、つまり個人にたいする信託財産管理人としてだけではなく、都市や宗教関連の慈善団体、救貧院、貧民への配給組織、学校の理事会、さらには非国教会の礼拝堂の管財人として、特定の男性が絶え間なく登場することが明らかとなる。ウィッタムでは、精肉業者兼農業経営者のバーウェル家や、農業経営者兼建築業者であったビードル家の父子や兄弟、おじや甥が、長年にわたって「地域社会の仲介役《ブローカー》」の予備軍を形成した。その後の彼らによる不動産の購入やその売上高は、得られた情報によって彼らの活動範囲がいかに広がったかを示している。彼らの実業家としての名声だけでなく、自身の運勢も隆盛を極めたのだった(73)。

エセックス＝サフォーク衡平保険会社は、コルチェスターで一八〇三年に創業された。この保険会社は、周辺諸州に火災保険を提供し、信託法人として運営された。初期には、地元の実業家、専門職、農業経営者らが取締役として運営の責任を担ったが、のちには有給の役員が運営を行なった。取締役は、保険申込にたいする受諾の可否を決め、どれほど小額であってもあらゆる支払い請求にたいして審判を行ない、副代理店に申請した者の身元を調べ、必要と考えられるあらゆる調査を個人で進め、署名をして、すべての保険証書と証書の裏書きを検討した。「彼らも、彼らの秘書も、保険事業での訓練など受けてはいなかったし、彼らの手に入る統計はなく、その他の情報もごくわずかであった。したがって、彼らが慎重にならざるをえないと感じたのは無理もない」〔強調は引用者による〕(74)。そのような経験は、経営技術を教えてくれる点において価値があっただけではない。銀行家、食料雑貨商、商人、製粉業者、醸造業者などがそのような支払い請求の管理に関わることは、地域の事情、つまり市場の動向、土地取引、建設計画、個人やその家族の浮き沈みなどにたいする重要な知見をもたらしたにちがいない。

このような経験を通じて、中産階級の男性はゆっくりと実業界での個人的な力量を構築していき、それが男性的な人格《ペルソナ》の一部となった。このモデルは男性にとって自然なものとして提示されたが、その提示のされ方は、家政ならびに妻や母であることが女性にとって自然とみなされたのと同じであった。しかし、この能力は明らかに経験の産物であり、拡大する経済的領域での男性の責任と権力を強化する経済的、法的、社会的形態の創出によってもたらされたのである。

経営体、家族、友人の相互依存

中産階級の財産の特殊な性格は、その流動性にあった。さまざまな方法で、物的資産は個人の技能や専門的知識によって補われたし、技能や専門的知識へと変換されることもあった。しかし、中産階級の財産の利用形態にみられるこの人格的な要素は、親族関係、「友人関係」、地域社会のネットワークのなかに組み込まれていた。利益の最大化だけを目的とする自己主張の強い個人企業家は、地域の記録にはほとんど登場してこない。信託や共同経営だけでなく、多くはあまり公式のかたちをとらない姿で、人的な紐帯が経営や営利活動のなかへ入り込んでいる事例は、数えきれないほど存在する。父親のサフォークの鍛冶場を拡大して農業機械業の基礎としたリチャード・ギャレットは、初期の脱穀機を発明した男性の娘と結婚した。ギャレットと義父とのあいだには公式の共同経営の関係はなかったが、そのような縁故は技術上の専門知識に関するきわめて重要な情報を与えてくれた。(75) エセックスのある不動産管理人は代理店を設立したが、「もしチェルムスフォードの事務弁護士であった父親と兄がいなければ、事業はそれほど成功しなかっただろうし、多くの間違いを犯すことになっただろう」。彼の息子はデヴォンシャーの絹織物商の家族と結婚したが、妻と出会ったのは寄宿学校にいた彼女の兄との友人関係を通じてであった。彼はその後、チェルムスフォードのある銀行の共同経営権を購入するために、義父から相当額の融資を受け、それによって事業の範囲を拡大していった。(76)

地方の企業にとって、親族の紐帯はロンドンや海外での販路さえも提供してくれるものだった。商人、農業経営者、製造業者、とりわけ銀行家は、ロンドンでの便宜を提供してくれる人物を拠りどころとしており、そのような立場に信頼できる親族がいることによって、経営機構はより円滑に回転することになった。より地元に根ざした場面でも、親族関係や友人関係は、しばしば物やサーヴィスの流通経路を提供してくれた。親族や友人や信仰をともにする人びとは、保証人を立てたり、資金を調達したり、販売店や事務員の職を確保したりするために利用された。債権者が親族であった場合には、債務の支払いの遅延を認め、軽減してくれることもあった。

経営と結びついていた親族と友人は、労使紛争に関与したり、業務上の秘密を漏洩したりするようなことはないと信じることができた。彼らは経営体にとって新しい技術や人員の理想的な源泉であり、とりわけ若い家族や友人の子どもたちがそうであった。息子たちは、ほかの親族や友人から訓練を受けるために修行に出されることもあった。親族関係、友人関係、信仰上の共同体がもっとも重なり合っていた集団がクエイカー教徒であり、そのことは、彼らの「いとこ」や「友人」といった言葉の使い方に示されている。クエイカーの牧会者は完全に平信徒（と女性）からなっていたので、彼らはしばしば宗教的な任務と営利目的の旅行を組み合わせることがあった。都市や村落の礼拝会に参加して地元のクエイカーの家庭に出入りすることは、融資をしたり、物品を購入したり、商品の見本を見せたり、果ては結婚相手を獲得したりする機会としても利用された。これによってクエイカーは、全幅の信頼に値する人物からなる卸売と小売、供給者と購入者、債務者と債権者のネットワークを確立することができ、このネットワークによってたいていの財政的な困難を乗り越えて企業経営を続行することができたのである。イプスウィッチの織物商であったジョン・ペリーは、一八二〇年代から三〇年代にかけての不況の時期に二度にわたって破産を宣告された。彼を支えてくれたのは、地元のクエイカー教徒の裕福で有力な会衆たち、とりわけ彼の妻の姪の夫で、大規模な製鉄業の共同経営者であったロバート・ランサムであった。

親族の境界線は流動的で、また親族や友人関係の定義も曖昧なものだった。この柔軟性が、個人的な紐帯に相互扶助にもとづく強みを与える物質的および経済的な資源を提供してくれたのである。このような互酬的交換を、利他主義か、それとも方便か、といった見方でとらえる必要はない。たとえば、安全な投資先がほとんど存在しなかったため、遊休資本を個人的なつながりによって営利本意の利益率で運営しながら、互酬的な関係を構築することもできた。当面の家族経営体で必要とされない若い男性が修行に出されて、家風の似た家族に労働力として貢献することもありえた。両親は息子の全般的な行動が監督され、かつ彼が歓迎されるという確信をもつことができた。

しかし、そのような取り決めが、必ずしも無条件に幸せにつながるとは限らなかった。時として、事業にも個人的な事柄にも尽力する人間を板挟みの状態に追いやることもあったからである。たとえば、事業にとって最大の利益をもたらさない場合でも、友人関係や親族関係による義務感ゆえに、財政的な援助やサーヴィスを与えるという決定を下さざるをえないことがあった。とりわけ地方銀行家たちは、融資にたいする公式の担保物件のような非人格化されたメカニズムの背後に隠れることができなかったので、否応なくそうした立場に追いやられた。

世俗的な意味で成功しなかった親族や友人は、より裕福な者たちにとって重荷となることもあった。海軍を退役したジョン・ハリオットは、短期間、義父とワイン取引の共同経営を行なった。彼は間もなくエセックスでの農業経営のためにこの事業から手を引いたが、これにより経営は悪化して、義父は債務監獄に入れられるという危険に怯えるようになった。ハリオットは責任をとって債務を全額返済して、彼の妻が亡くなり再婚したあとも義父の名誉と会社の信用を守ったのである。[77] エリザベス・ギビンズは、裕福なバーミンガムの銀行家の娘で、安定した家業をもたない男性と結婚したが、彼が何をやってもうまくいかないことが家族にとってはつねに心配の種となった。しばらくのあいだ、彼は製鉄業の外交販売員としての仕事を見つけ、妻はその仕事が「家族をきちんと養う機会を彼に与える」であろうと期待した。しかし一〇年後、彼はふたたび失業することになった。このような事例では、家族や友人に見捨てられてしまうことはめったになかったが、エリザベスは幸い家族や友人をある程度頼りにして、自分自身や子どもたちの面倒を見てもらうことができた。[78]

家族や友人がお粗末な助言を与え、効率的なサーヴィスを提供できず、援助を拒絶することさえあった。アーチボルト・ケンリックは、一八世紀末のバーミンガムで両親の支援を得てバックル製造業者としての事業を立ち上げた。すぐに彼は信用を強化するために金銭が必要となり、融資を手配するために両親のもとを訪れた。彼は日記につぎのように記している。両親は「収入がわずかしかなく、姉妹たちの備えとして必要なので」、母親はそれを断った。しかし、父親は遺産から天引きするという約束で一〇〇ポンドの融資に合意してくれた。「その金は、母親が姉妹たちのために貯めていたものだったので、母は嫌々だったが融資を認めてくれた」。そのときアーチボルトは、「元手をもたずに」何かを始めることは困難で、「がっくりする」と指摘し、また「カッカしすぎたかもしれない」と認めた。彼の両親はそのとき、すべての子どもたちのために何でもできることはするが、「この姉妹たちが自分たちの誰よりも両親の近くに住んでいる」ことを彼に思いださせたのだった(79)。

物質的、社会的、情緒的な絆による結びつきは、強い破壊力をもつ可能性もあった。家族や友人とのいさかいは事業にとって壊滅的な影響を与えることがあったし、一方で、経営の破綻やその成功でさえ、ただちに個人的関係を気まずくすることがあった。ケンリック家の次の世代になると、サミュエルが一八一二年におじのアーチボルトによって共同経営者として招き入れられた。しかし、意見の相違によってサミュエルは会社を去り、直接的な競合関係に入ってしまった。このことが厄介で複雑な感情を関係者にもたらしたことは、驚くにあたらない。かつての共同経営者たちの娘ないし妹で、サミュエルの従姉妹にあたるマリアン・ケンリックにとって、このことはとりわけ切実であった。というのもサミュエルは、経営に加わってすぐに彼女と結婚したからである。マリアンは、夫と父親や兄弟たちとのあいだで引き裂かれてしまった。サミュエルは長年にわたって生活と仕事をともにしてきた人物から切り離されて、被害妄想を抱きがちになった。マリアンの妹、レベッカ・ケンリックは、この状況に関して手紙のなかでつぎのように評している。彼女はサミュエルに話のできる男性の友人がいたらよいのにと思ったが、そのときまでの友人たちとはもちろん、彼にとってはいまや喧嘩相手となった従兄弟（や義理の兄弟）であった。彼女は続ける。不幸なことに、「経営について話を交わせる人物は、マリアンを除いていませんでした。彼女に心を打ち明けるのは、自分の殻に閉じこもってしまうよりはるかにましです。しかしそれでも、彼女は疲れきってしまいます。彼は、誰かが自分にたいして冷たいとかずるいとか考えており、マリアンにそれがわからないことにとても驚いているのです」。レベッカが続けて述べるには、彼女はどちらの側にも話しかけないようにしているとのことだった(80)。親族、友人関係、事業の紐帯は、共同経営関係の機能の仕方にもっともはっきりと表われた。共同経営がもっともよくみられる形態は、圧倒的に父と息子、兄弟、おじと甥であった。姉妹たちは兄弟の共同経営者と結婚し、姉妹の夫がしばしば結婚後に共同経営者となり、こうして二つの家族《ファミリー》を企業の命運《フォーチュンズ》と結び合わせていった。共同経営形態の主たる問題のひとつが人員の継続性にあったため、こうした人的紐帯は混乱の恐れのある事業整理の悪影響を取り除き、旧い共同経営者が死去したり撤退したりした際に新たな共同経営者を見つけるのに役立った。あるコルチェスターの絵画商は、二人の息子が若くして死亡すると、コルチェスターの織物商であった義理の息子に救いを求めた。この若者は絵画商に転じて、家族をその商店の階上に転居させた。重要なことに、彼は妻の家族と同じ会衆派教会の熱心な信徒であった[81]。

共同経営関係と、下層中産階級に典型的にみられるこれと類似した非公式の契約は、濃厚でしばしば愛情に満ちた親族関係と、一見すると厳密で過酷でさえある経営協定とのあいだのいくらか謎めいた結びつきに光を投げかける。こうした契約は、ほとんどつねに男性の親族のあいだでみられるものである。男性の世代間では商業上の債務／信用関係への期待がある一方で、女性にその期待がみられないことは、ジェンダーと財産との関係の中心的な特徴に注意を促してくれる。息子や若い男性は、彼が返せるようになったら返すという条件で、資本やほかの資源を「貸して」もらっていた。娘は、結婚して夫の扶養家族とならないかぎり、あるいはそうなるまで、永遠に父親（や兄弟）の人的従属物とみなされた。彼女は男性の家長に人的な奉仕の義務を「負って」おり、手助けをするために兄弟やほかの親族の世帯に送り込まれることもあった。というのも、彼女は援助や遺産を、金銭あるいは企業への奉仕というかたちで返済することができなかったからである。レベッカ・ケンリックの兄は、正式な財務上の取り決めをすべて整えて、父親との共同経営に参入し、利益からもらえる取り分の割合をますます増やしていった。彼女の父親は、事業からあがる年間三〇〇ポンドの安定的な所得を彼女が使ってよいことにすると決めていた。レベッカは兄弟のひとりのために家庭を切り盛りし、年老いた母親の世話をして、おびただしい数に及ぶケンリック家の子孫を兄弟の妻たちが産み育てているときには、その家にとどまり多くの時間を過ごした[82]。

こうした世代間の取り決めは、中産階級の財産の柔軟性を反映している。それらはまた、財産をめぐる男性の積極的役割と女性の消極的役割を示す証拠ともなる。このような柔軟性は、親族、友人、地域社会で人的資源を共有していた関係性の特徴でもあり、そうした関係性はさまざまな機会に用いられて、ひとつの家族企業にたいする数人の成人した子どもたちの分裂や競合の危険を孕んだ主張を相殺することに役立った。余剰となった息子たちをほかの企業へと異動させる一方で、娘たちに夫を共同経営者として加えさせたり、男性企業家の妻としてほかの「家」に娘たちの身を引き取らせたりすることも可能であった。

企業における婚姻の役割

この過程を促進したのが、結婚相手の自由な選択であった。しかし、この「自由選択」は、相互の価値観と宗教的関心が慎重に統制された状況のもとで設定されたものだった。下層中産階級の内部では、配偶者は地元の親族関係、友人関係、信仰上の共同体を通じて見つけられた。家族がさらに繁栄して、その活動の領域が拡大すればするほど、地元の外部で結婚する可能性が高まったが、とはいえ、それも「共同体」の外部であったわけではない。クエイカー教徒の結婚は、地理的には薄く広がりながらも、地域内部、イギリス諸島全体、ときには海外にさえも拡大するネットワークに強力に統合された集団がいたことを示す事例である。親族や友人の家庭での修行の時期は、多様な職業をもつ若い男性たちのあいだでもっとも共通する経験のひとつであったため、しばしばそこで将来の妻と出会うことになったのは驚くべきことではない。数多くのほかの事例のなかでも、これにあてはまるのが、ケンリックの家庭が、身内同士の仲違いという不愉快な状況に陥ったときの様子である。バックル会社の創業者であったアーチボルト・ケンリックは、まだ息子が若すぎて会社経営に加えられない時期に、甥であるサミュエルを経営に招き入れていた。一八一一年にサミュエルは、有給の事務職に就くか共同経営者となるかの選択肢を与えられた。彼は共同経営関係を結ぶことを選び、従姉妹で、もちろん年長の共同経営者《シニア・パートナー》となったアーチボルトの娘でもあるマリアンと結婚することで、その関係を強固なものとした。

二つの地域に残された記録から見えてくるのは、［二家族の］兄弟姉妹やいとこ同士が結婚するパターンが少数ながら存在したことである。前者では、ある家族の兄弟が別の家族の姉妹と結婚したり、兄と妹が別の家族の姉と弟とそれぞれ結婚したりした。結果的にもたらされた結合関係は、共同経営関係によって公式のものとなることもあれば、そうならないこともあった。［二家族の］兄弟姉妹の結婚によって、次の世代では「二重」のいとこが誕生したが、そうしたいとこ同士がその後に結婚することも珍しいことではなかった。こうした結合関係にみられるように、縁故関係は二人を結びつけるだけでなく、義理の関係として両親たちをも二度にわたって相互に関係づけることになり、したがって甥や姪、そして孫にたいして二重の利害をもつことになった。そうした婚姻関係は、特定の宗教、職業、地理的区域に特有なものではなかったようだが、人的結合と経済的結合を組み合わせるうえでは、一般的に不可欠なものであった。(83) 特定集団内の結婚《インターマリッジ》は、友人関係を確認するものでもあった。エセックス出身のユニテリアンのレベッカ・ソリーは、親友が自分の「姉」になってくれることを心から望んでいたが、この望みは最終的に、その友人がレベッカの兄のひとりと結婚することでかなえられることになった。男性も、結婚によって友人関係が強固なものになることを喜んだ。(84) ジョージ・ガードナーは、子ども時代の遊び仲間で成人してからも友人であったジェイムズ・ソーンズの妹と、彼女の背骨に異常があったにもかかわらず結婚した。二人のあいだに生まれた二番目の息子はソーンズ・ガードナーと名づけられ、この名前により二つの家族のあいだの友情が永遠に認められることになった。(85)

［二家族の］兄弟姉妹やいとこ同士の結婚は、分割相続がもたらす財産の分散化傾向を妨げることに役立った。ある意味でこうした結婚は、入念に定められた婚姻継承的財産設定の代替

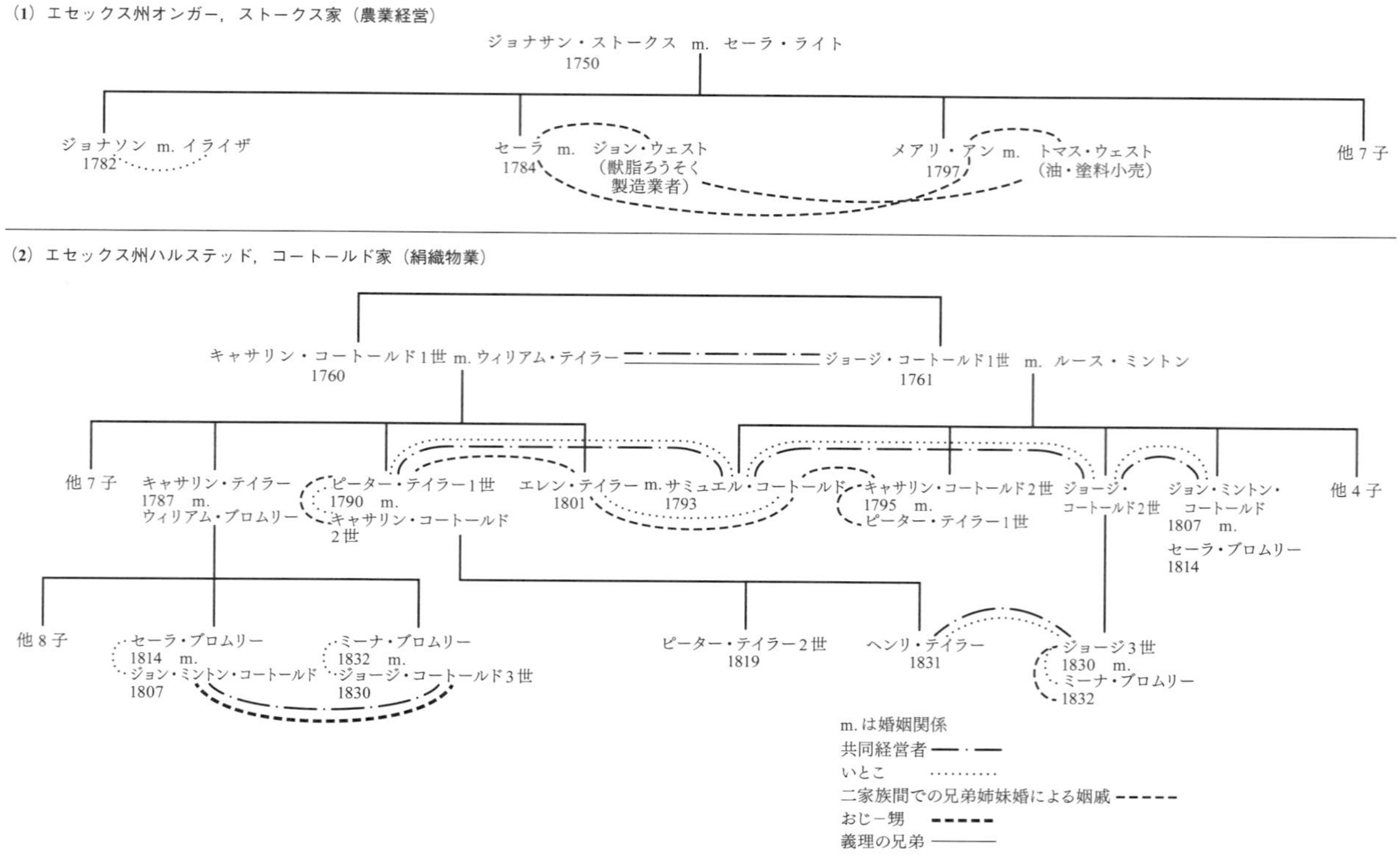

家系図3　二家族間での兄弟姉妹婚，いとこ婚，共同経営関係と結びついた結婚

出所）M. Karr and M. Humphrey, *Out on a Limb : An Outline of a Branch of the Stokes Family*, 1945-76, privately printed 1976 ; S. L. Courtauld, *The Hugenot Family of Courtauld*, privately printed 1975 ; D. C. Coleman, *Courtaulds : An Economic and Social History*, Oxford 1969.

物であった。このようなかたちで統制された自由意思による結婚は、地元や地域、そして全国的ネットワークのなかにある中産階級の構成員を結びつけることで、ある種の保障を提供したといえるだろう。それは経済的問題や資本調達上の問題における信頼性だけでなく、共通の発想法も保障してくれるものだった。再婚の場合であっても、最初の結婚での子どもたちと二度目の結婚での子どもたちとのあいだの潜在的な衝突の危険性はあったものの、縁故を拡大して資産を増大することができた。多くの場合、死んだ配偶者の親族との諸関係も維持されていたからである。

企業経営において婚姻の結びつきがどのような位置を占めるのかは、中産階級文化のなかで明らかに認識されていた。そのような認識の一形態は、名づけのパターンにみられる。父系の伝統を維持して、多くの場合、長男は父親と同じ名前をつけられたが、下の息子のひとりの名前（あるいはミドルネーム）は母方の旧姓、通常は母親か祖母の旧姓をつけられた。たとえば、サフォークの製鉄業者のリチャード・ギャレットは、三男にニューソンと名づけた。彼の妻の実家のニューソン家は農場を所有しており、その鍛冶場が彼の会社の基盤となっていたのである。バーミンガムで医師をしていたボウヤー・ヴォークスとペイトン・ブラキストーン、イプスウィッチの訴訟代理人であったエドウズ・スパロウ、ウィッタムの製粉業者のホフガード・ショーブリッジ、サフォークの農業経営者のウールノウ・グロス、サフォークの教区牧師であったタイ・グレゴリー、コルチェスターの菓子製造業者のチグウェル・ワイヤーなど、あらゆる種類の経済活動や宗教集団が、こうした名づけの習慣を用いていた。ジェントリ家族もまた、この仕組みをときおり用いていたが、多くの場合、父系の姓は完全に削られた。彼らにとって、母方の姓を継ぐことはしばしば土地相続の必要条件となっていたからである。そのような姓の置き換えは、中産階級のあいだでは一例もみられなかった。むしろ母方の系統が確認されるのは自発的なかたちで、次男やその下の息子たちの名前であったりミドルネームであったりと、従属的な位置づけであった。

それとは異なるが同じくらいに効果的な形式で、個人的な関係の網の目と営利活動のあいだの相互の結合は、商業の言語の使用法のなかで確認された。このことは、たとえば、あるミッドランド地方の金物類を扱う外交販売員が一八一一年に、婚約者に宛てた手紙のなかで引用した詩に示されている。この婚約者とは、彼が仕事の旅先の礼拝堂で出会ったロッチデールの織物商の娘だった。

> 幸せの蓄えを見知らぬ人に委ねてしまったら
> 担保のない積み立ては破綻してしまいがち
> しかし、心には手形が与えられ、決して支払い拒否はされない
> 振りだし先が「妻」、「子どもたち」、「友人たち」という名の会社ならば。[86]

企業経営のための訓練

共同経営と結婚とのあいだの緊密な関係は、若い男性のライフサイクルのなかで、この二つが同時に発生したことでさらによく示される。このパターンは、しばしば住居の取り決めによって強化されていた。若い共同経営者《ジュニア・パートナー》が会社のなか、あるいは近隣の家屋に引っ越してくると、年長の共同経営者は会社から離れた住居に移ることができるようになった。ジェイムズ・ランサムは、一八二九年にイプスウィッチの鉄鋼製錬所の共同経営者となったが、その年は、周辺諸州の商店に自社の農業機械を販売する代理店の仲介業者として数年を過ごしたのち、彼が結婚した年であった(87)。

そのことによる結果のひとつは、平均結婚年齢が人口全体に比べて上昇していたように思われることである。二つの地域からのデータが利用できる事例によると、平均的な結婚年齢は、男性が二九歳、女性が二六・五歳であった(88)。晩婚は家族制限のための戦略というよりも、経営上の地位を築きあげることに結びついていたように思われる。なぜなら、その地域では、晩婚でありながら大規模家族という人口動態上は珍しい組み合わせが発見されたからである。妻の結婚年齢が高齢で二〜三人以上の子どもをもうけることが不可能な場合や、子どもがいない結婚を除けば、二つの地域の八三家族のなかで、平均的な子どもの数は七・四人、出産間隔は一四ヶ月から二〇ヶ月であった(89)。

そうした家族のもとに生まれた男の子たちは、一四歳ごろまで学校に通った。それに続くのが、正式ないし非公式に徒弟としての立場で受ける修行であった。息子たちが父親の仕事を継ぐ場合でさえ、なんとか手を尽くして彼らに別の家族や会社での経験を積ませようとしたようである。ここで大いに活用されたのが、親族や友人関係のネットワークである。徒弟修行料が支払われていた公式の取り決めを除けば、企業経営の方法や慣習を全般的に経験することは、修行のもっとも重要な部分を構成していた。多くの息子たちが実際に父親の仕事を継いだとはいえ、それは決して必然ではなかった。いずれにしても多くの経営体にとって、多数いる息子たちを吸収することは不可能だったのである。

経営者は、必ずしも息子たちに企業経営を継いでもらうことを期待できたわけではなかった。まず、娘だけしかいない場合や、ひとりも子どもがいない場合があった。子どもがいないことは悔やまれることではあったが、幼年期に甥か「友人」の息子を非公式に「養子縁組」することで埋め合わされた。息子たちがいても、彼らが家業の経営にふさわしくない場合があった。エセックスの製粉業者で穀物商であったゴールディング・コンスタブルの長男には知的障害があり、狩猟番として暮らしを立てるのがやっとであった。その一方で、よく知られているように、次男のジョンは家業に入ることに抵抗し、ロンドンで画家として修行すると言い張った。末息子のエイブラムはジョンより七歳年下だったため、相当の年数にわたってその成長を待たなければならなかった。コンスタブル家には紳士らしさ《ジェンティリティ》を気にする傾向があったので、三人の娘たちを使ってこの断絶を埋めるという可能性はまったく考慮されなかった。エイブラム・コンスタブルは結婚することもなかったため、会社は彼の存命中に売却されることになった[90]。

息子の人数が少ない場合には、甥たちだけでなく、弟たちや義理の兄弟の労働力を用いることで埋め合わされた。こうした取り決めは、夫の家族と妻の家族とのあいだの結束を強める役割を果たした。弟や妹を差しだすことができたのは、それぞれの家族が子沢山だったからこそであり、また両親の家を出て、年齢の離れた兄や姉の監督のもとで暮らすことは、思春期の若者の多くを両親との緊張関係から解放してくれた。エセックスの醸造業者でワイン商であったウィリアム・ガードナーは、長男と折り合いが悪かった。長男は素行が悪く、十代の後半に大地主の娘を妊娠させて地元の醜聞となってしまった。ガードナーの妻は従姉妹で、裕福なロンドンの宿屋経営者のもとに生まれた一二人の子どもたちのうちの最年長であった。彼女のいちばん年下の弟は、この厄介者の息子よりもわずか一～二年だけ年長であった。このジョージ・ガードナーは、学校時代にしばらくウィリアムたちと一緒に住んでいたので、農村部の親戚のあいだでよく知られていた。長男と次男のあいだは三人続けて女の子だったので、長男が不始末を起こした際、次男はわずか一一歳であった。こうしてウィリアム・ガードナーは、義理の弟であると同時に従兄弟でもあるジョージに声をかけたのである。彼はエセックスに戻れることを喜んで、家業の経営での右腕となった。間もなく共同経営関係を結ぼうというころになって、ジョージは干し草商の事業を営む兄たちに加わるため、ロンドンへと呼び戻されてしまった。ウィリアム・ガードナーの次男は二一歳で亡くなったため、ウィリアムは信頼できる三男が事業を最終的に相続するまで待たなければならなかった[91]。

エセックスのハットフィールド・ペヴェレルに暮らしていたシャーン家の経験は、こうした特徴を余すところなく示している。サミュエル・シャーンはユニテリアンで、訴訟代理人として訓練を受けたが、ほとんどの時間を農業経営に費やしていた。九人の子どものうち、最年長もまたサミュエルという名前で、エセックスのユニテリアンのコートールド家やテイラー家の縁戚にあたるユニテリアンの牧師が運営する［ブライトン近郊の］ホヴの学校へと送られた。一六歳になるとこの長男は、父方のおじのいるロンドンの法律事務所に入れられた。というのも、一八二〇年にアン・シャーンが首都ロンドンの訴訟代理人と結婚をしていたからである。大きな不安を抱えながら、また両親から多くの注意を受けて、サムは金融街にある母方のおばで、従兄弟の材木商と結婚した女性の家に下宿するよう送りだされた。シャーン家の下の息子たちになると、家族の出費がかさみ、仕事を世話するのも楽ではなかった。ベンジャミンはオーストラリアへ移住したが、その下のウィリアムは、もしある紳士が授業料と法律職に向けての徒弟修業料を支払ってくれなかったなら、兄の後を追ってしまったことだろう。ウィリアムはこの後援者《スポンサー》の家族のもとに長期間にわたって滞在した経験があったようで、その家族と彼の関係は、ジェイン・オースティンの兄が後援者の後ろ盾を得ることで海軍での出世を遂げたのと同じようなものだったにちがいない。このシャーン家というひとつの家族のなかには、一方は父方で他方は母方にあたる二組のおじとおば、宗教的ネットワークの縁故、旧式の恩顧関係の養子縁組、さらにはヴィクトリア朝の小説の読者にはなじみ深い植民地という安全弁を通じた若者の社会化と就職の様子を見てとることができる(92)。

これまで述べてきたパターンから明らかになるのは、産み育てられた大多数の子どもたちが、個々の家族にとって資産の流出の原因になると考えられていたのではなく、経済的諸制度を支える個人的な関係の網の目を維持するうえでの鍵となっていたことである。これは、ニーズと資源とのあいだの乖離や、個人と世帯とのあいだの確執がまったく発生しなかったことを意味するものではない。しかしながら、親族関係、友人関係、共同経営関係が相互に交じり合う状況は、しばしばこれらの問題を克服することを可能にした。関心の対象を個々の核家族から総体としての集合体へと移行させれば、経済的および人口動態学的な環境が不安定で敵対的でさえあるなかで、いかにそのようなパターンが中産階級の生存と可能性の拡大に貢献していたのかが明らかになるだろう。

ここで描いた誕生から死までのライフサイクルのパターンは、若い男性たちに学習のための豊富な時間を与え、実験的に多様な職業を経験してみることも可能にした。営利活動や専門職での生活の変化が、結婚やその他の家族の出来事と一致する傾向があったという事実は、「家」を創出して維持することが一体化した歩みとみなされていたという主張を強化してくれる。結婚して大家族に恵まれるという期待は、尊敬《リスペクタブル》されるようなかたちで生計を立てなければならないという方向へと考え方を導いた。そうすることで得られた報いがさらにまた、営利活動上の生活の退屈で代わり映えのしない部分に彩りと意味を与えていったのである。

企業からの引退

たくさんの子どもたちを育て、教育し、仕事に就かせるという営みがうまく軌道に乗れば、中産階級の男性の多くが営利活動や専門職としての活動の第一線から身を引き、政治や科学研究や篤志活動に参加したり、厳粛な信仰上の問題にいっそう関心を寄せたりしたようである。そうした活動のなかには、純粋に家庭や庭園を楽しむことと組み合わせられるものもあったし、そうでないものもあった。彼らの動機がどのようなものであれ、そのような撤退は、企業にいる若い世代の男性たちにより大きな重責を引き継がせる機会を与えることになった。アーチボルト・ケンリックの甥のジョンは、おじが会社から徐々に身を引くために共同経営関係の契約を変更しようと考えていたとき、このおじにつぎのような手紙をしたためている。

人生の終わりに向けてそのような余暇の季節がやってくるという期待は、男性が毎年骨の折れる仕事をしっかりとしていくためのもっとも強力な動機となっています。実際、引退への期待がなければ、多くの男性の心を青年期から中年期にかけて一心不乱に世俗の問題に埋没させることなど、ほとんど正当化できないのではないでしょうか[93]。

敬虔なキリスト教徒にとって、「余暇の季節」とは、家族生活や自分自身の魂の問題に専心する時間であった。それ以外の人びとにとっての、企業への積極的な関わり合いから離れたいという動機の混在には、中産階級とジェントリ文化との複雑な関係が見てとれる。バーミンガムの銀行業のゴルトン家は、田舎屋敷《カントリー・ハウス》での生活を考えてもよいほどの富と地位を獲得しており、下層ジェントリとの通婚さえ可能なほどであった。しかし、サミュエル・ターシャス・ゴルトンは、自分がジェントリの生活様式の模倣をしているとは考えていなかった。彼は、銀行破綻と商業不安のとりわけ緊張に満ちた一〇年を過ごした後、一八三一年に完全に「業務上行き詰ま」って銀行を去ったようである[94]。この種の引退は、必ずしも年長者が事業とのあらゆる関わりを断ったことを意味するのではなく、ただ、経営に集中的に向けられていた関心がやや低下したというだけのことである。このパターンが、ヴィクトリア時代後期には典型的となる激しい紛争も経ずに、権力を若者たちに移行させることを可能にした。そのころになると、経営体は単純な共同経営関係や比較的短命なものから、しっかりした商事会社や民間企業へと変わっていたのだった。

中産階級の家族が精力的な営利活動に背を向けて、ジェントリを模倣しようとしたという理解にたいするもうひとつの反論となる証拠がある。早期退職のパターンが社会的にも経済的にも下層へと広がり、資源という観点からも文化的背景という観点からもジェントリの模倣など問題外であったはずの階層にまで及んでいたことである。ゴルトンのような銀行家ほどの財産をもたない人びとにとっても、完全な家庭生活を送ることが勤労生活の主たる目的でありえたのである。

営利活動の心配事から解放されて家庭生活を追求するようになるのが、年長の経営者が企業から遠い場所へと転居することにより、文字どおり営利活動の心配事を置き去ることができた中年期後半であったことには、重要な意味があるかもしれない。農業経営者は引退して都市中心部へと移動することもあり、国勢調査の標本のなかでは、引退した農業経営者が地方都市や村落でとくに目立つ存在となっている。

中心となる人物が事業の続行を望まないという場合のほかにも、多様な理由によって企業が断絶する可能性があった。破産、後継者の不在、家長だけではなく家族や友人のネットワークのなかのある人物の病気や早世などがあげられる。父親の死によって若い息子が責任を引き継ぐのを余儀なくさせられることもあったが、その義務が寡婦に移譲される場合もあった。どのような理由であれ、家業が十分な水準で維持されているかぎりは、男性が職業を辞めることにともなう汚名が存在しなかったのは間違いない。いまや家族や親族のほかの成員が、所得に貢献するようになったのかもしれないし、多額の投資財産や遺産や持参金が手に入って、望めば男性が利害追求から解放されるようになったのかもしれない。怠惰ではなくて積極的な徳が、宗教だけではなく家族と友人、家庭、庭園、博愛主義、科学、政治に専心する家庭的な生活と結びつけられた。このような引退の特徴には、ジェントリ文化に結びつくものもあったが、この特別な意味において、「働かない」状況、つまり営利活動に積極的に関与しないという状況にたいして名誉が与えられたのである。

これまで議論してきたのは、家《エスタブリッシュメント》／家業の目的が、もっとも広い意味での家族の生存と福祉にあるということだった。男性は事業と家族生活を一体のものとみなしただけでなく、事業を家族のための建築資材とみなしていた。大部分の人びとにとって、家庭という場は彼らの理想であり続けたのだ。たとえそれが農村部への移動をともなったとしても、このことは、起伏のある広大な土地を管理したり、ジェントリとしての認可を求めたりするよりも強力な動機だった。バーミンガムの製造業者であったトマス・ウェッブ（ジェイン・ウェッブ・ラウドンの父親）は、一八二一年にみずからの破産と妻の死が重なったのち、都市から約七マイル離れた小さな田舎屋敷を購入した。彼は詩のなかでその移動を愛でている。それは、家庭への隠遁に関するクーパーの見解を賛美するものであった。

会社経営が、しばしば利益に導かれて
私の労働する手と心を使っていたあいだ、
私は、小高い丘に建つ小さな家を望んでいた。
いつか遠い先、そんな日はおとずれるだろうか
わずかな誇りをもって私が
広い自然の大きな広がりを眺めている日が
争いから遠ざかり、
よく過ごされた人生がどれほど甘美か、
天国に向けて、私はひざまずく、
この場所で見ることができるすべてに感謝して。[95]

第5章 「男なら行動しなければ」
——男性と企業

節度のある服装、ほどほどの家屋、友人を受け入れる力、書物を買う財力、そしてとりわけ家族を養う力は、大部分の男性のあいだでつねに合理的な欲求の対象であり続けるだろう。
——トマス・マルサス、一七九八年

前章までは中産階級による企業の経済的、法的、慣習的形態について検討してきた。そうした企業の起源は、所領慣行と商人の営利目的の活動経験との組み合わせにあったが、これを基盤とし、その目的やニーズに合わせて信託のような装置を拡大させ形成していったのは、中産階級の男性であった。そうしようとする彼らの衝動に疑問が呈されることはなかった。というのも、彼らのアイデンティティは、経済的主体として活動する能力を拠りどころとしていたからである。中産階級の男性にとって、一人前の男となるためには、自分と扶養家族が理性と道徳にかなった生活を送ることのできる家庭を確立するだけの生計の手段を提供することが必要であった。

この集団のなかに現われた男性的な人格《ペルソナ》は、経済環境を巧みに処理しようとする男性の意志と技能を軸につくりあげられたものであり、宗教の力によってかたちづくられた世界にたいする揺るぎない信念の枠内につねに留まっていた。男性は、微弱な力で、市場という容赦ない新たな宿命にも立ち向かっていかなければならなかった。このように強烈な自己発生的活動と、立ち向かうべき苦しい道のりとを比べれば、どんなに強固な確信でさえ揺らいでしまいかねなかった。一九世紀初頭の男性的なアイデンティティは脆弱で、依然として形成の途上にあり、つねにジェントリの恩着せがましい態度と、長い伝統をもつ熟練職人の誇りと比べて評価されていた。ヴィクトリア時代後期の家父長たちに典型的にみられた威厳に満ちた確信には、ほど遠い状態だったのである。中産階級の男性たちが世界に対峙した心持ちは、最良の中産階級的伝統のなかで自力で成功をおさめた、ある種子商によって見事に表現されている。彼は個人として事業の浮き沈みを経験したことがあり、一度や二度は債権者への返済ができなくなることもあった。彼は苦々しく、「ある日は人間であっても、翌日にはネズミのような存在に転落することもありうる」と述べている(1)。

男性的なアイデンティティを職業と同一視する見方は、決して徹底されたものではなかった。おそらく経済生活のもっとも顕著な特徴は、今日では専門化されており専門家でしか適切に遂行しえないとされている仕事が、当時は依然として曖昧なかたちで定義されていた点にあっただろう。職務や職能に重点が置かれ、完全な職業上のアイデンティティとはいえなかった。人びとはさまざまな活動のあいだを渡り歩き、生計を立てるための多様な手段を用いていた。なすべき仕事は不均等にやってくるもので、そのことをもっとも明瞭に示す事例としては、働くことのできるほぼ全員が手を貸さなければならなかった収穫という仕事があげられる。仕事に波があるため息抜きの時間が生じ、社交生活が成り立った。物の売買は、家庭や居酒屋で紅茶やビールを飲み交わし地元のニュースを交換しながら行なわれた。多くの仕事は下請けに出されたので、生産は企業家の屋敷の外で行なわれ、商人や製造業者たちは単なる調整役にすぎなかった。財産をさほどもたない人びとも、熟練職人的生産が商業活動と重なり合う境界領域で市場と関わることになった。

男女の双方が、広範囲にわたるいくつもの義務のあいだで時間と労力のバランスを取らねばならなかった。しかし、職業によって男性のアイデンティティを確認しようとする動きは、商工人名録のような公式の文書のなかに見いだせる。そこでは、ジェントリ身分が「ジェントルマン」や「レディ」という称号で呼ばれ続けていた。重要なことに「寡婦」は、たとえほかの史料からその女性が何らかの職業に従事していたことが明らかな場合でさえ、依然としてどんな特定の職業よりも優先して使われるカテゴリーであった。世紀中葉までに、職業上の称号はより厳密で洗練されたものになり、中産階級男性はそれによって区別されはじめた。

国勢調査の進化も同様なパターンを踏襲している。一八〇一年から二一年までの初期の国勢調査は、大雑把に家族を農業や「商工業」などと分類していた。一八三一年までに家族単位の統計は廃止され、成人男性は九つの主要な職業集団に分類されるようになった(2)。つぎの公式報告が記しているように、この手続き全体については、いくばくかの当惑がみられた。

国勢調査は完全に失敗だった。というのも、家族に属する女性、子どもたち、使用人《サーヴァント》を、無職として分類すべきか、あるいは家族の成人男性の職業によって分類すべきなのかを判断できないからだった。しかし、何が家族とみなされるべきかという繰り返し生じる回答不能な問題によって、国勢調査はさらに変更された(3)。

この「変更」とは、成人男性の職業だけに注目することであった。一八五一年までには、世間に受け入れられていた性別分業関係が国勢調査のなかに永続的に書き込まれるようになり、かくして国勢調査自体が男性のアイデンティティを職業と同一視することに貢献したのである。

一九世紀にかけて、大規模で家族の枠を超えた施設が成長して、それらが特定の職業の舞台となった。たとえば、兵営、病院、救貧院、救護院《アサイラム》、監獄、大きな学校などである。国家によって運営されるのであれ、民間団体によって運営されるのであれ、そのような機関は有給のスタッフによる官僚制的統治を拡大させた。一九世紀半ばに成熟の域に達していた中産階級の男性は、祖父たちの世代と比べると自分たちはより体系的な方法で職業教育を受けていると考えていた。彼らにとっての男性的な自己とは、親族関係や宗教的忠誠心という観点から自分たちが何者であるかということよりも、自分たちが何をしているかということに深く根ざしたものであったろう。以下に続く議論は、この移行期の中産階級男性の姿をとらえたものである。この集団を職業的カテゴリーへ分類するという行為自体には、いくぶん人為的なところがある。以下の議論は、さまざまな社会集団のあいだの多様性を明らかにするのに役に立つかもしれないが、個々人がそうしたカテゴリー内部やカテゴリー間で移動していたことは、つねに念頭に置かなければならない。

中産階級男性と職業

一九世紀中葉の国勢調査の標本は、世帯主の三一パーセントを上層に、そして六九パーセントを下層に分類している（男性の世帯主だけに限れば、それぞれ三四パーセントと六六パーセントになる）。こうした階層化はあらゆる職業集団を横断してみられるが、その割合は、さほど豊かでなく影響力ももたない家族を中心とする給与所得者から、働かなくても生活できる収入があって、さらに豊かで地元での高い地位や潜在的な権力ももつような人物まで多様であった。下層中産階級の企業は小規模であり、工場設備も貧弱で、管理体制もさほど複雑ではない傾向にあった[4]。

上下層身分のあいだの分布は、二つの対象地域の内部でも、そのあいだでも異なるものだった。市場町であるコルチェスターでは、中産階級は総人口の一八パーセントと推定される。そのうち三パーセントは、大規模な商人、製粉業者、醸造業者、裕福な医師、訴訟代理人、引退した農業経営者、そして働かなくとも暮らしていける収入のある人びとであった。残りの一五パーセントはこの下位に分類される層で、この集団は、開業医、事務職、商工業者、保険数理士、土地差配人、薬剤医、宿屋経営者、小親方であり、おそらく一名以上の助手を雇用していて、さらに全員というわけではないにせよ、その多くが女性の家事使用人を雇用してもいた[5]。

一九世紀中葉に三三〇〇人もの人口を擁していたウィッタムのような大規模な村落は、おおむねその四パーセントが上流層であった。この層は、ひと握りのジェントリ、牧師、退役陸軍将校、土地保有規模が平均三〇〇～四〇〇エーカーで、集団として二〇〇人以上を雇用する農業経営者、きわめて裕福な訴訟代理人、そして一名の大規模（ブラシ）製造業者から構成されていた。下層中産階級を構成する一三パーセントの内訳は、一四人の宿屋経営者、小規模な借地農、所領差配人、二人の製粉業者、多様な小店主、小親方、学校経営者、教師、そして新参のホワイトカラー層である国家公務員や鉄道会社の従業員などの事務職であった[6]。規模の小さい村落には、一方に多数派を占める農業労働者やひと握りの熟練職人が、他方にエリートを構成する小規模ジェントリ、大規模農業経営者、そしてしばしば教区牧師がおり、両集団のあいだにはより大きな格差が存在した。

一八五一年のバーミンガムの人口は、二五万人弱であった。ここでは、専門職、給与職、商業に携わる中産階級家族の集団が、依然として都市中心部に居住していた。もっとも繁盛した商店街では、転居した経営者はほとんどなく、家屋敷の多くは住み込みの店員や徒弟や使用人のいる家族によって占められていた。他方で、大規模な製造業者や法律職のような特定の専門職集団は、下層中産階級の家族を周りに従えて、すでにバーミンガム随一の郊外であるエジバストンのはずれに移り住んでいた。エジバストンの人口は、主として中産階級から構成されていた。そのなかでは、男性世帯主の半分と女性の三分の一が中産階級の上層に位置しており、私たちの研究のなかでは群を抜いてエリートがもっとも大規模に集中する地域であった[7]。ひとつの地理的区域に大量に居住するという事態は、一九世紀中葉の中産階級の経験のもつ新たな様相であった。

エジバストンのような郊外住宅地の造成には、家庭からの労働の分離という意味があったが、この分離は画一的にみられたわけではなかったし、決して技術や生産設備の規模のみにもとづいていたわけでもなかった。製造業者のなかには、引き続き作業所の隣接地に居住するものもいた。しかし、製造業、卸売業、小売業のあいだでの分業が発展したのは、前二者のカテゴリーの場合、会計事務所や工場からの移転が容易であったためであった。バーミンガムでは、訴訟代理人の多くが一九世紀半ばまでにエジバストンに転居していたが、医師は都市中心部での居住を続けた。しかし、二つの地域では法が同じように施行されていたにもかかわらず、市場町では弁護士たちが事務所の階上や隣接地で生活し続けていた[8]。したがって、家族が企業から分離して居住するかどうかの決定は、物質的、経済的、社会的、文化的要因などの多様な要素に依存していたのである。

専用の「作業室《オフィス》」の建設はゆっくりとした過程をとり、二つの地域において最初期のものは、保険会社のような自発的団体や名誉ある地方自治体によって建てられた。一九世紀初頭の用語法を使えば、「作業室」という言葉は依然として通常、調理所や離れ家といった所領や大邸宅の仕事場を指していた。そのなかには馬具置き場、馬小屋、また会計業務が執り行なわれ、労働者が賃金を受け取り、行商人の用向きを聞いた部屋が含まれていただろう。商人にとって「会計事務所」とは、居住の場と隣接する部屋のことであった。事務所の分離過程は、しばしば設計図によって跡づけることができる。もとは扉を開けると客間や寝室につながっている設計図や、家庭用家具を事務机や椅子につくりかえている設計図がそれである[9]。

中産階級内部の諸集団の力関係は時代を通じて変化しており、地域間でも多様であった。しかしながら、一八五一年の国勢調査でとらえられた断片的な像を用いれば、この時期の終わりごろの中産階級の位置に関する全体像を描くことができる。標本を全体としてみると、また男性世帯主の職業として表現されたものによって世帯をとらえれば、商工業者が二八パーセントで最大の集団となり、それに続くのが二一パーセントのあらゆる種類の専門職、そして一三パーセントの給与所得者であった。農村地域では農業経営者が一〇パーセントを占め、都市において製造業者が一二パーセントを占めるのと釣り合っており、双方の地域では宿屋経営者が四パーセントであった。引退した者や働かなくても生活できる資産をもつ人物は、残りの一一パーセントを構成していた。ほかに比べて広範囲にわたる活動もあり、たとえば商工業は、裕福な商人から小規模な村落の商店まで多様であった。

表4　全標本中の男性世帯主の社会経済的階級の割合（職業別）

（%）

	商業	製造業	農業経営／製粉業	聖職者	法律関係	医療関係	専門職
下層中産階級	62	52	70	48	42	44	71
上層中産階級	38	48	30	52	58	56	29
合　計	100	100	100	100	100	100	100

	給与職	宿屋経営	働かずに生活	退職者（55歳未満）	退職者（55歳以上）	合計
下層中産階級	94	98	56	38	70	66
上層中産階級	6	2	44	62	30	34
合　計	100	100	100	100	100	100

注）N＝1143
出所）1851年国勢調査の標本より。

　世帯主となった男性は、上層中産階級では年齢が高くなる傾向があり、その三分の一が妻よりも五歳以上年長だった。この年齢差が示すのは、権威ある地位と、その地位を得るための方法である。特定の職業集団は年齢の高い家長を好み、製造業や昔からある専門職は、とくにその傾向が強かった。こうした古くからある専門職では、結婚年齢や独身率が高くなる傾向があり、先に述べたような年齢差を示していたのである。たとえば、世帯主となっていた訴訟代理人の四分の一近くは独身かつ三五歳以上であった。既婚者の訴訟代理人のうち、三五パーセントはその妻よりも五歳以上年齢が高かった。

　上層中産階級に分類される割合が高い職業に特徴的だったのは、長期間の職業訓練と資本の蓄積が必要だったことである。こうした集団の男性は、世帯主の地位に就いたり結婚したりするのを長期間待たなければならなかった。生活水準の高さとそれにともなう高い社会的地位は、社会構造のなかの静態的身分とみなすことも、ライフサイクルのなかの一段階とみなすこともできる。大規模な製造業と高い地位の専門職は、どちらもエリートの地位を獲得するのに時間のかかる職であった。しかし、前者の製造業者が日々の活動の一部として財産を蓄積することに主眼を置いていたという点で、両者は異なっていた。個人の技能や職業訓練をもとにした収入に依拠する職業は、製造業ほどには利潤追求に重きを置いていなかった。こうした力点の違いは、製造業と専門職の男性の生活上の外観にも強い影響を与えていたのかもしれない(10)。

さらに関連して、企業によっては人数の違いはあれ、従業員への対応が必要だという点が異なっていた。主として顧客を相手にする企業もあった。耕作地帯の農業経営者や、下請けを使っていた商人兼製造業者は、一八世紀半ばから賃金労働者の問題に直面していたが、賃金労働者の雇用主として真っ先にあげられたのは製造業者であった。多くの専門職にとって、外部との関係とは従業員ではなくむしろ顧客との関係であった。しかし顧客は、労働者階級から自分たちと同じ専門職、ジェントリや貴族まで幅広く存在した。専門職がサーヴィスを提供する相手の社会的な地位は、みずからの収入や地位と直接関連があった。

「健全な商業教育」の探求

特殊な技能と結びついて専門化された職業アイデンティティは、必然的に中産階級の少年たちの将来の職業準備への関心を呼び起こした。この問題に関する議論は、少年の宗教的および科学的訓練を求める人びとをも惹きつけたが、それは自己の内外を支配しようとするさまざまな主張の一部であった。歴史家たちは、労働者階級のあいだで新たな形態の労働規律が強制されたことに関心を寄せてきたが、雇用主側もまた、規律を学ばなければならなかったことにはさほど考察が加えられていない。アイザック・テイラーはみずからが書いた若者への手引書『自己修養のすすめ』のなかで「男性は子どものようには遊ばない」と書いている。規則正しさが企業経営の生命線であり、学校の規則正しさは、退屈な日課に耐える気力を創出し、確固として課題に取り組む姿勢を生みだす助けとなった。とりわけ「正しく行動する」よう若者を訓練するために必要な教育は、男性らしいという「模範となる形容辞」を獲得するように若者を導くものであるはずだった。「男ならば行動しなければならない。自分の生計を立てるためであれ、たとえそうでない場合であれ、男は行動しなければならないのである」。男性の教育とは、「自己教育、自制心、自分で行動する力」に依拠したものであるべきなのだ(11)。

一八世紀末から一九世紀初頭にかけての時期は、家族、親族、共同体による非公式な子どもの訓練を軸として構築された「教育」体制から、教育や職業訓練を目的として創設された諸制度に依拠した体制への移行期であったと理解できる。男の子たちは往々にして、身のまわりを清潔に保つ初歩的作法とともに、文字の読み方を母親などの女性から教授された。男の子たちはその後、七歳ぐらいまではおばさん学校《デイム・スクール》に通うか、家庭で男女一緒に教育された。七歳から一四歳までは何らかの学校教育が重要になりつつあり、その後、公式ないしは非公式の徒弟奉公をすることになった。

この当時に登場してきた男子向けの教育制度は、いまだ能力主義的な基準にもとづくものではなかった。多くの場合、教師と生徒の双方が、恩顧関係《パトロネジ》、親族関係、友人関係を通じてその地位を獲得した。それでも、この［能力主義的なものへの］移行過程は一八世紀末までに軌道に乗り、国教会支配下の社会における自分たちの子どもの立場を案じていた非国教徒たちによって加速された。非国教徒の集団は一八世紀に数々のアカデミーを創設することでこの変化の牽引者となっており、また一七七九年の非国教徒学校教師救済法によって、彼らの学校運営の権利が公式に認められた。非国教徒のアカデミーは、聖職者、紳士《ジェントルマン》、法廷弁護士を世に送りだすためにイングランド国教会の支配のもとで発展した古典偏重の教育カリキュラムを修正していった。[12]非国教徒は科学と実務的な技能を重視したが、それらは一八世紀後半のバーミンガムの月光協会《ルナー》のような集団の関心の中心を占めるものであった。月光協会会員には、エラスムス・ダーウィンのような科学者に加えてマシュー・ボールトンやジェイムズ・ワットなどの実業家も含まれていた。月光協会とそのミッドランド地方の関係者たちは、教育論争に強烈な関心をもっていた。彼らが影響を受けていたのは、子どもの個性に関するルソーの思想であった。[13]

そうした教育改革者は、教育と経験のあいだの関係や子どもたちに科学的態度を身につけさせることを重視した。有益なる知識は、教育をめぐる功利主義者の論争のなかで繰り返し強調されていた。[14]一九世紀初頭までには、新しい学校の設立がそうした理念を実践に移していった。徒弟制度が衰退するにつれ、陸軍、海軍、土木、商業訓練のための特別学校が設立されつつあり、そうした学校は各領域での経験豊かな男性による家業として立ち上げられた。[15]マシュー・ヒルとローランド・ヒルは「大規模な男子教養教育」の機関として、生まれ故郷バーミンガムに学校をつくる計画を立てた。彼らの事業であるヘイゼルウッド校は、傑出した功利主義の理論家ジェレミー・ベンサムの関心を引くところとなった。[16]

男子教育の改革は、いくつかの方向で広がっていった。パブリックスクール基金が精査の対象となり、［トマス・］アーノルドの［ラグビー校における］有名な改革運動でその勢いは頂点に達した。[17]一八三〇年代の慈善委員会による一連の調査は、全国各地にある地方の基金学校の多くのおぞましい状況を明らかにした。そのなかには、一六世紀に設立されたバーミンガムのキング・エドワード校［正式名称はエドワード六世グラマースクール］やコルチェスターの王立グラマースクールも含まれており、後者は教育の仮面を被ったペテンにすぎなかった。[18]そのような学校は、数多くのの私立アカデミーや家族経営の事業として一般的になりつつあった共同出資学校との競争に直面しつ

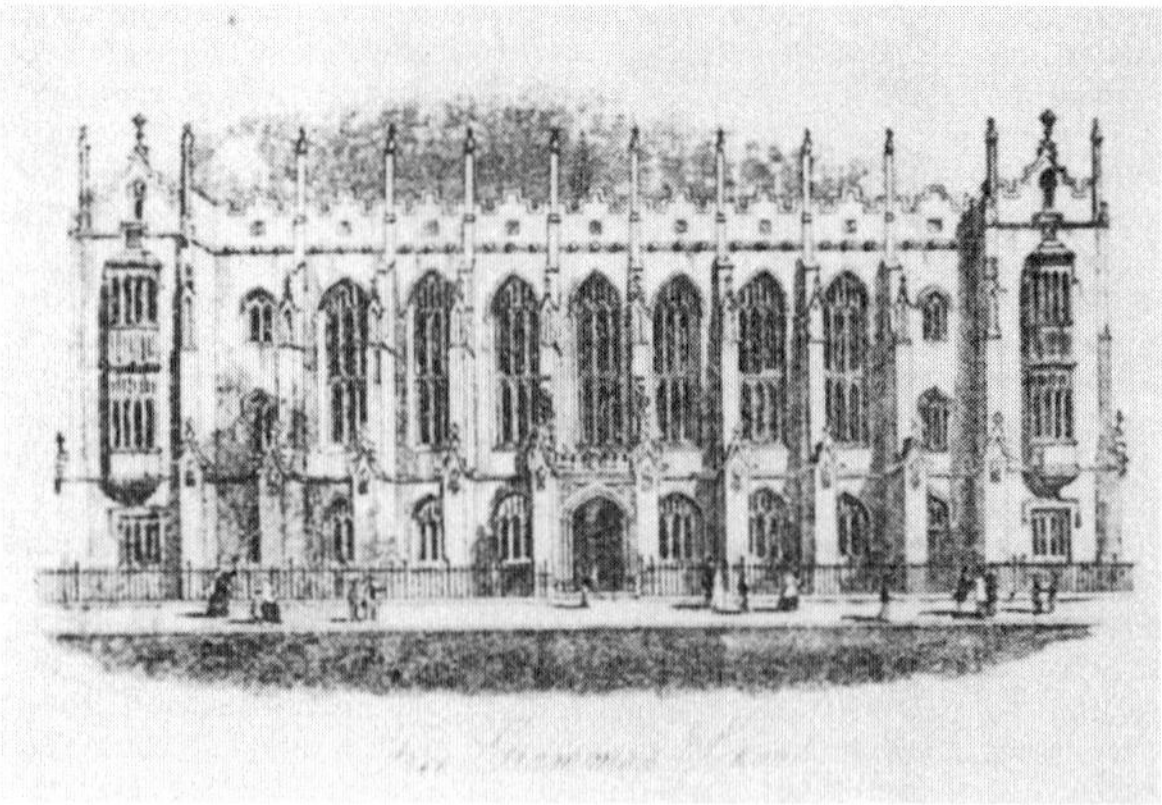

図 15　バーミンガムのエドワード六世グラマースクール。地位を確立した中産階級が後援したイングランド国教会傘下の男子校

つあった。裕福で教養のあるごくひと握りの人びとが、息子をパブリックスクールや大規模な寄宿学校へと送った。寄宿学校への入学は、通学制の学校のない農村地域ではより一般的なものとなった。多くの家庭では依然として、息子たちを家庭で教育するか、あるいは通学形態であれ寄宿形態であれ、聖職者のもとに送っていた[19]。

三つの主要なバーミンガムの男子学校を詳細に調べてみると、教育実践の目的の変化だけではなく、地方中産階級の宗派や党派の多様性が明らかとなってくる。これらの学校は、それぞれ慈善信託、家族の共同経営、株式会社の形態をとり、前章で論じた発展の実例を示してくれる。ほとんどのグラマースクールと同様、キング・エドワード校は慈善信託として設立され、国教会とトーリー党の関係者によって占められる信託財産管理人と理事団によって運営されていた。同校の古典重視のカリキュラムは商人、大規模製造業者、上層の専門職にとって魅力的で、学校はエリート家族の専用校のようになっていたが、少数の非国教徒も理事を務め、また生徒として入学した。この学校をめぐる一九世紀初頭の論争は、同校をバーミンガムの政治生活のひとつの争点とするもので、明確な中産階級意識の形成に貢献した。地価の上昇により、学校の基金に飛躍的な歳入の増加がもたらされ、この財産の使い方が争いの火種となったのである。ある者は古典教育の拡充を求め、別の者は主にこの都市の各地に散らばる八つの小規模な分校でみられたような、「英語」教育を基盤に発展していた商業科目中心の教育カリキュラムの提供を求めた。それらの分校を整理統合して発展させるべきであるとの提案もなされたが、この計画の副産物として、数少ない既存の女子教育学校が議論もなく閉鎖されることになった[20]。

不満の原因のひとつは、古典教育の偏重、そしてオクスブリッジへの奨学金をめぐって製造業者や商人の家系出身の通学生よりも、もっぱら聖職者、医師、法律家の子弟である寄宿生が有利に扱われていた点にあった[21]。一八三〇年代には、四〇年間にわたって実権を握っていた校長を含む数人の教職員が亡くなり、新たなタイプの教職員による継承が可能となった。彼らは古典学習をあらゆる教育の基礎として擁護しながらも、「ここは製造業の都市である」[22]として、「ラテン語とギリシア語をある程度」学んだのち、それまで教えられていなかった数学を教育の重要な一部とすることを認めた[23]。古典学校の再建と再移設も係争問題となった。都市周辺への移設にたいする反対意見のなかで強調されたのは、学校は慈善信託であり、「バーミンガムの住人」に接近可能なものでなければならないという点であった[24]。移設支持派は、中心部のニュー・ストリートという現状の立地は紳士風に育てられた少年たちを道徳的危険にさらすとして、これに反対した。売春宿が近くにあり、「絶え間なく馬車人夫の発する俗語を耳にして、悪徳と堕落の場面を目にすることになる」からであった[25]。一連の妥協的な改革が実行されたのは、キング・エドワード校への批判を食い止め、ヘイゼルウッド校のような学校との競争に立ち向かうためだった。しかし、古典学校は依然として上層中産階級の生徒が通う格式の高い施設であり、その一方で「英語学校」は、主としてバーミンガムの堅実な下層中産階級、つまり家具職人、外交販売員、雑貨商、宝石商、煙草商、真鍮鋳物師、小売商の息子たち向けであった[26]。

　このグラマースクールの運営をめぐる不満のひとつは、お粗末な教育と規律の欠如、そしてこれらと相まって鞭が頻繁に、ときには残忍なかたちで用いられていたことにあった。一八三三年の春学期には暴動が発生し、警察が出動する騒ぎが起こっていた。新たな体制のもと、点呼を行なうなどの単純な規則が制度化された。しかし、生徒と教師のあいだには依然として一触即発の雰囲気が漂った[27]。

　ヘイゼルウッド校は、父子の共同経営によるヒル家の家業として運営されていた。ヒル家はバーミンガムのほかのユニテリアンたちと縁故関係にあり、同校は非国教会的で急進的な政治信条をもつ点に特徴があった[28]。一七九〇年代以降、ヒル家の男性たちは公然と改革派の大義に傾倒しており、一八三〇年代には急進的な政治組織に参加して、最終的には急進派の庶民院議員としてマシュー・ヒルが当選した[29]。ユニテリアンである彼らの政治的および宗教的信条は、功利主義的な世界観と結びついていた。

　ヘイゼルウッド校は、地元の製造業者や商人の家系から生徒を集めた。全員ではないもののほとんどが非国教徒であり、息子たちにたいして私的な企業経営だけではなく公民としての生活に向けた教育をほどこそうとする者たちだった。自立と自治という彼らの理念と足並みを揃えるように、地域社会《コミュニティ》が適切に機能するためには自己規律と代表制が鍵となるという原則のもと、学校での規律はできるかぎり生徒たちの手に委ねられた。規律違反にたいしては懲罰委員が指名され、体罰は禁止されていた。慈善事業や書物の購入や設備の修繕などのために結社が設立され、「公共の問題」を処理する実践的な経験を提供するものとなった。

　実用性の強調は、功利主義にたいするヒル家のこだわりの強さを示す部分であり、息子たちに模擬的な職業訓練を積ませることを熱望する親たちを惹きつけた。企業経営に必要な秩序立てられた習慣こそ、教え込まねばならないものだった。学校の時間割編成は厳密に型にはめられ、変わり目には鐘が鳴らされた。時間厳守が義務とされ、監督生が鐘を鳴らしたり、ほかの合図を送ったりする回数は、一日に六〇回以上であった。ヒル家が悔やんだのは、休暇の期間の長さである。それによって少年たちがあらゆる規則的な習慣と無縁になってしまうからであった。毎日三回は点呼のために全生徒が集合し、鐘、太鼓、楽団の音に合わせて行進した。ローランドは一八二〇年、明らかに満足感を抱きながら、つぎのように記すことができた。

学校はいまやきわめて完璧な組織となっている。……一日の毎分をそれぞれの用途のために割りあてることができている。時計並みの規則正しさで、鐘が鳴り、学級が集合し、解散し、給食をとったりする。まるで魔法仕かけのようだ。[30]

合理的で比較可能な標準時間を導入する試みは、学校の寄宿面にまで到達した。マシュー・ヒルは、一五〇人以上もの大所帯を管理するという母親の営みを賞賛したが、この母親は科学的基準による仕事の計画化には抵抗した。彼女は不満をつぎのように述べていた。

正確な時刻に晩餐をもつことは不可能でした。大きな羊の足は小さなものに比べても、焼くにはより多くの時間を要しましたし、間違いなくもっと時間がかかるはずだから、料理人にもっと早く焼きはじめなければならないと言いました。料理人はついに、私の切なる願いを聞き入れてくれました。

マシューの妹のキャロラインまでもが、積極的に寄宿生の朝の身支度を確認していた。[31]

一八三〇年代にヒル家が学校をロンドンへ移設すると、非国教徒と国教徒は、階級としての確立と拡大を遂げた中産階級にふさわしい新たな事業を立ち上げるべく力を合わせた。一八三八年に開校したエジバストン共同出資学校は、バーミンガムの実業界で活躍していた男性を中心とした理事と委員会をもつ株式会社の形態をとっていた。学校を支援していた家族は、商人、製造業者、裕福な外科医などですでにエジバストンに居住していた者が多く、地元の中産階級の主力を代表する存在だった。彼らは息子たちが俗世間で道を切り拓くことに期待して、商業や市民生活に必要な教育を要求した。生徒たちの高等教育への進学に関しては、オクスフォードやケンブリッジよりもロンドン大学を選ぶ傾向があった。古典教育カリキュラムの修正版を利用した品のよい校風にすることは議論の余地のないものであり、学校は一九世紀後半にバーミンガムを指導していくことになる「しかるべき人物」の教育に精力を傾けていった。[32]

年長の世代の人びとは、平均的な少年が仕事に就く十代半ばで教育が終わるわけではないことをよく認識していた。バーミンガムにはいくつかのアカデミーがあり、医学校を含む専門科目用の訓練施設が存在した。サミュエル・ラインズとその息子は製図アカデミーを設立し、水彩画などの基礎科目を教えるだけでなく、金属製品製造業に附属した施設として意匠術《デザイン》教育を提供して成功をおさめた。ラインズが受けていた助言は、装飾芸術の知識が雇用の決め手となる技術者、染め物業者、漆職人などにたいし、「バーミンガムでは教育が大いに不足している」というものだった。彼は一日の仕事が始まる前の午前五時に、そうした青年たちに授業を提供した[33]。

これまで論じてきた学校は、大規模で十分にその基礎が確立されたものであった。しかし、この当時の教育の大部分はそれほど格式張らず費用のかからないものであり、親たちは家族の資産や必要性に合わせて息子たちを入学させたり退学させたりした。親たちのなかには、雰囲気が合っているというだけでなく授業料を減免してもらえるという理由で親族の経営する通学制ないしは寄宿制の学校に息子たちを入れる者もいた。家族経営として運営されていた小規模な学校は、数少ない教職員の能力の欠如や死などに左右されるだけでなく、地元の商工業の浮き沈みからも影響を受けた。

ヒル家の兄弟を含む多くの若者は実質的には独学で学んでおり、あり余るほどのクラブや教育施設やほかの組織が彼らのために、また彼らによって教育目的で設立された。あらゆる階層のあらゆる関心に応え、貸本クラブ、討論協会、職工学校、文芸哲学協会、公民館、芸術協会、学芸協会、兄弟団などが設立されては消滅した。なかには品行方正な熟練職人層に開かれているものもあった。それらが到達した社会階層がどのようなものであろうとも、用いられたのは同じ処方箋だった。講習、講義、展示会、書物、新聞は入場料や年会費と引き換えに手に入ったので、費用によって常連の社会的階層が決まった。最低限の費用でも、打ち解けた友人たちがくつろいだ雰囲気で会合をもつことのできる暖かい部屋が提供された。初期には、会合場所は居酒屋の裏部屋であることが多かったが、のちには専用につくられた建物で会合が行なわれた。そうした組織がもっていた重要な潜在的機能は、役職を務めたり、演説したり、会計簿や議事録をつけたりする経験を提供することにあった。すべての経験が仕事で役に立ったのである。

こうした団体組織の多くは、地域のさまざまな宗派と関連していた。世紀中葉には、一八三あるエセックスの教区のうちの三分の一が国教徒に何らかの成人教育を提供していた。その一方で、非国教徒もまた、礼拝堂に結びついたかたちで講習、図書館、討論協会、公開講義を開催していた[34]。独学者にとっての交流の場としてもっとも広くみられたのは日曜学校であり、農村部出身の男性にも都市部出身の男性にも、その影響には顕著なものがあった。日曜学校での勉強や教育は、しばしば個々人の読書や友人同士の形式ばらない討論によって補われた。こうして友人関係のネットワークをさらに強め、多くの人びとにとって未知でまったく異質な世界観となったものに意味を与えていくことで、同様の志向性をもつ男性たちの共同体への帰属感覚が醸成されていったのである。

自己改良計画のなかで試みられた学習には、バーミンガムのような都市で特別の重要性をもっていた工業系科目のみならず、読み書き計算などの基本的な技能も含まれていた。徒弟や商店員は、バーミンガム兄弟団や青年団のような博愛主義的ないしは宗教的な目的のために設立された団体においても、しばしば討論グループの中核を形成していた。(35) クエイカーと非国教徒の商売人は、イプスウィッチ、ヤーマス、コルチェスターなどの徒弟や商店員向けの討論グループを始めたことでも知られている。(36) 青年たちの自己改良の機会は、一九世紀初頭の二〇～三〇年間までには無数に存在し、間違いなく社会的上昇の回路を提供していた。しかし、自己啓発を目的とした組織が公式および非公式の両面で存在していたことは、そのような組織的活動が、ある種の共同体的活動にどのように埋め込まれていたかに注意を向けてくれるにちがいない。ひとり孤独に深夜に蠟燭を灯して勉学する学徒というサミュエル・スマイルズ的な姿とは対照的に、将来の公共社会と実業界を支える男性の姿は、フランス革命から三位一体の存在、地元の地質にまで及ぶさまざまな主題を、居酒屋ローズ＆クラウン亭や親方の家の奥座敷でビール一杯を片手に、六人ほどで熱く論じるなかにこそ見いだすことができたのである。(37)

商取引

商業はこの時期を通じて単独で最大数を占める生計の手段であり、国勢調査の標本のなかで商業従事者は男性世帯主の四分の一ないしは三分の一を構成していた。商業の発展は人口の急激な増大に加え、生活様式の変化によっても促進されていた。サフォークでは、ある同時代人が「農場の御用聞き〔ママ〕の数が三倍になったことは確実で、ということはほかの職種も増大してきたということだ」と記している。(38) 農業労働者は農業経営者のもとに住み込むのではなく賃金の支払いを受けるようになっており、小売商店を通じて生活必需品を購入しなければならなかった。エセックスでは、二一家族に一家族は何らかの小売業に関わっていたと推測される。ただし、そのすべてが専業なわけではなく、バーミンガムの商取引人口も増加していた。(39)

都市が大規模になればなるほど、職業の種類も増大していく。(40) 道路、運河、のちには鉄道によって地元や地域レベルでの運輸手段が改善されたことが、成長と専門化を促進していった。緩慢とした変化ではあったが、工房の敷地内で販売されていた手工業製品が、独立した店舗で売られるようになった。たとえば、一八世紀末には、コルチェスターの熟練職人のなかには廉価な掛け時計を生産する者たちがおり、そのほとんどが農業経営者に売却された。彼らはまた、可動部品のまとまった単位での生産を始めて地元の小規模な時計製造業者に販売していたが、その傍らで時計や宝石などの物品の小売りも行なって繁盛していた。(41) 小売業はしばしば農業経営と結びついていた。精肉業者はほとんどの場合、自分たちの育てた家畜を屠殺していたので、店舗が直販店であるのは明らかだった。農業経営者の家族では、兄弟のひとりが店舗を運営し、もうひとりが農場を経営するということがよくみられた。小売業内部では、サーヴィスを開始し維持するのに必要な資本と設備の量には多様性がみられた。生鮮食料品店は立ち上げるのがもっとも簡単かつ安上がりであったが、文具商、織物商、書籍販売業、金属加工業は、資本の回転が遅いためより高い信用度を必要とした。

婦人帽子や婦人服の仕立ての専門家を例外とすれば、規模が大きく繁盛する職種を営んでいたのは男性であった。コルチェスターの中心街では、手広く商売を行なう仕立て屋、時計製造業者、書籍販売業者、宝石商、室内装飾業者、薬種商、織物商の店は、すべて男性が店主で、住み込みの徒弟や店員と家事使用人を雇っていた。大通りをずっと行った端には、中庭を囲んで主として労働者階級の世帯が暮らす地域があったが、そこではしばしば寡婦である女性がひとりで、あるいは店員をひとりだけ使って、小規模な八百屋、仕立て屋、婦人服仕立て屋などの店を営んでいた。[42]

この時期におけるもっとも重要な小売業の変化は、立地と用いられる手続きに現われた。かつて販売活動は、定期市、市場、行商を中心に行なわれていたが、商品が陳列され販売される商店へと建築物が変容していったのである。「装身具」――バーミンガムの「金属製の小間物」がもっとも重要なもののひとつであった――の大量生産は、実のところ行商人、呼び売り商人、定期市にとっての経済機会を拡大したのだが、長期的には、固定化された表示価格で販売する専門店へとつながった。しだいに定期市は、イプスウィッチで開かれる子羊肉の大定期市のような（そこでは数日で最大一〇万の家禽が販売された）卸売業の中心か、主たる社交の場のいずれかとなっていった。[43]

市場は商店によって取って代わられたというより、生産物と建物の両面で変化しつつあった。世紀半ば過ぎまで、食料雑貨の週市は局地的なものにとどまる傾向にあった。しかし、比較的大規模な都市では、市場が不動の場所を与えられるようになりはじめた。裕福な人びとは地元の市場や地域の定期市だけでなく、ロンドンに出かけて流行の品を購入することもできたが、こうした慣行は鉄道によってますます容易になった。馬車で旅をする時代でさえ、エセックスの農業経営者や医師は、一部は観光のため、また外科の道具や外套や銀製スプーンを購入するため、ときおり首都ロンドンに出かけている。[44]商店は、ロンドンで流行している物品を宣伝する展示会を開くなどの工夫をし、新たに入荷した商品の特別内覧日をもうけた。一八二〇年代にバーミンガムについて批評したある人物は、つぎのように記している。「小売業はいまや最高潮だ。……高級品を扱う商店は、非常に設備が見事だ。陳列窓の描くかたちと曲線、装飾の様式、これらはロンドンのものと肩を並べるほどである」。[45]

小売業の店舗は通常は賃貸で、ほとんどの場合は家族が暮らす建物の一部であった。サフォークのある人里離れた村落では、中心的な小店主はパン焼き場をもっており、さらに食料雑貨、服飾小物、一ファージング［四分の一ペニー］の菓子、一ペニーの綴じ込み本などを販売していた。パン焼き場のある調理所は店と隣接しており、煉瓦でできた床はむきだしだったが、主人用の椅子が置かれた一角には温かな煙突があった。(46) 大きな都市の中心部では、家族の住居が別にある鍵のかかる店舗《ロック・アップ》は、一九世紀半ばを過ぎるまで普及しなかった。商業は、ほとんどの中産階級の生計手段と比べた場合ずっと柔軟で、家族の状況にしたがって参入したり撤退したりすることができるものであった。

店舗が賃貸であったため、ほとんどの資本は在庫品と設備のために用いられた。農村部の商店では七五ポンドの遺産で創業されたものもあったが、五〇〇ポンド以上の資本が必要とされることもあり、最高級品を扱う店では一〇〇〇ポンドの資本が求められることも知られていた。(47) 公式の徒弟修業は高度な職業部門では存在したものの、商売の訓練は子どもたちが両親や親族をみて覚えることが多かった。しかし、商売をした経歴があれば業種間を移動することもあった。薬種商になる訓練を受けた少年がワイン商に転じたり、織物商が油や塗料の取引へと鞍替えしたりすることもできた。(48) 決定的に必要とされたのは、基本的な教育に商業科目をいくつか加えたうえで、何らかの責任を引き受ける経験をしつつ、簡単な会計簿の記入や、顧客や卸売業者への対処の仕方といった「商業慣行」を学ぶ経験であったようである。

小規模な小売業者にとって、家族はもっとも重要な労働力の供給源であり続けた。販売用の食料は、世帯構成員が育てて収穫したわけではなかったにせよ、家庭の台所で調理され保存された。エセックスの食料雑貨商が記憶するところによれば、商店では蠟燭を製造し、角砂糖を切り分けて計量したのち袋に入れ、（雑貨商の「クリスマスの悪夢」である）干しぶどうの準備をしたが、それらは家族の日常的業務のなかに組み込むこともできるような仕事であった。(49) 規模の大きな小売店舗や卸売業者の会計事務所は、住み込みの店員や徒弟に頼りきりだった。そうした従業員のほとんどは若く、彼らの主人や女主人との関係はほとんど個人的な奉公のようなものであった。敬虔なキリスト教徒の家族は信仰を同じくする人物を雇用しようとし、一家の調和が強調された。裕福なイプスウィッチの織物商ジョン・タルウィン・シューウェルは、クエイカーの牧会者でもあった。イプスウィッチの礼拝会に集う若い信徒たちは、シューウェルの徒弟たちとともに、自分たちの主人であり牧会者でもあるシューウェルのもとで神学上の問題について学び、議論を交わした。のちに、彼の徒弟のうちの何人かはみずからも牧会者となった。(50) そのような背景で働く労働者は、通常は賃金が安く従順であった。主人や女主人は、しばしば親戚でもあったからである。住み込みの青年たちは置かれた場所に留まる以外に選択肢がなく、訓練には依然として合法とされていた暴力の行使が含まれていた。そのような安価な労働力は経費の削減に貢献し、浮いた資本は難局を切り抜けたり事業を拡大したりするためにまわされたのだった。

社会的地位という観点からいえば、職業としての商店経営は、とりわけ農村部では、ある種の新たな社会集団であった。都市の商売人の多くは、もともとは上級の家事使用人だったが、どちらの集団も小規模な農業経営者と深い関係があった。社会的地位の点で、小売業に求められる個人的奉仕という要素は品位を貶めるものとみなされており、小売販売という職業は貿易商にはない屈辱にまみれていた。地域の文献からは、小売業の社会的地位にたいして人びとがとくに敏感であったことがうかがえる。バーミンガムのあるユニテリアン牧師は、小売業には内在的に不名誉なものは存在しないのだと信徒たちにくぎを刺した。彼は地元のジェントリの下の息子たちが町に店を出して家族の資本を取り戻したことを賞賛し、そうした行為を全面的に推奨した。この男性たちは、「カウンターの向こう側に立ってはいるが、静かで紳士的な威厳あふれる物腰で、いまの小売商の卑屈さとはまったく異なっている」のであった[51]。

同門の信徒たちの尊厳や信義に訴えることは、地元での名声をもたらし、地元での取引を推進するのに効果的な方法であった。都市部でも農村部でも、ちょうどよい顧客が信仰上の共同体の内部にいたのである。一九世紀初頭における病院、救貧院、学校の建設と供給もまた、地元の商取引業者に大規模な機会を提供したが、そこでは宗教的ならびに政治的な提携関係によって契約が決まることもしばしばであった。しかしながら、選択的な取引は諸刃の剣にもなりえた。コルチェスターの商取引業者たちは、顧客という点では周辺の農村部の農業経営者と土地保有者に深く依存していた。コルチェスターの反穀物法同盟の幹事で、急進的な主張をすることで有名だったある裕福なクエイカー教徒の醸造業者は、ある場面では仲間の商取引業者にみずから立ちあがるようにと熱弁をふるったものの、その一方で、彼らの暮らしが基盤としていたのは、ときには卑屈とも解釈される慎重さであった[52]。

地方における一家の位置づけは、貿易商の場合でも、その事業が扱う商品や規模だけではなく、地域社会自体に依拠していた。近くにジェントリがいないサフォーク沿岸の小さな町で、ニューソン・ギャレットが始めた麦芽製造や船舶の所有事業のような大規模取引は、ロンドンのイーストエンドの質屋から身を起こしたギャレット家にも社会的な地位を与え、彼らに匹敵する地位にあるのは東インドの茶農園主の寡婦や聖職者しかいなかった[53]。より大規模な共同体では、商人は船渠地域や商館地域から離れた場所に引っ越すことで、自分たちの社会的地位を示していた。バーミンガムの商人家族が金属加工業とともに浮沈を繰り返していたのにたいし、エセックスとサフォークの商人家族は農業によって影響を受けていたため、なぜイプスウィッチの小店主たちが夏の夜、収穫の出来具合を観察するために心配そうに耕地まで出かけていったのかが理解できる。ナポレオン戦争になると何千もの部隊がエセックスとサフォークに宿営して食事をすることになったため、それによりいくつかの職種の繁栄の基礎がつくられた。

東部地域［のエセックスとサフォーク］では、かつて羊毛貿易が支配的であったこととロンドン金融街を引退した商人たちが住んでいたことによって、商業的な富の流通に習熟した地域エリートが形成されていた。バーミンガムでは、非国教徒が商業に集中していたことにより、非国教徒もこの都市の名望家集団に近づくことができた。もっとも、［対象とする時期の］最初の世代、とりわけ小売業者たちが完全なかたちで社会的に受け入れてもらうことは、ほとんど不可能であった[54]。多くの商人たちは、息子を専門職へと送り、それによって家族の社会的地位を高め、経営体に有益な技術や縁故を取り込むために財産をつぎ込んだ。パティソン家は一七世紀以来、ウィッタム地域に基盤を置いていたが、小売業と土地取引から着実に資本を蓄積し、やがてこの地域一帯における強力な一大勢力となった。一八世紀末に継いだ世代は家族の伝統から離れ、専門職に参入していった。ウィリアム・ヘンリ・パティソンは地元で訴訟代理人となり、息子のジェイコブ・ハウエル・パティソンをケンブリッジへと送り、やがて彼を法律事務所の共同経営に招き入れた。ジェイコブは地元のジェントリの娘と結婚することで、一家の社会的上昇を遂げたのだった。しかし、すべての小店主がそのような高みを望んだわけではない。とりわけ強力な宗教的信念をもつ人びとは、生計を立てるための体裁のよい手段として商取引を用いることに満足していた。家族労働と住み込みの店員はいずれも引き続き重用されており、小さな店舗は現在にいたるまで、家族労働がもっとも一般的にみられる場であり続けている[55]。

銀行と銀行業

地方では、貨幣取引のみを扱う「銀行」が、雑多な商業活動のなかからゆっくりと生まれてきていた。サフラン・ウォルデンのギブソン家は、銀行業に専業する前は醸造業者であり、コルチェスターのトワイニング家は茶と食料を取り扱い、ベリ・セント・エドマンズのオークス家は毛織物商であった。バーミンガムでは、ロイド家は製鉄業の親方で、ゴルトン家は銃製造業者で、ギビンズ家は金属加工業者であった。男性は銀行で共同経営者となりつつ、別の企業で精力的に活動し続けることができた。一八三〇年代に入るまで、多くの事務弁護士と商取引業者だけでなく、製造業者、聖職者、医師でさえもが銀行業務機能を遂行し続けていた。もっとも、それは新たにできた銀行なるものを信用していない労働者の貯金を預かり、投資するだけのことにすぎなかったのだが[56]。

とはいえ、この時期を通じて地方銀行がさかんに設立され、バーミンガムのような都市では、地方銀行は親族ネットワークを除きもっとも重要な資本の供給源とみなされていた。一八一八年の銀行条例法まで、ロンドンから半径五六マイル以内の銀行は、六人以上の共同経営者をもつことを許されておらず、業務開始にあたっては、比較的わずかな額［の資本］しか必要とされなかった。このため、銀行業務を行なう人物が金融事情に精通し、地方の事情に関して詳細な知識をもつことがかつてないほど重要となった。みずからの投機的事業の資本調達のひとつの方法として、多くの男性が銀行業へ参入した。無制限責任制のもとでのリスクは大きかったが、財をなすことも可能だったことは間違いない。

ほとんどの場合、銀行家は短期の収益が見込める事業を支援した。そのため土地や抵当物件への投資は好まれず、銀行家の関心は都市部の土地や産業へと向かった。おそらく銀行家が土地よりも都市の建築物に関与したことによって、富と地位を誇示するために、博愛主義事業も含めた新たな別の資源を探し求める傾向が強まった。銀行家の社会的地位が確固たる品格をもつことは、彼らの生活様式と家庭のなかで示された。銀行は通常、「銀行管理住宅《バンク・ハウス》」で業務を行なったが、その場所は、往々にして銀行家や支配人の家族が暮らす家屋の一階部分の一部屋であった。銀行管理住宅は、町の景色のなかでの存在感を増していった。

地方銀行が拡大する際には、各地に支店や代理店を設立し、親族にそれらの役職を任せる方法をとる傾向があった。いくつかの銀行ネットワークがバーミンガムとイングランド東部地域を結びつけており、たとえば、クエイカー教徒のアレグザンダー家と国教徒のオークス家はサフォーク州東部で友好的に事業を行なっていたようである。しかし、ほかの多くの銀行家たちのあいだでは競合関係がみられた。

銀行家たちの学歴や職業訓練はさまざまであった。成功した家族は次の世代の息子たちを辺鄙な田舎から寄宿学校へと送り、息子たちはそこでジェントリや最上位の専門職の息子たちと交際を深めることができたかもしれない。それまでは、銀行業以外の業界で何らかの経験を積んだ者が多かったのだろうが、公式であれ非公式であれ、見習いとして銀行での職業訓練を受けることが必要になった。銀行家としての将来が約束されている人びとと銀行員のあいだには、厳然とした社会階層の違いがあった。支配人の地位に就くのにも、保証金としてかなりの額を銀行に支払う保証人の存在が求められた。[57] しかし、銀行の支配人は、支店長であっても、威信をともなう地位と確実な俸給を手にし、地元の営業案件についての知識を得ることができた。ある小さな町の銀行支配人が記したように、支配人たる者は、「スフィンクスのように腹の内が読めず、カエサルの妻のように申し分のない評判をもつ」者でなければならなかった。[58] 信頼に足ることがどれほど必要だったのかは、対象地域の銀行職員のなかにクエイカー教徒が非常に多かったことからもうかがえる。[59] 銀行家の富と権力は共同体のなかで頂点となる地位を与え、彼らはしばしば地元のジェントリとつながりをもつことになった。

あり余るほどの利益が出ることもあったとはいえ、地方銀行業は銀行家にとって独特な問題を生じさせるものだった。一人ひとりの顧客が共同体のなかでどのような地位にあるのかを銀行家は詳しく知らなければならなかったが、銀行家はある特定の「縁故者」をあからさまに贔屓しているようにみられてはならなかった。教会や礼拝堂において、また家庭内で定期的に開かれる社交の場で頻繁に顔を合わせるようなことがあったため、地方の銀行家たちは地元の顧客との取引を拒否したり、顧客の財務状態に疑いをかけたりすることが難しくなった。民間銀行の倒産理由のなかで最多であったのは、個人的な友情を動機とした事業の援助であった。地方銀行はまた、その地域の主要産業と運命をともにする傾向があった。エセックスとサフォークの多くの銀行家たちは、戦時景気に乗って農業経営者たちに融資したのち、一八二〇年代の農業不況のもとで焦げつきを出すことになった。

もうひとつの問題は、地方銀行が地域のほかのほとんどの企業とは異なり、ロンドンに直接依存していたことから生じていた。ロンドンの主要銀行との直接の、望むべくは個人的な連携をもちながら地方の信用の確固とした基盤を築くことは、地方銀行が信用と貨幣を供給して周期的に起こる恐慌を乗り切るための唯一の防衛策だった。サフォーク州のオークス銀行は、国中の銀行制度が崩壊するかに見えた恐るべき一八二六年の一二月、「ロンドンとのつながりと地元の信用の基盤の」両方を利用した。一二月一八日の日曜日、オーベル・オークスは自分の一頭立て軽装二輪馬車《チェイス》を駆り立てて、妻ベッツィと近隣の郷紳《スクワイア》とともに、集められるだけの金《きん》とイングランド銀行券を持ち帰るためにロンドンまで七〇マイルの距離を走らせた。オーベルは火曜日の朝早くに帰りつき、「できうるかぎり十分な量を供給して……なんとか危機を乗り切った」(60)。それと同じ運命的な一八日の日曜日、バーミンガムの銀行家モイリエット一家はジェノヴァから帰国し、ロンドンの知り合いから集められるだけの金《きん》を調達した若きジェイムズ・モイリエットに出迎えられた。合流した彼らはバーミンガムに急いで戻り、アメリア・モイリエットはこの貴重な金の一部を自分の旅行カバンのなかに入れて運んだ。モイリエット銀行もまた救われたのである(61)。

銀行家の家族たちは、銀行の命運と切っても切れない関係を結んでいた。彼らの生活様式は地元の共同体からの独特な詮索の目にさらされており、一家の女性たちも日曜学校での活動や自宅の敷地を毎年の茶会に提供することなど、地域で主導的な役割を果たすことが期待されたはずである(62)。もう少し目立たないところでは、銀行の支配人の妻たちは責任をもって銀行の敷地内をきれいに片づけておき、問い合わせに答えたり、見えないところで銀行業務を助けたりした。専業の銀行家はわずかだったが、地域における銀行の権力と影響力は絶大だった。ジェントリが選択する数少ない職業のひとつとして、銀行家の地位は高いものであった。しかしながら、社会という世界を数量化して測定するという中産階級の運動を彼らが熱心に支持したのは、結局のところ、銀行家の重要な役目のひとつが「男の価値」を貨幣の額で表現することにあったからであった。

製造業

一八世紀以来、製造業はイングランドの発展の原動力であり、ヴィクトリア時代の進歩の起動力であるとみなされてきた。バーミンガムのような都市から連想されるイメージは圧倒的に金属製造であり、一八三六年までにバーミンガムは明確に「製造業都市」と呼ばれていた。[63] この呼称はバーミンガムを、さらに有名であったマンチェスターとともに、貿易商社に支配されたリヴァプールのような中心的都市から区別するものであった。しかしながら一九世紀半ばになっても、国勢調査の標本によれば、製造業者は都市の中産階級の五分の一を占めたにすぎず、国勢調査の標本全体のなかで製造業に従事する世帯主は一〇パーセントであった。エセックスとサフォークの農村部では、ひと握りの醸造業者、製粉業者、なめし皮業者がちらほらと営業していたところに、新たに製鋳製造業や肥料工場を営む者たちが加わった。農業地帯にある町では、馬車製造業者、蒸留酒製造所、麦わらを編む作業所などが散在していたが、本物の工場といえるのは、エセックス南東部の絹糸工場だけだった。[64]

複数の業種にまたがって従事することは、製造業では、商業の場合に比べて少なかったが、少ないとはいえ、農業経営者や居酒屋の主人などが煉瓦焼き釜を所有している例があり、土管やタイルの製造をして大製造業者になった者も少数ながら存在した。しかしバーミンガムでは、ほとんどの製造業者は、金属製造業の部門内に留まっていた。世紀中葉には、「バーミンガムから三〇マイルの範囲内で、実質的に世界が求めるほとんどすべての金属類が供給されている」状態であった。[65] 真鍮業の発展と、押し型や型染めの方法などの新たな工程の発明により、単に安いだけでなく優れた仕上げをほどこした製品が生産できるようになった。一八世紀から、バーミンガムの製造業者は新たな市場の開拓も模索していった。［印刷業者の］「バスカヴィル」は黒ワニスを使い、自分の姓を馬車の羽目板ひとつひとつに異なる書体で漆塗りで描いたが、ここにはその過程が劇的な方法で示されている。「利益が見込めるところでは、バーミンガムの男の目が見開かれている」とバーミンガム最初の歴史家で、みずから商取引業者兼製造業者であったウィリアム・ハットンは記した。[66]

この時代を通して、販売は製造と分離される傾向にあった。一八世紀には、商人兼製造業者が小規模な下請けの作業所でつくられた製品を集めて販売するか、もしくは小親方が自分の作った製品を直接販売していた。いまや大製造業者は、問屋や小売商に見本を見せてまわる外交販売員を使いはじめた。自分の家族の若者たちでいずれ共同経営者になる者にこの役割を任せることもあった。最近のバーミンガムの歴史家たちは、小さな工房が金属加工業において依然として主要な生産を担っていたという想定に疑問符をつけてきている。[67] そのような工房は、一八四〇年代には依然として数のうえでは支配的だったかもしれないが、より大規模な建造物と資本の出費を要する蒸気機関への転換がすでに起こっていた。[68] 生産高の単位にたいする経費削減を目指す会社は、数多く現われていた。金属加工の仕上げ工程で優れた技術をもっていた小親方は、みずから下請け業者になった。商業の経営とは異なり、製造業にみられた傾向とは、長期信用貸しによる相互依存と階層的な連鎖であった。

経営の規模は、必ずしも複雑な機械、さらには蒸気機関と関係があるわけでもなかった。手工業の道具は、大規模な金属加工業で依然として広範囲にわたって使われており、職人の技能、職人の「頭脳と手と目の経験」が用いられていたのである。[69] 逆に、硝子産業では固定設備への大規模な資本投下の必要があったが、多くの中堅の製造業者たちはなんとか生き残ることができた。チャンス硝子製作所では大規模な経営が行なわれていたが、その生産は手作業を行なう熟練職人たちに大きく依存したままであり、チャンス兄弟社は、製造業の不均等な発展をもっともよく示す事例とみなされている。[70]

技術や設計の進歩もまた製造業の発展に寄与した。ジェイムズ・キアーの薬品実験は、蒸気機関を初めて用いた工場のひとつであった彼の硝子工場にとって決定的に重要だった。[71] バーミンガムの初期の専門的技能を象徴する偉大な功績であったソーホーのボールトン＆ワット製作所は、「機械装置と化学反応」を「美的感覚《テイスト》と優雅さ」と結びつけて用いていた。換言すれば、技術力と意匠を結びつけたのである。[72]

これらの製造業者の息子たちは、こうした雰囲気のなかで育つことで似たような職業に就くことになった。これまでになかった需要が生まれることで、企業家の男性がつかみ取るべき機会がつくりだされた。徒弟制は依然として基本的な訓練の場として用いられていたが、多くの工程に技術革新がみられたため、新規参入や労働条件を統制するための既成の同業組合はほとんど存在しなかった。[73] 訓練のために若い男性を家族や親族のところに置く習慣は広く用いられていた。一八五〇年代にバーミンガムの著名な製薬業者となったアーサー・オールブライトは、子どものいないブリストルの薬種商のおじのもとで徒弟となった。またサミュエル・コートールドは若いころ、ロンドンのおじのもとに送られ、エセックスの絹糸工場に戻ってくるまでには、より実務的な考え方を身につけるようになった。[74]

若くて将来性のある製造業者にとって次なる段階とは、通常、共同経営者になることであった。技能の多様性と必要な資本の額が意味していたのは、すべての中産階級の企業家のなかで、製造業者がもっとも深く共同経営者に依存していたことだった。時として支配人が雇われることになったのは、親族や友人のなかに共同経営者を見つけることができなかった場合に限られていた。

共同経営と同様、開業資金と信用供与の両面で、資金源としてもっとも頼りになるのも親族や家族だった。アーチボルト・ケンリックは、一七九三年に結婚したことで五〇〇ポンドを手にし、翌年彼の妻が「成人年齢である」二一歳になったときにさらに五〇〇ポンドを得たため、バーミンガムのバックル事業が危機に陥った後でも、銀食器類を扱う会社を設立することができた。ほかの家族からの借入金は、のちにこの会社にとって決定的に重要なものとなった。同じくアーチボルトという名前だったアーチボルトの長男は、アン・パジェットと一八二五年に結婚し、彼女のための信託財産として二〇〇〇ポンドを受け取った。深刻な財政危機に陥った際、アンの父親が融資の支援を求められたのは、一度や二度のことではなかった。[75]

家族の労働力が用いられるかどうかは、部分的には製造業の種類によっていた。なぜなら、特定の製造工程と製品は男女のどちらか一方と強い関連があり、男性は訓練と特定の技能を要し、女性は親族間の結びつきを通じて非公式に自分の経験を積んでいたからである。彫金師と行商人を兼ねていたバーミンガムのある男性は、息子には彫金業の商売道具を残したが、行商の道具を相続した妻には、それらを娘に渡すよう指示していた。彫金師になるには特別の技能と訓練を要し、当時バーミンガムに女性の彫金師はほとんどいなかった[76]。多くの製造工程は依然として、妻や子どもを巻き込みながら家庭内やその周辺で行なわれ、家族は鉄筆作りなど、単純な家内工業を手伝っていた。忙しいときには包装や商標貼り、手紙を書いたり帳簿をつけたりする手伝いを頼むこともできた。ある企業では、台所のレンジ台でぼろ紙を煮立たせるという紙製造の実験が行なわれていたが、そこにいた家庭内の者たちはこの実験に巻き込まれないわけにはいかなかっただろう[77]。

どのような規模であれ、製造業の経営体では、しだいに一ヶ所の作業所に集まって働くようになった被雇用者たちの取り扱いと管理に特別な問題が発生した。工場労働者の最初の世代を抱えた辺鄙な農村地帯では、厳しいが慈愛に満ちた家父長主義を取り入れることができた。長年働いた労働者への年金や、クリスマスに配られる豚の足のような贈り物は、仕事ぶりが悪いといって主人が日常的に杖で叩く行為や、流れ作業から踏み外れたときに課せられる厳しい罰金にたいする埋め合わせとなっていた[78]。労働者がもっぱら女性である場合には、ジョージ・コートールドがエセックスの最初の工場で四人の娘を雇ったように、家族内の女性を連れてきて監督の役につけることもあった[79]。そのような経営者の家族が労働者と直接の関わりをもつ状況は、社会的な不安を呼び起こした。中産階級の男性でさえ、肉体労働への深い関与や労働者との接触から自分たちを切り離そうとしていた。より小規模な工房がバーミンガムにあったころには、真鍮製造業の親方は職人と一緒に一日を過ごし、親方は「よく前掛けをつけて、細工品を吟味し、それらを梱包したうえ、送り状を作成して、できあがった製品を発送した」のだろうが、こうした「原初的な状態」が長く続くことはなかった[80]。

変化の核心は、労働、原料、市場の管理と対立するものとして、肉体労働と手工業に与えられた経済的および社会的意味にあった。若きサミュエル・コートールドが実家の絹糸工場に入るかどうかぐずぐずと迷い、自分は版画を職業にするかもしれないとほのめかしたとき、彼の父親はきっぱりと言った。

単なる肉体労働——といっても高い位置づけのものではあるが——が、多くの人びとの労働から利益を得ることができる商売や製造業の事業と同じくらいの価値があることなど実際にはめったにないことを、おまえは忘れているように見えるが、どうなのかね[81]。

製造業者たちが徐々に郊外に引っ越したことは、家族の暮らす家庭と労働の場とがしだいに分離されたことの原因でもあり、また結果でもあったようである。生産による騒音と混乱、そして社会的に下位にある労働者たちの侵入から離れて暮らすことができることは、こうした転居を促した動機の一部であったにちがいない。バーミンガムで平皿製造業を営んでいたライランドは、経営が不振に陥ったとき、エジバストンの快適な家から作業所のある街区に戻らなければならなくなり面目が丸つぶれとなった。彼の息子が回想しているように、「いつも町でいちばんの男であった私の父にとって、それは恐ろしい権威の失墜であった[82]」。

地位という点からすると、バーミンガムは非国教徒の存在感が強く、相対的にみて自己充足的な社会であり、多くの製造業者は地域の秩序内に留まることにやぶさかではなかった。教育は、少なくとも第二世代にたいしては、製造業の富にもとづいた地位を高めたいと願う人びとの助けとなった。しかし、製造業者のなかには、熱心なクエイカー教徒のように宗教を拠りどころにするにせよ、自分たちが社会に貢献しているというより全般的な主張をするにせよ、伝統的なジェントリの価値に挑戦することに強い関心をもつ人びともいた。ジェイムズ・ワットは、相続した富と精力的な発明や製造業とのあいだの区別について、情熱を込めてつぎのように記した。

復水機関は間違いなく私自身がつくったものだが、それと同じくらいに間違いなく、郷紳の土地は郷紳がつくりだしたものではない。彼は財産をただ受動的に相続したにすぎないが、それにたいしてこの発明は、私自身の労働の産物なのだ。神のみぞ知る心身の苦しみの末に生みだしたものなのだ[83]。

製造業者たちのなかに復水機関の開発に功のあった者はほとんどいなかったが、ワットはここで、中産階級と一八世紀のジェントリのあいだにみられる身構えの本質的な違いの一端を言いあてている。その別の一端を、彼は家庭生活への関わり方のなかに見いだしたのだった。

農業経営

イングランド南部および東部の耕作に適した地域では、ほとんどの農地が大規模な所領という形態で貴族やジェントリによって所有されており、残りの土地は教会や学寮のような団体か、あるいは市場町の訴訟代理人、店主、銀行家に帰属していた。借地農業経営者は家屋と別棟つきで土地を借り、その土地で賃金労働者を補助的に使いながら、家族とともに働いた[84]。

土地の耕作における慣習的な規定は、地主に原材料、建物、排水設備や生垣のような設備を提供することを求め、他方で借地農業経営者は、家畜、種子、道具を用意した。一八世紀後半には、イングランド東部の農業経営者は「イングランド農業の意欲的な資本家」と評されるようになっている[85]。沿岸や運河や道路の交通が改良され、穀倉地帯はロンドンとミッドランド地方の大市場とつながった。農業経営者の一部やかなりの数の土地所有者は、以前は羊毛貿易を手がけたり、さらにはロンドン金融街の商人であったりしたため、彼らの全般的な経営志向は、市場向けの穀物生産へと無理なく移行したのである[86]。

耕作農業が一七九〇年から一八一八年までのあいだ、戦時景気という黄金時代を経験したことは幸いなことだった。平和がおとずれると市場価格は底割れし、経験が浅かったり、資本が乏しかったりした農業経営者は窮地に陥った。比較的大規模に展開していた農業経営者は、とくにほかの経済的利害がある場合は、うまく生き残ることができたが、大規模農業経営者と小規模農業経営者とのあいだの格差は開いていった。不況の前でさえ、農業経営の規模の違いは指摘されており、「小屋住み農」が耕す土地は、小自作農地と大差なかった[87]。

もう一方の極には、荘園領主の邸宅を改築した家屋に暮らす農業経営者がいた。ウィッタムのパワーズ・ホールのハットリー家のような家族は、一五〇〇エーカー以上の土地を耕作し、地域社会において権勢をふるっていた。この時代の初期には、農業はすべての食料品を提供していただけでなく、ビール醸造業、製粉業、織物業、さらには化学薬品製造のような産業に使われる原材料の大部分を供給していたので、消費者にいたる供給網は地域内で自己完結していた。しかし一八五〇年代には、はるかに拡大した「農産業」が非有機的な原材料を用い、チーズのような食料品の輸入さえ行なうようになっていた。農業経営者自体が、骨粉や化学肥料のような工業製品を「消費」しはじめた[88]。この転換から十分な利益を得ることができたのは、比較的大規模な農業経営者であった。

しかし、製造業とは異なり、農業経営では絶えずほかの活動との兼業が行なわれていた。アーサー・ヤングがウィッタムについて説明する際に記したように、「ほとんどの農業経営者は利益のあがる事業も同時に行なっており、そこには地元の衣服商、皮なめし業者、さらには聖職者や法律家などの仕事まで含まれていた[89]」。サフォークの銀行家ジェイムズ・オークスはいまだに農地の収穫の様子を見にやってきたし、エセックスのある内科医も、患者の心配をするのと同じように自分の穀物の出来具合を気にかけていた[90]。市場町の小店主は自家栽培の農作物を数多く店に出しており、小規模の農場では、居酒屋、煉瓦焼き窯、鍛冶屋、陶器製造業、荷馬車運送業を兼業することも多かった。国教会聖職者と医師は副業として農業を行ない、訴訟代理人や土地測量士や不動産管理人は、しばしば本格的に農業経営も行なって主たる顧客たちとの連絡を密にしていた。

農業経営はかなりの場合、家族経営として行なわれており、一家の男性家長が行なうこともあれば、複数の家族構成員で行なうこともあった。しかし、ほとんどの農場と農場内の家屋の借り主は単一の家族で、農業経営者同士で正式な共同経営関係が結ばれることはまれだった。若い成人男性は、農場に留まって父親や兄たちを手伝いながら経験を積むこともあったかもしれないが、結婚すると家を出て、みずからの農場を構えたものだった。農場を率いる寡婦の多くは若い息子と一緒に農業を営んだが、多くの場合、息子が成長して借地権を継承できるようになるまでのあいだ、土地を保有するための方策としてであった。地元の親族関係、友人関係、あるいは宗教的ネットワークの支援が、良好な農場の借地権を獲得し維持するための重要な要素になりえた。農場においてだけでなく、家庭生活においても秩序を守る習慣が身についていることが、信頼に値するというイメージを支えたのである。

農場の借地権を相続することは可能であったが、ほかの財産とは異なり、それを貨幣に換えることは難しかった。よくみられたパターンは、成人した息子たちのために農地を余分に借り、二軒目、三軒目の家を建てるというものであった。長男は、弟のひとりを両親の手伝いに残して自分は第二農場に移り、最終的に両親が引退するか亡くなったときに農場を継承した。親族関係のつながりは、女系のつながりも含めて、この制度の中心をなしていた。父と息子が農場を共同経営することは少なかったが、しばしば同じ地域共同体か、近くの地域共同体で農業に従事した。彼らは一緒に狩りをし、市場に参加し、同じクラブで食事をした。ある農業経営者の父親は手紙のなかで、息子が「非常に勤勉で、お祭しのとおり頻繁に手を貸してくれと言ってきます……息子が近くにいることで、私たちにとっては慰めが増えるというものです」と記している。[91]

農業経営者のなかにも、中高年になると実質的な経営から引退するという全般的なパターンに従う者がいた証拠がある。引退にあたっては、息子か男性親族のどちらかが農場を継承する場合もあれば、借地契約の満了まで放置する場合もあった。この制度は農場の世代交代を促すもので、特定の農場にたいする愛着はそれほど広くみられなかったようである。市場経済との関係が深まると、それを主な要因として農業経営者の管理業務が増大し、彼らが農業労働者と肩を並べて肉体労働につくことは少なくなった。一八〇七年の一月から八月までのあいだ、エセックスのある農業経営者は、礼拝堂に行くことを除いて四四回も家を離れて旅行をした。この小旅行の大部分は、近くの町で開かれる市場に参加するためだった。[92] 比較的裕福な農業経営者であれば、改良された道路網を使うために、いまや農業用の荷車だけでなく乗馬用の馬や軽輪馬車をもつことができるようになった。一頭立て軽装無蓋二輪馬車《ギグ》は、羽振りのよい農業経営者の代名詞となり、彼らはときに「軽装二輪馬車貴族《ギゴクラシー》」と揶揄されたのである。

市場町は、進歩的農業思想の結節点と言われてきた。[93] 現役の農業経営者たちは、市の立つ日にここに集まり、地元の宿屋で（農業労働者を寄せ付けないように高めの価格に設定された）「定食」をとった。より進取の気性に富んだ農業経営者たちはまた、地元の居酒屋で開かれる「農業経営者クラブ」という男性限定の集会に参加しはじめた。こうしたクラブは、ジェントリの土地所有者たちが後援していた「農業協会」ほどの格式はなく、より実践的な性格をもっていた。こうしたクラブで促進された「進歩的農業」の多くの関心事は、秩序立てられた仕事の方法と、利益を見積もる試みとして、時間と労働を貨幣に換算することであった。たとえば、一八四五年に［サフォークの］ヨクスフォード農業経営者クラブは、農業労働者にたいする現物支給はすべて貨幣賃金に転換すべしという決議を行なった。そうすれば彼らは市場に出かけて、「なんでも気に入ったもの」を買うことができるというのである。[94] 農家の台所では日時計に替わって置時計が広く使われるようになり、続いて農家の広間や客間には温度計や晴雨計が取り入れられるようになった。一八一三年に地元のある教区牧師は後者の発明に触れて、それを「農夫にとってもっとも役に立つ道具……そして、この時代の知性を示す際立った証拠」と評した。[95]

農場の空間的配置もまた、秩序重視という考え方の影響を反映しはじめた。厩肥の再利用と貯蔵のため、高価な道具と装置のためにそれぞれ保管場所が必要になり、貴重な家畜は、専用の屋根つきの建物に入れてやらなければならなくなった。土地差配人や仲買人や銀行家は、経済制裁を交えた圧力をかけることができ、合理化に向けた大きな起動力を提供することになった。もちろん日々の生活のなかで、多くの農業経営者たち、とくに小規模の借地で農業を営んでいる者たちには、そのような合理化を試みる関心も資源もなかった。実際、それほど暮らし向きの良くない農業経営者たちには、明白な説明責任をともなう合理的農業経営に抵抗する十分な理由があったのだろう。客観的な基準と生産目標を公表するという行為そのものが、純粋に経済的基準だけにもとづいて不公平な比較をするために用いられることもありえた。

農業の合理化を妨げるさらなる障壁となっていたのは、市場向けの生産と家庭内消費とのあいだの密接な関係だった。依然として、農場所得の源泉が複雑に混ざり合っていたのである。農業慣行の全般的転換が生じたのは、純粋な利益の最大化や経済的合理性という誘因によるのではなく、むしろ市場経済からの外圧が敬虔なキリスト教の精神的気質と結びついたためであったように思われる。農業経営者は、天候と気候という古くからの敵に加えて、新たに市場からの攻撃にさらされるようになるにつれて、みずからの労働時間と非労働時間の生活にたいするいっそうの管理統制を試みた。耕地作物の特化によってもたらされたもっとも重要な変化は、住み込みの農業奉公人が賃金労働者に置き換えられたことであった。この事態は、南東部の耕作地帯でより広くみられた。中規模から大規模の農場では、最大二十数名の男たちを雇わなければならなかったが、これは、たとえもっとも大きな農場であっても、古いやり方で住み込んでもらうのがほぼ不可能な人数だった。またナポレオン戦争中も食料費の高騰のせいで、経費に敏感な農業経営者たちは、しだいに住み込みの農場奉公人を雇わないようになった。

これらの経済的動機がどのようなものであれ、社会的格差の拡大にともない、農業経営者の家族たちはよりプライヴァシーを求めるようになり、農業経営者の女性親族は、男性と同様、労苦に満ちた肉体労働から多少は解放されたいと望むようになった。変化は徐々に進み、まず農業奉公人は共用の台所にある別の食卓で食事をとるようになり、それから家族の食事には「居間《キーピング・ルーム》」ないし応接間《パーラー》が使われるようになり、労働者たちが昼食をとるのは裏台所（地域的には「裏屋敷《バック・ハウス》」ないし「裏屋《バッカス》」）

のなかだけに限られるようになった。特別なエールや歌、儀式をともなった「収穫の夕食」（サフォークで呼ぶところの収穫の宴《ホーキー》）の伝統はゆっくりと変化していき、共用の「広間《ハウス・プレイス》」の食卓に豪華なご馳走を並べ、上座に主人と女主人が席を構えて役目を果たす食事の風景が、台所で別に食事がふるまわれ、農業経営者とその妻が最後の乾杯のときにだけ顔を見せるようなものへと姿を変えていった。さらに後になると、地元の居酒屋の主人が支払いを受けて大量の飲酒をともなう酒宴の場を提供する場合もあり、そこには女性が参加することはほとんどなかった(96)。一八四六年には、ある裕福なウィッタムの農業経営者は、収穫期に雇った労働者たちにまとまった金銭、一組の手袋、一日に六パイントのビールを与えるようになっていたが、彼は日記に「私は彼らに食べ物や打ち上げは一切約束しなかった」と記していた(97)。

ナポレオン戦争中、穀物価格の高騰によって農業経営者と地主は利益を得たが、いまやみずからの食料を購入せざるをえなくなった労働者たちは、困窮の度合いが増した。そのような慣行にたいする彼らの憤りは、すでに新救貧法にたいして向けられていた怒りに火をつけて、新農法、とくに脱穀機の導入によって仕事を奪われるのではないかという恐れを増幅させた。断続的に発生する暴動と放火はとりわけ大農業経営者や国教会牧師をその標的とし、一方で小農業経営者のなかには労働者に共感する者もいたため、農村の共同体が破壊された。農業経営者の新たな富と、彼らの識字能力の向上と彼らが地方規模で獲得した権力はまた、地元のジェントリへの挑戦でもあった(98)。とくに扱いに注意を要する領域は、教育と文化全般であった。近代農業はますます識字と計算の能力を必要としていた。一八一一年設立の私立学校オンガー・アカデミーは、こうしたなかで、あるエセックスの農業経営者の息子で、兄弟もみな近隣で農業経営をしていた男性によって設立された学校である(99)。農業経営者とその家族は読書クラブに参加し、新聞を読み、なかには小さな図書室をもつ家族もあった。引退した農業経営者やその寡婦や独身の娘たちは、しばしば商店を営む親戚や友人の近くの市場町に居を構えた。たとえまだ現役で農業に従事している場合でも、敬虔なキリスト教徒のつながりをもつ人びとは、教会や礼拝堂に定期的に通うことで、信仰を同じくする都市部の人びとと交流をもっていた。

農業経営者の家族は男女とも、信心深い家庭、子どもの教育、上品《ジェンティール》ではないにせよ体裁のよい《リスペクタブル》生活様式に高い価値を置いていた。ナポレオン戦争後の農業収入の著しい減少にもかかわらず、向上心が消えることはなかった。「農業不況に関する特別委員会」は一八三三年、農業経営者たちは金遣いが荒く、戦時景気に甘えすぎてきたという意見について調査を行なった。消息通の見解によれば、支出は削減を余儀なくされたかもしれないが、「彼らがかつての農業経営者の習慣に逆戻りしたとはいえない。社会のなかでの等級を維持できなくなってしまうからである」(100)。世俗的な資源に支えられて高まった向上心は、農業経営者がジェントリや地主や聖職者による伝統的支配からあまりにも独立した存在になってしまうのではないかという恐れを掻き立てた。多くの地域で、農業経営者たちは、広範囲にわたる教会改革の一環として農村部の教区にやってきた聖職者たちよりも古株であった。［一方］聖職者たちの収入は、必ずしも社会的および文化的指導者としての期待を満たすほどの額ではなかったのである。

農作業や所得に幅があったこと、そして農業経営の内部に、たとえば小売業と卸売業の区別のような明確な境界線がなかったことが、社会的緊張を招いていった。十分な資源をもっていた裕福な農業経営者たちが、必ずしもみなジェントリ風の生活を望んだわけではない。おそらくジェントリの価値観を公然と否定することに抵抗を感じていたのかもしれないし、紳士たちも、こうした田舎のにわか成金に分をわきまえさせようとしたのであろう。製造業者とは異なり、農業経営者は長い歴史をもつ生活様式を代表する存在であり、彼らのかつての飾り気のなさや慎ましさにたいする郷愁から、彼らの上位に位置する階層も下位に位置する階層もともに苦々しさを覚えたのである。

農業経営者たちが体現していたのは、馬、犬、牧草地や畑の世界と結びついた、素朴できわめて男性的な徳の様式であり、それゆえ古きイングランドの象徴である「ジョン・ブル」は、一八世紀の農民の服を着続けていた。新たな慣習と新たな財産は、女々しくて贅沢な生活習慣をもたらすと思われていた。そして、よくあることだが、女性たちはそうした集団の否定的な特質をそなえていた。農業経営者の妻や娘の強欲で贅沢な生活習慣は、しばしば労働者を食い物にして農業経営者たちが高い利益を追求する原因だと非難された。そのような女性たちは、

かくも長きにわたりイギリス人の性格に威厳を与えていた、誠実で男らしい実直な態度を奪ったのだ。……ほかでもない農業経営者の娘が、モスリン［薄地の綿織物］を着るために自分の毛織物を捨て、けばけばしく露骨な色気を振りまくためにハンカチを捨て、媚を売るために自分の内向性を捨て、化粧をした売春婦のようになるために徳のある勤勉性からくる色つやの良さを捨て去っている[101]。

専門職

専門職とはサーヴィスを売ることを含意しており、そのサーヴィスは、とりわけ言語や視覚形態や抽象概念の操作をともなうものだった。この時期を通して専門職はより格式ばったものとなり、独自の参入要件、職業訓練期間、行動規範、固定給の基準、さらには免許まで有する閉鎖的集団として、自分たちを確立させようとする努力がなされた。こうした特徴がとくにあてはまったのは、教会、法、医療に関わる古い専門職であり、それらは古典の素養を必須のものと定めて、事実上、大部分の労働者階級の男性とすべての女性を排除していた。

一八五一年には、専門職の男性を世帯主とする家庭は、中産階級の国勢調査標本の二一パーセントを占めていた。このうちおよそ半分は、聖職者、法律家、医師という昔からの専門職で

あった。残りの半分は、主として教師であったが、これに加えて技術者、建築家、土地測量士、不動産管理人、博物学者、著述家、芸術家といった比較的新しい専門職も散在していた。

この時代には、医療専門職は三つの集団に分かれていた。より高い地位にあったのが内科医で、彼らのなかにはオクスブリッジやエディンバラ大学の卒業生がおり、そのほとんどがロンドンで開業していた。一八四三年のバーミンガムでは、二〇〇人の医療従事者のうち、内科医にはわずか一四名が登録されていただけだった。第二の層をなしたのは、この時期に地位が上昇していた外科医で、最後に薬剤医がいた。地位の違いは残っていたものの、これらの分類は「一般診療医」へと統合される傾向にあった。[102] こうした医師たちは、いまや薬の調合と販売を薬種商に任せ、日常的な患者の身体の世話をおおかた女性の手に委ねるようになっていた。[103] 薬ではなく医師が費やした時間にたいする治療費を請求することで、医師の地位は引き上げられていった。

一八二八年までに、バーミンガムの医師数名による自己教育の場として始められた連続講義は、医科専門学校《カレッジ》となっており、これに続いて、この都市にはほかにもいくつかの医学校が設立された。[104] そうした医学校が訓練課程を提供することができたのは、ひとつには病院や診療所の設立のおかげでもあった。それらの病院や診療所の大部分は、労働者階級の患者のためのもので、中産階級の慈善活動の重要な一部だった。一七九七年から一九世紀半ばまでのあいだ、バーミンガムには八つの病院が開設された。一方、一八二〇年に開設されたエセックス＝コルチェスター病院は、この地域で主導的地位を占め、その後、ほかにもいくつかの病院が設立された。[105] 医師たちは、名声を確立する一助となり、教えることでさらに収入を増やす機会が得られるため、無給であっても病院に職を求めた。医療職の養成とその参入方法は、長いあいだ徒弟制と公式の教育が混在した状態であったが、しだいに後者が中心になっていく傾向にあった。

専門職としての法律家は、決して同業組合団体をつくらなかったという点で、医療職とは異なっていた。法律家は、訴訟代理人と事務弁護士という区別のもと、直接法廷に属する存在であった。一八世紀初頭の規定により、法曹界に入ろうと志願する者は、五年間にわたって訴訟代理人か事務弁護士のいずれかのもとで見習いとして修行していなくてはならなかった。事務弁護士協会が設立されると、専門職としてのアイデンティティがより強固なものになりはじめたが、法律業務を行なうためのいくつかの非公式な経路も依然として残されていた。ほかのほとんどの地方都市と同じように、バーミンガムには独自の法廷がなかったため、この都市に暮らす法廷弁護士は存在せず、したがって事務弁護士たちが法専門職の主力となった。[106]

地域の訴訟代理人は、きわめて多岐にわたる業務を兼任した。彼らは土地所有権の処理をし、建築用地の借地契約に関する文書を作成し、金銭の融資や契約書の作成や信託財産の管理を巧みに行ない、徒弟契約や遺言書の証人になり、売却される不動産を視察することもあっただろう。農村部では、訴訟代理人が不動産の仕事に携わり、競売人になることすらあったため、新たに登場していた不動産管理人、土地測量士、訴訟代理人のあいだにはかなりの競合関係があった。市場町の法律家は、みずから土地を獲得する地位にあった。裕福な法律家と不動産所有者は地域社会の有力者で、商業、貿易、製造業、農業経営の利害を束ねる手助けをしており、その多くが地域政治にも積極的に関わっていた。(107)

一九世紀初頭までに、地方の法律家たちは職への規制を強めるよう求めていた。バーミンガムは、事務弁護士協会をつくった最初の地域のひとつであったが、この協会は、正統な方法以外で法曹界に入り込むことを非難した。この時期にみられたほとんどの専門職の団体と同様、事務弁護士協会は社交と食事のクラブであった。一八三七年にバーミンガム事務弁護士協会の副会長が亡くなると、彼の息子がその後を継ぎ、ほかの会員とともに葬式に参列した。故人への弔辞のなかで強調されたのは、副会長が「とくに個人の行動様式によって……法専門職の水準に害を及ぼし、その水準を下げるかもしれない者たちをすべて協会から排除すること」に尽力しながら、どれほど十分に法専門職の理想に恥じない生き方をしたのかということだった。(108)

ほかの職業に比べて、専門職は自分自身を売り込む能力を基盤としており、ほとんど資本を必要としなかった。主要な費用は、教育と初期の訓練、それに加えて賃金稼得能力の遅延にともなう費用くらいであった。古くからある専門職はとりわけ、主に中産階級の顧客の個人的な事情、つまり彼らの財産、身体、霊魂を扱うものだった。専門職を営む者と顧客とのあいだの信頼が、両者の関係の大部分を占めた。それゆえ、共同体の指導者たちから与えられる恩顧は、訓練と顧客を獲得する過程の両方で重要な要素だった。バーミンガムのクエイカー教徒の共同体には、自分たちの医師と歯科医師がいた。ウィッタムの国教会派と非国教徒の集団は、お抱えの医師にかかる傾向があったが、会衆派のディクソン医師は、ひとりの国教徒（トーリー派）を共同経営者に選び、そのことによって彼の診療活動の幅が広がることになった。(109)専門職のあいだでは、共同経営が行なわれる場合もあったが、ほかの職業ほど重要ではなく、聖職者の場合は、共同経営が法的に禁止されていた。共同経営が行なわれる場合には、父と息子、あるいはおじと甥のあいだでその関係が結ばれる傾向があったが、それはもっぱら、兄弟や義兄弟を通した横断的な事業拡大というより、顧客や仕事の「信用」を引き継ぐための方法であった。専門職の仕事が行なわれた場所とその移動の範囲はさまざまであった。専門職に従事する男性のほとんどは、かなりの距離を旅したようである。あるエセックスの不動産管理人は、その人生のほとんどを「馬に乗って」過ごしており、あるときは四日間かけて一五〇マイルの距離を、馬にまたがり、自分の軽馬車を走らせ、さらに駅馬車を使って移動したこともあった。(110)訴訟代理人は往々にして事務員を雇っており、彼らは自宅をバーミンガムの事務所から遠く離れたところに移していたようである。他方、東部諸州の市場町では、訴訟代理人は現役のあいだは町の中心部に留まることが多かった。[11]

専門職が開業に成功するには、親族と家族が鍵となる役割を果たしていた。幼少期からの全般的な文化的素養は重要であったが、他方、親族関係がもたらす資源は社会的地位を手に入れ、またその地位を裏書きするものとなった。ウィリアム・ウィザリングには、ウォーリックシャーで内科医を開業している父とおじがいた。ウィザリングの父は、近隣の聖職者のもとで息子に古典の教育を与え、それから彼をエディンバラ［大学］に行かせて、それに続けて短期間、ロンドンとパリの病院で修業を受けさせることができた。ウィザリングはスタフォードに居を定め、裕福とはいえなかったが、あるエリートの訴訟代理人の娘と結婚するなど「最上層との交際」を楽しんだ。友人のつてを頼ってバーミンガムで開業すると、ウィザリングの一〇〇ポンドの年収は一〇倍になり、彼はすぐにバーミンガムの主導的な人物となった。[12]

そうした後ろ盾をもたずに農村部で専門職の世界に入ることは、もしほかに支援してくれる人びとを見つけることができれば不可能ではなかったが、それでもはるかに難しかった。ウィッタムで医師となったヘンリ・ディクソンは、小規模農業経営者の息子だった。彼が臨時の仕事で雇われるようになった地域の農業経営者は、少しばかり医学をかじったことのある人物だった。ディクソンは、ロンドンでの研修に必要な二〇〇ポンドのうち九五ポンドを貯め、残りの金はともに独立派教会に通っていたひとりの信徒に用立ててもらった。ある年老いた女性患者は死の床で、空いている開業用地を購入するために必要な一〇〇ギニーを彼に「貸して」くれた。彼が開業医の世界に参入できたのは、もっぱら会衆派教会を通じてのことだったが、狩猟への熱意を通して、ディクソンは地域の名士との交流を深めるようになった。[13]

男性専門職の女性の親族たちは、ほかの業務形態と比べると直接的に経営体に貢献するのは困難だったが、住み込みの徒弟や生徒たちの世話をし、伝言を受け取り、薬の調合を手伝い、会計簿をつけ、手紙を書いた。その一方で、彼女たちが男性専門職の世帯にもち込んだ財産や人的つながり、そして家族のありようが、社会的にもまた職業的にも、限られた範囲での開業となるか、より上層の階級に参入できるかという違いを生む可能性があった。

専門職の家族、とくに上層専門職の家族は、ほかの中産階級の職業に比べ、男性専門職の努力と技能に依存する度合いがかなり高かった。すでにみたように、専門職の男性たちは、相互扶助団体や保険団体の発展の先頭に立っていた。男性専門職は財産の管理にはあまり関心がなく、死亡時には妻に財産を遺したが、亡くなると職業からの収入は入らなくなるため、銀行家たちは専門職の男性たちを金融のリスクが高い存在とみなしていた。専門職の男性では、遺言書の九〇パーセントで妻が執行人として記されていたが、これは製造業者や農業経営者の場合には六〇パーセントにすぎなかったことと対照をなしていた。

多くの専門職は、もっぱら中産階級とジェントリを顧客としていた。新しい機械や製造過程に熟達したり、労働者階級の使用人を扱ったりすることは、彼らの日々の経験には含まれていないことであり、彼らの妻や子どもたちは、仕事の世界から隔てられ、仕事の世界に汚されることなく生活することができた。法律家、教師、医師、そしてとりわけ聖職者と著述家は、言葉を操って中産階級にたいして中産階級について説明することに人生を費やした。この集団のなかに見いだすことができるのが、同じ中産階級に向けて、男女それぞれにふさわしい役割について熱心に説いたもっとも著名な人びとである。信託財産の仕組みを用いた法律家、女性にいかなる世俗的ないし知的な刺激も避けるようにと助言した医師、家族生活についての教区牧師の説教、男性らしさと労働についての学校教師の説話、そして芸術家や著述家による理想化された巻き毛の乙女と雄々しい若者の描写は、中産階級の価値の創出に貢献したのである。

専門職のあいだには、富と地位をめぐって広範囲に及ぶ違いがあった。一方の極にいたのは、不動産を所有し、銀行家や裕福な農業経営者や製造業者、さらにはジェントリとさえも交友関係を結んだ有力な訴訟代理人であった。法律家たちは、町のはずれにある大きな屋敷を購入したり、借りあげたりした。法によって濾過された富は、一つの家族を、ジェントリ層やロンドンの社交界に受け入れられるようにするだけでなく、権力と影響力のある地位に移動させるためのもっとも確実な方法のひとつだった。法専門職は、中産階級と上流階級の出会いを可能にするプラットフォームだったのである。

しかしながら、専門職のなかには、より質素な生活様式で暮らしていた家族も多く含まれていた。一八五一年に、エジバストンの外縁にあったジョージ通りには、若手やそれほど羽振りの良くない事務弁護士、外科医、その他の専門職が、年間の課税見積もり価格が四〇ポンドほどの家々に一群となって住んでおり、こうした家では使用人が一名かせいぜい二名しか雇われていなかった。[114]恵まれない境遇から身を起こした男性たちにとって、こうした地位はときに最終目標であった。小規模農業経営者、小売商、小親方の息子たちは、いまや改革されたグラマースクールや設立されたばかりのアカデミーで教育を受け、立身出世することができたのである。さほど威信のないこれらの専門職では、多くの場合、無認可の同業者を自分たちの階層から締めだすことが難しかった。公認土地測量士が自分たちの組織を合理化することができたのは、一九世紀に入ってしばらくたってからのことだった。[115]このことが何よりもよくあてはまったのは、もっとも人数の多い準専門職だった教職においてである。社会的に受け入れられていたジェンダー区分によれば、少女と幼い少年は女性教師によって教育されるべきとされていたので、教職は、この階層を閉鎖的なものにしたり、伝統的専門職にみられる難解で費用のかかる訓練を要求したりすることができなかった。より高度に構造化された教育という専門職に女性が参入してくるかもしれないという恐怖は一八五〇年代以降に生じ、一九世紀後半の中心的な問題となっていくことになる。

給与職

一九世紀を通して、さまざまな職階からなるひとつの集団が誕生した。その集団は、遂行される仕事においてだけでなく、報酬の形態、労働の場所、当局との関係、そして仕事を毎日継続的に行なうことが拠りどころになっている点において、革新的であった。このような事務職や管理職は、経済的、政治的、社会的制度の規模と複雑さが増大するにつれ、それらの制度が生みだした仕事の量の多さから発展していった。こうした機能の起源となっていたのは、教会とその伝統的な統治方法である。多くは名誉職かつ非常勤であり、直接の給与はほとんど支払われなかったが、そうした役職には影響力と利益を得るための機会がともなった。国教会教区委員、教区吏員、教区民代表、市場吏員、都市巡査、水利監視官などの役職が、地域の記録から浮かびあがる事例となる。いくらかの識字能力と文書作成能力が必要とされるこのほかの役職は、ジェントリや大商人の屋敷にいる腹心の使用人たちによって占められていた。代書人、執事、所領差配人は、主人への個人的忠誠が求められる職位であった。発展した給与職は、恩顧関係を通して得られる特権性をその特徴のいくつかにとどめていたものの、同時に家事奉公の特徴である自立性の欠如という要素も含んでいた。一九世紀でさえ、給与職と男性使用人のあいだには、つねにはっきりとした境界線が引かれていたわけではなかったのである。

一八三〇年代までに、経営体の大規模化、地方自治体と中央政府の拡大、とくに救貧法の影響、自発的結社による活動の激増、これらすべてが事務能力、簿記、書簡文にたいする需要を生みだした。確かに、この集団のもっとも大きなカテゴリーのひとつである給与制の学校教師は、一八七〇年代の義務教育制度導入のずっと以前から、急激に増加しはじめていた。

専門職と同じように、給与職の仕事は個人の特性に依拠するものであった。若い男性が仕事を始めるには、きちんとした服装、清潔さ、作法、基礎的な教育が必要で、それらすべてが何らかのかたちで家族の資源を必要としていた。多くの男性は、常勤の給与職に就くための道を、教会や礼拝堂で行われる日曜学校で教えるといった活動をするなかで見いだし、年配の比較的裕福な後援者《スポンサー》に引き立ててもらうことで経験や自信を手にしていった。給与職の仕事を得るために、親族や友人や庇護者《パトロン》が重要な存在であり続けたのは、ある面では通常この仕事に、しばしばかなりの額にのぼる経済的保証が必要とされたからだった。新たに創出されたエセックスの救貧院の院長職には、家屋所有者で、一〇〇ポンドの保証金を支払う用意のある者を探しださなければならなかった[116]。一九世紀初頭には、庇護者たちは、自分が推薦した候補者の就任を催促するのがつねであった。こうした手順は、「縁故主義」とみなされるどころか、常態であると思われていた。

一九世紀半ばに向けて、事務職は、とくに地方の行政機構では、官僚制へと組み込まれていった。個人の性格や教育により重きが置かれ、縁故関係はそれほど重視されなくなった。給与職は、一九世紀のほかのいかなる経済活動よりも「職業」の定義に近いものになった。職業に男性のものという言外の意味があったことは、給与職に就いた者が、学校教師という重要な例外を除き、ほぼすべて男性であったという事実によって確認できよう。一八四一年には、バーミンガムの一三六九人の事務員のうち、女性はわずか五人だった。[117] たとえ実際には、「扶養家族」の多くが家族の収入を補うために働かなければならなかったとしても、事務職の勤務条件は、その職に就いた男性が妻と子どもたちの扶養を引き受けるという想定にもとづくものだった。

この時代の初期には、事務職や管理職の地位についた男性はしばしば、事務所の階上あるいは裏手に住み、事務所の番をして、昼夜休みなく呼び出しに応じることが期待されていた。妻は建物の掃除や管理にたいして責任をもち、昼食時には年長の共同経営者のために昼食の用意をしただろう。一九世紀が進むにつれて、しだいに増加した給与職の従業員たちは、職場とは別の家庭用住居に住むようになった。ウィッタムでは、ジェイコブ・ハウエル・パティソンが一八四〇年代に町の中心部の土地を購入し、ささやかな家が立ち並ぶ新しい通りを創設した。彼はこの通りを管理して、新しいゴシック様式の国教会の教会、国民学校、貯蓄銀行、警察署を建設するのに大きく貢献した。一八五一年にこの通りには、競売人、不動産管理人、ウィッタム連合教区の貧民救済係、貯蓄銀行の補助保険数理士、警察の警視、ウィッタムの事務副牧師、幼児学校の女性校長、国民学校の女性教師などが住んでいた。これらの家の大半は年間の課税見積もり価格が一二ポンドから一四ポンドで、それはおおかにみれば、中産階級のなかの最低水準に位置する住宅だった。[118] エジバストンの周縁でも、静かな通りで似たような開発がより大規模に進められ、こうした地域は、事務職、外交販売員、救貧税の徴税官、男性学校教師たちにとっての安らぎの場となった。給与職の人びとが住んでいた家屋の種類や地域は、彼らが相対的に低い地位にあり、また年齢的に若かったことを示している。

住み込みの事務員や秘書の職に就いた妻たちが家政面の役割を果たしていたことからわかるように、そのような男性の妻たちを完全に排除することは、必ずしも期待されていたわけではなかった。T・H・フィニガンは一八三〇年代後半に、バーミンガムのある博愛主義団体にこの都市で活動する伝道師として雇われていた。彼の仕事の大半は売春婦に関連することだった。フィニガンはこの仕事をするにあたり妻の援助に頼り、とくに家庭訪問が必要なときには、男性は男性を対象に、「婦人」は「女性」を対象にした活動をするべきだという慣例に従った。フィニガン夫人は病気の女性も訪問し、夫婦は罪を懺悔した売春婦たちを自宅に受け入れた。フィニガンは、自分の労働時間を週ごとに計算しながら、もし妻の働いた時間が合計に含まれたら、少なくとも一五時間多く時間を記録することになっただろうと述べた。彼はまた息子を連れていくようになり、ときには自分の代わりに息子を集会に出席させることもあった。

フィニガンは自分の仕事を組織するにあたり、さまざまな考え方から影響を受けていた。伝統的な考え方にもとづいて、彼は家族も自分の一部であり、妻の貢献は聖職者の妻の義務に準じるものだと考えていた。他方で彼は、自分が責任をもつ平信徒委員会によって任命された、ひとりの有給の労働者だった。まだ［伝道師になるための］特別の訓練も存在しなかったし、仕事は不安定だった。聖職者と同じように、彼には拠りどころとなる家族経営も財産もなかったが、聖職者とは違って、中産階級の職業のなかで彼が築いた足場は不安定なものだった。

給与職の男性が扶養家族のために「世襲財産」を築くことは困難だった。彼らは病気や死に見舞われる弱い立場にあり、職人や熟練工のように在庫や道具をもってさえいなかった。専門職とは異なり、彼らには後に引き継げるお得意の顧客や依頼人がほとんどいなかった。遺言書の標本のなかでは、ほとんどの事務職が妻に全財産を遺していたが、この遺産はわずかな財産にしかならず、もっぱら流動資本で、生活を続けていけるほどの資産の助けを欠いていた。給与職という地位は、男性を雇用者や庇護者の手にゆだねるものだった。安定した職位の代価となったのは、比較的高い給料であったにもかかわらず、彼らがしばしば共同経営者や経営者や経営委員会の使用人とみなされたことであった。彼らが行なっていた職務は多岐にわたっていたが、すべてに絶対的な裁量をもち、確実にこなす必要があった。

優れた雇用主や上役のいる事務所に留まることは、給与職の男性にとって好都合なことだった。事務職や学校教師は、自発的結社の尖兵とみなされる傾向があり、それは先に説明した都市の伝道師のような有給職でも同様だった。彼らは聖書を配布する人員を配置し、帳簿をつけ、寄付金を集めるために呼びだされたが、重要なことにそうした仕事は、ときには高い地位にある専門職男性の妻や娘たちによってもなされていた。才能と人を動かせる資質があった場合、そのような余技を通して、裕福ではなくとも地域で影響力のある地位まで昇っていくことができる者もいただろうが、その道は決して楽なものではなかった。

適切な宗教的ないし政治的な立場にあった後援者と庇護者の存在は、必須の条件だった。給与職の特徴である財産の欠如と独立性の欠如の組み合わせは、しばしば収入が保証してくれるものよりもさらに彼らの地位を引き下げており、その地位は、ディケンズの小説の登場人物である事務員のユーライア・ヒープによって見事に表現されている。結果的に、給与職のほぼすべての職位が男性のみに占められていたにもかかわらず、彼らの仕事と男性性との関連については、独特な曖昧さがみられた。きれいな手、丁寧な話し方、小ざっぱりした服装、高い水準の識字能力、室内での座業である仕事はまた、彼らを労働者階級から区別する記号として機能したが、肉体的な能力や手作業の技能と結びついた男性性とはなじまないものだった。自営職人、小親方、小規模農業経営者は、しばしばそのような男性を、家事奉公をしている者たちと同じく「制服を着た使用人」とみなした。「男になるべく生まれながら事務員になることを言い渡された」人びとの就く「このきわめて男らしからぬ仕事」という、二〇世紀に引き続く事務職のイメージは、こうした起源から生じている。[119]

事務職や学校教師などの給与職で働く人びとが、家庭の中身でないにせよ少なくとも体裁を守ることで、自分たちの男性性を刻印する必要性を感じていたことは理解できる。彼らがとくに抱えていたジレンマとは、しばしば彼らの収入が、妻や娘たちの稼ぎをあてにせざるをえなかったことにある。彼ら自身の仕事が個人によるものであるという性格上、たとえば小売店主にできたように、家族労働を彼らの仕事に組み込んでいくことは容易ではなかった。二つの地域ではいずれも、給与職の妻や娘たちが自分たちで店を経営したり、学校で教えたりするなどの活動をしていたことが確認されている。

一九世紀初頭以来、中産階級のイメージとは製造業者、すなわち同時代に生きた人びとの関心を強固にとらえた「マンチェスターの男」であった。一八五四年に出版され、当時から読み継がれてきた不朽の著作のひとつ、ギャスケル夫人の『北と南』のなかで、製造業者の英雄である活気あふれた登場人物は、「決意と力を表わし……賢明で力強い」存在として描かれている。

力強く浅黒い肌をし、眉がまっすぐに通った低い階層出身の織物工場主はここで、青白い顔をしてためらいがちな［女主人公の］国教会聖職者の父親と対比されている。この聖職者の顔は「柔和で迷いがあり……感情をすべて表情に表わしている」。[120] あらゆるほかのステレオタイプと同じく、これらは現実には根拠の薄い陳腐な決まり文句である。製造業や商業で富を築く基盤となったのは、有形物の生産と物品の販売であった。製造業者と商取引業者は、その生産する商品に囲まれていた。彼らは、大規模農業経営者と並んで、増加中でしばしば怖れられていた賃金労働者たちに訓練をほどこし、彼らに直接対峙した。専門職の男性は、むしろ抽象的なもの、象徴や概念を扱っており、彼らが売ったのはサーヴィスであり物品ではなかった。専門職の男性はより容易に手と衣服を清潔に保っておくことができたのだった。彼らが顔を合わせたのは顧客のみか、せいぜい事務を行なう給与職だけであった。

しかし、こうした区別の背後にあったのは、生産こそすべての利益と富の究極的な源泉であるという認識であった。製造業の新しさ、その泥臭さや劇的性質はとくに魅惑的なものだった。多くの専門職と給与職の男性の収入は、彼らが仕事を辞めると入ってこなくなったが、製造業によってつくりだされた設備と財産は持続したのである。文学作品の著述、講義や説教、地方の中産階級による自発的結社の人員配置において、専門職の男性にはより発言権があったかもしれないが、通常資金を出したのは製造業者であり、銀行家であり、貿易商であった。[121]

中産階級の男性のイメージは、当時でも現在でも万華鏡のように多様に変化しながら、中産階級と呼ばれる存在全体の境界を定義する助けとなり、男性の信念と行動を導いている。しかし共通するのは、中産階級の活動がもつ男性的な陰影である。男性のしたことは男性の仕事として定義され、男性の仕事をしたからこそ、彼らは男性となったのである。

第6章 「隠れた投資」
——女性と企業

はっきりしているのは、男性は女性に比べ、みずからの助言者となり指導者となる力に優れており、困難を切り抜け、仕事に取り組む術をよく心得ているということだ。

——ダニエル・デフォー『モル・フランダーズ』一七二二年

女性の領域が家庭と道徳にあるということが意味したのは、女性が経済主体となるのは必要に迫られたときに限られるということであった。一九世紀が進むにつれ、営利活動に携わる女性といえば、収入もなければ扶養してくれる男性もいない存在なのだという見方が強まった。営利活動を積極的に推し進めていくことが宗教観に抵触するという点では、こうした女性は同じ階級の男性と異なるところがない。しかし、男性であれば、経済活動に打ち込むことが家族の地位なり自分の価値の向上なりにつながったのにたいし、女性の場合は、同じ行為が自分自身にとって不名誉となり、場合によっては周囲の人びとの恥となる恐れがあった。構造的な不平等により、女性が自立して生活することはきわめて困難であり、ましてや家族を扶養するのはさらに難しかった。しかし、家庭重視イデオロギーの構築と

新たな消費傾向という誘因は、表立って市場で取引を行なっていた女性たちには負の影響を与えたものの、それにまさるさまざまな魅力的な選択肢を彼女たちに提供したのであった。

職業という概念が男性的アイデンティティの中核的な要素となりつつあった時代に、男性との続柄とは別のかたちで、女性が自身の地位をもつのは異例のことだった。一八五一年の国勢調査で、統計局長官は女性だけを対象とした第五部類を新たに導入した。

第五部類には、これまで無職とされていた大勢の人びとが含まれている。しかし、論じるまでもなく明らかなのは、イングランド人家族の妻、母、女主人の役目とその果たす義務がきわめて重要なものであること、そして子どもたちも、子ど

もにふさわしい家庭での義務を果たし、家庭ないし学校で勉学という務めを果たしていること、あるいはそうすべきだということである。[1]

一八五一年の国勢調査の標本によると、女性世帯主の六九パーセントが寡婦、二一パーセントが独身女性であり、その他の存在があまりみられない以上、女性の職業に関する議論は、寡婦と独身女性を基軸としたものにならざるをえない。女性にとって結婚とはまさに「職業」であり、経済主体としての女性は、家族経営の舞台裏に映る影としてその姿を現わすことになる。

アリス・クラークの一七世紀についての研究と、一八世紀から一九世紀初頭にかけての時期を扱ったアイヴィ・ピンチベックの研究は、商業、農業、その他の事業に女性が積極的に参加できていた状況が、緩やかに変化を遂げていく様子を明らかにしている。両者の研究からわかるのは、ほかに先駆けて繊維生産が市場に統合されるようになったことで、糸紡ぎのように、かつては相当裕福な家族内でも行なわれていた女性の副業が、すでに強い影響を受けていたことである。[2] 収入を得る機会を失ったことにより、中産階級の女性にとっては、生き残る唯一の道として結婚がますます支配的なものとなった。「紡ぎ女《スピンスター》」という用語の意味が、糸を紡ぐ人という意味から未婚の女性へと変わったのはその証左である。ミセス（女主人《ミストレス》の短縮形）は中年に達した独身女性にも儀礼的敬称として用いられていたが、この呼び方は一九世紀までに廃れていった。「独身女《スピンスター》」たちは生涯にわたって、このいくぶん侮蔑的なレッテルを貼られたのである。一九世紀後半までに、女性の名前《ファーストネーム》は独身か寡婦の場合にしか使われなくなり、既婚女性の場合には夫の名前《ファーストネーム》と姓《サーネーム》を用いて［その前にミセスという敬称をつけて］呼ぶ慣習が一般的になった。

もっとも重要な変化のひとつは、経営規模が拡大し、大規模経営と小規模経営とのあいだにさまざまな格差が生まれたことであった。一〇〇〇エーカーを超える規模の農業経営者を夫にもつジェイン・ランサム・ビドルは、家政婦を含め数多くの使用人を雇っており、近隣のイプスウィッチで繰り広げられる知的かつ文化的な生活を楽しむ余裕があった。しかし、サフォークの農家の二六パーセントは家族労働のみに頼っており、こうした農業経営者の妻や女性親族の生活環境は、ビドルのものとは雲泥の差があったことだろう。[3] 製造業においては、小規模な自営の工房がより資金力のある大規模な企業に吸収されていき、多くの女性起業家が破滅へと追いやられた。大規模化した企業が、局地的な市場や全国的な市場にますます強固に組み込まれていくにつれ、専門の製品を製造し、代理商や仲介業者がそれを引き受けて一元的に管理していく傾向が強まった。たとえば、耕地農業への転換によって、エセックスとサフォークでは副業だった酪農が急速に衰えることとなったが、酪農とは、まさに農場の仕事のなかで伝統的に女性が担ってきた領域であった。チーズ製造は、一定の規模以上の農場であればどこでも行なわれており、農業経営者の妻が、娘、姪、姉妹、住み込みの女性略農労働者たちの助けを借りながら、自力で行なっていたものだったが、それは国内のほかの地域で集約的に製造されるものへと変化していった。一八四三年に「農業における女性と子どもに関する王立委員会」が調査を行なった際には、チーズ製造は忍耐と技術と力を要するため、女性には向いていないと発表されている。(4)

技能の訓練や経験は全体的に廃れる傾向にあり、科学的に系統立った文化から排除されがちであった女性には、ことのほか不利な状況が生まれていた。たとえば農業においては、手動や蒸気機関を動力とする機械類が導入され、肥料にも化学製品が使われるようになったことで、女性農業経営者にとっての障害が増大していった。(5)作業工程の合理化をともなう大規模生産が進展すると、従業員が増え、そのなかに占める日雇い労働者の割合も上昇することになった。日雇い労働者の大半は、もはや自営の生産者になる見込みもなく、社会的弱者のままでその生涯を終える運命にあった。上品な女性たち、とくに若い未婚女性は、物理的にも距離を置き心理的にも壁をつくって、そのような従業員との接触を避けるべきだという感覚が強まっていった。圧倒的に男性の従業員が多いなか、女性が権威をもつことはさらに難しくなった。このことは、農業慣行におけるさまざまな変化のなかにはっきりと表われている。さまざまな理由で一八世紀半ば以降、女性は季節性の高い臨時作業を除いて、農作業から徐々に排除されるようになっていた。(6)農作業はもとより、屋外作業自体が女性にふさわしいのか否かという議論は、ほとんどつねに道徳面の問題として論じられ、労働者の監督という実際的な問題からは注意が逸らされてしまった。農業経営者の妻たちは、もはや男性労働者の家庭生活を監督する女主人としてふるまうことがなくなっていたが、こうした考えによって、彼女たちが直面していた問題は何倍にも膨れあがった。広大な農場で仕事の監督をするには、馬に乗り、しばしばひとりで労働者たちに対応する必要があった。こうした仕事は、男性農業経営者に付随的な地位と権威を与え、「男性経営者を労働者より上位に引き上げた」(7)ものの、女性らしい礼節という観念とは相容れなかったのである。

これらの要素は、独立して事業を営む女性にとりわけ重くのしかかった。家庭内の活動であるかぎり、女性はまだ主体的に経済的な貢献をすることができた。より深刻な困難をもたらしたのは、家族以外との関係である。賃金労働者への対応だけでなく、顧客、銀行家、事務弁護士、土地差配人などとの関係もあったが、彼らこそ、女性はこうあるべきだという期待をますます凝り固めていた男性たちであった。

このようにして、ある種の活動は、男性ないし女性のジェンダーとより密接に結びつけられていった。そのような結びつきには、ギルド制を通じてかつては男性が独占していた活動に由来するものもあり、それらはギルド制が実体を失ったところでもそのなごりをとどめた。たとえば、建具職、車大工、鍛冶屋といった建設業の集団から女性が締めだされたことは深刻な結果を招いたが、それはまさにこれらの手工業から、工学技術、測量学、建築が発展したからであった。

ある種の仕事は、無理をしてでも特定のジェンダーの者が行なうことになっていた。あいにく家族のなかに求められる性別の子どもや成人がいない場合には、広く親族や友人のネットワークから補充されることもあった。裕福な家庭では、しかるべき年齢と性別の人物を代役として雇うことも可能だった。さほど裕福ではない家庭では、通常であれば一方のジェンダーに割りあてられる仕事を、少なくとも外からはわからないかたちで、もう一方のジェンダーにさせなければならなかったのかもしれない。確固たる信用価値を築くために社会的地位が決定的に重要な意味をもつなかでは、こうした重大な境界侵犯が人目に触れるかたちで行なわれた場合、それは社会的地位の低さを示す証左と受け取られかねなかった。それでも市場の発達が、女性たちに資本の利用を促すにはいたらないまでも、技能を使わせる誘因となったのは確かである。女性が性的な自立の様子を少しでも見せると一斉に攻撃されたのは、彼女たちが経済活動の新たな機会を手にしたことへの恐れと多分に関係があったのかもしれない。

女性と財産

財産形態が示しているのは、事物の譲渡や管理を仲立ちとする人びととの関係である。(8) この時期の中産階級は、土地以外のものが主たる財産形態となったことから生じた機会をとらえるにはいたっておらず、それどころか旧態依然として、父系制と家父長制の原理を基盤とし続けていた。女性と財産との関係は、それまでずっと明確にされてこなかった。ジョン・ロックは、財産所有という概念を直接的に独立と結びつけていたが、ロックもトマス・ホッブズも、女性による財産管理と女性に期待される家族内での服従とがいかに整合性をもつのかという問題については、はっきりした解釈を示さなかった。(9) それどころか、法的な点でも実質的な点でも、女性の地位は一七世紀以降に低下していた。自分自身で土地を所有する女性は圧倒的に少なかった。一九世紀半ばのサフォークの土地所有者四〇四名のうち、女性はわずか四パーセントにすぎず、その土地のほとんどが小規模な分割地であった。(10) ジェントリのあいだでは、少なくとも自由保有地、つまり不動産は、夫の死後、妻の管理下に戻されていた。しかし、これまでみてきたように、中産階級の財産は、借地や謄本保有している土地、建物、投資財産や動産など、主として自由保有地以外の形態をとっており、それらについて女性には、夫の死後の管理さえ認められていなかった。一八三三年に慣習上の寡婦産にたいする権利の消滅が法的に認められるようになると、女性は結婚によって永久に財産の法的管理を夫に委ねたも同然となった。

男性親族は、その死後も女性の「遺言能力」を支配し続けることができた。遺言書の標本のうち、男性の遺言が女性の遺言よりも多かった（七二パーセントが男性のもので、二八パーセントが女性のもの）のは、単に夫の庇護下《カヴァーチャー》の妻の地位の規則により、遺言を残した女性が寡婦と独身者に限られていたからだけではなく、多くの寡婦たちが遺言を残す権利を行使できなかったためでもあった。遺言のなかに、こうした権利の制限事項が明記されることもあった。多くの妻は、子どもたちが成人するまでの期間にしか財産を利用することができず、その一方で、財産からの恩恵を得るのを「寡婦でいるかぎり」とされ、「再婚すれば権利を失う」と定められた女性たちもいた。ドゥクルーズは、コルチェスターの下層中産階級の遺言書を分析し、財産の主たる管理を任された寡婦が、一八〇五年以前には四二パーセントだったのにたいして、それ以後には二七パーセントに減少し、存命中の利益配当しか得られなかった寡婦がほぼ二倍になったとしている[11]。本書が扱う二つの地域の遺言書からは、寡婦に遺された相続財産を全面的に管理する男性が、一二パーセント増加したことが明らかになっている。

女性が財産を整理統合するのが難しかったことは、女性の場合、自分の財産を分配するにあたり、複数件の遺贈を指定することが男性より多かったことからもうかがえる。女性の三分の一が五人以上の遺産受取人を指定したのにたいして、男性でそうしたのは五分の一にすぎなかった。この傾向は、下層中産階級ではより顕著であった。さらに、女性たちは身のまわりの品や少額の分割金を、それぞれ受取人を指名して遺す傾向があったが、その多くは広範囲に及ぶ親族や友人だった。このことは、女性の財産が分散していったことと、それが個人的な性質をもつものであったことをはっきりと示している[12]。

所有形態は、管理形態と深く関わっていた。信託財産、年金、基金、保険などの収入しかもたらさない「受動的」な財産の受益者は、もっぱら女性だった。受益者の要求と希望は、信託財産の合意条項のもとで満たされることになっていたが、さまざまに異なる解釈がなされる場合もあった。信託財産管理人の役割を依頼されたウィッタムのディクソン博士は、日記に「コックス嬢のいまの見解は、私にはまったくどうでもよい」と書いている[13]。信託財産管理人には、男性の親族や家族の友人が圧倒的に多かった。実際、信託財産管理人に指名されることがもっとも多かったのは、義理の息子、つまり信託財産をもつことになった女性の夫であった。

女性は、家族経営体にたいして直接的に財務上の利害関係をもつ場合であっても、その法的な地位のために、共同出資者として経営や業務に関わることはできなかった。女性の場合、出資は貸付のかたちで行なうことが多く、女性出資者は共同経営者として得られる利益——あるいはリスク——の配分に与るのではなく、せいぜい五パーセント程度の利息を受け取るにすぎなかった[14]。特定の集団の女性たちは、こうした結果として生じる経済的な脆弱性がさらに高まった。自分が死亡すると収入が途絶えてしまう専門職や給与職の男性たちが抱いた不安については、すでに証拠をあげてきたとおりである。この欠陥については、エセックスのある専門職の男性が、妻と何人かの幼子を置いて、わずか五〇ポンドほどの財産しか遺さずに急死したとき、その友人たちが言及している。友人たちは「マーティン夫人が子どもたちに恥ずかしくない教育をして養っていけるように、学校など何らかの事業を起こさせることを目的とした」基金を集めた。マーティン夫人は労をとってもらっていることすら知らなかったし、まったく相談も受けなかった。彼女の運命は、完全にこうした男性有志の手中にあった。彼女にとって幸いだったことに、この活動の旗振り役となった男性は、マーティン夫人が「苦難の時期、立派にふるまった」ことを強調し、男性たちはその殊勝な態度に応えて、夫人のためにひと肌脱いだのであった。[15]

こうした所有する財産の特質によって、女性は経済活動にたいしていっそう無関心になった。エセックスにある農場の賃貸料で暮らしていた国教会牧師の寡婦は、農場の建物を改築するよう求められた際、自分は存命中に賃貸料から利益を受けているだけなので、改築費用の負担を求められるいわれはないと返答した。自分の地位をそのように現実的にとらえていたために、彼女は不動産から最大限の賃貸料を遅滞なく引き出そうとし、一八二〇年代の不況時には、賃貸料の減額を求められたことに不満を漏らした。宗教冊子に描かれた模範的な婦人たちとは違って、彼女は借地人が大家族を抱えていたことにも、農業を効率的に行なう資金を欠いていたことにも、ほとんど関心を払わなかった。男性だったらこのような状況をみずから引き受けたかもしれないが、この寡婦は、自分はこうした事柄に疎く、とても口をはさむ立場にはないと告白した。彼女には経験も教育も、そして何より財産を増やそうという意欲もなく、多少胡散臭いものの押しの強いコルチェスターの法定代理人の手にすべてを任せていた。[16]

その法的無能力や男性の善意への依存、そして事業計画が短期的なものであったという点から、女性は信用リスクが高いとみなされていたのは当然のことである。女性の場合により多くみられたのは、信用連鎖を築きあげて事業の継続性を守ることよりも、まとまった金銭を相続したり、募ったりすることだった。銀行は、女性に融資することにたいしてつねに慎重であったため、女性はもっぱら親類縁者から資本や信用貸しを受けており、これは男性がほかの投資機関を頼りにするようになった時代でも変わらなかった。こうした商業的信用全般の欠落は、女性の経営規模を制限する重要な要因となった。

しかし、だからといって女性が保有していた小規模な金融商品の総計が、初期の商工業の発展にとって重要な資本の源泉でなかったというわけではない。まったく逆である。経済史家たちは、金融資産家のかなりの割合を女性が占めていた可能性を認識しはじめている。[17] エセックスのある村の教区委員会が救貧院学校の設立を思い立った際、委員会は年金保険を売りだすことで資金を集めようとしたが、その年金の三分の一は女性が購入した。[18] イプスウィッチの醸造業一家の出身であったヘンストゥリッジ・コーボルド夫人の有価証券一覧表には、イプスウィッチ・ガス灯社の債権をはじめ、地元の運河、鉄道、保険会社の債権が含まれていた。[19] また、先述のような議論によって、懐具合に積極的な関心をもつ女性がいなかったかのような印象が与えられるべきでもない。バーミンガムでごく早い時期から株式仲買人をしていたナサニエル・リーの個人的な顧客となった女性たちのように、自分自身の金銭問題にたいして積極的に関わろうとする女性も、少なくとも何人かは存在したのである[20]。

とはいえ、女性の財産は、娘、妻、寡婦といったライフサイクルにともなう地位にきわめて強く規定されており、せいぜい半ば独立して暮らしていくことを可能にするほどでしかなかった。くわえて、家族と自分の社会的地位を維持するためには、公然と市場活動に参加するわけにはいかないという問題が、女性にたいする制約をさらに強めていた。こうした重なり合う影響力を理解すれば、なぜ女性には共通の利害を基盤として共同で財産を管理し操作する集団を形成するのがそれほど難しかったのかもより理解しやすくなる。そのような集団をつくることは、中産階級の男性にとっては常道だった。男性は、事業を行なうためだけでなく、政治的、文化的、知的な生活、さらには社交生活のためにも、法人財産を基盤とする結社や団体を設置し運営した。女性の場合、こうした非公式、または半公式《セミ・フォーマル》の集団に相当するものが存在したとは思われない。女性は親族ネットワークを通じてしか財産を管理することができなかったが、当然このネットワークには男女双方が含まれていた。遺言書と国勢調査の標本からは、女性だけの世帯では姉妹のあいだ、次いでおばと姪のあいだで生計の手段のみならず、財産も共有されていた痕跡がうかがえるが、これは未婚者を主とした少数派であった。つまり、女性の財産管理上の制約は、個人にとってだけでなく、より全般的に女性同士の相互の結びつきにも、また女性相互の利害を支えるために中長期的な連携をつくりあげる可能性にも、深刻な影響を及ぼしたのである[21]。

家族経営体への女性の貢献

この時代の初期、世帯と経営体が深く絡み合っていたころには、既婚女性が経営者としての行動を禁じられるということは、ほぼとりもなおさず、家事を切り盛りすることで夫の信用を保証するよう促されるということであった。しかし一九世紀が進むにつれて、女性親族は扶養家族である、あるいは扶養家族であるべきだという見解が強固になっていった。家族の事情を経営から切り離そうとする動きは、こうした変化を色濃く表わすものだった。民間企業の成長を促して最終的には企業法人化させた力、公にたいする説明責任をよしとし、財務手続きの形式化をさらに進めたまさにその力が、女性の世界を活発な市場の影響から遠く引き離したのである。

経営にたいする女性の貢献が影の薄いものになってきたのも、経済的従属性に由来する。近年の社会学の研究は、小規模の経営体で妻がきわめて重要な役割を果たしている点や、男性の職業の多くで妻が支援体制を担っている点を評価せざるをえなくなっている。つまり、「隠れた投資」としての女性に目を向けているのである[22]。しかし一九世紀には、女性が事業に関わる事例は広範にみられるものであり、妻だけでなく、娘、姉妹、姪、母、おば、従姉妹、ときには親族以外の女性の「友人」までもが関与していた。何よりもまず、女性の資本が家族経営に直接貢献していたという証拠は豊富に存在する。エセックスのある農業経営者の息子は、兄弟の全員が農業経営者となっていたが、独学で研鑽を積み、結婚時に妻が持参した八〇〇ポンドを使って男子校を設立し、成功をおさめることができた。妻の父親が亡くなり六〇〇〇ポンドの遺産が入ると、この学校は校舎を新設し拡張を遂げた。(23) 下層中産階級のあいだでは、事業を始める際の少額の資金源、あるいは貸方として、女性はつねに利用されていた。

これは何度も繰り返されてきた話である。ジョージ・コートールドはエセックスで絹糸工場を始めて間もないころ、姉妹と女性の友人からまとまった金を借り受けた。結婚すると、ジョージと新妻のルース・ミントンは、ルースの実家からの持参金を生活費に使い、利益をすべて工場に再投資できるようにした。ルースはこれを家庭の切り盛り同様、自分にできる貢献の一環だと考えていた。友人への手紙にルースは「もう私は、自分のためだけに生きる、孤独な役立たずではないのです」と記している。のちにジョージが長男のサミュエルに事業を任せてアメリカに渡ると、ルース・コートールドは、サミュエルが事業を負債なしで始めることができるよう、抵当に入っていた自宅を手放した。ルースは息子とともに「動力源を管理する」水車管理住宅《ミル・ハウス》に住み、家事を担うだけでなく家計費として三〇ポンドをおさめた。サミュエルはこうした金銭的援助のおかげで、自分の事業が危機的な局面を乗り越えたことに感謝していた。その返礼としてルースは、以前の水準には及ばないものの、家屋と生計手段を手にした。彼女もまた、家族の事業を確立するうえで、みずからが積極的な役割を果たしたと自負していたのであった。(24)

女性がもたらした技能や人的ネットワークが、男性の職業経験《キャリア》を豊かにすることもあった。食品製造業では、姉妹や妻の調理法《レシピ》こそが成功をもたらす秘訣となった。(25) 家事奉公の経験がある女性のなかには、雇用主の信用のおこぼれに与る者もいた。かつての主人が保証人になってくれたり、遺産を残してくれたりする可能性さえあった。家事奉公を通して、若い女性は視野を広げ、専門的技能を身につけた。あるバーミンガム在住の無学な競売人が富と地位を得たことにたいして、同時代人は感心してこう記録している。

神は、彼のために書状を書き、帳簿を管理し、温かい食卓を飾る内助者を与えてくれた。そしてまた、彼女の気取らない自然で礼儀正しい物腰や、しっかりとした健全な常識のおかげで、彼は階級や宗派を問わず人びとから尊敬され、知り合いになるに値する存在だと思われるようになった。(26)

女性たちは家族や友人と連絡を取り合い、人間関係を築き、その関係を維持していくうえで特別な位置を占めていた。姉妹、おば、祖母、従姉妹たちは、結婚の仲介にも熱心であった。彼女たちは子や孫のために訪問を設定し、みずからも長期間にわたり親族の家に滞在した。贈り物の交換もした。ある工場主の妻は、自分が夫よりも頻繁に手紙を書いていたと告白している。「遠縁の者たちや友人たちとの文通を絶やさないようにするのは、どちらかというと私の領分だと夫が考えていた」ためであった。[27] 女性が死に際してささやかな自分の所有物を遺す場合に、ロケットを姪に、ペティコートを妹にといったように、名前をあげて指定することが多かったという事実は、彼女たちの生活においても経営体の資金繰りや運営においても、個人の付き合いがいかに重要であったかを示している。

　経営にたいする女性の貢献は、もっぱら経営体で働く人材の創出という点に集中していた。姉妹や娘の結婚は、共同経営者を獲得するための絶好の機会であった。しかし、それを凌ぐ貢献は、次世代の息子や甥、つまり将来の共同経営者や起業家を産み育てたことにあった。この仕事は、母親とそれ以外の子育てに関わった女性たちから、かなりの時間とエネルギーを奪い取ったにちがいない。子どもの身体面および道徳面の世話が、人目の気になる重要な問題となっていたことを考えれば、なおさらである。一家族には平均して七人強の子どもが生まれたので、既婚女性はその人生のうち、二〇代後半（第一子を産む平均年齢は二七・三歳であった）から四〇代（末の子を産む平均年齢は四〇・六歳であった）までの時期を子どものために費やすことになった。[28] おばや姉たちもまた子育てにおいて重要な役割を果たし、母親と同じように、敬虔なキリスト教徒の家族の基礎となる秩序と規範の枠組みを示した。まだ幼い子どもたちであっても、将来の営利活動と信仰生活の双方に適応できるよう、自己規制の習慣をつける道を歩んでいかなければならなかった。銀行の支配人と結婚したある農業経営者の娘は、活動ごとに時間を決め、毎日その活動を規則正しく繰り返す必要があることを強調した。まだ歩きはじめたばかりの幼子がテーブルの前に座ってビーズに糸を通すときにも、こう考えたのだ。「このようなちょっとした楽しみのなかに、やり甲斐と関心を見いだすことができるよう、ある程度の完璧さを追求させ、さらには仕事癖に近いものさえもたせるべきです。完璧な遊びから、やがては完璧な仕事が生まれるのです」[29]。

　幼年期の後半になると、男の子は働く環境に身を置くことを奨励された。エセックスに暮らすある女性は、長男が家業の鋳造業経営を一から教わることができるよう取り計らい、親方に指導を受ける様子を見守り、彼が初めて鋤を鋳造したときにはその努力を褒めそやした。[30] しかしながら、女の子の場合は、一家と家族経営の働き手への奉仕に励むよう仕向けられた。女性たちは自分の娘だけでなく、姪やその他の女性親族や友人たちも教育した。一八〇〇年代に、ある農業経営者の家庭では、同じく農業経営者である遠縁の男性の一五歳になる娘を預かった。この男性の妻は、幼い子どもたちを遺して亡くなったばかりだった。その少女は、実家で父親のためにパンを焼き、家事全般を引き受けることができるよう、農家の切り盛りを教え込まれた。[31]

　自分や夫の甥姪や弟妹、さらには生徒や店員や徒弟が同居していた場合には、女性たちがその世話において重要な役割を果たした。食事や清潔なリネン類を提供し、部屋を片づけただけでなく、こうした若者たちの道徳や情操の発達にたいしても責任を負ったのである。回想録からは、男の子を住まわせている世帯で、若いおばや学校長の妻などが、彼らの商才や知性や宗教面の発達に強い影響を与える可能性があったことがはっきりとわかる。

妻に次いで、こうした奉仕の担い手として重要だったのは、娘や姉妹だった。娘や姉妹たちは、母親を産褥死で失った子どもの世話を引き受け、兄弟がほかの町や村で新たに事業を立ち上げる際には同行した。若いころから母親と七人の弟妹を養っていたある穀物商は、主婦役を務める妹を伴って、一八二二年にバーミンガムへやってきた。この妹は、兄が結婚して一年もしないうちに妻を亡くしたので、そのまま兄の家で家政を担った。兄がようやく再婚したのは、一八四六年にこの妹が結婚した後のことだった。(32) このような世帯の編成や営みは、多くの営利団体に並ぶほどの規模になることもあった。ある食料雑貨商の家庭には、子どもが八名と男性の店員が五名暮らしていた。生徒を寄宿させたり小規模の学校を経営したりしていた牧師は、常時六名から二〇名の生徒の世話をしており、本書が扱う二つの地域の学校における男子寄宿生の数は、平均一五名であった。(33)

女性が中産階級の経済生活にたいして、貨幣資本だけでなく文化資本をも提供したことは明らかである。しかし、女性がこのどちらよりも直接的に提供したのは、労働力であった。女性が家族経営内で多岐にわたる任務をこなして働いていた証拠は豊富にある。さまざまな点で女性が役に立つことは、サミュエル・コートールドが若いころ、父親の経営者仲間から与えられた助言のなかでも認められていた。「もしおまえが妻として優れた女性に巡りあったら、たとえ世俗的な富という点では恵まれた女性でなかったとしても、補佐役として迎え入れることにしよう」。(34)

住居が仕事場の近くか仕事場内にあった場合には、妻や娘や姉妹の労働力を臨時にでも継続的にでも、さらに容易に使うことができた。妻が夫の事業所の隣で別に事業を構える例もあり、それはたいてい夫の仕事に関連した仕事であったため、商工人名録には、夫婦が共同で働く時計製造業者や茶販売業者、食料雑貨商や豚肉販売業者を見いだすことができる。農村では、農業経営者の妻や、娘ないし姉妹が道路に面した部屋を小さな店舗として使用することもあった。もう少し高い階層で、バーミンガムでそれなりの地位を得ていた製造業者のジェイムズ・ビシットは、収集の趣味が高じて自分の家を営利目的の博物館にし、妻がその経営を担当した。(35)

家族の女性を労働力として安定的に使うことを前提とした事業もあった。共同で学校経営を行なう場合、女性は寄宿生の世話だけでなく、女子生徒に編み物や針仕事を教える程度だったとしても、教育に携わっていた。男性の給与職の多くでは、女性の助手をもつことを勧められたり、求められたりした。エセックスのある慈善事業では、その条件として、男性教師は貧しい少年三〇名を教えることで年間三二ポンドの給与を支払われるのにたいし、その妻は無給で四〇名の少女を受けもたされることになっていた[36]。とくに小売商では、世帯内の女性が手伝いをするだけでなく、事実上の生計費の稼ぎ手となることも多かった。おじの織物商店を相続したあるクエイカー教徒は、「若い妻のおかげで、効率的に経営するのにたいへん助かった」のだった。店にたいする彼女の献身の度合いは、突然顧客に呼びだされたとき、開いていた引き出しに赤ん坊（九人子どもがいた）を入れ、どこに入れたのかを忘れてしまったという家族の物語として語り継がれた[37]。

家族経営のなかで女性が果たしうる役割には多様なものがあった。エマ・ギビンズは、幸いにして住居のすぐ隣に建つディグベス電池製作所で会合があると、共同経営者たちのために夕食会を開いた[38]。エセックスのある不動産管理人の家では、娘が大量の通信文すべての写しを取っており、父親は娘の実務能力を誇りにしていた[39]。ある織物商の妻は、「店にほかに人手がなく」夫が外出できなかったとき、大事な葬式に代理として出席したが、これは女性の行動としては珍しいことだった[40]。夫や父や兄弟が病気だったり留守だったりしたときには、女性が表に出ることもあったのかもしれない。女性たちは伝言を受け取り、しつこい顧客や債権者に対処し、補充品を注文した。収穫期には、干し草をかき集めたり小麦を積み上げたりはしなくとも、耕地で働く労働者のために余計にパンを焼き、ビールを醸造した。家族内の女性労働力は、経営体で特定の問題や危機が発生したときに、その対処のために投入された。そしてそうした成功話の多くは、小さな店から始め、「家族の女性たちの助けを得て刻苦勉励を重ねた甲斐」あって事業を築きあげた大型四輪馬車業者の話を彷彿とさせたにちがいない[41]。事業がまずまず繁盛してくると、女性たちは事業から退くことができたという話なのである。

男性による援助の穴を埋めるために女性労働が使われた極端な例は、寡婦の場合であった。よくみられたのは、コルチェスターの中心街に住んでいたウッドコック家の逸話に類した顚末である。ウィリアム・ウッドコックは、時計製造、金細工、宝石を扱う事業を営んでいた。ウィリアムが病気になると、妻のアンは東インド会社の茶の代理販売を家業に加えた。その直後、ウィリアムは亡くなったが、アンは年季を終えたひとりの職人の手を借りて事業を継続させた。一八二八年に息子が身を固め、母親が自分のために守ってくれていた事業を継承すると、五一歳になっていたアンは、三人の未婚の娘とともに店の裏の小さな家屋に隠居した[42]。銀行家や貿易商など、地位が高い家族の寡婦が同様の役割を果たす例は珍しくなかった。サミュエル・アレグザンダーの妻は、夫亡き後に息子が跡を継ぐまでの一時期、この「バークレー銀行の起源のひとつとなったアレグザンダー銀行という」イプスウィッチの有力銀行の経営にあたったのである。

こうしたお膳立てによって、成人するまでに母親（継母、おば）に世襲財産を増やしてもらうという恩恵に与った若者もいた。年若くして建設業者の夫を亡くしたエセックスのマライア・サヴィルは、一〇人の子どもと二人の義理の子どもを育てる責任を負いながら、家業を軌道に乗せた。これを足がかりに、彼女の息子は建築家兼測量士として身を立て、公認測量士事務所の創立者となって成功をおさめた(43)。しかし、たいていの寡婦にとっては経済的にもちこたえるのがやっとであり、寡婦たちの多くは自宅に下宿人を置くなど、女性が伝統的に行なってい た方法で家計を補いながら、わずかな収入に甘んじて暮らすことを選ぶか、あるいはやむをえずそうして暮らしていたにちがいない。

女性たちに期待されていたのは、家族経営体を直接支える立場を引き受け、［時がきたら］その立場を手放すことだった。女性たちにとって、世帯を切り盛りする合間にささやかな金を稼ぐのは手慣れたものだった。農業経営者の妻やその他の女性親族は、日々の料理やパン焼きのほかに、燻製作り、ピクルス作り、保存食作りに忙しかった。こうして手を加えることで家族の食料になったし、「いつもご馳走を並べる」というのは農村共同体で尊敬を勝ち取りうる資格のひとつでもあった。エセックスのある農業経営者の日誌が伝えるところによると、「二頭のオールダニ種の乳牛から一年間に得た収入は、合計五〇ポンド六シリング六ペンスだった。妻は二頭を世話する多大な労力の対価として、五ポンドを受け取った。そして私は何もしなかったのに、ほかの怠け者同様、四五ポンド六シリング六ペンスを受け取った」。この農業経営者の妻には、牛を飼うことで実際、どれだけの恩恵があったというのだろう(44)。

臨時の現金収入を得るには、服の仕立てや簡単な縫い物やその他の家庭での責務に関連した仕事がもっとも自然な方法であっただろうが、著述や教育も、世帯内の日常生活を送りながら行なえる一般的な仕事であった。そのような副業は世帯に購買物をもたらし、ささやかながら余分の現金収入になったり、家族内の女性にとっての気晴らしになったりした。しかしながら、多くの女性が世帯内で行なったあらゆる次元の活動に共通していたのは、女性たちが個人として報酬を受け取ることがほとんどなかったという点である。兄弟の店で働く姉や妹、両親の家で働く娘たち、夫とともに働く妻、こうした女性たちが正規の固定給を受け取る例はほとんどみられなかった。

世帯がその構成員を養うことができるかぎり、個別の収入がないことは深刻な問題ではなかった。個人が受け取る賃金がその人の価値を象徴的に示すものとなったのは二〇世紀のことで、当時はまだそうではなかったことに留意しなければならない。しかし、女性が生活の支えもなく取り残されると、多くの場合、住むところも社会的な場も失うことになり、とりわけ不安定な状態になる恐れがあった。年金など半端な収入が残されていることも多かったが、その収入は、どれほど抑制されたものであっても体裁のよい生活様式を維持するには、あまりに少なかった。そのような女性たちは、親類縁者のあいだを転々として、子どもの世話をしたり、病人の看護をしたり、店の手伝いをしたり、年配のおばやおじの話し相手をしたりする生活を余儀なくされた。既婚女性の場合であっても、自分の受け取り分以上に世帯の事業に貢献していて、自分の利益を低く見積もりすぎているのではないかという疑念が表明されることはほとんどなかった。

一八〇九年に『イプスウィッチ・ジャーナル』に掲載された女性教師を募集する広告では、行儀作法と行ないの正しさが技能として重視されていた。曰く、「零落したご婦人で、上記の嗜みをそなえ、給与よりしかるべき勤め口を求めている女性を学校長は厚遇する[45]」。このような条件が示しているのは、ある程度の教育と教養をもった女性には、学校であれ自分自身の家庭であれ、ひとつの組織の評判を高めたり、あるいは少なくともそこに品格を与えたりする力があるとみなされていたことである。女主人のいでたちやふるまいは、とりわけ教会や礼拝堂、あるいは人の集まる催しで披露される場合には、その女性の帽子や服装から購買力がわかるのと同じように、はっきりと経営体の信用を示すものだった。世帯の社会的地位を担う存在である成人女性は、多くの矛盾する圧力にさらされた。彼女たちは、特定の公的行事において人前に出ることを期待され、生活必需品の買い物や家業の使いをする必要はなかったとしても、頻繁に家を空けて他家を訪問しなければならなかった。しかし、この時代を通して、公然と外を歩いたり馬の背に乗ったりする女性は、実利に結びつかない余暇や健康のためという理由を例外とすれば、しだいに社会的価値に抵触するようになっていった。一八世紀には、富裕な農業経営者やビール醸造業者の妻が、馬の背にまたがり村から市場のある町まで、二〇マイル余りの距離を取引のために出かけることなど何でもなかった[46]。しかし、女性は保護されるべき存在だという考えが強まっていくと、車輪の軽い馬車が女性に許容される交通手段となっていったが、これは乗馬用の馬よりも維持費が高くついた。移動手段を欠いていたこと、そしてあちこちの公共の場で、とくにひとりでいるのを目撃されることによって地位を失う危険があったことは、事業を営む女性にとっては深刻な不利益となった。

このような物理的および社会的な移動を行なう際の障壁がひとつの背景となり、女性たちは自分たちの立場を考慮して、労働力や製品の売却を控えるようになっていった。農業経営者にとって、穀物や畜牛や物産を扱う市場は自分たちのクラブのようなもので、「田舎の噂話を交わすことができ」、とくに価格、農場の取引高、新しい農法の実践などについての情報を交換できる場であった。そのような市場は、上流を気取った女性には立ち入れない場所であったし、定期市につきものの「定食」を居酒屋で食べるのも、とうてい女性にはふさわしくないことだった。一八三〇年代ごろ、サフォークのある男性が論評していたのは、スワン亭でほかの取引業者と席をともにし、酒を飲んでパイプを燻らせ、地元で「公爵夫人」というあだ名で呼ばれていた、悪名高い牛取引商の女性であった。そのころには、こうした女性は変わり者と思われるようになっていたのである[47]。市場での取引が、経営委員会による資金調達にせよ広いホールでの懇親会にせよ、男性的な雰囲気を漂わせる堅苦しいものになったことも、女性の参入を阻害する大きな要因となった。

あらゆる社会集団が、家庭重視という概念と女性の領域が家庭にあるという考えに深く傾倒していたが、専門職の男性、つまり軍隊の将校、医師、そしてとりわけ聖職者の家庭内では、このような価値観がよりはっきりと表出されたようである。こうした家庭では、実体的な財産から生計の資を得ていた家庭よりも、女性たちが生活手段もなく後に残されることが多かったのかもしれない。福音派牧師ウィリアム・マーシュの教会に通う熱心な独身の教区民であったメアリ・アン・ヘッジは、児童書や道徳的物語や小説を書いた。その一作品のなかで、女主人公は名門の出であったが、夫は「落ちぶれて」ある伯爵の土地管理人の地位にあった。女性の鑑のようなこの主人公は、家庭内の料理全般をこなすだけでなく線描や彩色もできたので、夫が病気の際には、雇用主に提出する［土地の］写生画の仕上げをさせてほしいと懇願した。この行為にたいするメアリ・アン・ヘッジの肯定的評価は、「夫婦間の愛情の賜物である作品を、世間の側は私の作品として賞賛してきた」という夫の言明のなかに示されている。(48) 妻の役割についてのヘッジの認識は、時計製造業一家の子孫ならではの、妻とは「家庭の安らぎという機械全体を、規則的かつ調和をもって動かす大きなバネのようなものである」という言葉が表現するとおりであった。(49)

こうしたさまざまな矛盾と、それらが一人ひとりの女性に及ぼした影響がもっともはっきりと表われたのは、寡婦について、また寡婦が生きる手立てについての考え方である。結婚生活を通じて女性として家業に尽くしてきた実績によって、寡婦は市場に参加するための法的および慣習上の承認を与えられた。実際、寡婦となった女性たちはしばしば、子どもたちを養い自活していけるものと思われていたが、この期待は夫の生前には当然視されていた扶養状態とは正反対であり、彼女たちは時に情け容赦なく、こうした立場に追いやられたのであった。しかしながら、自活する以上のことを目指すことは期待されていなかった。男性の飽くなき営利追求が、なおも徳という点では疑問視されていた時代に、女性が営利を追求するなど許しがたいことであった。サフォークの詩人ジョージ・クラブは、若くして亡くなった、妻にして母だったある女性を称え、庭、暖炉脇の椅子、教会の家族専用席にあった彼女の空間は、敬慕の念に満ちた記憶によって神聖なものとして謳われた。彼女と対比されたのが長命の寡婦であり、この女性は勘定のことで頭がいっぱいで、鉄の鞭で世帯を支配し、息子たちも母の死を願っているというありさまであった。(50) 事業を続け、高い利益を得るという選択肢をもつ寡婦は、ほとんど存在しなかった。現実には、寡婦が営利活動で高めの収入を得る見込みは薄く、何よりそのような野心は女性にふさわしいあり方に逆らうものであった。寡婦が営利活動を続ける場合に取引相手となる銀行家、事務弁護士、土地差配人、そして仲間の商売人、貿易商、農業経営者、製造業者といえば、女性のしかるべきふるまいについては一家言ある男性たちであっただろう。寡婦たちはもし可能であれば、定額の収入を得て隠居するほうがずっと楽だった。一七九〇年代にマシュー・ボールトンは、共同経営者に宛てた手紙のなかで、ある製鉄工場の売却について、「売却する理由としてあげられているのは、社員の多くが女性であり、こんな大規模な事業を続けていくことに彼女たちが不都合を感じているからだ」[51]と書き送った。一九世紀半ばまでに、これは不都合ではなく、社会的破滅と考えられるまでに変わっていたのである。

寡婦はさまざまな困難に直面した。ジョージ・エリオットは所領管理人の娘であったが、その架空の物語のなかで、夫の最期の望みで農場を引き継ぐことになった、農業経営者の寡婦の事例を描きだしている。この寡婦が地主に許可を請いに出かけると、女性として想定される能力と女性としての正しいふるまいの両方の点から、彼女は拒否される。「いちばんできのいい乳牛だって農業経営ができないのと同じで、おまえにもできっこあるまい。農場を取り仕切る男を雇わなければなるまいが、その男はおまえから金をだまし取るか、甘い言葉をささやいて結婚しようとするだろう」。地主はさらに、農場は経営が悪化し地代が滞るようになるだろうと予想した。寡婦は反論してこう言った。「農場のことなら、うんと知ってますよ。あたしは農場の真ん中で育ったんですから」。そして夫の大おばが農場を二〇年も経営し、甥と姪に遺産を残したと言い張った。「あぁ！、一八〇センチ以上の大女で、斜視で、腕っ節の強い女だったろうよ。あえていえば、ペティコートをはいた男だったろうよ。おまえのようにピンクの頬をした寡婦ではなかったよ」。この寡婦は、いったん家畜を売り払って負債を返すとなると、食べていくのも難しくなることがわかっている。これはつくり話なので、心の底では慈悲深い地主は、彼女に安い家賃で小さな家を貸し、牝牛を一頭と豚を数匹飼えるほどのささやかな土地を与え、隠退して相応の生活ができるようにしてやることになる。[52]

しかしながら、現実の世界の地主は、女性の居場所についての見解は似たようなものであっても、これほど面倒見がよくはなく、また多くの場合、これほど気前よくふるまう余裕もなかった。一八三〇年代にエセックス中部の多くの地主の土地差配人をしていたジョン・オクスリー・パーカーは、夫の死後も農業経営を続けていたある寡婦の借地契約交渉のために呼びだされた。彼は、この寡婦の近隣に住む農業経営者たちや義理の兄弟と連れ立って、彼女に農業経営をやめるよう詰め寄った。この件に関連して、彼は日記に、借地人は優れた人格と資金の両方をそなえていることが肝要だと書き留めた。ある借地人候補者について彼が自問したのは、「この男は精力的に農業を行なっていたか。仕事に通じ、率先して仕事をする男だったか」という点であった。最終的にパーカーはこの寡婦に、地主の慈悲にすがるようにと迫ったのだが、それも功を奏さず、寡婦は何の補償もなく農場を去らなければならなかった。[53]

しかしながら、多くの女性にとっては、経済活動にともなう気苦労や心配事から解き放たれることが現実的な願いであり、この願いを単に地位目当てだとして片づけることはできない。ある農業経営者の娘は、牛肉を茹でて温かい夕食をつくり、収穫期には特製のケーキと自家醸造のビールを用意するのにかかった手間暇を覚えており、彼女にとって「労働者たちが自炊をし、賃金が全額貨幣で支払われるようになったのを、農業経営者の妻たちが喜んだ」のは何ら不思議のないことだった。それにより、「使用人と主人を同じ人間として結びつけていた絆が断ち切られた」ことにはなったのだが(54)。

女性の大半は、家族経営体内で働く必要はなくとも、世帯内では働かなければならない運命にあることを承知していた。重要なのはむしろ、彼女たちの貢献がどのように定義されたかにある。女性の活動との関わりにおける仕事《ワーク》概念の発展が、ここでの手がかりとなる。ウィリアム・マーシュ師の娘、キャサリン・マーシュは、福音派の家族の一員として、幼少時はコルチェスターで、その後はバーミンガムで育ったが、父親の牧師としての務めを手伝うなかで、女性らしいふるまいの模範として引き合いにだされるようになった。彼女は手紙を書き、客人に会い、母親の死後、家を切り盛りした。彼女の伝記を書いた友人は、彼女がつねに忙しく、絶えず「仕事をしていた《ワーキング》」と記憶している。ここでの「仕事をする」という言葉の定義は、「若いころは手の込んだ針仕事をし、のちに鉤針編みの帽子が流行すると、友人のためにすぐさま二七個も帽子を編んだ」といったものである(55)。当時、女性は必ずしも自分たちが「働いている《ワーキング》」とは考えていなかったが、それでも確固たる義務感、つまりすすんで家族の助けになろうとする道徳的な義務感を確かにもっていたのだった。

女性の教育とその効果

女性の第一の義務は、男性の場合と同じく、信仰生活のための自己修養であった。しかし女性にとっては、それこそが教育の中心的目的となる場合もあった。若者向け宗教雑誌の編集者だったジェイン・テイラーは、若い女性の教育について相談を受けたとき、こう答えた。「すべての知的学習においてつねに掲げるべき大きな目的は、道徳の向上です」〔強調はテイラーによる〕(56)。女性は家族の社会的地位を象徴する中核的存在とみなされていたので、女性の教育はそのことを目的に行なわれた。芸術、素描、ピアノ演奏、フランス語の知識などは、取引業務の対極をなすものとして好んで人前で披露されており、嘲られながらも、女性向け稽古事の品目として欠かせないものとなっていた。ある商売人の娘は、それまで男子の教育に携わってきた経験をもとに、学校教師の職を得ようとした。彼女は、文法、地理、算術の基礎をしっかりと教えることができたが、広告で求められるのは、たとえ農村部の農業経営者家族向けの学校であっても決まって、音楽、フランス語、そして「上品な教育内容」と呼ばれたさまざまな稽古事であった(57)。

教育機関にこのような限界があったので、家庭内での教育が女子の成長にとって中心的な役割を果たした。バーミンガムの月光協会会員のような進歩的な一部の親は、娘たちを息子たちと同じやり方で教育した。そのため、中産階級、とくに専門職の家庭では、少数ながら一般教養教育を受ける少女が存在した。しかし、兄弟の場合とは異なり、さらに職業訓練を受けることは、こうした少女たちには期待されていなかった。絵画、音楽、言語の習得などでは高い水準に達することがあっても、素人の域に留めおかれた[58]。父親からラテン語を教わっていた、エセックスのあるユニテリアン家族の娘は、一八〇五年にアーサー・ヤングのものと考えられているつぎの箴言を抜き書き帳に丁寧に写しとっていた。

> こまごまとした仕事に携わっていない男性たちの会話こそ、女性にとって最高の学びの場である[59]。

知的探究心に満ち、娘や妹の教育に力を注ぐ男性がいる家庭では、若い女性たちは、女子校の限定された教育よりも、多様な主題に広く触れる機会が十分にあったにちがいない。

当時の主要な教育の場は、改革されたグラマースクールと新たに設立された男子向けのアカデミーであったが、中産階級のほとんどの少女たちは、このどちらからも排除されていた。ラテン語とギリシア語の基礎は、法や医学、国教会聖職者の世界に入るためになくてはならないものであったが、比較的新しい科目である商業科目や科学と同様、事実上女子には閉ざされていた。といっても、商業科目や科学はごく簡略化されたかたちで女子に提供されることもあった。たとえば植物学では、植物の雌雄の分類を削除して書き直した少女向きの書物が出された[60]。自然科学の科目は、科学の力を伸ばすためだけでなく、道徳的および宗教的な類推の材料としても提供されたのである。

両親は、子どもの教育から経済的な見返りを得ようという現実的な思惑をもとに、息子にたいしては重点的に投資した。娘たちには、親族や友人が無報酬で教えるので十分だと思われていた。そうした判断がとりわけ露骨だったのは、中産階級の末端にいた人びとであり、ある小規模農業経営者は息子たちを学校へ送ったが、娘たちは乳搾り、縫い物、料理、出産さえできればよいのだとして学校に行かせなかった[61]。家庭教育は女子にとっては主要な教育形態であったが、教える側の両親や兄姉にほかの用事ができれば、後まわしにされることもあった。「住み込みの」ガヴァネスや通いの男性教師に教育を任せていたのは、ごく裕福な家庭のみにすぎない。それ以外の家庭では多くの場合、娘の勉強は世帯全体のさまざまな予定に合わせて、家業による邪魔が入るなかで行なっていくしかなかった。

エミリ・ショアは、家に六人の生徒を寄宿させていた農村部の国教会牧師の娘だった。利発な子どもだった彼女は、父親からラテン語とギリシア語を教わり、母親からは英語と歴史を学んだ。彼女は幼いころからすでに弟や妹たちの教師役を務めていた。一八三一年、一三歳だった彼女は『中断』という寸劇を書いたが、そのなかには、家内女中《ハウスメイド》や料理人や子守が指示を求めてきたり、玄関に客人がやってきたり、指貫がなくなったり、幼い子どもたちが関心を引こうとしたりするので、歴史書の抜粋一節すら母親に読み聞かせてあげることができない様子が描かれている。母親と一緒に午後の訪問をしたり、貧民訪問をしたり、日曜学校で教えたりすることもエミリ・ショアの日課の一部であったが、それらはどれも、彼女の知的成長に劣らぬほどの重要性があるとされていた。エミリの勉学は明確な方向性をもたず、彼女は後ろめたさを覚えつつも情熱的に詩に浸ったかと思うと、自主的に読書と丸暗記の壮大な計画を立て、その表を壁に貼りだしたりしたが、それは、彼女のような少女の勉強の仕方として珍しいものではなかった。このような学習計画には、その計画自体においても、外的な機関からの評価という点においても、また職業との結びつきという点においても、目的もなければ到達点もなかった。勉学に夢中になることは、自分勝手とはみなされないまでも、風変わりなことであり、不道徳でさえあると思われた。エミリは十代半ばに体調を崩したが、彼女はこれを「勉強のしすぎで身体に負担をかけた」ためだと解釈し、勉強の代わりに家事を身につけることにした。エミリは、かつては家事を見下していたのだが、いまや家を切り盛りすることで、自分が役に立っていると感じるようになった[62]。

バーミンガムの銀行家ゴルトン家やモイリエット家のように裕福かつ教養のある家庭では、母親が娘の教育を担当した。こうした家庭の母親は経営に関わる必要がなく、また世帯内に家事の手伝いをする者も多くいたので、娘たちの教育に真剣に取り組むことができた。さらに、専門の教師が音楽や外国語、舞踏を教えに来ており、また寄宿学校に一年ほど行くこともあった[63]。自宅に充実した図書室があり、その蔵書を読むよう奨励されて育った上層中産階級の家庭の女性のなかには、高い文学的素養を身につけることができた者もおり、学術的業績をなした者さえいた。こうした若い女性たちは、外国旅行とまではいかなくても、少なくとも制限つきで国内を旅行する機会を与えられることも多かった。文学探訪が人気で、イプスウィッチのある少女は、ウォルター・スコットの小説の舞台を訪れた[64]。こうした若い女性たちは、親戚や友人の家に長期間滞在し、自分たちの視野を広げることもできた。

文化的にもっとも不利な立場に置かれていたのは、中層および下層中産階級の女性であった。彼女たちにとって、知的な教養を高めるための唯一の道は日曜学校であった。文化的施設は貸本屋をおいてほかにはなく、その貸本屋も多くの場合、女性の利用には制限がもうけられていた。職工学校や文芸哲学協会は、同じ階層の若い男性にはきわめて重要な場であったが、若い女性には通常閉ざされていた。若い女性に認められたのは、いくつかの限られた公開行事への参加や、図書を借りて自宅で読むこと、たまに決められた時間のあいだだけ読書室を使用することくらいだっただろう。コルチェスター文芸協会が、午後五時以降に女性が部屋を使うのを認めたのは、会員が減少傾向にあった一九世紀の後半になってからのことであった[65]。ほとんどの場合、女性は例会からも、討議グループや運営委員会からも排除されていた。徒弟や店員がよく利用した読書クラブ、討論クラブ、自然史実地調査クラブなども、ほとんどが若い女性には閉ざされていた。クエイカー教徒といくつかの非国教徒のサークルのみが「若い男女」の両方にたいして、半ば公式の表現活動を奨励していた。

このような状況が若い女性の人生に及ぼした影響は、とくに教養教育の恩恵を受けるほど高い地位でもなく、全面的に生活費を稼がなくてはならないほど低い地位でもない女性たちのあいだでは、体裁がよい《リスペクタブル》という概念を発展させたことにあったが、この概念は、家族や友人や宗教仲間の外部にある世界についての知識を遮断していくことになった。不適切な内容が削除された読み物と経験不足とが相まって、男性の保護が現実に必要とされる状況が生みだされた。それがとりわけ求められたのは、経済的な問題においてである。社会的地位を高める生活様式の場として、あるいは自分自身や子どもたちが信仰を追求する場として、家庭だけに関心が向けられたことによって、経営に関わるべからずという教訓的な出版物の教えはますます強力になった。少女たちが抜き書き帳に引き写した格言や理想と、彼女たち自身の生活環境とのあいだに、多くの乖離があったことは間違いない。しかし、こうした出版物の効果を過小評価するのは、賢明ではないだろう。そうした教訓が、女性の従属を強める財産形態と結びついていた場合には、なおさらである。歴史的記録では男性の残したものが優位を占め、多くの女性たちの生活がはっきりしないため、この問題の解釈はいっそう切実な意味をもつことになる。

教師としての女性

実際に職に就いていた［中産階級の］女性のなかでは、専門職に区分けされる者がもっとも多いが、そのほとんどが自分で学校を経営していたか、あるいは誰かに雇われる学校教師だったことは間違いないだろう。専門職に次いで多かったのが小売業で、その次が宿屋経営、そして農業であった。しかし、いずれの地域においても、女性が家計を助けて働かなければならなくなったとき、あるいはひとりで一家を養わなければならなくなったとき、ギャスケル夫人の描く可愛いミス・マティが承知していたように、「まず思い浮かぶのは、むろん教職であった[66]」。一九世紀半ばに近づくと、教職は中産階級の女性が自分の地位をなんとか維持することができる唯一の職業となった。一八五一年には、エセックスでは教師の六四パーセントが、バーミンガムでは七九パーセントが女性だった[67]。

比較的地位が高いこと以外にも、さまざまな要素が女性を教職に惹きつけた。教える仕事は子育ての延長と考えられたが、敬虔なキリスト教徒のあいだでは子育てはとりわけ重んじられる役割であった。教職に就くにあたっては、元手も訓練もほとんど必要なかった。若者を指導する場所や方法が変化したことで、教職は社会的な認知度を高め、以前より重々しく堅苦しいものとなっていたが、女性を排除するほどではなかった。ほかの多くの仕事と同じように、学校教師の仕事は職業として確立される方向に向かってはいたが、男女どちらの場合も、必ずしも安定した職業ではなかった。女性が家庭を切り盛りしながら、あるいはほかの家業に関わりながら、教える仕事を副業にすることも可能だった[68]。

ほかの経営体と同様に、学校もまた地域経済に根ざしており、教育という「商品」をほかの商品やサーヴィスと交換した。男性と同じく女性も、生徒を獲得するのに宗教的ネットワークを利用した。教会や礼拝堂に所属することで信用を獲得し、自分たちの経営する学校に生徒を呼び込むことができたのである。宗教と教育とは密接に結びついていたため、労働者階級を対象とする学校の女性教師を選ぶ際には、さまざまな宗教的つながりが給与職の鍵となることもあった。

　学校経営にはそれほど資本が必要とされなかったため、ほかの事業に比べて正式に共同経営というかたちがとられることは少なかった。学校を全面的に所有する事例から、たとえば頭割り料金で生徒を引き受ける下請け契約のようなかたちで雇われ教師になる事例まで、さまざまな形態があった。夫婦の共同経営もよくみられたが、その場合も通常は夫が公式の所有者となっていた。

　父親が経営するアカデミーで男子に交じって古典教育を受けていたメアリ・カーペンターは、教壇にも立って父親を補佐していた。一八二六年に父親のラント・カーペンターが深刻なうつ病に陥ると、かつての教え子であったジェイムズ・マーティノーが招聘されて学校と礼拝堂でのラント・カーペンターの地位を引き継ぎ、メアリはガヴァネスとして他家に送られた。一八二九年にその男子校が閉鎖されると、カーペンター夫人は一家を養うために女子校を開き、自身では裏方を担当して、メアリが教育面を受けもった。メアリは若い婦人向けのカリキュラムを教えなければならないことに辟易していたが、彼女に男子校を維持できるはずはなかった。(69) 慣習上、女性が学校経営者や教師になれたのは、女子校かおおよそ七歳以下の男女を対象とした学校の場合に限られていたのである。

　教師への報酬はさまざまで、大規模校——つまりたいていは男子校——でないかぎり利益は決して大きくなかった。バーミンガムのキング・エドワード・グラマースクールのような学校の教師は、ほとんどすべてが聖職者として叙任された者たちだったが、年収は二〇〇ポンドから四〇〇ポンドであり、この金額はさらに受け入れる生徒の頭割り料金によって倍増した。(70) こうした職は、実は聖職者にとって昇進の階梯の一部であり、女性にはまったく閉ざされたものであった。生徒の両親の所得と社会的地位が、教師の収入や所得、あるいは社会的地位を決定した。一方の極には、たとえばサフォークで、もとは煉瓦積み工が住んでいた小屋を使って教区牧師が始めたような農村の小さな学校があった。かつては農業経営をしていたある男性とその妻が手にしたのは、週に一〇シリングと、無料の住居と子どもたちから集めることのできた何ペンスかであった。妻には、少女たちを教え、建物の掃除を引き受けることが求められた。(71) さらにその下にはおばさん学校《デイム・スクール》があったが、これは通常、働く母親たちの幼児の子守と大差がなかった。とはいえ、おばさん学校を経営していた女性たちが、基本的な読み方にとどまらない知識を与えることができた場合もあったし、少なくとも、彼女たちはそのような試みから少額の収入を得ることができた。国勢調査の標本からみると、多くの女性学校教師は中産階級の周縁にいたようである。彼女たちの近親の男性には農業労働者、小自作農、競売人などがいた。学校教育の場で、女性のほうが男性に比べてより深く労働者階級のなかに入り込んでいたことは間違いない。一九世紀半ばに国教会牧師の娘であったドーラ・パティソンが自立の手段として学校教師の道を選んだ際に気づいたように、このことは女性教師の社会的地位の低さの一因ともなっていた(72)。

女性と男性の給料の違いはあらゆる次元でみられた。一八四〇年にウィッタムの国民学校では、男性教師に年間五五ポンド、女性教師に年間三五ポンドを支払っていた(73)。男性の給与が高いことは、男性には家族を養う必要があるという理由で、また女性教師よりも余計に授業をもち、水準の低い学校では算数や会計、水準の高い学校では古典学のような、より評価の高い科目を教えられるという理由で正当化された。男性のほうが女性よりも十分に資格をもっている場合も多かった。

家族経営体としての男子校と女子校とでは、教育目的やカリキュラムのみならず、学校の仕組みも異なっていた。専門科目を教える男性教師を抱えていたのは学費の高い一流校だけで、ほとんどの女子校では男性の果たす役割がなかった。しかし、男子校でも女子校でも、成人女性——できれば妻、姉妹、母、おば、姪など親族の女性——は、まずもって不可欠の存在であった。その女性が担った重要な役目は、学校の裏方を取り仕切り、使用人を監督し、食事やリネン類を用意し、病気の子どもの世話をして全般的に家庭のような雰囲気を提供することであった。小規模の寄宿学校であっても、リーン家が運営していたバーミンガム・クエイカー学校の場合のように、家族に子どもが六人いると、通いの男子生徒を除いても食事の用意は合計一七人分にも達した。女子校や年少の児童を対象とする共学校も家族労働に頼っていたが、裏方の管理も教育面も、ほぼすべてが女性の労働だった。姉と妹、おばと姪のあいだの非公式な共同経営は広範にみられたが、正式の契約がないまま若い親族が補佐として働く場合も多かった。

一九世紀半ばの国勢調査の標本では、校長が女性である学校は二五校、男性である学校は一二校であった。学校経営をしていた女性の三分の二は独身で、残りは寡婦だった。それにたいし、男性校長で独身者は一五パーセントにすぎず、残りの八五パーセントが既婚だった。しかしながら、「家族的雰囲気」が女子にとって望ましいと感じられていたことは、学校の相対的規模にはっきりと表われていた。男子校における平均寄宿生数が一五名だったのに比べて、女子校の平均寄宿生数は五名だった。バプティスト派の牧師だったトマス・モーガン師は、妻のアンと一八〇三年に結婚したが、それはモーガン師が、アンの父親が執事を務めるバーミンガムのキャノン街礼拝堂にやってきた一年後のことであった。一八〇九年ごろからモーガン師は体調を崩し、一八一一年に辞職した。キャノン街礼拝堂は羽振りが良かったので、彼の俸給は一〇〇ポンドにもなっていた。四人の幼子を抱え、家族はその後、どのようにして生きていくことになっただろうか。息子のひとりがのちに記しているように、「そのとき、妻として母としての気概が試された。彼女は、一家の存続の危機のなかで子どもたちを養うために、しばらくのあいだ大黒柱となるという責務が与えられたのだと思った。そして、自分の義務にひたすらに打ち込んだのである」。モーガン夫人は学校を設立し、そこで自分の娘たちを教育しながら収入を得て、息子たちが幼いうちは手元において教育し、その後は寄宿学校と職業訓練に送りだすのに十分な費用を捻出した。一八二〇年になるとモーガン氏は快復し、ほかの牧師と共同で仕事を行なえるまでになった。そして、一八二五年には家族の収入も増加し、子どもたちも一人前になったため、モーガン夫人は引退することができた(74)。

このような類型は、女性が経営したほとんどの学校に特徴的にみられたものである。女性たちは、必要に迫られてこうした責任を負い、豊かになると仕事から退いた。それゆえ、通常であれば学校を次の世代に継承させようという心づもりはほとんどなかった。大部分の女子校は、創立者の境遇が変化すると閉鎖され、記録はほぼ残っていない。記録があるのは成功して長期間にわたって存続した学校で、異例であった。

メアリ・アン・フィプソンは、家業のボタン製造業が危機に陥ると、すぐさまバーミンガムで学校を開いた。それまでメアリは心気症とうつ病で苦しんでいたため、学校を開く必要が生じると、「かつて憧れていた自分に適した職業に、神がはっきりとお召しになったのだ」と受け取った。彼女はまず、父親が義理の従兄弟ジョン・エンジェル・ジェイムズの執事をしていたカーズ通り礼拝堂の知り合いを通じて、四人の生徒を集めた。メアリ・アン・フィプソンは、すでに日曜学校の教師としてカーズ通り礼拝堂で信頼される存在だった。彼女は、はじめは自活していけないだろうと悲観し、オーストラリアへの移住を考えた。しかしながら、友人や近隣の人びとが生徒を送り込み、ゆっくりとではあったが生徒数は増えていった(75)。妹ロザリンダは開校時から手伝い、後からもうひとりの妹のサラが加わった。一八五一年［の国勢調査時］には、メアリ・アン・フィプソンはバーミンガム郊外の大きな家に有給助手一名、一〇歳から二二歳のあいだの女子生徒二三名、料理人一名、家内女中二名と暮らしていた(76)。生涯を通じてフィプソン姉妹は、親類の牧師で彼女たちの指導者でもあったジョン・エンジェル・ジェイムズからの影響を強く受けていた。一八五三年にエジバストンに建てた校舎に再移転したころには、ジェイムズ自身が、この学校の奨励する「家事サークル」を中心とした夕べの集いを主宰していた。そこでジェイムズは、女子生徒たちに将来の役割についての説教を行なった。ほかのバーミンガムの学校長たちの説教と同じく、女子生徒たちに「真のキリスト教徒らしい娘、妻、母となって「女性の使命」を全うすべく誠実に奮い立て」というお決まりの規範を説いたのである(77)。

こうした学校は平均的な事業よりも規模が大きく、長期間にわたって存続した。しかしミス・フィプソンのような女性校長ですら古典教育を受けてはいなかったし、大規模な男子校に特権と利益をもたらした聖職者としての経歴を得る機会も、もちろんなかった。高額の授業料を要求できたのは、温泉地や海岸沿いの町、あるいはロンドンにあったような花嫁学校だけで、そうした学校が重点を置いたのは、もっぱら社交術と人的つながりのみであった。「家族規模」で運営していたことで、こうした地方の学校では、教職員の仕事が職務ではなく、女性が通常果たす家庭の義務であるかのような印象を与えた。事業としての学校経営と、二〜三名の余分の子どもに食事を出して教えることとのあいだの違いはわずかなものだった。教育事業のなかには、実際、単に普通の家庭の延長であって、学校とは呼べないようなものもあった。このような意味で、女性が世帯主であった「教育者世帯」は、ほかの収入源の補助や代替とするために下宿人を置いていた世帯と状況が似通っていた。宿泊人を置くことは、主として労働者階級によってとられた方法だったが、より上層の社会層でも珍しいことではなかった[78]。

宿屋経営者としての女性

女性が家族の世話の延長として宿泊者の面倒をみる仕事を、さらに拡大して行なったのが宿屋である。とはいえ、個人宅、下宿屋、居酒屋《パブリック・ハウス》［宿泊機能をもち、パブとも呼ぶ］、宿屋のあいだに線引きをするのは時として難しい。どの地域にも何軒かはパブがあり、主要な交通路に沿った町、たとえばエセックスのウィッタムのようなところでは、宿屋経営は地域経済の重要部門となっていた。ウィッタムで遺言書を残した男性宿屋経営者はその全員が、またバーミンガムでもほとんどの男性宿屋経営者が自分の事業を無条件で妻に遺しており、そのなかにはかなりの財産になっているものもあった。一八五一年の時点でウィッタムのセーラ・ナンは、夫の死後一三年たってもスプレッド・イーグル亭に住んでいた。また、エレノア・タナーも一八四七年から五三年に亡くなるまで、寡婦としてキングズ・ヘッド亭を経営していた[79]。

こうした遺産は女性たちにとっては重要な資産だった。一八世紀末から一九世紀の初頭にかけては、宿屋とパブは複数の副次的経済活動の中心をなしており、なかでももっとも重要だったのは、長距離用の大型乗合駅馬車業や、短距離輸送用の二頭立て駅馬車といった馬車を提供する仕事であった。宿屋経営者たちはしばしば馬車の所有者を兼ねており、頻繁に馬を替えて休ませ、旅人に食事をとらせることで、自分たちの交通路を支配したのである。女性たちは宿屋経営におけるみずからの地位を利用して、運輸部門に乗りだすことができた。一七九〇年代にデボラ・グディングは、エセックスからロンドンへと向かう採算のよい交通路で、チェルムスフォード機械軽装貸馬車《マシン・フライ》亭を営んだが、この区間の旅の終着点は、たいていはオルドゲイトのブル亭だった[80]。ロンドン金融街にあったこの大きな宿屋もまた寡婦が経営していたが、「この有力者アン・ネルソンは、ロンドン郊外の道路のほぼ全域でその名をとどろかせていた[81]」。こうした女性たちは、みずからの宿屋経営を足がかりに運輸事業に乗りだしたが、彼女たちの前に立ちはだかったのは、資本金と経営経験をもって事業に乗りだした男性たちであった。たとえば、コルチェスターの時計製造業一家の下の息子だったトマス・ヘッジは、地方の運輸帝国をつくって儲けようと、駅馬車の路線をつぎつぎに押さえ、宿屋と貸馬屋を買収していった(82)。

パブには常連客がついているだけでなく、中心的な立地と貯蔵設備もそなわっていたため、ほかの斡旋業もまたパブを拠点としていた。道具の販売や貸出しはパブの中庭で行なわれていたので、女性も商いをすることができ、たとえば、エセックスの業者ワレン夫人は鍛冶道具を扱っていたし、「機械屋」サージャント夫人は脱穀機貸出しの契約をとっていた(83)。女性たちがパブの経営をし、親族の男性が農業経営やその他の職業に従事する場合もあった。たとえば、サフォークのあるパブの女主人の夫は獣医であった。学校と同様、宿屋やパブの場所は家族が住む建物内にあった。ビール醸造は大半が建物内でなされ、パブの主人は自分が醸造したビールを表の部屋で売った。外から見ても「パブリック・ハウス」は、戸口にかけられた看板以外の点では、まさにプライヴェイト・ハウスの様相を呈していた(84)。

しかしながら、この業界でもさまざまな変化が起こり、その結果、女性たちは周縁に追いやられていくことになった。女性は一七世紀にビール醸造からしだいに排除されはじめ、一八世紀初頭には、女性がつくるのは自家用ビールにほぼ限られていた。当時最大の産業であったビール醸造業でもこうだったのである。一八〇〇年までにはパブ自体がビール醸造業者に買収されることが増え、パブの主人は小売販売業者となっていった(85)。こうしてビールの流通活動全般がより大規模化され、合理化、集中化という経路をたどると、ここでも男性の支配人、事務員、斡旋業者たちが続々と現われ、多くのパブはその支配下で運営されるようになった。

パブの内部でも、初期のパブにみられたくつろいだ雰囲気が変化した。カウンターが導入され、顧客とパブの主人のあいだを「仕切り《バー》」はじめた。一八三〇年代の立法により無認可のビール販売店というカテゴリーがつくられると、これによって女性たちにも収入を得る機会が生まれたが、それは顧客の社会的階層による分化が強まっていた業界の最下層に位置する仕事であった。福音主義者たちが飲酒を強く攻撃したことに加え、飲酒が政治にたいする不満などの治安の紊乱につながるとの見方から、パブの評価は悪化した。教区委員を務め、教区牧師の右腕でもあったある農業経営者は、地元の村のパブの自由でくだけた雰囲気に居心地の悪さを感じながらも、競売——競売はすべてパブで開かれていた——に参加するためにしばしばパブに足を運んだのだった。それは「地域の住人として、土地や家の価値や所有者について知悉している必要を感じた」からであった(86)。一八五〇年代までには、家の外で飲酒する場所は、階級によって分化され階層化されており、ブライアン・ハリソンが主張したように、「通常のパブには、体裁を重んじる都会のイングランド男性であれば誰も入らない(87)」ようになっていた。男性でもパブに行くのをためらったのであるから、上流気取りの女性や体裁を重んじる女性にとっては、パブはなおさら受け入れがたいものとなっていた。

これによって女性の経営活動は大きく制約され、パブの所有者や経営者、女性従業員たちは窮地に追い込まれることになった。一八四〇年代にバーミンガムにあったウールパック亭というパブの新たな所有者たちは、このパブに好ましくない階級の客がいると考え、家主はそのパブを、客によって家畜商用の食堂、経営者用の商取引部屋、常連以外の一般客用の喫煙室、そして特定の少数の客しか入れないカウンターの後ろの「くつろぎ個室」まで、いくつかの部屋へと分けた。個室ではパブの女主人やその娘たちも同席した。「ときには座がどっと盛りあがることもあったが、不作法は許されず」、箱が置かれていて、言葉遣いが悪い場合には「罰金」として病院への慈善のための寄付をすることになっていた(88)。

宿屋経営のもっとも儲かる部分は、一八三〇年代から四〇年代にかけて鉄道が普及しはじめると急速に失われていった。鉄道建設とその経営は、技術工学と密接に結びついており、私企業として大規模に組織され、しばしば軍隊風の勤務体制をとっていたが、どれも女性には合わない性格のものばかりだった。鉄道組織のきわめて男性的な雰囲気は、これまでそれほど注目されてこなかったが、この時期の経済における重要な要素だった。鉄道の発着駅まで乗り継ぐ軽装二輪馬車や、その他の軽量馬車を供給し続けた利益の少ない小規模宿屋やパブのみが、運輸業との連携を継続した。そのような事業を経営する女性もわずかに存在していたが、ここから発展した貸馬厩舎の中心にあったのは、男性の独占する馬の飼育業の世界であり、女性たちの運輸事業への直接の結びつきは、一九世紀半ばまでに実質的に断ち切られることになった。

他方で、宿屋やパブは、しだいにビール醸造業者からの借り受けで運営されるようになり、大きな資本がなくとも事業を始められるようになったことで、女性たちも飲食業や宿泊業を続けていくことができた。飲食や宿泊という選択肢が、下層中産階級の女性が就くサーヴィス業のなかで重要な部分であり続けたことは確かであり、とくに女性が家族の一員として雇われていた場合にはなおさらであった。実際、女性たちは、家庭的雰囲気を醸しだし、悪乗りを制御する能力を買われて、意図的に雇われたのかもしれない。一九世紀半ばには、自立してパブを経営していた女性のほとんどは寡婦であり、イプスウィッチでは、女性の名前で登録されていたのは、宿屋や酒場ではわずか七パーセント、ビール売り場では一〇パーセントであったのにたいして、より小規模で内々に行なえる選択肢であった下宿屋では四七パーセントであった(89)。しかし、刊行された同時期の国勢調査で、宿屋経営者の妻が別個のカテゴリーとして記載されていたことは重要な点である。

商売をする女性

独立して生計を立てるなり、親族の男性を手伝うなりして働いていた中産階級の女性の職業のうち、単独でもっとも規模が大きかったのは商売だった。女性が働いていたのは、商売のなかでも資本金が少なく格の低い分野がほとんどで、入れ替わり

図16　ジョン・ハリス「手芸品」1818年。Heritage Image Partnership Ltd/Alamy Stock Photo

が早く、信用連鎖の幅も狭かった。雑貨店を営んでいたのは、とくに農村ではたいてい寡婦であった。婦人帽子の製造販売と婦人服の仕立ては顧客が女性ばかりだったので、男性の独占が進んでいた小売業の上層部にあって、際立った例外となっていた。ウィッタムの女性経営者の店のなかでとりわけ目立っていたのは、高級住宅地ニューランド通りの婦人帽子店であった。この店の経営者は二人の姉妹で、住み込みの助手を六名置き、年金暮らしの母も同居していた[90]。こうした業界の上層に入るためには、五〇ポンドもの謝礼を払って徒弟訓練を受ける必要があり、店を出すための元手はその倍額にもなった[91]。

一八世紀末には、女性は婦人服の小売部門で優位を占めていた。繁盛している婦人帽子店は、上流階級の集まる春の社交期《シーズン》にロンドンまで出かけ、最新の商品を仕入れた。専門に特化した店もあり、コルチェスターのコートニー夫人はマフの製造、メアリ・ウェインマンは扇子の修理、アン・ワイルダーはモスリン、綿ローン、ガーゼ、レースの糊づけを行なっていた。こうした女性たちは独立して仕事をし、徒弟を引き受け、既婚者の場合でも自身の名前で請求書を出した。この時代にあって、結婚後も寡婦になってからも事業を続け、動産や不動産を遺産として残した女性もいた。しかし、多くの婦人帽子製造業者は、結婚などの境遇の変化とともに引退した。このような技能を要する仕事であっても独占はなく、徒弟修業をすれば有利に働く場合もあったが、決して必須というわけではなかった。むしろ、「流行の変化を見極める判断力、上品な作法と地域における縁故と信用のネットワーク」のほうが重要だった[92]。

教育や飲食や住まいの提供と同様に、婦人服や婦人帽子の仕立てを行なう女性のあいだには幅広い層があった。少女はみな裁縫を教わっていたので、家族内の無償奉仕ですませるという選択肢があり、技能の独占が進む可能性はほとんどなかった。小売商という地位にたいする懸念がとくに女性の場合に強かったことは、ジェイン・テイラーがある詩のなかで描いた食料雑貨商の妻にたいする両義的な感情が示すとおりである。テイラーが描いた架空の人物像のもとになっていたのは、食料雑貨商の店を畳んで引退し、堂々とした煉瓦造りの新築の邸宅に住んでいた実在の夫婦であった。このなかでテイラーは、「近所の小ジェントリ」をはっきりと攻撃している。

化粧をほどこした奥方さまは、何年ものあいだ
ここで夜会やパーティのまねごとをしていた
（売り台とはかりと現金箱を、
何杯かのコーヒーとスキャンダルとカドリールに取り換えただけの）
考えの幅だって人生観だって、
雑貨屋のおかみさんと大差ない。

その妻は、

売り台の左から右よりも
遠くまで見通して物を考えたことはないのだ

この妻は低俗で、洗練さを身につけられない人物として描かれているが、真の信仰心によって、かつては売り台の後ろで客に応対していたという究極の社会的恥辱でさえ、受け入れられるようになっていくのだった[93]。

女性が置かれていた経済的な周縁の場

かつて製造業に従事する企業が、設立初期でまだ規模も小さく直接販売に関わっていたうちは、女性も積極的に業務を担っていた。一八世紀にバーミンガムの女性たちが、ときには男性親族とともに、あるいは寡婦としてひとりで工房での生産に携わっていたことは、よく知られた事実であった。ジョージ・ホリオークの父は、自営業のバックル製造を辞め、鋳造工場の熟練労働者になった。ジョージの母は、結婚前にみずから立ち上げたボタン工場を続け、結婚してから新居の正面に構えた店舗で数名の労働者を雇っていた。ジョージは当時をつぎのように回顧している。

母は増えていく自分の家族の面倒をみながら、注文を取り、材料を購入し、製品の製造を監督し、明細書を作成し、代金を受け取った[94]。

体裁を重んじる既婚女性が独自に小事業を立ち上げるのは珍しいことではなく、たとえば、クラーク夫人はバーミンガムで装飾用小間物店を始めた。しかし、夫が綿布を巻く機械を発明してひと旗あげると、クラーク夫人は仕事を辞めて家庭生活に専念しており、このときまでは経営経験があったからといって、必ずしも社会的地位を失うわけではなかった[95]。

しかし、家庭に入るという考えがなかったり、経営経験によって社会的地位を失う恐れがなかったりしても、製造業に従事する企業の規模が拡大していくと、女性たちは徐々に疎外されていった。従業員数が増加して隔たりが増すと権威を保つことは難しくなったし、正規の市場で積極的な役割を果たすことや、資本投下を増やすことを求められ、科学や技術の知識も必要と

なるなど、女性たちが直面する困難がしだいに大きくなったためである。農業の場合と同じく、製造業や小売業を営む家族の女性はさまざまな半端仕事をしており、そのなかには、たとえば雑貨商の妻や娘が販売用のジャムを製造する場合のように、企業活動に直接吸い上げられるものもあった。女性たちはさまざまな製品やサーヴィスを扱っており、一八四〇年代にエセックスのある町でジョン・ブライト夫人がブライト社の粉末カスタードの販売代理人の役目を務めたり[96]、上品な独身女性が快復期の患者を受け入れて上流の精神障害者向けに高級な療養所を経営したりしたのも[97]、その代表的な例である。取り柄といえばそれなりの教育を受けたことだという女性たちは、子ども向けの通行本、道徳的物語、小冊子、さらには歴史書、伝記、科学書を執筆した。ある農業経営者の娘は『観察眼』や『鳥とは何か』といった題名の科学書を出版した[98]。一九世紀に出版された讃美歌のうち、女性が作詞や翻訳や作曲を行なったものはかなりの割合にのぼる[99]。

これまで述べたような事例から浮かびあがってくるのは、女性たちが、もっぱら家族を基盤とする副業の中心をなすとみなされる活動に携わり、家業の基盤として使われることもある技能に与ることで、収入を得ることさえできたという傾向である。アイザック・テイラーが共同でまとめた回想録を『家族の文筆』と名づけたのは、理由があってのことだった。そのような家族企業で、女性たちは比較的表に出ない部分の活動分野に自分を活かす場所を築きあげることができた。彼女たちは、原画を創作するよりも彫版にエッチングをし、版画に手で彩色した。実名で執筆をするよりも翻訳をするほうが自分たち自身も納得しやすかったし、ほかの人びとにも受け入れられやすかった。とくに児童書や宗教書や小説といった無難な分野を外れる場合には、そうした傾向が強かった。ギャスケル夫人の友人であったキャサリン・ウィンクワースは、ドイツ語からの翻訳で長きにわたって名声を博し、かなりの額の収入を手にした。それにもかかわらず、彼女は自分の作品を書くように勧められると心許なくなるのだった。

それが、すでに手元にある作品をただ翻訳するのとは非常に異なった事柄であることは、誰の目にも明らかです。翻訳にはしっかりとしたドイツ語の知識と、英作文の読みやすさと文章の趣味の良さが必要です。ですが、自分で作品を書くとなると、文学や歴史についての見解が、そして計り知れないほどの情報が必要となってきます[100]。

こうした補助的な経済活動に加えて、女性は組織の一員となることで家族の繁栄に貢献した。女性たちは男性に用意されていた有給の職に就きはじめたが、そのなかには国家の機関や自発的結社が成長した結果として生まれた地位もあった。しかしながら、こうした職位のなかで、女性たちの持ち場はほぼ例外なく、女性の家庭での役割を再生産したものであった。新設の救貧院で職員を必要としていたエセックスのある教区では、院長に求められたのは、男性収容者の監督と「字をきれいに書けて会計ができる」ことであった。院長夫人である彼の妻は、女性収容者を監督するだけでなく、病人の看護をし、住居、食事、衣類の世話をしなければならなかった。[101]

ほとんどの住み込みの職にみられた男女間の大きな違いは、男性は家族を伴って住み込み、しばしば家族が家事手伝いを行なったのにたいし、女性の場合は、副次的な職務にこそ違いはあれ、主として施設の家政面を任されていた点である。こうした職では、女性は扶養家族を連れてくることを禁じられることが多かった。一八二〇年設立のエセックス＝コルチェスター病院では、雇用する男女のあいだにはっきりとした違いがもうけられた。理事、運営委員、（無給の）医師はみな男性で、彼らが仕事の諸条件を作成した。住み込みの薬剤医は三五歳以上で、調剤の訓練を受けている必要があった。男性患者を監督し、その一環として朝夕の祈りを主導することも薬剤医の職務であった。薬剤医には家族についての制限がなく、食事と住居つきで年間五〇ポンドの給与を受け取った。女性監督官は、職員としては唯一の女性だった。女性監督官もまた三五歳以上限定であったが、同時に独身女性か寡婦で、扶養家族のない女性である必要があった。女性監督官の仕事は、女性患者を監督しともに祈りを捧げるほかに、女性看護師と女中の監督をし、病院内の日用品の管理や食料の帳簿づけを行ない、病棟の衛生面と整理整頓に目を配ることであった。彼女の現物支給の報酬は薬剤医と同じだったが、給与は年間三〇ポンドだった。看護師、女中、男性用務員、管理人たちは「薬剤医を主人、女性監督官を女主人」として仕え、性別分業にもとづく家族モデルを再生産していた。[102]

一八世紀末の農業経営者の妻たちの活動と一八二〇年代のそれを比較すると、変化がみられる。どちらの時代の女性も結婚して子どもがいたが、一八世紀末の女性は、農場の経営と労働者の管理を手伝い、馬の背に乗って各地の市場や町に出かけては、買い物や観劇や弁護士との相談を行なった。その女性は「自分でビールを醸造する」話をし、信用証書の現金化や「私のカブ」の売り上げを記録していた。[103] 一八二〇年代の農業経営者の妻は、新しい台所設備や客間の増築など、農場の家屋の改築に夢中になっている。彼女の世界は、教会へ行くこと、社交のための訪問、教会関係のささやかな慈善や家族のことなど、一八世紀末の日記に書き留められはしても、諸々の関心事のほんの一端でしかなかったようなテーマに限定されていた。[104]

女性の経済活動をこうした陰の領域に格下げした力は、同時に歴史史料にも影響を与えた。家族の女性が収入のために働いたと認めることで家族の地位が貶められかねなかった場合、そうしたことはまず記録されない可能性が高かった。経済それ自体が公的領域に属すると定義されるようになると、女性の周縁化が促進された。たとえば、バーミンガムの人名録から抽出した標本《サンプル》には一八〇〇年以降、女性商人の名前はひとりも掲載されていない。しかし、遺言書から抽出した標本を見るだけで浮かびあがるのは、一八三〇年代になっても、妻に事業を継承するようにという指示を残した象牙商と材木商と大理石商が存在した証拠である。この傾向がはっきりと確認できるのは、医療の分野である。一八世紀から一九世紀初頭にかけて、とくに農村部では、健康管理のかなりの部分を依然として女性が担い、大部分の治療薬の原料であった薬草を集め育てていた。共有地の囲い込みが進むと、薬草の供給源が減少した。同時に男性薬剤医が薬をつくりはじめ、また商品としての化粧品の製造販売も、男性が取り仕切るようになっていった。専門的な訓練と科学的原理をともなう専門職としての医学は、古典学の知識を基盤としていた初期においても、また実験方法が発達した後期においても、女性には閉ざされていた。しかし、女性たちは健康管理からは排除されていなかった。むしろ中産階級の妻や母は、健康的な家庭環境と食事を用意し、病気になったときに家庭で注意深く看護することによって、その活動領域は厳しく制限されていたにせよ、家族の健康にたいして重要な責任を負っているとみなされた。バーミンガムの医師、パイ・ヘンリー・チェヴァスは、好評を博した著書『妊娠、出産、授乳期の妻の自己管理についての助言』と『子どもの扱いについての母への助言』のなかで、こうした性別分業のあり方を明示した。この二冊の書物は彼の富と名声を、地元でも全国的にも高めることになった。[105]

女性たちのなかには、少なくとも近隣の貧しい人びとにたいして、薬草による治療を続けた者もいた。しかし中産階級の志向は、女性に人気で高額の治療費をとる一流の男性医師へと移っていた。医療における縄張り争いはとりわけ出産と育児に集中し、産婆から医師への転換を引き起こしたのだった。

女性、男性、職業的アイデンティティ

医療がひとつの例としてまざまざと示すのは、男性の職業がおしなべて男女の不平等の構造によってかたちづくられてきた様子である。この点は、女性の仕事にのみ焦点をあてた研究ではしばしば見過ごされ、また労働全般に関わる研究では、通常は明示していなくても焦点が男性にあてられるため、無視されてしまう。地域の記録から、男女の経験、とくに職歴の浅い時点での男女双方の経験を含む一連の活動をみていくことは有益である。若い男性もまた、ときには性に合わない仕事を強いられていたことは覚えておかなければならない。そうした若者は、「当然の」宿命だと諭されて自分の義務を受け入れるほかなかった。反抗的だと見破られたなら、こうした期待は彼が聞く説教や、彼が読む訓話のなかにそれとわかるように盛り込まれただろうし、大切な親族や友人によって何より効果的に示されたことだろう。サミュエル・コートールドは若いころ、ヴァイオリンの演奏家を夢見ており、父親の絹糸工場に加わるのは本意ではなかった。一八〇九年にサミュエルの母は、彼にこう手紙を書いた。

おまえの年老いた母と幼い弟や妹たちが不自由なく暮らしていけるかどうかは、おまえの配慮とがんばり次第かもしれな

いのだと考えてごらん。そう考えれば、やる気になってくれることと思います……。[106]

この手紙は確かに彼を奮起させ、サミュエルはそれなりの情熱をもって、みずから工場の経営に尽力したのだった。

　中産階級の男性たちに期待されていたのは、経済活動に従事することであり、彼らは、恩顧《パトロネジ》、教育、訓練、縁故、経験、法的手続きの恩恵を受けて、程度の差はあれ、高まる期待を背負うことになった。[107] 一九世紀初頭に職業機会が拡大すると、一部の男性は、それまでに受けた訓練や技能を基盤として職業経験《キャリア》を築きあげることができた。かつて製粉業者の徒弟をしていたある若者は、機械製造業の管理を任されても、さした る苦労なく務めることができたが、それは水車大工の任にあるうちに関連する技能を身につけていたからであった。[108] 大工や車大工に関連した職業から身を立てた若者もいた。実質的に男性が独占していたこのような基盤から、いくつもの大規模な建築工事が立ち上げられ、地域に根ざした家族の息子や孫たちは、そのなかで土地家屋測量士や不動産管理人や建築家となっていった。[109] こうした男性たちは建築業に利害をもっていたことから、不動産を取得して地域社会のなかで存在感を高めることができる立場にもあり、高い地位の家族と婚姻関係を結んで、着実に地歩を固めていった。[110]

　女性がこうした領域で活動することが難しかった理由のひとつは、(家庭外で)手を使う技能が、女性の地位と密接に結びつけられて禁止されていたことにあった。道具や材料への「当たり前」の興味によって、熟練職人から高等教育を受けた科学者まで、多くの男性が共通して関心をもつ領域が生みだされたが、女性たちにはそのような領域が存在しなかった。当時急速に拡大していた馬の飼育業ほど、このことをはっきりと示す事例はなかろう。一八世紀には馬の世話と使用は、しばしば「物知り男《カニング・マン》」や「賢い女《ワイズ・ウーマン》」がもつ［民間呪術の］知識と結びついた伝統のなかにどっぷりと浸かっており、僻遠の農村部にはそうした伝統が残っているところがあった。[111] しかし、新しい畜産業が発達し家畜の価値が高まると、「馬医者」という職業は男性に特化されたものとなり、一八二〇年代ごろから世紀半ばにかけて獣医学へと発展していった。[112] エセックスとケンブリッジの境界に位置する小さな村では、専門的に馬の飼育を始めていたある農業労働者一家から、内々での訓練と知識によって獣外科医として開業する者が現われた。その息子たちは、それぞれ医師とケンブリッジ大学の生理学教授になった。[113] 海と関係した職業からも、中産階級の男性たちに新たな機会が生まれた。女性にも、貿易商や波止場施設の管理人になった者は存在した。しかし女性の場合、商船や海軍の船に乗ってみずから海に乗りだしたのちにこうした職に就いたり、逆にこうした職を経て海に乗りだしたりすることはできなかった。

　これまで概観してきた職業は、伝統的に女性には閉ざされていた活動を基盤としたものであった。しかし、女性たちが締めだされていない領域もあった。中産階級の少女たちは、素描や彩色を嗜み、音楽に秀でるよう奨励され、資力が許す場合には、その才能を伸ばす訓練を受けることができた。なかには高い水準に達して、地方や全国で作品が展示される者もいた。さらに熟達して、男兄弟と同様に父親のアトリエや工房で訓練を受けていた少女もいた。しかし男兄弟とは異なり、ごく特殊な状況にあった者を除けば、商業的にも評価される本職の芸術家として独り立ちすることはできなかった(114)。

バーミンガムのような都市では、金属加工業界向けの意匠術《デザイン》と教育活動とを結びつけることが可能であり、たとえば、ある男性は美術アカデミーを設立して成功し、のちに息子がその経営を引き継いだ(115)。サフォークのある職人の息子は、地図作成と測量で最盛期には年間二〇〇ポンドの収入があった(116)。バーミンガムでも、エセックスやサフォークの市場町でも、数人の画家が、中産階級の顧客のための肖像画や装飾芸術で生計を立てていた。女性にもエッチングや彩色をほどこしたり、挿絵を描いたりした者は多かったが、彼女たちがこうした作業を行なっていたのは、家族の一員としてであった。芸術的才能がある場合には、近隣の娘たちに教えることができたかもしれないし、より本格的に学校教師の職を得る助けになったかもしれない。しかしながら、多くの女性は、両親の農場とビール醸造所で家の切り盛りを手伝いながら、世帯の人びとが目を覚ます前に起床して花の絵を描いた若いクエイカー教徒の女性のような生活を送り続けたにちがいない。この女性の男兄弟は、職業画家になったのだった(117)。

中産階級の男女はどちらも、より理論的な園芸学や植物学に加え、造園に強い関心をもつようになっていた。人生の大半をエセックスで過ごしたハンフリ・レプトンは、毛織物商のもとで徒弟修業を終えていたが、植物学への情熱をもっていた。若かった彼は熟慮のすえ、この植物学への情熱を職業に変えることを決意し、やがて風景式庭園という言葉を考えだして、その専門知識を息子に伝えた(118)。造園を専門として仕事をする機会は、造園に関する学術団体ができ、専門家の手で庭園がつくられるようになるのにともない増加した(119)。商業用の種苗所もまた、実践的な造園知識を身につけた男性にとっては機会が拡大していた領域であり、二〇世紀まで続いている数社の種子会社はこの時期に設立されたものである。園芸を扱う家族企業の発展にとって、多くの女性たちが欠かせない存在だったことは疑いないが、ひとつの集団としてみると、こうした女性たちは種を供給し植物を繁殖させる権限という、かつては農業経営者の妻や小屋住み農の妻としてもっていた特権を失うことになった。女性たちの植物学と園芸への関心は、むしろ身体に良い「健康回復剤」として作用する趣味へと向かうよう誘導されていった。

科学的かつ実践的な情報を交換する機会が欠けていたこと、また公のもとで成果を認めてもらえなかったことも、園芸や造園、さらには植物学に関心をもつ女性たちに特有の障壁であった。ほとんどの植物学協会は女性の入会を、少なくとも正会員としては認めていなかった。女性は、自分が書いた論文を男性会員に代読してもらうことはあっても、専門職としての外形を整えたり、専門知識を積んだりするために決定的に重要な非公式の支援を受けることができなかった[120]。

　サフォークの裕福な材木商一家に生まれた一組の双子の経験からは、若い男性の場合と女性の場合とで、かけられる期待が異なっていた様子がよくわかる。サミュエル・スコットは、十代後半に伯父の下役として家族経営に参入した。双子の妹シャーロットは、若い婦人としての教育を終えた後、自宅に戻って暮らすようになり、そこで植物学への関心を深めていった。シャーロットが一九歳くらいのころ、一家の家長で彼女の庇護者でもあった伯父は、シャーロットにとって植物収集と温室仕事が「目下の最大の関心事のようだ」と目を細めていた。二年後、サミュエルは、ゆくゆくは跡を継ぐと見込まれて事業の共同経営者となっていたが、シャーロットは、原因不明の神経症の愁訴にとらわれるようになっていた。伯父は大いに心配したが、シャーロットは一生を病人として送るはめになり、植物学への関心は萎えてしまった[121]。もちろん、才能ある中産階級の女性がすべてシャーロットのように病気になったわけではない。シャーロット・スコットは辺鄙な村落に住んでいたため、とりわけ不利な状況だったのかもしれない。それでも、「女性の」純粋な熱意が軽く扱われるのはよくあることで、それは少なくとも、上層中産階級の女性で卓越した素人として世に認められた成功例の場合も同様だったようである。

　シャーロット・スコットのような女性たちが、自分たちの境遇にいかに対応していったのかについて判断するのは難しい。しかしながら、淡々とした史料のなかから垣間見えるのは、家族の内部で財産をめぐる対立、とくに兄弟と姉妹とのあいだでの対立が知られていなくはなかったことである。バーミンガムのアーチボルト・ケンリックとエセックスのサミュエル・コートールドは、どちらも若くして事業を始めた際、娘たちの利益だけは守ろうとした母親に対抗し、事業のために家族の財産の大部分を要求した。家族の女性たちが主張を通すのは難しかった。というのは、サミュエル・コートールドがいささか率直に説明しているように、「このお金は、さしあたっては一個人［つまり彼自身］にもっとも有利になるように、しかし大局的には家族全体に有利になるように使うべきだと提案した」からであった。彼は［絹糸］工場に投資した場合、財産は「多少は危険にさらされる」であろうと認めたが、アーチボルト・ケンリックの場合と同様、サミュエルも資産運用に関する議論に勝利した。サミュエルの妹たちが念頭に置いていたのは学校の設立で、これでは妹たちの短期間の生活費にしかなりそうになかったからである。そして工場が軌道に乗るとすぐ、サミュエルは妹のソファイアの手当てを増やしたので、ソファイアはガヴァネスとして働きに出るのをやめ、ガヴァネスという地位がもたらす「あらゆる屈辱」を免れることができた[122]。

　家族に十分な資源がなければ、男兄弟が教育を受けられるよう姉妹が手を貸すのが当然だと考えられた。もし必要であれば、収入を得て、兄弟たちが職業訓練を受けられるようにし、また若い男性の経済的な起業の費用を全般的に負担することが期待された。寡婦が娘たちとともに学校を経営して息子たちに基礎教育を受けさせ、さらに職業訓練を受けさせる収入を得ようとすることはよくあった。ある男性はのちに姉への手紙で、「お姉さんたちは、僕たち兄弟が将来に向けて十分備えられるよう骨を折ってくれましたね。その恩は決して忘れません」と感謝の気持ちを記したが[123]、若い男性が自分の目標に到達した暁には、自分の将来のために投資をしてくれた母、おば、姉妹を養うことが期待されていた。しかし、そうしなかった場合もあったし、男性のなかには、女性に働いて養ってもらっていたことを受け入れがたいと感じる者もいた。家事をすべてこなしながら、経済面でも感情面でも兄弟を支えたにもかかわらず、のちにその兄弟が専門職や商業において目標を達成すると、品がないとして見下されたという姉妹からの激しい非難の記録もいくつか残っている[124]。また兄弟が、経営の不始末や個人的な失敗から、共有の世襲財産を失うのをただ傍らで見ているしかなかった姉妹もいた[125]。

中産階級の女性たちにたいする制約は、場所や活動内容やイメージから生まれる微妙な連想など、女性性と男性性を強固に定義する力の組み合わせによって成り立っていた。男性と、産業化の時代を力強く牽引した製造業との結びつきはとりわけ強烈なものであり、すでに議論してきたようなさまざまな理由から、製造業に従事する経営体における女性の役割は限定されたものになりがちであった。独立して事業を行なった女性製造業者は特異な存在とみなされた。農業経営者の未婚の娘で、煉瓦とタイルの窯を扱う商売に成功した女性は、身長が六フィート三インチ［一九〇・五センチ］もあり、慣習的に女性のアイデンティティとされていたものを一切放棄していたが、彼女は家族の記録では変人として扱われていた[126]。

子ども時代に少年たちが遊びで図面を引いたり、道具やささいな機械を作ったりしていた時分から、男性性とものづくりとの結びつきは存在し続けた。たとえこの方面への適性を示す少女がいたとしても、その才能を活かしていくことは難しかった。あるバーミンガムの鉄工親方は、溶鉄攪錬作業を改善することによって財産を築いたが、その長女には実用品を発明する才能があった。この長女の息子の回想録によると、彼女はこの才能を家庭内の問題解決に使うようになった。覆いのない暖炉の火が無駄になっていると気づくと、自分の型板から一片の鉄板を切り、煉瓦の上に乗せ、こうして彼女は「燃焼を遅くする火格子を先取りした」のである[127]。しかし、彼女がこの発明を製品として大量生産することはなかった。もし商品化していれば、一家はもうひと財産増やすことができたかもしれない。

機械に関する実践的な技能は、バーミンガムの金属産業の心臓部ともいうべきものであり、明らかに女性領域の範疇の外部にあった。しかし女性にとっては、規範となる科学的思考もまた、私的な事柄、そして最終的には非実利的な目的に限定されていた。バーミンガムの月光協会のような団体に所属する男性の娘たちは、科学や合理的思考を鍛えるためのしっかりとした教育や訓練を受けていたが、それを活かす場は、家庭や共同体の内部にしか存在しなかった。月光協会会員の孫に、フランシス・ゴルトンとチャールズ・ダーウィンがおり、この従兄弟同士の二人は、世界を秩序づけたり分類したりする月光協会の伝統をそれぞれの研究に活かし、一九世紀後半にはいずれも世界的に知られるまでになった。フランシス・ゴルトンのおばのひとりは、似たような雰囲気のなかで育てられたが、生涯バーミンガムで静かな家庭生活を送った。彼女は、体系的な世界観を身近な家庭に適用した。記録によれば、彼女がもっていたのは、壺が三つあるインクスタンドにインクが三色入ったもの、ペン拭き三枚にペン三本。ありとあらゆる筆記具。取引先の各銀行宛てや商用通信用に印刷された封筒。馬丁宛てに「雌馬は穀物を食べたか」などと印刷された質問。所有する資産ごとに、四角いラベルが貼られた仕切りに硬貨を種類別に分けて入れるよう見事に並べてある現金箱一ダースかそれ以上。貧しい人びとを導き救済するための道具、つまり宗教冊子、何オンスもの茶と砂糖、梳毛の靴下、出産支援用の包みなどが、関連する処理の記録とともに、表示のついた棚に別々に入っている。貯蔵室と家政婦室の陶磁器類にはすべて文字の表示がついている。金属類、鍋、壺にはすべて適切にラベルが貼られている。庭用の道具も同様で、留め釘にはラベルが貼られ、ラベルに合わせて道具が吊るされている。彼女の一二フィート四方の花床にある塗装されたラベルは、数えると一〇〇種類ほどにもなる。[128]

どうやって女性たちは生き延びたのか

一九世紀の半ばまでに、女性の活動として認識される領域は著しく狭まっていた。婦人服の仕立て、婦人帽子製造販売、教職が、中産階級の女性の仕事としてあげられるもののうち、群を抜いて主要な職業であった。[129] その結果、職業を求める女性が当然ながら過剰となり、賃金の低下を招いたことは、現実の、そして小説で描かれるガヴァネスの運命が象徴するとおりである。こうした技能をそなえた無償労働力は家族内にも存在しており、金銭を支払って専門的なサーヴィス提供を受けるだけの収入がない場合には、いつでもその仕事を引き受けていたため、これらの職業集団の女性たちが独占を試みる際には、そのような存在が決まって脅威となった。きわめて平等主義的な集団であったクエイカー教徒たちのあいだでは、一七八〇年代から九〇年代にかけて、女性が商店や学校を経営し、平信徒の牧会者として農村部を歩きまわっていたが、次の世代になると女性たちは体裁のよい家庭重視主義へと転じた。一八二〇年代生まれのルーシー・グリーンウッドの場合、彼女の母はクエイカーの牧会者として活躍し、卸売兼小売業を手伝って、息子が事業で成功をおさめる基盤をかたちづくった。しかし、ルーシーはそうした活動には加わらず、篤志活動として女子向けのホールステッド産業学校を組織し、その運営をして生涯を送った。独身を通したルーシーは学校の敷地内で暮らし、三〇年以上ものあいだ、どの私立学校の所有者にも劣らず、学校での日々の生活に没頭して過ごした。しかし、働いて生計を立てるどころか、ルーシーは学校のために自分の世襲財産を惜しげもなく使ったのであった[130]。

家計が許す場合はいつでも、中産階級の女性が経済活動に注ぎ込んでいたエネルギー、組織力、責任感は、家庭内の事柄へと向けさせられた。女性たちは、使用人を管理するなり自分で家事を引き受けるなりして、それ以前に（あるいはそれ以降も）類のない水準にまで個人の奉仕を課した組織を取り仕切った。ときにはこの卓越した技能とエネルギーを、広く認められた慈善活動に向け、家業との深いつながりのなかで身につけたり、さまざまな男性親族や友人から教わったりしていた組織化の手腕や業務慣行を活かすこともできた。女性が組織し運営したバザーのような大規模な慈善活動からは、こうした隠された世界が垣間見える。女性慈善活動家たちの歴史を描いたプロハスカが述べるように、「慈善事業は、ある意味では自由放任主義にもとづく資本主義がそれ自体の内部へと向かった姿であった[131]」。

本書の研究からすれば、問われるべき問題とは、この時代の中産階級の女性たちがどのような職業に就いていたかというものではなく、むしろこうした女性たちがいかにして生き延びたのかというものかもしれない。この問題に簡単に答えるなら、家庭内の仕事だけをしていたにせよ、表舞台から見えないところで貢献していたにせよ、片手間に賃金労働をしていたにせよ、投資の収益で暮らし、さらに醵出していたにせよ、あるいはより可能性が高い場合として、これらのうちの複数を組み合わせていたにせよ、女性たちは、家族ないし世帯が経営する企業の一員として生き延びていた、ということになるはずである。一八五一年の国勢調査のような大雑把な指標でさえ、二つの地域で、両親と同居する三〇歳以上の男性は五八名だったのにたいし、同じ状況の女性は一〇九名であったことを示している。

資本はあまり必要ないが労力を要する仕事に就いていた女性のなかで、割合が高かったのは、比較的若い寡婦である。商売をしていた女性世帯主の四三パーセントは、二五歳から五五歳までの寡婦であった。専門職の仕事（圧倒的に教職が多かった）に就いていた女性のほとんどは若く、その三分の二が夫に先立たれていた。年齢の高い寡婦たちのあいだで目立つのは、何らかの資産を要する職業であり、農業経営や宿屋経営ではその過半数を占めていた。こうした寡婦たちの多くは、宿屋や農場を維持して息子に相続させようとしていた。しかしながら、女性世帯主のなかで群を抜いて多かったのは、「働かなくとも暮らせる」手段のある人たちだった。エジバストンにはそうした世帯が点在しており、たとえば、ハグリー通り一六番地に住んでいた七五歳のセーラ・グリーンの場合、複数の住宅からの賃貸料で暮らし、中年の子ども四名と、妹一名、未婚の甥一名に住居を提供していたが、彼らはみな職をもたず、賃貸料と年金を受け取っていた[132]。エジバストンでは、上層中産階級の女性世帯主は事実上、全員が四〇歳以上であり、エセックスとサフォークの町の中心部でも、大部分がそうだった。これとは対照的に、バーミンガムの中心部では、女性世帯主全体の二五パーセントにあたる多くの女性がささやかな商売をしており、そのほかに一五パーセントが宿屋経営をしていたが、そのほとんどが比較的若い年齢層であった。

　こうした地域研究からはっきりとわかるように、女性が市場への参入を決意したのは、家族の財産を管理できた場合であった。これまでの議論で強調してきたように、土地、建物、投資、技能、個人的所得といった財産の形態が、重要な要素であった。専門職や給与職の男性に先立たれた妻や娘たちは、十分な部屋数があった場合には、下宿人や寄宿生を受け入れることで、それまでの収入の代わりにすることができた。ほかにも急場しのぎに家屋を店舗部分と一緒に、あるいは別に貸しだし、その家賃を収入にしてつましく暮らす方法もあった。これは家屋を所有していればより簡単だったが、また貸しをすることも十分に可能であった。

　こうした戦略から確認されるのは、ほとんどの中産階級の女性の主要なアイデンティティが職業にもとづくものではなく、実際に何らかの職分を果たしていた場合でも、明らかに家族としてのものであったことである。国勢調査の標本によると、男性は成人した実の娘や姉妹だけでなく、義理の姉妹や義理の母も扶養していたが、女性が世帯主である家庭には、姉妹や娘たちに加えて、母、おば、姪たちが暮らしていることが多かったようである。こうした事例の多くでは、女性は期待されていた支援がどのような方面のものであろうと、労働と収入の両面で貢献した。家の切り盛りと育児の手伝いや病人の看護は、独身女性や寡婦にとってよしとされる貢献の仕方であり、世帯の女主人であった場合の権威と特権がいくらか与えられることもあったかもしれない。国勢調査を実施した夜《センサス・ナイト》に中産階級の世帯内に滞在していたおびただしい数の女性の客人の多くが、こうした立場で友人宅に滞在していた可能性は十分にある。みずからが世帯主ではなかった寡婦のうち四分の一は、客人として分類されていたからである。友人にせよ親族にせよ、こうした世帯で滞在客として暮らす女性の立場は弱いものであった。家族経営体の内部で男性と同じような人生の浮き沈みに遭遇するだけでなく、彼女たちは結局のところ、家族内の核となる人びとの受け入れ能力や善意に依存しており、長年のうちに、感情的および心理的な依存状態に陥ってしまう場合もあったことは言うまでもない。数は多くないものの、女性同士で資産を出し合うことで、そうした危険を分散させることもあったようである。女性世帯主の家庭に成人した未婚女性が親族として住んでいた割合は、国勢調査の標本の全世帯に、成人した女性親族を無作為に配置してみた場合に算定される割合のほぼ二倍に達していた。[133]

　一九世紀初頭の中産階級の女性にとって、上品さとは、目に見えて自立した経済主体として行動することに真っ向から対立する、独特なかたちの女性性によって定義づけられるものになりつつあった。実際には女性も資産を保有することができたにもかかわらず、既婚女性としての地位がつねに先に立って、女性の経済的人格が封じ込められた。このことが彼女たちの社会的および経済的立場に及ぼした影響は、きわめて深刻であった。

一九世紀の中産階級の女性たちは、［フランク・］パーキンの言う、利用可能な資本としての財産と、所有としての財産とのあいだの古典的区別を体現する存在であり、この場合、その区別は夫の庇護下《カヴァチャー》の妻の地位によって強いられたものであったといえよう。資本としての財産の欠如は、「社会的閉鎖」のなかでもっとも強力な要素とみなされるもの、すなわち自分の生活《ライフ・》機会《チャンス》を統制することからの排除にあたる。(134) この概念は、女性の性的および政治的依存状態の中核をなすものであったが、その状況に気づいた初期のフェミニストたちが第一の目標としたのが、既婚女性の財産権の改革であった。中産階級の内部でも階層によって物質的な環境は大きく異なっていたが、みな同じ法的および慣習的枠組みのなかで生活を送っていた。中産階級が所有していた財産の形態や相続の仕方にも、さほどの違いはなかった。中産階級を対象とした読み物、説教、そして何より中産階級自身の経験は、女性の守るべき体裁をめぐる、さまざまな矛盾する結果をともなった通俗的な見解にたいして、代替となる別の可能性をほとんど示さなかった。そうした矛盾の多くが、支配的であった上層中産階級の考え方から直接的に生まれていた。一八三九年に、エリス夫人はこのような見解を冷然と表明した。

殿方は、ほとんどどんな下賤な仕事にも業務として取り組むことができますし、家庭で一家を体裁よく養っていく財力さえあれば、依然として紳士でいられるでしょう。しかし、もしご婦人が商売というかたちで商品に触れるならば、それがどんなに優美なものであったとしても、社会的な地位を失い、婦人ではなくなってしまうのです。(135)

第III部　日常生活——作動するジェンダー

第III部への序

この時代、中間層の人びとは数世代にわたって積極的にみずからの世界を形成していった。第I部および第II部では、彼らがどのようにみずからのキリスト教的遺産を再解釈し、既存の財産形態から商業や専門職の制度的慣行を構築していったかをみてきた。万華鏡をまわせば、彼らの企《プロジェクト》てのさらなる様相が見えてくる。組織をつくり一定の行動をとることによって、職業に専念することと宗教的な目的をもつこととのあいだに生じる緊張を抑えることができたということである。その際には、空間と時間と社会のカテゴリーを慎重に調整していくことに焦点があてられた。来世および現世のなかに自分の役割を見つけていくには、人と場所、時間と事柄を定義し、その境界を定めることこそが、もっとも重要な課題だった。それぞれのカテゴリーの内容と境界は、絶え間ない討議と試行と交渉によって線引きされていった。

こうしたさまざまなカテゴリーのなかで中心的であったのが、公的世界と私的活動領域のあいだの区別であった。しかし、これは依然として固定化されたものではなく、公私のあいだの境界線は、物理的な空間においても精神の領域においても絶えず揺れ動いていた。こうした区分は、時とともに建物の構造のなかに、また入念に規制された社交や礼儀作法のなかに具体化されていった。しかし、家庭という閉ざされた世界の内部でも、ほかのものに比べて公的な性格を帯びる空間や時間や行為があった。「私的」な機能は、少しずつではあったが隠れた中心部分へと後退していった。公私の空間的および時間的隔離が広がるにつれ、それらはジェンダーと同一化されるようになった。男性的領域は公的と定義されたものを囲い込んでいったのにたいし、女性は、しだいに物理的、社会的、精神的な壁に囲われた私的な領域のなかに吸い込まれていった。男性は、この双方の領域間を移動できる特権的地位にあった。こうした二分法と、そのジェンダー・アイデンティティとの結びつきは、否応なく個人の社会的地位と性差にもとづく居場所を固定化していき、階層秩序が強化された。

そのような大規模な再秩序化は、必然的に発想のさまざまな飛躍的変化をもたらした。そのなかには徹底的な変化もあれば、細かな変化、瑣末な変化さえあった。この第III部は、中産階級がつくりだしたカテゴリーを基盤とする生活に関心を置く。まずさまざまな家族関係を、その矛盾を孕むほどの豊かさに分け入って検討する。家族関係は、しだいに市場から遠く隔てられた私的な家庭のなかで演じられるようになっていった。しかし、この家庭の扉は、気軽に訪れる仕事仲間や友人の流れを遮断するものにはまだなっていなかった。

家族や世帯内の関係は、中産階級の企業家やイデオローグが家と庭で推進しようと躍起になっていた物理的環境によってかたちづくられた。収入が増加すると、多くの家庭は新しい消費のパターンに夢中になった。どのような商品を買うべきか、いくら買うべきか、どのように飾り、どのように手入れをするべきか。家屋や家具、庭園だけでなく、彼らの身体、個人の習癖、衣類、そして言語も、新しい鋳型に流し込む必要があった。相も変わらぬことだが、ジェンダーと階級というカテゴリーは、毎日の生活を通してもっとはっきりと提示されるからである。

同時に、公的領域もまた鋳直されていた。男性は、市場、自発的結社《ヴォランタリー・ソサエティ》、そして初期の国家機構という枠組みの創設に積極的に関わった。地域社会における公共圏を研究することで、こうした諸機構の相互関係や、家族経営体とのあいだの親和性が明らかになってくる。下層中産階級のなかの従属的地位にある者にたいする上層中産階級の男性の指導力や、女性が公的領域で果たした影のようでありながらきわめて重要な役割についての物語が、最終章の大部をなすことになる。

第7章 「わが家族は小世界」
——家族の構造と関係

結婚は一般に、基本的な共同体の大本であり、これをもとにより大きな共同体……そして究極には国家がかたちづくられる。そして、究極的には全住民の婚姻状態に、住民の存在、増加、拡散が、また風習、性質、幸福、自由が依存している。

——統計局長官「国勢調査への序論」一八五一年

企業から消費の構成にいたるまで、家族という概念が、地方に暮らす中産階級の生活の骨組みをかたちづくっていた。正式に「家族基金」を設けて個々の収入を出し合い、再分配する家族まで存在した。[1] しかしながら、家族の定義は固定的なものではなく、その境界は不明瞭で、変化していた。親族が認知されないままのこともありえたし、友人の存在が家族生活と切り離せない場合もあった。他家訪問は、長期のものも短期のものも一般的であった。一八五一年の国勢調査を実施した夜、二五歳以上の（世帯主を除いた）個人の一一パーセントを占めていたのは客人であった。家族というものは、両親と子どもたちからなる生物学的な中核から始まったのであろうが、結婚という社会的概念がその中心に位置しており、その重要性はこの時期に高まっていた。

どのような親族体系にもみられるように、認識はされながら軽視される関係もあれば、特別扱いの関係もあった。エセックスのある十代の少女は、祖母の死後、父親の独身の姉妹宅に長期滞在した。この娘は「つらい試練のときに、思いやりをもって優しく世話」をしてくれた「愛しい存在」だとして、おばたちから労われた。[2]

識字率が向上し、郵便制度が始まり、大型四輪馬車や蒸気船、のちには汽車ができ、速く比較的安く旅行ができるようになったことにより、家族や友人との連絡が容易になった。一七七〇年代であれば、数週間たってようやく家族の訃報が届いたところが、一九世紀初頭にもなると、家族の場合はかなり遠方の葬儀にも出席を促されることがあった。

核家族から離れた関係も家族のなかに含められたことで、個人に安心感を与える緊密なネットワークの形成が促された。家族の人数の多さは、境界の弾力性と相まって、家族集団全体の団結に寄与し、同時に家族内の強い愛情から起こりがちな争いを鎮める効果があった。家族概念の解釈には、家族として選ばれた者という要素もあった(3)。しかし、同じ諸要因が問題を引き起こすこともあった。多くの家族では、その大きさこそが、利害を拡散させる遠心分離的な力を生みだした。エセックスのある女性は、寡婦であった女性家長の死により、家族が離散するのではないかと恐れた。この女性家長は一五人の子どもを育て、孫の数はすでに五〇人にも及んだ(4)。これほどの人数になると、家族生活の網の目を形成する噂話や文通、贈り物の交換や訪問、相互の世話を増やすだけでは結束することができなかった。もととなる夫婦の財産の分与をめぐり不和が生じる場合もある。子ども世代が家を出て自分の家庭をもつことで、家族は当然ながら満ち欠けした。土地や屋敷がない場合、または永続的な家業がない場合、家族は時とともにほぼ確実に崩壊した。死亡率の高さゆえ、必然的に多くの結婚生活が離別に終わり、多くの人びとが中年期に配偶者を失った(5)。

家族の境界線には弾力性があったが、家族という概念はユダヤ・キリスト教の伝統と法とを枠組みとし、ジェンダーと年齢の関係において年長の男性を優位に置く慣習により、さらに塗り固められていた。女性の生活機会を男性が統制することは暗黙の了解であったばかりか、賞賛されることであった。家族の配置には、年齢、ジェンダー、役割といった詳細な区分が不可欠だと考えられた。これらの区分を血のつながった家族構成員で埋められない場合には、代役が見つけられた。男女ともにとくに多くみられたのは、実子以外の、または実子に加えて何人もの若者の教育者、後援者、または（両親の機能を肩代わりする）「父母代わり」の役割を果たす例で、これは高い死亡率と疾病率がつねに家族の存続にとっての脅威となっていたためであった。

特定の関係が重視され、その関係とステレオタイプ化されたジェンダーの特徴とが密接に関連づけられたことで、家族の一人ひとりは安定的な枠組みを手に入れたが、同時にあちこちに緊張が生みだされる可能性もでてきた。女性は従属的で弱く、男性は強く支配的であるというジェンダー観に反し、成人女性は幼い少年にたいして権力をもっていたし、期待を裏切る個性の持ち主もいた。ジェンダー化された特徴自体のなかにも矛盾があった。性的な要素をもたぬ貞淑な女性が理想化されたが、女性にとっての究極の目的は結婚して母になることという、あからさまにセクシュアリティを称える生き方であった。世の常として、人びとは、しばしば口とは逆のことを行ないながら、矛盾のなかでなんとか道を見つけて歩んでいたようである。緊張は手紙や日記、そして小説や詩といった空想的作品のなかにくすぶっている。交渉のなかで折り合いがつかず、やむなく退却する場合も多かったが、まれには、不満が鮮烈な暴力行為をともなって燃えあがることもあった(6)。

家族形成における婚姻の役割

中産階級にとって、婚姻は新たな家族単位の基盤であり、経済および社交の根幹であった。結婚に際し、男性は妻にたいする経済的および法的責任を担い、子どもをもつことを想定した。女性は、結婚することで完全に成人として扱われることになった。求婚から結婚にいたる過程は男女のどちらにとっても重大な歩みであり、通常は二〇代の半ばから後半になって初めて踏みだすものであった。熱心なキリスト教徒にとって、結婚は家族というものについての強固な信念の中核をなした。本書では、注意深く見守られながら個人が伴侶を選ぶ仕組みを説明してきた。相性は追求されたが、ロマンティックな魅力は重視されなかった。「快楽の極致ではなく」、追求するのは「安らぎ」だったのである。[7]

男女はともに力を合わせて結婚生活を送ることが求められていたが、そのやり方は同じではなかった。ピューリタンの伝統に根ざした家庭性には、女性を内助者とする理想が含まれていた。女性はなくてはならない存在であったが、補佐役として必要とされていたのである。男性の保護的かつ権威的な役割が強まったことは、夫と妻との年齢の開きからもうかがえる。一七世紀までは、男性が、財産と技能に恵まれた年上の女性と結婚することをよしとする考えがあった。しかし一八世紀末ごろには、こうした考えはしだいに受け入れられなくなっていった。小説、エッチング、歌、詩には、あたかも子どものように若く頼りない妻が理想として描かれるようになった。このような、か弱く無力なイメージは、そうした女性を支え守ることになる男性の能力を誇張した。利用できる情報を含む地域の記録文書によると、夫の七三パーセントは、妻よりも平均四・三歳年長であった。[8]年齢の開きがもっとも顕著であったのは、やはり上層の集団であった。専門職層の夫婦では平均よりも年齢の開きが大きく、また働かなくとも生活できる財産をもつ夫婦間では、夫の四分の三が年長であり、三七パーセントではその差が五歳以上であった。[9]

男性の場合、事業や専門職のなかで新たな責務を引き受けるのを機に身を固めることも多かった。結婚は、情事の歯止めになると考えられていた。サフォークのある福音派牧師は、結婚することで「男は安心して楽しみに向かい……その安心感から心を自由に広げ、目を外に向けて知識、科学、徳を追求することができるようになる」と考えた。[10]バーミンガムのジョウゼフ・プリーストリはこの意味するところを伝えて、自分の結婚を「幸せな絆」と表現し、妻のおかげで「まったく家事に煩わされることなく、自分の時間をすべて勉学や、地位にともなう義務にあてることが可能になった」と述べている。[11]

このような有形無形の恩恵を得るには金銭的な負担も大きく、時代が経過するとともに、十分な資金ができるまでは結婚を控える傾向が強まった。事業が思わしくないときには、独身男性たちはジョージ・カドベリーのように、結婚に向けて節約をした。彼はどこに行くにも徒歩で通し、出費を年二五ポンドにまで切り詰めた。[12]婚約が整うと、まず解決すべき課題は、「いか

刊行案内

＊

2018.10～2019. 2

＊

名古屋大学出版会

〒464-0814 名古屋市千種区不老町一 名大内 電話〇五二（七八一）五三五三／FAX〇五二（七八一）〇六九七／e-mail: info@unp.nagoya-u.ac.jp

W・ウォラック／C・アレン著　岡本慎平／久木田水生訳

ロボットに倫理を教える

―モラル・マシーン―

A5判・388頁・4500円

AIやロボットは、果たして道徳的になれるのか。間近に迫る倫理的な機械の必要性を、哲学的背景も含めて明確に提示。実現に向けた種々の工学的アプローチを概観し、困難ではあるが避けがたい取り組みのこれからを展望する。エンジニアと哲学者を架橋する待望の書。

978-4-8158-0927-0

田村　均著

自己犠牲とは何か

―哲学的考察―

A5判・624頁・6300円

日常の「自分を殺す」行いから極限状況まで、広く見られる自己犠牲――。なぜそれは可能で、どのようにして生み出されるのか。日本人戦犯裁判の事例を糸口に、西洋近代哲学では問えなかった問いを、人類学や心理学の知見をも参照しつつ根底から考察し、私たち自身の現実を哲学的に解明。

978-4-8158-0928-7

安野眞幸著

日本中世市場論

―制度の歴史分析―

A5判・460頁・6800円

支払い・貸借・契約・裁判・差押えなど、市場が果たした多様な役割を明らかにするとともに、債権取立てを軸に中世日本の展開を描き出したライフワーク。神人・悪僧に発し金融を担う「公界」と公権力とは、慣習法と制定法、文書とその破棄、暴力と秩序等をめぐり、いかに切り結ぶのか。

978-4-8158-0921-8

C・A・ベイリ著　平田雅博／吉田正広／細川道久訳

近代世界の誕生［上］

―グローバルな連関と比較　1780-1914―

A5判・356頁・4500円

一国史や地域史を超えて、グローバルな相互連関から「近代世界」の成り立ちを解明。革命の時代から第一次大戦に至る「長い一九世紀」を中心に、西洋近代化とは異なる視点で世界史を問い直し、政治・経済から人々の衣食住まで、新しい全体史を描くグローバル・ヒストリーの代表作。

978-4-8158-0929-4

C・A・ベイリ著　平田雅博／吉田正広／細川道久訳

近代世界の誕生［下］

―グローバルな連関と比較　1780-1914―

A5判・408頁・4500円

一国史や地域史を超えて、グローバルな相互連関から「近代世界」の成り立ちを解明。イスラーム世界、インド、中国、日本をも視野に入れて、思想や科学技術の発展から、社会や宗教の再編、さらには近代芸術の誕生まで、新しい「多中心的」な世界史に挑むグローバル・ヒストリーの名著。

978-4-8158-0930-0

セレブの誕生
—「著名人」の出現と近代社会—

アントワーヌ・リルティ著　松村博史／井上櫻子／齋藤山人訳

A5判・474頁・5400円

まれた「セレブ」とは、現代のメディアが作り上げた虚像なのか、それとも新たな威光の形なのか。王族・政治家から作家・俳優・音楽家まで、近代の始まりとともに生まれた「セレブリティ」の展開をたどり、公共圏が孕むパラドックスを問う。

978-4-8158-0933

原典 中世ヨーロッパ東方記

高田英樹編訳

菊判・852頁・12000円

モンゴル帝国の侵攻はヨーロッパを震撼させ、その世界像に転換を迫った。当時、東方に派遣された修道士や商人たちは何を見、どのように記録したのか。ルブルクやマルコ・ポーロ、ハイトンらの旅行記から、書簡、教会壁画、世界地図まで全一五篇を原典から訳し、アジア認識の展開を辿る。

978-4-8158-0936-2

飲食朝鮮
—帝国の中の「食」経済史—

林　采成著

A5判・388頁・5400円

牛肉、明太子、ビールなど、帝国による「食」の再編は日韓の食文化を大きく変えた。収奪論をこえて、帝国のフードシステムの歴史的意義をはじめてトータルに解明、生産・流通から植民地住民の身体に与えた影響まで、統治にはたした「食」の決定的な役割を浮かび上がらせる。

978-4-8158-0940-9

国際貿易
—モデル構築から応用へ—

多和田眞／柳瀬明彦著

A5判・356頁・2700円

国際貿易の経済的仕組みをスタンダードかつ最新の体系にもとづいて丁寧に解説。リカードに端を発し、国際経済の発展にともないアップデートされてきた理論モデルを学び、保護貿易政策や自由貿易協定の影響、環境や公共財の問題まで、世界経済の重要課題を読み解く力を身につける。

978-4-8158-0924-9

もう一つの金融システム
—近代日本とマイクロクレジット—

田中　光著

A5判・360頁・6300円

日本の発展を導いた、大衆資金ネットワークの挑戦とは。現代の郵便貯金や農協に連なる個人少額貯蓄のインフラが地方経済の安定と成長に果たした役割を、資金供給の実例などから解明。日銀中心の銀行システムの影で見過ごされてきた半身に光を当て、経済成長の条件を問い直す意欲作。

978-4-8158-0932-4

今野　元著

吉野作造と上杉愼吉

―日独戦争から大正デモクラシーへ―

A5判・484頁・6300円

「民本主義」対「国家主義」の単純な枠組みに収まりきらない、近代社会科学最大のライバルの共通基盤と真の分水嶺はどこにあったのか。ドイツ経験などの見過ごされた契機も手掛かりに、近代日本政治の現実の焦点を捉え、デモクラシーと帝国をめぐる議論に新たな地平を拓く。

978-4-8158-0926-3

鶴田　綾著

ジェノサイド再考

―歴史のなかのルワンダ―

A5判・360頁・6300円

一九九四年の悲劇を導いた力学は、「多数派部族による少数派の虐殺」という標準的な解釈では捉えきれない。脱植民地化から体制の転換を経て内戦へと向かう複雑な過程を、旧宗主国や国連の動向、冷戦などの国際的な文脈に置きなおして丹念にたどり、その深奥から理解を一新する意欲作。

978-4-8158-0931-7

清水　麗著

台湾外交の形成

―日華断交と中華民国からの転換―

A5判・344頁・5400円

「一つの中国」という原則と、国際社会での地位存続との板挟みのなかで、台湾は何を選択してきたのか。安全保障をめぐる米国との交渉、国連の中国代表権問題、日中国交回復とその裏での対日断交などを、台湾側の動向を軸にたどり、今日の台湾外交の真の根源を浮き彫りにする画期的著作。

978-4-8158-0935-5

西澤邦秀編

詳解テキスト　医療放射線法令［第三版］

B5判・222頁・4500円

医療放射線法令の全体像を理解するために、医療法施行規則第四章の内容を、関連通知も含めて体系的に整理。図表や写真を豊富に用いて視覚的・直感的に把握できる。診療放射線技師をめざす学生だけでなく、医療放射線実務のための参考書としても必携の、最新の通知内容を追加した改訂版。

978-4-8158-0934-8

高倉耕一／西田隆義編

繁殖干渉

―理論と実態―

A[illegible]判・[illegible]頁・[illegible]円

近縁異種との間の性的相互作用である繁殖干渉は、シンプルな枠組みでありながら、すみ分けや資源分割など生態学・進化学での数多くの難問を、統一的に説明できる。この普遍的かつ強力なメカニズムの全容を、タンポポやマメゾウムシなどの実[illegible]例を示しながら、[illegible]めて体系的に記述。

78-4-8158-0925-6

にして妻を養うか」であった[13]。それでも、若い恋人たちもその家族も長い婚約期間には二の足を踏んだ。求婚の流れはまださほど堅苦しいものではなく、兄弟姉妹も一枚噛んでいることが多かったが、男性が「先に口を切る」ことを期待されていた。男性には求婚で機先を制することができる利点があったが、拒絶される恐れもあった。バーミンガムの製造業者アーチボルト・ケンリックは、意を決して目当ての若い婦人に気持ちを伝えたが、彼女のその気のなさに打ちのめされた[14]。

中産階級の男性にとって、結婚は計り知れない重要性をもっていた。彼らに日々の慰めを与えるだけでなく、経済、社会、信仰、情動の営みに甚大な影響を及ぼすものでもあったのだ。妻の不在時や死亡時には、それを嫌でも思い知らされることになった。エセックスのある医師は、妻が治療のためにロンドンに送られたとき、つぎのように記している。「家にひとりでいるのは非常に退屈でわびしい……。いなくなった友の価値と、夫婦の情に気づかされた[15]」。妻を（出産の際が多いのだが）亡くした男性たちがつぎつぎと再婚していったのは、多くの場合、家政を取り仕切り子どもの世話をする人物が必要となるためであった。幼い三人の子どもたちとともに残されたエセックスのある農業経営者は、こう説明している。「男はひとりでは生きていけないものなのだ。結婚生活の安らぎを知ってしまっていたし、子どもたちを引き受けて育ててくれる気配りのある女性が必要だったので、私はすぐにまた相手を探そうと決心した[16]」。

このように結婚は、男性にとって生活の「重大局面」であったとするならば、女性にとっては将来を決める鍵ともいえるものであった。体裁を保ちながら自分の生活の糧を得る手段がなかったため、家族の負担にはなるまいとし、やむなく結婚したと感じていた女性たちもいた。父親が農業経営に失敗したとき学校教師をしていたサフォークのある若い女性は、「恋愛感情がなく、縛られるのも嫌だった」にもかかわらず、家庭を手に入れるために結婚したのだと認めている[17]。独身でいたかったのに、善意の友人から結婚するように強く促されたと不満をもらす女性もいる。結婚が、女性に構造的な依存と子どもをもつ負担という問題を突きつけることもあった。女性にとっての結婚にまつわる矛盾を示す例は数多い。確かな収入があり、実家で満ち足りた生活を送る女性にとっては、こうした事柄は重大問題だった。レベッカ・ソリーは、エセックスの裕福なユニテリアンの大家族の末子であった。親元で暮らしていたレベッカは、二七歳のときに日記にこう記している。「だんだんと性格が変わってきていることに気づかずにはいられない。独身ならではの務めが大切になり愛着がでてきたし、結婚につきものの打算や浅ましさ、世俗的な心配が増えるのが嫌になってきた[18]」。夫と妻のあいだに期待される年齢や経験の違いもまた、そのような心配を増大させただろう。こうした女性の多くは、典型的な「余った女」の立場から逃れようとするどころか、結婚という重大事を純然たる恩恵とみなしてはいなかったようである。

現実の求婚の成り行きは、こうしたジレンマの多くを予感させるものであった。女性は、男性が最初の行動を起こすまで待たなければならなかった。もっとも、兄弟姉妹や友人を仲介者として使い、若い男性に女性の意向を気づかせることは可能であった。求婚という問題においては、兄弟に依存するのは諸刃の剣になりえた。兄弟が検閲を行なうこともあった。姉妹に家政を任せている場合や、姉妹が独身でいることで金銭的な利益がある場合には、兄弟が結婚を妨害しようとする可能性もあった。その一方で、自分の利益になる縁談を進めようとする兄弟もいた。レベッカ・ソリーは二九歳のとき、兄の友人との結婚を強く勧められたが、母親がその男性の性格を問い合わせ、やめさせた。その後、別の兄が同じユニテリアンで訴訟代理人であるサミュエル・シャーンを紹介し、彼女はのちにこの男性と結婚した。レベッカは、サミュエルが夕食の席でレベッカの母親に気遣いを示したのを見てサミュエルに敬愛の念を抱きはじめ、サミュエルのほうでもその晩、彼女に歌を所望した。こうした出来事のせいで、レベッカは「その夜は夜中まで眠れなかった」。しかしその後、音沙汰がなくなり、彼女は自分の勘違いかと考えるようになる。それでも、「彼の収入がいかほどか問い合わせてみようと思いついた」のだった。その月の後半に、サミュエルはレベッカの母親に手紙を書き、母親はレベッカの言うとおりに返事を送った。次の週、彼はソリー家にやってきて、短時間レベッカと二人きりで過ごした。

きっと部屋の隅では、キューピッドが、私が自慢にしていた見せかけの独立心を笑っているだろう。あの日、書斎を出たときも、私は書斎に入る前と変わらず自分は自由なのだと信じていた。でも今ならわかる。……私が考えていたことは、オールド・ミスじみたことではなかったし、少なくともお金の問題でこの関係が終わりになることはないようにと願っていたのだから。[19]

金銭的な交渉にはもう二週間がかかり、交渉が終わって「初めて、別れ際に愛情をこめた口づけ」が交わされた。サミュエルはふたたび夕食に訪れて「心配していた宗教についての深刻な話」をし、これで二番目に重要な問題が解決された。つぎに示すレベッカ・ソリーの日記の記述は、男女とも、肉体的な魅力に無関心ではなかったことを示している。

私は、自分の心は彼の思いのままなのだといったことを口走ってしまった。愛しい人、そう、彼のおかげで愛する夫をもてるのではない。彼のせいで、愛に溺れ、狂わんばかりに火照った顔を見せるはめになったのだ。

レベッカは、日記で初めての接吻を描写している際にも、「血が頬に上り、あの熱に浮かされた瞬間の感情を思いだした」のだった。[20]

比較的年長で独自の収入のある女性であれば、より大きな選択の自由を与えられていたであろうが、ここでも家族から強い圧力がかかる場合があった。ソファイア・ゴルトンは、兄弟がつぎつぎと結婚していくなか、初老の父親の面倒をみるために家に残っていた。父親の死後、彼女の生活は孤独で無目的なものに感じられた。ソファイアは父親の信頼していた銀行員と結婚したが、親族は衝撃を受け、不満を示した。姪曰く、「あらゆる点で格下の相手」との縁組だったのである。もっともこの姪は、おばがいつも幸せそうであったことを認めてもいた[21]。しかしながら、ソファイアが夫から自分の財産を切り離す手立てを講じていないという事実、そして一家の名声に傷をつけることになる点が、ソファイアの兄弟にとって最大の気がかりであった。兄弟のひとりは、別の兄弟に「この地域の居酒屋はどこも、この件でもちきりだろう」と書き送り、自分が三週間もバーミンガムに足を運んでいないと明かした[22]。ソファイア・ゴルトンは、兄弟が自分の幸福よりも、こうした事柄を気にしていることに傷ついた[23]。しかし、無節操に財産目当てで結婚する者が現われかねない以上、時としてどれほど高圧的なかたちでの保護になろうとも、兄弟はこれを妨げるべきだと感じていた。

一九世紀初頭の理想的な結婚の特徴は、分別のある夫が若い妻を気遣い、導き諭すというものであった。情熱的な性愛ではなく、思いやりのある優しい愛情が理想なのである。従属的な地位にあったからこそ、妻には道徳的および霊的な感化の力を行使する機会が生まれたが、そうした結婚は、ほとんど必然的に困難に直面した。レベッカ・ソリーのように教育も財産もあり、嗜好や見解が似ていて、しかも明らかに性的魅力までもち合わせている好ましい女性を妻に迎えても、シャーン夫妻は金銭問題や九人の子どもたちの養育の問題、それぞれの親族への義理という点でもめた。サミュエルの仕事は［ナポレオン］戦争後の景気後退にともなって低迷した。レベッカは「労ろうとしたのに誤解されることがある」と感じた。そして彼女は夫の気の利かない冗談に腹を立てた。夫に共感できなかったり、「空中楼閣を描く」夫の非現実的な習性に反対したりするのは正しいことなのだろうか、と彼女は考えを巡らせた[24]。

夫と妻の役割と同様、父親と母親の役割は相異なるものだと考えられていたが、親としての責任と喜びはともに共通するものであり、人生のなかでもっとも厳粛なものだとされていた。ジョン・エンジェル・ジェイムズ師が述べたように、「親になることは、まったく大変なこと」であった[25]。各家族の子どもの数が多かったことは、地域の記録にもはっきりと表われている。寡夫の再婚が多く、第二の家族や、ときには第三の家族をつくったために数が増えたのである。地域の記録には、家族の人数が増えるのを積極的に阻もうとした証拠はほとんどみられない。どのみち、それは宗教上の信念に反することであった。

晩婚と大家族という人口動態的にも特異な状況下で、ある特筆すべき家族の性格が生まれた。まずいちばんに目につくのは、乳幼児死亡率が高かったにもかかわらず、多くの家庭で家族の人数が多かったことである。レベッカ・ソリー・シャーンは一五人兄妹の末子であった。彼女は二九歳で結婚し、その後の一三年間に九人の子どもをもうけた。第六子はレベッカ自身の母親が死んだ一週間後に生まれたのだが、この女性にとっては五〇人目の孫であった。これは決して珍しい例ではない。[26] このように家族の人数が多かったため、上層の広々とした住宅区域においてでさえ、年齢も性別も性格も異なった家族が近接して暮らすという状態が生じていた。規律としきたりが絶対的に必要とされたのは、無理からぬことであった。

第二の結果は、ひとつの家族のなかの長子と末子の年齢差が、必然的に大きくなったことである。年長の者たちには、年齢が下の弟妹とあまり変わらない子どもがいてもおかしくなかった。再婚や再々婚により義理の兄弟姉妹や半分血のつながった兄弟姉妹ができて、次の中間世代が複雑になる場合もあっただろう。[27] 下の子どもたちにとっては、自分たちが生まれたときには両親が四〇代かそれ以上であっただろうから、祖父母が生きている可能性は低かっただろう。「祖父母」の役目を、中年のおじやおばが果たした例も多かっただろう。両親が死亡していた場合や、病気や老齢であった場合、年長の兄姉が下の子どもたちに多大な責任を負うこともよくあった。男性は年少の弟たちの後見をし、彼らを徒弟奉公に出し、その財産を管理した。年かさの姉妹は頻繁に母親の子育てを手伝い、母親代わりを務めた。自分の家族をまだもたない十代や二〇代初めの未婚の弟妹が、兄や姉の子どもたちを情緒的かつ物質的に援助することもあった。幼い甥姪の遊び相手や、話し相手として重宝されたのである。イプスウィッチの土建会社の共同経営者の二代目であったジェイムズ・ランサムの家庭では、弟の十代の息子が会社で見習いとして働き、ランサム夫人の妹が、一〇人の子どもたちの世話を手伝っていた。ランサム夫人が大勢の幼い子どもたちを残して死亡すると、妹はそのまま残って、典型的な愛すべき未婚のおばとなった。こうした独身の若い大人たちは、家庭と経営体のための労働力の供給源となっただけでなく、両親と子どものあいだの緩衝材の役割を果たすこともあった。[28]

父親であること

そのような世帯の長とみなされていたのは、最年長の男性であった。つまり夫であり父である男性、もしくはそうした人物がいない場合には、兄弟、義兄弟、または長男である。この人物が世俗社会での、また宗教上の代表者であった。この人物が外的権威と神の父性を体現し、通常、経済的な資源を管理した。地域の史料には、権力を直接的かつ横暴に行使する男性がいた証拠も散見されたが、よりふんだんにみられたのは、男性が家族と密接に関わり、子どもたちの人生にたいして愛情に満ちた関心を寄せていた様子である。いずれにせよ、むきだしの権力を人前で容赦なく示すことは宗教共同体が許さなかったであろうし、こうした世帯の多くでは、依然として大勢の客人や親族の出入りがあった。愛情あふれた世話をすることで父親の威信が増すこともあった。父性の鑑のようなある毛織物商は、しばしば自分の家族を「共和国」と誇らしげに語ったものだった。しかし、その娘は、「するとわれわれ子どもたちは、小声で、独裁者のいる、とつけ加えたい気持ちになったものだ」と回想する。[29] そのような父親は、子どもを支配するために効果的に愛情を利用した。ジョージ・コートールドは厳しいうえに押しつけがましい父親で、成人した子どもたちに向かって「揺りかごにいたころから、おまえたち全員のお守り〔ママ〕をしてやったのだぞ」と、自分が子どもたちを慈しんできたことをくどくどと語り聞かせた。(30)

こうした男性の多くは、嬉々として父親としての役目を果たした。彼らの宗教上の信念によれば、子どもは天からの義務として、そしてまた喜びとして授かったのであった。バーミンガムのある書店主はこう告白する。「子どもたちは私の宝であり、私の幸せだ。子どもたちを失うことだけはないようにと願ってきた。……子どもたちがいなくなったら、世界はただの不毛な砂漠になってしまうだろう」(31)。こうした男性たちは、自分たち自身が大家族に育ち、少年時代から乳幼児に慣れており、簡単な子守をすることもしばしばだった。老齢に達するまで、おじや父親や祖父たちが、家と庭いっぱいにあふれた多くの子どもたちと遊んだことを示す証拠はたくさんある。

年端のいかない幼児の日常の世話はおそらく女性たちの手で行なわれたが、男性もときおりは子どもたちを任され、たいていは女中の助けを借りながら面倒をみたのであろう。ルース・コートールドがアイルランドの実家に里帰りしたときには、［夫の］ジョージが毎回数ヶ月間にわたって数人の子どもたちとともにエセックスで留守番をした。手紙のなかでルースは、二歳の子が「まだパパと一緒に眠っている」のかと尋ねている。(32)父親たちがとりわけ気をもんだのは、子どもたちが頻繁に病にかかる時期であったようである。幼い子どもが生死に関わる病気を患うと、信心深い者たちは信仰を試されているのだと考え、父親たちは快復途中の娘や息子のまわりから離れようとはしなかった。なかには、いく晩も寝ずの看病をし、積極的に看護に関わる父親もいた。

息子の場合、父親が保護者兼指導者として果たす役割には、息子を仕事に就かせることが含まれていた。一人息子を失ったある父親の言葉では、その芽吹きゆく若い生命は「男を現世に結びとめるもっとも強い根」であった。(33)娘たちの死は、むしろ話し相手や奉仕の担い手を失うことを意味した。あるバーミンガムの銀行家が娘の死に際して表現した感情は、その悲しみの深さを表わすとともに、父親が、娘の女性らしい気遣いによって得ていた精神的な恩恵を裏づけている。

大事な子どもを突然失った苦しみで、どう書いたらよいのかわからない。可愛い娘は、まだ人生のほんの一段階が始まったばかりだった。――根っからの世話好きで、些細な心配事にも大きな心配事にも気を配ってくれていたのに。(34)

父親たちは、年長の子どもたちの話し相手や教師として本領を発揮した。休日に遠足に連れだしたり、一緒に散歩したり、技術やとくに野外活動を教えたりした。父親たちは物語を語り聞かせ、女性陣が忙しく針仕事をする傍らで本を読み聞かせて喜ばれた。

両親の義務には、しつけや金銭の扱いなどの重要な問題について教えることも含まれていた。父親が執り行なう家族の祈祷では、集まった家人の前で名指しで不品行を咎め、善行を称えることもあった。父親は、子どもの学校教育や奉公、職業や結婚相手の承認について、むろん妻やほかの親族から強い影響を受けながらも、最終的な決定を下した。十代の息子たちに世俗的な悪徳、とくに性に関する悪徳について戒める役目をしばしば任されたのは、父親であった。

父親と成長していく息子とのあいだで、とくに家業の後継についての衝突を示す証拠が見つかるのは意外ではない。父親は、息子に自分の事業を引き継がせない場合、別の業界で仕事に就かせる責任を感じていた。あるバーミンガムの銀行家は、下の息子が徒弟奉公を終えようとしていたとき、修行をした業界に留まるか別の業界に入るかについて、息子と話し合って決めようとした。「こうしたことは、父親として私が子どもたち全員のためにきちんと行なうべき、そして力の及ぶかぎり世話すべき事柄である」[35]と考えたからであった。公務に向けて息子を教育する場合もあった。会員名簿や地域の出版物からは、父親と成人した息子たちが、自発的結社や男同士の夕食会やスポーツ活動でともに過ごしていたことがわかる。

父親たちは、娘にたいしては同種の責任を感じなかったようだ。ある父親が別の父親に書き送ったように、「娘たちは同様の教育を必要としないし、受け入れもしない」[36]のであり、基本的に、必要とされたのは金銭的に養うことであった。父親の娘たちにたいする影響は、ほとんどが些細な日常のものであり、父親は娘の寄宿学校を訪問したり、目的地まで付き添ったり、旅行に同道したりした。若い独身女性である娘たちは、忙しい妻や母よりもそうした場合の相手をすることができた。話をよく聞くようしつけられた娘たちは聞き役として重宝され、父親が病気や老齢になった際には、愛情細やかな補佐役となるようあてにされていた。幼少時から従順さや、将来の経済的立場の弱さを教え込まれていたため、娘たちは息子たちほど心配の種にはならなかった。

父親の屋根の下で暮らしその収入に頼っているかぎり、子どもたち全員にたいする父親の権威は続いた。娘の場合には、この権威は相続の構造によっても強められた。結婚年齢が遅かったことを考慮すると、末の子どもが二〇代のとき、父親は六〇代末か七〇代であることが多かった。そうした年齢の父親であれば、他家への訪問や求婚者との出会いを禁じるために若い女性に［早い時間の］就寝を命じることが自分の領分内だと考えてもおかしくなかった。しかし、親の権力がつねに厳しく行使されたと考えるべきではない。こうした父親の多くは子どもたちに愛されており、それだけに、子どもたちは愛情と義務の絆に縛られ、独立を要求することが難しくなっていた。母親やほかの女性親族は、父親の権威と慈悲深いイメージを是認し強調した。マライア・マーシュは、ウィリアム師がいかに完璧であるかを常々子どもたちに力説していた。寄宿学校に在学中だった娘に彼女はこう書き送っている。「こんなお父様に恵まれたことを、もっともっと喜んでほしいものです。お父様の信心、快活さ、愛情のおかげで、家庭が平和と調和と愛情の場になっているのですよ」[37]。

家庭が経営体や公務から分離されていくと、男性が家庭生活に密接に関わることは難しくなっていった。一八三〇年代には、父親は夕方に一～二時間子どもたちのそばで勉強を教えたり、朝に子どもたちを散歩に連れだしたりすることをせがまれるようになった。あるバーミンガムの薬種商の娘たちは、「父は仕事に集中していた」にもかかわらず、「私たちのちょっとした心配事や喜びをともにする時間を見つけてくれた」と回想している[38]。宗教上の義務が、家族とぶつかる場合はとりわけ苦痛が大きかった。バーミンガムのある国教会牧師は、より収入の多い教区を提示されたとき、聖職への使命感と、責任ある親としての役割のあいだで逡巡した。「二人の息子を養う一家の父親として、年間二〇〇～三〇〇ポンドの増収を簡単に拒絶するべきではない」。しかし、牧師としては、それは正しい選択ではなかったのだろう、と彼は友だちに書き送った[39]。父親としての積極的な役割と、公務や私的な趣味、社交生活の魅力とのあいだのバランスをとらなければならない場合もあった。政治活動、「しゃれ男《ダンディ》」、スポーツマンといった世俗的モデルはみな、父性に代わる男らしさのモデルを提示していた。これほど多くの文献で父性の恩恵や楽しみが強調されていたところをみると、ほかのモデルも父親業同様に魅力的であったものと思われる。

聖職者や著述家や出版業者は、とくに家で仕事をすることが多かったため、家庭生活の喜びを詳しく述べている。実際のところ、こうした職種に就いた男性の妻子にとって、父親がつねに在宅しているのは必ずしもありがたいことばかりではなく、パパの仕事中は「静寂と小声が大事」なのだとすぐに学ばなくてはならなかった[40]。慈愛に満ちた支配体制に子どもがみなおとなしく従っていたわけでもない。とくに娘たちは、病気になったり極度に信心深くなったりすることで家族の問題から身を引くという一種の受け身の抗議を行なった。二〇代初めのルイーザ・コートールドは、学校を設立する計画を阻止され、一家のほかの子どもたちとともに父のお供としてアメリカ旅行に送りだされた。彼女は「テムズ川河口近くの」グレイヴズエンドで船から逃げだし、スコットランドでガヴァネスの職に就いた[41]。

実の子どもたちは父親の保護と養育をはっきりと要求することができたが、父という概念は、決して生物学上の子どもだけに限定されたものではなかった。親方は徒弟や生徒の父親代わりであり、その地位は、親方がおじや兄（または義理の兄）でもあった場合にはより強いものになった。「最後の命令」と題されたある備忘録の記述では、長男は死にゆく父の代わりとなることを求められ、妹の名を守るよう命じられている。「息子よ、忘れるな。汝はいまや彼女の父」なのだから、と[42]。

こうしてロマンティックに語られたところで、父親は死んでしまうため、もはやみずからの義務を果たすことができない。しかし父親が生きていても、破産やその他の理由で子どもを扶養できなくなることがあった。子どもを養うことは良い父親を定義する要素の主たるものであったので、男性自身も子どもたちも、経済面の失敗を尊敬の喪失、つまりは男性性の喪失をともなう個人の失敗だとみなしがちであった。父親が破産したり借金を残したりした場合、子どもたち、とりわけ娘たちが味わう苦労と恥辱は、家族関係に影を落としたにちがいない。この時期の後半には、女性はみずから収入を得ることが難しくなり、経済界やそこに内在する危険にも疎くなったため、その傾向はなおさら強まったことであろう。

地域の記録のなかに現われる父親たちが間違いなく望んでいたのは、一族の祖となり、子どもをもうけて育て、人生の理想像に沿って彼らを陶冶することであった。これは、必ずしもジェントリ型の世襲家族をつくることを意図してのものではない。むしろ、父であることは責任であると同時に楽しみでもあり、この両方が道徳的な定めの一端をなしていたのである。

母親であること

母親に求められたのは、主に身のまわりの世話と、経済面ならぬ感情面での支援であった。父親にとっては、子どもの生活への介入はみずからの選択の問題であったが、女性たちは生来的に母親としての義務をすべて引き受けるものだと考えられており、貴族が子どもたちを子守や使用人の世話に任せる慣習は軽蔑されていた。もっとも、この生来の資質はつねに向上させていくことが可能であり、理性と節義によって母親の愛を強めることができるとされていた。子どもが六歳になるまでは、何にも増して母親の役割が重要であると謳った記事は地方紙にも掲載されていたが[43]、逆に、生物学的な母親であろうとなかろうと、すべての女性が母性本能をもつともされていた。

母親に中心的な地位が与えられたのはこの階層ばかりではないし、歴史的にこの時期に限ったことでもない。しかしこの階層においては、母親が家族経営体と世帯の次代を担う人材を産み育てるとともに、福音主義の教義でも家族の生活が強調され、家庭を築くうえで母親に中心的な地位が与えられていた。母親が、健康で真面目でしつけの行きとどいた子どもたちに育てあげる仕事に失敗したなら、彼女は「粗悪品」を送りだしたことになるのである[44]。アン・テイラーは一八〇二年、弱冠二〇歳で「お母さん」という詩をつくったが、この詩はまたたく間にイギリス中で、また海外でも評判を獲得し、二〇世紀になっても出版され続けた[45]。

こうした理想をかなえるため、女性にはまず、成人後の人生のかなりの部分において、出産と子育てによる肉体的および精神的負担が降りかかった。晩婚と大家族とが相まって、母親の平均年齢は、第一子出産時には二七・三歳、末子出産時には四〇・六歳であった。つまり一三年間にわたって絶えず身体的に母親となっていたのである[46]。地域の記録のなかには、まれに詳細につけられた記録があるが、そこにはこのパターンが顕著にみられる。エセックスの穀物商であったロバート・ブライトウェンは、一七九八年に三一歳で結婚した。妻メアリは二五歳であった。結婚後一年もたたぬうちにメアリは出産し、合計で一〇人の子どもをもうけた。そのうち四名は夭逝している。出産間隔がおよそ二年であることからは、授乳が行なわれ避妊効果が得られていたことがうかがえる。アン・マーティン・テイラーは、二五歳から四一歳にかけて［一一人の］子どもを産んでおり、つまりこの間の半分以上は妊娠状態にあった。メアリ・ブライトウェンには子どもが一〇人いたが、二六歳から四五歳までのあいだの三分の一の期間は、この子どもたちがお腹にいたことになる。もしも彼女が、子どもたちにそれぞれ一年ずつだけ授乳していたとすると（乳児が死亡した場合は、若干短い期間となるが）、この間の八五パーセントの期間は妊娠と授乳をしていたことになり、より現実的に授乳を一五ヶ月であったと見積もるならば、その期間の割合は九五パーセントにもなる。

同様の出産傾向は、地域の社会集団のすべての層にみられる。バーミンガムの裕福な銀行家ジョウゼフ・ギビンズの妻であるマーサ・ギビンズは、二〇歳の若さで結婚し、二七年間に一七人の子どもを出産した。このうち一一人が成人した。マーサがまだ下の子どもたちの妊娠と世話に明け暮れているうちに年長の子どもたちは結婚し、自分たち自身の子どもをもうけはじめていた。マーサ・ギビンズのような母親は、乳幼児の食事や病気の世話から、息子たちの徒弟奉公、年ごろの息子や娘の求婚にいたるまで、母親としての心配事全般に一度に対処しなくてはならなかった。[47]こうした状況下の母親業は、過酷で多大な時間を要する仕事であった。

母親専業モデルへの進行は、中産階級の上流志向《ジェンティリティ》の中核であり、地域の家族の多くにみられるが、その目的は、もっぱら宗教的なものから、より世俗的なものまでさまざまであった。しかしながら、一八世紀の女性商売人が一九世紀の専業の母親へと一直線に発展していったと考えるのは安易であろう。仕事場と家庭とが物理的にも精神的にも離れていくには長い時間がかかったし、この分離が途切れなく進んだわけでもない。二つの領域はしばしば競合したのである。これほど大規模な理念や態度や行動の転換が、母と娘との世代間で何らかの違いを生むのは必至であった。がさつな母親や単純で古臭い考えの母親が洗練された娘たちに非難されるというのは、小説によくある話であった。母親が軽薄であるとか教養がなく低俗であるといって反発し、娘がキリスト教信仰にどっぷりと入り込むというかたちの衝突もあった。しかし、母性が尊ばれ、子どもとしての義務が重視されていたため、そのような信心深い娘は苦悩することになった。[48]

収入が不安定ななかで大家族と複合世帯に向き合った女性の日常生活には、多くの課題がつきまとった。上品さという理念に従って生きるというのも、そのひとつにすぎない。精神や道徳の発達のためには、子どもに目を行きとどかせることがとくに必要だと感じられていたのだが、たくさんの子どもを短い間隔で産んでいたため、一人ひとりの子どもに注意を払うのは難しかった。マライア・マーシュは、子どものひとりだけが在宅することがあると、その子だけに関心を向けることができると喜んだ。[49]日々の世話の負担を軽くするには、使用人を雇うのもひとつの方法であった。

社会階層の上層では実際にこの時期に子守を雇っていたが、子どもの世話にはほかの使用人も全般的に関わっていたようである。高水準の清潔さや服装や管理が求められていたことを考えれば、これは必須だったのであろう。幼い子どもが一〇人いれば、二〇枚の靴下を、編まないまでも買う必要があり、毎日子どもたちの足に履かせておく世話以外に、それらをきれいにして繕っておく必要があるわけである。母親は中産階級的な道徳規範や正しい話し方、態度の習得を監督する必要があった。家事使用人には農村部出身の者が多かったので、彼らの迷信的な信仰や粗野な言葉遣いにとくに目を光らせる必要があったのである。

子どもが死ぬかもしれないという恐れは避けがたくかつ現実味を帯びたものであり、さらなる心労の種となっていた。この時代の女性たちは数多くの子どもを産んでいたが、だからといって、子どもを失ったときの悲しみが減ずることはなかったようだ。幼い息子を病で失ったあるエセックスの小店主の妻が回想録に記した痛ましい一節は、その愛情の深さを物語っている。

朝目覚めたときに、神と自分の勤めに気持ちを集中し、瞑想するのが難しいことがよくあります。かつては楽にできましたのに。しかし主よ！　愛する子どもの苦しみを目の当たりにし、間もなくおとずれる別れを予期することで、自然のままの感情が呼び覚まされるときに――偽りない気持ちで「わたしの思いではなく、御心が成るようにしてください」と言えたことなど、いく度あったか、主はお見通しでしょう。[50]

熱病や事故や恐ろしい肺病のほかに、お決まりの子どもの病気もあり、死にいたらないまでも、病ははびこっていた。ある醸造者の妻は子どもを一四人生んだが、そのうち五人は死産であった。この家の子どもたちはみなワクチン接種を受けた。これはこの階層には広く普及していた医療行為であったが、それ自体、ある程度の看護を必要とするものであった。年長の三人は、それぞれ五歳、三歳、そして生後二～三ヶ月のときに百日咳を患った。つぎの三人が同じ病気にかかったのは、その五年後、それぞれ三歳、二歳、一歳のときであった。この六人も、つぎの四人もみな水疱瘡と麻疹の両方にかかり、残りの子どもたちもそのどちらかにかかった。そのため、母親はたびたび、身重でかつ小さな赤ん坊を抱えたうえ、病気の子ども数人の面倒までみなければならなかった。[51]　このような状況のなかで、科学的医療という大義が広まったのは理解できる。バーミンガムで名医と評判だったパイ・シェヴァスは、とくに中産階級の母親を対象に本を書いていたが、「医師の指示に従わなかったり、中途半端にしか指図を聞かなかったりする」者が多いことや、子どもにとって「早すぎる死」にいたる危険性があることを嘆いている。医師の言うことを聞かない場合には、こうした危険はまさに現実のものだとシェヴァスは言うのである。[52]

キリスト教徒の母親たちは、子どもたちの魂のゆくえを危ぶみ、子どもが［死への］準備ができないうちに死んでしまった場合に天国での再会がかなわなくなるという究極の惨事を恐れて、子どもの健康についての心配をいっそう募らせるようになった。マライア・マーシュは、子どもたちの道徳面と宗教面の訓練を自分のもっとも神聖な使命と考えた。彼女は娘の一二歳の誕生日に、こう書き送った。「愛しいわが子よ、おまえが本当のキリスト教徒になった姿を見たいという、私の心からの願いがわかりますか。私にたいする愛情を呼び水として、神の慈悲と恩恵を求めていくのですよ[53]」。数多い子どもたちをしつけるには、宗教的枠組みを利用して罪悪感につけ込むのも効果的だった。マーシュ家では、子どもたちが言いつけに従わないとき、母親は悪さをした子を自分の部屋に連れて入って、犯した罪を指摘し、「神の目にそれがどんなに重い罪で、母にとってどれだけつらいことか」と諭した。そして母子は跪いてともに祈ったのだった[54]。九人の子をもつあるクエイカー教徒の母親は、多くの人びとに共通した感情を表明している。「もし神のご威光を頼りにできなかったとしたら、母親の仕事は実に大変なものだっただろう[55]」。

精神面の鍛錬は幼児期から始まり、母親（またはその代理）には読み書きや綴り方を含む最初の手ほどきを行なうか、少なくともそれを監督することが期待されていた。多くの母親は、子どもたちの成長の記録を、形式的な技能と全人格的な発達とをほとんど区別せずにつけていた。男の子の場合は六歳以降も家庭で教育されることは少なかったが、母親は娘の教育と訓練の監督を続けた。母親は一般的な規範や態度を教え込むことに力を尽くしたが、これは同時に男の子と女の子の役割の違いを強調するものでもあった。ある女性は、自分には「わが子の心の内を瞬時に見抜く力がそなわっている」と記している。彼女は、自分がその力のおかげで子どもたちの性格や、その特性ゆえにさらされる害悪を把握できるのだと思った。「この預言のような力は、母としての愛情でさらに強まり、私はしばしばひどい不安にさいなまれた[56]」。こうした母親たちは、互いに助け合い、実践的な助言を求め合った。母と娘、姉妹、そしてほかの女性親族や女友だちとのあいだの手紙は、子どもの軽い病気、睡眠パターン、歩いたり話したりする成長段階といった、子どもたちとの日常生活の心配事で埋め尽くされた。

母親たちがとくに気をもんだのは、息子たちが修学や就業のために母親の手から離れはじめる際のことであった。エリス夫人やアン・マーティン・テイラーのような著述家たちは、母親には息子に尊敬され続けたいという独特の欲求があることを認識していた。しかしこの両者とも、息子は娘以上に手を離れていくものだと警告している。「俗世」のいくつかの側面について往々にして無知である点でも、母親は分が悪かった。くわえて、女性としてのデリカシーから、性的な事柄について話し合うことも控えなければならなかった。著述家たちが母親の役割を称えたのとは裏腹に、自分の無力さから息子の尊敬を得られないのだと感じ、老後や夫の死後に息子から省みられなくなることを恐れる母親もいたようである。

図 17　レベッカ・ソリー・シャーン，35 歳。ユニテリアンの訴訟代理人で農業経営者でもあったサミュエル・シャーンの妻。1818 年ごろ

図 18　レベッカ・シャーン，6 歳。レベッカ・ソリー・シャーンとサミュエル・シャーンの娘。1818 年ごろ。レベッカはのちに従弟のヘンリ・ソリーと結婚した

母親と成長期の娘との関係が切れることは、それほどなかった。寄宿学校で一〜二年過ごす場合や、親類宅を訪問するほかは、娘は嫁ぐ（場合はそのとき）まで母親のもとで暮らすものとされていた。母娘の関係にも軋轢が生じることがあったのは疑いない。母親よりも野心的で頭のよい娘たちは、母親の平凡な家庭生活にいら立ちを覚えたが、一方で、威圧的で娘を無給の家事手伝いとして使う母親も存在した。しかし、こうした女性たちの多くは、とくに娘が結婚して子どもをもち、以前よりも母親の生き方を評価できるようになると、宗教的態度や家事への情熱をともにしたのであった。レベッカ・ソリー・シャーンにとって母親の死は「つらく悲しい出来事で、自分は妻として母として満たされていたけれど、娘でもあったことを思い知らされる」経験であった。レベッカが六〇代になり九人の子どもたちが成長して各地に散らばるころには、彼女自身、家族をまとめなければならないという重圧を感じた。「頭も心も老いぼれ、この散らばった子どもたちのことですっかり参ってしまっています[57]」。

実子に加え、女性は自宅に引き取った甥姪や、幼い弟妹、従弟妹の養育を手伝ったし、さらにコルチェスターのある小店主の妻が「我が家の食卓を囲む可愛い男の子たち」と呼んだような、住み込みの手伝いにも責任を負っていた[58]。年長の娘や未婚の姉妹、貧しい親族は、母親の片腕であり代理であった。

支援が得られ、物質的資源が十分にあり、身体が丈夫であれば、母親たちは母親の役割から喜びと目的意識を得ることがで

きたようである。エリス夫人が記すように、女性は母親として「いまや独自の目的をもっている」のであった。[59] しかしながら、母親の役割に内在する軋轢や困難は多かった。子どもたちにたいする母親の目的には両義性があった。魂の救済が中心的な義務であったが、世俗的な要求もわかってやる必要があり、この二つのあいだで思春期の子どもたちの舵をとるには、心穏やかならぬこともしばしばであった。母親自身もそれ以外に夫や経営体にたいする義務や、ほかの親族への義務を抱えていること が多く、これらが時間やエネルギーを奪い、母親としての義務に差し支えることがあった。信心深い家庭では、母性の重視によって、母親自身が祈りや自己鍛練を通じた宗教的探求をすることに関心が向けられなくなる可能性もあった。[60] 成人した子どもたちの母親にたいする相補的義務は、父と息子とのあいだの公式の共同経営関係ほどはっきりしたものではなく、道徳的な縛りを背景とした個人の愛情が頼りとなっていた。女性には、家庭内のアイデンティティと切り離して自己意識を発達させる時間もエネルギーも機会も欠如しており、母親たちがとりわけこのことに苛立っていた兆候がある。

ジェイン・ランサム・ビドルは、相続財産と夫の収入により家政婦を雇うことができる恵まれた立場にあったが、彼女のような女性でも、三一歳で第一子を出産したときから四四歳で(双子を含む)一〇人目の末子を産むまでは、実質的には詩作をやめていた。四年後に書いた詩の女神《ミューズ》についての詩は、家庭の負担がどれほど創作力を妨げ、一方でほかの喜びを与えたかを映しだしている。

　夢現に美しい人影が
　姿を現わすことはなくなった
　家の炉端で休みつつ、
　子どもの笑顔を見ている私の前には……

　詩の女神たちは優しい家庭の炉辺を厭い、
　呼び声にも姿を見せない
　霊感が舞い降りるのは
　地に足つけぬ息吹の上。[61]

子どもたち

一八世紀前半以降、子どもは独自の利害と要求をもった集団として認識されはじめていた。以前に比べて厳格さや権威性が薄れた環境のなかで、子どもたちにはより多くの自由が認められ、子ども向けの文学作品や玩具や娯楽が与えられた。[62] 一八世紀末までに、ロマン主義のなかで純粋さ、素朴さ、自然なものが称えられるようになると、子どもという立場はさらに特別なものとなった。外国の批評家は、イングランドの中産階級の子どもたちが、貴族の子どもたちとは対照的に、両親の愛する仲間として扱われていることに衝撃を受けた。

福音主義と啓蒙主義にはさまざまな相異点があるが、どちらも伝統的に社会改革の基盤として子どもの性格に焦点をあてていた。福音主義者たちは子どもの時代の無垢さを信じ、子どもの回心を願った。家族で散歩しながら、ユニテリアンの親は植物学を実践的に教え、一方で福音主義者の親は、神の御業に注意を促した。双方とも時間の価値を理解させることが不可欠だと信じて日課を定め、これにより体罰にはほとんど頼らずに秩序を維持できていたようである。両親の――そして神の――愛情を否定されるという脅しは強力な懲罰で、感受性の強い子どもたちには耐えがたいものであった。

愛情のこもった世話を受けても、少年たちはなお、自分たちは男であって、より広い世界に出て行く覚悟をしなければならないと学ぶ必要があった。幼児は［男女で］服装も似通っており、同じように育てられたが、五、六歳になると男の子は半ズボン《ブリーチング》をはく儀式で、ペティコートを脱がされた。これは大人の男になる第一歩であった。ずっとペティコートをはいたままの女の子には、男の子のような大胆さは求められなかった。男の子には輪やボール、その他の身体運動のための玩具が与えられたのにたいし、女の子は人形、人形の家、本型針入れ、ミニチュアの裁縫箱で遊んだ。男の子たちは、泳ぎや潜水など、女の子にはあまり勧められない活動も教えられた。レベッカ・ケンリックは六歳になるまで兄と一緒に遊んでいたが、母親は娘が「乱暴」で「完全におてんば娘」になっていると案じた。レベッカは子どものいないおばのもとに送られ、おばによって、しかるべき女らしいふるまいを仕込まれた。[63]男の子は女の子よりも身体的に丈夫で、汚れても身のまわりが散らかっていても平気なのだと考えられていた。

清潔さと秩序が中産階級の文化の中心を占めるようになると、少女たちは女らしさ《フェミニニティ》の一環として、汚れやだらしない行動を恥ずかしいと感じなければならなくなった。「おてんば娘」と呼ばれるのは、不面目なことであった。一方で少年たちは、こうした上品さの要素に従うか、そうした些細な事柄には男らしく無頓着であるべきか、方針を立てる必要があった。あるサフォークの貿易商の一三歳になる息子は、地元の教区牧師に、毎週日曜日の正餐に招待されていた。あるとき、暴雨のため行くのを見合わせたところ、牧師は彼にこう尋ねたという。「君は砂糖か塩でできていて、雨で溶けてしまうと思ったのかね」。少年は、二度と天候を理由に約束を破ることはなかった。[64]

最大の区別が生じてくるのは思春期後半で、少年たちが外の世界で仕事ができるように仕込まれはじめる時期である。家業が子どもたちの暮らす家庭と一体化している場合には、娘も息子も軽い仕事をすることができた。しかし、郊外に居住するようになると、少年たちは正式に仕事の手ほどきを受ける必要があった。十代の半ばでこの一歩を踏みだすのが、イングランド国教会での初陪餐や非国教会信徒団への入会と同時期になることも多かった。少女たちにとっても、こうした宗教儀式は成人身分への移行を示し、それにともない家庭での責任が増す場合もあったかもしれない。しかしながら、男兄弟が初めて仕事をする経験に比べれば、その影響はそれほどのものではなかった。

愛情豊かな家庭環境で育った少年たちは、寄宿学校に送られる際や、もう少し年長になって徒弟に出される際に、非常につらい思いをする傾向があった。強い家庭の絆を断ち切ることは、大人の男になるための修行の一環であった。娘たちもまた、結婚で家庭を離れる際には切ない思いをした。両親やほかの大人たちがすぐそばで気を配るため、子どもたちが個としてのアイデンティティを確立するのがひどく困難になる場合もあった。アン・マーティン・テイラーは、思春期について辛口の批評をしているが、これは疑いなく六人の子どもを育てた自分の経験にもとづくものであった。その驚くほどに現代的な論調は、強い愛情、罪悪感の操作、期待の高さという現代の中産階級にも共通する組み合わせを考えれば説明がつく。彼女は「子ども時代の無邪気な可愛らしさ」に続いて、しばしばもっとも難しい時代がおとずれることに注目している。

若い人たちの、両親にたいする曖昧な身構えや態度は、はっきりと敵対的とはいえませんが、居合わせた人はそのようなものを受け継ぐのはごめんだと思ってしまいます。……彼らの発言の内容ではなく、その言い方ときたら――単に年の違う人に発言しているのではなく、違う種族のものに話しかけているかのようなのです。[65]

ほとんどの若者は、この段階を経て両親と友好的な関係を確立したようである。頻繁に行き来し、贈り物を交わし、手を貸し合うことで親子の絆は強まった。両親が資産家だと結婚生活を始めた子どもたちのために財布の紐がゆるむため、親子関係を維持するうえで、距離の遠さはそれほど大きな障害にはならなくなっていった。一八四〇年代には、サフォークのある農業経営者とその妻は、ヤーマスからの定期蒸気船を使ってロンドンの娘のもとを定期的に訪問するようになっていた。夫妻は地方でとれた農産物を持参し、田舎の空気を吸わせに孫たちを連れ帰った。娘が重い病にかかると、母親は新しく［一八四四年の鉄道規制法によって一日一本］運行された［鈍行の］「一マイル一ペニー」列車を使ってロンドンに駆けつけることもできた。[66]

子どもたちもまた、両親の手助けや援助に依存していた。息子たちは、いざというときには家長を引き継ぐ心構えをしておくことを期待されていた。家業から早期に退く慣行ができて父親と息子とのあいだの潜在的な衝突の危険は減ったが、若干の危惧は残った。両親が息子たちに無心して生活するような身の上に転落する例もあり、例えばサフォークのある男性は、蒸気船に投資して文字どおり財産を吹き飛ばしてしまった。[67] 地域の記録からは、多くの息子たちが中年の両親に孝を尽くしていただけでなく、深い愛情を抱いていたことが伝わってくる。イプスウィッチの織物商ジョン・ペリーは、近くに住む父親ととりわけ親しかった。彼は、年老いた父親がしだいに弱っていくのを深く悲しみつつ世話をした。父親がとうとう寝たきりになると、ペリーは父のベッドの脇に座り、体を洗い、着替えを手伝った。「かわいそうなお父さん。すっかり弱って子どものようになってしまった。自力で食べることも難しくなってしまった」。そして息子は迫り来る父の死を思い、苦しんだのだった。[68]

しかし、そうした介護の義務を担うことを当然のように期待されたのは娘たちであった。成人女性には収入を得る見込みなどないに等しく、宗教上の訓戒がなかったとしても、選択の余地はほとんどなかった。若いエイミ・キャンプスは、死の床にある母親の世話をする際、「もっと従順にならなくては」と感じ、自分の役目にたいする神の加護を祈った。[69] 介護は、娘として当然果たすべき義務のほんの一部にすぎなかった。ジェイン・ウェッブ・ラウドンは、バーミンガムのある実業家の一人っ子で、早くに母親を亡くしていた。彼女は父親にたいして特別な責任を感じ、一二歳のとき、父親の誕生日に詩を書いている。その結びの部分はつぎのとおりである。

最愛のお父様！　わが祈りを聞き給え！
これからの長き日々にわたり
あなたの幸せが、もっとも大事な務め、
この世での私の幸せのすべてとなりますように。[70]

ジェイン・ウェッブは、父親が亡くなるまで結婚しなかったが、これは一人娘や末娘にはありがちな傾向であった。

地方の史料のなかには、父娘の絆がことのほか強かったことがうかがえるものもある。とくに聖職者は、子ども部屋でも日曜日の説教台でも魅力的な父親《ファザーフッド》／牧師の役目を果たしていた。マライア・マーシュが亡くなると、十代だったウィリアム・マーシュ師の三人の娘たちは、家の切り盛りと母親が担っていた教区での仕事を受け継いだ。上の二人の娘は嫁いでいったが、キャサリンは父親の話し相手という特別な役割を引き受けた。次姉の結婚後に父のマーシュ師は視力を失う危険に見舞われたが、このときキャサリンは父親にこう書き送っている。「お父様のために生きることを妨げるようなつながりを一切つくってこなかったことを、日に何度も神に感謝しております」。ウィリアムが、娘の結婚の障害になりたくないと主張すると、キャサリンは、自分は父親と短い時間をともに生きるほうが、「世界中のほかの誰かと幸せな長い人生を送るより千倍も良いのです」と答えている。その後、キャサリンはマーシュ師の二度の結婚を受け入れなければならなかった。マーシュ師が二度目の新婚旅行から帰る日、彼女はどうにかして喜ぼうと努めた。「罪深い者たちに生ける救い主について話すことができるかぎり、人生には嬉しい関心事があふれている。そう思えば寡婦となった〔ママ〕私の心も、喜びで歌いだします」。[71]

母親のいない娘が家の切り盛りをできる年代――十代半ばが多い――になるとすぐに、自分のために家政を取り仕切るよう仕向ける父親もいた。この場合、若い娘にとってありがたいのは、なじんだ環境から切り離されることも新たな性的関係に対処することもなく、責任と尊敬と愛情とを獲得できる点であった。世話の必要な幼い弟妹がいた場合には、母親業の経験と実績を積むこともできた。父親の愛情を一身に受けることになる場合もあり、母親のいない娘たちが、妻を失った父親に無

分別な再婚をさせないよう、実家の家政を担うことを強く勧められることさえあった。(72)

このような状況では、こうした父娘の関係にときに官能的な感情が入り込むのはよく理解できる。家を空けていた父親が帰宅した際のある女性の対応には、特筆すべきものがある。「父は［馬車から］私の腕のなかに伝い降りてきました。そして最初の長い接吻はあまりに強烈で、その気持ちの高まりは言葉では言い表わせません！」

こうした事例は、娘を妻の代用とする極端な例に思われるかもしれない。しかし当時の文学作品、とりわけ一八四〇年代以降のものには、母親の影が薄いか、母親不在の家族ものが多い。チャールズ・ディケンズは、自分自身の生涯においても作品中でも、繰り返し若い娘たちの虜となった。まずはじめは、相次いで彼の世帯の居候となった二人の十代の義妹たちであった。彼は自分の娘たちとも半ば恋人気取りの親密な関係をもったが、長女は父親を理想化した伝記の執筆に人生を捧げた。挙句の果てに、晩年のディケンズは一七歳の女優にのぼせあがったのだ。ディケンズにとっては、ドーラ・コパフィールドのように子どもっぽさと女性らしさを併せもつ女性が、小さな裁縫箱をもってままごとのように家事をこなす様子は、強力で性的刺激さえひきおこすイメージだったようである。ヴィクトリア時代初期の多くの読者にも、これは同じであった。(73)

このように父親と娘とのあいだの単一の絆に議論を限ると、さまざまな家族関係のなかのひとつの重要な様相しか引きだされなくなる。当時の大家族においては、数人の兄弟姉妹で扶養と世話の負担を分けもつことができ、寡夫の娘たちは、その妻の義務を分担することが多かった。それでも女性たちは、父への忠誠と、夫への忠誠、そして子どもたちへの忠誠が互いに衝突するのを感じた。ウィッタムのある事務弁護士助手の独身の妹には、選択の余地がなかった。彼女の兄は、母親を失った自分の四人の子どもたちの世話をするという条件で、彼女に小さな住居と少額の保険証書を遺した。彼は遺言で、この支援と世話の負担が組み合わさった遺贈は、妹が父親と同居しその世話をする義務から免れた場合に、初めて成立すると明記していたのである。(74)

兄弟姉妹

こうした状況に置かれた場合に兄弟がその姉妹を頼りにするというのは、文学作品のなかでも理想化されていたし、日常生活のなかにも強力な素地があった。兄弟姉妹は氏素性だけでなく、経済的基盤をも共有していた。男性がその姉妹の夫と提携したり、「［二家族間での］兄弟姉妹婚」をしたりして、兄弟姉妹がのちになって結びつくことも多かった。子ども時代が純真さと幸せを手にするための重要な鍵として考えられていたため、兄弟姉妹の関係は、ともに過ごした子ども時代の経験にまつわる郷愁からますます強固なものとなった。結婚年齢が高かったため、兄弟姉妹は成人してから一五年もの長期間にわたって生活をともにする可能性があった。この間に彼らは家族の危機を潜り抜けており、しばしば互いの求婚や仕事上の予期せぬ事件に巻き込まれることになった。父親と娘の場合と同様、兄弟姉妹は、結婚にともなうあからさまな性的関係ぬきで理想の男女関係に近づくことができた。[75] 子どもらしい無邪気な愛情を強調するのは、この深い感情的結びつきを守るための方法のひとつであった。

理想化されたモデルはつねに兄と妹の関係であった。彼らの互いの愛着と向き合い方は、明らかに結婚におけるそれの予行演習であり、この関係により、彼らはしかるべきジェンダー化された態度を学ぶことになっていた。ジョージ・エリオットは兄を崇拝し、その関係を『フロス河畔の水車場』で力強く描いている。ある追想詩のなかで彼女は、兄と妹の「まったく同じ世界」が、少年と少女の「慈しむべき違い」によってそれぞれに広がっていくさまに注意を向けた。そこでは、小さき妹——「似て非なるもの、己が制する自己」——の歩みを守り導くなかで、強く賢い兄は、衝動を抑える術をしっかりと学んでいくのだった。[76] コルチェスターの時計製造業一家に生まれ、七人の兄弟をもつ一人娘であったメアリ・アン・ヘッジは、兄弟姉妹が互いに果たすべき義務について長い小論を書いたが、その序文につぎの韻文を載せている。

　自然のもっとも神聖な共感のみが合わさった
　あの優しい結びつき、
　もっとも美しい衣をまとった友情
　愛のもっとも完璧な優しさ

そして、ヘッジは兄弟と姉妹の愛情を、夫婦愛に次いで尊いものと位置づける。兄弟と姉妹とのあいだの絆は、家族間のほかの絆と同様に当たり前とされていたものだったが、言葉を尽くして説き示し、賛美しなくてはならないのだ。多くの家庭では、若い男性たちが仕事や公務の世界でのあれこれを姉妹に中継し、その世界を姉妹に見せる窓となっていた。ヘッジの言う兄弟姉妹の絆とは、そうした家庭での約束事を大げさに示したものにほかならない。一八〇九年に、ジェイン・テイラーのすぐ下の二人の弟がコルチェスターを離れてロンドンでの徒弟に出ると、彼女はつぎの韻文を書いた。

　心のなかで順にはためく
　姉の愛情、望みと不安
　弟がつらい仕事の世界に乗りだしたとき
　どのような魔法の言葉をかけられるでしょう。[77]

年の差の開いた兄は、家に残った妹たちの指導者としての役割を果たした。彼らは妹たちの信託財産管理人であり、事業の助言者であった。また姉妹たちは夫を亡くした（あるいは遺棄された）ときには兄弟の家を頼り、数人の兄弟が共同でそのための収入を捻出しなければならないこともあった。その代わりに姉妹は、兄弟に個人的に奉仕することを期待された。奉仕はそれ自体が善行であるとされたが、妻としての義務を学ぶための最良の予行演習だとも考えられた。文献では、姉妹が宗教面や道徳面で世俗的な兄弟たちに及ぼした影響が強調されており、若い女性たちがしばしば家族のなかでもっとも早く回心したという形跡もある。姉妹の義務は、ほとんどがごく日常的なもので、靴下を繕ったり伝言を届けたり、病気のときに看病をしたり、話し相手や聞き手になったりというものであった。ちょうど娘が父親の軽率な再婚を防止できると言われたように、姉妹たちはこうした地味でつまらない仕事をこなし、家庭を明るく居心地のよいものにすれば、兄弟の無分別な結婚やそれ以上の悪事を食い止めることができると言い聞かされていた。

兄弟姉妹の関係はこのように強烈で長期にわたるものであったが、だからこそ、不和が起こったときには暴発するかもしれなかった。［第４章での］ケンリック家の例では、家業と家族の利害が入り混じっていたことで、いかに兄弟姉妹関係が悪化するかをみてきた。独身の兄弟姉妹が同居している場合には、通常兄や弟がより多くの財産と選択権を握った。兄弟の家を切り盛りする姉妹は、その兄弟が結婚すると、いつでも生計と住居を同時に失う恐れがあった。姉妹に独自の収入があり、家にそのまま住み続けられても、兄弟がそばからいなくなるのはつらいことだっただろう。

現実の兄弟姉妹の関係は、理想像とそれなりの類似性をもっていたが、当然のことながらより複雑であった。そもそも、小説や教訓的な手引書には一組の兄弟と姉妹の組み合わせしかでてこないが、大家族であったということは、要するにより幅広い選択肢があり、組み合わせごとに親密度に違いがあったということである。(78) 兄弟姉妹が多いために、財産をめぐり配偶者も加わっての争いが起こる可能性もあった。両親の財産をめぐる口論の後、助言や支援を頼っていた兄弟が思い違いをしていたり、無関心になったり、さらには実際にみられたことだが、姉妹から金を巻き上げてほとんど返さなかったりすることもあった。強い兄とその兄を慕う妹という理想像は、現実には性格や年齢の点から逆転することも多かった。両親の死後、事実上の家長となっていたあるやり手の長女は、ようやく二〇代になったばかりの弟が、重大な局面にある家業の銀行経営を引き継いだ際、力を貸さざるをえなかった。(79) そのような状況では、この弟は男性だけが手にする権力と特権をふるってこの力の差を乗り越えるしかなかったであろう。子ども時代からの兄弟姉妹間の根深い嫉妬や悲しみは、成人後にも持ち越された。ディケンズは小説のなかでは妹像を理想化しているが、彼は次姉を音楽の道へ進ませるために自分が学校を辞めさせられ靴墨工場で働かされたことを、決して許そうとしなかった。(80)

年長の子どもたちは、弟妹の模範となるような正しいふるまいをするよう奨励されたが、一方で両親は、成長する子どもたちに、兄弟と姉妹の役割分担を促した。息子のサミュエル・シャーンがリーズで初めて法律職に就いたとき、レベッカは、家の切り盛りをさせようとサミュエルの姉妹のひとりを送りだした。「あの子はいまサムのところにいます。サムの役に立ちますように」。姉妹は長じては妻や母として奉仕し、兄弟は夫や父の特権と責任をもつことが想定されていたのである[81]。

兄弟と姉妹の絆が親密であったため、そのなかに性愛に絡む部分があるのではないかという憶測が生じるのは避けられなかった。ウィリアム・ワーズワースとドロシーのような著名人同士の関係はさかんに議論されたが、ワーズワース兄妹は決して特異な例ではなく、あまたの兄弟姉妹に典型的な特徴をすべて表出しているにすぎない[82]。表面に出ない権力の要素、惹起される強い感情、男女それぞれへの期待の違いのせいで、兄弟姉妹の絆には情け容赦ない切っ先もそなわっていた。たとえばハリエット・マーティノーは、可愛がっていた弟ジェイムズと仲違いをしたが、対立があまりにも深刻なものであったため、彼女はこの不和の状況を決して文章にしようとしなかった。彼女がこの弟に抱いた感情は、「いままでに抱いたもっとも強い熱情」であった。「深く一途な愛情の対象になるという点で、兄弟にとっての姉妹は、姉妹にとっての兄弟にはとうてい及ばない」というマーティノーの言明には、彼女の羨望と愛情が滲みでている[83]。ときには義理の妹——つまりしばしば夫婦と同居していた妻の妹——が、実の妹同然、さらには妻同然の関係になった。亡妻の姉妹との結婚を禁じる法律は、一八三〇年代から二〇世紀初頭に廃止されるまで激しい議論を呼んだが、こうした関係に同様の根深い葛藤があったことを示唆している[84]。

妻とその姉妹との一体化はありえない話ではない。この時期のすべての関係のなかで、姉妹がもっとも互いに親密な間柄であった。姉妹は子ども時代から思春期を通して、兄弟の場合にはほぼつきものの空白期間もなく、ともに暮らしていた。結婚だけが若い女性を両親の家から完全に連れ去って、ある女性が書いたように、家族の輪のなかに「亀裂を残した」のだった[85]。姉妹の死の際には、もっとも痛烈にその喪失感が感じられた。

企業経営について論じた箇所では、独身であったり夫を亡くしたりした姉妹が共同で資金を出し、寄宿生や下宿人を置くなどしながら家庭を築いた様子を示してきた。こうした女性のみの世帯には往々にして、一般家庭を模した大まかな分業の仕組みがあった。あるクエイカー教徒の三姉妹は、醸造業者であった父の遺したささやかな収入でなんとか暮らすことができた。男性役割を演じたのは高い教育を受け、牧会者であり、慈善活動でも活躍していた長女で、彼女が金銭面を管理し、姉妹の感情的な行きすぎを牽制した。末の妹は家事を司り、長女を頭とする身体の「手足となった」。

義理の姉妹が親密な絆を結ぶ場合もあった。友人の兄弟と結婚すると友人関係が姉妹関係へと変わるため、ときには義理の姉妹となるために二人の女性によって縁組が仕立てあげられたのである。夫婦それぞれの兄弟姉妹同士がさらに結婚する場合、絆の強さは倍増した。姉妹と義理の姉妹はともに高齢の両親の世話をし、ともに家族内の若者たちのことを案じた。現代の家族と同様、姉妹は構成員をまとめる助けとなり、姉妹関係は女性同士の関係の原型となった[86]。

兄弟と義理の兄弟の場合は、むしろ家業を通じて直接的なつながりを強めることが多かった。兄弟は共同経営者となり、あるいは関連した職業に就いて恒常的にサーヴィス、顧客、商品、専門技能、信用取引のやりとりをした。兄弟は、夫を亡くした妻とその子どもたちの信託財産管理人としてもうってつけであった。こうした仕事上の取り決めによって、成人した兄弟のあいだの深い愛情が犠牲となることはまずなかった。エイブラム・コンスタブルは、七歳年上の兄のジョンがロンドンで画家として修業するあいだ、実家に留まった。エイブラムは、代わりに穀物事業を継いで兄を自由にしてやり、画家として生活の苦しい兄のために、父にとりなして財政的援助を増やしてもらった。エイブラムは自分が「兄であるジョンのためなら死ねた」[87]と書いている。

義理の家族のあいだには、終生続く深い友情が生まれた。一七八〇年代、エセックスのある男性は、結婚したばかりの姉に、彼女と「サビル兄さん」がいなくて寂しいと手紙を書き、こうつけ加えている。「しかし、僕らを引き離すのはほんの二〜三マイルの距離だといういつもの結論になんとかたどりつきました。……兄に僕の心からの愛を伝えてほしい」[88]。ここでの名前の呼び方は意味深長である。姓に「兄」や「姉」をつける呼び方は、実の兄弟姉妹と義理の兄弟姉妹のいずれにたいしても用いられた。兄弟姉妹とその配偶者たちは、次世代の子どもたちにとって、おじやおばとなった。甥は、提携者として息子や兄弟に次いで重宝され、姪は、話し相手や家事の手伝いとして姉妹や娘に次いで目をかけられた。

親族の役割

両親が健在の場合でも、おじやおばは重要な資源を提供した。地方の家族では、子どもたちを両親の兄弟姉妹が運営する学校に送ったり、彼らの家に寄宿させたりした。おじやおばは、若者を社会に送りだし仕事を始めさせるうえでとりわけ大きな役割を果たした。エセックスのある農業経営者一家の一〇人の兄弟姉妹は、成人後、子どもたちを複雑に交換する取り決めをした。別々の分家の甥二人が、おじの運営するアカデミーに送られた。ほかの二人は都市で商売をするおじの徒弟となった。文具店を営む独身のおばは、非公式の徒弟として姪をひとり引き取ったが、その姪もまた、第三世代の自分の姪の手を借りてパン屋を始めた[89]。二家族間で二組の兄弟姉妹が結婚した場合［たとえば、ある男女の結婚に続いて、その夫の妹と妻の弟がさらに結婚するといった場合のように］、彼らは同じ子どもたちにとって［父方と母方の両方から］二重のおじとおばになった。いとこ同士が結婚して、おじとおばが義理の親となり祖父母が二重になるときにも、やはり若い世代に強い関心が向けられた。二組の兄弟姉妹のそれぞれの結婚により生まれた子どもたちが、互いに二重のいとこ同士で結婚し、著しく濃密な家族網をつくることもなくはなかった。

いとこたちは親しい友だちとして好まれた。数が多く年齢層も広いため、兄弟姉妹よりも広い選択の幅があった。従姉妹は代理姉妹の役割を果たすことができ、従姉妹同士が姉妹と同じくらい親密なことも多かった。しかし、いとこ同士は結婚できたため、男女のいとこの関係は複雑なものとなった[90]。

男性の従兄弟は、扶養までは求められなくても、助言や保護を乞われることがあった。これらは一般に男性の役目だったのである。エセックスのある若い訴訟代理人は、エセックスにある所有地の収入を頼りにロンドンで暮らしていた小うるさい従姉妹たちのために、実務と会計業務を引き継ぐことになった。しかしながら、若干の埋め合わせもあった。地方からロンドンの従姉妹たちにはクリスマスに七面鳥が一羽送られただけだったが、ロンドンからは、定期的に従兄弟に魚が届けられたからである[91]。

祖父母も存命中には援助と扶助を提供した。エセックスに住むあるロンドン金融街の貿易商には一四人の子どもがいたが、彼は夫を亡くした娘二人とその子どもたち、さらに貿易商の夫がしばしば海外へ行ってしまう娘とその子どもたちをも引き取った。その当時、彼自身の末子は三歳にもなっておらず、子育ての用意はすぐに整った[92]。そうした家庭では、祖父母が住居と物質的な援助を提供し、実際の世話をするのは若い叔母たち——実家に残った娘たち——であることが多かった。こうして中間世代があいだに入ることで、年老いた祖父母と幼い子どもたちのあいだの隔たりがうまく和らげられることになった。

家族関係を取り巻く期待と責任には、ある程度の柔軟性があった。期待と責任は、家族関係の中核にある夫と妻、親と子、兄弟姉妹にもっとも強く求められたが、おじやおば、姪甥、祖父母やいとこにも広く及んでいた。しかしながら、みずからの意思によるものか否かはともかく、家族という資源をほとんどもたない人びともごくわずかに存在した。自発的にそうしたのは、社会的ないし地理的に移動の多い男性にほぼ限られ、彼らは生家から自分を切り離すことを選んだのであった。彼らは家族ではなく後援者のもとに身を寄せた。たとえば貧しいながらも野心家であったウィッタムのディクソン医師の場合は、ある女性患者と、同じ［非国教会の］礼拝堂に通う信徒たちを頼りにした[93]。人口動態上の偶然の巡り合わせで家族のいない者も少数ながら存在した。サフォークの皮なめし業者の息子で、文筆で名をなしたヘンリ・クラブ・ロビンソンは、二人しかいない兄のいずれとも音信不通となり、結婚もしなかった。ロビンソンはコルチェスターのある法律家のもとで、ウィッタム出身で同じ独立派のウィリアム・ヘンリ・パティソンとともに仕事をしていた。ロビンソンはパティソン家を代理家族とし、休暇をともに過ごし、パティソン夫人に本を貸し、その子どもたちの成長を見守った。

ロビンソン家の人びとはいつも病気がちで、結核にかかりやすかった。一方、コルチェスターのヘッジ家は長命の家系であったが、中産階級の家庭までも襲った伝染病を免れることはできなかった。メアリ・アン・ヘッジは生涯独身を通したが、三〇歳になる前に兄弟七人のすべてを失った。一八一五年には、三ヶ月のうちにさらに母と四人の甥姪までも亡くした。四〇歳のころには、彼女にはコルチェスター地区に甥がひとりいるだけであった。中年期の後半に、ヘッジは「人間的な生活のなかでもっとも崇高なもの」とみなす「家族の炉辺」がいまや冷たく空虚であり、自分は「魂が抜けた」ようだと書き記した。彼女にとっては、みなが天国の家でふたたび一緒になるという来世への強い信仰だけが唯一の慰めであった[94]。

メアリ・アン・ヘッジは、幸せな家族という「黄金の鎖」を求める気持ちを作品にして出版し、それを一種の職業にした女性のひとりであった。しかし、多くの人びとにとって家庭生活が有意義な経験であったことは疑いない。おそらく何よりも重要なことに、多くの人びとは家族生活を努めて有意義なものとしてとらえようとしたのであった。しかし家庭生活にともなう負担と見返りはどうしても偏ったものになってしまい、分家間や個人間で利害をめぐる争いが起こった。家族の援助と愛情を求めて期待を募らせた挙句、その独特の緊張から激烈な口論が始まることもあった。財産と情緒的愛着とが密接に絡み合っている状況では、容易に予測のつくことであった。レベッカ・シャーンの相続をめぐる争いは、兄弟姉妹のあいだの関係を決裂させた。最終的には彼女の子どもたちの要求が通ったが、レベッカは子どもたちにとって、獲得した金銭的利益から得られる恩恵よりも、家族の分裂から生じる痛手のほうが大きいのではないかと心配した。彼女自身は、「かつて私は大勢の身内を愛し、身内から可愛がられてきました。しかしこの話題は荷が重すぎるのです」と書き、彼女の日記はその後、この件について沈黙を貫いた[95]。

実家と婚家とのあいだでの忠誠心をめぐる緊張は、成人した子どもたちがクリスマスや家族の祝い事をどこで迎えるかといった些細なことでも表面化した。ときには、こうした家族内の争いが地位や財産の違いによってこじれていった。一族のなかのある分家が社会的階梯を上昇すると、貧乏な親族や無教養の親族は得てしてお荷物となった。しかし、羽振りのよい親族や教育を受けた親族が、ほかの親族に助けの手を差し伸べる例も数多くみられる。中産階級が始めたり広めたりした儀礼の多くは、家族の生活を称えただけでなく、迷える羊を群れに戻しもした。誕生日の集まりや葬儀やクリスマスには、分家も参加するか、少なくとも代理を送るのがしかるべきとされた[96]。

個人の志向や能力が、標準的な規範や期待される特性に抵触する場合もしばしばあり、女性たちばかりか男性でさえも扱いづらい存在になることがあった。男性役割と女性役割は、いずれもはっきりとジェンダー化された特性を帯びていると考えられていたが、合法的に性的要素を含んでいたのは、ただひとつの役割――夫と妻――だけであった。しかしながら、性愛を思い起こさせるものは底流にあり、年齢や経験や物質的および文化的な資源によって男性の権力が集まるところでは、どこにでも見つけることができた。家族が拡大し中間世代が生まれたことで、こうした緊張は拡散したが、その境界が曖昧になる効果もあった。家族は平和と調和と純潔の理想と謳われていたから、そのような緊張を表に出すのは難しかった。たとえば、労働者階級の家族の無秩序や近親相姦にたいして中産階級が懸念を抱いたのは、それらが多分に自分たち自身の問題でもあったためだといえよう。[97] 興味深いことに教訓的な手引書では、母性を重視していたにもかかわらず、母親と息子との関係の描写は、過度に理想化されてはいるが、いささか貧弱である。おそらく母親と息子、または年長の女性と若い男性とのあいだの関係に性愛にまつわる要素を認めることで引き起こされる懸念が、あまりにも強かったのであろう。母親（もしくは母親代わりの女性の世話役）は、子どもへの愛情を強い道徳心と結びつけ、少年に罪悪感や罪業と義務の意識を迫ったが、息子（弟または甥）は、この母親との強烈でありながら従属的な関係を断ち切る任務を負っていた。こうした感情的抑圧のもとでは、支配的な男性性への移行はさだめし困難であったろう。その結果として、ヴィクトリア時代中後期の男性の心理において、純潔で性的要素を欠く理想化された母や姉妹の像と、売春という禁じられた領域とのあいだの分離がみられがちになったのは合点がいく。[98]

しかしそれでも、社会的、個人的、性的アイデンティティ、そして経済的生存までもが、家族の内部に居場所を定めることにかかっていた場合、感情は濃密なものになった。地方の中産階級のほとんどの男女は、レベッカ・ソリー・シャーンが老境に入ってから、世紀中ごろを振り返り、語った言葉に同意したことだろう。まったく「家族は小世界」であったのだ。[99]

第8章 「わが炉辺」
——中産階級の家庭の創造

それは詩人、哲学者、賢人が住まい
子どもを寝かしつけ、老後の寄る辺となるところ
世の煮えたぎった労苦と悲しみが鎮まるところ
すべてが慎ましく、癒しと安らぎに満ちあふれていたから。
——作者不明、ジェイン・スィーブルックの備忘録中の引用、
エセックス、一八三二年

一八三二年八月、雨の午後、ある教区牧師の一二歳になる娘は日記にこう記した。田舎の牧師館近辺を歩いていると、「道端のテントに、気の毒なみすぼらしい女性がいた。……酒飲みの夫のせいでかなりお腹を空かせていて、家賃が払えず家から追いだされていた。そのうえ、子どもを産んだばかりでひどく弱っているのだ。ママは一度か二度、この女性のところに行ってスープを恵んだことがある」。二～三週間後、この娘はその道端に人が横たわっているのを目にした。彼女はこの人物が眠っているのだと思い込んでいたが、コレラで死亡していたことが後で判明した(1)。

大切に育てられた年端のいかない娘がこうした事件を記録していること自体が、多くの中産階級の家族を取り巻いていた現実の脅威を物語っている。長引く政治不安、貧困、残虐行為、抑えられない性欲、病、死。こうした危急の事態は、みなあまりにもなじみのものであった。人びとはこれらに立ち向かい、神の恩寵にすがり家族の財産や資源によって身を守りながら、懸命に運命を切り拓こうとしていたのだ。身を守る盾は、中産階級の家と庭のなかに、また態度や話し方や服装を通じた身辺の秩序化というかたちで、実際にも象徴的にも張り巡らされた。個々人が神の助けを得て自身の運命を切り拓いていくのだという意識の前には、さまざまな物質的状況や思い通りにならない人間の存在が日々立ちはだかることとなった。自分たちの目的

と行動の指針となると同時に地位を知らしめ影響力を広めることのできる人生計画をつくりあげることに、多大な努力が投じられた。

家庭とは何だったのか

この人生計画を実行に移すことができる隔離された空間を築きあげることこそが、彼らにとっての成功であった。しかし家屋の外形、つまり「家庭《ホーム》」がつくられる空間の外郭は、考え抜いて建てられたものではなかったし、「ずっと住める」保証もなかった。ほとんどの中産階級の家は賃貸であり、そのほとんどがいまだに家業と結びついていたからである。家主が金のかかる改修に消極的な場合もあり、改築が妨げられたり遅れたりした。その一方、賃貸であったため、より良い地域へ引っ越すのは比較的容易であった。この時期の前半には、「家庭」とは煉瓦とモルタルでできた現実であり、なおかつ社会的構築物や気持ちのありようでもあった。自分たち専用の家を建築したり改修したりした場合、それはかけがえのないものとなった。ウィリアム・マーシュ師の一四歳の娘キャサリン・マーシュは、他家に滞在した後、エジバストンに帰宅したときの喜びを、「「家庭」、その名前はなんと甘く、安らぎと幸せを運ぶのでしょう」と書き表わしている。[2]中産階級の経験する相対的貧困のなかでとりわけつらいことのひとつが、他家に下宿することであった。コルチェスターのある中年の独身女性が苦しげに記しているように、下宿に住まうということは、身のまわりのものに自分らしさを刻印できないこと、プライヴァシーが侵害されること、客をもてなしにくいこと、さらには突然の明け渡し通告を受けることを意味していた。[3]

時間と仕事と空間を秩序づけ区分することは、効率の点からも、道徳的な目的からも重視され、中産階級の生活の要となっていた。これは男女のいずれにも、また仕事と家事や住宅の空間のいずれにおいてもいえることであった。生活様式や住居の区分は、二つの段階を経て模索されていった。まず、居住区域から生産に関わる仕事を取り除く必要があった。その後、この居住空間の内部で、料理、食事、洗濯、睡眠、その他の「舞台裏」機能が、社交という儀礼的な機能から徐々に切り離され、最終的には各機能ごとの専用の場所に落ち着いていった。家族の時間は、日曜日や夏の休日の娯楽といった世俗的な気晴らしにおいても重要とされた。休日には父親は日常業務を離れ、家族内での自分の位置を再確認することができた。植物採集や貝殻採取は、科学的で風流な趣味であったが、老いも若きも、ともに神の御業の不思議を学ぶ機会でもあった。

このような関心と日課は、中産階級に固有の地方文化から発展したが、この文化と、上に立つ者の証の一環として、衣服、食べ物、家具、馬車、娯楽に惜しまず金をかける貴族の伝統とのあいだには緊張関係があった。また、中産階級の文化の内部にも矛盾した要素があった。一八二〇年代にイングランドを訪れたあるイタリア人は、この訪問を振り返り、「イングランド男性はみな、あらゆる場面で快適さに言及して」おり、「家族」

は大陸における「社交界」に代わるものだったと述べた。まさにイングランド国歌が「楽しきわが家《ホーム・スウィート・ホーム》」であるかのようであった。しかし彼は、イングランド男性が仕事にも取りつかれていることに当惑した。[4] 家屋、家具、食べ物、サーヴィス、服装、態度の水準を決める際には、つねに世俗的な地位と信用度を示す必要と、宗教的および道徳的観点から物質世界を拒絶する必要とのあいだの綱引きが生じていた。成功しすぎると浪費して借金を負う恐れがあったが、それでも一定の物質的水準を維持することは、道徳的利益のために必要であった。中産階級の目には、貧しくなるとは品位を落とすことと映ったが、「生活様式の引き下げが不名誉だというのは、根も葉もなく誤った、男らしくない［ママ］懸念」であった。[5] 田園の環境は、宗教的により望ましいというだけでなく、より簡素な暮らしを求めるうえでも推奨された。富と空間が許せば、人に見せるために表向きの部屋を使いつつ、日常生活や宗教的行為のための「家族」の部屋を残しておくことで、こうした緊張を減じることができた。この分離自体が、秩序立った生活の表われであった。「二つの区画」を用意できない場合には、仕事と時間と人員をはっきり分けることでこの区分を明示する必要があった。[6]

図 19　素人画家が描いたエセックスのある農家の内部。この農業経営者の寡婦のまわりには，中産階級の家庭に特徴的な道具立てである，気圧計，絵画，模様入り壁紙，真鍮製の炉格子，絨毯が描かれている

　女性は家屋とその内部をつくりあげ、維持し、さらにその構成員を産み育てることに主たる責任を負っていた。この目的のためには、まず自分たち自身を管理する必要があった。一八世紀半ばに生まれた女性の生活様式は比較的簡素で、物腰も言葉も粗野であった。その子どもたちや孫たちの世代は、年寄りがあまり細かいことを気にしないのにしばしば衝撃を受けた。すべての女性が変化をすすんで受け入れたわけではなく、家業に深く関わって育っていた女性のなかには、家業から切り離された家屋に引っ越すことを拒絶する者もいた。宗教的な隠遁生活を選ぶ女性もいたし、もっと世の中に出て行こうとする女性もいた。しかし、道筋はどうであれ、上品《ジェンティール》な家庭を築くことがほとんどの女性の生活の中心になりつつあった。

　支出の額は、世帯人数、それぞれの必要、貢献度に見合ったものでなければならなかった。しかし家族と世帯の定義は流動的なもので、国勢調査の記録からは、一九世紀中ごろには、家族とは同一住居内に住む世帯主と被扶養者からなり、後者には使用人を含めることが望ましいとされていたことがわかる。[7] この時代には、家族の住居は「家族と友人」以外の者が立ち入ることのできない空間であるべきだという考え方が発展していた。

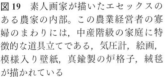

下宿は少なくとも一八世紀の都市住人にはごく一般的な慣行であったが、一九世紀には、若い時分だけ、もしくは零落した者だけにふさわしいものと考えられるようになった。

同様に、プライヴァシーが求められ、門、車まわし《ドライヴ》、家と庭を囲む垣根や塀によって地所の境界が明確化された。ハンフリ・レプトンは、その効果を、自分のエセックスの「田舎家」前の空間を写し取った紙製模型で示している。柵や生垣や植え込みによって、周囲の店や道路や通行人の姿を、視界から隠すことができるのだ。これは、共用の広場やテラスを配置するジョージ王朝様式とはまさに対照的な発想であった[8]。新たに考案された二戸建て住居は、小さめの家のプライヴァシーと経済性を、二倍の大きさの家の外観と組み合わせたものであり、発展する郊外に特徴的にみられたものであった[9]。中産階級文化に固有の反都会主義は、一九世紀初頭の理想の家、つまりスイカズラとバラで覆われた張り出し玄関を構えた茅葺き屋根の白い田舎家という典型的イメージに映しだされている。エセックスのある農業経営者の娘が備忘録に書いた「白い田舎家」とは、「すべてが慎ましく、癒しと安らぎに満ちあふれ、世の悩みも悲しみも忘れてしまいそうな」場所であった[10]。しかし、中産階級の住居は、家族が引きこもる単なる隠れ家であってはならなかった。家とは、社会的儀式の舞台でもあり、共同体における地位を外に誇示する場でもあったからである。

家屋と家具の細部には、明らかにジェントリの模倣もあった。たとえば、専門職の男性が上流の邸宅を訪れた際、つまり地元の訴訟代理人が書類を作成しに立ち寄ってワインをふるまわれたり、医者が往診で訪れたりした折に、上流階級風の室内装飾に目をとめ、それを模倣したことをうかがわせる記述がある。地元のジェントリの家庭は、定期的に一部の一般の人びとに公開され、手本にすべき趣味をつかの間だけ披露した。もっとも、中産階級の食器棚を飾ったのは、純銀ではなく銀メッキの食器であったのだが。しかし、中産階級はジェントリの屋敷の道具立てを自分たちなりの目的で使い、変容させた。彼らの住宅様式、町や村のなかでのその配置、庭園や周辺の環境は、昔ながらの貴族の影響を脱したことを告げるものであった。

生活空間を区分けしていく必要が生じたのは、余暇と余力が生まれたことで、読書、著述、音楽、手芸、科学的趣味、友人のもてなしといった新しい活動が可能になったためであった。このような種類の家庭をつくりあげ、飾り立てる能力は、女性の生来の特性として期待されるものとなっていった。ある農業経営者は、神が自分の家族に「新築もしくは補修済みで、もっと広い住居」をお与えくださるようにと祈った。そうすれば「妻リジーが趣味の良さを発揮する余地が広がるだろう。リジーは家庭の装飾に通じている」のだから。このことは、彼の子ども時代とは著しく異なっていた。彼は「より高尚で洗練された文明によって我が家が神聖なものとなっていく」大きな変化に気づき、これを女性の影響と結びつけた[11]。

中産階級の住居にたいする需要は、一八世紀後半から増加し、一九世紀初頭の二〇年間に急上昇した[12]。たとえば一八世紀末のコルチェスターでは、製造業、専門職、銀行家の家族の堂々たる屋敷が目抜き通りに並び、崩れかけた都市の城壁の外にまで続いていた。下層の職人が身を寄せ合って暮らす路地や貧乏人の借家の近くにあって、こうした家屋は、意匠を凝らした邸宅の正面や窓や玄関口が地位の高さを際立たせていた。一八世紀末のバーミンガムでは、オールド・スクウェアのように共用庭園と整然とした散歩道と鉄柵のある富裕層向けの小さな飛び地をつくろうとする試みもあった[13]。少し後の時代には、バースに対抗してクレッセントという高級住宅地の開発が計画されたが、完成にはいたらなかった。クレッセントはオールド・スクウェアに劣らず不便であったのに、都市や田園のもつ強みもなかったからである。

図20　バーミンガムのオールド・スクウェア。18世紀後半の中産階級向け住宅地

　住宅事業はまた、大土地所有者が土地区画を譲渡する気があるかどうかにもかかっていた。しかし、こうした初期の住宅事業の多くは、流行歌のなかで永く歌い継がれたバーミンガムのあるバックル製造業者と同じ運命をたどった。この男性は田舎屋敷《カントリー・ハウス》を建てたのだが、なんと、

町自体が丘を登り、
今では彼は工場の煙の中。
ブラマジェム［バーミンガム］の町のど真ん中[14]。

このような事態を回避するための唯一確実な方法は、町の境界からずっと離れたところに田舎屋敷を建てるか借りるかすることであった。一八一八年には、都市の周辺の田園には「バーミンガムの富裕層が所有する家や……多忙な生活から隠居した人びとの家が点在し」ていた[15]。次第に増えていったのは「観賞用邸宅」として建てられたもので、裕福な銀行家や訴訟代理人が投資目的で、あるいはジェントリが言うところの一族の本邸として、町のはずれに建てたり借りたりした屋敷であった[16]。

仕事からの家庭の分離

中産階級の住居の拡大は、改築であれ、新築であれ、金儲けの源となり、地方の家族に財をもたらした。これらの家は、経営体に隣接したりその一部として建てられたりした場合でも、プライヴァシーと品格《リスペクタビリティ》を高めるよう設計されていた。［職住］分離が望ましいという考えには、当初は若干の異論もあった。家族は、事業の盛衰に応じて都市の中心にある職場に近い家と郊外の住宅とのあいだを移動した。職場近くに住むのは便利ではあったが、プライヴァシーを重視し一般の目にさらされまいとする考えとは逆行していた。一八一九年、バーミンガムのゴルトン&ジェイムズ銀行を訪問した二人の若い女性は、こう不平を漏らしている。「ジェイムズ夫妻のもとを訪問しましたが……唯一不愉快だったのは、いつものように銀行を通って案内されたことでした[17]」。

商人の場合は、商品の加工は労働者の住居で行なわれたので、商売に必要なのは会計事務所と、原材料を貯蔵し製品を梱包する場所だけであった。何世代にもわたり、こうした作業は住居の一部で行なわれていた。醸造業のように企業家の管理が成否を決める製造業では、作業場の隣に醸造場管理住宅《ブルー・ハウス》がしつらえられた。醸造では原料に一切煙や煤が混じらないよう管理するため、それほど大きな不都合はここから生じなかった。しかし、生産過程で騒音や汚れが生じる場合でも家族がそのすぐ隣に住むことがあり、また皮なめしのように体に悪い仕事でも近隣に居住することがあった。製粉業者も、河川や潮の流れを利用した製粉用水車に近接もしくは隣接する水車管理住宅《ミル・ハウス》に住み続けた。企業家とその家族が転出した場合には、息子か若い共同経営者や管理人が管理住宅に入ることが多く、画家のジョン・コンスタブル一家の場合には、ジョンが生まれる直前に父のゴールディング・コンスタブルが村に新しい住居を建て、水車管理住宅に管理人を残して立ち去ったのだった[18]。

一九世紀にかけて、銀行業務は通常銀行管理住宅《バンク・ハウス》の表側の部屋で行なわれていた。これには現金箱や金庫に納めた正貨の安全対策の意味もあった[19]。同じように、学校教師の住居も通常は学校に隣接していたが、教室が一部屋しかない学校の場合でも、必ずその上か下の階に教師が住んだというわけではない。一八三〇年代に建てられたバーミンガムのエドワード六世校は典型的で、小さな四角形の中庭の三辺に中央棟と二つの翼棟が配置され、そこに校長の住居、教室三室と図書館が入っていた。裏手には副校長用の小さめの家があった[20]。

専門職の男性には、家族の生活を仕事場から切り離す現実的な動機はほとんどなかった。その仕事場は不潔でも騒々しくもなく、大勢の労働者がもたらす社会的脅威とも無縁だったからである。市場町では、ほとんどの医師や訴訟代理人は中心部に留まっていたが、彼らはより品のよい通りに集まりつつあった。法律業務と土地所有でウィッタム有数の資産家となっていたパティソン家は、中心部の目抜き通りに面した正面玄関の両側に主窓のある大きな煉瓦造りの家に住んでいた。この家は、二階をつなぐ通路によって、法律事務所として使う建物とつながっていた[21]。医師は表の部屋で患者の診察や薬の調合を行ない、見習いの助手を家に寄宿させていた。

店舗における機能の分離は、準備工程を寝食用の部屋から排除するというかたちをとった。一八世紀のイプスウィッチのある精肉業者は、まな板と「大包丁」を裏部屋兼台所に置き、表の部屋は生活と睡眠の場として使っていた。そこにまだ紡ぎ車を置いていたことも重要な点である。一九世紀初頭までに、生活と睡眠の場であった広間《ホール》が次第に入り口として使われるものに変わり、主要な二部屋は食堂と応接間になった。店舗は、いまや在庫や道具を置く独立した部屋となった[22]。一八二〇年代には、チェルムスフォードのような都市の店舗は、「十分な在庫」を蓄えるようになっており、「立派な板硝子の窓」のある店も存在していたし、バーミンガムでは、「高級店のしつらえは非常に立派であった[23]」。宿屋やホテルや居酒屋は、しだいに家族

図21　バーミンガムの金属加工業者トマス・ギビンズと，その妻エマ・カドベリー・ギビンズが1837年から50年にかけて住んだディグベス地区［バーミンガム中心部付近の地域］の家。住居は作業所の隣にあった

図22　エセックス州ウィッタムのブルー製粉所と隣接する水車管理住宅

用の部屋を別に用意するようになった。一八三〇年代までには、「酒場は家庭的要素が薄れ、より店らしくなり」、その一方で、酒の売り手のプライヴァシーは、売り手の領域をはっきりさせる「仕切り《バー》」の導入によって確保された(24)。

生産から家庭生活を切り離すのがもっとも難しかったのは農場であった。しかし一九世紀初頭には、古くからある農場にも新たな農場の計画にも大規模な改造が加えられていた。旧来の形態では、農場主の家屋をいちばん奥にして実用本位の建物が方形に配置され、庭園はなく、汚い庭を通って中に入るようになっていた(25)。この「計画性なき混沌」は、「新たな秩序にもとづく、高い計画性と目的性をもった配置」によって変化した(26)。農場主の家屋もまた、煉瓦の正面やサッシ窓やまぐさ石をつけ加えることで、雑然とした正面を覆い、泥と編み枝でできた外観を隠した。台所と作業場を裏手に配置し、改修した正面を道路側に見せることで、「農場主の家屋は……街中にあってもおかしくないような普通の邸宅に近づくことができた(27)」。

門扉の先にある半円の車まわしは、上流風の《ジェンティールな》住居の象徴であった。裏棟を増築して、たとえば台所や馬小屋など肉体労働の行なわれる「作業室《オフィス》」という場所をつくるのも同様である。こうした特徴は、イングランド国教会の聖職者たちが行なった改築のなかに顕著に現われた。牧師館はなおも教会の隣に位置していたが、国教会聖職者はとりわけ住居改善によって恩恵を受けた。

一八世紀には、地方の家はほとんどが木造で、木摺りと漆喰の壁、茅葺の屋根でできていた(28)。しかし一八三〇年代には、市場町でも農村でも、正面を煉瓦にしたり、サッシ窓を取りつけたり、アーチ型のまぐさ石を配した戸口にしたり、玄関ポーチにドーリア式円柱を設置したりする例が増えていた。茅葺の代わりに登場したスレート屋根は堂々とした外観を与え、同時にげっ歯類や害虫の被害防止にも役立った。しかし、こうした改造は、社会的立場の申し立てであるとも認識された。ウィッタムの教区牧師は、ごまかしの改造だと痛烈に非難した。「どの家も、まるで木摺りと漆喰が恥だといわんばかりに、新しい煉瓦を貼りつけなければいけないと思っている(29)」。

バーミンガムほどの規模の製造業都市では、中産階級専用の居住地の必要性が高まった。都市の中心部では広範囲にわたり労働者階級の小住居が建ち並び、商業の発展を邪魔していたからである。ウィリアム・マーシュ師は、コルチェスター在住中には、担当する聖ピーター教会から角を曲がって大通りに面した穀物市場の隣にある牧師館に住んでいた。しかし一八二九年にバーミンガムの都市の中心部にある聖トマス教会に招かれると、マーシュ一家は一マイル以上遠くに開発されたばかりの郊外、エジバストンに住むことにした(30)。

エジバストンは、バーミンガムで最大かつもっとも閉鎖的な郊外であった。

見よ、エジバストンを、栄える商いの寝所、
財をなした者が身を横たえるところ。

その馬車が我が家の横を通るとき、
上品《ジェンティール》であることに喜びを感じる。[31]

エジバストンに住むことにもっとも強くこだわったのは、家庭重視という理想の支持者たる聖職者と専門職であった。一八五〇年代には、地元の教会は三堂しかなかったにもかかわらず、（ジョン・エンジェル・ジェイムズを含む）二一人の国教会聖職者が、エジバストンに住んでいた。[32] この地域は、働かずに生活できる収入のある者や退職者にも好評であった。都市の込み合った路地から完全に離れているにもかかわらず、都市の中心部から馬車で一〇分、早足で歩いて三〇分しかかからなかったからである。

初期の住宅開発地とは異なり、エジバストンは、需要の伸びと地主コールソープ卿ならびに先見の明のあるその土地差配人の采配のもとで勢いを保ち続けた。コールソープは福音主義者であり、彼のように道徳の助けを提供することに意欲的なキリスト教徒にとって、住宅の改良は魅力的な長期投資であると同時に道徳的責務でもあった。賃貸借を注意深く管理したり、植物学会や園芸学会のような文化団体に援助したりすることにより、コールソープはエジバストンが多様な住居をもちながらも、ほかの地域からきっちりと隔離された住宅街となるよう配慮した。[33] エジバストンは、その田園風の雰囲気を誇りとした。事業で成功した者は、かつてはずっと奥まった田園地帯や、ほかの上品《ジェンティール》な地域で引退生活を送っていた。[34] しかしいまや、薬剤小売業を営むサウソール家のように、都市の中心の商店街からバーミンガム内部の手ごろな住宅開発地を経て、最後はエジバストンにたどり着くというのが、栄えゆく家族に典型的な道筋であった。[35]

地主と借り手から促され、地所は絶えず改良されていった。支配権を握っていたのはコールソープ卿だが、エジバストンの住宅の意匠は中産階級の郊外住宅に典型的な様式で、画一的なジョージ王朝様式を脱して個々の好みを活かす余地をもっていた。[36] 最終的に生みだされたのは、一八三〇年代にエジバストンで建てられたスワン師の「家族用邸宅」のように、基本の様式に変化をつけたものであった。この邸宅には「優美なベランダが道路からほどよい距離に建てられていて、きれいな低木の植え込みが目隠しをしている。使用人や御用聞き用の庭への通用口があり、手入れの行きとどいた大きな庭がある」一方、屋内には、応接間が二部屋、寝室が五部屋あるほか、台所に加えていまや当然のものとなった各種の作業室があった。[37]

庭園の意味

郊外住宅にしつらえられた庭は、イメージにおいても実践においても、プライヴァシー、秩序、美意識といった価値を称え、管理された環境のもとで自然を楽しむためのものであった。庭はいまや家の延長とみなされたが、応接間や食堂から開く硝子扉が導入されると、そうした見方はますます強まった。世紀半ばには、庭つきの郊外住宅が圧倒的主流となっていた。[38]

共同で出資して公園や植物園をつくることで、より大きな効果をもたらすこともできたが、その資金は通常、寄付や私企業を設立［して株式を発行］して調達された。そうした庭園は田舎屋敷の庭園をまねた造りで、外来種や科学研究用の植物を収集していたが、等級別の入場料で規制して限定的に公開していた。個人の庭と同様、帝国原産で品種改良された新種も栽培していた。鋳鉄の改良と硝子税の撤廃により、裕福な家の温室では熱帯植物の栽培がさかんになっていたが、この流行はいまや中産階級のささやかな温室でも取り入れられた(39)。バーミンガムの温室製造業トマス・クラークは、温室が「郊外ではすべての住宅にそなわり、都会でも風流や洗練された楽しみの印として多くの屋敷に設置される」というラウドンの望みの実現にひと役買った(40)。

中産階級の庭の主役は芝であった。一八世紀には「貴族の屋敷の隣りに大平原」をつくりあげていた芝生は、いまや郊外に緑の絨毯を広げており、これは一八三〇年にイプスウィッチのランサム家が初めて製造した芝刈り機によってきれいに整えられた。木立、花壇、果樹、そして菜園がない場合には野菜花壇が芝生を取り囲んで配置された。

こうした革新は農村部にまで及んでおり、牧師の家族がその推進者となっていた。彼らは時間をかけて庭の設計を教え、理想を語ることができたからである。独立派牧師のアイザック・テイラーは、自宅でも近隣でも行く先々で造園を行なった。彼の庭は「ほどなく木立、散歩道、階段状の小道、田舎風の腰掛、そしてフリント石を敷き詰めた岩屋のある魅力的な場所になった」。アン・テイラーは、父親がつくりあげた田園風景をつぎのように回想している。

> 新たに水漆喰を塗った家は、木々のなかでそれはきれいだった。家はポーチのまわりに垂れ下がったブドウの蔓に覆われ、周囲は大きな田舎風の庭園になっていた。……入り口の潜り戸の上にアーチ型の門があり、片側には立派なポプラの樹が立ち並び、果樹と花がたくさん植えられていた(41)。

中産階級の庭づくりには、建築資材や道具、園芸書から種子や植物にいたるまで幅広い新製品が必要であった(42)。地元の養樹園主や種子商などの専門家は大きな商機を手にし、多くの者が印刷したカタログを出すようになった(43)。しかし、庭園とはひとつの思想でもあった。クーパーの『務め』以降、庭園のもつ道徳的影響力は、中産階級が書く作品の一大テーマとなっている。庭とは楽園でありながら、つねに精励が必要な場であり、自然現象としての生長と神の意図の双方を示すものでもある。これはサフォークのある銀行員が「庭園によせて」という詩のなかで述べた所感である。

> その豊かな自然の富は
> 失われたエデンを思い起こさせ
> 骨折りと務めが

どうにもできぬ人間の堕罪を教える……[44]

庭は教材としても使われた。子どもたちは小さな区画を与えられ、実際的な科学の教えとともに忍耐、世話、優しさ、畏敬の念を学んだのだ。ハナ・モアの言葉を借りれば、「庭にまつわる楽しみは金銭では買えないもので、純粋で、自然で、安価で、合理的で、健康的で、さらには宗教的といってよいほどのもの」だった。[45] 家庭性を称える著述家たちは、好んで子どもたちを庭になぞらえる比喩表現を用いた。ある国教会聖職者がジェイン・テイラーの編集した児童雑誌に寄稿したように、道徳性は種を蒔き、育み、逆境の風に負けないよう深く根づかせなければならず、また悪徳という名の雑草は根絶やしにする必要があった。[46] 女の子はとくに花壇をつくることを勧められた。カドベリー家の子どもたちはみな庭をもっていたが、男の子たちは木やシダの栽培を手がけ、女の子たちは花を植えた。[47] 大人にとっても、庭は男女で異なる意味合いをもった。実業家として忙しく働く男性は、夕方に帰宅して植物に水をやることに慰めと平安を見いだしたり、退職後の合理的活動として庭仕事にのめりこんだりした。ここでは男性は、社会的地位を失うことなく肉体労働を行なうことができた。新しい芝刈り機で草を刈ったり、スモモやブドウの木を切ったりしてもかまわなかった。男性はまた、外界で競争の激しい男性的な仕事を行なうのとは対照的に、か弱い植物を育み、色や模様を楽しんでも差し支えなかった。

図23　エドウィン・ビアード・バディングは1830年に芝刈り機の特許を獲得した。広告からは道具の発展によって，中産階級の男性が社会的地位を失うことなく，庭で芝刈りができるようになった様子がわかる。Pictorial Press Ltd/Alamy Stock Photo

女性の庭との関わりは事情が違っていた。一八世紀には、薬草や野菜にたいする女性の支配権はすでに蝕まれていた。市場への参入が進むと、女性たちは家庭園芸家やアマチュア園芸家の地位に引き下げられたのだ。庭にまつわるイメージのなかで、女性はしだいに美しい色、はかなさ、芳香、飾り物といった、花のもつ特徴と結びつけられていった。婦人向けの園芸書執筆の第一人者であったジェイン・ウェッブ・ラウドンは、「ご婦人が、料理用の野菜や果樹の栽培といった実用的なことをするのには疑念がもたれたとしても、女性が花壇の手入れをすることには、誰もが敬意を払わずにはいられません。それこそ優れて女性の分野なのですから」[48]と主張している。

この時期には、フランスで生まれた「花言葉」が注目されて、ロマン派詩人や自然詩人がしきりに使うようになった。その影響は地域の備忘録にもみられる。炉棚や食卓を花で飾るのは女性の役目となった。この慣習は、生物や野性のものを屋内にもち込むと悪運をもたらすという従来の迷信を打ち破って、一八二〇年代に広まった。[49]この「生来的に」女性らしい仕事とともに、花立て台や花器、さらには専門家による多数の助言書という道具立てが登場した。庭園には乾いた砂利や、婦人の運動用に木立で目隠しをした小道や、女性が喜ぶ色とりどりのパルテール［花壇、生け垣、道などを模様になるように並べた庭］が配置された。

しかし女性たち自身が庭で働く場合もあった。一八二四年、エリザベス・カドベリーは、娘に宛ててこう書いている。「今朝はしばらくのあいだ、植木の植え替えをして過ごしました。知ってのとおり、私がいちばん好きな仕事です」[50]。しかしながら、庭仕事は体を使う作業や土や肥やしと結びついていたことから、女性にはどんな庭仕事が可能かというのは厄介な問題であった。ジェイン・ラウドンは、ベストセラーとなった『婦人のための園芸』で、（上品な女性らしさの生物学的な特徴を想定して）「土を掘るのは一見したところではたいへん骨の折れる仕事で、小さく華奢な手足をもつ者にはとても似つかわしくない仕事のように見える」ことを認めながらも、このイメージに対抗しようとした。彼女は読者に、自分の本と手袋と軽い手押し車があり、さらに老人男性か女性か少年がひとりでも手助けしてくれるのであれば、女性でも「自分の仕事をすべて」こなすことができると請け合っている。[51]塀と生垣の陰に隠れて、上品な女性はなんらやましいところなく、生き生きと体を使った活動に従事することができ、さらには害虫や雑草にたいして多少の攻撃性まで示すことができた。細かいジェンダー的な意味合いはどうであれ、庭園は中産階級の領域の重要な拡張部分になりつつあり、そこで男女は「補い合いながら静かに」過ごすことができたのである。[52]

家の間取り

住居を家庭《ホーム》へと変えるうえで、第一に生じた変化は建物の間取りであった。可能であれば子どもたちにも部屋が割りあてられ、この部屋はラウドンが一八三八年に著書で使った表記から、「育児室《ナーサリー》［苗床の意味］」と呼ばれることになる。[53]こうした割り振りは、家事の合理化のなかで促進された。家事のなかでも肉体労働はしだいに使用人が担うようになり、家業に直結する仕事に使用人は関わらなくなった。使用人が雇いやすくなるにつれ、家族は文化的で社交的な活動に時間を割くことができるようになったが、そうした活動も、いまやそのために用意された部屋で行なわれるようになったのである。[54]

中産階級の収入は不安定であったため、こうした環境を創造し維持するのはつねに困難であった。十分な資力があっても、浪費と節約のあいだで舵をとって進んでいくには、いくつもの罠があった。「「富裕層」が、流行と礼儀作法だけを品位と地位の試金石と考えて遵守し、家族の衣服や住居」の水準を落とすまいとする努力は、つねに非難を集めた(55)。しかし、それとは逆の姿勢、つまり絶えず収支が合うか気にすることも、品のよいことではなく、最終的に宗教的な展望を広げることでもなかった。サフォークの医師兼聖職者であったジョージ・クラブは、つぎのような慎ましい農業経営者の家族を肯定的に描いている。

> 賢い倹約とは、
> 生活を切り詰めて貯蓄にまわすことなく、
> 生きるために使うことだ(56)。

一八三〇年代までには、一連の増改築により、快適さと上品さの両面が確実に向上していた。明るさと広がりを好む一九世紀初頭風の様式から、重い布張りをし、物が散在するヴィクトリア朝中後期風の様式へとしだいに嗜好が変わりつつあった。クーパーの作品では、家庭性を示すものはソファ、よろい戸、茶壺などわずかであったが、いまや絨毯、カーテン、新しい意匠の火格子、マホガニーの家具、壁紙、更紗木綿のカバー、寝台架などの品々が急速に増えていた。

可能であれば、食事はいまや独立した食堂で、リネンのテーブルクロス、ナプキン、陶磁器、そして少なくとも銀メッキの食器を使ってとるようになった。普段使いの品は最上品とは分けられ、最上品は安息日やクリスマスなどの家族の儀式、あるいはまれに公式の宴を飾るために使われた。より知的な文化の装置としては、本と書棚、机、譜面台と楽器、縫い物や刺繍用、ゲーム用、科学的収集用のたくさんの飾り棚とテーブルが置かれた。

こうした変化はゆっくりと進んでいった。必需品や資力は世帯によりさまざまであり、多くの家族は古臭い屋敷で我慢しなければならなかった。すべてを新調して世帯を構えることのできる者は少なかったので、家族は家具や所帯道具を相続したり、特売や競売で購入したりした。その結果、ちぐはぐな状況が生まれることも多々あった。たとえば、一九世紀初頭のある農場主の住居には、石畳を敷いて平炉に泥炭を焚く居間兼台所がまだあった。ところが客間は絨毯敷で、チッペンデール［装飾的な意匠が特徴の一八世紀の家具師］様式の椅子とテーブル、「通風装置つきの」火格子と背の高い炉棚、ウェッジウッドの陶磁器、二〜三冊の本、玩具が置かれていた。それなのに壁は羽目板で、壁紙を張っていなかったのである(57)。

比較的小規模な家では、一八世紀末のもっとも重大な新機軸は、一部屋を社交のためだけに空けておくというものであった。中産階級にとって、ジェントリの屋敷の（退出《ウィズ》）客間《ドローイング・ルーム》［正餐後、婦人たちが食堂から退出《ウィズドロー》して休憩する部屋］に相当するのは、応接間《パーラー》（［語源の］parler は話すという意味）であった。しかし一八三〇年代には、応接間はより一般的なものになりつつあった。ラウドンら専門家は、応接間や客間に見栄えのする上質の建具や家具を置くことを基本原則とした。日常生活では、

図 24　エセックスにあるシャーン家の屋敷，クリックス邸の客間の内部。シャーン家の娘のひとりが描いた水彩画の一部。1835 年ごろ。家具や調度品は居心地のよい空間をつくっているが，依然として比較的軽みがあり簡素である

普段使いの家具と中央の大テーブル、暖炉とランプを置いた食堂のほうが使用頻度が高く、図書室、書斎、裁縫室、全般的な集いの場としての機能を兼ねていた。

部屋がどのように使われるかは、社交の集いの堅苦しさの度合いによる面もあったが、明らかに世帯の規模や構成によるところが大きかった。ジョン・カドベリー一家がバーミンガムの中心部にある店舗の上階からエジバストンに引っ越したとき、一家の住居は「ほとんど田舎家のような様相」を呈しており、大規模な改築が必要であった。台所は子ども用の部屋に改修され、はじめは遊び部屋、のちには勉強部屋となった。そして新たに台所が二部屋つくられた。子どもたちが成長すると、新しく造園した庭を見晴らす大きな窓のついたこの部屋は、「家でいちばんきれいな居室《シッティング・ルーム》」になった。のちに使用人数の増加にともない、三部屋の寝室と裏階段が増築された。(58) 子どもの数が多かったため、部屋の共用ばかりかベッドの共有もよくあることだった。かなりの邸宅であっても、両親、子どもたち、親族、客人、使用人が暮らすのに寝室が三部屋しかないこともあった。個人の寝室をもつ特権には、めったに与れなかったのである。

機能の分離とプライヴァシー意識の高まりから生じた変化がもっともめざましかったのは、依然として住居が作業場の一部となっていた農場だろう。農家奉公が徐々に廃れていったこの時期、農業労働者たちは居間兼台所で別の食卓につかされたり、家族が自分たちだけで食事をし応接間でくつろいでいるあいだに、裏台所や（サフォークで呼ぶところの）「裏屋《バッカス》」で昼食をとらされたりした。(59) 台所を通らずに入ることができるように応接間に扉が設けられ、家族と使用人が分断された。女中と娘たちが、両親の部屋を通り抜けた先にある寝室を共用することはもはやなくなった。両親と子どもたちには、いまや二階の階段の間からつながった別々の居住区域があった。(60) お飾りの「天気予報の家〔男女の人形が出たり入ったりして晴雨を示す仕かけ玩具〕」に代わって温度計と気圧計が使われるようになったように、農場主の住居の備品は、

より合理的な生活様式を示しはじめた[61]。

地域の史料は、すべての職業集団で、家財道具の水準が確実に向上したことを明らかにしている。一八三〇年代から四〇年代にかけて、エジバストンのウィリアム・マーシュ師、バーミンガムのある弁護士、サフォークのある銀行員の財産目録に共通して掲載されていた家財道具は、ブリュッセルやアクスミンスター製の絨毯、ソファ各種、背もたれ肘掛つき長椅子、丸椅子、テーブル、飾り棚、食器棚（家具のほとんどはマホガニー製）、さらに特別な機能をもった小物類として、裁縫箱、薬箱、傘立てであった[62]。居間の新しい炉棚の上には「鮮やかな陶器の装飾品」が置かれ、素人の絵画も職業画家の作品もともに飾られ、彩りが加えられた。

様式を新たにするきっかけとしては、結婚し所帯《エスタブリッシュメント》をもつ際が多かった。花嫁は自分の婚姻継承財産設定の一部として、現金に加えてグラスや銀器やリネンを持参することもあった。エセックスのあるクエイカー教徒の小店主は、一八〇〇年ごろに近隣の「クエイカーの」礼拝会に所属する女性と結婚したが、妻は一〇〇〇ポンドもの持参金をもってきた。これにより、「きれいに磨きあげた板の間の居室は、絨毯敷の応接間に改造され」、家屋には「より近代的な意匠をもとに」家具が備えつけられた[63]。

思いがけなく財産が増えて、改築したり家具を一新したりする者もいた。一八二〇年代のレベッカ・ソリー・シャーンの相続をめぐる家族のいさかいは、彼女に有利なかたちで決着したにちがいない。というのも、シャーン家の家屋はその三分の一ほどが取り壊され、一八〇〇ポンドをかけて、より「便利に、庭園もより美しく」改築されたからである。地下にあった台所を家の裏手の増築部分に移し、四五ポンドをかけて二つの水洗トイレを設置したのもその一環であった。ロンドンの室内装飾業者が雇われ、（間違いなくバーミンガム製の）真鍮のカーテンレール、房やフリンジのついた客間のカーテン用の六四ヤードの絹織物、窓間鏡、ローズウッド製のテーブル、緑色のモロッコ皮の座面がついたマホガニー製食堂用椅子ひと揃いが備えつけられた。非国教徒であるシャーン家では、国教徒の使用人しか利用しないにもかかわらず、教区教会の家族用の信徒席までもが修理された。シャーン家の家屋は、ジェントリの田舎屋敷の小型版さながらに洗練されたものになり、近隣で初めての非国教徒の治安判事を輩出するのにふさわしい環境となった。レベッカ・シャーンは費用のことでやきもきし、しばしばサミュエルに異を唱えた。レベッカが贅沢品と感じるものを、彼は必要品とみなしたのである。しかしレベッカは最終的には妥協した。よくよく考えてみると、改装は家族の生活における「投資」なのだから[64]。

家の切り盛り

中産階級の守るべき心得のなかでも、プライヴァシーを維持し品行方正《リスペクタビリティ》であることを証明するためには、大所帯、とくに年少の子どもの多い家庭では、物資の管理が問題となった。一六

図25　トマス・ローレンス「田舎の楽しみ」1811年。ウィッタムの訴訟代理人の息子たち，ウィリアム・ヘンリ・パティソンとジェイコブ・ハウエル・パティソンを描いたもの

歳末満の子どもは、平均的世帯人数のおよそ四分の一を占めていたのである。そうした状況で秩序を保っていくには、些細な日常の言動をきびしく管理するしかすべがなく、そのためには物も活動もきっちりと分類する必要があった。「何物にも相応の場所があり、何物もその場所にあるべし」という言葉は、もっともなことながら、しばしば引用された格言であった。

しかし、こうした全体的枠組みのもとでは、労働や原料を有効利用することよりも、視覚的なイメージのほうが重視されることがあった。磨きあげられた家具の光沢や鏡は蠟燭（のちには灯油の）の光を反射させ、暖かな色合いと素材は家庭の居心地のよさと贅沢さを印象づけた。物理的な暖かさは、じかに見える暖炉の石炭の火、よろい戸、厚地のカーテン、絨毯、布張りした家具によってもたらされた[65]。それほど裕福ではない家庭では応接間がほとんど使われなかったが、それは煮炊きとは別に応接間で火を起こすのに費用がかかるためでもあった。しかし、石炭が安価に入手でき、火の見える暖炉や炉辺のイメージが強固なものであったため、大陸式の「扉付ストーブ」はまったく人気がなかった。家庭の炉辺が家庭の神殿の極みであると強く主張したのは、ラスキンひとりではない。暖炉のイメージは、燃料や労働力の効率的な使用を求める議論を、いともたやすく覆すものであった[66]。ほとんどの料理に使える台所用かまどは、なかなか受け入れられなかった。煙道と暖炉はつねに改良を加えられ、それにより料理と暖房の分離が加速したが、すぐに取り入れられることは少なく、標準的に装備されていたのは、依然として無駄な火を用いて煙をもくもくと出す煙突であった。

照明技術の革新により、一日の余暇や仕事の時間も、そして日没後に家族で過ごす時間も長くなった。貧しい者たちは、灯心草の光や質の悪い獣脂蠟燭の扱いに苦心したかもしれないが、収入が高くなると、蜜蠟の小蠟燭や、一八三〇年代までにはランプ用の灯油の恩恵にも与ることができるようになった[67]。磨き抜かれた木材の上では、銀（あるいは銀メッキ）の食器が輝き、家事が行きとどいているという印象を与えたため、手間隙をかけてでも木材を蜜蠟で磨こうという気力をわかせた。とはいえ実のところ、絨毯、カーテン、天蓋つきベッド、柔らかい椅子

図26　T・ライランド父子商会の銀メッキ製品を扱った広告

のほうが、滑らかに加工した石畳やわずかな木製家具よりも多くの塵や埃をためていたかもしれない。大きな都市では、家屋を実際に清潔に保つうえで独特の問題が生じていた。主婦たちは石炭の煙や煤と格闘し、田舎では土に返して循環処理していた生ゴミなどの廃棄物の処理にも奮闘しなくてはならなかった。[68]

　清潔さはまた、個々人のふるまいとも関連づけられた。衛生に関する慣行の変化が部分的にこうした個人的なかたちをとったのは、近代的世帯における清潔さの水準に見合った水の供給を得られるかどうかが、道徳面の管理ではなく共同体の行動力と大規模な資本投下にかかっており、世紀半ば過ぎにいたるまで、世帯も地方組織もこの問題に取りかかろうとしなかったためである。多くの村は、依然として小川や悪臭のする池を頼りにしていた。規模の小さな町でも、揚水機の建設には時間がかかり、しばしば篤志活動頼みであったり営利目的の事業であったりしたが、中産階級の家庭では井戸で水を確保しようにも、井戸が枯れてしまっていることが多かった。[69] 比較的大きな都市で、裕福な家庭の屋敷裏まで水道管が通っている場合でも、供給は途切れがちであり、使用人の労働力が安価に手に入るため、上の階に水を汲み上げる設備の普及は進まなかった。いずれにせよ、身体を清潔に保つ努力は入浴よりも手洗いや洗顔に向けられたので、水差しと洗面器のある洗面台（陶器製造業者にとっての新たな儲け商品）が、寝室に標準装備される家具となった。女性たちはいまや、自分で水をもって階段を上がり、洗面後に汚水を片づけるか、使用人に指図してやらせなければならなくなった。

　上水道の整備は、地方行政に一貫性がなく営利重視であったため遅れたが、排泄物処理はさらに遅れ、ほとんどの家庭では灰だめと戸外の土かけ便所で間に合わせていた。一九世紀末になっても男性と使用人は屋外便所を使い、ひとつしかない屋内便所は慎み深い婦人方のためにとっておかれた。[70] 都市の中心部では、清潔そうな外観を保つだけでも大変であったにちがいない。白く塗られた階段、清潔なドア、窓の下枠、ピカピカの真鍮製ドアノッカー、糊のきいた白いカーテンが、汚らしい公の空間と清廉な私的空間との境界を強く印象づけていた。[71]

　緑豊かな郊外のエジバストンに引っ越したとしても、必ずしも問題の解決にはならなかった。公衆衛生機関の報告書によると、(年間家賃六〇〜一八〇ポンドの邸宅があり、ジョン・エンジェル・ジェイムズ師の家があった) ハグリー街には、一八四〇年代になっても排水路がなく、道路両側の覆いのない溝に水洗便所の汚物が垂れ流され、「緑色の悪臭を放つ物体でいっぱい」であった。多くの屋敷にあった汚水溜めは、あふれて地域の井戸に流れ込んでいた。適切な洗浄方法がないため、昆虫や寄生虫やその他の害虫がはびこり続け、女主人も女中も退治に追われて時間と体力を消耗した。しかしそれでも、道徳面と社会面の懸念のほうが身体の健康よりもしばしば優先された。ひとつの「屋外局《アウト・オフィス》」〔屋外便所の婉曲表現〕を数軒の家で使わなければならない場合、「こうした状況は、慎みというものを破壊して、女性の性格の美しさを損ない、人間の心からすべての自尊心を失わせてしまうのに十分では」なかったのだろうか。(72)

中産階級の人びとがしばしば憂慮したのは、健康と道徳の双方における危険の前触れとなる悪臭であった。当時の科学的発想によると、病気は「瘴気《ミアズマ》による感染」で起こり、悪臭はその前兆であった。(73) 財産の違いにより、貧しい者とそれなりの収入がある者とのあいだの個人の衛生状態の差は広がっていた。社会の序列を維持するうえで、匂いは二〇世紀中ごろまで重要性をもち続けたが、それは臭いが物体をとりわけ強力に象徴するためであった。(74) レベッカ・ソリー・シャーンは十代のころ、姉妹のひとりと母とともに北部へ旅をした。洗練されたエセックスから離れた「ヨークシャーの」ハルの宿屋では、「家の悪臭で息が詰まりそう」であった。さらに北に向かうと事態はいっそう悪化した。「汚くて臭い穴倉のような住居にばかりいたので」、壁紙を張った部屋を見つけると、彼女たちは「その部屋の清潔さに」歓喜したものだった。(75)

清潔さと秩序についての考えは、中産階級の住居の間取りに直接的な影響を与えた。調理の際に生じる乱雑な状態や臭いを食事という社会的儀礼から切り離すことが、上品さの証として重要視されるようになり、使用人や女性親族の時間と手間がどれほど増えようとも、台所は居間からできるだけ離すのが望ましいとされた。イングランド人の新鮮な空気への強いこだわりも、この時期に始まる。広くなったサッシの窓から光と空気が取り込まれて、「換気と臭いの軽減」が可能になり、国教会のある高位の聖職者の主張によれば、これは「人びとの道徳性と幸福度を高める一助」となった。(76) このような家を維持し運営するには、金銭だけでなく時間と労力をより多く投じる必要があった。たとえば、覆いのついたかまどは、黒い塗料で拭いて「肘の油をこすりつけるほど」一生懸命ブラシで磨かなければならなかった。石油ランプを明るく燃やすためには、入念に掃除をし、芯を切って整えなければならなかったし、一八三〇年代にマッチが発明されるまでは、苦労して火口箱から火をつけなければならなかった。

時間の価値を自覚し定時に祈りを捧げる敬虔な家庭は、細かな計画表に従って家を取り仕切るのにとりわけ適していた。アイザック・テイラーとアン・マーティン・テイラーの夫婦のような回心の第一世代は、きっちりとした時間割に従って、祈り、食事、仕事、散歩、娯楽を行なっていた。アイザックは自由契約で仕事をしていたので、業務上の必要に迫られることはなく、むしろ宗教的な教えによって時間の枠組みをつくっていた。「宗教的な事柄から、生活に関すること全般」にいたるまで「どれもきちんと、順序正しく行おう」というのが、アン・マーティン・テイラーが唱えた格言であった。[77]

同じ時期には、貨幣取引を経て消費するものが増加したことで、家政の重要性が増大した。ほとんどすべての世帯で、衣類の一部は既製品を購入し、パンなど多くの食品もまた、出来合いのものを買っていた。地域の記録文書には、購入された品目として、茶、砂糖、紙、封蠟、火薬、ブラシと箒、子ども服、新聞、楽器、薬、絵画、石炭、蠟燭に加えて、パン、ジャガイモ、肉、魚、ビールも列挙されている。家庭では、刃物砥ぎ、時計の手入れ、散髪や髭剃り、子どもの教育、靴修理、馬車や鉄道の運賃、手紙や小包の送料に代金を払っていた。

市場への依存が強まると、収入はますます不規則で不安定なものとなり、楽しみを後にとっておくことや、借金をしないことや、予算を厳密に立てることの価値が重視された。収支の記録をつけるために安価で入手しやすい家計簿が利用され、この家計簿は、成長著しい出版業界での売れ筋の商品のひとつとなった。収入の記録をつけることは、「主人の収入の忠実な管理者」〔宗教的響きのある概念〕としての妻の役目であり、夫にとっては「義務として稼いでいたのが、楽しみに変わる」というのだった。[78]家計簿をつけるという目的のために、少女たちは算数を学ぶよう勧められた。「麗しい生徒たちに、将来、家事をおろそかにして会計事務所の机に座るすべを与える」ためではなく、収入と支出を理解させるためであった。収支を理解すれば、いまや家庭内に閉じ込められ、夫と共同で成功していくという感覚をなくしてしまっていた妻たちも、ふたたび家業の成功に興味を感じられるようになると考えられた。「自分の才覚で少しでも倹約できれば、妻は家業の運営にしかるべき貢献ができたのだと考え、そうすることで、家族が「社会の階梯」を登る助けになるのだと感じるでしょう」。[79]

生活の儀礼的側面と文化的側面を、物質的生存の裏側から分離させようとする原動力は、家の切り盛りの方法にも影響を与えはじめ、経営体内と同様に家庭内でもゆっくりと分業が進展していった。少女たちは読書をし、手紙を書き、訪問や散歩にも出かけたが、まだその後のヴィクトリア社会のような形式ばった礼儀作法にはとらわれることなく、母親の種々の家事の手伝いもこなしており、こうしたさまざまな活動を一日あるいは一週間のスケジュールのなかに組み込んでいた。

食事の時間と形態もこの時期に変化した。一八世紀末に、主な飲み物はエールや弱いビールから茶に変わった。一八二〇年代から三〇年代には、家族の正餐の時間が、正午から午後三〜四時に変わっており、バーミンガムのような都市では、世紀半ばには夕方の早い時間へと移動していた。地方に暮らす裕福な家族は、絶え間なく立ち寄る客をもてなすのではなく、招待客を対象とした晩餐会を準備するようになっていた。規模の大きい所帯であれば、改装した食堂に一二人ほどの客を招き、使用人に給仕させる着席形式の晩餐会を月に数回催すこともあったであろうが、銀行や商家や工場のなかにも、正式な宴会用の調理設備のある部屋がそなわったものがあったことは重視すべきである。そのような催しは、夏に戸外の「家の芝」の上で料理をし、調理の行なわれる火を全員で囲んで座り、夕暮れどきを過ごす一八世紀の農村の慣行からは一変したものであった。

調理作業はいまや台所のなかへと追いやられた。例外として、暖炉内の小さな台を使って一家の女主人が湯を沸かして紅茶をいれたり、それほど気取らない家では、応接間の暖炉の火でパンケーキや落とし焼きスコーンを作ったりしていた。中産階級の増加した収入のかなりの部分が、より凝った食事にあてられるようになった。紅茶と砂糖とチョコレートは一八世紀に取り入れられたが、さらにより「本格的な料理」やコーヒーやワインが加わった。それまでの正餐の形式では、数品の料理と一緒に甘いもの《スウィーツ》と辛めの口直し《セイヴォリー》を出すことになっており、もてなしの量の多さが一目瞭然であった。それから数十年のうちに、これはより洗練された「ロシア式」の正餐に取って代わられた。この様式では、料理がつぎつぎと出てきて、甘いデザートと辛めの口直し料理のあいだにははっきりとした線が引かれ、いまだに主人が料理を切り分けることはあったとしても、料理を運んでくるのは使用人の役目となった。(80)

食料の買いつけの監督は、女主人の大事な役割のひとつであった。この時期、ほとんどの人はまだ自分で市場に出かけて買い物をしたが、公の場で包みをもったところを見られるのは恥ずかしいことだという考えが強まっていた。町の八百屋は、使用人をよこせない家には配達をすることでこのジレンマを解決しはじめた。ただし、とくに農村部では、多くの女性と子どもたちが自分で買い物を続けていたのは間違いないし、エジバストンに住む稼ぎ手の男性たちは、町からの帰り道に平気で肉屋や八百屋に立ち寄っていた。

女性のもうひとつの大事な仕事は、洗濯であった。洗濯が発展したのは一八世紀以降のことで、当時新たに広まった木綿の衣服を、より頻繁に着替えることが望ましいとされたためであった。シーツやタオル、リネンのナプキンは、購入して縁をかがるだけでなく、洗濯してアイロンをかけなければならなかった。男性の首まわりと手首まわりの白いリネンも、女性のエプロン、ハンカチ、寝間着、さまざまな子ども服も同様だった。こうした流行の様式は、新しい衛生習慣をみせつけるものでもあり、道徳性のしるしを示すものでもあった。一八四〇年代のエセックスのある商人宅に、一般的なリネンに加え、たくさんの食器用布巾、盆敷き、チーズ用盆敷き、牡蠣用布巾、雑巾があったことがわかっている。すべてこの家で洗濯してアイロンがけをしなければならなかったわけである。(81)

改築した邸宅の庭にポンプつきの洗濯場が設けられていたことからは、洗濯物を近くの川に持ちださず、屋敷内で洗うようになったこと、つまり、洗濯が個別の世帯の活動の一部となり、もはや共同体の活動ではなくなったことがうかがえる。このころには、裕福な家庭では木の灰や尿からとった灰汁ではなく、市販の石鹸を洗濯に使えるようになった。月一度の洗濯日は、世帯にとってはお決まりの大仕事となり、家族の女性も、女中も、臨時の洗濯女も、全員が洗濯に手を貸した。ある銀行支配人の世帯では、色物と白物とモスリンを数日間別々に水に浸し、ストーブでぐつぐつと煮、そこから出して漂白し、その後に洗って、天候が悪いときには炉火の前の木枠に干した（白物はまず仕上げの青み剤をつけなければならなかった）[82]。あるクエイカー教徒の実業家の娘たちは、文学が好きでバイロンの熱狂的な信奉者であったが、洗濯物に「ピシャッ」と糊をつける合間に詩を読み、糊づけと朗読を交互に行なった。そして「そのあいだずっと、魂は別世界をさまよっていた」のだった[83]。

仕上げに糊づけやアイロンがけをほどこすと、リネンの清潔感が長持ちし、きちんとして清らかだという印象が強まったが、これは女性にとって著しく労力を消耗する工程であった。石炭の燃えさしをつめた重いアイロンは、リネンに焼け焦げをつくったり、煤をつけたりしてしまう恐れもあった。女性の帽子や子ども服にはひだ飾りやフリルがあり、ひだ飾り用の特別なアイロンがけ、入念な糊づけ、スチームがけが必要であった[84]。企業家たちはここでも恩恵に与った。イーストアングリア地方のある家族は、市販用の洗濯糊と洗濯用青み剤を生産してひと財産を築きあげた[85]。またバーミンガムのある工場では、一八〇八年にはほんの数種のアイロンを生産していたにすぎなかったが、一八三六年には、二七もの種類を提供していた[86]。

女性は、世帯構成員全員の見なりを監督する責任を担っていた。洗濯に加え、彼女たちはすべての衣類を買い、仕立て、繕った。文書による証拠は少ないが、女性の生活についての大きな沈黙のひとつを埋めていたのが針仕事であったことは疑いない。シーツの長い折り伏せ縫いから椅子のクッションの刺繡にいたるまで、また男の子のスーツの仕立てから、クリスマスにパパに贈る見事なベルベットのスリッパにいたるまで、中産階級の女性はつねに縫い物や繕い物をしており、その娘たちも、針をもてる年齢になるとそうするよう教えられてきたのである。地方の財産目録にあげられている「仕事」箱と裁縫箱、刺繡の見本作品、キルト、その他のいまも残る工芸品は、言葉ではほとんど語られないことを雄弁に物語っている。

しかしながら、男性たちもまた家庭を築きあげることに積極的に関わっていた。男性は、ワイン、本、絵画、楽器、乗り物など、特定の品目の購入を担当していた。実際に誰が何をしたかは、世帯がどれだけ細かいことを念入りに行なうか、どれだけ使用人の手があるか、その家庭がどれだけ深く家業に関与していたかにもかかっていた。裕福な女性たちは家政を理解していなければならなかったが、必ずしも個々の作業方法を知っている必要はなかった。物惜しみせず鷹揚に切り盛りされた一八三〇年代のあるクエイカー世帯についての回想は、少女たちが家事に組み込まれていく様子を示している。十分に体が大きくなるとすぐに、彼女たちは自分でベッドをきれいに整え、皿洗いを手伝い、庭から洗濯物を取り入れて畳んだ。成長すると、彼女たちはお決まりのように「来客時に必要なもう一品」をつくるようになり、「ときにはそのせいで、絵画やほかの趣味を我慢しなればならないこともあったが、全体としてみればこれは楽しみで、興味のあることでもあった」[87]という。このバーミンガムの家庭と同様、そのような回想は、しばしば相反する感情を示しつつ、少女が家のなかで働くことを正当化しているようである。床磨き、鍋洗い、窓磨き、おむつ換え、重労働の洗濯は、しだいに品位を汚すもので、より高い次元の義務を邪魔するものだと感じられるようになった。そうした仕事は家族が隠れてこっそりと行なったり、あるいは労働者階級の女性を雇い入れて行なったりしたが、必要に迫られたときには、娘たちやその他の女性親族が手を貸さざるをえなかった。

使用人の問題

世紀半ばごろになると、ごく裕福な世帯に住む上品な女性がすべきことといえば、ただ花を生けたり刺繡をしたりする程度であった。花のエキスの精製が可能であれば、特別な砂糖菓子をつくったかもしれない。しかし、大多数の中産階級の女性は、家事使用人の数が増えたとはいえ、新たな［生活様式の］水準を満たすためにかなりの量の家事や育児の仕事をこなしていた。家事使用人のなかには家業の仕事も部分的に兼務する者がまだ存在していたが、多くの世帯でその区分は消失していた[88]。一九世紀初頭には家事奉公が独自のカテゴリーとみなされるようになり、男性が日雇い労働や事務職へと移ったため、家事奉公の仕事ではしだいに女性の優位が目立つようになった。世紀中ごろまでには、地域の中産階級世帯の使用人の八二パーセントが女性となっており、その三分の一は二〇歳未満であった。世帯が住み込みの家事使用人を雇うか否かは、必要性と資力の兼ね合いにかかっていた。下層中産階級の家庭の三分の一には住み込みの使用人がいなかったが、それにたいし、富裕層では、住み込み使用人がいない家庭の割合は一五パーセントである。しかしこうした数字からは、ある種の家庭でほかの家庭よりも使用人の労働が必要とされた理由がみえてこない。たとえば農業経営者の家庭では、使用人をひとりも雇っていない世帯の割合は、平均世帯の場合の半分しかなかった。おそらく農家で家事使用人として記載されていた若い女性たちは、家事だけでなく飼育場の仕事や酪農も手伝っていたのであろう。

独身者を世帯主とする家庭では使用人をもたずにやりくりすることが多く、女性が世帯主を務める家庭では、そうした例はさらに多かった。それらの世帯はえてしてあまり裕福ではなく、世話を受ける人数も少なかったのだろう。それとは対極的に、男性が世帯主の家庭では、使用人を三人以上雇う世帯の割合が、女性を世帯主とする家庭の二倍であった。質的史料と量的史料の双方から、専門職の家庭ではとりわけ家庭性にこだわり、平均以上の数の使用人を雇っていたことがわかる。とくに聖職者の家族は、平均の割合の三倍にあたる四人以上の使用人を雇い、行きとどいた世話を受けていた[89]。

使用人の雇用や、どの程度の経費なら専門に特化した使用人を複数雇うのに十分なのかについての助言は増加した。現実には、使用人の雇用形態はライフサイクルのなかで変化したであろう。幼い子どもがたくさんいる時期には需要が高まり、娘が成長したり、親族の女性の手が借りられたりする時期には減少した。妻や女主人が病気になったり死亡したりしたときには、女性親族が見つからない場合、必要に応じて雑役婦や家政婦を雇って埋め合わせることもあった。

信頼のおける使用人を見つけて雇い入れるのは、しばしば厄介で時間のかかる仕事であった。ひとたび見つけて世帯のなかで落ち着かせても、使用人に腰を据えさせるのはつねに頭の痛い問題であった。使用人の異動の早さはこの時期の特徴であった。一八四六年、セーラ・カドベリーは妹に宛てて、使用人が「七年間我が家にいることになります。長くいてくれたでしょう」と書き送っている。[90]使用人はより良い職を求めて、あるいは結婚するために離職した。結婚は非常に重くみられていたので、雇用主も反対しにくかった。しかし内心では強い不満を抱いていたようで、バーミンガムのある未亡人は、料理人が結婚したがっていることに触れ、「召使いたちが軽率で恩知らずであることがわかるでしょう」[91]と息子に書き送っている。

この問題が浮き彫りにするのは、社会的格差の拡大と、使用人自身にも家族や友人がいることを認めることの難しさである。アン・マーティン・テイラーは、「召使いたちには、主人は別の種族としか思えないでしょう」と決めてかかっていた。[92]家族は自分たちの丹精こめた家庭が、秩序を乱す異質な基準によって侵されることを望まず、盗みを恐れた。雇用主のなかには使用人の人間関係を遮断し、「恋人禁止」令を出そうとする者もいた。母親か兄弟姉妹か公認の求婚者のみ、と一部の親族限定で面会の許可を出す場合もあった。しかし、多くの雇用主には、使用人が外出して友人に会うのを止める手立てはなかった。秩序と厳格な日課を課すことからひそかに生まれた成果のひとつが、使用人が空き時間に抜けだすのを阻止するというものだったにすぎない。

遠方から雇用された使用人の場合には、自分の地域共同体との絆を断ち切らざるをえなかった。田舎娘が好まれたゆえんである。世帯が大規模で貴族的であればあるほど使用人は遠くから雇い入れられたが、地方の中産階級のあいだでは、比較的近場から採用された。[93]一八五一年時点のコルチェスターでは、使用人の四分の三は町から半径一〇マイル以内のところで生まれた者であった。これは、休みの日に徒歩で家族を訪れることができる距離の限界であった。[94]

緊張関係は主人（および女主人）と使用人の関係につきものであったが、使用人や徒弟としての奉公が大人になるための一段階として認識されていた時代、親族が使用人も兼ねていた時代、そして生活様式の違いがそれほどはっきりしていなかった時代には、この緊張を抑制するのはそれほど難しいことではなかった。かつては小規模の農業経営者の子どもたちが、とりわけ農業不況の時期に、しばらくのあいだ使用人として過ごすことがよくあった。[95]世紀半ばごろまでにこの傾向は減少し、仕事からあぶれるようになった農業労働者の家庭の若い女性が女中として雇われることが多くなった。[96]

住み込みの使用人は世帯の構成員であったため、その外見と行動と言葉遣いは世帯のイメージに影響を及ぼした。しかしながら、使用人が中産階級の生活様式を模倣しすぎると、中産階級のもろく危うい地位が脅かされる恐れがあった。財産に余裕があれば、使用人を雇い入れても屋敷内の離れた場所に住まわせることができた。危険を孕んでいたのは、使用人が一名しかいない世帯（使用人を雇用していた全世帯の半分弱）であった。逆に使用人の多い世帯にも独自の問題があり、職務を守ろうとしない者や、互いの道具の貸し借りを続けようとする者が何人かはいたので、監督に気を配る必要があった。縄張り争いもしばしば起こり、ある若い女主人は裏の通路の床を洗って掃除してもらうことができないままであった。[97]

家族形態と市場関係とのあいだの矛盾も、家事奉公のなかで露呈した。[98]不平の声は、一八世紀に心づけ（チップ）をめぐる争いのなかで表面化した。心づけの慣行は個人の家庭からは消えつつあったが、重要なことにパブや宿屋ではまだ残っていた。ビールや茶や砂糖の現物支給に代わり、しだいに現金が支払われるようになっていったが、一方で、脂汁、ウサギの皮、お下がりの衣服のような「役得」をめぐっては争いが続いた。一八三〇年代のエセックスのある商家では、「合理化」を徹底し、争いを未然に防ぐために日程表と仕事と報酬を紙に書きだしていた。しかし多くの雇用主は、見て見ぬふりをするしかなかった。[99]専門性を重んじ、仕事にもっとも適した人物を雇って――そして解雇して――いくべきだとする理念が強まると、長年奉公した使用人の個人的で家族的な忠義を重視する考えとのあいだに同種の緊張が生まれた。正真正銘、家族の一員であった使用人でも、年を重ね、個人の弱みを握って世帯を操る力がつくと、偏屈な役立たずになることがあった。カドベリー家に五〇年間仕えたある女中は、店舗を兼ねていた家からエジバストンへと移ったが、成長した娘たちの口出しに腹を立てつつも、「彼女のように皿を洗ったり」、日曜日に集まった「家族にお給仕したりできる者はほかに誰もいないので」、そこで上級家内女中として君臨したのだった。[100]

雇用主は、誰もがそうした問題に直面する可能性があった。しかし雇用主と使用人の双方のジェンダーもこの関係に影響を与えた。たとえば、女主人の役割を果たすような女性親族がいない男性は、女中に関する性的な中傷にさらされやすかった。バーミンガムのあるボタン製造業者は独身だったため、職人夫妻が同居し、その妻が料理をしていた。それに加え、若い女中がいた。その後このボタン製造業者は、恐ろしいことに女中が妊娠していることを知ったのだった。彼は非難されることを恐れ、女中を解雇した。自分の結婚相手が見つかるまでのあいだ、彼は新しい女中を監督するために年配の既婚女性を雇い入れた。[101]この難問を、上流の親類たちを仰天させながらも女中と結婚することで解決した男性は、ひと握りしかいなかった。

使用人の雇用と解雇にたいする法的責任は男性が負っていた。

使用人が家業を担う一員でもあったうちは、管轄権は主人と女主人のあいだで取り立てて問題にならなかった。しかし家庭がもっぱら女性の領域になっても、最終的な権限は男性が握っており、女性が世帯主を務める家以外では、女主人は代理としての役割しか果たさなかった。この役割につくことで、女性は権力を獲得し、同時に失ったのであった。宗教や教育や道徳の専門家たちが女性の新たな役割を称揚したとはいえ、女性は非生産的な活動や装飾性の強い活動と結びつけられたため、外の世界で認められることはなくなった。

世帯の内部では、肉体労働をめぐる戸惑いが目立っていた。これまでみてきたように、家業のなかで主人は経営や売買といった対外関係での責任をもつようになり、生産過程に直接関わることを期待されなくなっていた。しかし専業主婦が、とくに料理や育児といった重大な領域について、どこまで人任せにするべきかは、はっきりしていなかった。それでも調理に時間を費やし、白い手を水ぶくれややけどで硬くすることは、上品ではないと判断されがちだった。一八四〇年代に、ある退役陸軍将校の独身の娘たちは、義理の姉の育ちが悪いと感じ、その母親は上級使用人も同然で、「バターや卵のことや小麦や牛乳の値段について話しができる仲間のほうを好む」人物だと考えた(102)。

エジバストンのような郊外へ引っ越したことで、女性は使用人以外には労働者階級の人びとと顔を合わせる機会がなくなり、使用人を労働者階級の代表と考えるようになっていった。とくに社会全体の政治不安の際には、女性はキリスト教徒として思いやりをかけたり恩を着せたりするべきか、あるいは厳しく罰するべきかで、男性以上に揺れ動いた。余計に問題が生じたのは、使用人が新しい中産階級の儀礼的行為の多くをよく理解していなかったためである。秩序や作業の区分けといった形式的な記号にこだわるのは無駄なことだと思われたし、往々にしてつらい仕事を増やすことでもあった。重労働には道徳的価値があるという意味の「磨いた艶は、フランス製の艶出しさえをも凌ぐ」といった指示は、磨く本人には空々しく響いたにちがいない(103)。しかし、女主人が使用人に依存することもあった。若い女性は頼りになる年配の使用人から学ばなければならなかった。キャンディア・カドベリーは、結婚に際して母親のもとを離れバーミンガムに引っ越したとき、「秩序や物事のしかるべき順序について心得たしっかりとした良い人がいて、頼ることができてよかった。おかげで、仕事の難しさはずっと軽減された」と感じた(104)。

しかし、中産階級の女性には通常、使用人よりも良い教育を受けたという確かな強みがあった。なかには義務感から使用人に読み書きを教える者もいた。これは宗教的なふるまいでもあったし、また使用人の有用性を高めるためでもあった。しかし、「学を身につけた召使いたち」が分不相応な望みをもつかもしれないという不安はつねにつきまとった(105)。女中の服装が特有の問題を引き起こしたのは、女中の役得のひとつがお下がりの衣服で、女中は世紀半ばを過ぎるまで制服を着ていなかったからである。とはいえ女中たちはこざっぱりして清潔で、品位を守るよう求められていた。あるエセックスの女主人は書面でこう警告している。「女中はみなできるだけ質素な服装をすること。白いドレス、花、羽根、装飾品はみな禁止です」[106]。

使用人を日々管理することは、中産階級女性の中心的役割のひとつになりつつあり、これは事業における男性の立場と類似したものだと考えられた。「感化の力を及ぼす」というのは実際には話にならないとわかりきっていたが、宗教的な信仰心に訴えるのはより効果的だったので、福音主義者はしばしば信心深い使用人だけを雇い入れた。使用人は世俗の地位としては対等ではなかったが、ジョン・エンジェル・ジェイムズが主張したように、神の前では当然平等であった。ジェイムズにとって、家とは「徳と信仰心の学び舎を意味し、そこでは主人と女主人が教師で、子どもたちと召使いが生徒なのだ」った[107]。ジェイムズの比喩は意味深長である。とくに若い使用人が多かったため、女性は使用人を子どもとみなすことで、自分たちの個人的な支配を正当化し、食事、賞賛、不当な扱い、さらには体罰さえも、与えたり控えたりすることで使用人を統率することができた。

こうした圧力のもと、多くの女主人たちは、子どもたちと使用人からなる大規模な世帯を統制するための手段として、厳格な日課を積極的に取り入れた。神の命令、あるいは合理的、実際的ないし科学的な発想（またはその両方）にもとづいて具体的な規則をもうけることができれば、無秩序に陥りがちな状況にも何らかの秩序をもたらすことができただろう。かつての大雑把でゆったりとした雰囲気のほうが、必ずしも平等主義的であったというわけではない。使用人も子どもや若い成人も、かつては主人の（もしくは女主人の）機嫌と腕力に怯えて暮らしていた。しかし、一九世紀の家では、地位の階層秩序が広がり、形式的な支配が強まっていた。食事の時間を分刻みで守るよう求められ、宗教儀式のように毎週決まった手順で清掃を行なうようになると、女主人みずからがつねに介入するという負担は減じられたのである。

優遇したり、褒美を与えたりすることができれば、模範を示して漠然と感化するよりは明らかに効果があった。裕福で規模の大きな邸宅では、とくに比較的長期間にわたり家族のもとに留まりがちな上級使用人にたいして、賃金や待遇をよくするだけでなく、特別な愛顧を与えることもできた。たとえばマーシュ家にいたガヴァネスは、ある熱病患者収容病院の女性監督官の仕事を見つけてもらった。とくに聖職者の家族は、このように勤め先への口利きができたし、使用人の家族が相応の施しを受けられるよう力を貸すこともできた。聖職者の家族はまた、若い使用人の訓練と就職を自分たちの慈善的義務の一環としてとらえていた。マーシュ家の娘キャサリンは、あるアイルランド人の少女と仲良くなったが、その少女は四年間使用人訓練学校に送られたのち、下級家内女中としてマーシュ家の牧師館に入った。その後、彼女は料理人兼家政婦にまで昇格し、自分が「賢く忠実な召使いであるのみならず、家族全員に愛情をもち、恩を感じている友人であることを示した」のであった[108]。バーミンガムのプロテスタント非国教会慈善学校のような組織の婦人訪問員が、推薦を受けた生徒を自分の家の使用人として雇い入れることもあった[109]。そのような後援の仕組みは規律の強化につながったし、その後の就職が使用人の「性格」や紹介にかかっていることでも同様の効果があった。それにもかかわらず、こうした装置のいずれか、またはそのすべてを使っても、家族のあるべき姿を使用人に押しつけたり、使用人の私生活を操ったりすることはできなかった。一八三〇年代のハナ・モアの境遇は皮肉である。当時、彼女は老境を迎え孤独で、使用人たちの言いなりであった。モアが階上で寝たきりとなったとき、使用人たちは台所で酒盛りをして彼女の財産を使いまくったのであった[110]。

こうした絶え間ない緊張がありながら、なぜ中産階級の家族は規律の行きとどいた自分たちの家庭のなかに使用人を取り込もうと奮闘したのだろうか。もし妻や娘たちが床を磨き、家庭用リネン類をすべて洗い、一〇人にも及ぶ幼い子どもたちの世話に加えて大家族の食事の用意もしなければならなかったとしたら、彼女たちは重労働で消耗し、文化的活動も宗教的活動も、ほとんどできなかったであろう。中産階級の女性たちは、鋤や鉄床や織機よりも台帳とペンを好んだ男性陣と同じく、骨の折れる作業を好まなかった。住み込みの使用人たちが二四時間絶えず力を貸すことで、家族は理想の型におさまったのだった。子どもたちを使用人任せにしてはいけないという注意はつねに発せられたが、女主人はほかのことでも忙しかったため、使用人が育児の一端を担うのは一般的だったようである。

カドベリー家の子どもたちは、両親がブル街の店で働いているあいだ、使用人たちと田舎の住まいで過ごした。学校教育を終えた年長の娘たちは、母親の手伝いで町に行くことが多く、幼いエマの世話のために女中が家に残された[111]。バーミンガムのある銀行家の家庭では、息子たちが寄宿学校に入学したてのころ父親を怒らせてしまい、古参の女中がとりなしの手紙を書いたことがあった。彼女がどのような関係にあったのかは、その数々の手紙から伝わってくる。「お手紙は何度でも書きますよ。でもね、会いに来てとおっしゃっても、私も伺いたいのはやまやまですが、そうそう面会には行けないのです……。お父様がお留守でお母様は来客でお忙しいので、代わりに私にお子様方へのお手紙を必ず書くようにとおっしゃっています[112]」。

両親が使用人たちの影響を危惧するのをよそに、多くの子どもたちは使用人たちとの交わりを刺激に満ち、愛情にあふれた楽しいものだと感じていた。依然として家業に関わっていた使用人は、郊外に住む子どもたちを未知なる家業の世界に引き入れることもできた[113]。信仰熱心な使用人が、若者に深い影響を与えることもあった。たとえば、コルチェスターの福音主義者チャールズ・スパージョンは、寄宿していた学校長宅にいた使用人の導きで、十代におとずれた信仰の危機を乗り越えることができた[114]。家業から完全に切り離された家庭で暮らす子どもたちは、いまや家事使用人たちを通して、自宅内に外界の縮図を見いだすことになった。子どもたちは敬意をもって目下の者を扱うようしばしば厳しく言われていたが、これは社会的な隔たりを強調することにしかならず、子どもたちはここでも慈善心から愛顧を与えることを学んだのだった。子どもたちはまた、使用人たちが厳密にジェンダーの区分にもとづいて分業していることにも気がついた。全体的にみると、女性は家庭内の仕事をし、男性は庭仕事や馬小屋の仕事をしたのである。

中産階級の女性は、主人と使用人との関係の中心にいた。彼女たちは家庭という場で階級の境界を越えて生活を営んでいくことの矛盾を、日々みずから直接に経験していた。自分の子どもたちと、何らかのかたちで家業に携わった若者全員を育てていく仕事に加えて、こうした仕事をこなしていたのである。どちらの任務にも、手にすることができるかぎりの権威が必要であった。エリザベス・ゴルトンは、一八一〇年前後にバーミンガムで過ごした子ども時代を振り返り、当時は「結婚すると女性はみな、相当若くても縁なし帽子をかぶっていた」と述べている。それは単に既婚女性に似つかわしいものだったからというだけではなく、「貫録がつき、女主人風に見える」からであったのだ。[115]

女性が効率よく世帯を切りまわし、しっかりと支配権を握ろうとするのなら、それは厳格な規律と人格的な力を結びつけて成し遂げるほかなかった。女主人は毅然として実務に秀でた人物でなくてはならなかったが、こうした資質は、女性がもつという感化の力の源泉となる女性らしい柔和さ、優しさ、従順さとは正反対のものであった。使用人との関係は、女性たちが経験したジレンマの独特な、そして実にきわめて重要な事例であった。エセックスの著名な訴訟代理人兼農業経営者の妻であったレベッカ・ソリー・シャーンは、道理として説かれるものと日常の行動とが一致しないと感じた。六〇代後半のころ、彼女は未婚の子ども数人を家に抱え、収入の減った大所帯を切りまわす負担に悩まされていた。日記のなかで、彼女は「子どもたち、使用人、貧しい隣人に善行を」ほどこしながら、「自分が骨を折ってやった相手からの疑い、中傷、抵抗に耐え」[116]ようとすることの難しさを告白している。

女性は伝統的に世帯の食事と幼い子どもたちの世話を担い、拡大した家庭内の仕事のほとんどを行なうか、監督する責任を負っていた。これらは、道徳的および宗教的な義務一般のなかに組み込まれていた。それは、愛と従属の象徴として、世帯の主人にたいして行なう人的奉仕の一環であり、究極的には女性のアイデンティティの中核をなすものであった。一八〇九年にハナ・モアは『シーレブズ』のなかで、家政の管理的側面をつぎのように解説していた。

いまでは、生活のこうした取り決めのすべて、このように時間を区切り、その時間に見合った仕事を選んで割りあてることは、ご婦人の分担する範疇に入ってきています。そして、このすべてを自分のためにしてくれる妻を選んだとしたら、良識ある男性の懸念はどんなにか軽減されることでしょう。[117]

一八四〇年代までに、この「家政の仕事」は拡大し、技能と、駆け引きと、矛盾する複数の要求を引き受ける能力とを要する幅広い義務を含むものとなっていた。

第9章 「そびえたつ松と絡みつくブドウの木」
——中産階級のなかでジェンダーを受け入れる

男はそびえたつたくましい松の木
波に洗われた岸から睥睨する。
女は細く優美なブドウの木
その蔓は松のまわりに絡みつき、
粗い皮を優しく飾る……。
——作者不明、エセックス州ウォルサムストウ、
メアリ・ヤングの備忘録より、一八二八年

秩序が十分に保たれ設備も整った家庭は、中産階級の生活の危うさをいくぶん和らげるものであった。しかし、舗装道路や上下水道といった公共設備が未整備のなか、関心は個人のふるまいに集まっていった。それまでの宿命論的な諦念を捨て、福音主義の自己精査の習慣に助けられながら、個人と家族がみずからの運命をかたちづくっていく機会がここに生まれたのである。下の階層の野卑なふるまいとの比較を行なう機会も日常的にあった。世紀半ばまでには、一枚のハンカチの正しい使い方から、内面的な奥ゆかしさと社会的地位の両方を推し量ることができるような状況が生まれていた(1)。この洗練されたふるまいの中核にあるものは男女共通であったが、細かな点では、しかるべきジェンダーの定義を遵守することが、上品《ジェンティリティ》さを示すために決定的に重要な意味をもった。

作法と上品さ

一八四〇年代半ばに、一七七五年生まれのウィッタムのロバート・ブレトノールは七〇代初めを迎えており、自分のことを製粉業者と言ったり地主紳士と言ったり、さまざまに称していた。実際に彼の収入は、現役で続けていた農業活動、(主に何軒かの田舎家からの)家賃、地元の醸造業不動産管理人として

支払われる年金からなっており、その収入は馬車一台と、男性使用人を置くのに十分なものであった。彼は、医師や事務弁護士《ソリシター》や大規模農業経営者といった地域エリートと付き合い、ホイッグ派の政治活動にも加わってみた。彼は妻とともにイングランド国教会の教会に通い、ウィッタム協会で開かれる音楽会などの文化的催しに参加した。彼の気晴らしのひとつは、鉄道が通じたばかりのロンドンに出かけて買い物をしたり、商品を見て歩いたりすることであった。一八四六年六月一七日、彼は妻と一等車に乗ってロンドンの銀行に五〇〇ポンドを預金しに出かけ、妻に「夜会服用の布地」を買い、遅い列車で、日記によれば「二人ともしたたかに酔っ払って」ウィッタムに戻った。

このほかの形跡からは、ロバート・ブレトノールと妻セーラが、作法の基準の変化に気づいてはいたものの、老齢だったこともあり、必ずしもこれに従っていなかったことがわかる。ロバートはかなりの時間を狩猟や宿屋での飲み食い、市場での噂話、うなぎ釣りや納屋でのネズミ狩りに費やしていた。ロバートとセーラは下の子が一二歳になったときにようやく結婚したので、二人の子どもたちは非嫡出であった。ロバートの綴り字や語彙は怪しかったが、そもそも彼は新聞一紙を読む以外、ほとんど読書をしなかったのだ。彼は短気だったようで、しばしば隣人と喧嘩していた。あるときの口論は一八年間もくすぶり続けたが、ある日ブレトノールが森で野ウサギを撃っていると、その口論相手が成人した息子二人を両脇に従えて彼の前に現われた。息子のひとりは「地獄のようにどす黒い」顔をしていたため、ロバートは打撃を与えようと「呪文」を唱えた。一八四七年に、彼は「日曜日だったが」ヤマウズラを撃ったことを記録し、一八四八年には、ウサギをめぐってある隣人とまたもや言い争いをし、「激昂して、「この糞目玉」のような最悪の表現を使った」と記した。彼のあけすけな日記は、昔ながらの野放図な行動と、新しいかたちの敬虔さが混ざり合った様子を映しだしている。

> 一八四六年六月二一日。教会に行く前、家の畑のなかに歩いていくと、突然、スボン〔原文ブレトノールの綴りのママ〕を下ろす間もなく、便意をもよおし、肩から脇腹にかけて、下痢でひどく汚してしまった。草で拭いて女房と教会に行けるところまでなんとか始末し、神の与え給うたすべての慈悲深い恵みに感謝を捧げた。[2]

ロバート・ブレトノールは読み書きができ裕福で、上品《ジェンティリティ》さという表面的な装いを積極的に身につけようとした。その装いとは、自分の行動をいくらかでも抑制することにほかならなかったが、実のところ、生来の習慣はなかなか抜けなかった。もっとも、このことで社会的に受け入れてもらえなくなることはなかった。彼の社会的な権力は、土地所有、農業活動、地元の企業活動、そして慈善活動での管財人や立会人や理事の仕事に由来していたのである。

中産階級の女性に、そのような力はなかった。日常生活での細かな事柄や個々人の行動や服装や言葉遣いが、女性たちが判断を下し、下される場となった。一八四七年、ある退役陸軍将校の若い娘たちは、将来義姉となる女性にたいする侮蔑の念を表明している。その女性の男性親族は「晩餐のための正装」をしておらず、またその女性は結婚式のわずか二週間後、コルセットしか身にまとわぬ姿のまま、夫の入室を許したというのだ(3)。

ブレトノールの約半世紀後に生まれたこの若い女性たちが受け継いでいたのは、上品《ジェンティリティ》さという規範、つまりブレトノール夫妻の中年期後半に影響を及ぼしていたキリスト教的な色彩を帯びた規範であった。この規範は個人の生活のあらゆる側面にわたっており、女性にとってはこの規範を実践することが、自分自身にとっても、また男性の行動に指図するうえでも拠りどころとなっていた。爪を清潔にしていなかったり言葉遣いが粗雑だったり、泥だらけのブーツのまま新しい絨毯の上に寝そべったりすることを許さない態度は、感化の力と対になった有形の力であったが、年長の女性が「家族や友人」の少年にたいして行使する際にはとりわけ効果があった。少年は生来汚く乱暴であると考えられていたので、母や姉が手で押さえつけるとともに、穏やかにふるまうよう感化していく必要があった。少女たちは生まれながらに清潔で、繊細で、もの静かであるとみなされていた。子ども時代を謳いあげる多くの宣伝文句のなかでは、こうした性格が男女の生まれつきの特徴として構築されはじめ、ジェイン・テイラーやアン・テイラーの作品を含む、一九世紀前半の子ども向けに出版された数多くの物語や詩や小冊子のなかにひそかに書き込まれていった。

しつけは子ども時代に宗教教育と並行して始まり、清潔さと敬虔さとが結びついているというピューリタン的な発想をはっきりと示していた。慎み、身体を覆うこと、身体の部分がもつ名称や機能を直接口にするのを避けること、手足の動きや声を抑えることもしつけの一環であった。しかしながら、何をそのように制御し隠すべきかは、かなり曖昧であった。たとえば、授乳は医学的根拠からも宗教的根拠からも母性の最高の行為として奨励されたが、慎みという点からは無作法な行為となった。人前での授乳は、しだいに労働者階級的な慣行とみなされていった。解決策は、母親自身も乳児も、できるかぎり家庭に引きこもっていることであった。

個人の清潔さと慎みに次いで、食事の作法が地位を示す試金石となった。社交も取引もかなりの部分が会食を交えて行なわれたため、これは驚くべきことではない。食卓の道具立て《パラファネイリア》は、食事作法の洗練度をさらに高めた。陶器類が大量生産されると、食べ物の種類ごとに別の清潔な皿を使うべきだということになり、バーミンガムのある電気メッキ製造業者は、フォークがもたらす恩恵をつぎのように称えた。「フォークは食べ物の風味を良くし、味覚が洗練されると作法が改善されます。改善された作法からは高尚な道徳的感情が漂います」。それゆえ、利益が転がり込むと同時に「社会の雰囲気が良くなる(4)」のであった。ヘン食事作法が社会的包摂［の範囲］を示すこともあった。

リ・ディクソンは、ジェントリや専門職の人びとや農業経営者を招いてウィッタムの副牧師が毎年開いた晩餐会を、つぎのように評している。「農業経営者たちは、同席者のなかでは無作法な連中であった。私はそのうちのひとりがこそこそとりんごを盗み、ポケットに入れたのを見た。このような来客があると、フォークがなくなる危険があった」[5]。食事の場の洗練度が増すと、食後に女性陣が食卓を退いて、それから男性陣が煙草を吸い、深酒をし、とうてい女性にはふさわしくないとされた話題――ありていにいえば、仕事、政治、世俗的（性的）な話題――を論じるということにまでなっていった。この慣習は、世紀半ばまでは広く普及していたわけでは決してなかったが、それが標準となったのである。

女性が排除された理由のひとつは、福音主義者たちの努力もむなしく、いまだに大量の飲酒が続いていたことにあった。一八世紀の社会は、ある程度の深酒を当然のことと考えていた。ビールと蒸留酒は伝統的に健康、筋肉の活力源、男性の精力と結びつけられ、飲料水の供給が不十分であった時代にはいたるところで飲まれていた。契約は酒を酌み交わすことで締結されたし、エールや蒸留酒は士官の兵舎でも、オクスブリッジの学寮でも、地域のクラブでも、政治的な晩餐でも、狩猟での遠出でもふるまわれた。隣人を飲み負かす力は男性の武勇の証であり、（コルチェスターの牡蠣市場にとってはありがたいことに）巷ではスタウトと牡蠣を一緒にとると精力が増強すると信じられていた。酒の強さに男性としてのアイデンティティを見いだす考えを打ち破るには、しばしば宗教的な確信にもとづく自制心が必要であった。しかし、制裁として最強だったのは、家族の力であった。たとえば、ある銀行家の二〇歳になる息子は、回心体験に燃え、一八二〇年にこう宣言した。「本日、私は父に酒のことで手紙を書いた。父は昨日泥酔していたのだ」[6]。酩酊することは、女性にあってはそのこと自体としても、またそれが制御できない不面目な行動につながる点からも、二重に厳しく非難された。紅茶は、有害で中毒になるとされていたのだが、女性のための飲み物となり、午後の茶会《アフタヌーン・ティー》はしだいに女性向けの軽食の場となった。

どのようにして実現されたかはともかく、中間層における飲酒が一八四〇年代までに際立って減少したことについては異論がなく、そのことが彼らと無作法な下層階級、また道楽にふける上層階級とのあいだの違いを際立たせることになった[7]。喫煙もまた控えられるようになった。とりわけ、噛み煙草とつば吐きの評判は悪かった。中産階級の男性は（汚れがつくためあまり好まれなくなったが）嗅ぎ煙草を嗜み、パイプを燻らせ続けた。しかしごく辺鄙な地域以外では、洗練された女性はどんな形態のものであれ煙草にはもはや手をつけず、しばしば喫煙する男性を台所や納屋や庭に追いやったのだった。

ロバート・ブレトノールはときおり酒を飲みすぎ、そればかりか神の名を出して悪態までついたが、後でやましさを感じていた。福音主義者は、主の名前をみだりに唱えることにはとくに激しい嫌悪を示し、女性が乱暴な言葉を使うことはよりいっそう受け入れられなくなっていった。ハリエット・マーティノーは、一八世紀生まれのある「奇妙きてれつな」独身の姉妹たちのことを回想して、あるとき、その姉妹の馬車の扉が開かなくなると、姉妹のひとりが家のなかにまで聞こえるような大声で、「なんてこった《マイ・ゴッド》。出られやしない」と叫んだと記している。(8) 悪態の文句には、信仰をあざ笑う言葉だけでなく、知的発達の遅れや、馬鹿げた諺や、素朴なまじないに関わるものもあった。しかし男性は、営利活動や冒険的な活動を行なう生活のなかではより粗雑な言葉を理解する必要があり、一般的な態度もそうだが、言葉遣いが洗練されすぎると、男性らしさを失ってしまうとみなされた。それゆえ男性は、洗練されたなかで荒々しい男性らしさを証明するという独特の問題を抱えていたのである。

言葉遣いと話し方は、中産階級文化のほかの部分と同様に、より型にはまったものになり、より差異化され、よりジェンダーにまつわる含意に気を配ったものになった。女性たちは、モアの『シーレブズ』の女主人公ルシンダにならい、上品さと純潔を強調しながらも、過度に学識をひけらかさない独自の言語体系をつくりあげた。バーミンガムのある製造業者の「気の強い」娘は、小説三冊を出版し数多くの記事を書いていたが、一七八八年に「論争には加わらない」ことを堅く決めたと宣言した。論争は「女性には好ましくない」と考えたからであった。(9) 若い女性たちは、「花言葉」、ロケットやブローチに入れて身に着けるための髪の毛の交換、手袋やリボンの遊びなど、女性らしさを象徴するさまざまなものに絡めて、独自の仲間言葉を発展させていった。

性的欲望《セクシュアリティ》にたいする態度の変化

女性たちは友情と愛の言葉を洗練させていったが、そのなかに性的情熱が入り込む余地はなかった（不適切な言葉を削除したトマス・バウドラーの『家庭用シェイクスピア』が出版されたのは、一八一八年であった）。かつて女性は性的に貪欲なものとみなされていたが、一九世紀初頭までには、女性を純潔で受動的な存在であるとするヴィクトリア朝的な感性に向かって、徐々に変化が生じつつあった。真の男性らしさ《マンフッド》は、性的冒険を通してではなく、宗教に傾倒し自己を律することで得るべきものであり、これこそ若い男性にとっての最強の防御だとされた。(10) エセックスの醸造業者の息子ジェイコブ・アンウィンは、まさにそうした若者のひとりであった。彼は一八一四年ごろ、ロンドンの印刷業者のもとへ徒弟に入った。ある日曜の夕方、アンウィンは礼拝堂からの帰りに「とても品のよい若い女性」とたまたま言葉を交わして腕を貸したのだが、この接触は、家族や友人や礼拝堂の会員からの紹介もなくなされたものだった。アンウィンによれば、こうした出すぎた行為に及んだのは、この若い女性が教会に行くのが嫌だといったため、「破滅への道」を進んでいると彼が恐れたからであったという。アンウィンは、彼女に「神の子羊［キリスト］の血を通じて許しを請う」よう求めたが、無駄であった。のちに彼が日記のなかで認めたことには、彼は「むしろ彼女の容姿に夢中になったのだった。体中に情熱がたぎった。無作法をしないですんだのは神のおかげ《ブレス・ゴッド》だ。彼女は受け入れる気があったにちがいないのだから」[11]。

しかし、少なくともこの時代の初めごろには、性的逸脱の結果は受け入れられることが多かった。ブレトノールの子どもたちのように、二人がのちに結婚した場合にはなおさらであった。しかし、放蕩者のジェントリにありがちな誘惑や姦通は厳しく非難された[12]。その他の無作法な言動とともに禁忌《タブー》とされたのは、性的欲望を公然と認めることであった。男性の性的情熱は封じ込めて隠蔽すべきものであり、女性の性的情熱は、否定しないまでも無視するべきであった。兄弟や従兄弟や男性の友人のあいだには強く熱い感情があるとされたが、男性同士での性行為は怒りと恐怖をもってとらえられた。こうした態度の結果、ほとんどの記録はこの問題については口を閉ざしている。

女性同士の友情は広くみられ、情熱的な言葉で自由に語られた。ある教区牧師の十代の娘が、信心深い年長の友人を「子どものような崇拝の念と、恋人のような愛情」をもってみたように、女性の友情はしばしば宗教的影響のもとにかたちづくられた[13]。そのような関係がもつ感情的な意味を正確に推測するすべはなく、ましてや肉体的な意味はわかりようがない。兄弟姉妹、親子、主要な親族、友人のあいだにも温かな、愛情に満ちた結びつきがしばしばみられた。こうして、青年期の独身生活が長かったにもかかわらず、性的欲望は堅固に婚姻内での生殖に向けられた。高い出生率と出産間隔の短さからは、その活発な営みをうかがい知ることができる。

移動の自由《モビリティ》とジェンダー

この時期の地方における中産階級の文化は、性的欲望のありかたにたいしてと同様、家族内の絆を強化したり、女性の独立した行動を抑制したりすることにも神経を使ったようである。女性、とりわけ若い娘の物理的および社会的移動にたいする制約は、広範な活動のいたるところで一貫して強まっている。一九世紀初頭に入っても、散歩は依然として楽しみの大いなる源であり、途中で隣人宅や親族宅に立ち寄り、歓談する楽しみもしばしばこれに加わった。農村地帯はバーミンガムからですら至近距離にあり、そこで散歩をしながらベリー摘みやきのこ狩り、その他の方法で、野原や生垣の実りを堪能することもあったかもしれない。食事を戸外でとるのも人気で、依然として比較的くだけたかたちであった。馬を利用できる者のあいだでは、趣味や運動のための乗馬が、男女ともに広く普及していた。

しかしながら、交通手段としての徒歩や乗馬は、男性と女性を分離しはじめていた。男性は馬に乗れるものだとされており、都会育ちの事務員は乗馬ができないため、軟弱者だとあざけられがちであった。馬は車輪のついた乗り物に比べ、ずっと安価で借りやすかった。競売人、不動産管理人、医師、農業経営者のような一部の職業の人びとは、機動性が頼りで、もっぱら馬に乗っていた。しかし、乗馬や馬の世話はきわめて男性的な事柄であった。馬の売買（と競馬）は男性文化の中心をなし、女性の乗馬はいまや運動が主目的であった。多くの寡婦や娘たちが都市の中心や郊外に移住した理由のひとつは、個人の移動手段を確保することが難しくなっていたためであった。

一八世紀には、使い勝手のよい小さな乗り物はほとんどなかった。続く三〇年間には、道路の建設と整備が目に見えて進展し、公共の駅馬車や郵便馬車が急速な発展を遂げた。この時期にはまた、屋根つきのものと屋根なしのものを含めて幅広い車両が登場し、質素な一頭立ての軽装無蓋二輪馬車《ギグ》から、立派なランドー馬車［座席が向かい合わせになり前後の幌が開閉可能な四輪馬車］や幌つき四輪馬車《バルーシュ》、あるいは婦人にうってつけの、自分で手綱を取る小型で軽量の幌つき軽馬車《フェートン》や無蓋軽馬車《スタナプ》にいたるまで、多様な馬車が開発され改良された。都市部では、こうした馬車の多くを短期間借りたり、五年契約で借りあげたりすることもできたし、あるいは特注したり、既製品や中古品を購入したりすることもできた。[14] 馬車製造業は繁盛し、座席の布張りやランプや独特の衣料品といった馬車製造の副産物で、かなりの規模の事業を築きあげる者もいた。[15] 乗馬用の馬、馬つき馬車、自宅の馬車用の馬を借りることができる貸し馬車屋もまた成長分野であった。

このような移動の自由から生じた変化は、とりわけ農村部では劇的であった。エセックスの海岸部では、一七六〇年代には教区全体で一頭立ての軽装二輪馬車《チェイス》が八台しかなかったのに、一八〇〇年代初期には「二〇〇エーカー程度の農業経営者」ですら、ほとんど全員がいずれかの型の軽装二輪馬車をもっており、四輪馬車をもつ者まで出てきたと言われる。[16] こうした乗り物を使う理由のひとつは、女性に移動の自由を与えるためであった。あるバーミンガムの批評家は、婦人たちが乗合馬車の外側の座席に座らないことに言及しているが、バーミンガムのある銀行家の娘は、そもそも婦人が駅馬車で旅行すること自体が「品格を落とすもの」だと感じていた。騎乗御者つきの軽装二輪馬車を借りる借りあげ駅伝馬車《ポスティング》は高額であり、[17] かといって馬の背にまたがって本格的な旅行に出ることは難しく、慎みが問われることになった。このようなことができるのは、時代遅れも甚だしい農業経営者の妻くらいであった。

しかし、上層社会では、徒歩もまた女性にとっては問題あるものとみなされかねず、『高慢と偏見』のエリザベス・ベネットは、泥だらけの靴とスカートで上品ぶった隣人宅に到着したときにそのことに気づいている。[18] あるユニテリアン牧師の新妻は、結婚報告の訪問をするのに四マイルも歩き、信徒たちを驚かせた。[19] 女性は体裁という規範の制約を受けるようになってきており、そのため女性の物理的移動にかかる費用は跳ねあがった。一八三〇年代には、何層にもなった重いペティコートや大きく広がって裾を引きずるドレスが動きをさらに制限するようになっており、彼女たちを家に閉じ込めるのにひと役買った。[20] こうした状況のもとでは、馬車か、少なくともいずれかの型の軽装二輪馬車を所持したいという望みは、単なる上流気取り《スノバリ》ではなく、孤立を解消するために必要不可欠なものであった。

交通手段や費用の問題に加えて、中産階級の若い女性の場合には、男性や年配の女性に同伴してもらい、異性や不審者からの接触など、公共の乗り物で生じる恐れのある潜在的な危険から守ってもらう必要があった。一八三〇年代に、レベッカ・シャーンの娘は二〇代を迎えていたが、ブライトンまで旅行するのに、ロンドンで母親からおばへと引き渡してもらい、かくして「安全な旅行」をすることができた。[21] 遠距離の旅となると、女性の抱える問題は移動だけでは終わらなかった。ゴルトン家の娘のひとりがバーミンガムからチェルトナムへ旅行する際に気づいたように、身分ある婦人にふさわしい宿が見つからないこともしばしば障害となった。チェルトナムで唯一「婦人の品位を保てる」と謳ったホテルですら、等級が低かったのである。鉄道は、中産階級の男性よりもむしろ女性にとって、こうしたジレンマの多くを解決してくれるものであった。もっとも、鉄道も駅馬車と同じように誰にでも利用できる公共の場であったため、初期には懸念もあった。しかし、鉄道の座席は等級別で「婦人専用」車両があったため、繊細な婦人にも旅行は格段に容易なものとなった。鉄道は旅行を、礼儀にかなって合理的かつ遅れのない、それでいて比較的安価なものにしたのである。

それでも、女性の旅行は依然として、もっぱら短距離のものだけに制限されていた。これも女性の物理的移動にたいする全般的な制約の一環であった。若い男性は放浪し、冒険を求め、家を出、そして戻ってくることを期待されていた。ヘンリ・クラブ・ロビンソンは、コルチェスターでの訴訟代理人の見習い修行を終えると、親から継いだ小額の財産をもってドイツを徒歩で横断する旅に出た。途中、彼はゲーテのもとを訪問し、ドイツ・ロマン主義の作品を英語に翻訳する仕事を始めた。こうした一連の行動は、同様の境遇にある女性には考えられないものであった。[22] 社会的地位のある女性がひとりで自由に動きまわることの是非は、未婚の娘たちをめぐる不安のなかで集中的に問われた。一七九八年生まれで、バーミンガムの中心部で育ったジョウゼフ・ギビンズの末娘マーサは、九歳のとき、都市を横切ってひとりで歩いて学校に通っていた。

私はすっかり成長し、ひとりで学校に行けるような年になりました。ある日、学校からの帰りがけに、ある男の子が失礼にも私にキスをしようとし、ほかの男の子も呼んで、おまえもやれよと言ったのです。[23]

エジバストンの娘たちが、マーサ・ギビンズのように自由にバーミンガムを歩きまわったとは考えがたい。郊外で生活する目的は、そのような事件が万が一にも起こらないようにすることだったからである。

ジェンダーと社交の催し

男性に伴われてであれば、女性が享受できる農村部での楽しみもいくらか存在した。釣りは依然として人気の趣味であり、多くの女性が兄弟や父や夫とともに出かけた釣りの楽しみに言及している。しかし、田舎の生活の中心は相変わらず狩猟と射撃であった。キツネ狩りは、労働者たちも狩猟隊を徒歩で追いかけて参加していたことから、イングランド農村部の三つの階層が集まる伝統的な交流の場となっており、狩猟が異なる階級を結びつける社会的絆だと言われることも多かった。しかし、狩猟は男性が占有する領分となりつつあった。一八世紀末までに、狩猟は個人で手配するものから、必要な一式を会費契約する形式化されたものに変わり、女性が参加する機会は減少した。狩猟の荒々しさや、キツネの尻尾で行なう「血塗り」など、狩猟を「男らしい運動や気晴らし」にしている要素は、女性らしい礼儀作法とは相容れないものだった。ナポレオン戦争中に着用された軍服から考案されたピンクの上着と半ズボンという「乗馬用の」服装は、婦人向けではなかった。婦人の長いスカートは、横鞍に腰かける場合には邪魔になり、激しい乗馬はなおさら困難なものとなっていた。

いかなる困難があろうと男性は女性を守り、男女間の礼儀正しい交わりを保つべしとする騎士道精神が強調されていたなかでは、女性が獲物を追っている場合、男性は強引に女性を追い抜くわけにはいかなかった。著名な狩猟ジャーナリストのR・S・サーティーズは、狩猟とは「戦争がもたらす興奮のすべてを、危険はその半分で」示すものだと表現している。彼はこう主張する。

女性たちは、男性たちが田園地帯を駆け巡っているときだけでなく、出発前に勢揃いするときにも、女性席から見物し、声援を送るものだ。(24)

実際にサフォークでキツネ狩りを共催していた男性の妻たちも、たとえば「別行動で」、

ハープシコードと新しいピアノを演奏し、互いに訪問し合い、舞踏会を開催し、観劇会を行なった。(25)

競馬のようなほかの公的な行事での女性のふるまいや態度もまた、厳しい目にさらされるようになった。競馬は、出場部門、走行距離、賞金規定などがより細かく規則化され、組織化が進んだ。競馬が農芸展覧会と同時開催されることも多く、これにより婦人たちがふさわしい宿泊設備を利用でき、より安全に過ごせる環境が提供された。農業経営者家族の女性陣は、ジェントリと上級専門職エリート層の集団ほど高級志向でもなく、また農村部の労働者たちほど大衆向けでもない、その中間にあたる自分たちの贔屓の旅館に集ったが、これは二等級の囲い込みといえるのかもしれない。農業経営者たちが、文字どおり親族であることも多い都市の商取引業者たちとともに中間的集団をなすことが、一目瞭然となったからである。

同様の発展は、品評会にも影響を与えていた。都会での小売店や農村部での行商の成長によって、品評会は卸売業に関わるものと、主に娯楽目的のものとに分かれていった。チェルムスフォードの品評会が、近隣の教区牧師から「邪悪な闇の住処」と攻撃を受けたように、娯楽目的のものは福音主義者たちからとりわけ毛嫌いされていた。(26)上品《ジェンティリティ》さを気取る人びとのあい

だではこうした態度が強まったが、一方で、品評会で買った生姜風味のケーキ《ジンジャー・ブレッド》がまんざら嫌いでもない者たち、「見事な手仕事と魔法のような技術」に夢中になる者たち、一流の音楽会や集会だけでなく、一八四〇年代にバーミンガム芸術協会にやってきた「北の大魔法使い」のような毛色の違う公演にまで足を運ぶ者たちも多かった。(27)

市場もまた専門化され、囲い込まれた。市場の限られた特定の場所であれば、婦人たちも買い物ができた。一九世紀初頭、バーミンガムの市日の豚市はオールド・クラウン亭で開かれた。一八七〇年代に、ある老婦人はこう振り返る。

市日に道を行き来するそれなりの地位の女性はみな、汚れないように道の真ん中にいなくてはなりませんでした。歩道はその地域で取り扱われる上物の動物を大切に収容するために空けられていたからです。(28)

一八三四年にこの都市で屋根つき市場の建造が誇らしげに迎えられたのは、無理もないことであった。

狩猟場、競馬場、品評会場、市場は、社会のあらゆる階層の人びとを集める可能性をもつ公的な活動の場であった。しかしながら地方の中産階級には、独自の半公的《セミ・パブリック》な集まりもあった。親族知人が集い絆を強める場として際立っていたのは、もちろん冠婚葬祭であった。婚礼は教会で式を挙げ、可能な場合にはその後に食事が続いた。とくに農村の地域共同体では、富裕な中産階級の家族が家父長主義を強める機会として婚礼を利用することもあった。有力な地元指導者の影響力を示すために利用された。葬儀もまた、しかしながら、ほとんどの中産階級の葬儀は、家族や知人、同じ宗派の者のための場であった。親族や家族のほかの成員は、かなり遠くからであっても葬儀に代表者を送るよう要請された。出席要請は、ほぼつねに男性にたいしてなされた。本書の対象とする時期を通じて、記録からわかるのは、女性が埋葬後の会食には出ることがあっても、埋葬や墓での儀式には参列を控えるようになっていたことである。一七七〇年代には、ある裕福な農業経営者兼醸造業者の家族全員が、幼い子どもたちを含め、妻の父親の葬儀に参列していたが、一八四〇年代には、こうしたことはまれになっていた。(29) このため、日記をつけていた者たちは、女性が家族の葬儀に参列した場合には、あえてそのことに触れている。(30) 女性は、葬送という公的儀式に参列することにも耐えられないほど繊細だと思われはじめていたのである。かりに女性が参列する場合には、貴族やジェントリの慣行に従い、外で埋葬が行なわれているあいだは、教会内に留まるよう助言された。(31)

その一方で、より上流志向の者たちは、死んだ後でさえも雑多な大衆の喧騒から遠ざかりつつあった。教会付属墓地が過密で不衛生であることには懸念が強まっていたのだが、非国教徒たちは、イングランド国教会の教会付属墓地には埋葬されたくないという願いから、この点をことさら言い立てた。本書の随所に登場するジョン・クローディアス・ラウドンは、先頭に立ってこの問題への解決策を提示した。その策とは、腐敗による害が生者に及ばないように、死者を弔うためのしかるべき共同墓地を設計することであった。設計の行きとどいた共同墓地は、さらに道徳的感情と人びとの美意識の双方を向上させるはずだというのである。ラウドンの主張によれば、きちんと整備された共同墓地は、

建築、彫刻、造園、樹木栽培、園芸の手ほどきをし、園芸一般にとって重要な整然とした秩序、高度な管理を教える教育の場となりうるのです。(32)

共同墓地会社は、共同出資の原則で設立された。バーミンガムは世紀半ばまでに三つの共同墓地を誇るようになったが、そのひとつは非国教徒専用、もうひとつは国教徒専用であった。イプスウィッチのような比較的小規模の町は、ひとつの墓地で間に合わせたが、国教会用と非国教会用と二つの礼拝堂用地を割りあてた。金銭的余裕のある者は、いまや生前だけでなく死後も確実に、無秩序な大衆から距離を置くことができるようになったのである。(33)

後に残された者たちも、社会的区分を示すしるしを掲げた。親族や友人の死に際しては、男女とも、［故人との］重要な社会的関係を認識したり否定したりするひとつの方法として、喪服を着用した。女性の衣装は喪の儀式でしばしば主要な役割を果たしており、女性の衣服とアクセサリーが複雑化することで、のちにヴィクトリア時代の喪の儀式が生まれたのであった。エセックスの絹織物業一族のコートールド家は、黒い絹のクレープ生地［縮緬《ちりめん》風の織物］の生産で財をなしたが、この生地は女性のドレス、帽子、ヴェールに用いられ、上品な喪の装いの見本となった。(34) 服喪中は、少なくとも上層の身分では、女性は公の場に出てはならなかったが、非公式の社交であればそれほど差し支えなかった。しかししだいに喪服の着用は、世俗から身を引いていることを示すものとなり、男性の公的な活動が重要性を増していくと、より女性に重く求められる責務となった。

中産階級の男女が、各種の儀式でどのような役割を果たし、どこに出入りするかは、上品さと体裁のよさという発達途上の概念にもとづいて考えだされ、体系化されていた。男性としての共通の利害が、階級の区別より優先されることもしばしばあったし、また男女が同席して階級の連帯感を示すこともあった。こうした境界は確定したものとも、一貫したものとも考えるべきではない。たとえば、裕福で上品な女性たちでさえ、自宅の庭園や敷地内でひそかに水泳を楽しんだことは、なんら驚くべきことではない。同様に一部の女性たちにとって、婦人らしい感受性とは、公開の法廷劇を楽しんだり、見事な審理に感心したりすることができないほど繊細なものではなかった。もちろん、多くの男性が治安判事、弁護士、陪審員、傍聴人として定期的に公判に出席し、法律が制定されるのを目にした。しかし、刑事裁判という公開の見世物は、道徳的な教訓を含むものでもあり、上品な女性がいるだけで、裁判の格調が高まる可能性が

あった。ほかの形態をとった公開の娯楽にはほとんど加わることができない女性たちにとって、裁判の彩りや演劇的要素はたまらなく魅力的なものだったにちがいない。セーラ・ブレトノールとその義理の娘も、夫ロバートと息子が釣りをしているあいだ、チェルムスフォード巡回裁判所に日帰りで出かけ、地方のほかの婦人たちに交じって殺人の裁判を傍聴したのだった(35)。

外見としてのジェンダー

社会的地位とジェンダーが関心の中心となったことで、個人の日常の身なりもまた変容した。男性の自己性は、肉体的な力強さ、あるいは少なくとも力強そうに見えるといったことよりも、しだいに職業や公的活動を拠りどころにするものになっていった。このことを反映したのが、男性の衣服の劇的変化である。一八四〇年代までに、貴族支配にたいする中産階級の異議申し立てが成功したことは、穀物法の廃止ばかりか標準的な男性の身なりにもはっきりと示されるようになっていた(36)。一八世紀の男性の衣服は、熟練工は皮の半ズボンと紙の帽子、農業労働者は亜麻布の上っ張りといった具合に、その地位を表わすものだった。貴族とジェントリは、正装では鮮やかな色や淡くやわらかな色のひだ飾り、レース、絹、サテンの衣類を身にまとった。頭には髪粉、顔には紅、体には香水をつけ、サテンの半ズボン、絹の長靴下、華奢なパンプスがその尻、脚、足の線をあらわにして、性的魅力を漂わせていた。狩猟用の衣服を除き、地味な色とかたちはいまだにピューリタニズムと結びつけられており、非国教徒の一部の信者のみが、暗いくすんだ色や質素な生地を身につけていた。商人や専門職の男性は、貴族の衣装をまねながら、自分たちの状況に合わせてそれらを改良していった。

家業に精を出す男性は、平日には仕事着を着たが、日曜日にはよそ行きで出かけた。一九世紀初頭のある農業経営者は、農村では野良着のままでいたが、日曜日とロンドンへの旅行の際には、狩猟用ブーツ、膝丈の半ズボン、フロックコート、ロンドンで買ったビーバーの帽子を着用した。専用の化粧だんすに大切に保管していたこの装いの手入れは、妻の仕事だった(37)。一九世紀初頭には、信仰復興運動の影響で仕事着と日曜日のよそ行きの区別をつけることが奨励されたが、とくに男性は、総じて飾り気のない服装にするよう促された。ジョン・エンジェル・ジェイムズが忠告したように、「清潔さとこぎれいさは美徳と隣り合わせであり、同様にして過度のおしゃれと贅沢は悪徳と隣り合わせである。女性が過度に衣装を好むのはあるまじきことだが、男性が派手な服を好むのは、まったく卑しむべきことだ(38)」とされた。

そのような変化が、宗教的確信のみからもたらされたはずはない。そこには、仕事の生産性を高める効果も期待されていた。サフォークの農業経営者で公務員でもあったアーサー・ヤングは、福音主義への転向者であったが、科学的合理主義の信奉者でもあった。彼は農業委員会の仕事に明け暮れる毎日を送っていた。一七九七年にフランスを訪れた際、彼は真昼から男性の正装に身を包むことへの苛立ちをあらわにした。

> 絹の半ズボンと長靴下を履き、腕に帽子を抱え、頭にはたっぷり髪粉を振った男など、何の役に立つだろう[39]。

変化は少しずつおとずれた。剣はステッキへと変わり、戦争中、髪粉に使う小麦に課税されたことで、髪粉の衰退に拍車がかかった。襟ひだやレースは、〔医療用に〕清潔なリネンが強く求められたためひどく高価なものになったし、動きを妨げる服装でもあった。しかしながら、もっとも議論を呼んだのは、半ズボンと長靴下から長ズボンへの変化であり、完全に変わるにはおよそ三〇年かかった。長ズボンはエリートのあいだでも胡散臭がられた。一八〇九年に、ケンブリッジ大学に通っていたある若者は、実家の父親に宛てて、長ズボンをはいて礼拝堂や講堂に現われる学生は欠席扱いになったと書き送っている[40]。

この移行はまず、足先までのぴったりしたパンタロンから始まった。これは半ズボンと長靴下をひとつにしたものであった。パンタロンは膝丈半ズボンと同様に、男性の足と性器を誇示し、男性に立ち姿を意識させた。一八三〇年代末から四〇年代にかけて、長ズボンへの最終的な変化が起こり、それにより、個性に乏しく形状の特徴もない黒っぽく丈夫な布で、あからさまになっていた部分がすべて隠された（長靴下業界には破壊的な結果をもたらした）。比較的若い男性がまずこの様式を取り入れ、新旧の流行の隔たりが広がった。イプスウィッチのある織物商は、一八三八年に初めて長ズボンをはいたとき、五〇代の終わりであったが、「すぐにその長ズボンを手放した[41]」。しかし、ロンドンに移ってきた一〇歳下のあるワイン商は、普段は長ズボンをはき、自分の結婚式のときにだけ膝丈半ズボンを買って、すぐに行きつけの仕立て屋に転売している[42]。こうした冠婚葬祭や舞踏会や夜会では、古い様式が着用され続けたのである。

一八三〇年代までに辛うじて色あせずに残っていたのは、たとえばベストで、これにはしばしば女性親族が刺繡をほどこしていた。糊のきいた高い襟と手袋は、若い男性にちょっとした虚栄心の種を与えた。鮮やかな色や淡くやわらかな色と並んで、絹とサテンももっぱら女性用の素材となった。ほかの男性用装飾品は、しだいに剝ぎ取られた。コルセット、化粧品、香水はつけなくなり、宝石と花はわずかにしか用いられず、それも儀式のときだけに限られるようになった。残ったのは実用的な時計のみであり、職場や所属する団体の印章や記章の飾りを鎖に取りつけた〔懐中〕時計は、幅の広い絹のリボン——富裕層の場合は金の鎖——につなげて、長ズボンの専用ポケットにしまわれた。

一八五〇年代には、変化はほぼ完了していた。一時的に流行した、しばしばバイロン風と呼ばれるロマンティックで若々しい装いは、パンタロンとクラヴァット〔首に巻いて前で結ぶスカーフ〕、襟にかかった巻き毛によく似合うものだったが、この装いは、硬くて黒っぽく重い素材でできた、形状の特徴のない長ズボンと、細い黒ネクタイに取って代わられた。これで濃い髭を生やし、最後に黒い「ストーブの管［シルクハット］」を乗せれば、ヴィクトリア時代の家父長的権威を連想させる、強い男性的アイデンティティをもちながらも、いまや身体の性的魅力をあからさまにしない人物の肖像が完成する。急進派の人びとは、一九世紀に入ってもしばらくのあいだは、自分たちの政治的主張を示す独特の色や帽子、その他のしるしを身につけていたが、彼らでさえ、上流階級や中産階級の男性陣と同じく、どこにでもあるような長ズボンと上着を着用しはじめた。一八世紀の「豪華で凝った服装」が残ったのは、男性使用人の装飾の多い制服（制服はもともと貴族の軍務のしるしであった）と、軍隊の式服のみであった。新しい男性らしさのイメージは、ジェントリから店員まで広い範囲に及んでおり、彼らに共通する男性らしさは、職業間の違いを乗り越えるものだった。

　女性の服装の変化は、かなり大きなものであったが、男性のものほど劇的ではなく、地域の記録のなかでもそれほど言及されていない。ナポレオン戦争期にみられた薄くまとわりつく生地、垂直のライン、手足のゆったりとした装いは、一八二〇年代には、より締めつけが強く、慎み深く体を覆う装いに取って代わられた。世紀半ばまでに、クリノリン［スカートの裾をふくらませるための布地］とともに下着の「ニッカーズ」が初めて広まった[43]。バーミンガムのある女性にとって、この時期にあたる少女時代の思い出は、硬い骨のコルセットを毎朝後ろから締め上げてもらったことであった。コルセットとペティコートには肩にストラップがついており、腕が上げにくかった[44]。なで肩［のライン］ときつい袖もまた、大きい身振りや重労働を困難にし、ドレスは後ろにボタンがついていたため、女性は自分ひとりで着ることもできなかった。巻き毛、淡い色、リボンで編み上げたサンダル靴、しだいにふくらんでいくスカート、細い胴まわり、大きなボンネット［顎の下で結ぶ紐つきの帽子］は、小さく華奢で、ほとんど子どものような姿に似合うものであり、体格がよく活発な女性にはつらいものがあっただろう。しかし、この様式は新しく生まれた男性らしさの典型を周到に引き立てるものであった。一八一〇年から二〇年までのあいだに、女性のスカートについた吊り下げポケットに代わって、優美な網目細工のハンドバッグ《レティキュール》（またの名を笑い草《リディキュール》といった）が使われはじめた。これは手首に提げるものだったため、ほかにはほとんど何ももてなくなった[45]。通常は結婚を機に室内帽をかぶるようになったが、年配の独身女性用の室内帽もあり、また寡婦であることを示す特別な帽子もあった。

　買い物旅行について書かれた地域の史料をみると、地方では、女性用ファッションを扱う卸売業者の系列小売店が影響力をもつようになっていたことがわかる。たとえば、展示のために「フランドル人形《ベイビーズ》」（服を着せたマネキン人形）を利用する方法は、一八世紀末にはサフォークの農村地帯にまで広まっていた。ロンドンでの流行は、地域の新聞で詳しく報じられたが、これがとくに「か弱き性［女性］」を対象に発信された唯一の事柄であることも多かった。雑貨小間物店と婦人帽子店は、定期的に新製品の内覧日をもうけた。一八二三年五月、ミス・ピティ

図 27　若々しく女性らしい人物像。エセックスに住むある農業経営者の娘の切り抜き帳から。1830 年ごろ

は、サフォーク州ハドリーの婦人たちを自分の「品よくおしゃれな婦人用帽子、麦わら帽子、「イタリアの」レグホン産の麦わら製ボンネット、絹、サテン、ルートストリング［光沢のある絹の生地］、ノリッジ製クレープ、ボンバジーン［絹や毛の綾織物］、ラスター［光沢仕上げをした綿や毛の織物］、モスリンのドレス、コルセット、レース、縁飾り、手袋、衣類装飾」の内覧に招待した[46]。女性はこの時代になると、鮮やかな色と贅沢な素材を身にまとうようになった。絹はいつの時代にも高価な生地で、かつては貴族だけが身につけていたが、女性らしい上品さと深く結びつけられるようになった。絹のドレスは豊かさの象徴であったが、官能的なニュアンスももっていた。絹は成熟し性的に経験豊かな女性のものとされたので、若く無垢な少女たちは、木綿とモスリンを着せられた。

福音主義の論者たちは、少女たちに衣装の誘惑について絶えず警告した。女性が自分の身を飾ることに夢中になったのは意外なことではない。それは女性の創造性を活かす数少ない領域であったし、女性の服装は家族の地位を明示する尺度として重要だったからである。意味ありげに「なくてもいいわ」と題されたジェイン・テイラーの少女向け教訓物語のひとつは、一四歳の少女が、初めてもらった衣類用の小遣いをどう使ったらよいかを学ぶ姿を描いている。コルチェスターを彷彿とさせる町を舞台とした、その「町いちばんの帽子店」には、流行のビーバー帽子という心そそられる品が陳列されていた。サテンで縁取りされ、羽根飾りとよく映えるピンクのサテンの裏地、型押し模様のついた帯布とぶら下がる房飾りがついたこの帽子は、「通りかかったこの少女の目をとらえた」。少女は、自分の立場にはどのような服装がふさわしく、それにはいくら費やすべきかを決めなければならなかった[47]。

男性の衣服の直線的なラインと実用的な生地と実務的なイメージ、そして女性の衣服の柔らかく流れるような曲線のライン、豊かな色合いと風合い、手の込んだ細部と体を締めつける形状は、ジェンダーの区分の一部として重要なものになりつつあった。美と趣味《テイスト》と道徳のあいだの結びつきは、［エドマンド・］バークにまで遡り、詩人や小説家だけでなくラウドンのような実務家の男性までもが思い描いてきたものであったが、その中心にあったのが、女性らしい形状、外見、ふるまいであった。いかつい容貌、外見にこだわることをいささか恥とすること、無愛想でさえあることが、男らしさのしるしであった。聖職者が男性らしいイメージにことさらこだわったのは、おそらくその職業がもつ男性性について、根底のところで疑いがあったためであろう。書籍出版業者の息子であったトマス・ビニーは、絹やラヴェンダー［の香水］を身につけた裕福な商人からなる会衆のあいだで牧師として働いていたが、同時代人によると、その表情には「決意、不屈の意思、情熱が滲みでて、人あたりのよさや感じのよさを押し流してしまっていた。……聴衆を意のままにするためには、表面的な醜さ、人をぎょっとさせる部分をもっていることが重要であった」。彼の「気高い男らしさ」は、その「大胆不敵な独立性」に、またその「粗野で無骨」なさまにはっきりと示されていた(48)。

それとは正反対の女性らしさの理想は、アネモネやバラのつぼみに象徴され、しばしば若いヴィクトリア女王にあてはめられた。女性が激怒することは、酔っ払うのに匹敵するほどゆゆしき問題であり、また街路を走るといった「お転婆」なふるまいは婦人らしからぬものと眉をひそめられた。ウィリアム・クーパーやワーズワースの友人であったある男性は、独立心に満ちた女性のふるまいに不安と嫌悪感を隠さず、若い友人たちからある急進派女性の書物の一冊を薦められ、衝撃を受けた。彼はその書物に目を通していたものの、それがあまりに「ひどく節度を欠いて」いたため、読み終わることができなかったのである。彼はこの女性の死をチャールズ・ラムに伝えて大喜びしたのだが、ラムは、「彼女はさぞかし醜い幽霊になるだろう」と返答した(49)。

外見においても、行動においても、男らしさと女らしさのあいだの堅固な境界を維持することは、男性の支配的地位を支える助けとなり、また男性が男性としての機能を果たすうえでの裏づけとなった。しかしこうした区別は、この時代に特有であった無秩序にたいする闘いのうちで、もっとも重要なものであるともみなされていた。バーミンガムの製造業者と結婚して、この都市の中心部にある職場の隣に住んでいたエマ・カドベリーは、一八三九年のチャーティストの示威行動を目撃した。群集は彼らの敷地の前を通り過ぎたが、近隣でも有数の大きな建物であったので、家族は襲われるのではないかと恐れた。閉じられたヴェネチア風ブラインドの陰から行進を見ているとき、エマは「女性たちの顔がとてもがさつできついこと」にもっとも衝撃を受けた。この示威行動と、その後すぐに起こったストライキは彼女に強い影響を与え、家族はのちにエジバストンへ引っ越している(50)。

非嫡出の子どもたちがいて、絹のドレスをまとい、たまといにはあまりにも頻繁に酒を飲む裕福な農業経営者の妻。家の前を通り過ぎる恐ろしいチャーティストの女性たちを見つめる町の製造業者の上品な妻。さらには急進派女性作家の幽霊。彼女たちはみな、階級とジェンダーの劇場において、それぞれの役割を演じていたのである。

第10章 「向上のとき」
——男性、女性、公共圏

われらの時代に威厳を与える高貴な男性たち
歴史のページに生きる輝かしい名前……。
——バーミンガムをつくった男たちについての
H・H・ホートンの詩、一八五一年

中産階級の男性たちが求めた新たな形態の男性性は、格式ばった結社のなかにもっとも力強いかたちで表出された。一八世紀の貿易商、商売人、農業経営者たちの気楽で陽気な文化は、徐々に結社の時代に座を奪われていった。男性たちはありとあらゆる方法で組織をつくりあげ、みずからの経済的利益を促進し、貧民のために炊きだし所を提供し、芸術を育み、人口の多い都市にも農村各地にも手を伸ばした。結社のこうしたネットワークは、社会的権力をふるう新たな場を形成し、強力な土台をつくりあげながら市民社会を再定義した。彼らがつくった結社は、中産階級の重要性と責任を公に示す機会を与えた。新聞によって結社の行事が報道され、その行事のために公開の儀式や式典が計画され、その大義に関連づけて新たな形態の公共建築が建てられたからである。中産階級の男性たちは、そうした団体での経験を通じて自信を強め、その自信は、妻子や使用人といった被扶養者たちを代表する家長として政治権力を獲得しようとする要求へとつながった。この公的世界は一貫してジェンダー化されたかたちで組織され、女性の入り込む余地はほとんどなかった。実際、一九世紀後半の中産階級のフェミニストたちは、みずからの父や祖父がつくりだしたこの公的世界にあるさまざまな砦を征服することに、その努力の多くを傾けたのである。

硝子の絵つけで名をなしたジェイムズ・ビシットは、演劇好きで、バーミンガム初の素人演劇クラブの設立に関わった。彼は舞踏、［芝生での］ボウリング、輪投げ、ファイブズ［二～四人で行なう球技］を好み、歌が上手で、詩を書き、友人たちの人気者であった。自分自身は酒飲みではなかったが、稼ぎのほとんどを酒場で使った。彼は［友人の］フリースが経営するコーヒーハウスに集って語り合う常連のひとりで、討論協会やフリーメイソンに関わる活動にもしばしば参加していた(1)。

一七八七年に結婚すると、ビシットは妻と一緒に聖ポール教会に通い、とりわけオルガンの演奏を楽しんだ。ビシットは実業界で活躍していたため、強盗を心配する近隣のほかの男性たちとともに自警組織をつくったが、その活動の一環として仲間と夕食をともにし、その後に地域を巡回した。毎週水曜日、彼はヴォクソールの社交クラブに出席した。これはバーミンガムの「品格ある家族《リスペクタブルな》」のためにつくられた「気晴らし用の社交の場」で、そこにはボウリング用の芝地と酒場、見事な配置の庭園とオーケストラが用意されていた。そこでビシットは製造業者、医師、法律家、聖職者といった男性の友人たちと顔を合わせた。午後三時ごろから夜まで、彼らはボウリングをし、紅茶やアルコールを嗜みながらホイストにふけったのだった。

一方、ビシットの妻ドリーは、仕事場でもある自宅でせわしなく働いていた。のちにビシットはこう記録している。「妻の気遣いと心配りは、すべて小さな育児室に向けられた。幸い育児室は喜ばしい発展を遂げ、妻にこの上ない満足をもたらした(2)」。成長したのは四人だけだったが、妻は一〇人の子を産んで体調を崩しており、それにもかかわらず家のなかで忙しくしていた。大きな家を手に入れ、多くの同時代人と同じように、その家でジェイムズが収集し鑑賞していた絵画や骨董品や鳥を所蔵する陳列館を開いてからは、なおさらだった。しかし新居を構えたことで、ビシットはかつての習慣を捨てて自分の家庭内に留まることを決意した。

いく晩も遅くまで外出し（そう、しかも早くから出ていた）、世界一の妻が子どもたちを寝かしつけた後、寝もやらずひとり待っているのを放っておいて、私はといえば、酒場で大声を上げて声を枯らし、どうでもよい人びとを楽しませていたのだ(3)。

その後、ビシットはパブで開かれていた定例の夕べの集いに出るのをやめ、代わりに家で過ごすようになった。

ビシットが自分に許した数少ない娯楽のひとつが、懇談会への出席であった。懇談会は、美術協会がバーミンガムでもっとも格式が高く専門職［の事務所］の多い通りに専用に建てた新しい部屋で開かれた。そこには六〇〇点の絵画が展示され、晩には引き立って見えるよう、ガス灯の光で絵画が照らしだされた。作品の多くは地元の画家のものであったが、これはこうした協会の目的のひとつが、バーミンガムの装飾的磁器の製造販売振興のために地元の人材を育てることにあったからである。そのほかに、近隣のジェントリや地元の後援者から貸しだされた昔の巨匠の作品もあった。参加証が必要とされ、入場券はこの協会関係者だけに「無料送付」されたので、懇談会に参加したのは選り抜きの人びとであった(4)。

このような行事は、一七九〇年代から一八二〇年代にかけての時代の流れを際立たせるものであった。ビシットのかつての社交生活や文化的生活は、もっぱらパブを中心に組織されており、男性の友人集団との結びつきに主眼が置かれていた。中産階級の集まりでは、この気楽なクラブやパブでの生活が、徐々に堅苦しい付き合い方へと変わっていった。規則と組織体制をもったこうした結社は、公的生活における新たな時代を切り拓いたが、これは中産階級の男女それぞれにきわめて異なる機会を与えた。公共圏が発展し、より格式ばったものになっていくなか、そうした場における男女の関係はどのようにかたちづくられていったのだろうか。また、そうしてかたちづくられた男女の関係は、どのようにして中間層の集まりを、強い一体感をもつ階級にまとめあげていったのだろうか。

図 28　J・エクスティン「フリースと仲間たち」1792 年。硝子の絵つけを行なったジェイムズ・ビシットは右から 4 人目

自発的結社

一八世紀のイングランドでは、公論が形成されうる生活領域という意味での公共圏が、しだいに拡大していた。それは市民社会の一部で、国家から独立したものであったが、公論をまとめ、それを媒介として国家に影響を与えることが可能であった[5]。クラブやコーヒーハウスに集った私人は、公共団体に参加したり、雑誌や新聞を通じて影響力を行使したりすることで、政府にたいして訴えかけることができた。貿易商、農業経営者、製造業者は、しだいにこの公共生活のなかで発言権をもちたいと望むようになった。

　貴族の庇護を受けた顧客経済から抜けだしたいという「中間層《ミドリング・ソート》」の要求は、ジェントリによって聞き届けられるのではなく、みずから勝ち取らねばならないものだった。クラブや組合支部や結社を通じた集団行動は、そうするためのひとつの方法であり、集団行動からは、政治的な討論や議論の機会に加え、経済的支援も得ることができた。クラブの多くは、対立ではなく「全員の合意と調和」を謳い、国教徒と非国教徒、異なる業種の人びと、商人と地主《ジェントルマン》、ホイッグ派とトーリー派を、共通するひとつの結社のもとに団結させた。[6]「全員の合意と調和」によって、中産階級の人びとは効果的に発言することができたのである。

しかし、クラブと非公式の集まりはしだいに、以前ほど家族、友人、宗教、経営関係のネットワークに頼らない、より形式ばった組織に取って代わられた。そのような結社は公的な性格をもっており、すべての人びとに開かれ、目に見えるものとなった。実際、公への説明責任というものが、その原則のひとつであった。[7]会合案内の新聞掲載、後援者と委員の名前が明記された形式の整った規約、収支決算書の公表。これらはそうした新しい結社に顕著な特徴であった。

これらの自発的結社や団体は、重なり合う四つのカテゴリーに分けられる。第一は慈善団体で、通常は宗教的な色合いを帯びているが、宗派を超えて運営されるものも多い。こうした特徴をもっていたのが、日曜学校、慈善学校、幼児学校、貧民の教育を目的としたその他の活動であった。貧困と疾病の問題を軽減するために、窮乏時に食べ物を、産婦に毛布を、貧民に病院を、そして品行方正《リスペクタブル》な高齢者に支援を提供する団体もあった。特定の問題に限定し、聴覚障害や視覚障害、ユダヤ人の改宗を扱った結社もあったし、労働者への伝道を目的とする組織もあり余るほど存在した。

第二のカテゴリーは、中産階級自身の文化、科学、教育上の需要に応えようとする団体である。このなかには、社交集会場、図書室、読書クラブ、図書閲覧室、出資者限定の「内輪の」音楽会を開く委員会から、植物園芸協会、文芸哲学協会、芸術協会、中産階級の子弟を対象とする学校まで、さまざまなものが含まれていた。第三のカテゴリーは、仕事や財産に関わるもので、農業経営者クラブ、農業協会、鉄器製造業者組合、のちに商工会議所となる工業会議所、医師や法律家の組織、財産保護を目的とした団体などである。最後に第四のカテゴリーは、より強く政治色を打ちだしたもので、反奴隷制協会、政治同盟、反穀物法同盟などであった。

これらの団体はみな、概して同じ流れで設立され運営されていた。まず集まって非公式の会合をもち、利害関心を表明する。つぎに新聞紙上で公開集会の開催を発表し、この集会で委員会を立ち上げ、役員を選出し、加入者を募ることになる。財政面の取り決めも行ない、定期会合を設定する。一八世紀末には、こうした会合は通常昼に行なわれたが、商慣習が定まっていくと、就業日に支障のないよう午後や晩に開かれるようになった。通常、年次総会がもたれたが、これは委員会が公のもとに事業報告を行ない、その成果を振り返る儀礼的な行事であった。この手続きには、信仰心の篤い者たちが神の前で自分の行ないの始末を報告していたことと、中産階級の男性が会員制民主主義の原則にとりわけ重きを置いていたことの双方が反映されていた。

会員制民主主義は、「結社に特徴的な制度的形態」であるが、この形態は、細かく序列化された階層的な仕組みを成り立たせるものであった。[8]団体成立の道のり、団体が築かれた起源、そして生まれた組織の形態、これらのすべてが作用して、男女間の既存の境界が維持された。しかし、急速に発展する公共圏にあって、結社は、教会や礼拝堂のようなほかの場における両性間の関係を、ただ取り込んで上書きしただけではなく、男女に関する独特の慣行の創出と普及を直接的に促したのである。

一八二五年七月、この町の公設集会所で紳士たちの会合がもたれ、さまざまな宗派に属する聖職者、法律家、製造業者、商売人、銀行家、医師が出席した。彼らの目的は、両親の就業により町をうろついている幼児や児童にたいして教育を与えることにあった[9]。紳士たちは、国教会聖職者を議長に暫定委員会を設立し、寄付者を募った。ほどなく暫定委員会は、こうした事業の必要性を訴える一般向けの演説を公表し、キリスト教徒として、この「大勢の子どもたち」を待ち受ける病気、怠惰、道徳の腐敗、犯罪癖にたいする懸念を強調した。

数回の委員会の会合を経て、ロイヤル・ホテルで公開集会が開かれた。そこには、この新たな協会の後援者として、地元の福音派貴族コールソープ卿が招かれた。しかし、表に出るのはコールソープの名前で、金銭的にその支援が求められたにしても、副官である支援者たちとともに協会を運営したのは中産階級の大軍勢であった。地元の銀行家は会計係を引き受けて自分たちの専門能力を慈善事業に役立てるとともに、みずからの地位と高潔さを誇示した。常任委員会が設置され、宗派も支持政党も異なる内科医、聖職者、法律家、銀行家、製造業者、小売商たちが委員に就任した。寄付金の額によって見返りが決まるという寄付の仕組みも確立した。寄付者たちは、学校に子どもたちを推薦することで、後援者としての自分たちの権利を行使した。寄付金の額が大きいほど推薦枠を多くもつことができる仕組みであり、共通の目的で会員をまとめながらも、正会員のあいだに中産階級内部での地位の格差を再現するものとなった。

ロイヤル・ホテルで開かれた集会では、学校が共学となるため女子部門の日々の学習と監督に婦人訪問員《レディ・ヴィジター》を置く必要があると決議され、バーミンガムの婦人たちの協力を「丁重かつ熱心に仰ぐ」ことになった[10]。この時点までに、紳士たちは数ヶ月にわたり会合を重ねて規則や規定を定め、組織体制を考案していた。この委員会が、自分たちの妻や娘、親族や友人にたいして、婦人委員会をつくり訪問の仕事を引き受けるよう内々に要請したのである。公式の権力はすべて男性の委員会が掌握したが、少女たちに関わる実務的な取り決めについては、婦人たちがその多くを担った。ただし、いかなるものであれ、公式の事柄はすべて男性に問い合わせなければならなかった。そのような場合のやりとりの大部分が、内々に行なわれていたことは疑いない。婦人委員会の妻が、もちあがってきた問題について紳士委員会の夫に話し、夫がそれに対応することになったのであろう。

中産階級の結社における男女の相対的な位置の決め方は、バーミンガムの植物園芸協会でもみられる。この協会は、株式会社という新たな形態で設立された。バーミンガムのある製造業者の主張によれば、「慈恵の株式銀行」ほど、真に利益の上がる投資はなかった。ここには、「リスクも面倒も嫉妬も警戒もともなわない」複利があったのである。[11] しかし、共同出資原理への移行により、女性の責任が増大することはなかった。女性は確かに株主になることができたが、植物園芸協会の初期の記録では、一覧に名前があがっているのは、二五〇人程度の男性のあいだで女性は八名にとどまる。[12] 男性の委員会は、徐々に植物園芸協会の規則や規定を定めていったが、そこで共有されていたのは、女性が従属的な立場にあるという前提であった。株主は、持ち株数に応じて一定数の婦人を［協会の庭園に］入場させることが認められていた。これは一八三三年に、料金を支払った婦人の入場許可が検討された際、新たに承認された特権であった。すでに株主たちには、「同居者」であることを条件に、家族から一名入場させることが認められており、これが拡大されることになったのである。「直接または書面での」保証がある女性しか入場は認められなかったので、これにより、身元が保証されていない婦人の入場という厄介な問題は回避されることになった。[13]

両性間のしかるべき関係についての諸々の見解は、庭園への労働者階級の入場をめぐる議論にも浸透していた。植物園芸協会の役員のなかには、庭園を人びとの教化に役立てることを強く望む者もいたが、資産に損害が及ぶ可能性を危惧する者もいた。当初は月曜日と火曜日に労働者の入場が許可されていたが、問題が起こった場合に備え、二名の警察官の立会いが求められていた。この試みを開始した翌年の年次総会では、「労働者たちが全体として申し分のない態度でふるまった」ことが報告された。[14] しかし、入場許可を与える基準をめぐる議論ではもめ続けた。類似する多くの団体と同様に、植物園芸協会の目的は矛盾したもので、エジバストンの中心に位置していることから中産階級のためだけに便宜をはかろうとしながらも、同時に自己啓発という名のもとで、この「慈恵の株式銀行」をその他の人びとにも広げようとしていたからである。

排他性と経済的な資力とのあいだの緊張は、こうした事業における永遠の課題であった。一八世紀末にすでに設立されていた保安協会は、その目的を会員の財産の物理的保護に置いていた。こうした協会も、やはり圧倒的に男性によって運営されていた。ジェイムズ・ビシットは、強盗や窃盗への対策として友人たちとバーミンガムの街中を交代で見まわったし、高価な在庫品を抱えていたバーミンガムの宝石商や金属製造業者は、財産を守るために互いに協力した。[15] 農村部の組織では、定例の活動に巡回が含まれない場合もあったが、それでも女性はほんの少数派であった。団体内の役職の多くは土地とともに世襲されていたが、男女の不動産保有形態の意味の違いを反映して、相続人となった女性はその役職に就かなかった。[16] コルチェスター財産保全および強盗窃盗起訴協会は、一八三四年に町のキャッスル・イン［旅館］で会合を開いた。蒸留酒製造業者が議長を、銀行家が会計を務めた。この男性限定の会合に続いて開かれた懇親会では、旅館の女主人が「結構な夕食」を出し、さまざまな会員たちが少なくとも二五回乾杯し、歌を唱った。[17]

個人の資産ではなく領土の防衛が問題となる場合にも、同じく求められたのは男性であった。義勇軍の徴募は、国教会聖職者や教区の民生委員といった地元の公職者頼みで、たとえば一七九八年に開かれたある会合では、大工、建設業者、建築家、土地測量士たちが、ひとりの「郷士《エスクワイア》」のもとで少なくとも週に三回訓練を行ない、［フランスによる］侵略時の召集に備えることを誓約した。各人は制服を自前で揃え、武器や弾薬を除いた経費のすべてを負担することになっていた(18)。義勇軍の訓練の見学は、気晴らしとして人気があったが、男女の隔たりを強く認識させるものとなったにちがいない。

多くの自発的結社は、特定の職業集団の必要に応えるものだった。ウェストミッドランド州の鉄器製造業者たちは男性のみで定例会合を開き、バーミンガムの弁護士たちは独自の事務弁護士協会を設立した。農業経営者たちも女性ぬきで地元の居酒屋に集まり、農業経営者クラブを組織した。農業技術の改良はしばしば科学の知識と結びついていたが、女性は通常、科学教育から排除されていたため、このことも女性にとって問題となった(19)。小規模の専門家クラブには博物学の研究に携わる団体が多かったが、これは薬剤医や薬種商にとってはとりわけ重要な学問で、薬草の実地調査は徒弟訓練課程の一環でもあった。そうしたクラブの会員に女性は存在しなかった(20)。

さらに、男性は職業を通じて獲得した技能を、自発的結社での特定の奉仕に役立て、それにより民間非営利部門《ヴォランタリー》でも国家部門でも、さらに高い地位を得ることができた。医師は慈善病院で輝かしい名誉職に任命される可能性があった。その地位に就くことで、未来の患者に出会う機会に恵まれたり、公衆衛生調査で証言する機会を得たり、地元の検視官に任命されたりすることもあった。このように、男性が職業を通じて得た技能は、私的な利潤追求だけに限られるものではなかった。開会の辞を述べる国教会聖職者、会計を務める銀行家、幹事の任を果たす弁護士は、それぞれの領域での自分たちの専門知識を、団体の発展に活かしたのである。ウィッタムの販売員や精肉業者は、地元のある皮革販売業者の経済的貢献を認めて披露晩餐会を開いたが、このように企業家活動が世間で評価されることで、男性の専門職としてのアイデンティティは強化された。この晩餐会はホワイト・ハート亭で開かれ、「和気藹々としながらも、秩序や礼儀を損なうことは一切なかった(21)」。たとえば、ウィッタム随一の婦人帽子店、ミス・ロビンソンのために同様の催しが行なわれることなど、ほとんど想像もつかないだろう。

男性的な結社のなかでとりわけ影響力が強く、広範囲に及んだのはフリーメイソンで、この組織は一七四〇年ごろまでには、イングランドの生活のある特徴的な姿として受け入れられていた。これは一八世紀特有の男性限定の親睦組織で、そこでの食事会、酒宴、祝賀の乾杯、儀礼的催しが、どれも重要な活動内容となっていた(22)。「大建築家」である神を頂点とするこの厳しい階層構造のなかで、監督者としての役目は、国教会聖職者が果たすことが多かった。当初、会合は酒場で開かれることが多く、優雅というより気楽な雰囲気で、女性ぬきのため気兼ねなく、軽食、喫煙、会話を同時に楽しめる機会を提供し、多くの男性が合理的な娯楽に興じる[23]場となっていた。地方組織と全国組織の双方があったため、フリーメイソンは都会と農村、そして貴族と中間層とをつなぐ架け橋となった。彼らは一八世紀の非国教会的な価値観の多くを、特定の宗派に限ることなく賛美し、たとえば慈善、信託、名誉を、合理性、科学、寛容と結びつけた。それでもやはり彼らにとって、科学とは神秘への関心を表わすものであり、象徴体系や儀式は男らしさという徳を言祝ぐものだった。「フリーメイソンの象徴である」水準器、コンパス、測鉛線、神殿の柱石は、「団結、公正、率直、優れた技能」を連想させたが、これらはラウドンの二元論的イメージに呼応して、本質的な男性性を想起させるものであった[24]。

一七二三年に本部《グランド・ロッジ》が創設されると、初めて書面による『規約書』が発行されたが、そこには女性を会員として認めないことが明記されていた。このように規約が伝統的な口承から書面へと切り替わると、たいていの場合、それまで表面化していなかった慣習的な女性の排除が明文化されることになった。それと同時に、フリーメイソン会員たちが強く支持したのは、家族にたいする責任を認めることであった。フリーメイソン組織は、まだ結婚して一家を構えることができない若い男性に居場所を与える助けとなり、「強い道徳律を有した男性限定の組織として、破滅的な密通や早すぎる結婚を予防する」効果をもった[25]。フリーメイソンは、家庭をもたない者にまさに炉辺を提供したのである。

しかし、フリーメイソン会員たちは結婚することを期待されており、入会の儀式では、会員の妻への贈り物やパーティが用意され、寡婦や子どもたちへの施しも約束された。男性には、支部《ロッジ》に所属することで、「自分が死亡した際に」民間の生命保険が提供するのと類似した保護が与えられたが、それに加えて兄弟会員が亡き夫や父に代わり、友情をもって残された家族の面倒をみることも保証された[26]。ジェイムズ・ビシットの妻ドリーが、夫の広範囲に及ぶフリーメイソン活動をどのように考えていたかについての記録はない。しかし女性たちは、男連中が飲んで騒ぐのをよしとせず、被扶養者への責任感を称えるこうした謹直で真面目な組織に加わることを喜んでいたと言われている。女性たちがフリーメイソンの活動に関わることができたのは、しきたりどおり、もっぱら見学者や聴衆としてであった。

エセックスのある小規模農業経営者が行なっていた活動は、同じ階級に属する同時代の多くの男性たちの典型であった。彼はフリーメイソンのコルチェスター・エンジェル支部の会員となり、戦争協力のために荷車と火薬を提供しようと飛びまわり、教区委員を務め、地元のクリケットチームの一員で、またウィヴェンホーの河岸の埠頭にあるローズ&クラウンというパブで会合をもつクラブにも所属していた[27]。ローズ&クラウン亭のような酒場は、この時期の中産階級の社会活動において中心的な役割を果たしていた。バーミンガムのある古事物収集家が書いたところによると、「ほとんどの男性には、毎日決まって一定の時間を過ごす行きつけの酒場があった」。パブは情報をやりとりし、新聞を読む場であり、男性たちがパイプと酒を手に、懇親会という典型的な男の行事に集う場であった。[28] そこで亭主は、

彼の店を第二の家庭と考えて、来る日も来る日も、来る年も来る年も集まる「仲間」を、自分のまわりに引き寄せた。彼らはおそらく一生の半分は、それぞれ儀式のように決まって同じ椅子に座り、同じカップや大ジョッキで酒を飲んで過ごしたのである。[29]

政治活動や音楽活動で知られるパブもあり、クラブ用に特別に部屋を設けているパブもあった。公共建築がほとんど存在しない時代にあって、社交と経営活動の結節点となるパブは、どのような種類の男性の集まりにもうってつけの環境であった。しかしこうした場が選ばれたことにより、必然的に女性の関わりに新たな制約が加わることになった。[30]

新しい科学協会、哲学協会、慈善団体は、しばしばパブでの会合から始まったが、状況が許せば自前の建物へと場所を移した。ワインの飲みすぎで終わりを迎えた読書クラブもあったが、くだけて気楽な雰囲気のパブに代わって、専用の講義室や新聞閲覧室を備えた、より堅苦しい文芸哲学協会が登場するようになった。こうした事業を起こす資金も人材も欠いた農村地帯では、パブや家庭でのうちとけた場が残り、女性や子どもたちにも利用されることがあったようである。[31]

自発的結社の活動のために建てられた新しい公共建築は、すでにパブの文化のなかで固定化していた男女の区分を引き継いだ。たとえばバーミンガム哲学協会では、婦人寄付者たちは講義室、博物館、図書閲覧室への立ち入りは認められたが、男性の聖域である新聞閲覧室への入室は許可されなかった。[32] 男性は、この部屋で煙草を吸いながら自由に話をし、穀物価格、提携関係の解消、破産宣告、不動産の売却などについて論じることができた。これらはいずれも地元紙の紙面を大きく飾る、男性の特権と考えられている話題だった。ジェイン・テイラーが『見せかけ』のなかで述べたように、そうした事柄に関する記事をつねに父親に読み聞かせなければならなかった若い娘にとって、新聞を目にするのはきわめて不愉快なことであった。[33]

両性のあいだにしかるべき区分をもうけるという考え方は、慈善活動用の建物の設計や利用方法を下支えするものであった。たとえば、一八二一年に建てられたエセックス＝コルチェスター病院では、福音主義の影響のもと、病棟が男女別になっていた。祈りの言葉でさえ別々に読みあげられ、女性のための祈りは朝晩女性監督官が行ない、幹事を兼任する薬剤医の男性が、男性の祈りを担当した。一八二七年ごろには、男性患者を上階に移動させなければならなくなったが、患者たちの不適切な行動を規制するため、女性患者は下階に留め置かれた。[34] 新設の学

校や日曜学校では、男子と女子とで別々の設備がつくられ、ウィッタムの新教区連合救貧院は、男女をしっかりと分けるため、一八三五年にそれまでの建物を改築した[35]。こうした場では、男女の領域区分についてのイデオロギーが、慈善活動での要請と組み合わさって、男女の居場所を物理的にはっきりと定めていったのである。

慈善団体

男女の区分は、建物の煉瓦やモルタルのなかにも、習慣や慣行のなかにも、団体の規則や規定のなかにもみられた。しかしそのいずれも、議論や交渉の余地がないほどにまで確定したものではなかった。男女の厳格な区分がもっとも早く崩れたのは慈善団体であったが、それは、女性に関する事例に対処するために女性たちが必要とされたからである。実際、そうした女性たちは福音主義の最高権威の言葉を借りて、「慈善は婦人の天職であり、貧者の世話は婦人の専門職である[36]」と主張することができた。このハナ・モアの言いまわしは啓発的である。「天職」という古くからある宗教的な表現を、「専門職」という新たな考えと結びつけているからである。専門職は訓練と専門知識を要するものであり、モアは道徳と実用性を重視した女子教育にも、これらが不可欠だと考えた。しかしウィリアム・ウィルバーフォースですら、反奴隷制婦人協会には断固として反対し、その反対の根拠を聖パウロに求めていた。

> そうした目的のために私人として骨を折るのは、女性の特性にふさわしいことです。しかし、ご婦人方が会合を開き、家から家へと出かけていって請願に向けて扇動する――こうしたことは、私には、聖書［のパウロ書簡］に描かれた女性の性格にそぐわないことのように思われます。

彼がもっとも懸念したのは、女性が「争いに満ちた政治生活」に巻き込まれることであった[37]。

多くの敬虔な中産階級にとって、「日曜学校や週日学校、聖書協会、その他の慈恵事業」は、老若男女を問わずあらゆる人びとにふさわしい仕事であった[38]。男女が魂において平等であるという考えをもとに、教会や礼拝堂での活動の延長として、女性のための新たな空間がこじあけられていたが、その空間がどの程度の広さをもつのかという問題は、つねに議論の的であった。コルチェスターのメアリ・アン・ヘッジはつぎのように主張した。

> どんなに高潔な感情に駆られた行動であっても、女性は気をつけなければなりません。純然たる慈善ですら、そこから生じうる結果を予測しなくてはなりません。そして社会が女性に課した義務を、善良な心と適切な作法をもって果たすことを学ばなくてはならないのです[39]。

女性の慈善を非公式かつ私的なもののみに制限することで、こうした問題を解決しようとする者たちもいた。自分の家庭から、窮乏する別の家庭へと救いの手を伸ばすことは、まったくもって許容の範囲内であった[40]。しかし多くの者は、慎み深くかつ注意して行なう場合に限っては、より広い世界に何らかのかたちで関わることを正当化する用意があった。ジョン・エンジェル・ジェイムズは、個別訪問による集金で線を引いた。「私の礼節の感覚に照らせば、これほど不快なものはありません」と彼は激しく非難した。

若い女性が「集金カード」なるものをもって送りだされ、金を無心するために誰の家でもかまわず戸を叩きながら街中を歩きまわり、ときには会計事務所に入り込んで若い男性にまでしつこくせがんでいるのです[41]。

ここでの「集金カード」は、性的な無節操や礼節の崩壊を象徴しているようである。下品な風刺を売りにした雑誌『バーミンガム月刊アルゴス［百眼の巨人］』と人民検閲官』が、「ご贔屓の男性」に送りだされた信心深い婦人たちが集金カードを隠れ蓑に夫探しをしている、と揶揄したのは、もしかするとジェイムズの主張を念頭に置いてのことだったかもしれない。その「素敵な男性」が、無警戒の若い男たちを罠にかけるために、愛嬌たっぷりの「集金委員会」を任命したことは甚だ遺憾である[42]。

このような悪意に満ちた攻撃からは、敬虔なキリスト教世界が公的言説を独占していたわけではなく、多くの者が、こうした特定のかたちの道徳教化の運動に同調していなかったことがわかる。

このような状況では、もっぱら福音主義的な使命を通して自己意識を獲得したコルチェスターのエイミ・キャンプスのような女性の人生は、逆境のもとでの勝利として読みとる必要がある[43]。病院の訪問員として認められるまでの彼女の苦闘を、同時代にクエイカー教徒のジェイムズ・ランサムのような男性が手にしていた機会と比べてみるとよい。彼は、サフォークの農村の家族企業の代理として実業界に入った。そこで過ごした六年間のうちに、彼は家庭菜園協会に関わり、農業経営者クラブの設立を助け、イーストサフォーク農業協会で活躍した。一八三九年にはイプスウィッチに戻り、イプスウィッチ機械工精神向上協会の名誉書記となった。青年協会の準備会合が彼の家でもたれ、フリーメイソン組織、イプスウィッチの政治問題、貧民学校、互助団体、労働者学校、村民クラブ、図書室といったもののすべてが、競い合うように彼の関心を引きつけた[44]。このような広範囲に及ぶ活動は、女性には不可能だった。それは、農業経営者クラブからも、社交を除いた農業協会の諸事からも、多くの機械工協会からも、フリーメイソン組織からも、都市選挙区《バラ》の政治からも、一部の図書室からも、女性が排除されていたためである。一部の女性にとって、慈善が専門職の位置を占めたとしてもさほど不思議なことではない。

一八四〇年代までには、業界団体の変容やイデオロギー上の境界の強化がみられ、もはやエイミ・キャンプスが注いだほどの運動への熱意がなくても、慈善はひとつの生き方とみなされるようになった。独身女性として人の役に立つ生き方を選ばない場合、それに代わる選択肢は、慈善活動を恋愛遊戯の隠れ蓑だとする非難が暗に示すように、夫探しをすることであり、それには「政治」に類した策略や連携や競争が必要だった。男性を結婚の申し込みへと導くことを、一部では「大当たり」と呼んだが、これがこのような女性文化から導きだされる主要な組織的達成目標なのであった[45]。

選択肢がこのくらいしかなかったので、とくに上層中産階級では、思いやりのある父親は娘たちの慈善への取り組みをかなり積極的に支援した。女性の慈善事業の規模を数値で表わすことは不可能である。公式に発表される報告には、非公式な活動が反映されていないことが明らかだからである。バーミンガムのいくつかの団体の一七八〇年から一八五〇年までの現存する寄付者名簿と報告書の調査から読みとれるのは、女性が占めたのはせいぜい寄付者のなかの一〇パーセントであり、委員会や理事のなかではほんのひと握りにすぎなかったことである[46]。しかしながら、男性はさまざまな団体に家長として寄付をすることが多く、夫の寄付は妻や子どもたちを「覆うもの《カヴァリング》」であった。妻の慈善は、表向きの夫の慈善行為のなかに隠されていた可能性がある。

必然的に、女性が行なっていた慈善活動の多くは、公には顔の出ないものだった。売春婦更生施設のような細心の注意を要する部門を支援する女性の活動は、手紙や日記を通してでなければ浮かびあがることがなく、施設の公式の記録は、圧倒的に聖職者によるもので占められている[47]。このような隠れた貢献のほかに、おびただしい数の私的な善行や非公式の慈善もあった。そうした事業は、とりわけ農村部では重要だった。小さな町にも多くの場合、ひととおりの慈善団体があったが、農村となるとそこまでは望めなかったからである。農村地帯のノーフォークにあるコールマン家のマスタード製造会社では、クリスマスになると従業員一人ひとりに豚肉をひと塊与えていた。その重さは家族の規模（そのすべては女主人の実用的知識の一環であった）によって決まり、豚肉はコールマン家が住んでいた水車管理住宅の食器洗い場の戸口から渡された。従業員とその家族のためには、ジェレマイア・コールマンとその妻のもてなしで伝統的なクリスマスの正餐が用意された。ジェレマイアが男性たちを水車管理住宅の一室へ、妻が女性たちを別の部屋へと案内した。コールマン夫人は定期的に村の学校を訪問し、聖ヴァレンタインの祝日には、夫人のために讃美歌を唱った子どもたち一人ひとりに一ペニーと菓子パンを与えた。さらにコールマン夫人は衣服クラブを運営し、購入した布地を原価で販売した。この活動は独身の従妹に手伝ってもらったもので、販売時にはこの女性が「会員それぞれに入金額を示した札を渡し、購入したものを確認した」。やがて、それまで水車管理住宅の離れで行なっていた雑談やクラブのために、学習室が建てられた[48]。ここでは個人的な従属関係が雇用主一家と密接に結びついていたが、一方、都会では公式の結社が、依存と恩義を基盤にしながらも、職場とは切り離して階級間の関係を再構築しようと苦心していた。都会の雇用主は、とりわけ敬虔なキリスト教徒であれば、農村部でみられるものと類似した家父長的な慣行を続けることが多かったが、新しい結社がつくられたのは、動きの早い都会の世界には、そうした個人的な取り組みがそぐわないと認識されたためであった。(49)

反奴隷制運動は、従属関係、子ども、結婚、家庭生活といった問題を扱うこともあり、最初からとくに女性の関心を引きやすい事柄であると認識されていた。一八三三年にバーミンガムの最高級ホテルで開かれた奴隷制に関する公開集会の主催者は、婦人たちのために「適切な配慮」をほどこすことをあらかじめ発表した。しかし、急進的な批判勢力と反奴隷制支持者とのあいだの論争があまりにも激しくなったので、「婦人の多くはひどく驚き、急いで退出し」、結局「議論の妨害がかなりの激しさを増したので、まだ残っていた少数の婦人も、大慌てで退室した」。(50) 婦人の反奴隷制団体は、男性とは別に会合をもち、組織化を進めた団体では、もっとも早い時期のものであった。一八二八年に設立されたバーミンガムの英国黒人奴隷救済女性協会は、私邸で会合をもったが、これは親組織との違いを示していた。(51) 女性の反奴隷制協会は、消費者としての女性にたいし、奴隷労働を使って栽培された砂糖の不買を訴えるもので、この運動は、バーミンガムでもほかの地域でも、戸別訪問を基本としていた。(52) このような団体から、男性の反奴隷制協会のように全国組織に拡大したものはなかった。女性の慈善事業の大部分にみられた特徴は、それらが小規模の地方レベルにとどまったことにあった。

女性団体が扱う問題には、奴隷問題以外でも女性や子どもを対象としたものが多く、たとえば女性慈恵協会は、「貧しい既婚女性を病気や出産の際に」救済することを目的として、一八〇二年にバーミンガムに設立された。これらは男性がほとんど、あるいはまったく関与しない地味な事業であり、あえて報告書を出したり、新聞に請願を載せたりしないことが多かった。出産慈善や毛布クラブは、男性が関与を控えたため、女性が重点的に取り組みやすいものであった。コルチェスターの出産慈善協会は、町の主要な政治家の夫人たちによって運営されていた。一八三〇年代から四〇年代にかけて、同協会は年間におよそ二五〇件の出産を扱っており、ひとつの市場町としてはかなりの貢献であった。ある支援者が主張するには、この慈善は「あたかも救いの天使のようにやってきて、金よりも価値のあるものをほどこす」(53) のであった。

より格式の高い、公的な形式ばった結社は男性が創設し運営していたが、女性を対象とする場合には、婦人の支援が歓迎された。エセックス＝コルチェスター病院の理事や委員の妻たちはとりわけ熱心であり、一八二七年にはコルチェスターのある著名な銀行家の庭園で、夫人の采配のもと「大々的なバザーと昼食会」が開かれ、病院のために七〇〇ポンドを集めた。このようなバザーは、こうした場面に欠かせない「ご婦人お手製」の品々の準備もあわせると、何ヶ月もかけて組織されていた。[54] このようにして、女性たちは慈善活動にたいしてかなりの財政的貢献をしていたのである。[55]

地域の病院などの施設は、名士たちの疾病や健康障害への対処能力を映しだすものであり、権威づけのためにきわめて重大な意味をもった。エセックス病院の開業式では、福音派のマーシュ牧師とその仲間の国教会や非国教会の牧師たちを先頭に、その他の地元名士、フリーメイソン会員や義勇兵の楽団が続いて、聖ピーター教会から町を抜けるパレードが行われ、印象的な祭典となった。[56]

しかし男性と女性の慈善の世界は、依然として実質的に違いがあり、女性が入り込む場合、それはえてして男性が別のことに関心を移していったためであった。ウェストブロミッジのケンリック家がよい例である。アーチボルト・ケンリックは、一七九〇年代に家業の創設に尽くしたが、同時に日曜学校の普及にも深く関わり、従業員のあいだで互助会を組織した。[57] 彼の妻は第六子の誕生の二年後に死亡しており、家族のこと以外に何らかの活動をする時間的余裕はなかった。[58]

一七九九年に生まれた娘レベッカは、好対照をなしている。彼女は生涯独身で、家族と友人たちのあいだを行き来しては、継母の世話をしたり、年を取ってからは神経の病を患う妹マリアンや子だくさんの兄弟たちなど、助けが必要なところで手伝いをしたりしながら人生を過ごした。レベッカは、父や兄弟の配慮により家業からささやかな収入を得ており、慈善がその主たる関心事となった。レベッカは禁酒運動に尽力し、貧民訪問、日曜学校茶会の運営、小冊子の配布でも活躍した。一八四一年に日記のなかで明かしたように、彼女は慈善活動を通して「家の外で」充足感を味わい、また興味の対象ができたことに感謝していた。

レベッカ・ケンリックの活動は、兄弟であるアーチボルト、ティモシー、ジョージのものとははっきりと異なっていた。彼女は舞台裏で働き、訪問活動をし、お茶を出した。レベッカは、近隣の女性たちとともに禁酒運動をどのように進めるのか計画していた際、「アーチボルトが、委員会に入って会計を務めると約束してくれた」と記し、「これはとても重要な助けになる。彼がいなければ私たちにはやりようがないのだ」とつけ加えている。[59] ジョージは、かつてバーミンガムで『禁酒新聞』を創刊したが、中産階級の女性には、この活動の出資者になるのは不可能であっただろう。ケンリック家とその協力者たちが立ち上げた禁酒伝道団の活動は、この「新聞発行」事業の延長線上に位置していた。アーチボルトは、この伝道団の理事長兼会計であり、書庫、図書閲覧室、談話室、教室の開設に多大な貢献をした。彼は賃借料を保証し、ジョージが若くして世を去ると、ジョージの蔵書を伝道団に寄贈した。[60]

レベッカの姪たちは、祖母ともおばとも違った種類の人生を享受した。姪たちの父親であるアーチボルトとティモシーはますます事業で成功し、ウェストブロミッジの職場近くの家から、エジバストンに転居した[61]。姪のキャロラインは近隣の上層中産階級の社交界にすっかり溶け込み、訪問、パーティ、音楽会、夕食会、舞踏会を楽しんだ。キャロラインは図書室の運営を手伝ったが、貧民訪問をしたという記録はなく、中産階級の女性のなかで慈善活動を中心とする生活を選ぶ者が少数派であったことがうかがえる[62]。

慈善活動に実際に関わった女性たちは、その規模にかかわらず、活動からさまざまな影響を受けた。慈善団体のなかで、女性たちは男性と一緒に働く機会も、女性のみで働く機会も得ることができた。女性たちは物事を管理し、組織をつくり、家計を上まわるほどの金額を扱い、少なくとも小規模の集会で発言をし、町を歩きまわって小冊子を配り、貧民を訪問し、ものを書き、新しい友人を見つけるすべを身につけた。彼女たちがつねに活動の拠りどころにしていたのは、女性にはとくに道徳的な権威と感化の力があるとする主張であった。果たして慈善活動は、中産階級の男女のあいだに生じる性にもとづく対立が公的な場で露骨に表われる、数少ない場のひとつにもなった。

チェルムスフォードのクエイカー教徒アン・ナイトのように、この対立から、フェミニズムこそが女性の権利に最大の希望を与えるのだと結論づけた女性たちもいたが、モアやエリスの言葉を心に留め、男女の領域分離にたいする信念をもち続ける女性たちもいた[63]。圧倒的多数を占めたのは、後者の反応であった。独立派の印刷業者の妻イライザ・コンダー（ジェイン・テイラーとアン・テイラーの共著者）は、一八四〇年にロンドンで開かれた国際反奴隷制大会で、アメリカ代表団の一員として女性使節が紹介されようとしたときの「下品な騒ぎ」について記述している。コンダー夫人は、そのだらしなく汚い身なりをしたアメリカ人女性たちの目的の一端が、女性の権利を普及させることにあると考えた。それではいったい誰が、家庭での女性の役割を担うというのだろうか[64]。この婦人傍聴席に座っていたときの意見からすると、コンダー夫人は、男性の領域と女性の領域とのあいだのいくつかの境界線が、明確に定められたものであると信じていたのかもしれない。しかし、彼女や彼女のような何千人もの女性たちは、何千時間にも及ぶ無給の社会活動を行ないながら、慈善活動の力によってこうした境界線をせっせと引き伸ばし、移動させていたのである。女性たちは、社会的実権をふるうことができたわけではなく、互いに結集することで大きな社会変化をもたらしたわけでもなかったかもしれない。しかし、女性の社会活動に引かれたさまざまな境界線を、所与のものとして受けとめていただけでもなかったのである[65]。

余暇と娯楽

公式の結社は、中間層の真面目な取り組みだけでなく、余暇と娯楽の性質をも変化させた。公開舞踏会、社交集会《アセンブリー》、「大夜会」は、一八世紀のジェントリ、商人、専門職に人気の催しであった。こうした催しは、農業、司法、政治の年間行事予定に合わせて専用の集会場で行なわれることが多く、紳士委員会が運営していた。一九世紀初頭になると、敬虔な者たちは舞踏をすべて禁止し、より世俗的な者たちも、公開の舞踏会には首をかしげるようになっていた。ロマンティックなワルツが堅苦しいメヌエットのような踊りに取って代わり、男女の踊り手がフロアで抱き合わなければならなくなると、母親たちは用心のために、娘たちがどこの誰と踊ることになるのかを承知しておく必要がでてきた。ある一七歳の教区牧師の娘は、おじ夫婦を訪問したときに見たワルツのような踊りは、公共の場では「非常に好ましくない」ものの、私的な場では許容できるものだと考えた。[66] この時代の地方の中間層の生活にはままあることだが、舞踏会には格式ばった要素とくだけた要素が入り混じっていた。ともにお茶を飲んだり、カード遊び、バックギャモン、チェス、羽根つき、輪投げ、ボウリング、クリケットに興じたり、散歩して家族知人のもとに立ち寄り、即席の踊りや作曲を楽しんだりするのも公式行事にならぶ舞踏会の醍醐味であり、人びとは地位、富、場所、好みに応じてこれらの娯楽を享受した。

公衆向けの余暇活動のなかには、体裁や礼節の点で危ぶまれるものがあったため、内輪で行なう娯楽がますます重要になった。一八世紀には、劇場通いが道徳的に問題視されることはほとんどなかったので、一七七四年にバーミンガムの指導的市民たちは、新たに大劇場を建てる計画を打ちだした。社会的にも経済的にも重要度が増したこの都市によりふさわしく、また「人びとの道徳や作法や趣味を向上させる」ものを建てようとする計画であった。[67] この趣旨を示すために柱廊玄関がつくられ、喫茶室もつけ加えられた。公演は通常、個人や団体が後援者となり、その名前はプログラムやポスターに大々的に掲載された。これも社会的地位を知らしめる一手段だったのである。個人だけでなく、フリーメイソン、地元の学校、陸軍部隊、専門家クラブや社交クラブも、その地域の後援者に名を連ねた。後援者となることで、団体は上演内容を管理し、地元の運営元や個々の俳優を後押しすることができた。慈善興行は、地域の慈善事業としても好まれていた。ここでは女性たちも、個人として後援者や主催者の役割を果たすことができた。

世俗的な誘惑にたいする福音主義者の恐怖をとくに掻き立てたのは、小説や演劇のような、想像力に富み感情に訴える娯楽であった。ハナ・モアは大変な芝居好きで戯曲も書き、名優デイヴィッド・ギャリックを親友のひとりにあげていたが、回心してからは演劇に関わるあらゆるものを疑問視するようになった。ウィリアム・マーシュは、コルチェスターの言論界で、一八一二年に劇場建設を計画していたノリッジの劇団に反対する運動を展開したが敗北した。[68] ジョン・エンジェル・ジェイムズもまた、劇場通いを公の場で非難した。一八二四年にジェイムズは、若者の破滅の一因だとして劇場を攻撃する説教を行ない、ロイヤル劇場の劇場支配人がこれに応酬して、激しい公開討論が巻き起こった。[69] 劇場の世界のきらびやかな照明、偽りの華々しさ、熱情の煽りにたいするこうした猛攻撃が告げていたのは、体裁を重視する農村部の共同体では、ほとんど誰も劇場に足を踏み入れようとしないような時代の到来だった。女性たちは観客として劇場と飲酒や売春との結びつきはあまりにも強すぎた。

てのみならず、後援者、劇作家、支配人、女優としても活動領域を失いつつあった。

エセックスのロムフォードという町では、私設の小劇場を維持しようとする試みが生まれたが、こうした動きも珍しいものではない。原動力となったのは地元の薬剤医で、ロムフォード慈善協会からの後援を受けていた。しかし、ある同時代人が言ったように、素人男優でさえ身持ちを取り沙汰されることがあったのだから、素人女優ならばなおさら評判を落とす恐れがあった。事実、ロムフォードの婦人たちは「慈善目的であっても、自分たちの評判を危うくするのは嫌がって」いたようだったので、支配人たちは本職の女優たちを雇うほかなかった。(70) バーミンガムのロイヤル劇場の収益がようやく上向きになったのは、区分けされた座席設備が整えられ、平土間にいる労働者階級から中産階級が離れて座ることができるようになった一八四〇年代以降のことであった。金曜日の夜には、職人は給料日の前であることがほとんどであったため、客層が限定されることを見込んで、富裕層がとくに多く集まった。(71)

公衆向けの音楽会は、どのような種類の演奏会ができるかに多くがかかっており、小さな町よりは大きな都市のほうが、上流向けの催しを開くことが容易であった。一九世紀初頭には、新たに地位の高い音楽愛好者層が出現しており、彼らは格調高い雰囲気を確実に味わえるように、相応の価格帯の座席を予約した。(72) 主要な行事であったバーミンガム音楽祭は、一八世紀半ばの「音楽友好協会」にその起源があった。この協会はパブで会合をもち、友愛協会としての体裁のもとで歌を唱って酒を飲むというものであり、おそらく男性を対象としたものだったのであろう。中心的な会員であったある鋳鉄工場の事務員が、このクラブから合唱協会を設立することを提案した。この合唱協会は慈善公演を何度か行ない、試しに建設中のバーミンガム総合病院のために寄付を集めることになった。(73) この音楽祭は貴族の後援を受け、運営委員会には都市のエリート層が名を連ね、さらに宗教音楽の演奏がしばしば教会で行なわれていたことから、聖職者からも絶大な支援を受けていた。そのため、音楽祭は当初から高い目標を定めていた。これは「公衆向けの厳粛な儀式」であり、

バーミンガムの住人たちは、そこで奏でられる神聖なオラトリオの高らかな主題のなかに、みずからの高尚な使命を確認することができた。(74)

「ヘンデルの」『メサイア』は、第一回音楽祭の主眼をなす作品としてその名声を確立し、一八四六年にはメンデルスゾーンの指揮のもと、公会堂《タウン・ホール》で『エリヤ』の初演が行なわれ、音楽祭はここに頂点を迎えた。音楽祭は三年ごとに開催され、その年のバーミンガムの社交季節の呼び物となった。プログラムの策定、演奏者との契約、会場の選定、宣伝の手配など、準備には数ヶ月を要した。一方では、参加者たちが服を新調するため、婦人帽子店や仕立て屋には臨時の仕事が生まれた。友人たちが

押しかけて宿泊し、ホテルや民間の下宿も満室になったので、食料雑貨商や精肉業者は特別な注文をあて込むことができた。音楽祭が始まる週には臨時雇いの美容師が集まり、特別に使用人が雇われ、駅馬車の親方は確実に大きな儲けがあがると請け合うことができた。「この催しは、人びとが集まって最先端の流行をひけらかすのにもってこいの場だった[75]」のだから。音楽祭が開かれる週には、ほかにも公開の舞踏会、私的な舞踏会、夕食会、遠足、展覧会、講義など、数えきれないほどの催しが繰り広げられた。バーミンガムが単なる真鍮の町にとどまらないことを示し、ウエストミッドランド州の文化的指導者として名のりを上げたのは、まさにこの週だったのである。

しかし、音楽祭は市民の誇りの表われというだけではなく、この都市に「音楽芸術の最高段階における発展と振興」の担い手となる権利があるという主張でもあった[76]。それはまた、バーミンガムの男性たちが、みずからの誇りを表明する瞬間でもあった。男性たちはこれらの催しの主催者にして発起人であり、女性たちは出演者や消費者としてそこに参加した。新調した美しい衣装に身を包んだ婦人たちは、自分たちの夫が、美容師、婦人帽子店、雑貨小間物店、女中たちに金を支払うことができるばかりか、［自分たち家族が］屋根裏で寝るはめになってまで家に迎え入れた親族や町の外から来た友人たちに、一週間の楽しみを提供する能力があることを、公衆のもとに見せつけた[77]。音楽の世界では、座席の予約によって聴衆が確実に区分けされただけでなく、「家族券」がつくられるという新たな現象が生まれており、これにより男性たちは、家族向け行事となっていた催しに、自信をもって妻や娘たちを連れて行くことができた[78]。楽譜出版社もまた、いまや家族志向のものが好まれることを考慮し、家庭用に編曲された宗教曲の楽譜を販売した[79]。

男性限定の行事も姿を消したわけではなく、一八四〇年代には、公会堂酒場でハーモニック会なるものが開催されていた。これは「うまい酒とすばらしい葉巻を楽しむ陽気な」集まりで、本職の男性奏者がピアノを演奏した[80]。しかし、こうした集いは、公会堂や社交集会場《アセンブリー・ルーム》など、婦人たちが快適に過ごせるよう細かく配慮された会場で開かれる連続演奏会の催しにはかなわなかった。私的な連続演奏会も引き続き行なわれていたが、そこではくじ引きで会員権を獲得した定期会員のみに参加が限定されており、バーミンガムのエリート層の貴顕なる面々が世話人や主催者となった。このような催しでは、到着時に「馬車の扉を開け閉めしたり、馬車が止まったときに来客にその名を知らせたりするため」の「係の人物」が任命された[81]。人に見られること、さらに見られているさまを見られることが、この行事の本質であった。

これらの「しかるべき人物たち」は、私的な演奏会の世話人を務めることで、こうした中産階級の集まりにおける重要な任務のひとつを果たしていた。演奏会や舞踏会にも、カード遊びや舞踏の集いにも、世話人が存在した。選挙の集会と政治家の「椅子かつぎ《チェアリング》［椅子に乗せて高く持ち上げる胴上げ的行為］」、競馬、その他の公衆向けの催しでも世話役の男性が任命されたが、そ

図 29　バーミンガム公会堂での盛大な晩餐会，1845 年

の任務は、催しの計画を立て、表の集まりだけでなく中枢部にまで通してよい人物を決め、進行役、さらには用心棒の役割まで務めることであった。一八三五年一月二日、エセックスの州都で舞踏会が開かれた。これは、慈善学校の基金集めのために［クリスマス］休暇中に開催された行事の一環であった。「この世話人たちが、この都市と近隣地域の要人となるだろう」と地方紙は報じ、同紙が後日掲載した記事は、会場の飾りつけや着飾った二〇〇名の出席者について詳述したのち、この催しが「運営に携わった紳士たちの大手柄」であったとつけ加えた[82]。そうした記事には、しばしば世話人たちの名前が掲載され、彼らがエリート層に仲間入りする権利をもつことを公のもとに知らしめた。実際、世話人になることは、若い男性が公的な役割について学ぶ方法のひとつでもあった。一八一五年、サフォークのある海岸町で、八〇〇〇人の群集が［ナポレオン戦争］終戦記念の祝賀に参加した。メアリ・スーエルは、父と将来の義理の父、兄と将来の夫とが世話人を務める様子を、母と姉妹たちと一緒に窓から見守ったのであった[83]。

　一八世紀末には娯楽が限られていたこともあり、バーミンガムのある製造業者は毎晩劇場に通っていた。しかしこの製造業者も、一九世紀半ばの都市や農村部での娯楽の幅の広がりには驚いたことだろう。音楽会の数も増え、公開の舞踏会は客層に幅がありすぎると考える者たちは、いつでも私的な舞踏会に出かけることができた。バーミンガムのあるクエイカー教徒の製造業者の息子の日記からは、信仰心の篤い家庭でも娯楽を愉しんでいたことがわかる。この若者はチェスを指し、若者読書会（集まった者たちが本の内容について議論したのち、目隠し遊びをした）に参加し、言葉当て、二〇の質問ゲーム、バガテル［ビリヤードに似た卓上ゲームの一種］、ドミノを楽しみ、言うまでもなくフットボール、クリケット、アイススケート（これらはすべてエジバストンの仲間内だけで楽しむことができる娯楽だった）もしていた。彼は、バーミンガムの商工業者たちに人気があったウェールズで休暇を過ごし、［バーミンガム近郊の］サットン・パークへ遠足に行き、公会堂の草花品評会《フラワー・ショー》に参加し、水浴場、評論会、ニュー・ストリートのパノラマ館［さまざまな景色を立体的に楽しめる展示館］、公会堂の音楽会に出かけ、ほかのクエイカー教徒の家族とともに一一月五日［ガイ・フォークスの日］を祝い、『パンチ』や『家庭の友』を読み、哲学協会で勉強した[84]。

哲学協会の活動期には、講義が主要な呼び物であった。講義の担当者はほとんどの場合、男性で、講義こそ最高の教育方法だとして重視する人びともいた。公衆を対象とする講義をもつことで、男性たちは経歴を新たにまたひとつ重ね、しばしばこれを臨時の収入源とした。主題が不適切なものとみなされないかぎり、講義に女性が参加することも多かった[85]。聴衆の「数が多く、予想以上に立派な」こともしばしばで、挿絵や見本を用意し、実際にその場で実験をしてみせる講師たちはとりわけ人気があった[86]。講義の後には、教育だけでなく社交の場として茶話会がもたれ、一八一八年には月曜日の晩に「哲学者たちの家」での夕食会が始まった。

男性は文芸哲学協会から、学習、報酬、付き合いの面で新しい機会を得ることが望めたが、それにたいし、女性が期待できることはどうしても限られていた。しかし、「すべての人、とりわけ労働者のあいだで有益な知識を普及させるために」コルチェスターに一八三三年に設立された職工学校は、生徒の社会的身分が低かったため、女性の排除が必ずしも徹底していなかった。一八三五年から、コルチェスターの会員たちは、聴衆を増やすために女性の友人を連れてくるよう奨励された。一方で、職工学校と競い合っていた国教会文芸協会は、一八八八年まで女性会員を認めず、八八年になっても、女性会員には五時までに退出するよう求めていた。イプスウィッチの職工学校は、大胆にも女性講師を招いて「社会における女性の道徳的および知的影響」について講演させた。地方紙は、これを重要性の高い話題として報じたが、常連の利用者のなかに「急に堅苦しい態度をとりはじめ、女性にものを教えてもらおうとはしなかった」人びとがいたことに言及している。この講師は「女性が行動範囲をより広げる」よう呼びかけたが、危険な「ウールステンクラフト［原文の綴り間違いのママ］学派の教義」とは距離を置いた[87]。しかしながら、より高尚な美術協会は、男性は能動的な会員で女性は受動的な消費者であるという、いまやおなじみの思考様式を踏襲していた。一八二一年に創設されたバーミンガム芸術協会は、本職の芸術家たちと、地元の製造業者、弁護士、銀行家、聖職者たちとの合流の成果であった。あのジョン・エンジェル・ジェイムズまでもが、「勃興する世代の若者たちの美意識をかたちづくり矯正する手段を」提供しようと、この協会に加わった。[88] この新しい協会の規則は、通常の序列関係として、後援者（地元の収集家から貸しだされた作品を中心に展覧会を行なう場合、とくに欠かせない役職）、作品所有者、理事、役員という順序を定めていた。規約第一〇条には、つぎのことが明記されていた。

すべての会員は、協会にみずから入場する権利をもち、またその家族を、美術品鑑賞、素描、モデルをする目的で、人数の制限なく協会に入場させる権限をもつ……。

一方、規約第一一条は、すべての婦人会員が委任投票することを明確に定めていた。[89] 狭義の慈善活動以外の活動がみなそうであったように、中産階級の文化団体における男女の機会の違いは、堅固に打ち立てられたものだった。

男性、女性、市民権

女性の周縁化は、政治と市民生活の世界ではさらに顕著であった。女性たちは巡回裁判に傍聴人として出席することはできたが、法の執行において何らかの役割を果たすことも、その威厳にみちた法廷劇に加わることもまったく望めなかった。巡回裁判の前にはいつも壮大な行進が催されたが、判事、弁護士、聖職者、その他の公人がこれに参加し、立法府の権力だけでなく、その地域の中心人物たちの公的地位をも顕示する趣向となっていた。

地方の中産階級の男性たちは、自分たちの事業、商才、専門家としての識見を利用し、「ひとかど」の公人、つまり自身の地域社会で知られ、場合によっては全国的な知名度を得ることもある者として、新たに名のりを上げることができた。[90] しかし、この公人であるという主張が依拠していたのは、一八世紀にみられたような、卑しい金儲けから隔てられ、財産に守られて超然と思索にふけることができる「利益に無頓着な紳士」という理想ではもはやなかった。[91] いまや男性たちが主張の根拠としていたのは、みずからの宗教的熱意と働くことの尊さにたいする信念であった。[92] バーミンガムの鉄器製造業者たちがそうであったように、地方の男性たちは、まさに専門職団体に属していることによって自信を深め、それを拠りどころに、政治的な代表権と権力を要求していった。このような団体の多くでは、さまざまな分野の実務家たちが会員になっていたので、フリーメイソンの場合と同様、男性たちは共通する目的のもと、社会的地位の低い者とも高い者とも会話をし、議論をし、考えや知識を交わすことを学んだ。妻や娘たちは、事業を手伝うことはあったとしても、専門職団体が全国規模の管理団体へと発展するなかで整備された教育や訓練にも、また食事や飲酒の席で行なわれる意見交換にも与ることはできなかった。地域社会のなかでは、こうした団体の会員になることは、公衆に向けて知名度や名声を上げる手段のひとつであった。男性たちは、所属する利益団体を代表することを学び、やがては自分たちの共同体や階級を代表するようになったのである。

中産階級の男性のなかには、不動産所有者としてさまざまな権利や責任を主張し、何らかのかたちで地域の役職への関わり方を学んだ者もいた。彼らは（生まれ、不動産購入、または徒弟奉公にもとづく）都市の自由民として、［選挙法が改正される］一八三二年よりずっと前から選挙権をもっていた。たとえば、コルチェスターまで赴いてその選挙権を行使し、政治的特権を正当に味わい、選挙の大騒ぎに加わってきたのだった。[93] 中産階級の男性たちは、雇用主としては、救貧法に関わるものであれ、法廷で従業員の保証人になる場合であれ、さまざまな責任を負っていた。下層中産階級の男性は、執行官や町役場の書記官、教区委員、教会委員、救貧監督官、改良委員会委員、幹線道路測量官のような下級の官職を通して、公的なアイデンティティをつくりあげたかもしれない。女性のなかにも、とくに農村部では、一八三八年にソーリハルの幹線道路の測量をした女性のように、不動産に付随した権利をうまく行使する者がいたが、それは例外的であった。[94] この時代を通じて、女性が不動産を拠りどころにこうした権利を行使することは、しだいに困難になっていった。[95] その一方で、男性は権利を行使することを奨励されたのみならず、前述したほどの小さな機会でさえ、さらなる要求の根拠としてさまざまに利用した。［一八二八年の］法律の制定により非国教徒の男性が公職に就けるようになった際にも、非国教徒の女性たちは排除されたままであった。

イプスウィッチのパン屋、ジェレマイア・ハウジーゴウは、所属していたあるクラブでの活動を通じて、小規模なものながら公的な場でのふるまい方を学んだ。このクラブは、イプスウィッチの自由民の権利にとりわけ強い関心をもっていた。彼は委員会の一員となり、ときおり集会の議長を務めた。一八三四年一月に開かれたある集会には、およそ二〇〇名の男性が出席し、大量の「ウェルチ・ラベット［ハウジーゴウの綴り間違いで、「ウェルシュ・ラビット」と呼ばれるチーズトーストのこと］」が消費され、選挙法改正の問題が議論された。ハウジーゴウはここで、選挙や投票の手順を学んだ。一八三二年八月に、彼はこう記録している。

クラブのある夜：スイリ監ス官にコーホーシャ三人。……そして、クラブの部屋でトーヒョーした。クラブは、ドグヒョースウが最多の者を支持するとヤグゾグした。

ある発議において、ハウジーゴウ以外の「イインガイ」の者たちは、彼が「マッキノン氏にトーヒョーするとは頭がオカシ」と考えたが、彼自身は、人前で間抜けと呼ばれ、その見解によって危うく除名されるところだったにもかかわらず、「マンゾグ」していた。ハウジーゴウの日記からは、政治過程における彼の不安定な立場がうかがえるが、それと同時に、彼が公的な場で自説を主張する方法を学び、「トーヒョー」の仕方、「イインガイ」での仕事の仕方、支持の取りつけ方を覚え、地味ながらも公人となっていった様子を読み取ることができる。[96]

男性たちは、専門職団体、工業会議所、政治クラブ、そしてもちろん宗教団体、慈善団体、文化団体でのこのような活動を通じて、自分たちの共同体を代表する権利、一八三〇年にバーミンガムで開かれたウィリアム四世即位布告式のような式典に出席する権利を認められた。この式典には、政府の公職者、国教会聖職者、非国教会牧師、そして二〇〇人から三〇〇人に及ぶバーミンガムの社会的地位《リスペクタブルな》のある商取引業者が集まって祝意を示した。[97]新たに一連の公共建築を計画し、バーミンガムを「何の美意識もない」「黒い場所」から「道路が広々として幅があり、舗装が行きとどき、公共の建物がたくさんある都市」[98]へと一変させたのは、男性たちであった。バーミンガムだけでなくコルチェスターやイプスウィッチでも、ガス灯を管理して日没後の町を（少なくとも男性であれば）より安全に往来できるようにしたのは、男性たちであった。[99]この都市から国会に議員を送り込むことができるよう、都市選挙区《バラ》の地位を求める運動を指揮したのは、男性たちであった。男性たちが建築し、計画し、運営し、行動した。その一方で、女性たちは何をしたのだろうか。

公的な政治の世界における女性の位置は、一八三〇年のヴィクトリア王女のバーミンガム訪問を報じた地方紙のなかに的確に描写されている。王室の一団は、上級執行官、下級執行官、芸術協会の会員を含んだ六人の紳士からなる代表団に迎えられ、バーミンガムのもっとも有名な工場をいくつか巡る視察旅行に出かけた。王族たちが発つ際には、滞在先となっていたロイヤル・ホテルの支配人の配慮で、バーミンガムの婦人たちはホテルの通路に沿って並び、「安全かつ手間をかけずに」好奇心を満たし、忠誠を示すことができた。[100]同様に、装飾がふんだんにほどこされ、明かりが灯された古典様式の公会堂で催された大規模な市民行事では、婦人たちの席は中二階の桟敷にあった。彼女たちは飲食に与ることもできず、観客としてその場にいたのだが、それでも柱の後ろに座らされていたのを抗議して、進行がよく見えるその場所にようやく移ることができたのだった。[101]

消費者としての女性は、都会でも田舎でも、選んだ商品を買うことで政治的な帰属を表明したかもしれない。彼女たちはお気に入りの候補者を当選させるため、非公式に圧力をかける運動をしたかもしれない。[102]コルチェスターのトーリー派の婦人たちは、一八四三年に地元の庶民院議員にたいして感謝の意を示したが、地元紙に一般向けの演説を印刷させたり、地元の旅館で祝賀夕食会を開いたりする方法はとらなかった。一〇〇名の婦人たちが、手の込んだ刺繍のついたてを彼に贈呈したのである。これは、地元のために彼が行なってきた活動を認めて、「ともに縫いあげた」労作であった[103]

このような女性の位置づけは、どちらの政党でも変わらなかった。一八二〇年にイプスウィッチでホイッグ党が勝利をおさめると、これを機会に、当選した候補者たちの行進を中心とする大規模な祝宴が開かれた。市場の中央にある演説会場には、券と引き換えに入場を認められた約四〇〇名の婦人が集まり、周囲の窓という窓には「愛らしい女性たち」が群がって、通りかかる騎馬行進にハンカチを振った。「親切で気前のよい委員会が居場所を提供したおかげで、ご婦人方がお祝いの場面に花を添えることができた」と地方紙は賞賛した。演説会場は花で飾られ、「花の女神がその香り高い宝物を与え」、そして「美と純潔と潔白を表わすその他の象徴」もまた、胸いっぱいの観客にさらに感銘を与えたのだった(104)。

騎馬行進の先導役は、甲冑に身を包んだひとりの騎手が務めたが、これは、この時期の男性性の強力な一要素をなしていた騎士道と名誉に訴える趣向の一環であった(105)。町の若者たちは、この威厳ある場にふさわしい甲冑を借りるため、特別の寄付を募っていたのである。先導役の騎手の後には、儀式係とトランペット奏者、揃って灰色の馬に乗った七〇名の紳士たち、馬車に乗ったホイッグ党の委員たち、当選した二名の候補者たちとその家族、その後さらに騎手の一団と多くの馬車が続いた。行進の最後には、山場をつくる呼び物として「美しいブリタニア役」、つまり、ひとりの女性の姿で表わされた国家［の輿］が登場し、王族や人気の英雄の胸像をのせた輿がそれに随行した。そのなかには、［ホイッグ党の政治家チャールズ・ジェイムズ・］フォックス、イングランドの軍事的伝統を代表してネルソンとウェリントン、イングランドの文学的栄光を代表してシェイクスピア、ミルトン、そしてこの地域で親しまれていたウィリアム・クーパーの胸像があった。

『［イプスウィッチ・］ジャーナル』誌が報じるところによると、すべての階級が「民衆の賛意を熱烈に表わして」候補者たちを歓迎した。「ご婦人方も男性に負けずに喜びを表わそうとしたようで、魅惑的な微笑みを振りまきながら、男性にもまさるほど心のこもった歓迎の意を、その日の花形たちに伝えた」。

候補者のひとりが演説で述べたように、婦人たちは「われわれの勝利の輝きに気品を添えた」のだった。その夜、午後の興奮に続いて行なわれた四〇〇名の男性による夕食会の席で、「ご婦人方のために」というお決まりの乾杯の発声が行なわれたことは間違いあるまい(106)。

この情景が見られたのは、一八二〇年、キャロライン王妃事件の年であった。キャロライン王妃の支持者たちも、王妃を守るべく完全な騎士道風のいでたちで行進を先導し、男性は国事に目を向け、自分たちの扶養家族である女子どもを守らなければならない、とみずから肝に銘じていた。これこそが、新しい中産階級の男性公人の主張だったのである。

さまざまな人物や家族の話を通じて、『家族の命運』が主張するのは、地方の中産階級の男女が、それぞれはっきりと異なる階級アイデンティティをもつようになった、つまり階級形成の言語はジェンダー化されていた、ということである。彼らにとって――私たちにとってもそうだが――ジェンダー化された主観性は、ライフサイクルを通じて絶えず習得されていくものであった。男性らしさと女性らしさは、子ども時代に身につけられる固定化されたカテゴリーではなく、想像のなかでも日常生活の体験のなかでも、つねに検証され、異議申し立てを受け、手直しされるものであった。この過程においては、社会組織も、また性差の言語的、文化的、象徴的表象も、きわめて重要な役割を演じた。家族や親族体系から礼拝堂や穀物市場にいたるまで、あらゆる制度がジェンダー化されていたからである。男女の関係は、直接のイデオロギー的規範によってだけでなく、財産形態によっても構築されていた。

一八世紀末から、敬虔な中産階級の人びとは、しだいに自分たちには道徳的な力があると主張しはじめた。この主張を支えていたのは、宗教的信念と、この世での獲得物よりも天国での賞賛を求める者たちの「誇り高い自負」であった。彼らは、土地財産を名誉の源泉とする考えを拒否し、霊魂がもっとも重要だと主張したが、その際には、より良きキリスト教徒としての生活に不可欠な基盤として、家庭なるものが主たる関心事になった。男性と女性にそれぞれ適した領域があるという福音主義的なカテゴリー化は、その後に生まれた多くの表現体系の基盤となり、一九世紀社会の常識をかたちづくった。男性は市民や企業家として世のなかで活躍し、女性は妻や母として従属すべきだとされた。敬虔な中産階級の崇める神殿には、無責任な貴族や、不信心な職人たちの居場所はなかった。彼らは回心した者たちを賞賛し、救われた者という社会階層へと丁重に位置づけた。その一方、神に背いた者たちは忌み嫌われた。彼らが押しつけようとした道徳的秩序は、男女間の関係にも、誰がイングランド国家の一員としてふさわしいかという定義にも、長期にわたり影響を与えることとなった。「あふれかえる貧民」、アイルランド人、ジプシーたち、不潔な者たち、これらはすべて「他者」というカテゴリーに追いやられた。(1)

しかし、この常識は、こうした一連の信念の内部でも、またイデオロギーと日常生活上で実際に生じる制約とのあいだでも、さまざまな矛盾によって引き裂かれていた。こうした矛盾こそが、言説においても実践においても問題を終結させることなく、絶え間ない変化の余地を残してくれたのであった。敬虔なキリスト教徒の男性たちは、宗教的な生活を送りたいという望みと、家族をしかるべく扶養し代表するには、営利本位の公的世界で成功しなければならないという必要性とのあいだで板挟みとなった。そうした成功は男性個人の努力にもとづくものとされていたが、男性は必然的に妻、家族、友人に大幅に依存していた。初期には男らしい感情が重視される傾向があったが、これは弱まり、合理主義的な見解が発展したことで、男性の感情表現はしだいに抑制されていった。家庭で女性が隠れた権力をもつことを恐れるようになる男性もいたが、家庭生活のような重要なものを、弱い従属者たちの手に委ねるのはいかがなものかという懸念もまた存在した。(2) 中産階級の女性にたいしては、純潔を重視する考えが家庭生活のなかに組み込まれ、彼女たちは弱々しく依存することが求められた。これは、「街の女たち」の身持ちの悪さや刺激的な態度とますます著しい対比をなすようになった。義務と快楽とのこうした分離は、多くの中産階級の男性たちにとって、心理的拷問にもなりえた。(3)

女性もまた矛盾に直面した。彼女たちの信じる宗教は、女性の魂における平等を認めてはいたが、女性の社会的および性的服従を主張するものでもあった。彼女たちの属する階級は、自己主張を賞賛したが、女性は無私であることが理想とされた。女性が依存した弱き存在であるとする想定は絶えず強調されたが、彼女たちには、母親業という「仕事」をこなし世帯を効率的に切り盛りすることが求められた。多くの女性たちは、生涯を通じて家業に直接的に貢献したが、その貢献が公にされることはなく、経済的に認識されることすらほとんどなかったのである。

男性の権力と女性の感化の力とのあいだには均衡が保たれていたにもかかわらず、男性は女性を体系的に封じ込め、女性の潜在能力を制限する必要性を感じていた。伝統的形態をとった男性支配は、土地所有権にそなわっていた封建的軍役体制のなごりに根ざしたものであり、社会がますます流動資本という新たな財産形態に依拠するようになると、もはやこうした伝統的形態に頼ることはできなくなった。(4) 新たな形態の資本には、女性を制限するための新たな方法が必要であった。資本を所有していた無数の中産階級の女性たちがそれを積極的に使うことができなかったのは、決して財産法のせいばかりではなかった。むしろ、相続に関する諸々の法や経済組織の諸形態（信託、共同経営、家族企業）と、さまざまな女性らしさの定義との交差の仕方に問題があった。恒久的財産を積極的に生みだしていくことは、女性には事実上不可能であったのだ。(5)

男性の側が抱いた不安は、女性の経済的な潜在能力だけに関連していたのではなかった。女性の性的および知的独立についての全般的な不安は、しばしば表面化しかけた。女性に謙虚さを求める主張の根底には、謙虚さを堅固に保てなかった場合には「水門」が開いてしまうかもしれないという懸念があり、[6] それゆえ女性は国家という政治体《ボディ・ポリティック》になんら声をもたないままであった。サフォークのある国教会聖職者が一八四八年に女性の聴衆に向けて指摘したように、アダムが最初に生まれ、万物に名をつけた。[7] 女性の独立した行動は、「女性らしくない」「女でなくなる」「気が強い」などと非難されたが、これらは女性的なアイデンティティの核心を傷つけようとする文句であった。

　結婚は女性の封じ込めの象徴となり、女性を縛りつける制度にもなった。萌え出る庭園の花を屋内の鉢植えへと大事に植え替え、家庭になじませるのが結婚であった。潜在的にすべての男性の眼差しにさらされていた美しい対象は、家のなかに置かれると、壁に飾られた絵画のように、ひとりの男性の所有物となった。多くの女性は、結婚がもたらす扶助と保護だけでなく、結婚の束縛も十分に認識していた。エセックスのある女性の備忘録の詩はこう問いかける。結婚は女性の自由を押し潰すものではないのか。いや違う、と若者は答える。なぜならキューピッドの矢は、「空を飛び、さまよっていこうとする自由な鳥」を「家庭という鳥かご」のなかで喜ぶ「まぎれもないカナリヤ」へと確実に変えるのだから。[8] この地域研究に登場する何人かの若い女性がわざわざ書き写しているこの時代の別の詩は、こう表現している。

　男は万物の霊長、万物の頭、万物の誇り
　しかし女はつまらぬ者《ゼロ》、せいぜいつまらぬ者《ゼロ》。

男性の隣に置かれて初めて女性は「意味を成し」、その夫は完全な成人男性としての属性を獲得する。なぜなら

　右側に置かれた0《ゼロ》は、
　ほら、数を一〇倍の価値にするでしょう。[9]

女性が、自分で使うために鋳造し直さなければならなかった日常生活の貨幣とは、こうしたものだったのである。

　この中産階級の物語のなかで重要な役割を果たした登場人物の多くは、一七八〇年代に生まれ、革命、戦争、産業発展の時代に成人に達した。宗教的熱狂にかぶれ、職人たちに加わってユートピア社会主義の理想を掲げ、社会を非難した者もわずかに存在した。バーバラ・テイラーが示しているように、こうした声は、家庭重視主義が約束するものなど何の価値もないと感じていたごく少数の中産階級の女性にとっては、とくに心に訴えかけるものであった。[10] 一八五一年に、初めての公式な女性参政権集会を招集したのは、エセックスの卸売食料雑貨商の娘でクエイカー教徒のアン・ナイト（一七八六年生まれ）であった。彼女の訴えは、とくに北部のチャーティストの女性に向けられ

ていた。未婚であったアン・ナイトは、父親から与えられたわずかな収入で生計を立てていたが、人生のほとんどを故郷の町で過ごし、公衆の面前で演説をすることはなかった。彼女はさまざまな博愛主義運動のなかで成長し、反奴隷制運動に熱烈に取り組むことで自己形成を遂げた。彼女の急進的フェミニズムは、奴隷制廃止運動の過激派を支持していくなかで育まれ、アメリカの女性代表が排除された［一八四〇年の］反奴隷制大会の場で練りあげられた(11)。

一八四〇年代末までに、アン・ナイトはアン・テイラー・ギルバートに女性の権利を求める運動、とくに女性参政権運動への参加を呼びかけるようになった(12)。すでにみてきたように、アン・テイラー（一七八二年生まれ）と妹のジェイン（一七八三年生まれ）は、［アン・ナイトと］類似した非国教徒の出自をもつ。同世代の多くの人びとと同様に、テイラー姉妹は反奴隷制と宗教的自由を熱烈に支持していた。しかし彼女たちは、社会的にも政治的にもより保守的な立場をとる点でウィリアム・クーパーやハナ・モアと見解を同じくしており、男女の役割をめぐる問題では彼らを支持していたのだった。

アン・テイラーが一八四九年二月にアン・ナイトに送った返事には、やがて一九世紀後半に反女性参政権運動の正統派の立場となっていく意見が表明されていた。女性はすでに、男性によって代表されている。女性には公的領域で発言する声もなく、勇気もない。そして私的な「家庭内」の事柄や、慈善団体や宗教結社で忙しい。こうした結社の活動が、女性の「家庭外の仕事」の「境界線」であるべきなのだ。しかし、彼女の弁明は聖書からの引用ではなく、分業は進歩に貢献するという「科学的」証拠にもとづいていた(13)。アン・テイラーにとって、女性の地位向上とは、権利を主張することで実現されるものではなかった。それは、男性の教育を補完する内容の教育を通じて知性を伸ばし、知識という「輝く星」が女性の抑圧という「暗い夜」の帳を持ち上げることで可能になるものであった(14)。

アン・テイラーは、女性が私的領域という「より小さいながらもより完璧な活動範囲」［ハナ・モアからの引用］を割りあてられていることを擁護しているが、それほどの主張にもかかわらず、彼女も妹のジェインも期せずして、ある不安を漏らしている。ジェイン・テイラーは、女性には「手の込んだプディングをつくること」と「珠玉の詩を読むこと」の、どちらも楽しむことができるのだと主張した。彼女は、知識人のあいだでさえ、女性の知的教養を奨励しようとする男性がほとんどいないのは、男性たちが「自分たちの胃のことを心配している」からではないかと勘ぐった。詩の愉しみを味わうことができる女性は、［男性たちの］「哲学者的な味覚を満たしてくれる」日常的な雑事にまで、わざわざ身を落として十分に注意を払ってはくれないだろうと危惧しているというのである(15)。

「知識の星」と同じく、姉妹は二人とも天空という隠喩を、上品な女性らしさの制約にとらわれない領域という意味で繰り返し使った。二人の作品のうち、もっとも永きにわたって読み継がれている子ども向けの詩、「きらきら星」のなかの「明るい輝き」もそうである。ジェインの書いたある物語では、二人の少女のうち、より真面目な少女が、帽子のリボンについてのおしゃべりをやめて、ふっと星を見上げ、そこでは「さえぎるものなく自由に」思索が広がる。家柄はよいが貧しいことと、女性であることにまつわる「さまざまな障害」は、心が「星のなかで楽し」み、想像力が「言葉では言い表わせないほどの喜びとともに……空中に広がる」ことを妨げはしない。「思いが自由であるかぎり、どんなに悲惨な奴隷であっても、誰も腕を伸ばせない領分をもっている」のだから。[16]

テイラー姉妹やアン・ナイトの世代の娘や孫娘にあたる女性たちは、世界がより厳格に区分され、男女が別々の領域に分けられていることに気がついた。緊張はより深まり、「女性にとっての」機会はより少なくなった。この二つの世代の女性たちの意見は若干異なっていたが、矛盾を孕んでいた点では変わりがない。福音派国教徒でトーリー派のキャサリン・マーシュは、一八一八年にコルチェスターの聖ピーター教会牧師館で、マライア・マーシュとウィリアム・マーシュ師の娘として生まれ、エジバストンで育った。彼女は「テイラー姉妹たちより」家柄がよく、ほぼすべての問題に関してきわめて保守的であったが、私生活においては、「まるで世界が男性と、体よく女性と呼ばれている呼吸する自動人形とで満たされるべきであるかのように」扱われることにたいして異議を唱えた。一八四八年に、チャーティストとストライキ中の坑夫たちの「凶悪な暴挙」を激しく非難するなかで、彼女は女性にたいする共感や同情の欠如、すなわち女性のシャツ製造者たちが「希望のない極貧状態」のまま捨て置かれていることを嘆き悲しんだ。[17]

一八五〇年代には、五一年の国勢調査で初めて統計の詳細が公表され入手可能になったことで、公の議論は「余った」女性ないしは余剰女性と定義されるようになった問題に集中した。中産階級の女性たちを、男性と同じ割合で植民地に送りだそうという安易な解決策は、フェミニストたちから反撃された。彼女たちは、もし女性たちが「その力に適した」すべての職業に自由に就くことが許されるのなら、女性たちは余分な存在ではなくなるだろうと主張したのであった。[18]

このように、キャサリン・マーシュの世代の女性たちが成人に達するにつれ、「女性問題」は、経済的扶養と雇用という問題を軸に具体化していった。現実においても小説のなかでも、ガヴァネスという境界域の存在に注目が集まったことからは、公私の境界線がよりはっきりと引かれたこの時代に、たとえ家族的な環境のなかにあっても、中産階級の女性が賃金を求めて働くことでこの境界線を踏み越えてしまうという問題に、どれほどの重みがあったのかがよくわかる。[19] もっとも早い時期のフェミニストたちによる取り組みのなかに、女性の財産権の拡張と就業の承認という二点が含まれていたことは、偶然ではないのである。[20]

政治と市場活動という男性に割りあてられた公的世界と、いまや郊外住宅に封じ込められた私的領域への分離は、一九世紀半ばの常識となっていたが、それはジョン・スチュアート・ミルのフェミニズムの枠組みでもあった。彼の運動方針が立脚していたのは、個人の自己決定権、正義の平等な考慮、そして女性の劣位は生来的にではなく、文化的に決定されたものだという確信であった。しかしこのことは、［男女の］分業と領域区分が自然なものであるという彼の信念を掘り崩すものではなかったのである。(21)

本書は、メアリ・ウルストンクラフトの『女性の権利の擁護』（一七九二年）と、ジョン・スチュアート・ミルとハリエット・テイラーの「女性参政権」(22)（一八五一年）とのあいだの時期を対象としている。これは中産階級のフェミニズムが休眠していた、もしくは不在であったと解釈されてきた時代であった。それはまた、物言う中産階級の男女のあいだにより強い協調関係が存在した時代でもあったかもしれない。彼らは回心を呼びかける少数派として、世界のなかで自分たちの居場所を求め、その世界に関する自分たちの見解の正しさを盾にして闘いながら、みずからのアイデンティティの物質的、社会的、宗教的な基盤を構築しようと精力を傾けていたのだから。

そうした切なる願望のすべてにおいて、ある夢が彼らを支えていた。このうえない家庭の幸せというこの夢は、一家が互いに愛情をかけ合い、「愛情あふれる家族」として存在していこうとするキャンディア・カドベリーの主張のなかに表現されている。(23)一九世紀初頭の地方に暮らす中産階級の女性たちは、そうした夢を確かにつかみとった。しかし、その夢が完全に現実化したときになって彼女たちが悟ったのは、自分たちの領域が隔離され、矮小化され、しばしばそこで約束されていた支援には与れないということだった。(24)さまざまな不平等や、自分自身の人生を思いどおりにするために必要な権力や資源の欠如があらわになり、そのことが表明されるようになったのは、一九世紀後半になってから、彼女たちの娘や孫娘たちの経験のなかでのことだった。

本書において、私たちが理解しようとしてきたのは、その夢の輪郭と土台と、そのゆくえである。その試みのなかで、私たちは、階級と性別の関わり合いという、いまなお続く問題にかたちと定義を与えようと苦闘した男女の一連の声に焦点をあててきたのである。

原著第二版に寄せて

同じ川に二度入ることはできない。絶えず別の水が流れてくるからだ。
——ヘラクレイトス

『家族の命運』の初版が刊行された直後、ロンドンの大きな書店に行ってみて気づいたのは、書店員がその本をどこに陳列すべきか当惑していることだった。この書物は、通常の社会経済史の本ではない。また、かりに女性史の棚に置こうとすると、副題に「男」がある点はどうなるのだろうか。このちょっとした混乱は、学問領域だけでなく概念的な境界をも超えようとする研究を位置づけることの難しさを物語っている。

本書は、包括的な問題を提起することが依然として可能であり、またその結果を広いカンバスに描くことが可能であった時代に構想され、執筆されたものである。初版の刊行以来、一五年の歳月が流れたが、そのあいだに、私たちは大きな変化を目の当たりにしてきた。私たちは、もとの原稿に手を加えるのではなく、この論考で、その間の本書の受容ならびに学界や、より広い社会的出来事のなかでの本書の位置を考察してみることにした。

当初、私たちの分析を迎えてくれた評価の定まらぬ不安定な状態は、現在も続いている。『家族の命運』の影響力は拡大していったが、その一方で、本書は相変わらず論争の的である。階級分析との関連でいえば、私たちは修正主義者とみなされている[1]。いくつかの女性史の解釈では、正統的地位を占めている[2]。また近代イギリスに関する歴史の再解釈では、伝統主義者と結びつけられている[3]。

そうした矛盾を孕んだ読み方は、とくに驚くべきことではなかろう。歴史の実践とは、複雑で厄介な仕事である。その事実を好んで認めるか否かにかかわらず、「歴史の実践は、つねに仮説と判断によって特徴づけられる」のである[4]。一九八〇年代初頭に研究を開始したとき、私たちは社会的および文化的カテゴリー、とりわけ「女性」と「男性」、「女性性」と「男性性」というカテゴリーがいかにして構築されるのかを強く意識していた。私たちが信じるに、一九世紀初頭のイングランドは、社会経済的混乱と日常生活の危機からくる恐怖が絶頂に達した時代であった。ひとつにはそのことへの反応として、当時の中間層は、自分たちの世界をいくつかの異なったカテゴリーや階級へ分割することにとくに魅せられていた。そうした関心は、胚胎期の科学、福音主義宗教の濾過装置、社会経済的諸集団——とりわけ男女——の強烈な序列化のなかに示されている。

私たちは、中産階級社会とジェンダー関係の変化をたどる唯一の道は、地域社会と特定の個人を詳細に観察することにあると感じていた。研究を開始した時期は、「ポストモダン」の強調するミクロな次元での綿密な分析がちょうど始まったころであった。私たちの研究は、いくつかのテクストを詳細に検討する一方で、広く多方面にわたる史料も用いている(5)。科学、法、経済、家庭、文化に関わる多くの近代的な組織や制度の進化、そして物理的な地形の造成さえもが、私たちの物語にとって不可欠な一部となる。

本書

『家族の命運』は、農村州であるサフォークとエセックス、商工業都市バーミンガムという二つの地域での中産階級の個人、家族、組織の研究を基盤とし、三部構成をとる。第I部は地方の中産階級の男女の精神世界や宗教的世界に関するもので、第II部は中産階級に生活の糧を提供した経済的および物質的活動、そして第III部は、中産階級の日常生活、家族と親族関係、家と庭、彼らが携わった公共の活動に関するものである。

この主題には、地域的で限定された研究が必要であると私たちは感じていたが、それは、デイヴィッド・サビーンが論じているように、「社会的相互作用のなかで、意識がどのように形成されるかに中心的な関心があるときには、「特定の具体的な状況」が真摯な研究の場となる」からであった。したがって研究の焦点があてられるのは、「地域的な状況の外部からは見えてこない活動と構造、過程と論理」となる(6)。しかし、だからといって「大きな歴史像」を描くことを断念したわけではない。というのも、私たちは当時のジェンダーと階級の関係について、何らかのより一般的な問題を語ろうともしていたからである。『家族の命運』は、選択された地域社会に関心を集中する一方で、あらゆる観点からその地域社会を描写するために、——完全とは言えないにせよ——包括的な史料を用いることになった。

本書の第I部は、家庭重視イデオロギーの二つの主要な潮流に焦点をあてている。第一の波は一七九〇年代から一八〇〇年代にかけてのものであり、福音主義の宗教と関連している。第二の波は一八三〇年代から四〇年代にかけてのものであり、世俗面により力点を置いている。私たちが論じるのは、特定の——ある者にとっては目新しく映る——家族生活の様式を思い描こうとする試みにとって、女性ははじめから中心的な存在だったということである。福音主義に回心したのち、読者に男女の適切な領域について説いたハナ・モアの場合しかり、また、一八四〇年代に女性の無私の献身を通じた充足感の獲得を説いたセーラ・スティクニー・エリスの場合もしかりである。

エリスの時期までに、女性は有給で雇用されるべきではないという規範が広がり、多くは郊外住宅や庭園での家庭中心の生活へと撤退することができるようになっていた。そうした家庭は、不安定で危険な世界にあって、道徳性の礎を提供するものとみなされていた。ジョン・クローディアス・ラウドンは、建築、設計、風景式庭園の造園の分野で影響力をもち、世紀中葉の中産階級の美意識を説く評論家として重要な人物であった。その彼にとって、「鉢に植えられた植物のように」「閉じ込められて家庭に根ざしたものとなった女性の身体」は、社会的美徳を保証するものであった。

第II部が関心を払うのは、この時期のすべての経済活動において家族経営体が占めた中心的位置であり、商売や専門職の業務がどの程度まで家族の方針で構築されていたかという点である。家とは、本書で扱う男女にとって決定的な意味をもつ概念であったが、その目的とは、とりわけ家族を維持し、子どもたちを養育し、被扶養者たちに生活の糧を与え、宗教的生活を営むことにあった。家の日常の活動には生産と消費の双方が含まれていた。鉄工所や農場、診療所や牧師館の形態をとることもあったかもしれないし、経営体のない家をもつことも可能であった。

商業、製造業、専門職の世界の男性には、豊かな新しい可能性が開かれつつあった。男らしさと職業上の地位はより緊密に結びつくようになったが、直接的な恩顧関係から抜けだすことができた職業では、この傾向はとりわけはっきりとみられた。ますます精緻化される市場の世界は、中間層の女性にはほとんど活動の余地のないものであった。地方穀物取引所、銀行、法律事務所は「婦人」の居場所ではなかったし、彼女たちは公的な場での有給の雇用形態から排除されていたため、著述業や下宿人の受け入れや塾の経営といった「私的」な活動が、彼女たちの生存の鍵を握っていた。一九世紀半ばには、仕事は、それが有給の雇用を意味する場合には、中産階級女性の特定の集団にとって問題を孕む活動となってきていた。彼女たちの語彙における「仕事」が、通常、家族のための裁縫、より好ましくは刺繍を意味するものだったことは意味深長である。しかし、女性固有の責務としての生殖《リプロダクション》／再生産の仕事は、家にとって重要なものであり続けた。女性は人間を生産し、人間に奉仕する存在だった。男性は、家族経営体と所帯を支え維持するために、妻と女性親族たちの資本、労働、縁故に多種多様なかたちで依存していたのである。

第III部は、家族、家庭、庭園の形成、そして中産階級の男性が権勢をふるう公共の世界を論じている。一八二〇年代半ばから五〇年ごろまでに、「家族」はより限定的な意味で理解されるようになり、また幼年期は人生のほかの段階とはより明確に区分されるようになった。家庭と労働の分離は、長期にわたり決して完遂されることのない過程であったが、一八三〇年代の郊外の宅地造成は、バーミンガムに新しくできたエジバストンという郊外の煉瓦とモルタル造りの家にみられるように、家族生活についての独特な観念を具体的な形態に転換させたものを示すことになった。付属の庭園をもつ園芸協会、博愛主義事業、商業活動や政治活動に直結するものなど、この時期に設立された数えきれない団体や組織のなかで、男性が権力と指導的地位を占めるという前提にたいしては、ほとんど異議が唱えられなかった。

しかし、エピローグで述べるように、ここから男女双方にとってのさまざまな矛盾が生じることになった。最初の段階から、一部の女性たちはこうした制約に抗議していた。アン・テイラーならば、一九世紀初頭の私的な「より小さいながらもより完璧な活動範囲」を擁護したのかもしれない。だがその主張は、彼女の娘や孫の世代が「男女が別々の領域に厳密に区分された世界」のもたらす制約に直面するようになると、彼女たちによって異議申し立てを受けることになった(三四八~四九頁)。「政治と市場活動という男性に割りあてられた公的世界と、いまや郊外住宅に封じ込められた私的領域への分離は、一九世紀半ばの常識となっていたが、それはジョン・スチュアート・ミルのフェミニズムの枠組みでもあった」(三四九~五〇頁)。

『家族の命運』は、排除とせめぎあいの物語であり、完全に固定されたものではなかったものの、それでも取り除かなければならなかった境界線の物語である。私たちの議論の中心をなすのは、公的領域と私的領域に関わる言語であり、その言語は、私たちが語る物語の登場人物である男女によって書かれた小冊子、詩、書簡、日記に登場するものである。しかし、こうした言語はすでに重い概念的な負荷を課せられており、もしかすると私たちは執筆していた当時、そのことを十分に認識せずにいたかもしれない。私たちが試みたのは、「地方の中産階級が見［……］たように世界を再構成すること」にあった(一〇頁)。この主張は、一九八〇年代にはある程度の自信をもって行なうことができたのだが、その後のポスト構造主義的な言語理解は、このことをより問題を孕んだものにしていった。

しかしその当時でさえ、私たちがつねに意図していたのは、公と私の分断を乗り超えて、「自律的」な男性の行為者が、いかに家族のなかに埋め込まれていたか、「従属的」な女性が、いかに隠れた労働や人員はもとより縁故や資本を提供し、それによって無数の企業経営を可能にしたのかを示すことにあった。つまり、「「領域の分離」という強力なイメージが存在したにもかかわらず、公的領域は現実には公的なものでなく、私的領域は現実には私的なものではなかった」のである(一六頁)。両者はいずれも、特定の歴史的時代の産物として理解されねばならない、特定の意味をもつ構築物であった。

私たちは、こうしたさまざまな境界線を乗り越えた想像上の、また具体的な事例を数多く提示することによって、このような主張に肉づけを行なった。たとえば、活動的な女性たちが教会の集会で投票したり、公の場で発言したりする権利を主張したこと。家事使用人として家庭といういわゆる私的領域でおびただしい数の女性たちが雇われていたこと。独立心のある女性たちが、自己主張するために女性固有の領域という言語を利用したこと。これらはすべて、境界侵犯の可能性を示す事例となる。同じように、妻子を養えなくなった男性が、自分自身でも他者からも「男ではなく腰抜け」と定義されかねなかったことは、当時の敬虔なキリスト教徒にとってきわめて重要だった、独特なかたちで構築された男性性の脆弱さ、そして、家族の生存の問題が切迫した場合には「領域の分離」が機能不全になることを裏づけるものだった。たとえば、ハリエット・マーティノーは、家業が倒産していなければ、著述業に足を踏み入れることなどありえなかっただろう。

私たちが論じたのは、「領域の分離」は中産階級の常識となったが、この常識はつねに解体されていたということである。一八世紀末に何らかの重要な変化が生じた。つまり歴史的な断絶が発生して、近代という時代により特徴的で近代資本主義と都市化の展開と結びついた、再配置されたジェンダー秩序が登場したのである。だからといって連続性がまったくみられなかったというわけではない。また、「領域の分離」という観念が一七八〇年代に発明されたということでもない。むしろ、すでに存在していた男女のしかるべき役割に関する規範が、かなり異なる部分に強調点を移しながら、ふたたび作動していったのである。[7]一七八〇年から一八五〇年までのあいだに、企業経営体、家族、男性性、女性性は再編され、交渉され、改良され、再配置された。『家族の命運』は、言い換えれば、自己の形成についての書物である。その意味で、この書物はアイデンティティをめぐる問題への注目を先取りしていたことになる。

『家族の命運』を、女性を家庭内に閉じ込め公的世界から排除する「領域の分離」の勝利の物語としてとらえてきた読者もいる。[8]確かに、そうした物語の要素は存在しており、本書の構造は、こうした読み方に資するものになっているのかもしれない。しかし、三部構成にした背景には、各部が等しく重要性をもつものとして概念構成されるべきであるという意図があった。物質的なものの結果としてイデオロギー的なものが生まれるとか、逆にイデオロギー的なものの結果として物質的なものが生まれるといった単純な話ではなかった。むしろ、私たちは因果関係と変化についての多面的な考え方を主張していたのである。

この物語の出発点である福音主義の信仰復興運動では、主題となる男性性と女性性をめぐるイデオロギーが精緻化され、フランス革命という激動の数十年のなかで、家族についての理解や家族と「俗世間」との関係についての理解が変化していく。これらのイデオロギーには、「中間層」に属する家族と世帯の生活様式を変容させるダイナミックな力が与えられている。本書は、「領域の分離」が萌芽的なフェミニズムを通じ、少なくとも部分的に解体されはじめるところで締め括られる。一九世紀中葉から後半にかけてのフェミニズムは、不満感を拠りどころにしていた。女性が公的領域から排除されているという感覚と排除の影響の重大さこそが、教育や専門職、そして市民権への参入にたいする要求へと女性を導いていったのである。

『家族の命運』の出版直後に公刊された書評論文で、リンダ・カーバーは、合衆国のフェミニズム史家が「領域の分離」を比喩として用いていることについて考察した。彼女は男女の「領域の違い」を譬えとして扱っているが、この譬えは当時の言語に浸透しており、歴史家たちは領域の違いについて何を研究しどう考えるかを選ぶことができた。そうした研究の発端は、中産階級の女性が家庭と労働にたいする自分たちの関係について抱いた不満を考察した、一九六〇年代のベティ・フリーダンによる古典的作品『女性らしさの神話』にあると彼女は論じる。より理論的な次元では、フェミニズムにたいするマルクス主義の影響力、とりわけ世帯の私有化に関するエンゲルスの議論の影響があった。このマルクス主義的解釈の偉大な強みは、この分離の過程を叙述しながら、同時にこれがいかにして支配階級の利害に奉仕することになったかについての解釈を提供した点にあった。領域の分離は、文化的偶発事とも生物学的決定論ともみなされることはなく、「不平等な利益を生みだす社会的かつ経済的な奉仕を隠蔽する社会的構築物」とみなされた。このような分析の形態は、女性参政権の承認で頂点に達する不可逆的な進歩というホイッグ的解釈からの離脱の道筋を提供してくれることになった。

カーバーの叙述によれば、一九六〇年代から七〇年代初頭にかけて「領域の分離」という概念が使用された第一段階は、女性が従属化され、犠牲者となり、その地位が低下したという理解と結びついていた。またこの段階には、女性がいかに生きるべきかを詳細に記述した教訓的な史料が使用されていた。第二段階（一九七五年以降）は、分離された女性の世界のうえに豊かな女性文化が構築されたとする理解が特徴となる。こうした理解はその後、「領域の分離」という言葉がフェミニズムの主張を発展させるためにどう使われたかを分析するために用いられた。一九八〇年代の第三段階になると、フェミニズム史家は決然として、女性の経験を人類史のより大きな流れのなかに位置づけ、男女の関係性に注目しながら、「男性の領域、女性の領域という」逆説的で修辞的な構築物を観察し、意識的に批判していった。『家族の命運』は、イングランドにおけるちょうどこの時点に位置していたのである。[9]

カーバーは結論で、「歴史家の観点からすると、「領域の分離」は、少なくともある部分では、歴史家が女性史というものを取るに足らない逸話的な領域から、分析的な社会史の領域へと移動させることを可能にした戦略のひとつだった」と述べている。[10] これは私たちの戦略でも、きわめて重要なものであった。というのも、私たちは「領域の分離」に関わる思想と実践が、独特な中産階級文化を定義するうえで重要な役割を果たしたと論じていたからである。本書は、女性史だけではなく歴史学そのものへの介入を意図していたのである。

『家族の命運』のなかで、階級概念は歴史的変化の過程の決定的な要素だった。このことは、一九世紀イギリス史研究と並んで、マルクスとヴェーバーの二人が残した遺産に依拠したものである。ジェンダーの成り立ちの問題を資本主義と階級の問題に結びつけることで、私たちはまた、イギリスのフェミニズム史学の伝統にもしっかりと根を下ろしていた。かつてアリス・クラークは、一七世紀以降、資本主義の近代的形態の発展が女性の生活をどう変えたかについて、古典的な解釈を提供した[11]。アイヴィ・ピンチベックの『産業革命期の女性労働者』は、クラークの論点を継承し、より楽観的な解釈を提出したが、新たな経済の形態と家庭生活や女性労働のパターンの変化のあいだに何らかの相互関係があるという点には、決して疑念をもたなかった[12]。

私たちは階級と文化に焦点をあてることで、諸階級がほかの諸階級との対立のなかで自己を規定していく過程を探究していたが、それはちょうどE・P・トムスンが『イングランド労働者階級の形成』で論じたのと同じ方法であった[13]。私たちの場合には、バーミンガムとイーストアングリアに住む宗教的な熱意をもった地方在住の中産階級の男女の生活を描きだすことを試みたのであり、彼らは自分たちを、怠惰で自堕落な貴族、そして潜在的に体制を転覆しかねない労働者階級との対抗のなかに位置づけていた。互いにまったく共通点をもたない中産階級を結びつけたもっとも強力な要素のひとつが、やがて住む「天国の家」を予感させるものとして再編された家庭という世界の内部で、道徳的規範をひたすら守っていくことだった。家庭に中心的な役割を与える福音主義の信仰復興運動によって、「宗教的な言葉を使うのが中産階級にとっての文化的規範」となったのである（七頁）。

男らしさと女らしさの定義は、この道徳的秩序の構築にとって鍵となるカテゴリーであった。それゆえ、「ジェンダー化された階級概念」が生まれたのである（一二頁）。階級の物語はジェンダーの物語と結びつけることによって、私たちは国民《ナショナル・》史《ヒストリー》の主流の語りのなかで、男性性と女性性、家庭と家族の形態が中心的位置を占めるのだと主張していた[14]。当然のことながら、これは歴史研究におけるある特定の時期を画する主張となった。

公刊以降一五年がたった『家族の命運』は、どのように映るだろうか。当初の議論は、どこにたどり着いているだろうか。この論考のなかで私たちは、すべての新しい関連文献に眼を通そうとしているわけではない。むしろ本書が取りあげた論点に関連したいくつかの領域に限定して検討していくことにする。

学問分野、細分化、歴史家が立てる問題

『家族の命運』において学際的アプローチをとることは、私たちの一貫した了解事項であった。その結果としてもたらされた本書の変幻自在な性質は、内容を豊かにするとともに限界を課すものでもあった。こうしたすべてを包摂するような方法をとったからこそ、さまざまな主張を行なうことができたのだが、それらは多元性に焦点をあて、地域内部の差異にまで目配りをするような現在の歴史学的関心の多くとは、もはや足並みを揃えていない。私たちはこうした不均等性を十分に認識しているが、それでも、パメラ・シャープが女性史を擁護して論じているように、「女性の経験が多様であることを認めたからといって、解釈上の枠組みがすべて不毛になるわけではない」と主張したいと思う[15]。

当時でさえ、私たちは学問領域の細分化に直面していたが、

この傾向はむしろ強まっている。特定の問題がひとつのテーマに割りあてられると、別のテーマでは問われずにいることが正当化されうるのである。[16] また、テーマが「硬いもの」か「やわらかいもの」かでも重要度に序列ができる。この二項対立は、抽象化の度合いの高さにともなって重要性が増すという感覚によって強化される。「もっとも格が高いのは、血と汗と涙とはもっとも遠く隔たった」主題となる。[17] それにもまして、表面下では、こうした序列のおそらく間違いなくジェンダー化された性質が通奏低音をなしている。語彙が抽象的で科学的になればなるほど、それはより男性的で重要なものに思えてくるのである。

歴史学の分野の内部でも、同様の細分化が発生している。それぞれの分野がより小規模な集団に分かれ、独自の専門化された雑誌と学会をもつようになっている。「客観的事実」を提出できる数量的方法（計量経済学）と歴史人口学が、一九六〇年代から七〇年代にかけて特権的な地位を確立した。一九七〇年代から八〇年代にかけてイギリス史学で起こった革新の多くを中心的に担っていたのは、社会史とマルクス主義の影響力だった。一九九〇年代には、大きな物語への批判と言語やポスト構造主義的分析形態への注目が、文化史を前面に押しだしてきた。

女性史は、これらの諸分野に何らかの影響を及ぼしてきた。たとえば、女性労働の研究は、いまや経済史のなかに確固たる地位を築いている。歴史人口学者は、統計的に表出された社会構造や数値に集中するだけではなく、動機や主体についてのより洗練された理解の仕方を自覚するようになった。家族史の領域は現在ではかなり細分化されているが、それは個々の行為者に関連する意味や言語へと関心が転じ、とくにジェンダーの問題に関心が注がれるようになったからである。しかし、こうした下位領域間に依然として横たわる障壁にたいしては、支払わなければならない代償が存在している。

多くの場合、女性史は家族史とは区別されたままであり、この二つの領域は人口史とも切り離されている。セクシュアリティの歴史の最近の発展は、レズビアンとゲイの歴史に引き継がれているが、刺激的である一方で、その貢献は必然的に細分化の一途をたどり、学問領域の実践を狭隘化させている。[18] それぞれの新しい領域が封じ込まれることによって、より伝統的な歴史家とのあいだで正当性をめぐる争いが激化している。また私たちは、ケンブリッジ大学の今は亡き欽定教授の抱いた感覚が完全に消え去ったのを当然のことだと考えるべきではない。彼の表現によれば、「子ども、女性、結婚に関する研究の多くには、疑念を抱かざるをえない。それが研究者の関心にとって必ずしも中心的なものには思えないことがある。社会史の扱うものには、たいてい時間超越性という捨てがたい魅力がある。出生、結婚、死といった事実は、どんな時代にもそれほど変わることがないのだから」。[19]

どのような研究対象を選ぶかだけでなく、最終的にどのような問いの立て方をするのかも、しばしば現在の関心の産物である。あまり意識されないかもしれないが、テクストとその受容は政治的な議論と権力を求める主張のなかに位置づけられる。ジェイン・フラックスが述べているように、「私自身が記述するものには、間違いなく私の意図を超えた政治的な無意識の動機と意味がある。これはどんな著述にもいえることである。多様な読み方と読み替え方にも同じことがいえる」[20]。

過去の歴史研究には、研究当時流行していて、多くの人びとが自身の生涯のなかで経験した問題と直接的に関連した論争が散見される[21]。一九五〇年代から六〇年代にかけて生活水準論争や労働史の発展が促されたのは、労働運動が盛りあがり、労働者階級がイギリス社会に統合されたためであった。一九七〇年代から八〇年代にかけては、なぜイギリスの経済が「衰退」したのかがさかんに論じられ、企業家理念という定義の難しい問題や、貴族的な生活様式を取り入れることによってこの理念が拒絶されたのだとする説についての研究が促進された[22]。それはまた、「産業革命」が存在したのか否か、もし存在したとすればいつ起こったのか、という活発な論争の的となった問題にも資するものだった。『家族の命運』には、女性運動の内部から喚起された独自の関心がある。「家族」という実体は存在したのか、歴史的にみて女性労働はどの程度行なわれ、その性質はどのようなものだったのか、所得や財産やその他の資源の分配と管理にたいして、ジェンダー秩序はどのように関係していたのか、家庭生活に愛着をもつことは近代的な現象だったのか、といったものである。

時代区分

こうしたテーマのすべてが、連続か断絶かという問題を必然的に惹起する。この永遠に続く難問は、素人風にいえば、「良くなったのか悪くなったのか」という問題をより洗練させたものとして読み取ることができるだろう。しかし、大胆にいえば、この問いかけは生産的なものだろうか[23]。男女双方の生活について多くを知るようになればなるほど、私たちは世代を超えた連続性を認識するようになる。それでもなお、断絶と変位もまた決定的に重要なものであり、それにより私たちは重要な変化を見定めることができるようになる[24]。歴史家には、扱いやすいように過去を個別の時期に区切る必要がある。私たちは、自分たちが研究する現象ごとの「転換点」を探すことになる[25]。しかし、多くの場合、社会文化史の対象には、私たちの語りをつなぐ鍵となる出来事が存在しない。

変化というものは、ゆっくりとした不均等なものである。何にもまして、変化は長さの違う人生のなかにあふれており、その人生はさまざまな世代のあいだで相互に重なり合っている。本書では、扱う時代の初期には、対象とする地域社会で活動していた人びとは一八世紀半ばに生まれているが、末期の人びとは、一八一〇年代生まれや二〇年代生まれである。宗教的、文化的、社会的、政治的な価値観が思春期に形成されることを念頭に置くならば、私たちの物語のなかでとくに影響力をもつ世代が成人となったのは、フランス革命の急進化した時期であった。一九世紀前半を通じて主導的な役割を演じることになるのは、彼らの世代だったのである。

一九六〇年代から七〇年代にかけては、一九世紀史が歴史叙述の主流を占めたが、一八世紀史への関心が増大していることからは、「長い一八世紀」の社会文化的な連続性にたいする理解がかなり進んでいることがわかる。[26] それでも、かりに一〇年ごとに時代を切り取るようなアプローチをとらず、世代間の変化に注目するならば、たとえば家庭生活に関わるような思想と実践は、いずれも時期的により早い段階に見てとれるが、一九世紀初頭までにかなり広範に流布するようになったのだといえるかもしれない。そのころには中産階級が成長し、より多くの人びとが理想の家庭生活を実践するための資源をより多く手にしていたからである。このことは、文化史家が少数の選択されたテクストを用いることにともなう危険性を突くものとなる。早い時期に家庭生活の重視を示す事例を発見できたとしても、それだけでは変化か連続性かという問題についての全体的な主張をするには十分たりえないということになる。[27]

いまや疑いないことであるが、「[男女の]領域の分離」とジェンダー役割の分化がさまざまなかたちで表出していることは、近世社会の特徴の一部であった。それゆえ、マイケル・マキオンもアンソニー・フレッチャーも、「近代的家父長制」は一八世紀中葉から後半にかけて定着したと論じている。[28] そしていまや私たちは、一八世紀の「中間層」についてより多くの知識を手にしている。消費に関する新たな研究により、その嗜好の多様性、洗練された消費文化、商業世界と都市政治との関連についての理解がもたらされると、中間層は新たな視点から光をあてられるようになった。[29]

マーガレット・ハントとジョン・スメイルはどちらも、こうした中間集団が営利活動に全力を注ぎ、上流階級の規範にたいして両義的な態度をとる独特な性質をもっていたことを強調している。ハントの叙述は私たちよりも早い時期を扱ったものだが、かなりの部分で私たちの語る物語と酷似している。彼女は、家族、慎み深さという道徳、仕事の尊厳が主要な関心事となっていたことを発見した。ハントが研究対象とした家族の関心は、男の子たちを実業家として成功させ、女の子たちを男の子たちよりも幅の狭い道筋に沿って教え導くことにあった。ここでもまた、商売を営む女性の大部分は小規模な経営をするにとどまっていた。ハントは、調和的な家族生活という本書の歴史像を批判したが、それは、「家族内の紛争は、この時期の社会史を支配してきた(階級闘争のような)集団間の紛争と同じぐらい重要なものだった可能性がある」という彼女自身の議論を支えるものとなっている。[30] 確かに、『家族の命運』は法廷文書を用いていないことにより、家族が結束して生き残ったことを強調する物語の構築にひと役買うことになった。[31] 他方で、エイミー・エリクソンが述べているように、近世史家たちが法廷文書の利用に重きを置いていることで、機能不全となった家族に焦点があてられすぎている面もあるだろう。[32]

しかし、アマンダ・ヴィカリーは、一八世紀の末には何ら重要な変化が生じていなかったとしている。女性は拡大された公共の文化に影響を及ぼし続けることができたのであり、モラリストたちが、女性の果たすべき役割についての教訓的な議論に訴えたのは、そうした女性の進出にたいする反発からだったというのである。[33] しかし、ここには整合性を欠いた点がある。というのもヴィカリーは、資力が許すときには、女性は生産労働から引き離され家庭に閉じ込められたのであり、そうした慣習は、古くはローマの時代にまで遡るものだとも論じているからである。[34] ほかの一八世紀史家たちは、その理由についての見解はそれぞれに異なるものの、ある重要な変化がこの時期の終わりごろに、確かに発生したと考えている。その理由については、福音主義の信仰復興運動と並んで、フランス革命、共和主義、フェミニズムがしばしば大きく取りあげられる。たとえばノーマ・クラークは、一七七〇年代はその後の数十年間と比べて女性の著述家にとってずっと豊かな可能性が開かれた時代であったが、その後の時代には、女性が自立した知的生活を送ることはしだいに問題を孕むものになっていったととらえている。[35]

近代的自己の形成に関するドロール・ウォーマンの野心的な研究は、一九九〇年代の重要な理論的転換のひとつを示すものであるが、その物語のなかではセックスとジェンダーに独特の原動力が与えられている。彼の議論によれば、ジェンダーの理解は「[変化の過程を経て形成されるものだが、その過程自体が]独自の論理と力学をもってしかるべきである……、その論理と力学は、必ずしもこうしたカテゴリーが展開される不平等な権力構造の論理と力学に還元できるものではない」という。彼がとる立場とは、セックスは所与のものであり、ジェンダーは演技とパフォーマンスの領域であるというものである[36]（しかし、このセックスとジェンダーの区別は、近年では疑問が投げかけられていることに留意すべきである）。[37] ハナ・モアのような女性でさえ、一七七〇年代には大手を振って男性性と女性性の境界を侵犯することができていたのである。

しかし、一七九〇年代までにこうした状況は一変し、ジェンダーのカテゴリーはいまや、セックスのカテゴリーがもつと想定される固定性と安定性を鏡のように映しだすものであると広く考えられるようになった。ジェンダーの境界を侵犯することは、もはや容認できるものではなくなったのである。一七七〇年代には遊び心に満ちていたモアは、九〇年代には堅苦しく「領域の分離」を推し進めていった。この解釈のなかでアメリカ独立戦争が重要な意味をもつのは、それが実質的には内戦であり、親族同士が争い、アングロ・サクソンのプロテスタント同士が争ったことにより、アイデンティティの境界を動揺させ「ジェンダー・パニック」を生みだして、結果的にはさまざまな可能性の幅を狭めていったからである。このようにアイデンティティの不安定性と、その不定形かつ曖昧な性格を強調する議論は、現代の批評理論に多くを負っている。[38]

アナ・クラークも同様に、一七九〇年代には、エリート女性は政治の世界で手にしていたものを失っていたと主張している。知識人として公共の問題を語ることはできなくなり、女性的美徳の擁護者としての発言権しかなくなったというのである。しかしクラークは、一八二〇年代から三〇年代にかけては中産階級の女性が、入念につくりあげられた家庭生活の理念を利用することで、自分たちの集いの場を発展させることができたとも論じている。『家族の命運』が論じているように、「中産階級以上の」婦人の有給雇用にたいする非難が広がりをみせたのは、一八三〇年代から四〇年代になってからのことである。その間、クラークが論証しているように、一八三〇年代の急進派は、労働者階級の女性にも男女の領域を分かつ特権を確保させようと試みて、家庭重視の観念を採用していった。同時に、急進派の女性の主張に対抗するために、中産階級のモラリストたちは、家庭生活をより強固に擁護することを迫られた[39]。

これはその後、数十年間にもわたって続く不均等で断片化された歴史である。一八五〇年代半ばのフェミニズムの発展が、公と私の空間を独特なかたちで配置する発想からの断絶を示していたという私たちの当初の仮説は、文化史における最近の研究によって支持されているように思われる。たとえば、ジュディス・ウォルコヴィッツとリンダ・ニードはいずれも、一九世紀末の首都ロンドンで中産階級の女性が享受できた新たな視覚上の快楽を強調する。他方、リン・ウォーカーは、一九世紀後半のロンドンのフェミニストたちが、家庭重視という考えの性質を変容させてそのなかに自分たちの仕事を組み込み、女性用クラブや女性用住宅をつくりあげていったさまを描きだした[40]。

デボラ・チェリーが論評しているように、「目的をもった歩み、あてのない散歩、行きつ戻りつの道歩き、仕事や買い物、こうした行動のすべてが、都市空間の再編のなかで中産階級の女性の身体の再定義を必要とした」[41]。しかし、パトリシア・ホリスは、女性が地方政治への参加を主張する根拠として、分離された女性の領域をさまざまな方法で利用していたことを叙述し、またリサ・ティックナーは、ごく過激な女性参政権運動家《サフラジェット》たちでさえ、運動の前進のために「領域の分離」イデオロギーを用いていたことを分析している。このことが示唆するのは、こうした不断に変化するカテゴリーが、二〇世紀初頭にいたるまで引き続き有効性をもっていたことである[42]。

同じように、ジェイムズ・ハマートンは一九世紀の結婚生活における紛争を研究し、結婚がしだいに公的な監視と規制を受けるようになったのは、中産階級の結婚がプライヴァシーと家庭生活の砦として確立された一九世紀後半のことであったと論じている。彼が示唆するところによれば、彼の研究は『家族の命運』が終わる時期から始まるという[43]。ジョン・トッシュの時系列的理解も、これと似ている。一九世紀の中産階級の男性性に関する重要な研究である『男の居場所』のなかで、彼は家庭重視主義を、一八三〇年から七〇年までの男性らしさの支配的形態を示すものとみなしている。この時期には、近世には名声としてとらえられていた男性らしさのかたちが、ロマン主義や個人の重視といった力の働きにより、より内面化された個人的なアイデンティティの感覚へと転換していったようである[44]。しかし、一八六〇年代以降、正統的な信仰が衰退し、それに関連して家庭内秩序が不安定化すると、家庭生活から逃れる道が開かれた。独身生活を好み結婚を躊躇する新たな傾向が、新たな形態の男女間の対立やホモソーシャルな活動の賛美と並行して進行していったのである。[45]

「領域の分離」パラダイムの有効性をめぐる最近の議論では、連続性に過度に重きが置かれているのではないかと論じられている。断絶が生じる重要な局面は存在する。アン・サマーズの言葉を用いれば、「「領域の分離」概念の復権は、学問的論争の問題ではなく、近代性の歴史を理解しようとする試みの一部なのである」。彼女の指摘によれば、一八世紀末の啓蒙のリベラルな知性主義は、確かに女性に門戸を開いたが、しかし専門職の制度が刷新され、より官僚主義的な制度が発達すると、その扉は閉じられた。同じように、都市化と、女性を働かせずに養える中産階級の家族の増大は、「女性の使命」という理想を背景として起こったが、この理想は女性にたいし、娘、姉や妹、妻、母としての役割の内部から、より広範な社会に異議申し立てを行なう力を与えたのである。[46]

女性、政治、公共性

多くの研究者たちは、とりわけエリート女性がさまざまな方法で政治生活のいくつかの局面に参加することができたことを明らかにし、男性の領域と女性の領域という単純な定義にたいしては、いかなるものであれ異議を唱えている。こうした研究のほとんどは、一八世紀を対象とし貴族やジェントリの女性に焦点をあてたものである。デヴォンシャー公爵夫人ジョージアナの行動は、この文脈で何度となく参照されてきた。一七八四年の有名なウェストミンスターの選挙で、彼女は女性の参加形態を拡大させ、その過程でひどい誹謗中傷を浴びた。[47]公爵夫人への批判は非常に厳しかったため、彼女は二度と同じようなかたちでは選挙に参加できなくなり、彼女の努力は新聞で容赦なく嘲笑されたのである。

しかし、それほど野心的ではなく注目を集めもしなかった女性たちは、自分たちの政治上の同志を支持する色の服で着飾り、晩餐や私的な会合を組織し、父や夫や兄弟のために選挙運動をし続けた。エレイン・シャルスは、一八世紀の政治が女性の生きる世界の一部であった様子を明らかにしてきた。舞踏会、晩餐、訪問はつねに、さまざまな事柄と並んで政治を論じる機会ともなりえたのである。[48]キャサリン・グリードルとセーラ・リチャードソンが示唆するように、一八世紀半ばから一九世紀半ばにかけて広範なジャンルにわたってこうしたことへの危惧が表明されており、女性がさまざまなかたちで権威を示す潜在的可能性をもっていることを、同時代人がよく認識していたことがうかがえる。女性には男性と同様の機会はなかったものの、「彼女たちの活動を妨げていた障壁は、一般的に想定されてきたほど揺るぎのないものではなかった点も認識すべきである」と、彼女たちは結論づけている。[49]

一八世紀にはいくつかの自治都市や自由土地保有の選挙区で、女性がみずからの名義で投票権をもつことができたし、疑惑のもたれた選挙が庶民院の調査対象となったときには、証言台に立つこともあった。女性の著述や出版、恩顧の行使は、すべて政治の世界との広範な関わりを示す姿であった。[50] ヨークシャーのトーリー党の地主でレズビアンであったアン・リスターの活動はいまや伝説的に知られているものだが、ここでの恰好の事例となる。一八三二年に女性が有権者から公式に排除された直後の数年間にかけて、彼女は多大な労力を払って選挙活動を行ない、贔屓のトーリー党候補者に投票するよう借地人に強く圧力をかけ、候補者の選挙基金に資金を拠出し、トーリー党を象徴する色の服を身につけ、ハリファックスで憎きホイッグ党候補者を打ち負かすための闘争に完全に自己同一化することとなった。ジル・リディントンが論じるように、「一八三二年の選挙法改正後、一部の女性が享受していた公式の政治的権利は、彼女たちの土地を耕す――選挙権を与えられた――男性借地農の権利と比べれば、縮小されてしまっていたかもしれない。しかし土地の力のおかげで、彼女たちはいまやこうして選挙権を与えられた借地人のかなりの部分にたいして、決定的な政治的影響力を行使することができるようになった」のである。[51]

多くの歴史家が述べてきたように、中産階級の女性の活動も急激に発展していた。一八世紀を専門とする文化史、社会史、経済史の歴史家たちが消費に関心を集中させたことにより、物質的な財の発達、すなわち食べ物、衣服、家具、家屋の装飾におけ る革新――その大部分がイギリスの海外進出から獲得されたもの――に関する歴史像が精緻化されてきた。これらの財によって衣服から庭園の草木にいたるまで、あらゆる種類の物質の選択の幅が広がり、その創造的な使用が可能となったのだ。[52] こうした消費形態のもつ意味と、そのような顕示的行為の動機をめぐってはいずれも論争が巻き起こり、いつ、誰のあいだで消費が生活空間から生産を放逐していったのかという疑問が生まれた。またいまでは、女性たちが慈善や博愛主義活動を通じ、しばしば宗教的な枠組みのなかで家庭内の活動を拡張していったことについて、より多くが知られてもいる。貧民や病人の訪問、日曜学校などの場での教育、資金調達、消費者としての地位を利用した商人への影響力の行使。これらはすべて、一八世紀の中間層および下層ジェントリの女性の活動として十分に確立されたものであった。[53]

こうした近年の研究にとって決定的に重要なのは、「政治的なもの」の概念の拡大である。それは、注目の対象をエリート政治から離し、ほかの次元の活動の重要性を主張している点で正当なものといえる。キャサリン・リンチが述べているように、家族を、政治と公共圏のなかに戻す必要がある。市民社会は、自発的結社のみならず家族をも含んでいた。[54] サロン、討論クラブ、貸本クラブ、さらには女性向けのコーヒーハウスで異彩を放ち、上流社会の好む会話を楽しむことができる女性もいたのである。[55]

リンダ・コリーが『イギリス国民の誕生』で示しているように、女性はまた、戦争という状況を利用して男性的なものと女性的なもののあいだの境界を不安定化させ、愛国者としての自己の居場所を形成しつつあった。募金や衣服提供の組織づくりであれ、旗やバナーの製作であれ、停戦を祝う行進であれ、「こうした女性愛国者たちは、みずから公民としての役割を切り拓いていた」のである。[56] 同じようにキャスリーン・ウィルソンは、アメリカ独立戦争が女性に愛国者としてふるまう機会を数多く与えたと論じている。その機会はイングランド国内のみならず、女性が軍隊とともに旅をした南北アメリカでもみられ、女性が国民としての役割ばかりか、帝国の一員としての役割を演じることにもなったという。[57] 女性の活動領域はめざましく拡張し、一八世紀イングランドの新たな公共文化に参加する多くの機会が、女性に提供されたのだった。

しかし、依然として残されているのが、存在感、影響力、権力のあいだの関係についての重要な問題である。アン・リスター自身は投票することができず、彼女が借地人にかけた圧力は、必ずしもつねに望みどおりの結果をもたらしたわけではなかった。[58] 公式の政治権力と制度的権力は、依然として少数の男性集団の縄張りのなかにあり、女性は言葉巧みに男性をおだて、説得や交渉を行なうことはできたものの、数多くの空間で女性には居場所がなかった。こうした排除が一八五〇年代のフェミニズムの発火点となったのである。

このようにして私たちはいま、女性の生活のより公的な側面に関しては、多様で矛盾に満ちた物語を手にしている。残念ながら、本書の最終章で検討した、家庭の場を超えた領域がかたちづくられる際にみられる男性と男性らしさとのあいだの関係には、依然としてほとんど手がつけられていない。この関係を検討するべき理由は何なのだろうか。このことを理解するためには、さらに概念的なレベルに目を向ける必要がある。

公と私——概念と使用法

社会生活を公と私の領域に分けることは、最近では知的な想像力をとらえて、理論面でも実証面でも活発な論争を喚起してきた。[59] しかし、公と私という概念は、「比喩としての豊かさ」をもつこともあり、いまだに使われ方が多様で混乱している。[60] 公と私は、西洋文化に属する多くのものと同じく、二項対立的なカテゴリーである。二元論はどれもそうであるが、一方のカテゴリーは、もう一方のカテゴリーを必要としている。[61] この意味で公と私はこの二つの用語のあいだの階層秩序的な権力関係を隠蔽しながら、自己充足的な予言として機能している。[62] 実証的根拠だけでなく分析的理由からも、二項対立的な区分にはかなりの懸念がもたれているが、公と私の区分、とりわけその亜種となる、これまで論じてきた「領域の分離」パラダイムは、依然として歴史家の関心の中心となっている。[63]

これらの用語の由来を見てみることは有益である。公《パブリック》は、その長い歴史のなかで数多くの意味をもってきた。[64] 公的なもの《ザ・パブリック》には、一般の人びとの眼に開かれ、すべての人びとにとって接近可能な社会《コミュニティ》全体が含まれる。しかし、この「すべての人びと」が意味するのが、法的あるいはしかるべき資格を有する人格であることには注意しなければならない（『オクスフォード英語大辞典』）。ここではすでに、人格とみなされていなかった多様な人びとを排除するという制限がもうけられている。この人格というカテゴリーは、一九世紀の奴隷や人種、そして女性の地位をめぐる論争の焦点となっていった。

さらに、こうしたカテゴリーのすべてに、暗黙のうちにジェンダーの意味が含まれていることはしばしば看過されている。公共性や市民社会をめぐる一般的な議論では、「ブルジョワ家族」というものが前提とされているかもしれないが、その内容は検討されないままである。(65) 公共性とさまざまな形態の男性性とのあいだの結びつきについての概念的な考察も、ほとんどなされてこなかった。公的な男性行為者が家族や世帯にたいしてもっていた重要な関係性は語られないままなのである。この沈黙にたいする例外的存在がジョン・トッシュであり、彼は家庭的性格を帯びた男性性とほかの形態のホモソーシャル性とのあいだの関係が、男性にとって本来的に緊張に満ちたものであったことに注意を促している。そのような緊張を異常なものととらえるのは領域分離論の誤読であることを、彼は強調している。(66)

プライヴェイトという単語のラテン語の起源をたどると、奪《ディプライヴ》うという意味に行き着き、それが引っ込んだとか隠されたという意味へと変容していった。こうした意味合いは、私《プライヴェイト》を個人的なもの、ないしは個人に固有のものとする近代的な使用法と一致する。私という言葉の親密で隠された側面は、内密《プライヴェイトな》の部位としての生殖器を指す婉曲語法や、身体の老廃物を排出するための壁で囲まれた場所がかつては「屋外トイレ《プリヴィ》」と呼ばれていたことにも表われている。(67) これらの意味は、近世的な私有財産の概念の周囲を取り巻くものである。公が民主的な参加を意味する一方で、私は「自分の好きに処理できる」といった支配関係を意味している。絶対的な私有財産権というレトリックはきわめて強い力をもってきたが、実際には、絶対的権利を行使することなど不可能で、そこには抑制力という道徳的要素がともなっていた。(68) 本書にみるように、こうした権利と抑制力は、男女を含む異なる個人や集団のあいだで不平等に配分されていたのである。

公と私の区分は、個人／社会、文明／自然といった二項対立と密接に関わっている。(69) 個人という概念のイメージは、時間と空間によって変わっていった。一八世紀から一九世紀にかけての中産階級にとってさえ、福音主義、ロマン主義、政治経済学の内部で、多様な個人の観念が存在した。しかし、その中核をなすのは、ほかから独立し、群れず、自律的な人間、つまり「社会や家族と対置される」自由な精神をもつ存在、超然とした単一の主体という感覚である（『オクスフォード英語大辞典』）。

潜在意識のなかで個人という概念に与えられたそのようなイメージは、とりわけ男性的なものとなる。個人という概念と女性的という概念は、なんとか窮屈そうに肩を並べるものでしかない。(70) この概念が展開するにしたがって、個人であるためには、ひとまとまりの家庭組織《エコノミー》（必ずしも近代的な意味での家族ではないことに注意）を指揮すると同時に、「たとえ販売できる財産が、市場に販売できなかったとしても、自分の労働能力のうちにしかなかったとしても、自分の財産を操る能力をもつ必要があった」。(71) こうした仕事を効率的に遂行できるように、男性的な個人は身体、さらには魂よりも精神を尊ぶ純粋理性の抽象的領域のなかへと位置づけられた。かつてヘーゲルは、それ自体の物質性から分離されたそのような男性性の背後にどのような奮闘努力が隠されているのか、また、そうした緊張関係のバランスをとるために私有財産がどのような役割を果たしているのかを認識していた。つまり、「身体が自己を規定し、その自己は自分自身を客体化するために自分個人の財産を必要とする」のである。[72]

一九世紀における女性性の本質は、それが身体のなかに位置することにあると論じることもできるだろう。ヴィクトリア時代の言いまわしでは、女性を「かの性《ザ・セックス》」と表現した。つまり結局のところ、身体と身体をめぐる環境、そして身体のもつ潜在的可能性が、法、市民社会、国家の土台となっているということである。女性は子どもと同じように、他者との関係で定義される存在であった（ある程度までは現在もなおそうである）。近代を通じて、純粋に男性的な個人主義が抱える苦悩と孤独を和らげてきたのは、私的な関係、つまり背後に寄り添い、温かい身体とはいわないまでも、温かいミルクと温かいベッドを用意してくれる母や妻（愛人）であった。[73]

このようなカテゴリーは、私たちが自然と呼んでいるものと、自然なものの理解の方法の一部にもなっている。最近の歴史研究で、とくに一六世紀から一八世紀までの時代を扱った研究は、「自然」の発展を跡づけているが、「自然」はしばしば女性的なものとみなされ、「「男がつくった《マン・メイド》」人工的」なもの、すなわち社会的なものの前提条件となっている。したがって、自然な単位としての家族は、当然私的なものに含まれるということになる。リュドミラ・ジョルダノーヴァがこの時代について記しているように、家族は個人と自然とが出会う場所となった。[74]しかし、家族のなかでのこの個人の居場所は不明瞭なままであった。一八九〇年代に心理学者のウィリアム・ジェイムズは、「男性の自己はみずからの所有と呼べるものの総体であり、自分の身体や精神力だけでなく、妻や子どもをも含む」と書いた。[75]

社会学者たちはこの数十年間、公共性に関心を集中させてきたが、最近では彼らも私的なものの検討へと関心を向けている。[76]しかし、その関心の先は性的パートナー関係や友人関係の形態をとった現在の親密な関係の多様性にあって、生殖と子どもの役割は軽視している。そのためこうした関心のなかで、家族とジェンダー関係の構築、具体的には、子ども、家族、家庭など、閉ざされた扉の背後で日常生活を営む人びとや場所は、一般論として理解され続けることになる。[77]

隠蔽という私の一要素もまた、内部と外部、公開と非公開という二項対立に関係している。これらの用語は、公と私のなおまた別の側面、つまり空間の利用法を照射してくれる。物理的空間も社会的空間も、これらの区分のなかではっきりと姿を現わし、家屋の意匠やほかの建築環境に影響を与えてきた。[78]農地や村の共有緑地、都市の街路やコーヒーハウスで時を過ごし、資格のある者はジェントリや貴族の大邸宅の開かれた広間に集っていた一七世紀の日常生活からの、ゆっくりとした変化が生じた。富裕階層の家屋では、各部屋はもはや互いに開放されたものではなく、調理、食事、睡眠は、他人を排除することのできる専用の空間で行なわれるようになった。

一八世紀と一九世紀の言語は、空間的な意味の響きをもつ。「公の」女性は逸脱的だとみなされた（この言葉は売春行為を指すものとされていた）一方で、「公的な男性」という言葉は明らかに重複的な表現であった(79)。しかし、意味というものは変化して、決してきっちりと固定されることはない。何が公で何が私なのかは、家庭など特定の物理的位置で決まる場合もあるが、また別の場面になると、それらは社会的な関係、実践、方向づけを規定する(80)。ジェンダーの規範が、実際にこうした定義のいくつかを創出することはありうる。公は、公式の経済と政体のどちらかのみを意味するものである必要はない。たとえば、一九世紀には「居酒屋《パブリック・ハウス》」［ママ］が登場した。また売春宿では、必ず女性の労働者がサーヴィスを提供しており、そこでの男性の活動は個人的な性格をもっていたにもかかわらず、客や依頼人である男性がそうした空間を公的なものと定義していたのである(81)。

身分や地位（そして、それらを支える所得）が、空間的ないし物理的な形態ばかりか、社会的な形態においてもつねにジェンダーの位相と相互に結びついていることは、依然として自明の理である。一例としてあげられるのは、公の乗合馬車や賃貸馬車ではなく、私有四輪馬車をもつことの重要性で、これは「自家用車族」という一九世紀の言いまわしに凝縮されている。この状況でも、乗合馬車のような公的な場に姿を現わすことの意味となると、男性と女性——とりわけ若い未婚女性——のあいだで異なっていたのだが。

空間とジェンダーとの結びつきがいたるところでみられるものであったとすれば、M・ジーン・ピーターソンのように、一九世紀における「唯一の真の公共圏は議会であった」と論じてみても、ほとんど何の役にも立たない(82)。政治的なものや経済的なものだけでなく、宗教的、博愛主義的、科学的、芸術的、園芸関係、スポーツ関係のものなど、多様な公が存在したのである。それらに共通しているのは、特定の人びとが、その集団のアイデンティティと地位の力で、何が公的なものなのかを決める定義上の発言権をもっており、「線引きを行ないその境界線を守るにあたって、ある者はほかの者に比べてより多くの権力をもっていた」ということである(83)。

財産の意味

これまでみてきたように、私有財産という概念は、近世ならびに近代社会の重要な特質であり、財産関係は、『家族の命運』における中心的な論点となっている。家族がほぼすべての経済的な取引の基礎であった時代には、とりわけ相続の戦略が、資本形成の主たる源泉であった。しかし、世代間で行なわれる相続の形態は、息子と娘では異なっていた。たとえば、レベッカ・ケンリックの兄は、正式な財政上の契約をすべて整えて父親との共同経営を開始した。その取り決めでは、彼は株の「買い戻し」をする必要があったが、後になれば増大した収益から恩恵を受けることになっていた。レベッカのために、彼女の父親は事業から生まれる安定した収入を分与したが、その一方で、彼女は兄弟たちのために家庭を管理し、数多く生まれてくる子どもたちの世話をし、年老いた母親の世話を行なった（一五四頁）。

一八世紀末から一九世紀初頭にかけてのイングランドの法的、社会的、文化的分析をするうえで、財産はこのように重要な意味をもっているが、それにもかかわらず、最近の歴史研究は、理論的考察や実証研究にとって価値ある概念としての財産を脇に追いやる傾向にある。社会的および経済的な関係よりも文化的および政治的な言説を強調してきたこともその一因である[84]。社会学者たちも、雇用から得られる収入には強い関心を示しているものの、財産所有については多くを語っていない。社会学者たちが注目してきたのは、本質的に人格から分離され、売買可能とみなされる技能や労働としての財産である。概して近代の論者たちは、セクシュアリティおよび／ないし生殖というかたちの財産や、そうした財産と市場との関係という問題に向き合ってこなかったのである。

このことが重大な遺漏となるのは、人類学者のヘンリエッタ・ムーアが述べているように、「財産という観念が、究極的には人格という概念と結びついている」からである[85]。所有権という点では、白人のイギリス人中産階級男性が人格をもつ存在であることは自明の理であった。女性が人格をもつ存在であるのかは、より問題を孕んでおり、女性労働の問題はもちろん、自分の身体にたいする女性の権利など多くの論争を生む素地となっていた。財産関係を考えるにあたっては、階級と同様にジェンダーについての信念も影響を与えていた。このことは、中産階級の男性たちが、いかにして自分たちが従事している仕事の否定的な意味を再定義しなければならなかったのかをみれば、明白である。彼らは、自分たちがジェントリや貴族の名誉ある富の中心をなす土地からの地代に「女性のように」依存するのではなく、流動的財産を意のままに支配している「男性的な個人である」という観点から、その再定義を行なったのである。

本書の対象とする時代には、女性だけではなく男性にとっても、財産の意味するところを構築するのは結婚であり、男性性と女性性という観念の基底にあるのも結婚であった。結婚に関するイングランドの法的定義は、どこの国よりも妻にとって厳しいもので、それは妻の地位、すなわち夫の庇護下《カヴァチャー》という原理に集約される。この原理のもとでは基本的に、結婚すると夫は妻の債権と財産権の両方を継承することになった。

結婚が中心的位置を占めるがゆえに、男性を研究する場合とは違い、女性史の研究者は、女性の立場を財産との関係で詳細に検討してきている[86]。そうした研究は、多様な時期、地域、階層、集団を扱っているが、趨勢として発展してきていることは明らかである。女性が行なっていた実際の活動の点で「通説にたいして」懐疑的な研究者でさえ、「近世から一九世紀にかけてのイングランドの財産所有に関する研究は、抑圧されたヴィクトリア時代中期に向けて、財産に関する女性の権利と地位が低下したことを示している」と認めている。[87] しかしこの時期は、機会が拡大して女性が経済活動においていっそう活発になった時代でもあるように思われる。

このような逆説的な結論が生まれる一因は、調査されている対象や、問われている問題をめぐる混乱にある。焦点があてられているのは、独身女性なのか、既婚女性なのか、それとも寡婦なのか。研究が基盤としているのは、農村なのか、工業都市なのか、自治都市なのか、首都なのか。つまりは、南東部なのか、北西部なのか。そして、遺産相続のパターンのなかで重視するのは遺言者のほうか、遺産相続人のほうか、あるいはその両方か。[88] 暮らしを満ち足りたものにするためには、独身女性や寡婦だけではなく、妻たちも日常生活でおびただしい経済活動や資金管理に携わることが不可欠だった。しかし、だからといって法的規範や慣習的規範がその力を失っていたというわけではない。エイミー・エリクソンが述べているように、「夫の庇護下の妻《カヴァーチャー》の法的地位が財産慣行に及ぼした副次的影響は、どれほど誇張してもしすぎることはない」のである。[89]

より全般的な歴史研究が示してきたとおり、女性だけでなく男性でも、大多数の人びとは、経営単位の規模を拡大したり、商業ネットワークをより広範なものにしたりするだけの資本を蓄積することはできなかったし、そのようなことに関心さえもっていなかった。しかし、結婚のもつ意味を考えれば、女性への期待と現実の双方が、女性の画策する余地を狭めていたことがわかる。たとえば、私たちが扱った時代の宿屋と居酒屋は、兵士の宿泊から教区会の会合まで、諸々の活動が行なわれる総合施設だった。そのような営みに女性の宿屋経営者や居酒屋主人が関与できなかったとする理由は見あたらない。しかし概して、女性の宿屋経営者や居酒屋主人がその地位や縁故を利用して男性のように手を広げ、穀物問屋、救貧法監督官、世論の指導者になるようなことはなかった（二三〇～三一頁）。既婚女性は「受動的」資本をもつ者の主たる例（決して唯一の例ではないが）で、少なくとも辛うじて自活していくことはできるものの、商売や専門の仕事を広げていく気はない存在とみなされていたことに変わりはないのである。[90]

世話と管理の両方の意味を含んだ信託や信託財産管理人という概念が、ここでは有益なものとなる。男女とも、信託の装置を用いて扶養家族、とりわけ子どもたちに生活の糧を提供したが、男性の利用のほうが一般的だった。最近の研究が明らかにしたところでは、広範な社会階層の出身の女性たちが財産を遺贈する際に個人的な信託を用いていた地域では、「女性たちは信託財産管理人として家族の財産を管理する力をほとんどもっていなかった」という。[91]

さらにまた、私たちが発見したように、男性にとっては信託財産管理人として行動することは、ある種の非公式の管財専門家となって血縁関係のない人びとや家族のために行動することへとつながりうるものだった。金銭的にみればさして割のよい仕事ではなかっただろうし、手間のかかる仕事ではあったが、その一方で、それは地域に関する知識の貴重な情報源となった[92]。こうした男性はまた頻繁に［非国教徒の］礼拝堂や慈善活動のような地域の団体の管財人に指名された。男性らしさを公然と誇示し利用することができたのは、とくにこうした公的な色合いの強い管財人制度のなかでのことだった。

財産権を歴史的に研究する者すべてが抱える主たる困難とは、史料の保存状況が不均等であることである。とりわけ遺言書からは、たとえば財産が生前に処分された場合、その全体像はみえてこない。遺言書を大量に分析しても、依然として意味が不鮮明なこともありうる。私たちは、女性の遺言者は男性に比べて自分たちの財産をより細かく分割し、より多くの遺産受取人へと分与し、より事細かな点まで指定する傾向があったことに気づいたが、この点は、広範な研究においても確認されてきた。女性はより広範囲にわたる人びととの関係を認め、より個々別々に違いをもたせて贈与を行なっていたようである[93]。しかし、このことは何を意味するのだろうか。実際のところ、女性は資本を生みだす固定資産に関しては、不利益を被っていたということだろうか。マキシン・バーグはそのような解釈に論争を挑み、自分が研究した女性たちは、物品に加えて不動産を実際に保有しており、むしろ具体的に「名前をあげて」遺産を残すことで家族関係を強化していたと主張している[94]。もしかしたら、こうした差異をもたせた遺贈戦略には、財産の類型とその使用法の両方が絡んでいる可能性もあるのだろうか。

多様な集団、地域、時代を調査対象とするこうした研究の精緻化は、歓迎されるべきものである。しかしながら、遺産相続に関する法、慣習、実践の基盤を考察することによってしか検討できない、より大きな問題が依然として見逃されがちである。相続に関わる制度そのものが、結婚を機に妻が夫の法的人格の一部になるという想定のもとで構築されている。通常、妻は信託制度の受益者とみなされていたが、それは多くの場合、妻の存命中のみのことである[95]。母親は、死後に他人に何かを供与することはできないことが多かった。したがって、遺言書を作成した女性の多くが、独身と寡婦のいずれかであったことは偶然ではない[96]。

一九世紀後半から二〇世紀のフェミニストたちが犠牲をともなう経験から気づいたように、女性の労働や忠誠心に加え、その資産もまた家族に役立てるものとしてはっきりと位置づけられていたという事実は、揺らぐことがない。既婚女性財産法の改正を求める最初期の原初的なフェミニズム運動のひとつが、一八四〇年代に力を集結させつつあったことは、偶然の一致ではない。博愛主義事業や家族を基盤とした大義ではなく、女性固有の大義のために醵金するという独特の活動は、一九世紀後半になるとはっきりと目につくものとなった[97]。矛盾はいたるところに存在する。寡婦たちが、単なる自活の域を超えて経済的拡大に向けて野心をもって行動していたとする研究でさえ、「独身女性や寡婦の大多数は男性ほどには豊かではなく、経済的安定性を保つことは容易ではなかっただろう」と認めているのである[98]。

財産制度には固有の根本的矛盾があり、一方では妻と子どもの管理と保護に重きを置きながら、他方では発展の余地のある経営構造の創出と維持にも便宜を与えるものであった。この点は、妻が夫の信用を担保に物を買う能力についての問題をめぐる混乱をみれば明らかである。この生活必需品の法則とは、夫〔ママ〕の地位にふさわしい生活様式を追求しうる十分な資産にたいする妻の権利のことをいう。しかし、妻が単に夫の家庭の女主人や家政管理人の地位にあるだけでなく、むしろ生産的な事業における夫の事実上の代理、さらには非公式の「共同経営者」を務めることもよくあり、実際のところ、こうした立場を区別するのは困難だったことだろう。

この問題を受けて、最近の論者は「夫の庇護下《カヴァチャー》での消費として物品を購入することは、一貫して認められていたわけではなく局部的なものであり、異論もあった」と結論づけるようになっている。[99] 新婦側の財産を夫による無分別な使用から保護するための結婚前の取り決めは、かつて想定されていたよりも広範に用いられていた。また、地元の「小額裁判所」のレベルでは、妻、娘、姉や妹［の立場にある女性たち］が個人として申し立てを行ない、究極的にはその夫が責任をもつべき負債をめぐる交渉を行なっていたことが明らかになっている。[100]

女性の財産に関する現在の詳細な研究が、慣習と機会の多様性を示してきたことは間違いない。多くのことは、どのような水準に議論が設定されているかによる。全体としての文化において、個人という概念を男性が家長を務めるという旧い考え方へと一体化させた変化によって、男性に自律を求める規範が、妻をはじめとする扶養家族にたいする責任と支配とに結びつけられていったことは間違いないのである。[101]

階級とジェンダー――私たちはいまどこにいるのか

一九九〇年代初頭、歴史研究における階級概念を概観したある論文は、「階級概念が、歴史家や社会科学者が用いる概念のうちで、もっとも有効かつもっとも問題を孕んだものであるという見方には抗いがたい」と結論づけた。[102]「問題を孕んだもの」のほとんどは、この用語自体をめぐる混乱に起因している。実証的なレベルでは、階級は体系的な構造だけでなく、個人、地位、集団、関係を意味する。理論的な面では、不平等のパターンを叙述する概念としての階級と、社会紛争や社会変動の理論としての階級とのあいだでの混乱が生じている。[103] どちらのレベルにおいても、階級を歴史的な行為体へと具体化して考えようとする傾向がみられる。

しかし、これらの多様な意味を貫くひとつの共通項が存在する。階級は、究極的には経済の次元に基礎を置いているため、生産の観点からも、消費の観点からも、市場の一機能なのである。[104] とはいえ、『家族の命運』が示そうとしたように、市場というもの自体、行為者すなわち経済人《エコノミック・マン》が合理的な個人であると想定している点で、すでに無意識のうちにジェンダーに関する前提を組み込んでいた。市場の力にもとづく社会は、金銭上の結びつきにはとらわれない諸関係、つまり道徳的秩序が働く場所を必要とした。その場所は、家族と家庭という神聖な領域の内部、理想化された女性性と子ども時代のなか以外の、果たしてどこに置かれたのだろうか。

一般の人びとが担うものであれ、研究者が担うものであれ、二〇世紀の文化はこうしたカテゴリーを受け継いできた。社会学者たちは、階級を簡単に表わすものとして所得を生みだす職業を抽出し続けてきたが、職業とは、そもそも賃金や給与が得られる領域内にしか存在しないという想定がある。職業内部の中心的な区分は、肉体労働と非肉体労働とのあいだに引かれている。ここでの暗黙の前提は、賃金獲得者が男性的な存在であり、分析の単位が、彼の賃金によって扶養される家族世帯に置かれているということである。

社会科学では職業の分析が依然として重要性をもつが、その一方で、雇用関係でさえ、エスニシティ、「人種」、ジェンダーのようなほかの要因によって構造化されうることが、いまや認識されている。さらにいえば、社会学者のなかには、仕事と仕事以外とのあいだの境界線がますます流動的になっていること、「仕事は社会意識や社会的行為を決定するうえで、もはや相対的には特権的な力をもっていないかもしれない」こと[105]、そして「市場関係のジェンダー化された性格についての意識は、「階級」状況の概念構成そのものに組み込んでいかなければならないこと」[106]を認めはじめた者もいる。

国内外での政治的発展も、集団行動の一要因として階級が突出することを抑制してきた。意識を共有する階級全体が一体となって行動するという発想から、関心の方向は転換してきたのである。いまや最大の関心事は、個々人の主観性、すなわち国籍から性的指向にいたるまで広範な位相に沿ったアイデンティティの形成過程に置かれている。市民権の付与と人権の問題が、舞台の中心に移動してきた[107]。すると、不平等についての認識は拡大し、さまざまな集団的帰属を含むまでとなった。これらの階層化の位相がどのようなものであれ、資源を得る機会、またそれに起因する生活機会の度合いは、依然としてもっとも重要なものである。『家族の命運』は、とりわけすでに論じた財産関係への注目においてこれらの議論に貢献しているが、それはとくにイングランドの文化では、財産所有が、市民権、選挙権、政治体への個々人の帰属が究極的に拠って立つ基盤であったからである。

歴史家による階級の特殊な使用法は、なおもいっそう可変的でとらえどころのないものである[108]。意識的にこの用語を定義せずに、階層構造の創出に焦点をあてる歴史家もいれば、階級の維持や階級制度の影響に焦点をあてる歴史家もいる。しばしばみられるのは、階級的な位置と自身が思っている地位や威信にもとづく序列とのあいだのズレである。私たちが当初概念化したものを含めて、ほとんどの場合、階級はもっぱら叙述的なカテゴリーとして用いられてきたが、そこには集団行動への潜在的可能性という含意がある。

精緻化の度合いが増し、より実証的な研究が進展し、外的状況が変化するにつれ、階級形成についての歴史像は崩れていっている。[109] とりわけ地方内部、さらには地域内部でも社会構造が多様であったことがよりはっきりしてきている。私たちはいまでは、自分たちの研究が地方の中産階級を十分に説明することができたとか、実際のところ、家庭生活は中産階級固有のものであったといった当初の主張を繰り返すつもりはない。歴史的な行為者によって用いられている言語により注意を払うことで、生産、市場、階級を結びつける伝統的な考え方に疑問が呈されてきた。[110] 歴史家のなかには、階級に焦点をあてること自体に疑問を抱き、その代わりに「人民」や「国制」といった別のカテゴリーに注目するようになった者もいる。[111]

しかし、そうした修正点はあるものの、一九八〇年代以降、イングランド中産階級の研究は、女性史内部での取り組みを含めてさかんになっている。[112] この文化的にも強い力をもった社会集団がそれまで研究されなかったのは、ひとつには自分たちの過去がイギリスの唯一の物語であるという主流派の歴史の想定にその原因があった。ロラン・バルトがフランス人について語ったように、ブルジョワジーは「名指されることを欲さない社会階級」だったのである。[113]

中間に位置する諸階級に目を向けたことで、歴史家たちに不安定性について教える実例ができた。[114] 近年、言語や文化に注目が集まっているせいで、中産階級を「利益をもたらす職業に従事する財産所有者集団」とする通常の理解は複雑化している。[115] しかし、こうした研究の共通点は、都市と比較的規模の大きな町に関心を集中させている点にある。ある面で、ここで前提とされているのは、中産階級が都会の自発的結社での役割とそこでの顔ぶれを中心に団結しており、そうした団体が、宗教やその他の分断を包み込む、多元的ではあるが階層秩序的なモデルを提供していたという想定である。[116] 一八世紀から一九世紀にかけての中産階級の歴史研究について論じる人びとのなかで、私たちが共同事業や家族文化を重視したことから、必然的に農場、農村地域、村落、地方都市を研究対象に含まざるをえなくなったのだと指摘した者が誰もいないことは、重大な意味をもつ。[117]

この沈黙はふたたび、ジェンダーという論点と階級分析を統合するうえでの問題を示している。デイヴィッド・キャナダインが認めているように、「ジェンダーが、歴史分析のカテゴリーとしての階級を揺るがしてきた」ことは受け入れられているかもしれない。[118] しかし多くの場合、ジェンダーは単にひとつの文化形態として取り扱われ、女性にいくらか言及することでつけ加えられるにすぎない。たとえば、「主に文化的資産を用いることで、女性は何らかの条件のもとで中産階級に参入することができた」といったように。[119] 他方で、男性だけを考察の対象とするのも、もはや有益ではない。[120] たとえば、「中産階級らしさという概念構成の前提となっていたのは、ほとんどの場合、「独立という男の尊厳」」であり、これを象徴したのが、「男性的な公共圏への扉の鍵――すなわち参政権であった」という主張のように。このような定式化は、まさに「男らしい独立」がなぜ、何のために、どのようにして生じたかという問題を見過ごしてしまうのである。

スチュアート・ブルーミンは、一八世紀から一九世紀にかけてのアメリカの中産階級に関する研究のなかで、この文化的解釈をひとつの矛盾というかたちで位置づけている。すなわち、中産階級を結びつける力となったのは個人主義であったが、それでも「中産階級らしさ」は、連帯感や家庭への愛着が滲みでるような生活様式をもとに成り立つ文化的構築物だとみなされているという矛盾である。[121] 男性性と女性性からなるジェンダー役割の全体性が理解されれば、この矛盾は消滅する。『家族の命運』は、社会的、文化的、言語的な次元はもちろん、経済的、物質的、物理的な次元にもわたる、あらゆる次元でのジェンダー関係の作動を解明しはじめたが、この作動の仕方を確認するのは、実に難しい作業である。[122]

ジェンダーと階級との結びつきから、ジェンダーのカテゴリー、意味、行動様式への一般的な関心へと焦点を移行させるとき、忘れてはならないのは、ジェンダー関係が、すべての人間関係と同じく、「実践が構造を創出し、構造が実践を規定する」という現在進行形の問題として組み立てられているということである。[123] 過去二〇年間、思想面での変化だけではなく、文化、社会、政治的な面での変化が、ジェンダーをめぐる問題を複雑化し、かつ豊かなものにしてきた。女性運動で想定されていた同質性にたいする黒人フェミニストの異議申し立ては、労働者階級の女性やレズビアンの女性からの批判とともに、エスニシティ、「人種」、セクシュアリティ、国籍、宗教、階級状況をめぐる差異という多様性の認識を促した。[124] 学術的な観点からいえば、このように理解がより洗練されてきたなかで、下位領域が相互に切り離されたままになっていることによる影響は、さらにより顕著なものとなる。[125] ジェンダー関係のもっとも根本にある特質は、こうして無視される。というのも、男性と女性、男性性と女性性といったカテゴリーがどのように構築されるのであれ、肉体的に性を付与された存在として、子どもをもうけるためには男女が一緒にならなければならないこと、そしてそこから生まれる子どもの半分は異なる性になるというわかりきった事実は、依然として揺らぐことがないからである。多くの社会では、このことから、女性と男性が少なくとも何らかのかたちで「寝食」をともにすることにもなる。家族と親族の構造が構築されるのは、この核となる部分からなのである。アイデンティティを構成する階級、「人種」、宗教、国籍といったカテゴリーのなかで、このように組み立てられたものはほかにない。逆に、それぞれのカテゴリーの内部では通常、男性と女性は互いに協力して、集団的アイデンティティを担うよう子どもたちを社会化させていくのである。

このような根底にある構築性を認識できないと、男女の関係性を考察するのではなく、二項対立を強化することになってしまう。男性性の多様な概念のみならず、男性の行為と動機は、どれほど複雑で矛盾に満ちていようとも、「ジェンダー秩序」の本質的な一部をなす。女性だけでなく男性をジェンダー関係の内部に位置づけることによって、私たちは男性の純正さと特権性とをはぎ取った。男性はもはや「無徴のカテゴリー」ではなく、しばしば主張されるように中立的で、その対として女性と女性性が定義されるというものでもなく、また自然に従った無の状態でもない。

ジェンダーの分析はまた、大きな物語《メタ・ナラティヴ》とそれらが生みだした固定化されたカテゴリーからの転換にも影響を受けてきた。この転換によって、アイデンティティの問題や主観的なものに注目が集まるようになった。個人とは、もはや統一された合理的な自己ではない。むしろポスト構造主義の批評がもたらしたのは、断片化され、矛盾した自己という観念である。しかし逆説的なことに、集合的アイデンティティがその重要性をいくらかでも失うにつれて、個人が舞台の中心に躍り出てきた。伝記や自叙伝が人気の絶頂に達していることは、偶然の一致ではない[126]。

個人に注目が集まるにつれて、身体化された存在としての人間に新たな視点がもち込まれるようになった。身体という領域は、歴史研究のみならず社会学研究にとってももっとも重要な場となっている[127]。フェミニストたちが、身体への理論的関心の最前線に位置してきたのは驚くべきことではない。しかし、こうした議論のほとんどは哲学者のあいだで行なわれ、抽象的な次元に射程を定められ、「生物学的な詳しい説明にたいする一貫した嫌悪感」が示されることになった[128]。

フェミニズム分析の初期の戦略は、男性身体と女性身体という肉体的構成であるセックスを、男性らしさと女性らしさという社会的構築物であるジェンダーから分離することにあった。これはきわめて生産的な一歩であり、ジェンダーは二〇世紀末における一般的な語彙の一部となった。しかし最近では、フェミニストもその批評家たちも一様に、自分たちの分析から物質性を完全に取り除くことには慎重になっている[129]。もっとも影響力のある理論家のひとりであるジュディス・バトラーは、より洗練されたかたちで、ジェンダーの観点から肉体的要素を読み解こうとしており、自身のかつての「構築主義が誤解を与えるものであった」と述べている[130]。

こうした洞察は、歴史家にとって資するものとなりうる。歴史学的な関心を身体生活の細部――たとえば、手と目を連動させる技術の創出と維持、食事の用意の重要性、小さな子どもたちの身体的世話など――にまで向け、それらを真剣に受け取らせることは、ちょっとした闘争であった。実際、『家族の命運』を簡単に片づけたある書評者は、見出しのなかで懐疑的に、「靴下を繕うことの重要性」に言及している[131]。こうした領域が一定の正当性を得たのが、精神分析的アプローチを使って、無意識の欲望とファンタジーの観点から解釈されるようになってからだったというのは示唆的である[132]。しかしここでも、料理、食事、掃除などの家庭内の仕事は、「精神史学的自我にとっては価値のない」、些細かつ非歴史的なものとして避けられてきた[133]。

私たちの議論は、あらゆる次元の重要性を主張するものだった。身体化とは、同時に肉体的、心理的、文化的な諸要素を意味する[134]。このなかに含まれるのは、どのようにして身体が表現され、衣服を着せられるのか、いつどこで身体が社会的舞台に姿を現わすのか、そして、どのようにして身体は束縛され、しつけられるのか、という問題である。(第8章)。一例をあげるならば、育ちのよい女性が馬の背に乗るのが「女性的ではない」ことになったのは、どのような社会的レベルで、どの時代に、どの地域でのことだったのか、という問いがある。私たちが知るところによれば、それは、とくに女性のために設計された幌つき軽馬車《フェートン》のような新たな軽量の乗物が市場に出まわるようになった時代のことだった。そうした規範は、多様な女性の生活にどのような意味を与えたのか。そして、馬の飼育と密接な関連をもった男性らしさは、どのようにして女性的な上品さとの対比のなかで構築されたのか。一三歳の商人の息子の例をあげてみると、この少年は、豪雨のなかを馬に乗って外出するのを嫌がって、地元の牧師との定例の晩餐の約束を破ってしまったのだが、その後、招待主からつぎのように冷やかされた。「君は砂糖か塩でできていて、雨で溶けてしまうと思ったのかね」(二六四頁)。

　こうした身体をめぐる意識や行動様式に、何らかの転換が生じたのは間違いない。一八世紀の習俗は、一九世紀半ばと比べ、あらゆる身体的機能についてより緩やかで自由なものだった。[135] プライヴァシー、清潔さ、身体的統制の程度の増大を求める動きは、女性により大きな影響を及ぼした。女性の性的欲求の表明は、否定はされないまでも、その場に立ち会うのは恥ずべきものとなった。これはある部分では、性的欲求を高めるものとして感情面の洗練をつけ加えた啓蒙思想の普及のためであり、またある部分では、罪と戦う福音主義の伝道活動のためでもあった。

　身体にたいする関心の集中は、セクシュアリティの議論、とりわけセクシュアリティの歴史の領域的拡大と結びついたものだった。[136] このなかでは、レズビアンとゲイの問題がもっとも重要なものであったが、トランス・セクシュアリティやその他の境界線の問題を研究することも、私たちの理解を豊かなものにしてくれた。[137] 異性愛的な行動様式に関しては、売春もしくは一九世紀後半から二〇世紀初頭にかけての既婚男女による出生率の大幅な低下という、人口動態学者を引き続き悩ませている問題に焦点があてられてきた。[138]

　『家族の命運』は、現代の私たちが性についての考え方や行動様式だとみなすものについて、多くを語るものではない。私たちのドラマに登場する歴史上の役者《アクター》たちは、そうした問題にたいしてすぐれて控えめな態度をとっていた。晩婚ではあるが多産であった彼らの結婚のパターンのみが、彼らが結婚した男女として、性的に実に活発であったことを示している。さらにいえば、私たちが使用した史料は、法廷にもち込まれた夫婦間の不和も当時のポルノグラフィの検討も含んではいないが、親密な関係についてなにがしかの解釈をつけ加えたのかもしれない。[139] しかし、この点が手薄なのは私たちだけではない。セクシュアリティの歴史を数十年にわたって研究した後でさえ、『我ら失いし世界』に登場するごく少数以外のほぼすべての人びとの性的な信条と行動様式について、私たちはほとんど完全に無知である」といったロイ・ポーターの言葉は印象的である。[140] マーサ・ヴィシーナスもまた、「性的な行動様式はあまりにも多元的で変化しやすく、絶対的な定義を行なうのが不可能であることを知る必要がある」と警告している。[141]

それにもかかわらず、一八世紀後半は確かに、セックスと性的欲求、その多様な形態、対象や影響について、熱心な「語り」がみられた時代であったようである。[142] 医学的および科学的思考の文脈では、男女はますます相互に異なるものとして先天的に決定されているとされ、男女の特徴は「反対の性」をなすものとみなされるようになった。[143] とりわけ福音主義者は、バイロンの印象的な言葉を用いれば、「あからさまな性表現《カント》から偽善的な言葉使い《カント》」への転換をもたらした攻撃の先頭に立った。[144] この図式のなかで、セクシュアリティと性的ふるまいは、少なくとも女性にとっては、ますます家庭内に押し込められるものとなっていった。セックスと生殖は、かつてなく確固として渾然一体のものとみなされ、子どもを産む役割だけに固定化されていった。男性らしさと男性の性的ふるまいは、こうした変化の影響を受ける一方で、依然としてより多様なものであった。[145]

政治面でも文化面でも、時代の空気がヨーロッパでの革命への恐怖から海の向こうの帝国の支配へと転換するにつれ、上流階級と中産階級の女性を、帝国と「本国」の双方での「他者」の奔放なセクシュアリティの対極に位置づける見方がかつてないほど強まった。すなわち、アイルランド人貧民と奴隷のどちらを軸にする場合でも、それは「野蛮」や「未開」とは対照をなす文明化された存在とみなされるようになったのである。宗教的な要請とロマン主義的な感性が結合して、教養ある男性の医学言説や法的言説のみを例外として、セクシュアリティをめぐる大っぴらな議論はその幕を下ろされてしまった。[146]

性交が妊娠へとつながるということは、男女双方、とりわけ女性にとってもっとも重大な事実であった。このことは、男性が読むポルノグラフィから文学好きの女性が読むゴシック小説にいたるまで、多様な形態のファンタジーのなかでその関係が否定されていた当時でさえ、変わらなかった。セックスとは難しいことではなく、膣への挿入と妊娠のことだった。この結びつきが、現実においても想像においても最終的に切断されたのは、ここわずか数十年間のことである。[147] 性行為を、親になることからほとんど完全に切り離されたものとみなしているのが、男性だけでなく女性も含め、現代の私たちなのである。

家族経営と仕事という概念

私たちは仕事と余暇との区分を当然と考えているが、この想定は起源をたどれば比較的最近のものであり、そこには認識されることなくジェンダー意識が染み込んでいて、歴史研究の進展を深刻なかたちで妨げてきた。とくに、ひとつの職業として有給の生産活動と男性性が同一視されていくのは、一九世紀後半から二〇世紀全体を通じて顕著にみられた特質であったが、それが緩慢なかたちでしか構築されなかったことは忘れられている。たとえば私たちは、『家族の命運』の登場人物たちが、しばしばみずからの家／家業《エスタブリッシュメント》に言及する様子をみてきた。現在の言葉の使用法から消え去ってしまった概念を解釈するのは、つねに注意を要するが、そのような言語は、生産事業体と家族／世帯との思いがけない結びつきを示している。

　しかし、家族史と経済史ないし経営史とのあいだになおも不幸な分断が存在しており、家族経営体は「近代資本主義にとって重要であるにもかかわらず、依然として顧みられない論点」のままである。取りあげられる問題は、イギリスの企業が市場に適合的で、収益性に富むものであったのかどうかという点に限定されている[148]。家族の利害が企業家の動機のなかでもっとも重要であった可能性が認識された場合でも、焦点があてられるのは企業の業績のほうなのである。しかし付言しておくと、こうした研究から導かれた暫定的結論は、私たちが当初から定式化していたものに適合している。この時代には経済および金融における制度的基盤が著しく不足していたため、「公のもとでの企業の清廉さは、公のもとでの家族の清廉さのうえに築かれていた」ことがいまや認識されている。信頼に値する信用装置が欠如していたため、根本的に道徳基準をもたない市場の動きにたいして、何らかの非市場的な制度が「状況に応じた道徳性」を担わなければならなかったのである[149]。

　こうした論争とそれによって喚起されてきた研究は、本書の初版での発見を洗練させるうえで役に立つ。概して、同族会社にとっての主たる「問題」とは、相続の問題、すなわち、創業者がもはや経営を監督することができなくなったときに誰がその後を引き継ぐのか、という問題なのである。一九世紀のイギリスでは、一代を超えて存続する企業はきわめてわずかで、ましてや三代にわたって続く企業などほとんどなかったことが知られている。こうした企業の目的は、むしろ「安全、所得、自分たちの子孫の将来の繁栄を保証すること」にあった[150]。『家族の命運』では、これらに宗教的な生活を送ろうとする努力をつけ加えたい。

　こうした目的が、事業の多角化や廃業、あるいはほかの領域への資本の移転につながった可能性もある[151]。私たちも発見したように、当時の生産過程やサーヴィスの性質からいって、「一般的にこの時期には、多少の資本を所有する人物は、ひとつの職業、ひとつの所得源のみに限定されることはまれ」であった[152]。そのような戦略が経営にとって、あるいは経済一般にとって良いことかどうかは重要ではなかったのである。

　専門職とサーヴィス業は、あしざまに言われた商業および製造業部門ほど注目を浴びてはきていない。専門職の発展についてのある包括的な歴史研究のなかでは、女性は完全に専門職から排除されたわけではなく、「養育関連の諸部門」に集中していたという事実にひとこと言及があるだけである[153]。それ以外では、知識、権力、実績と、ジェンダー、家庭、親族の関係との結びつきは、とくに男性が医療などの専門職で特権的な立場を確保する過程では、依然として不透明なままである[154]。近代の中産階級の男性文化は、商業、製造業、農業の構造や実践だけでなく、専門職にも内在するものだった。こうした結びつきの影響は、二〇世紀後半の職業文化の倫理のなかに残っているように思われる。[155]

中産階級の男性性が意味するものと、男性と職業との関係には関心がもたれないのとは反対に、[156] 女性と仕事にたいしては引き続き注目が集まっている。予想されるように、こうした研究のほとんどは労働者階級の女性に焦点をあててきた。しかし、仕事の本質をめぐる議論は、中産階級——そして上流階級——を中心とするものである。『家族の命運』が刊行されるかなり前から、歴史家は、花に囲まれてだらだらと暇つぶしに「刺繍」をするというヴィクトリア時代の有閑女性のステレオタイプに疑問を投げかけはじめていた。それ以降に刊行された浩瀚な研究は、女性が出産から人的配置、資本提供、家族の信用を維持するための舞台裏での労働にいたるまで所帯のほぼすべての側面に積極的に参加していたことを裏づけている。キャサリン・グリードルは最近の動向論文で、中産階級と上流階級の女性の大部分にとって仕事とは、子どもの世話や家政の管理のような無給の労働から成り立っていたことに同意している。[157]

それならばなぜ、上品さ《ジェンティリティ》——体裁のよさ《リスペクタビリティ》ではないにせよ——と、家族のもとにいる女性は働くべきではなく、とくに個人として賃金や給与をもらって働くべきではないという考えとのあいだの結びつきが、とくに一九世紀初頭から半ばにかけて強まったのを目にするのだろうか。「資本主義の論理」が染みわたった時代にあっては、時として家族と経営体にかなりの負担をかけながら成人女性を金銭的な依存状態に留めおくよりも、彼女たちの労働力を利用するほうがより合理的ではなかったのだろうか。人口や職業の国勢調査にもさまざまな福祉計画にもみられるように、こうした女性の配置はなぜ国家政策に影響を与え続けたのだろうか。これらの疑問は、文化史家や社会史家からも、ましてや経済史家からもめったに提起されないものである。

経済史家や文化史家が行なってきた、とくに一八世紀の消費にたいする新たな研究は、女性が自分自身の世帯だけでなく、地域社会へも積極的に参加していたことを強調している。[158] ただし、世帯内の顕示的行為の動機をめぐっては議論を呼んでいる。家庭領域への男性の関与、男性の世帯消費の独特な形態、育児への関与も調査が続けられている。[159] 注目を集めてきたほかの要素としてあげられるのは、女性がしばしば宗教的な枠組みのなかで、慈善や博愛主義活動を通じて家庭内の活動を拡張したことである。「領域分離」をめぐる論争のなかで述べてきたように、こうした奉仕活動のなかには、貧民や病人の訪問、日曜学校その他での教育、資金調達が含まれていた。[160] 女性は家政を預かる者として、もてなしを通じ、あるいは政治的ないし宗教的目的のために商品の不買運動をするといった「選択的取引」によって、社会的承認［の機会］を利用することができた。どちらかといえば、そうした企ては、一八世紀から一九世紀にかけて規模も頻度も増大したのである。[161]

多忙な日常生活の多様で魅力的な物語とその詳細を数多く掘り起こしたからといって、女性の労働力への参入が劇的な拡大を遂げたことについての現代的関心に応えるという課題から逃れられるわけではない。こうしたきわめて多くの研究の背景に潜んでいるのは、中産階級の女性が「働いて」いたのかどうかという問題である。日記や書簡のいたるところで、子だくさん、低水準の家庭環境、病気の苦しみ、金銭的不安について記されていることを考えれば、これは上から見下すようないくぶん滑稽な質問である。新たな研究が出現するにつれ、ますますはっきりしてきたのは、女性が二〇世紀末の意味で「働いて」いたのかという問いかけは、仕事という概念がすでにあまりにも深くジェンダー化されているため、引き続き研究を妨げるものでしかないということなのである。(162)

本書が対象とする時代には、女性も男性も似たような関心、才能、技術をもっていたのかもしれない。しかし、幼児期から道具や建材の玩具で遊んでいた息子は、たとえば自然に家業の冶金業の仕事に加わることになっただろう。その一方で、本書に登場するバーミンガムのある鉄工親方の長女は、実用的発明の才があり、自宅の居間の暖炉の隙間風を減らして石炭を節約する方法を考案し、独自の型板を使うまでになったのに、彼女の活動はそこで止まってしまったのである（二四〇頁）。

『家族の命運』では、生産活動における男性の管理業務の発展が描かれ（第5章）、中間層のさまざまな水準にある女性の日々の務めが記録されている（第8章）。こうした女性は、鋤、鉄床《かなとこ》、織機よりも会計簿やペンを好んだ男性と同様、骨の折れる労苦を疎んじた。しかし、こうした女性が肉体労働とどのように関わったのかは、男性の場合ほど明らかではなく、現在もそれは変わらない。ここで湧いてくるのは、つぎのような疑問である。子どもの身体的な世話がその知的および道徳的な発達と深く結びついている時期に、子どもの世話をどこまで階層や文化の違う他者に任せてよいものなのか。養育者や世話係としての女性の役割が、女性的なアイデンティティにたいして依然として影響を与えているなか、食事の準備、調理、食卓の支度についてはどうなのか。(163)

こうした混乱のなかでしばしば見過ごされているのは、きわめて多くの女性の「生活機会」が、家族や親族ネットワークの内部にいる他者との関係に左右されていたさまである。料理、裁縫、育児などの女性にふさわしい技能は、大人の女性が少女たちに教えなければならないものだったが、それにもかかわらず、女性ならば誰でも、ほとんど生まれながらにそなわった能力として相も変わらず認識されている。そのような技能が広く利用可能であったということは、すなわち、団結して稀少性を生みだすことが、女性にはほとんど不可能だったことを意味する。同時代人でさえ、針子が惨めな階級であるのと同じ理由で、ガヴァネスを窮乏した蔑まれる集団であると認識していた。女性は誰でも多少は読み書きや裁縫ができたため、窮乏状態にあって教育を受けていない女性はみな針子になり、教養を身につけた（あるいは半ば教養のある）女性はみなガヴァネスとなったのである。(164)

さらにいえば、家族関係の構造と国家の構造とにより、中産階級の女性は「職場封鎖」のための重要な資源を欠いていた[165]。より多くの活動が公式の労働市場のなかへと移動していくと、この状況によって生みだされた性別分業は、多くの男性に明らかな優位性を与えた。賃金を稼ぐという汚名が女性らしさだけでなく身分の観念をも毀損することになった時代には、「良家の出身でありながら貧困化した若い独身女性の選択の幅は、極度に制限されたもの」となった[166]。窮乏化した妻、母、寡婦については言うまでもない[167]。

家族、世帯、親族関係

『家族の命運』は、一九六〇年代の新しい社会運動、とりわけフェミニズムの遺産のもとに執筆された。これは、問題にされてこなかった家族生活の性質に多くの人びとが疑問を呈しはじめていた時期であった。その後の歳月のなかで、家族史の内部では、核家族を基本とみなす正統的見解は、いまだに影響力があるものの少しずつ崩されてきた。アイデンティティにたいする一般的な関心が開花して、核家族を超えた家系の調査が行なわれるようになった。神話と儀礼についてのジョン・ギリスの研究にみられるように、文化的な信仰や実践への注目はとりわけ革新的であった[168]。それにもかかわらず、歴史人口学者は、当然のものとされてきたカテゴリーをなかなか手放そうとはしない。［家族史と歴史人口学という］二つの付随的な学問領域の両方が、正確には何をそれぞれの研究の焦点としているのか、つまり世帯なのか、「家族」のさまざまな組み合わせなのか、それとも個人なのか、という点を見通した考察に失敗していることが、依然として深刻な問題である[169]。

二〇世紀末の西洋社会において、とりわけ結婚からの撤退と新たな生殖技術がもたらした波紋とともに家族関係が実際に解体したことで、私たちはみなある程度まで、かつての固定的な観念の再考を余儀なくされてきた。ごく最近では、歴史上の行為者が家族関係を指して使う言語にも注目が集まり、家族や親族を指す用語そのものの複雑で矛盾した性格が明らかになっている[170]。

一人か二人の子どもしかいない家族が普通となって数世代を経た私たちは、平均して六〜七人、なかにはしばしば一二人以上もの子どもがいる家族の組み合わせを、どのようにして身近に感じることができるだろうか。こうした大家族に育った人びとは、独特の子ども時代を過ごしただけではなく、大人になっても、今日では耳にすることもないような濃密な関係のネットワークを築きあげた。規模の問題は別として、対象とする二つの地域の史料からは、ある家族のもとに生まれた二人の兄弟がまた別の家族の姉妹と、あるいは兄妹が姉弟と結婚し、こうして二重の姪、甥、おば、おじ、いとこ、孫、祖父母が生まれるパターンがわずかながらみられる（一六三頁）。

近世には、国家権力の発展と家庭生活の称揚とが相まって、親族関係が重視されるようになったが、そのなかには私たちも家族関係と認識する関係もあれば、そうでないものもあった[171]。一七世紀の民衆の日常生活は、「多様な家族」のなかで営まれていたということができるだろう。[172] 本書が対象とする時期までに、家族は依然としていくつかの異なる意味を担い、多くのレベルにわたって機能していた。[173] ナオミ・タドマーが一八世紀の中間層について明らかにしたように、たとえ婚姻で結ばれた夫婦が存在しなくとも、また独身の個人が奉公人か徒弟と、もしくはその両方と暮らしているだけの場合であっても、世帯そのものが家族とみなされることもあったのである。

しかし、家族は、名門の血筋を包摂する場合もあった。この意味での家族は、特定の場所に固定されたものではなく、むしろ出生と結合によって名望を得るための方法であった。出生と結合のどちらの意味にも、財産との関連で考察してきた男性的な権威と所有という含みがある。家族ないし世帯には主人がおり、その主人が公式の意思決定者であり、また構成員に資源や報酬や処罰を与える権限をもった契約上の指導者であった。一九世紀の官僚業務の世界では、とりわけ国勢調査の確立にともない、この立場は「世帯主」に変質していった。このカテゴリーは通常、そう呼ばれうる人が誰もいなければ、最年長の男性居住者であると想定された。由緒ある家柄でも、母系の血統は非公式には認められていたものの、家長は同様に最年長の男性と関連づけられた。姓はほとんどつねに男系の血統を通じて継承された。

私たちが研究のなかで思いがけなく発見したのは、友人関係の突出した性格と意味、そして友人と家族との関係である。タドマーが明らかにしているように、友人とは、同志、伴侶、後援者、保護者、雇用主、その他の社交仲間である可能性があった。[174] しかし友人がいとこ、兄弟姉妹、さらには夫婦など親族である場合もあった。このような友人関係の観念には、重い義務がともなっていた。期待が実際の行動の範囲を越えることもあったものの、友人関係は、物質面および感情面の支援のかけがえのない源泉であった。少ないながらこの論点に払われてきた関心からすると、経営や公務のなかで築かれる友人関係は、もっぱら男性同士のものであったようである。[175] 一九世紀半ばには、友人関係に何らかの意味の変化が生じつつあった。それにもかかわらず、とりわけより権力をもつ者とその下位にある者とのあいだでのサーヴィス交換の一形態として、友人関係は、個人の幸せにも広範な社会の安寧にも貢献し続けた。[176]

歴史家は、家族や友人関係を指す言葉がいかに多様な意味をもち、このことがどのような結果をもたらしうるのかを、ようやくいまになって認識しはじめたばかりである。たとえばジョン・シードは、中産階級の人びとにとって、「親族、つまり財産をもつ兄弟関係やいとこ関係というものが、諸個人や多様な形態の資本を利益共同体へとまとめあげる内部構造のひとつをなしていた」様子に注目している。[177] こうした独特な関係は、財産をもたない人びとのあいだでは、ほとんど利点がないだろう。こうして、いつどのようにして、近世の「他人からなる家族」から、いまなお活気ある歴史研究の領域となっている標準的なヴィクトリア時代の家族への転換が生じたのかという、時期についての難題が生まれることになる。[178]

私たちがもつ二〇世紀末の先入観を拭いさるためには、想像力のひときわ大きな飛躍が必要となる。家族／親族／友人／世帯／家庭は、仕事、政治、ほかの諸制度といったより公式的な関係がつくりあげられる坩堝であった。それらの結合関係が決して完全には解体されることがなかったことを、私たちは認識しはじめているのである。(179)

結論

『家族の命運』が刊行されてからの一五年間、私たちの世界観は、その座標軸を転換させてきた。西洋社会とその歴史、とりわけイギリスの位置づけは、より自己省察的なものとなってきた。私たちが世界を認識し考察するときに使うカテゴリーもまた変化してきた。私たちはいまや、カテゴリー内部の差異を認識しているし、「多様性、多元性、差異、複雑性」という要素は、有意義な出会いをもたらすものとして歓迎されている。(180)

家族そのものは、もはや一枚岩的な実体というより、進行中の一連の実践や期待とみなされているかもしれない。(181) こうした見方によって、私たちは人びとを、それ自体が絶え間なく変容する制度の内外で、いくつかの関係のあいだを移動していくものとしてとらえることができる。しかし、だからといって、解釈しようとする試みをすべて断念しなければならないわけではない。そのような理解は、固有の場所と時間に根ざした固有の社会関係の性質についての特定の主張との関連で、生まれるものでなければならないのである。

こうした視点の転換は、ある部分では本書のような研究によって引き起こされてきた。ある社会学者が認めているように、「フェミニズムの立場からの実証的研究は、既存のアプローチにたいして大きな挑戦状を叩きつけている」。(182) しかし、挑戦を受けることは、学ぶということである。研究の過程で私たちが発見したのは、本書で役割を与えられた登場人物たちが、私たち自身と同じく複雑で矛盾した考え方と行動様式を示していることだった。だからこそ、依然として彼らは私たちに貴重な教訓を与えてくれるのである。

エセックス州ウィヴェンホー
二〇〇二年一月三一日

私たちは、有益な提案をしてくれたことにたいして、サリー・アレグザンダー、デボラ・チェリー、ノーマ・クラーク、ミーガン・ドゥーリトル、エイミー・エリクソン、ジャネット・フィンク、キャサリン・ホールデン、アリソン・ライト、バーバラ・テイラーに、編集協力にたいして、キャサリン・ウィルに、またとくに、この原稿を注意深く批判的に、協力を惜しまず読んでくれたことにたいして、ダイアナ・ギティンスとマーサ・ヴィシーナスに感謝したい。

原著第三版に寄せて――二〇一八年の『家族の命運』

ふたりよれば文殊の知恵

『家族の命運』は、多年にわたる共同研究であった。レオノーアと私は、一九七八年から八七年にかけてともにこの仕事に携わった。二〇一四年一〇月にレオノーアが亡くなるまで、私たちはずっと親しい友人だった。彼女の死の直後、ラウトリッジ出版社は新たな序文を付した第三版の刊行を提案してくれた。それがレオノーアへのふさわしい手向けになると私たちはみな思ったのだ。悲しいことに、私はこの序文をひとりで書かねばならなかったが、レオノーアの独特な意見と考えを書きとどめようとした。二〇〇二年に、私たちは一緒に第二版への新たな序文に取り組んでいた。それは詳細な書誌情報を含んだ小論で、一九八七年以降に刊行されていた新たな研究との関係で私たちの発見について論じたものだった。私はこの序文をやや違った個人的な観点から執筆することにした。つまりこの序文を用いて、『家族の命運』に向けて調査をし、執筆を行なっていた時代について、また私たちがしようとしていた議論について、考えをめぐらせる機会としたいのだ。[1] あわせて、いくつかの新たな研究についても若干の考察を行ないたい。

私が最初にレオノーアに会ったのは、一九七三年のことだった。その後すぐに、私たちの協働作業が始まった。彼女は私より一四歳年上であったが、当時はどちらも研究職に就いておらず、感情の面でも知的な面でも、ともに家庭と家族のことで頭がいっぱいであった。彼女は一九五〇年代に合衆国を離れて、イギリスの社会学者デイヴィッド・ロックウッドと結婚し、ロンドン大学政治経済学院（ＬＳＥ）で既婚女性の雇用についての重厚な修士論文を執筆した。これは一九五〇年代の男性研究者たちから真剣に取り上げられないテーマであった。左翼の研究者は、それを生産的労働とはみなしていなかったからである。既婚女性の雇用問題についての研究を進めるなかで、彼女はエドワード時代「ヴィクトリア時代に続く二〇世紀初頭の時代」とヴィクトリア時代の文化が女性の生活にどれほど長く暗い影を落としているのかを認識するようになっていた。三人の子どもを出産したことで、彼女はかなり長い期間にわたって学究生活から離れることになった。専業主婦、母親、ケアの担い手としての自身の経験から、彼女は「分業、つまり労働の世界と家庭の世界とのあいだで、時間、空間、目的、報酬の概念が根本的に異なっているようにみえた」点について深く思案し、「そもそもこの分離はどのようにして起こったのだろうか」と考えるようになった。[2] 彼女は、みずからの社会学的な素養を家族と賃労働についての歴史的問題へと向けはじめたのである。一九七三年に刊行された『最上の社交界』は、ヴィクトリア時代からエドワード時代にかけてのイングランドの家庭管理に関する幅広い研究の一部として計画されたものだった。社交界の広範囲にわたる儀礼は、社会生活と家庭生活を統合するためのひとつの仕組みであり、社会、経済、政治の世界で発生しつつあった大規模な変化に対処するひとつの方法であったとレオノーアは理解した。この最初の著作に続いて、レオノーアは家内労働に関する一連の画期的な論考を発表した。それらの論考はつねに、ブルジョワ文化の闇である汚れ、重労働、肉体的な骨折り仕事とともに、家庭内の生活に注意を払うものだった。[3] なぜ中産階級の女性は家庭のなかに閉じ込められたのだろうか。なぜ多額の費用をかけて使用人を雇ったのだろうか。なぜ使用人は、物事を清潔に保つ労働のためというより、家屋の正面を取り繕う体裁のために雇われたのだろうか。このことを説明できる「合理性」の論理とはいかなるものなのだろうか。なぜ労働史家は家事労働を無意味だと考えたのだろうか。男性の血と汗と涙だけが重要だったからである。ジェンダーと階級のもつ象徴的な側面、組織的な側面、物質的な側面へのレオノーアの関心は、「合理性についてのもっとも偉大な研究者」であるヴェーバーから広範なフェミニストたちにいたるまで、さまざまな思想家から影響を受けていた。[4] 資本主義が発展するにつれてイングランド社会は再編されていったが、彼女は分類化とカテゴリー化をこの過程に不可欠なものとみなした。男性らしさと女性らしさ、労働者階級と中産階級、清潔と不潔のあいだにみられるような厳密な二分法が権力関係を構造化して、日常生活の行動のなかに立ち現れたのである。一九七〇年代中ごろに彼女はエセックス大学の社会学部に教員として加わり、そこが彼女の生涯の研究の拠点となった。しかし、みずからも十分に認めていたように、彼女の著述活動に決定的に重要な活力を与えていたのは女性解放運動との関わりであり、それが彼女を権力の問題へと直接的に向かわせることになった。[5]

私の自己形成は、かなり異なるものであった。急進的な非国教徒の家系に育った私は、多くの同世代の人びとと同じく、核戦争の脅威から深い影響を受け、一九六八年の学生運動によってさらに政治化されていった。最初の子どもが生まれたのち、私は中世貴族に関する博士論文の提出を断念して、女性解放運動に深く関与するようになった。女性史やフェミニズム史学の新しい潮流の多くが、社会主義との対話を行なっていた。階級という言語は、一九世紀の初頭以来、急進主義や社会主義の言語と密接に絡まり合いながら、左翼の政治における支配的な言説を提供していた。これは一九七〇年代、つまりサッチャリズムの影響によってイギリス政治の性格が根本的に変化するより前の時代のことだった。階級という言語は、産業資本主義と近代の特異性を明確に表現するために用いられていた言語であった。つまり階級社会の発展は、工場制手工業《マニュファクチャー》や近代工業への移行と決定的に結びついたものとして理解されていたのである。

その当時、階級は、歴史家、社会学者、人類学者にとって鍵となる分析上のカテゴリーであった。階級の定義や意味は、マルクス主義だけに起源をもつわけではなかった。だが、一九四〇年代から五〇年代にかけての学界や大学で周縁化されながら、急進的で批判的な歴史家たちのあいだで支配的な地位を占めるようになったのは、ロドニー・ヒルトン、クリストファー・ヒル、エリック・ホブズボーム、エドワード・トムスンといったイギリスのマルクス主義の歴史家たちであった。一九六三年にエドワード・トムスンの『イングランド労働者階級の形成』が刊行され、社会史の叙述に絶大な影響を与えた。この書物は階級の形成に関するものだった。トムスンによると、「階級は太陽のようにある決まった時刻に立ち現れたのではない」。「みずからを形成するなかで現れ出た」のであり、また、政治的および経済的に構成されたのと同じくらい、社会的および文化的にも構成されたのだ[6]。この書物は、「自分たちのあいだの、そして支配者や雇用主と対立するものとしての利害の同一性を感じるようになった」労働者階級の勃興を描きだし、独特な労働者階級文化の発展を跡づけたものである[7]。階級は、産業革命に関連した経済組織や社会組織の変化という文脈や、人びとがそうした変化にどのように反応し、そこからどのような意味を引き出したのかという文脈のなかで出現した。マルクスが記したように、「人は自分自身の歴史をつくる。しかし、それは人の自由な意志によるものではない。みずからが選んだ環境のもとではなく、直接的に対峙する所与の受け継がれた環境のもとでつくるのである」[8]。

一九七〇年代半ばにレオノーアと私は、中産階級の家族と資本主義についての大規模な研究を計画しはじめた。初期のイギリスのフェミニズム史学は、民衆史、ヒストリー・ワークショップ運動、社会主義史学、「下からの歴史」の示した実例に刺激され、労働者階級の女性の生活に焦点を合わせる傾向があった。私たちの計画は、イングランドの中産階級を対象に選んだという点で、異例なものであった。私たち自身の社会的立場は、中産階級であり、研究者と結婚をし、高等教育を受け、［コルチェスター近郊の］ウィヴェンホーとバーミンガム郊外に居住するというものだった。しかし、レオノーアはアメリカ人で、ユダヤ系移民の出身であり、私はジャマイカ人［スチュアート・ホール］と結婚していた。この一種の転位［通常の場所からの逸脱］のようなものが、ブルジョワ家族の形態についての私たちのフェミニズム的疑問を醸成していったのだ。

すべての歴史書がそうであるように、『家族の命運』も、その時代の産物であった。その野心的な目的は、社会的および歴史的な分析におけるジェンダーの中心的役割を確立することにあった。つまり、男女の生活が単に異なっていたさまを描くだけではなく、ジェンダー化された思想と実践がいかにしてイングランド社会の諸側面を再構成していたのかを示そうとしたのである。私たちの意図は決して、ただ歴史のなかに女性の居場所を取り戻すことだけではなかった。それ自体は重要な仕事であったが、私たちの目的はむしろ、社会における支配的勢力としての中産階級の勃興について、新たな歴史を書くことにあった。ジェンダーが社会における重要な権力の基軸として、どのように経済、社会、文化を構造化するうえで重大な役割を果たしていたのかを適切に評価したいと考えたのである。このことが意味するのは、女性だけではなく男性をも対象とすること、つまり女性らしさだけではなく男性らしさをも分析するという、当時としては新しいアプローチであった。

　分析用語としてのジェンダーは、女性と男性の生活についての歴史学的ないし社会学的な疑問を投げかけるひとつの方法であったが、この概念が登場するまでには時間を要した。こうした二項対立を批判するまでには、さらに長い年月を要することになった。女性［解放］運動の初期に私たちは、女性の経験を理解すること、集合的な声を見いだすことに関心を抱いており、やがてそれらをフェミニズムの声と呼ぶようになった。「意識覚醒《コンシャスネス・レイジング》グループ」という、定期的に会合をもって自分自身について語り合う女性の小集団は、女性であることが何を意味するのかという問題に関心を集中していった。女性らしさをある面で社会的に構築されたものであると考えることには、どのような意味があるのだろうか。このことは、私たちの身体とどのように結びついているのだろうか。［これらの問いを立てることで、］たとえば、母親であることにともなって経験する困難は、必ずしも個々人の失敗ではなく、母親であればどう考え感じるべきかについての支配的な因襲と結びついていることを認識するのである。男性が家庭内の責務を拒否したり、他人の必要よりもみずからの必要を優先させたりすることにたいして、女性たちが共通して不満をもっていると知るようになるまでには時間がかかった。女性たちは、怒りや失望の共通の原因を発見して、語り合い、ものを書きはじめ、運動を開始した。文学研究者、人類学者、社会学者、歴史家、活動家などが生みだす小冊子、書物、論説の山は、過去と現在の女性の生活についての問いを設定し、その証拠を集めた。私たちは、女性の生き方を描写するなかで、こうしたパターンを説明するための概念的な言語を発達させ、理論的な道具をつくりあげた。過去の女性の生き方を明らかにすることは、ヨーロッパや合衆国の歴史家たちの想像力をとらえたが、そうした歴史家たちのなかに含まれていたのが、シーラ・ローボタム、アナ・ダヴィン、サリー・アレグザンダーであった。間もなくイギリスのさまざまな地域で最初の女性史の成人教育課程が開設された。女性史を書くことが男性について考えることをも意味するという認識は、必ずしも全員に歓迎されたわけではなく、女性史はそれ自体として独自のテーマであり続けている。

　フェミニストのなかには、分析カテゴリーとしてのジェンダーを肯定的に論じはじめる者もいた。ジェンダーは関係論的に理解されるべき概念であり、人びとのあいだの階層秩序を構造化するひとつの方法であった。[9] 一九七三年に執筆され、ごく最近になって刊行された草稿のなかで、人類学者のマリリン・ストラザーンは、ジェンダーをつぎのように定義している。彼女によれば、ジェンダーとは境界線と関係性のモデルを提供することから、名詞に見せかけた動詞なのだという。ジェンダーは、ほかの社会的諸カテゴリーを通じて思考し、それらに介入し、さらに実際には、それらの諸カテゴリーと接合していくひとつの方法である。そしてジェンダー関係は「社会の組織化と、その両義性ないしは解体の両方を指し示す機能をもつ」ことを、彼女は明らかにした[10]。研究の計画段階で私たちが狙いとしたのは、ジェンダー化された主体がいかにして、性別ごとのアイデンティティをもつ点でも、階級ごとに分けられた場所に位置する点でも、つねに歴史的に特有なものとして理解されなければならないのかを論証することであった。男性らしさと女性らしさは、本質的なものではない。むしろ言説的に構築されたもので、時間を通じて変化する。男性らしさは、一九世紀初頭にそうであったように、女性らしさの対立概念として理解されており、備忘録でよく引用される「そびえたつ松と絡みつくブドウの木」がその表現であった。しかし、ある時代の因習が、別の時代における破滅を促すこともある。固定観念《ステレオタイプ》というものは、異なるかたちで位置づけてみることで、つねに解きほぐされるのかもしれない。ハナ・モアは「領域分離」の創出に貢献すると同時に、それを女性のための要求を行なう基盤として用いた。ヴィクトリア時代初期の「家庭の天使」という観念は、フェミニストたちに刺激を与えて、教育や雇用にたいする権利を主張させた。このような議論は、現在ではよく知られているが、一九八〇年代にはきわめて論争的な性格をもち、それらを使ってものを考え、内面化することは困難な仕事であった。たとえば、公と私、ないしは「領域の別」を明示するということは、時空間のなかでその意味を固定することではまったくなく、そうした分断のもつ流動性へと関心を向けることなのだと理解することは難しかったのである。

　私たちは、調査を行ない、本書を執筆するなかで、自分たちが近代イギリス社会の発展に関する「大きな問題」を提起しているのだと考えていた。この問いは、詳細な歴史研究によってのみ答えることができるものであったが、宗教、階級、資本主義に関するマルクス、グラムシ、古典的社会学への関心からも影響を受けていた。私たちの事例研究は、ジェンダーをあらゆる歴史的変化の理解にとって決定的な意味をもつものとして位置づけることで、新たな分析への基盤を提供しようとした。女性史とフェミニズム史学は、いまだに細かすぎて地域限定的で訓詁学的《テクスチュアル》なものだと考えられ、「大きな歴史像」を描くのは男性に任せきりだとみなされる傾向にある。ジェンダーの歴史的作用を証明することは、真に根源的な《ラディカルな》変化をもたらす企てになると私たちは信じていた。私たちは、歴史を「ジェンダー化」したかったのである。

　階級とジェンダーを、構造やイデオロギーとの関わりで再構成される生きられた実践として理解しようとするなかで、私たちは二つの「地域の」事例研究を研究の基盤に据えることにした。レオノーアは、いくつかの市場町がある農村地域のイーストアングリアを対象として、中産階級が都市的なものであったという発想を検証しようとした。私は急速に拡大しつつあった工業都市のバーミンガムを研究した。この文脈でジェンダーに関する問いを発することは、この当時の中産階級の男性と女性であることが何を意味するのかを問題にすることであった。私たちは研究の戦略を練り、ともに探究すべき題材とテーマを決定した。私たちの史料は、人口動態を研究するための遺言書と国勢調査史料、あらゆる種類の家族文書、地図、地方新聞、団体の記録、教訓的な出版物、小説、詩、随筆や定期刊行物、業務記録など、広範囲にわたっていた。私たちは定期的に会い、自分たちが見つけた史料にたいする情熱を共有し、互いのために数え切れないほどの報告を書き合った。執筆段階に入ると、責任分担を行ない、地域ごとの史料をまとめ、絶え間なく草稿を交換した。それは骨の折れる作業であった。コンピュータの時代よりも前のことだったのでなおさらである。私たちは、商人、製造業、農業経営、専門職の家族の史料をもとに詳細な叙述を展開し、三つの主たるレベルで作業をしたが、それが本書における相互に密接に関連し合う三部構成となった。家庭、家族、財産、経営体、信仰はすべて、特定の人びとによって、特定の場所で、特定の時代に生きられた生活の一部であった。「宗教とイデオロギー」では、中産階級の男女の信仰と宗教的実践を探究し、「経済構造と経済機会」では、家族「経営体」の構造と組織を論じ、「日常生活――作動するジェンダー」では、彼らがつくりだした日々の慣習と制度を明らかにした。「家族」と「文化」は、いずれも鍵となる用語であった。「家族」とは、歴史的にも人口動態学的にも「この時期の中産階級に」特有なものとして理解されている。つまり、親類のネットワークからなる大規模家族で、親族が経済的、情緒的、共同的な生活の場となって、多くの矛盾や緊張関係を内包しながら、物理的および社会的な再生産を行なう場所としての家族である。現在では言説を通じて構成される包括的な言語、思想、象徴、物質的実践として考えられるであろうものが、私たちの探究において中心的な位置を占めていた。「文化」とは、レイモンド・ウィリアムズの定義によれば、生活様式の一部であり、それは、教会や礼拝堂から建築環境まで、郊外住宅や庭園から社交集会場や穀物取引所などの公共空間まで、世紀転換期のぴったりとした半ズボン《ブリーチ》からヴィクトリア時代の紳士の背広までを含む、信仰、制度、慣習なのである。一八世紀後半から一九世紀初頭という、私たちが対象とした特定の時代は、産業化、都市化、人口増大、革命的騒乱、戦争、改革、市場経済、自由貿易の時代であった。それは、政治、社会、経済の混乱や日常生活の危機にたいする恐怖が絶頂に達した時代だった。変化の規模の大きさは、それにともなう分類化と秩序化への特異な願望をもたらした。つまり固定化と安定化をもたらしうるいくつかの範疇や階級へと、世界を分節化する試みである。利用した史料の性質ゆえに、私たちは必然的に何世代にもわたって存続した家族、とりわけ、さまざまな種類の記録が文書館に残されていた家族について、より多くを語ることになった。クィアであれ異性愛規範にもとづくものであれ、セクシュアリティ、非嫡出、夫婦間暴力、離婚は、私たちが使った史料のなかにはごくわずかにしか登場しなかったが、今やそのすべての領域で史料が掘り起こされている。

本書が展開したのは、階級はつねにジェンダー化され、ジェンダーはつねに階級化されていたという議論である。ジェンダーは、近代イギリスの発展を理解するうえで、階級と同じく決定的に重要な分析の道具であった。階級と同じように、ジェンダーは抽象的な論理的格子ではなく、歴史的につくりだされ、社会的実践のなかで登場したカテゴリーである。ジェンダーについての問いを発することは、この時代に、こうした場所で、ひとりの男性や女性であることが何を意味していたのかを問うことであり、また相互依存と不平等という、複雑で時として敵意に満ちた関係性について検討することである。どのようにして独立した男性、つまり行動しなければならない男性、自律的な個人という理念が登場してきたのだろうか。どのようにして従属というものが、女性の自然な状態として理解されるようになったのだろうか。女性たちは子どもを産んだが、結婚、母性、仕事の意味内容は、すべて変化しうるものだった。仕事、家屋、家庭にたいする男性の関係に、自然なものは何も存在しなかった。母親や姉妹、妻や娘による無報酬の労働に依拠した家族経営体は、経済生活の心臓部に位置していたが、公私の分断、つまり現実にはつねに掘り崩されていたが、家庭の世界と公的世界の双方を体系づける原理となっていた分断は、思想的にも日常生活の物質面でも、本書の対象とした時代にますます重要な意味をもつようになった。当時の言語でいうところの「領域分離」とは、女性と男性のあいだに引かれた不動の分断線ではなかった。むしろ、それは特定の歴史的契機から生まれた強力な言説であり、個人の生活にも、社会や政治の世界にも、都市、家屋、庭園などの建築環境にたいしても、長らく影響力をもっていた言説であった。「領域分離」が果たした作用とは、世界を組織化し、権力関係を認識し、多様な可能性を想像するほかの方法を「忘却し」、消去することにあった。もちろん、現実の生活は、そうした枠組みには収まりきらなかったのだが。女性にたいする男性の依存関係も、家族経営体にたいする女性の貢献も、同じように目につかないように隠され、受け入れられやすい枠組みのなかにふたたび回収されていった。『家族の命運』は、個々の男女の複雑な生活を詳細に描写することで、一八世紀後半から一九世紀初頭にかけての変化の物語、世代を超えて人びとが属したひとつの階級の物語を語ろうとしたのである。

三〇年がたった今、歴史をジェンダー化するという物語と同じように多くのことが変化したが、多くのことは依然として変わらぬままとなっている。私たちは男性と女性という二項対立の形成について論証したが、二項対立の解体については論じていない。私たちは、中産階級の男性らしさと女性らしさが独特の形態をとっていたことを認識したが、ほかの階級も探究してそうした認識に達したわけではない。私たちは、「人種」、国民《ネイション》、帝国の問題には注意を払わなかった。今であれば、「ひとつの」階級ではなく、諸階級や階級内の小集団、「中間層《ミドリング・ソーツ》」について記述するだろうし、階級的帰属の境界線についてあまり決定的なことはいえないだろう。歴史の原動力としての階級闘争は信頼性を失っており、もはや政治的忠誠心を説明するものとみなされていないが、経済的および社会的カテゴリーとしての階級は、依然として重要性を失っていない。国内的にもグローバルにも拡大する現在の不平等が、階級を政治的および分析的な関心の対象へと引き戻したのである。[11] 資本主義もまた、冷戦の終焉と自由市場の覇権の時代に有効性を失い、経済史はしだいに対象を狭隘化させ、技術中心の方法論をとるものが多数になっていった。産業資本主義の発展をもたらした一八世紀後半から一九世紀初頭の時代に関する研究も衰退した。その空隙を埋めるものとして、一八世紀の研究、産業化の長期的歴史についての研究、消費主義、奢侈、啓蒙についての研究が盛んになった。現在生きている人びとの記憶のなかでますます優位を占めるようになった二〇世紀という時代もまた、かつてないほど研究者の関心を引いている。ヴィクトリア時代に生まれた先祖たちが亡くなっているため、二一世紀初頭の家族形態は、もはやヴィクトリア時代の残響をそれほどとどめていない。幸運なことに、資本主義の歴史は今ふたたび叙述されるようになっているが、これは二〇〇八年の金融危機の結果であり、また資本主義の発展段階のもっとも新たな位相である新自由主義と二〇世紀型および二一世紀型のグローバリゼーションが、かつて考えられていたほどには成功をおさめてはいないという認識によるものである。[12] この新たな歴史叙述が差異を主要なカテゴリーとして採用するのかどうかは、まだ判断できる状況にはない。[13]

今では、叙述していた家族形態のもつ新しさについて、いかに私たちが誤っていたのかを知っている。その形態の多くが、すでに長い前史をもっていたのだ。しかし現在の研究は、「中間層」にとっての一八世紀の結婚の解釈をめぐって論争を続けている。[14] 私たちが研究していた男女について特異であったのは、家族や世帯を秩序化するうえで、信仰が中心的な位置を占めていたことであった。そしてまた、私たちが論じたように、特徴的な二つの世代が存在した。一七八〇年から九〇年代にかけての福音主義の信仰復興運動は、信仰の篤い世帯の重要性とそのなかでの女性の相対的位置に関する一連の強力な思想の組み合わせを普及させた。つまり、男性は仕事や政治の世界を占拠して、女性は家庭というより小さな劇場に収まるというものである。さまざまに異なる宗派をまたいで使われた宗教的な言葉遣いは、中産階級文化の指標となった。[15] しかし、一八三〇年代から四〇年代にかけて、家庭重視主義は著しく世俗的なものとなっていた。一部の人びとにとって、仕事と家庭のあいだの分離は、エジバストンの緑豊かな郊外住宅地でみられたように、中産階級の女性は給与を得るために雇用されるべきではなく、家庭内の労働は「仕事」ではないという観念をともないながら進行していった。不安定で危険な世界において、家庭は道徳の礎を提供すると考えられた。建築、［庭園］設計、風景式造園の分野で影響力をもち、その鑑識眼にも定評があったジョン・クローディアス・ラウドンによれば、抑制され家のなかに置かれた女性の身体は、植木鉢のなかの植物と同じように、社会的徳を保障するものであった。本書がエピローグで述べたように、一九世紀半ばのフェミニズムは、ひとつにはこうした品格ある《リスペクタブルな》女性らしさという制約にたいする応答だったのである。

一八五一年の国勢調査では、「余剰」と定義されるようになる女性たちの数が明らかになったが、ハリエット・マーティノーは、この出来事を受けてペンをとり、その力強い論考『女性の産業』のなかでこう述べた。「私たちは、あたかもすべての女性が夫や父、兄や弟によって扶養されている、あるいは扶養されるべきであるといまだにいえるかのように話をし続けている。……私たちは（おそらく男性は）、イングランドで女性によってなされている営利活動がどれほどの量に及ぶのか、気づいていないのだ」(16)。『家族の命運』では、家族経営体にたいする女性の貢献がいかに重要であったかを示そうと苦心した。これは、それまでほとんど注目されていなかったテーマであった。資本は婚姻や相続を通じてもたらされ、女性たちは出産や子育てに始まって、経営体で直接働き、世帯をまとめ、契約を結び、社会的地位を保つという信用の維持に欠かせない行為にいたるまで、生産労働者としても再生産労働者としても働いていた。しかし、刊行から二〇年を経た時点での本書の評価のなかでキャサリン・グリードルが指摘したように、それ以降の研究は、さらに多くの語るべきものがあることを証明している(17)。顕著な事例をひとつあげるなら、一九世紀後半のバーミンガムの女性経営者に関するジェニファー・アストンの研究は、私たちが指摘したように、一九世紀中葉にかけて女性の職業機会が著しく悪化していたどころか、女性は引き続き経営活動に参入し、多様な事業を所有していたことを明らかにしている。たとえば、一八八三年に亡くなったアン・アルフォードが遺産として残したのは、金の宝石類を含む二千ポンド以上の金品、クルミ材のピアノ、グレートラッセル通りにある一三軒の家屋敷の自由保有権、ヘレフォードシャーのペンブリッジにあるパブ一軒と田舎家三軒であった。品格ある中産階級の女性が、これほどのものを所有していたのである。さらにまた、遅くとも一八五一年以降に彼女が経営していた傘／日傘製造会社の付帯設備、在庫品、営業権もあった。不動産への投資、いくつかの信託財産、二通の補足書をともなった死後の財産処分の遺言書を用いて、彼女は娘のエマ、孫娘、姪の娘の経済的安定を確保した。アン・アルフォードのようなバーミンガムの女性は、さまざまな種類の商売を手がけ、夫の庇護下の妻の地位《カヴァーチャー》という制約をかいくぐり、訴訟を起こし、信託制度を使って次世代のために財産を手つかずのまま保持していたのである(18)。私たちは、男性が信託をさまざまな方法で用いて女性の財産を支配しようとした点を強調したが、これはさらに複雑な歴史像のひとつの側面にすぎなかった(19)。しかしながら、マーガレット・ハントが一八世紀について下した、「女性の主体的行為《エージェンシー》は現実のものであり、その力の行使にたいする内的および外的な障壁の存在もまた現実のものであった」という結論は、のちの時代にもあてはまるように思われる。[20] 中間層の女性が、既婚であれ、寡婦であれ、独身であれ、活発な経済活動に携わっていたことは間違いないが、彼女たちのさまざまな活動は、男性の活動の支配下に置かれていたのである。[21]

過去四〇年間の広範囲にわたる研究が、私たちの知識を大いに豊かにしてくれた。セックス、ジェンダー、生物学、生殖のすべてが、異なるかたちで理解されている。「女性」は長らく論争を呼ぶカテゴリーであったが、「二項対立的な思考の束縛」は解体された。[22] ジェンダーの流動性は、いまや広く認識されている。数十年にわたって人類学者たちが説明してきたように、ヨーロッパ中心主義的なモデルの二項対立的な区別は、文化的に特異なものとして、そのまま［普遍化せずに］理解されねばならない。[23] 比較研究やグローバル研究の拡大によって、さまざまな概念に疑問が投げかけられている。生殖のあり方や性別分業の編成における変化はどのようなもので、いつどこで発生したのか。心理と社会的なるものとのあいだの関係性をどう理解すればよいのか、[24] といった疑問である。ブラック・フェミニストたちは私たちに、差異の交錯性《インターセクショナリティ》について考えるように教えてくれた。この言葉は、「人びとを一度にひとつのカテゴリーへと還元するアプローチに比べて、より豊かでより複雑な存在論を前景化してくれる。それはまた、多元的な認識論の必要性を指し示してもいる。この概念が狙いとするのは、日常生活を構成する多元的な立場の設定と、その中心にある権力関係を可視化することである」。[25] 現在では、政治の問題に取り組むことなく、ジェンダーと「中間層」について記述することなど不可能であろう。[26] イギリス史とヨーロッパ史に帝国の問題という広がりが生まれたことで、帝国統治にとっての白人家族の重要性や、多様な生殖のあり方やセクシュアリティのパターンが植民地体制のなかで占めた中心的位置にたいする理解が広がり、「家族」概念に新たな生命力が加わることになった。[27] ジェンダーという言語は人種の区分に対応したものとなり、ヨーロッパ人は、女性化された植民地の他者にたいして男性的なものとして定義された。[28] 多数の子どもたち、婚期を過ぎた独身の男女、おば、甥、いとこなどが宗主国と植民地とにまたがって生活する、マーゴット・フィンが名づけたところの大規模に「膨らんだ《バギー》」家族は、東インド会社の活動にとってなくてはならないものであった。[29] こうした家族は、私たちが『家族の命運』で描いた家族にほかならず、遺産を分割して相続できるようにし、息子たちには人生の道筋を、また娘たちには伴侶を見つける必要があった。ひとりの息子はインドへ、別の息子は西インドへと送られ、家族がいくつもの帝国の空間を横断する接着剤のようなものを提供していたのかもしれない。[30] アイルランド、スコットランド、ウエールズの研究は、イングランドを脱中心化してきた。あるスコットランドの研究は、家父長制が引き続き重要なものであることを示し、ジェンダーと権力の独特な組織形態を実証している。[31] 私たちは、文化論的転回、宗教的転回、空間論的転回を経験してきたし、クィアの歴史、セクシュアリティの歴史、身体史、移動の歴史、感情史も手にしている。このすべてが研究と教育にとって意義のある新しい知見と資源を提供している。しかし、ジェンダーが権力、社会組織、歴史的変化の重要な基軸であるという議論は、依然として歴史叙述や歴史教育の主流をなすものにはなっていない。

*

レオノーアは、亡くなる直前まで家族についての研究を続けた。最後の著書『水よりも濃く――兄弟姉妹とその関係、一七八〇～一九二〇年』（二〇一二年）は、兄弟姉妹の重要性について詳しく述べたものである。彼女は何十年にもわたって、兄弟姉妹に関心をもっていた。まずは、みずからの兄弟や姉妹の関係に、ついで自分の子どもたちや孫たちのなかの兄弟姉妹関係に関心をもったのである。彼女が述べたように、これは「人生においてもっとも長い関係」である。それにもかかわらず、この関係は学術的な著作のなかではあまり研究がなされてこなかった[32]。家族の規模の特異性と、そこでの兄弟姉妹の位置は、社会的にも心理的にも重要な事柄であった。それは、私たちが『家族の命運』で焦点を合わせた関係性のひとつであった。［ジョージ・］エリオットの『フロス河の水車場』や、ハリエット・マーティノーの「深く一途な愛情の対象になるという点で、兄弟にとっての姉妹は、姉妹にとっての兄弟にはとうてい及ばない」といういかにも彼女らしい鋭い論評は、兄弟姉妹間にみられる不平等な権力関係や機会の存在を思い起こさせてくれた（二七〇頁）。したたかな姉、兄弟のために家政を担ったり、年老いた両親を世話するために実家に残されたりする未婚の姉妹たち、両親の死後に家族の財産をめぐって繰り広げられることもある修羅場。これらはすべて、私たちが扱った史料の随所にみられるものであった。『水よりも濃く』は、こうした関心を詳しく敷衍したものである。人口学、歴史学、人類学、社会学に依拠しながら、この書物は兄弟姉妹や親族の関係という、通常であれば「私的」ないし「家庭内」の事柄と考えられる関係性が、一九世紀の資本主義の発展段階にとっていかに中心的なものであったかを証明した。兄弟姉妹に関する精神分析学的な文献を用いて、この書物はセクシュアリティや性愛についての理解を発展させたが、それはレオノーアが、［ヴィクトリア時代に階級の違いを超えて結婚したことでスキャンダルになった］ハナ［・カルウィック］と［アーサー・J・］マンビーに関する初期の卓抜した論文で利用したものだった[33]。『家族の命運』で使った史料がセクシュアリティの問題に関して何も語っていなかったという謎に、私たちは答えを求めなかった。もし現在、同じ史料がフーコー以降の研究者たちによって別の観点から読まれるとしたら、おそらくさらに多くのことが明らかになるだろう。実際、「人種」や帝国について考えるために同じ史料の多くを再読したことで、私は眼から鱗の落ちる経験をしたのだった[34]。

一九世紀イングランドの中産階級の家族構造は、産児制限の広範な普及によって根本から変化することになったが、その構造によって、ある特定の兄弟姉妹関係や従兄弟関係が促進された。避妊をせずに出産するのが規範であり、家族は拡大親族をともなった大規模なものであり、女性は人生の長い期間にわたって子どもを産み母乳を与え、最初の子どもと最後の子どもとの年齢差の開きから、私たちが「中間世代」と呼んだものが創出された。たとえば兄たちは、妹たちにとって非常に特別な位置を占める場合があり、情熱的な愛情が性愛《エロティックな》という含みをもって燃え上がることもありえた。(35) レオノーアは、ウィリアム・ワーズワースからウィリアム・グラッドストンやジグムント・フロイトにいたるまで、きわめて著名な男性と、あまり有名でないその姉妹たちの複雑な感情や経験をまとめあげることで、兄弟姉妹の果たした意義を明らかにした。兄弟と姉妹が手にしていた物質的な生活機会はきわめて異なったものであり、感情的および心理的側面での可能性も同様であった。

　グラッドストンについては数多くの書物が存在するが、妹のヘレンは記憶にとどめられないままであった。レオノーアによるグラッドストン家の情景についての生き生きとした描写は、父親であるジョンを中心に据えている。ジョンは、何人かの甥や姪から「絶対的な存在《ジャガノート》」として知られていた。彼は奴隷を保有する権威的な家父長であり、息子にも娘にも命令に従うよう期待したが、それぞれの人生がどうあってほしいかについてはまったく異なる期待をしていた。長女のアンは、福音主義的な女性の生き方の鑑であったが、若くして亡くなった。その女性性は受難によって磨きあげられ、彼女の覚えめでたき弟のウィリアムにとって、アンは「夭折の聖女」となった。(36) ヘレンはこの姉の影で、つねに期待に沿えない娘として生きなければならなかった。ヘレンはウィリアムのことを大いに賞賛していたが、彼が彼女に教え込もうとしたのは、「服従と自己の欲望の諦念という神聖なる原理」であった。(37) 彼自身の問題のあるセクシュアリティと、境界侵犯的な欲望にたいする罪の意識は、売春婦救済活動への執念として表現され、ヘレンに投影された。彼は、ヘレンの道徳的弱さとみなしたものを激しく攻撃し、彼女を支配しようとした。ヘレンの「密閉された地獄《プライヴェイトな》」は、「愛情深いが視野の狭い父と、優しいが刻苦勉励を重ねて成功した兄たち」によって支配されていた。(38) ヘレンは、兄たちとは異なり機会に恵まれず、また家に閉じ込められていたことによる欲求不満に悩まされ、精神錯乱へと追い込まれていった。ヘレンがアヘンへと逃避して、その後にカトリック信仰にいたったことは、ウィリアムを烈火のごとく怒らせた。彼は彼女に宛てて、「私は、お前が道徳的に自分を見失っているのだと思う」と父親に話したと書き送り、「お前に自分自身を取り戻させるには、……拘束して強制するしかないと力説した」と綴った。(39) ヘレンの一家の男たちは、金銭を与えず、心神喪失の決定手続きをとると彼女を脅し、自分たちが選んだ懲罰的な処置をする医師のもとに何度も彼女を送り込むことで、彼女を支配しようとした。彼女はみずからがもつ唯一の武器として沈黙と信仰を用い、最終的には父の死後、大陸へと逃亡した。しかし、ウィリアムは執拗に彼女の信仰を放棄させようとし続けた。彼女がある種の自由を得られる唯一の別の道は結婚であったのだろうが、それは別の男性への従属を意味するものだった。

＊

『家族の命運』のエピローグで、私たちは次のように論じた。

ジェンダー化された主観性は、ライフサイクルを通じて絶えず習得されていくものであった。男性らしさや女性らしさは、子ども時代に身につけられる固定化されたカテゴリーではなく、想像のなかでも日常生活の体験のなかでも、つねに検証され、異議申し立てを受け、手直しされるものであった。この過程においては、社会組織も、また性差の言語的、文化的、象徴的表象も、きわめて重要な役割を演じた。家族や親族体系から礼拝堂や穀物市場にいたるまで、あらゆる制度がジェンダー化されていたからである。男女の関係は、直接のイデオロギー的規範によってだけでなく、財産形態によっても構築されていた。［三四五頁］

しかし私たちは続けて、このことから生みだされた常識が、さまざまな矛盾によってつねに引き裂かれていたとも述べた。こうした矛盾が問題を終結させることなく、攪乱《トラブル》の余地を残したのである。差異を固定化し、自然化しようとする試みは、決して収束することなどありえなかった。過去も現在も変わらず、ジェンダーは動態的な力であり、権力の重要な基軸である。数十年を経るなかで、政治と理論的アプローチの変化によって、ジェンダーがいくつもある原動力のうちのひとつであることが明らかになってきた。階級が孤立して存在しえなかったのと同じように、ジェンダーも孤立して存立しえない。私たちが追究する必要があるのは、「人種」であれ、エスニシティであれ、セクシュアリティであれ、年齢であれ、権力の異なる基軸のあいだで生じる接合関係であり、そこでは差異が鍵概念となる。異なる問いを立てて史料を再読したり、新たな史料に取り組んだりすることで、新たな視点と可能性が開かれる。イギリス文化における人種の位置を探究したいという欲望から、私はジャマイカや帝国のほかの場所へと導かれることになった。特定の時空間を生きた人間の主観性のもつ複雑さを把握する必要性から、私は個人を対象とし、個人の人生がどのように歴史的過程の理解に資するかという問題に焦点を合わせることになった。(40) 人種の編成にとって歴史叙述がもつ重要性から、私はイングランドの歴史家トマス・バビントン・マコーリーに、そして現在はエドワード・ロングという一八世紀のジャマイカ史家に関心を向けるようになった。ジェンダー、階級、家族、労働、財産、そして生産、再生産、消費という回路についてレオノーアとともに学んだ教訓は、私の思考にとって中心的位置を占め続けている。

二〇一八年　ロンドン

キャサリン・ホール

附録1

地域の記録

四つの地域（バーミンガム、エセックス州、サフォーク州、ウィッタム）の記録は、個人、家族、組織の史料を中心に構成されている。利用した史料は日記、書簡、家族の記録、業務記録、地域地図、保険料率表、結婚登録、遺言、一八四一年および五一年の国勢調査、新聞記事、郷土史、関係する卒業論文・修士論文・博士論文、地方組織記録、地域の家族の子孫への聞き取り、国内人名録類である。一七六七年から一八五五年までのバーミンガムの住所氏名録一八冊、一七八七年から一八五一年までのエセックス州およびサフォーク州の住所氏名録六冊を参照した。

ただし名前のあがった個人、世帯、家族、組織についての情報とつぎにあげる総計データ源としては、遺言と国勢調査の一覧表原稿の双方を利用している。私たちはまた保険料率表、住所氏名録、国勢調査を使い、名前と住所を通して記録を連動させることもできた。

こうしたさまざまな史料から、五〇〇名以上の人名と一二〇の家族企業のリストができた。約半分がバーミンガム、もう半分が東部地域のものである。さらにバーミンガムの八〇の組織と、やや数は少ないがコルチェスターとウィッタムを中心とするエセックス州とサフォーク州の団体の一覧もできた。人名、家族企業、団体のリストは、別々に調査と分析を行なったが、それぞれの地域の一般的な記録として相互参照も行なった。

遺言書の標本

六二二通の遺言書の標本《サンプル》を抽出した。その内訳はバーミンガムのものが三九二通、エジバストン七二通（一七八〇年から一八五五年まで五年ごと）、さらにウィッタム一五八通で、これはほぼすべて該当期間のものである。最富裕層の遺言書は全国的な検認手続きがとられがちであるため、地域の文書館所蔵の遺言書を利用することで、この層への極度の偏りを回避した[1]。(名前をあげた人物の遺言書で中央の検認施設に保管されているものは、必要に応じ地域研究史料として利用している)。遺言書の史料の詳細はSPSS形式でコード化し、分析した。

遺言者の主な特徴（パーセンテージ）はつぎの表1のとおりである。

表1　遺言者の主な特徴

婚姻状況	%	性　別	%	階　級	%
独身	16	男性	72	下層中産階級	69
既婚	49	女性	28	上層中産階級	31
寡婦・寡夫	35				
	100		100		100

一八五一年国勢調査の標本

国勢調査原簿の標本は、第一にアンダーソンによる全国国勢調査の機械可読標本のバーミンガム、エセックス州、サフォーク州内の二九の「集落《クラスタ》」から構成されている。その対象範囲は都市中心部と大小の村々に及ぶ（アンダーソンの言う集落は、国勢調査官の地区の区分とほぼ同一である）[2]。私たちはさらにバーミンガムの中産階級世帯のかなりの部分を占める集団と、末端の農村部を除きエジバストンのほぼ全域にあたる八地区を加えた。東部地域の集落にはウィッタムの四地区を加え、対象範囲はウィッタム全域とコルチェスター中心部の二地区に及ぶ。新しい集落はすべてアンダーソンのデータと同様に処理した。バーミンガム中央部の大規模集団を除き、すべての地域は労働者階級の世帯を含んでおり、全標本では全種五八一一世帯があった。しかし本書では、とくに明記した場合を除き、中産階級世帯一四一三に絞って分析している。

　それぞれの世帯の情報は、アンダーソンにならい、氏名と住所を含みテープに記録した。それゆえコンピューター用と「目視で」調べるために印字されたものも作成している。総計した情報はその後SPSSに変換し、全体を分析に用いた。例外は出生地情報で、これは名前をあげた個人や家族についての地域の記録のみに使用した。全標本はその後、エセックスおよびサフォーク村落部、エセックスおよびサフォーク都市部、バーミンガム中心部、エジバストンの四つの下位地域に再区分した。

　このように、国勢調査史料は無作為に抽出したものではない。厳密にいえば標本ですらなく、より質的な史料の量的基盤を与えるために構築されたものである。しかしながら便宜上、私たちは本書を通しこれを標本と呼んでいる。

　分析に際し私たちはアンダーソンの手続きを踏んだが、職業一覧は例外である。当時は職業一覧を容易に入手することができなかった。それゆえ、私たちはつぎのように独自の社会経済的コードと職業コードをつくった。

階級：下層中産階級、上層中産階級
職業：商業、製造業、農業／製粉業、聖職者、法律家、医師、
　その他の専門職、給与職、宿屋／ホテル経営者、
　働かずに生活できる者《インディペンデント》、退職者（五五歳未満）、退職者
　（五五歳以上）

私たちは遺言書の分析においても同じコードを使っており、これが史料に一貫性を与える助けになったことを指摘しておきたい。

　この一四一三の中産階級世帯は八七六六名の個人から成り立

っているが、そのうち二五パーセントにあたる二一七一名は使用人であり、平均世帯人数は六・二名になる。個人の二七パーセント、すなわち四分の一強は一六歳未満であり、九パーセントは五五歳以上（四パーセントは六五歳以上）であった。

男性が世帯主となっている世帯は七九パーセントにあたる一一二三世帯であり、女性が世帯主となっている世帯は二一パーセントにあたる二九〇世帯であった。標本の六九パーセントにあたる九七〇世帯が下層中産階級で、三一パーセントにあたる四四三世帯がそれ以上の階層に属していた。しかし男性が世帯主となっている世帯のなかでは六六パーセントが下層中産階級、三四パーセントがそれ以上、それにたいし女性が世帯主となっている世帯では七六パーセントが下層中産階級、二四パーセントがそれ以上の階層に属していた。

表1　二つの地域における人口分布（1801〜51年）

A.　人口　（人）

地　　域	1801年	1811年	1821年
バーミンガム	74,987	87,221	108,289
エセックス	226,437	252,473	289,424
コルチェスター	11,522	12,644	14,016
ウィッタム	2,186	2,352	2,578
サフォーク	210,431	234,211	270,542
イプスウィッチ	11,336	13,918	17,475
ベリ・セント・エドマンズ	7,655	7,986	9,999
イングランドとウェールズ	10,578,956	12,050,000	14,181,000

地　　域	1831年	1841年	1851年
バーミンガム	148,856	192,743	246,961
エセックス	317,200	344,979	369,318
コルチェスター	16,167	17,790	19,433
ウィッタム	2,735	3,158	3,303
サフォーク	296,000	315,073	337,215
イプスウィッチ	20,454	25,384	32,914
ベリ・セント・エドマンズ	11,436	12,538	13,900
イングランドとウェールズ	16,364,000	18,658,000	20,959,000

B.　人口増加率　（%）

地　　域	1801年	1811年	1821年
バーミンガム	—	16	24
エセックス	—	11	15
コルチェスター	—	10	11
ウィッタム	—	8	10
サフォーク	—	11	15
イプスウィッチ	—	23	26
ベリ・セント・エドマンズ	—	4	25
イングランドとウェールズ	—	14	18

地　　域	1831年	1841年	1851年
バーミンガム	38	29	28
エセックス	10	9	7
コルチェスター	15	9	7
ウィッタム	6	15	5
サフォーク	9	6	7
イプスウィッチ	17	24	29
ベリ・セント・エドマンズ	14	10	11
イングランドとウェールズ	15	14	12

出所）国勢調査より。

表 2A　下位地域における世帯主の階級：男性

（%）

地　　域	下層中産階級	上層中産階級	全体
エセックスおよびサフォーク村落部	69	31	100
エセックスおよびサフォーク都市部	76	24	100
バーミンガム中心部	69	31	100
エジバストン	56	44	100
標本全体の平均値	66	34	100

注）N＝1,123 世帯
出所）1851 年国勢調査の標本より（下位地域。中産家族世帯のみを抽出）。

表 2B　下位地域における世帯主の階級：女性

（%）

地　　域	下層中産階級	上層中産階級	全体
エセックスおよびサフォーク村落部	80	20	100
エセックスおよびサフォーク都市部	81	19	100
バーミンガム中心部	97	3	100
エジバストン	69	31	100
標本全体の平均値	76	24	100

注）N＝290 世帯
出所）1851 年国勢調査の標本より（下位地域。中産家族世帯のみを抽出）。

表 3　下位地域における世帯主の性別

（%）

地　　域	男性	女性	合計
エセックスおよびサフォーク村落部	91	9	100
エセックスおよびサフォーク都市部	79	21	100
バーミンガム中心部	88	12	100
エジバストン	80	20	100
標本全体の平均値	79	21	100

注）N＝1,413 世帯
出所）1851 年国勢調査の標本より（下位地域。中産家族世帯のみを抽出）。

表4A　世帯主の婚姻状況（社会階級別）：男性

婚姻状況	労働者階級 人	%	下層中産階級 人	%	上層中産階級 人	%	合計 人	%
独身	130	3	73	10	41	11	244	5
既婚	3,409	91	608	82	301	80	4,318	88
寡夫	223	6	64	8	36	9	323	7
合　計	3,762	100	745	100	378	100	4,885	100

出所）1851年国勢調査の標本より（全地域。全階級の世帯を含む）。

表4B　世帯主の婚姻状況（社会階級別）：女性

婚姻状況	労働者階級 人	%	下層中産階級 人	%	上層中産階級 人	%	合計 人	%
独身	104	16	76	34	22	34	202	22
既婚	65	10	12	5	3	5	80	9
寡婦	463	73	137	61	40	61	640	69
合　計	632	99	225	100	65	100	922	100

出所）1851年国勢調査の標本より（全地域。全階級世帯）。

表5　下位地域における成人人口（使用人を含む）

（人）

地　域	男性	女性	成人男性1人あたりの成人女性数
エセックスおよびサフォーク村落部	317	431	1.4
エセックスおよびサフォーク都市部	610	1,123	1.8
バーミンガム中心部	488	643	1.3
エジバストン	857	1,944	2.3
合　計	2,272	4,141	1.8

出所）1851年国勢調査の標本より（下位地域。中産家族世帯のみを抽出）。

表6　男性世帯主の家庭に住む成人女性親族（階級別）

世帯主との続柄	下層中産階級 人	%	上層中産階級 人	%	合計 人	%
妻	547	61	282	54	829	59
母，義母，おば	34	4	14	3	48	3
姉妹，義姉妹	60	7	60	12	120	9
娘，姪	250	28	161	31	411	29
合　計	891	100	517	100	1,408	100

出所）1851年国勢調査の標本より（全地域。中産家族世帯のみを抽出）。

表 7　男性世帯主の家庭に住む姉妹および義姉妹（婚姻状況別）

世帯主の婚姻状況	下層中産階級		上層中産階級	
	人	%	人	%
独身	29	48	21	35
既婚	19	32	31	52
死別	12	20	8	13
合　計	60	100	60	100

注）N＝120
上層中産階級の男性世帯主家庭は全標本中の 3 分の 1 であったが，男性世帯主と同居する姉妹および義姉妹の 2 分の 1 がこのなかに含まれていた。
出所）1851 年国勢調査の標本より（全地域。中産家族世帯のみを抽出）。

表 8　世帯内で雇用されている住み込み使用人数の割合（世帯主の社会階級別）

（%）

世帯内の使用人数	労働者階級世帯	下層中産階級世帯	上層中産階級世帯	合計
0 人	87	30	15	26
1 人	9	47	13	35
2 人	3	17	27	20
3 人		4	22	10
4 人	1	1	12	2
5 人以上		1	11	4
合　計	100	100	100	100

注）N＝5811 世帯
出所）1851 年国勢調査の標本より（全地域。全階級の世帯）。

表 9　夫婦の年齢差（社会階級別）

（%）

年 齢 差	下層中産階級	上層中産階級	中産階級全体
妻が夫より 5 歳以上年長	3	1	2
妻が夫より 1～4 歳年長	10	7	9
年齢差なし	38	32	36
夫が妻より 1～4 歳年長	29	29	29
夫が妻より 5 歳～10 歳年長	13	20	16
夫が妻より 11 歳以上年長	7	11	8
合　　計	100	100	100

注）N＝827
出所）1851 年国勢調査の標本より（全地域。中産階級世帯のみ）。

表 10　地域における学校の特徴*

地域	学校を経営する世帯の主				男子校	女子校	共学
	男性		女性				
	既婚	未婚	寡婦	未婚			
エセックスとサフォークの学校	5	1	3	4	6	4	3
エジバストンの学校**	5	1	2	4	5	5	1
標本中の学校すべて	10	2	5	8	11	9	4

地域	対象年齢		平均生徒数	
	6〜11 歳	12 歳以上	男子	女子
エセックスとサフォークの学校	7	5	20	7
エジバストンの学校**	2	6	9	3
標本中の学校すべて	9	11	15	5

注）* 平均生徒数以外は学校数を表わす。
** バーミンガム中心部の標本には学校は存在しなかった。標本中の全学校で，既婚の男性学校教師の妻 10 名以外に，成人女性親族や客人が 23 名いた。この 23 名中 10 名が世帯主の姉妹であった。
出所）1851 年国勢調査標本より（各下位地域）。

訳者あとがき

原著 Leonore Davidoff and Catherine Hall, *Family Fortunes : Men and Women of the English Middle Class, 1780–1850*（一九八七年／第三版二〇一九年）の初版刊行時、歴史家ラファエル・サミュエルは、この本を「個人的なもの《ザ・パーソナル》と政治的なもの《ザ・ポリティカル》についての従来の考え方に異議申し立てする破壊力をもった書物」（*The Guardian*, 5 June 1987）と評した。本書の「破壊力」にかかわる主な論点や歴史学上の意義については、第二版の序文と第三版の序文で著者たちが詳細な解説を行なっており、ここで屋上屋を重ねる必要はないだろう。しかし、この「破壊力」によって開かれ可視化された女性史研究の展望が、英語圏にとどまらず世界中で多くの研究者を女性史／ジェンダー史研究に誘ってきたことは強調しておきたい。原著にたいする高い評価は世界的なものとなっており、一九九四年にスペイン語訳（抄訳）、二〇一四年にはフランス語訳（抄訳）の刊行につながっている。今回、そこに日本語訳を加えることができたのは、訳者一同にとって大きな喜びである。

著者レオノーア・ダヴィドフは、ジェンダー史研究の草分けのひとりである。社会学者デイヴィッド・ロックウッドの妻として長くアカデミアの周縁部に留まっていたダヴィドフは、一九七五年に四三歳でエセックス大学社会学部に職を得たのち、同大学にイギリスで初めてとなる女性史の修士課程を設置し、同大学をイギリスにおけるジェンダー研究の中心的機関へと発展させた。このほか、フェミニズム運動の専門図書館であるロンドンのフェミニスト・ライブラリ（元女性研究資料センター）創設にも携わり、さらには学術雑誌『ジェンダーと歴史学（*Gender & History*）』の創刊者としても知られる。その功績は、彼女に贈られた「ジェンダー史発展の母」という賛辞が余すところなく示しているといえよう。

今やイギリスを代表する歴史家キャサリン・ホールも、ダヴィドフによって見いだされた研究者であった。ただ日本では、カルチュラル・スタディーズの開拓者スチュアート・ホールの妻といったほうがわかりやすいだろうか。事実、ホールは本書の刊行後は彼と軌を一にするかのように文化史研究へと歩みを進め、また帝国史の領域でのめざましい研究成果をあげ、近年ではパブリックヒストリーにも関心を示している。エセックス大学社会学部を経てロンドン大学ユニヴァーシティー・カレッジ歴史学部を退職したのち、現在のホールは同学部に新設されたイギリス奴隷所有遺産研究センター長を務め、デジタルヒストリーの一環として、個人の情報を基盤にイギリス帝国における奴隷所有の過去を検索できるデータベースを構築したことで話題を呼んでいる。

訳者の山口は本書に魅せられて一九九七年から二〇〇一年にかけてエセックス大学社会学部大学院博士課程に留学し、レオノーア・ダヴィドフの「最後の弟子」のひとりとして指導を受けた。ホールは、博士論文審査員のひとりである。ちょうどこの時期、ダヴィドフとホールは本書改訂版（二〇〇二年刊行）のための序文（原著第二版に寄せて）の準備をしており、本書の話題は授業や研究指導のなかにしばしば登場していた。本書刊行前にはその新しい研究方法や内容がなかなか認められず、あるコロキアムで、居並ぶ錚々たる歴史家たちから辛辣な「一斉攻撃」を受けたという苦労話は、ダヴィドフとホールのそれぞれから聞かされたものだ。このように、恩師たちの切り拓いた道のりとジェンダー史研究の真髄に触れさせてくれた本書を邦訳することは、山口にとって長年の希望であった。

日本においても、早くから多くの研究者が本書の価値を認めていた。研究上、イギリス史の分野で山口と親しく交流していた梅垣と長谷川もまた、いずれこの大著を翻訳したいという思いを共有していた。企画が具体化したのは二〇〇六年のことで、青木書店（当時）の角田三佳氏の勧めを受けて私たちはすぐに翻訳チームを結成し、本書の日本語訳に着手した。山口は一九世紀の宗教、家族、教育、チャリティ、梅垣は一八世紀の政治と思想、長谷川は歴史理論、経済史、自発的結社などの研究歴をもつ。本書は、社会科学的な理論にもとづく分析から日常生活の細やかな場面の描写にいたるまで、多様な叙述のスタイルがとられていることから、翻訳作業は想像以上に幅広い知識と深い洞察力を要するものであった。だが、「文殊の知恵」とまではいかないまでも、訳者三人が力を合わせることで、本書の広い射程をほぼカバーし、互いに補い合って問題を解決していくことができたように思う。ダヴィドフとホールは、時に互いの史料を交換して草稿を書き、カーボン紙で草稿を複製して何度も交換し合ったという。私たちの翻訳作業も同様に、下訳は分担したものの、その後はファイルを交換して遠慮なく意見を出し合い修正を加えた。一巡した後はファイルをクラウド上で管理し、さらに横断的にそれぞれの専門的見地から何度も確認を繰り返した。

しかし、それぞれが公私に多忙を極めるなかで、翻訳作業はなかなか予定通りには進まなかった。また昨今の出版をめぐる厳しい状況にあって、本書のような大著の刊行には困難がつきまとい、一度は暗礁に乗り上げた。このたび本書を名古屋大学出版会から刊行できたのは、角田氏やフリー編集者の勝康裕氏がその意義を認め、惜しまず助言や助力を注いでくださったおかげである。ここに記して心からの感謝の意を表したい。私たちは原著者と相談し、下訳をほぼ終えていた全訳の刊行を断念し、フランス語版用に一部圧縮したかたちでつくられた版を利用することにした。フランス語版は、先に刊行されていたスペイン語版よりも圧縮の度合いが少なく、省略箇所は事例部分に限られ、議論はすべて完全なかたちで残っている。興味深い事例を大幅に削らざるをえなかったことは残念であるが、議論はむしろすっきりとわかりやすくなったようにも思える。また、出版会の理解により、スペイン語版やフランス語版では一切削除されていた図版や表を、日本語版ではほぼすべて残すことができた。これらが日本の読者にとって理解の一助となることを願う。翻訳作業がまさに終盤を迎えた二〇一九年の年明け、ホールによる新たな序文を加えた原著第三版が刊行された。私たちは急遽、この序文も本訳書に加えることとした。

原文には意味がとりづらい箇所が少なからずあり、翻訳の過程ではさまざまな疑問が生じた。内容的な疑問は、山口が在外研究中や渡英のたびに著者ダヴィドフのもとを訪ね、解消していった。また、大東文化大学の同僚である栗栖美知子先生、ノエル・ウィリアムズ先生、ギャレン・ムロイ先生、その他の先生方にも、専門的な助言を仰ぐことができた。本書の刊行は、大東文化大学研究成果物刊行助成を得て実現したのだが、審査にあたられた（学外者を含む）匿名の先生方からも、励ましと有益なコメントをいただいた。名古屋大学出版会の橘宗吾氏と長畑節子氏は、最後まで文章の推敲を重ねる私たちに根気強く付き合い、つねに的確な提案をしてくださった。すべてのご助力に、この場を借りて深く感謝申し上げる。唯一残念なのは、著者のひとりダヴィドフ教授が本訳書の刊行を見ずに世を去られたことである。二〇一四年、病床に駆けつけた際に交わした恩師との最後の約束のひとつが、本書の刊行をなしとげることであった。共訳者たちとともに、本書を故ダヴィドフ教授に捧げたい。

二〇一九年六月

訳者を代表して　山口みどり

《訳者略歴》

山口《やまぐち》みどり

1969年生まれ
現　在　大東文化大学社会学部教授
主　著　*Daughters of the Anglican Clergy : Religion, Gender and Identity in Victorian England* (Palgrave Macmillan, 2014)

梅垣《うめがき》千《ち》尋《ひろ》

1973年生まれ
現　在　青山学院女子短期大学現代教養学科教授
主　著　『女性の権利を擁護する――メアリ・ウルストンクラフトの挑戦』（白澤社, 2011年）

長《は》谷《せ》川《がわ》貴《たか》彦《ひこ》

1963年生まれ
現　在　北海道大学大学院文学研究院教授
主　著　『現代歴史学への展望――言語論的転回を超えて』（岩波書店，2016年）

家族の命運

2019年8月10日　初版第1刷発行

定価はカバーに
表示しています

訳　者　山　口　みどり
　　　　梅　垣　千　尋
　　　　長谷川　貴　彦

発行者　金　山　弥　平

発行所　一般財団法人　名古屋大学出版会
〒464-0814　名古屋市千種区不老町1名古屋大学構内
電話(052)781-5027/FAX(052)781-0697

印刷・製本 ㈱太洋社　ISBN978-4-8158-0955-3
乱丁・落丁はお取替えいたします。

人名索引

ア　行

アデレイド王妃 Adelaide, Queen；1792-1849；ウィリアム四世王妃　105
アレグザンダー，サリー Alexander, Sally　384, 388, 注 96, 注 99
ヴィカリー，アマンダ Vickery, Amanda　360, 注 97
ヴィクトリア女王 Victoria, Queen；1819-1901；在位 1837-1901　105, 319, 342, 注 51
ウィザリング，ウィリアム Withering, William；1741-99；内科医；国教会；バーミンガム　200
ヴィシーナス，マーサ Vicinus, Martha　378, 384
ウィリアム四世 William IV；1765-1837；在位 1830-37　105, 342
ウィリアムズ，レイモンド Williams, Raymond　390
ウィルソン，キャスリーン Wilson, Kathleen　365
ウィルバーフォース，ウィリアム Wilberforce, William；1759-1833；政治家。奴隷貿易廃止，奴隷制廃止運動に尽力；国教会福音派　52, 54, 56, 61, 73, 329, 注 45
ウィンクワース，キャサリン Winkworth, Catherine；1827-78；ウィリアム・シャーンの義妹。ギャスケル夫人の友人；翻訳家，讃美歌作家；独立派；マンチェスター　234　→シャーン，ウィリアムもみよ
ヴェーバー，マックス Weber, Max；1864-1920；思想家，社会学者　356, 386
ウェッブ，トマス Webb, Thomas；ジェイン・ウェッブ・ラウドンの父；製造業者；バーミンガム　132, 170, 266
ウォーマン，ドロール Wahrman, Dror　361
ウォルコヴィッツ，ジュディス Walkowitz, Judith　362
ウルストンクラフト，メアリ Wollstonecraft, Mary；1759-97；著述家，女性の権利を主張　2, 48, 78, 106, 110, 116, 118, 129, 130, 350, 注 80
エッジワース，マライア Edgeworth, Maria；1768-1849；小説家，教育論者　120
エリオット，ジョージ Eliot, George；1819-80；小説家，ジャーナリスト　67, 221, 268, 395, 注 64, 注 65, 注 67, 注 69
エリクソン，エイミー Erickson, Amy　360, 370, 384, 注 98
エリス，セーラ・スティックニー Ellis, Sarah Stickney；1799-1882；著述家；クエイカー，会衆派　125-129, 131, 132, 244, 261, 263, 334, 352, 注 55
オークス家 Oakes family；銀行家；国教徒；ベリ・セント・エドマンズ　186-188
　オークス，オーベル Oakes, Orbell；1768-1837；ジェイムズ・オークスの息子。アーサー・ヤングの友人　188
　オークス，ジェイムズ Oakes, James；1741-1829；国教徒　193, 注 75
オースティン，ジェイン Austen, Jane；1775-1817；小説家；国教徒　107, 167, 310, 注 73, 注 79
オールブライト，アーサー Albright, Arthur；1811-1900；製造業者；クエイカー；バーミンガム　190

カ　行

ガードナー家 Gardner family；醸造業者；国教徒；エセックス州コギシャル　163, 167
カーバ，リンダ Kerber, Linda　355, 356
カーペンター家 Carpenter family；学校経営者；ユニテリアン　226
カドベリー家 Cadbury family；小売業および製造業；クエイカー；バーミンガム　29-36, 285, 288, 297, 298, 301, 注 42, 注 43　→ 32 頁の「家系図 1」もみよ
　カドベリー，エマ　→ギビンズ，エマ・カドベリー
　カドベリー，エリザベス・ヘッド Cadbury, Elizabeth Head；1768-1851；リチャード・タッパー・カドベリーの妻　29-30, 33-35, 286
　カドベリー，キャンディア・ワドキン Cadbury, Candia Wadkin；1803-87；ベンジャミン・カドベリーの妻　30, 31 図 5, 33, 35, 36, 299, 350

カドベリー，ジョージ Cadbury, George；1839-1922；ジョン・カドベリーの息子；菓子製造業者，社会改革者 29, 34, 250, 251, 注 42

カドベリー，ジョン Cadbury, John；1801-89；リチャード・タッパー・カドベリーの息子。キャンディア・バロー（1805-55）と結婚；ココア，チョコレート製造会社を設立 29, 30, 33, 34, 288

カドベリー，ベンジャミン・ヘッド Cadbury, Benjamin Head；1798-1880；リチャード・タッパー・カドベリーの息子；小売業者 29, 30, 31 図 5, 33, 35

カドベリー，マライア Cadbury, Maria；1838-1908；ジョン・カドベリーの娘 34, 35

カドベリー，リチャード Cadbury, Richard；1835-99；ジョン・カドベリーの息子；製造業者 34

カドベリー，リチャード・タッパー Cadbury, Richard Tapper；1768-1860；織物商，小売業 29, 31, 33

ギビンズ家 Gibbins family；銀行家，製造業者；クエイカー；バーミンガム 186

ギビンズ，エマ・カドベリー Gibbins, Emma Cadbury；1811-1905；リチャード・タッパー・カドベリーの娘。ジョウゼフ・ギビンズの息子トマス（1796-1863）の妻 30, 33, 35, 217, 281 図 21, 319 →カドベリー家および 32 頁の「家系図 1」もみよ

ギビンズ，エリザベス Gibbins, Elizabeth；1780-1816；ジョウゼフ・ギビンズの娘 160

ギビンズ，ジョウゼフ Gibbins, Joseph；1756-1811 259, 311

ギビンズ，マーサ Gibbins, Martha；1798-1882；ジョウゼフ・ギビンズの娘 311

ギビンズ，マーサ・ベビントン Gibbins, Martha Bevinton；1758-1827；ジョウゼフ・ギビンズの妻 259

ギャスケル，エリザベス Gaskell, Elizabeth；1810-65；小説家；ユニテリアン 205, 225, 234, 注 78

キャナダイン，デイヴィッド Cannadine, David 374

ギャレット家 Garrett family；福音派・独立教会派；サフォーク州 185

ギャレット，ニューソン Garrett, Newson；1812-93；リチャード・ギャレットの息子。イギリスで初めて女医の資格を取得したエリザベス・ギャレット・アンダーソンおよび女性参政権運動指導者ミリセント・ギャレット・フォーセットの父；麦芽製造業者；サフォーク州オールドバラ 165, 185

ギャレット，リチャード Garrett, Richard；1779-1837；農業機械製造業者；サフォーク州レイストン 159, 165

キャロライン王妃 Caroline of Brunswick；1768-1821；ジョージ四世王妃 102-105, 343, 注 51

キャンプス，エイミ；Camps, Amy；b. 1800；病人訪問者；国教会福音派；コルチェスター 66, 81, 94, 95, 98, 266, 330, 331

ギリス，ジョン Gillis, John 382

ギルバート，アン・テイラー Gilbert, Ann Taylorn；1782-1866；アイザック・テイラーと妻アン・マーティンの娘。ジョウゼフ・ギルバートと結婚；作家 36, 39-44, 62, 99, 108, 123, 258, 284, 306, 334, 348, 349, 注 61, 注 69 →テイラー家および 37 頁の「家系図 2」もみよ

ギルバート，ジョウゼフ Gilbert, Joseph；1779-1852；アン・テイラーの夫；独立派牧師 42

クーパー，ウィリアム Cowper, William；1731-1800；詩人 2, 3, 8, 50, 51, 62, 68, 74, 101, 106-110, 112-115, 119, 120, 126, 132, 133, 170, 284, 287, 319, 343, 348, 注 52, 注 53

クラーク，アナ Clark, Anna 361, 362, 注 88

クラーク，アリス Clark, Alice；1874-1934；歴史家；クエイカー 208, 356, 357

クラーク，トマス（jr）；Clark, Thomas junior；b. 1794；製造業者；ユニテリアン；バーミンガム 108, 284, 注 82

クラークソン，トマス Clarkson, Thomas；1760-1846；反奴隷制改革者；イプスウィッチ近隣に隠居 109, 注 62

グラッドストン，ウィリアム Gladstone, William；1809-98；政治家，首相 396

グラッドストン，ヘレン Gladstone, Helen；1814-80；ウィリアム・グラッドストンの妹 396, 397

クラブ，ジョージ Crabbe, George；1754-1843；詩人，医者，聖職者；サフォーク 220, 287

グリードル，キャサリン Gleadle, Kathryn 363, 380, 393

クロージャー，ドロシー Crozier, Dorothy 13

ケント，ジョン Kent, John；商店主；会衆派；

コルチェスター　146
ケンリック家 Kenrick family；製造業者；ユニテリアン；バーミンガム　161-163, 169, 269, 333, 334, 368, 369
ケンリック，アーチボルト（父）Kenrick, Archibald；1760-1835　160-163, 168, 190, 239, 251, 333
ケンリック，アーチボルト（息子）Kenrick, Archibald；1798-1878；アーチボルト・ケンリックの息子　190, 333, 334
ケンリック，マリアン Kenrick, Marianne；1801-88；アーチボルト・ケンリックと妻レベッカの娘。いとこサミュエル・ケンリックと結婚　161, 163, 333
ケンリック，レベッカ Kenrick, Rebecca；1799-1891；アーチボルト・ケンリックと妻レベッカの娘。　161, 162, 264, 333, 368, 369
コートールド家 Courtauld family；絹織物業者；ユニテリアン；エセックス　144, 167, 191, 214, 236, 237, 239, 255, 314 →164頁の「家系図3」もみよ
コートールド，サミュエル Courtauld, Samuel；1793-1881；ジョージ・コートールドの息子　105, 144, 190, 191, 214, 216, 236, 237, 239, 注51
コートールド，ジョージ Courtauld, George；1761-1823；ルース・ミントンと結婚；絹織物会社を設立　151, 191, 214, 255
コートールド，ルイーザ Courtauld, Louisa；ジョージ・コートールドの娘　257
コールソープ家 Calthorpe family　56, 283, 324
コールマン，ジェレマイア Colman, Jeremiah；1777-1851；製造業者。マスタード会社を設立；ノーフォーク　331, 332
コリー，リンダ Colley, Linda　364
ゴルトン家 Galton family；製造業者，銀行家；クエイカー；バーミンガム　68, 153, 169, 186, 224, 241, 280, 311, 注97
ゴルトン，エリザベス・アン Galton, Elizabeth Anne Wheler；1808-1906；サミュエル・ターシャス・ゴルトンの娘。ウィラー家に嫁ぐ　302
ゴルトン，サミュエル Galton, Samuel；1753-1832；月光協会会員　68, 150
ゴルトン，サミュエル・ターシャス Galton, Samuel Tertius；1783-1844；サミュエル・ゴルトンの息子。エラスムス・ダーウィンの娘ヴァイオレッタ・ダーウィンと結婚；国教徒に改宗　169
ゴルトン，ソファイア Galton, Sophia；1782-1832　252, 253
ゴルトン，フランシス Galton, Francis；1822-1911；サミュエル・ターシャス・ゴルトンの息子；生物統計学者，遺伝学者，優生学者　241
コンスタブル家 Constable family；国教徒；エセックス州デダム　166
コンスタブル，エイブラム Constable, Abram；1783-1862；ゴールディング・コンスタブルの息子　166, 167, 271
コンスタブル，ゴールディング Constable, Golding；1738-1816；製粉業者，穀物商　166, 280
コンスタブル，ジョン Constable, John；1776-1837；ゴールディング・コンスタブルの息子；画家　166, 271, 280
コンダー，イライザ Conder, Eliza；印刷業者の妻；独立派；ロンドン　334

サ　行

サッカレー，ウィリアム・メイクピース Thackeray, William Makepeace；1819-75；小説家，詩人　78, 注81
ジェイムズ師，ジョン・エンジェル James, Rev. John Angell；1785-1859；独立派牧師；バーミンガム　48, 52 図9, 63, 64, 68, 72, 75-77, 84-89, 96, 97, 101, 108, 228, 253, 283, 292, 300, 315, 330, 335, 339, 340, 注46, 注49
シメオン，チャールズ Simeon, Charles；1759-1836；国教会牧師　52, 56, 73, 94
シャープ，パメラ Sharpe, Pamela　357, 注87
シャーロット王女 Charlotte, Princess；1796-1817；ジョージ四世の娘　102, 104
シャーン家 Shaen family；ユニテリアン；エセックス州ハットフィールド・ペヴェレル　167, 168, 288 図24, 289, 注69
シャーン，ウィリアム Shaen, Willam；1821-87；サミュエル・シャーンと妻レベッカの息子。エミリ・ウィンクワースと結婚；急進派弁護士として知られる　167, 168 →ウィンクワース，キャサリンもみよ
シャーン，サミュエル（父）Shaen, Samuel；1783-1854；地主兼農業経営者。訴訟代理人の資格をもつ　167, 252, 253
シャーン，サミュエル（息子）；Shaen, Samuel；b. 1813；サミュエル・シャーンと妻レベッカの息子　167, 269

シャーン，ベンジャミン；Shaen, Benjamin；b. 1819；サミュエル・シャーンと妻レベッカの息子 167
シャーン，レベッカ Shaen, Rebecca →ソリー，レベッカ・シャーン
シャーン，レベッカ・ソリー Shaen, Rebecca Solly；1782-1858；サミュエル・シャーンの妻 252, 253, 262, 262 図 17, 269, 273, 274, 289, 292, 302, 311
シューウェル Shewell, John Talwin；1782-1866；織物商，クエイカー牧会者；イプスウィッチ 184
ショア，エミリ Shore, Emily；1819-39；国教徒 223
ジョージ三世 George III；1738-1820；在位 1760-1820 2, 102, 104
ジョージ四世 George IV；1762-1830；在位 1820-30 2, 4, 102-105
ジョルダノーヴァ，リュドミラ Jordanova, Ludmilla 367
スーエル，メアリ・ライト Sewell, Mary Wright；1797-1884；農業経営者の娘。娘アナ・スーエルは『黒馬物語』の作者；作家，詩人 60, 98, 338, 注 54
スコット，サー・ウォルター Scott, Walter, Sir；1771-1832；詩人，小説家 9, 74, 109, 116, 224, 注 52
スタージ家 Sturge family；ジョウゼフ・スタージ（1793-1859）は反奴隷制協会を設立；商人；クエイカー；バーミンガム 63, 108, 注 82
スタール夫人 Stael, Madame de；1766-1817；フランスの小説家，著述家 110, 111
スパージョン，チャールズ Spurgeon, Charles；1834-92；父ジョン・スパージョンはエセックス州の独立派牧師；説教者，宗教作家；バプティスト派；エセックス出身 62, 301
スミス，アダム Smith, Adam；1723-90；経済学者 3, 130
摂政皇太子 Prince Regent →ジョージ四世
ソリー，レベッカ・シャーン Solly, Rebecca Shaen；1812-93；サミュエル・シャーンと妻レベッカの娘。従弟ヘンリ・ソリーと結婚 262 図 18, 311

タ 行

ダーウィン，エラスムス Darwin, Erasmus；1731-1802；科学者，内科医 177 →ゴルトン家もみよ
ダーウィン，チャールズ Darwin, Charles；1809-82；エラスムス・ダーウィンの孫；博物学者，地質学者 241
ダヴィン，アナ Davin, Anna 388
チェイター，ミランダ Chaytor, Miranda 12
チェヴァス，パイ・ヘンリ Chevasse, Pye Henry；1810-79；医師；バーミンガム 236
チャールズワース，マライア Charlesworth, Maria；1819-80；作家；国教会福音派 99, 100
チャールズワース師，ジョン Charlesworth, Rev. John；1782-1864；国教会牧師；福音派；サフォーク 63, 92, 99
ディクソン，ヘンリ Dixon, Henry；1787-1876；医師；独立派；エセックス州ウィッタム 199, 200, 211, 272, 306, 307, 注 48, 注 65
ディケンズ，チャールズ Dickens, Charles；1812-70；小説家 141, 204, 267, 269
テイラー家 Taylor family；独立派；エセックス州コルチェスター 29, 36-44, 111, 121, 122 図 12, 123, 注 43 → 37 頁の「家系図 2」もみよ
テイラー，アイザック（父）Taylor, Isaac；1759-1829；彫版工，独立派牧師；独立派 36-38, 40-44, 60, 120, 126, 176, 234, 284, 292, 注 66
テイラー，アイザック（息子）Taylor, Isaac；1787-1865；アイザック・テイラーと妻アン・マーティンの息子；作家，発明家 39 図 8, 40-44
テイラー，アン Taylor, Ann →ギルバート，アン・テイラー
テイラー，アン・マーティン Taylor, Ann Martin；1757-1830；アイザック・テイラーの妻；作家 36-40, 42-44, 120-123, 126, 129, 131, 259, 261, 265, 292, 293, 297, 354, 注 44, 注 54, 注 66
テイラー，ジェイン Taylor, Jane；1783-1824；アイザック・テイラーと妻アン・マーティンの娘；作家 36, 39 図 7, 40-44, 62, 69, 99, 108, 111, 122 図 12, 123, 222, 232, 268, 285, 306, 318, 328, 334, 348, 349, 注 53, 注 55, 注 61, 注 68, 注 69
テイラー師，チャールズ；Taylor, Rev. Charles；b. 1797；国教会牧師；福音派；サフォーク州ハドリー 105
デヴォンシャー公爵夫人ジョージアナ Georgiana, Duchess of Devonshire；1757-1806 363

ドゥ・クルーズ，シャニ D'Cruze, Shani 211
ドーソン師，ジョージ Dawson, Rev. George；1821-76；バプティスト派牧師 111
トッシュ，ジョン Tosh, John 362, 366, 注86
トムスン，エドワード・P Thompson, Edward P. 11, 357, 387, 注40
トムソン，ジェイムズ Thomson, James；1700-48；詩人 107, 110

ナ・ハ行

ナイト，アン Knight, Anne；1786-1862；反奴隷制改革者，フェミニズム運動家；クエイカー；チェルムスフォード 334, 347-349
パーカー，ジョン・オクスリー Parker, John Oxley；1812-87；土地差配人；エセックス 221
バーク，エドマンド；Burke, Edmund；c. 1729-97；思想家，政治家 9, 318
バーグ，マキシン Berg, Maxine 371, 注98
バージェス，ウィリアム Burgess, William；食料雑貨商；国教会福音派；コルチェスター 79
バイロン卿，ジョージ・ゴードン Byron, George Gordon, Lord；1788-1824；詩人 109, 110, 116, 295, 316, 378
ハウジーゴウ，ジェレマイア；Howgego, Jeremiah；b. 1780；パン屋，菓子製造業 67, 341
バウトフラワー，チャールズ Boutflower, Charles ；1782-1844；医師；コルチェスター 81
パウロ，聖 Paul, St. 75, 88, 89, 118, 329
ハットン，ウィリアム Hutton, William；1723-1815；製造業者，歴史家；ユニテリアン；バーミンガム 189
パティソン家 Pattison family；エセックス州ウィッタム 280
パティソン，ウィリアム・ヘンリ Pattison, William Henry；1775-1848；訴訟代理人；独立派 186, 272, 292 図25, 注63
パティソン，ジェイコブ・ハウエル Pattison, Jacob Howell；1803-74；ウィリアム・パティソンの息子；訴訟代理人；国教徒 151, 158, 186, 203, 292 図25, 注60
バトラー，ジュディス Butler, Judith 376, 注94
ハリソン，ブライアン Harrison, Brian 230
バルト，ロラン Barthes, Roland 374, 注93
ハンソン，ジョン Hanson, John；商人，農業経営者；ロンドン金融街，エセックス 149
ハント，マーガレット Hunt, Margaret 360, 393
ビシット，ジェイムズ Bisset, James；c. 1761-1832；硝子の絵つけ師，陳列館館長；国教徒；バーミンガム 216, 320-322, 325, 327, 注80
ビドル，アーサー Biddell, Arthur；1783-1860；ジェイン・ランサム・ビドルの夫。トマス・クラークソンの土地を差配；農業経営者，土地差配人；国教徒；サフォーク州イプスウィッチ 110, 注62
ビドル，ジェイン・ランサム Biddell, Jane Ransome；1788-1855；アーサー・ビドルの妻 59, 109, 110, 208, 263
ビニー，トマス Binney, Thomas；b. 1798；独立派牧師；ロンドンの金融街 319
ヒル家 Hill family；学校経営者；ユニテリアン；バーミンガム 177, 179-181
ピンチベック，アイヴィ Pinchbeck, Ivy 208, 357
ビンフィールド，クライド Binfield, Clyde 51
フィールディング師 Fielding, Rev.；会衆派牧師；エセックス 66, 67
フィニガン，T・H Finigan, T. H. ；伝道師；バーミンガム 203, 204
フィプソン，メアリ・アン；Phipson, Mary Ann；b. 1811；製造業者の娘；学校経営者；独立派；バーミンガム 228
フーコー，ミシェル Foucault, Michel 395
ブライト，ジョン Bright, John；1811-89；政治家；クエイカー 93
ブライトウェン，ロバートおよびメアリ Brightwen, Robert and Mary；穀物商；エセックス 258, 259
プリーストリ，ジョウゼフ Priestley, Joseph；1733-1804；化学者，神学者；ユニテリアン；バーミンガム 62, 250
フリーダン，ベティ Friedan, Betty 356
ブルーワ師 Brewer, Rev.；独立派牧師；バーミンガム 89
ブレイ師，ジョン・G Breay, Rev. John G.；b. 1796；国教会牧師；福音派；バーミンガム 59
ブレイスウェイト，アナ Braithwaite, Anna；1788-1859；クエイカー牧会者；バーミン

ガム　93
フレッチャー，アンソニー Fletcher, Anthony　360
ブレトノール，ロバート Bretnall, Robert；1775-1859；農業経営者；国教徒；エセックス州ウィッタム　304-307, 309, 315
ブレトノール，セーラ Bretnall, Sarah；1794-1874, ロバート・ブレトノールの妻　305, 306, 309, 315, 319
フロイト，ジグムント Freud, Sigmund；1856-1939；精神分析学者，精神科医　396, 注 72
プロハスカ，フランク Prochaska, Frank　242
ヘッジ，トマス；Hedge, Thomas；b. 1768；メアリ・アン・ヘッジの兄；コルチェスター　230, 272
ヘッジ，メアリ・アン Hedge, Mary Ann；b. 1776；作家；福音派；コルチェスター　124, 156, 220, 268, 272, 273, 329
ヘマンズ，フェリシア Hemans, Felicia；1793-1835；詩人；国教徒　110, 111, 注 52
ペリー，ジョン Perry, John；b. 1781；織物商；クエイカー；サフォーク州イプスウィッチ　160, 265, 266
ベンサム，ジェレミー Bentham, Jeremy；1748-1832；功利主義を唱えた思想家　130, 177
ポーター，ロイ Porter, Roy　378
ボールトン，マシュー Boulton, Matthew；b. 1728；製造業者；国教徒；バーミンガム　177, 220, 221, 注 57, 注 64
ホブズボーム，エリック Hobsbawm, Eric　387, 注 37
ホリオーク，ジョージ Holyoake, George；1817-1906；自由思想家；バーミンガム；233

マ　行

マーシュ家 Marsh family；福音派；コルチェスターとバーミンガム　81, 256, 261, 282, 300
マーシュ，ウィリアム Marsh, William；1775-1864；国教会牧師　31, 52, 56, 60, 61, 63, 64, 73, 79-83, 91, 94, 95, 220, 222, 256, 266, 276, 282, 289, 333, 335, 349, 注 52
マーシュ，キャサリン Marsh, Catherine；1818-1912；ウィリアム・マーシュと妻マライア・ティルソンの娘；作家，博愛主義者　60, 63, 64, 73, 82-84, 222, 266, 276, 300, 349, 注 68
マーシュ，マライア・ティルソン Marsh, Maria Tilson；1776-1833；ウィリアム・マーシュの妻　61, 67, 82, 83, 94, 108, 256, 259, 261, 266, 349
マーティノー，ジェイムズ Martineau, James；1805-1900；ハリエット・マーティノーの弟；ユニテリアン牧師　226, 270
マーティノー，ハリエット Martineau, Harriet；1802-76；作家，ジャーナリスト；ユニテリアン　125, 126, 129-132, 270, 308, 355, 393, 395, 注 74
マクロード，ヒュー McLeod, Hugh　52
マコーリー，トマス・バビントン Macaulay, Thomas Babington；1800-59；歴史家，随筆家，詩人　397
マルクス，カール Marx, Karl；1818-83；思想家，経済学者　11, 356, 387, 389
マルサス，トマス Malthus, Thomas；1766-1834；経済学者　130, 171, 注 56
ミル，ジョン・スチュアート Mill, John Stuart；1806-73；哲学者，経済学者，フェミニズム運動家　130, 350, 354, 注 85
モア，ハナ More, Hannah；1745-1833；著述家，博愛主義者；福音派　48, 54, 77, 101, 106, 108-110, 115-123, 126, 129, 131, 132, 135, 285, 301, 302, 308, 329, 334, 335, 348, 352, 361, 389, 注 53, 注 70
モイリエット家 Moilliet family；銀行家；バーミンガム　188, 224
モイリエット，アメリア Moilliet, Amelia；1780-1857；銀行家の妻でジェイムズ・モイリエットの母　188
モイリエット，ジェイムズ Moilliet, James；1806-78；アメリア・モイリエットの息子；銀行家；バーミンガム　188
モーガン師，トマス Morgan, Rev. Thomas；バプティスト派牧師；バーミンガム　227, 228
モリス，ロバート Morris, Robert　13, 注 38, 注 59, 注 61, 注 98

ヤ・ラ行

ヤング，アーサー Young, Arthur；1741-1820；著述家，農業改革家　147, 193, 223, 315, 316, 注 72
ライアン，メアリ Ryan, Mary　12, 78, 注 50, 注 82
ライランド家 Ryland family；一族のうち，1810年生まれのトマス・ヘンリはトマス・クラークの娘と結婚；製造業者；ユニテリア

ン；バーミンガム　192, 291 図 26
ライランド，アーサー Ryland Arthur；1807-77；製造業のトマス・ヘンリ・ライランドのいとこ。フィプソン家から妻を迎える；法律家，地方議員；バーミンガム　156
ラウドン，ジェイン・ウェッブ Loudon, Jane Webb；1807-58；ジョン・ラウドンの妻。トマス・ウェッブの娘；園芸作家，雑誌編集者　132, 170, 266, 285, 286
ラウドン，ジョン・クローディアス Loudon, John Claudius；1783-1843；造園家，造園設計家，園芸作家　125, 126, 132-135, 284, 286, 287, 313, 314, 318, 327, 353, 393, 注 55, 注 70, 注 79
ラコック，ジェイムズ Luckcock, James；1761-1835；製造業者，教育改革家，政治改革家；ユニテリアン；バーミンガム　106, 124
ランサム家 Ransome family；製鉄業経営者；クエイカー；サフォーク州イプスウィッチ　149, 284, 注 62, 注 70, 注 82
ランサム，ジェイムズ Ransome, James；1782-1849；娘婿は反奴隷制改革者のスタッフォード・アレン　166, 254, 330
ランサム，ジェイン Ransome, Jane；1788-1855；アーサー・ビドルと結婚　→ビドル，ジェイン・ランサム
ランサム，ロバート Ransome, Robert；1795-1864；ジョン・ペリーの義理の姪と結婚　160, 注 62
リーン，ウィリアムおよびハンナ Lean, William and Hannah；学校経営者；クエイカー；バーミンガム　227
リスター，アン Lister, Anne；1791-1840；地主　364, 365
レプトン，ハンフリ Repton, Humphrey；1752-1818；造園家；サフォーク，エセックス　238, 278, 注 55
ロイド家 Lloyd family；銀行家；クエイカー；バーミンガム　186
ローボタム，シーラ Rowbotham, Sheila　388
ロックウッド，デイヴィッド Lockwood, David　385
ロビンソン，ヘンリ・クラブ Robinson, Henry Crabb；1775-1867；クーパー，ワーズワース，トマス・クラークソンの妻キャサリンの友人；訴訟代理人，文筆家；独立派；ベリ・セント・エドマンズ／ロンドン　272, 311, 注 63

ワ 行

ワーズワース，ウィリアム Wordsworth, William；1770-1850；詩人　2, 63, 270, 319, 396, 注 79
ワーズワース，ドロシー Wordsowrth, Dorothy；1771-1855；ウィリアム・ワーズワースの妹　270, 注 79
ワット，ジェイムズ Watt, James；1736-1819；製造業者，技師　177, 192

事項索引

ア　行

愛国，愛国心　2, 63, 112, 364, 365
医学　→医師；健康
居酒屋，パブ　13, 26, 172, 181, 182, 189, 193, 194, 196, 219, 229-231, 253, 281, 282, 298, 313, 321, 322, 326-328, 336, 368, 370, 393, 注 46
医師，外科医，内科医，薬剤医　2, 8, 28, 38, 40, 43, 67, 84, 90, 96, 119, 139, 148, 157, 165, 173, 174, 175 表 4, 178, 180, 181, 183, 186, 193, 197-201, 220, 235-237, 251, 260, 272, 280, 281, 287, 305, 309, 321, 323, 324, 326, 396, 399, 注 48, 注 52, 注 65
意匠，意匠術　139, 181, 190, 238, 279, 283, 287, 289, 367
衣装，衣服　87, 197, 264, 299, 300, 302, 310, 312, 314, 315-319, 331
イデオロギー　→家族；家庭性，家庭重視イデオロギー；功利主義；合理主義；女性性；男性性；田園生活，田園風景；美；ロマン主義をみよ
イングランド国教会，国教徒　→宗教もみよ
　教会組織　80-93
　教区活動　52, 53, 55, 79, 81-83, 91, 92, 94, 96, 181, 226, 266, 370
　高教会派　7, 28, 94
　推挙権　56, 80
　非国教徒との協力関係　63-65
　福音派　3, 5, 28, 31, 46, 48, 49, 52-65, 66, 67, 70, 72-74, 77-79, 82, 83, 91, 92, 94, 95, 101, 105, 107, 108, 112-119, 220, 222, 250, 283, 324, 329, 330, 333, 335, 349, 352, 注 48
飲酒，酩酊　63, 72, 89, 114, 119, 172, 182, 196, 221, 230, 278, 293, 305, 307, 335, 340
引退　25, 29, 33, 62, 143, 156, 168-170, 173, 175, 186, 194, 196, 228, 232, 233, 283　→老化，老い，老齢もみよ
衛生　235, 291, 292, 294, 313
オウエン主義，オウエン主義者　63, 64, 70
音楽　57, 61, 110, 222-224, 238, 269, 278, 305, 313, 323, 328, 334, 336-339
恩給　155, 156
恩顧，庇護，後援，推挙権　2, 15, 28, 56, 79, 80, 109, 140, 142, 144, 156, 167, 168, 177, 194, 199, 202, 204, 210, 237, 239, 244, 249, 272, 301, 321-336, 340, 353, 364, 370, 372, 383, 393, 注 57

カ　行

階級　→貴族；ジェントリ；社会的移動；中産階級；労働者階級もみよ
　階級意識
　　小売商　185, 232, 233
　　雇用主と使用人　297
　　宗教的基盤　47, 48, 50-54, 69
　　職業との関係　171-176
　　男性性との関係　314, 317
　　中産階級と労働者階級の関係　27, 210, 297, 325
　社会的地位
　　給与職　202-204
　　銀行家　187
　　小売商　185, 186
　　国教徒　69
　　製造業　191, 192
　　専門職　200, 201
　　理論　1, 11, 12, 345, 372-378, 387, 391
会計　67, 143, 145-149, 181, 184, 200, 227, 235, 272, 280, 293, 324-326, 330, 333, 381
外交販売員　165, 179, 203
会衆派　37, 47, 53, 66, 67, 75, 77, 90, 93, 96, 109, 120, 146, 151, 162, 199, 200, 注 63, 注 82
カヴァチャー（夫の庇護下の妻の法的地位）　144, 210, 211, 244, 369, 370, 372, 393, 注 57
ガヴァネス（住み込み家庭教師）　129, 223, 226, 239, 241, 257, 300, 381
科学　8, 40, 43, 44, 133, 139, 143, 149, 168, 170, 176, 177, 180, 209, 223, 233, 234, 236-239, 240, 250, 260, 276, 278, 284, 285, 287, 292, 300, 315, 323, 326-328, 348, 352, 358, 368, 378, 注 58
家具　36, 132, 134, 174, 247, 276-278, 286-291, 364
家事，家政
　買い物　26, 219, 235, 293, 294, 305, 313, 317, 362
　家事労働の軽視　15, 16, 118, 224, 386

家事労働の重要性　118, 224, 228
家庭経済　48, 126, 131, 295
切り盛り　8, 33, 38, 42, 82, 123, 131, 162, 213-215, 218, 222, 224, 238, 240, 242, 251, 252, 266, 267, 270, 289-296, 346, 380
訓練　40, 215, 224, 266
合理化　8, 9, 286, 287, 293, 298
宗教生活の妨害　61
課税　6, 57, 80, 147, 148, 201, 203, 284, 316
家族
概念　11-17, 248, 382-384, 390, 394
家業ネットワーク　30, 158-162, 166-168, 193, 194, 270
拡大家族　30, 248, 249, 262, 390, 396
家族関係　116, 246, 259-263, 265, 271, 272, 274, 371, 382-384, 395, 396
家族の一員としての使用人　71, 298, 300
家族の行事，儀式　8, 33, 38, 39, 68, 78, 79, 109, 168, 248, 266, 272, 273, 287, 295, 313, 331, 337, 注 50, 注 74
家族のネットワーク　1, 13, 14, 26, 56, 58, 65, 66, 80, 166, 169, 186, 210, 213, 248, 249, 323, 381, 382, 390
家族への奉仕　35, 36, 76, 77, 162, 204, 213-222, 229, 232-236, 239-241, 346, 353, 371
家族礼拝，祈り　50, 57, 60, 62, 71, 72, 75, 82, 256, 292
規模　38, 166-168, 215, 253, 254, 277, 287, 288, 290, 296, 297, 300, 331, 348, 349, 382, 390, 394, 395, 396, 399, 400
収入　5, 6, 227, 228
信用　152, 190, 213
相続　149-151, 153-158, 162, 239, 273, 287, 289
対立，仲違い　161, 162, 239, 267, 268, 273, 289
定義　12-16, 248, 249, 277, 382, 383
扶養　66, 242, 243, 272
家族経営体，家業　15, 17, 29, 30, 35, 80, 82, 83, 99, 130, 140, 141, 145, 151, 152, 160, 166, 167, 169, 170, 177, 179, 211, 213-223, 225, 227, 228, 234, 242, 243, 247, 249, 256, 258, 264, 265, 269, 270, 276, 277, 286, 293, 295, 296, 299, 301, 302, 315, 333, 346, 353, 355, 379, 381, 391, 393
学校　→教育；教師；日曜学校もみよ
エドワード六世グラマースクール　177-179 図 15, 226, 280, 注 62
学校経営，運営　42, 86, 115, 119, 127, 216, 225-229, 239-242, 257, 271, 324, 328, 329
寄宿学校　35, 122, 159, 178, 180, 187, 224, 227, 228, 256, 257, 262, 264, 265, 301, 注 62
グラマースクール　6 表 1, 177-179, 201, 223, 226, 注 62
バーミンガム幼児学校協会　63, 85, 324
パブリックスクール　177, 178
非国教徒アカデミー　6 表 1, 79, 177, 181, 196, 201, 223, 226, 271, 注 61, 注 62
ヘイゼルウッド校　177, 179
合唱協会　336
家庭性，家庭重視イデオロギー　4, 12, 49, 74, 101-135, 138, 207, 219, 220, 241, 250, 283, 285, 287, 296, 347, 352, 362, 392
寡夫　253, 267, 399 表 1, 402 表 4A
寡婦　26, 83, 85, 90, 92, 144, 153-157, 169, 172, 183, 185, 193, 196, 208, 210-213, 217, 218, 220, 221, 227, 229, 231-233, 235, 240, 242, 243, 249, 266, 309, 317, 327, 370, 371, 382, 394
寡婦産　153, 210
株式会社　14, 143, 145, 156, 178, 180, 324
家父長主義，温情主義　3, 4, 9, 75, 100, 113, 116, 191, 313
家父長制　210, 360, 394, 注 97
監獄　35, 85, 160, 173
管理者　47
貴族
恩顧，庇護　109, 142, 283, 322, 324, 336, 注 56
価値観，規範　4, 15, 276
貴族支配への中産階級の反発　4, 12, 51, 68, 109, 112, 142, 149, 278, 315, 322, 357
財産形態　149, 150, 192, 369
生活様式　4, 65, 146, 258, 263, 276, 313, 315, 318, 359, 367, 注 85
寄付，出資，月定献金　29, 88, 90, 91, 155, 156, 177, 180, 204, 211, 224, 231, 249, 284, 312, 314, 323-325, 328, 331, 333, 336, 343
急進派，急進主義者　5, 6 表 1, 21, 44, 48, 62, 63, 92, 103, 104, 116, 125, 179, 317, 319, 362
救貧院　25, 90, 95, 158, 173, 185, 202, 212, 234, 329
義勇兵　333
給与職　174, 175 表 4, 202-205, 211, 216, 226, 243, 399, 注 71
教育　→学校；教師もみよ
家庭教育　30, 38, 40, 82, 122, 133, 134, 177, 178, 215, 218, 222-225
宗教教育　62, 82, 97, 306
職業訓練　79, 173, 176, 180-182, 198-200,

202, 228, 237, 238, 240, 241, 329, 注 62, 注 65
女子教育　117, 119, 121, 129-131, 222-226, 348, 381
男子教育　6 表 1, 28, 79, 177-181, 196, 201, 223, 264
独学　181, 224, 239, 339
教会（国教会，非国教会）→宗教もみよ
ウィッタム会衆派礼拝堂　90, 96, 109
カーズ通り礼拝堂（バーミンガム・独立派）48, 52 図 9, 65, 84, 85, 96, 97, 228
建設　52, 85, 97
聖トマス教会（バーミンガム・国教会福音派）　52, 73, 282
聖ピーター教会（コルチェスター・国教会福音派）　52, 56, 282, 333, 349
聖マーティン教会（バーミンガム・国教会福音派）　63
付属墓地　313
協会，自発的結社　6 表 1, 8, 28, 31, 40-42, 55, 63, 67, 83-85, 87, 94, 96, 97, 107, 152, 177, 181, 194, 198, 199, 202, 204, 205, 222, 224, 234, 238, 240, 241, 247, 256, 305, 313, 320-343, 353, 354, 364, 374　→クラブ；文芸協会，文芸哲学協会もみよ
教師　→ガヴァネスもみよ
ジェンダー格差　216, 217, 227
職業としての発達　139, 198, 201-205
女性教師　70, 127, 128, 201, 203, 219, 222, 225-229, 238, 251, 405 表 10
男性教師　43, 56, 133, 139, 174, 177-179, 198, 201, 203, 216, 226, 280, 405 表 10
行商人　98, 174, 183, 191
共同経営関係（パートナーシップ）　6 表 1, 29, 35, 143-145, 150, 151, 153, 157, 159-163, 166-169, 178, 179, 186-190, 193, 194, 199, 203, 211, 215, 217, 220, 226, 227, 239, 254, 263, 271, 280, 368, 372, 注 57, 注 58, 注 67 → 164 頁の「家系図 3」もみよ
ギルド　5, 7, 14, 19, 209
銀行，銀行業　6 表 1, 21, 23, 48, 54, 55 表 3, 67, 73, 78, 80, 81, 98, 107, 109, 125, 139, 145, 149-152, 155, 157-160, 169, 186-188, 192, 193, 195, 200, 201, 203, 205, 209, 212, 215, 217, 220, 224, 241, 253, 255, 256, 259, 269, 279, 280, 284, 289, 294, 295, 305, 310, 324-326, 332, 339, 341, 353, 注 48, 注 57, 注 63, 注 64, 注 75
クエイカー教徒　6 表 1, 14, 29, 30, 33, 35, 46, 47, 54, 55 表 2 表 3, 58, 60, 63, 65, 66, 68, 71, 74, 89, 92, 93, 98, 107-109, 129, 146, 147, 159, 160, 163, 182, 184, 185, 187, 192, 199, 217, 224, 227, 238, 241, 261, 270, 289, 295, 330, 334, 338, 339, 347, 注 62, 注 74, 注 79, 注 80
クラッパム派　54, 78, 94, 注 48
クラブ　26, 40, 55, 65, 79, 87, 99, 143, 157, 181, 194, 196, 199, 219, 220, 224, 307, 320-323, 326-328, 330-332, 335, 336, 341, 342, 362, 364, 注 51, 注 56
君主制　44, 103-105, 注 90
芸術　9, 85, 110, 139, 181, 198, 201, 222, 238, 313, 320, 321, 323, 337, 339, 342, 368　→音楽；文芸，文学もみよ
外科医　→医師
劇場　25, 61, 319, 335-336, 338, 392
下宿，下宿人　13, 84, 167, 218, 229, 231, 243, 270, 276, 278, 337, 353
結核，肺病　4, 41, 42, 260, 272
月光協会　177, 222, 240, 241
結婚　→結婚式，婚礼；恋愛もみよ
いとこ婚　163, 271, 272, 注 60　→ 164 頁の「家系図 3」もみよ
求婚，婚約　62, 110, 165, 250-253, 256, 268, 297
共同経営　161-165
結婚年齢　166
持参金　170, 214, 289
宗教ネットワーク　30, 66, 168
性愛　253, 270, 273, 274, 377
晩婚　83, 166, 253, 258, 377
二家族間での兄弟姉妹婚　163, 267, 270, 271 → 164 頁の「家系図 3」もみよ
結婚式，婚礼　47, 306, 313, 316
言語
悪態　51, 73, 305, 307, 308
仕事や社会的地位　172
女性に関わる慣用表現　9, 15, 101, 208
名づけ　13, 165
健康　37, 39, 42, 51, 139, 148, 219, 236, 238, 258, 261, 285, 292, 307, 333
建築　8, 25, 36, 52, 69, 97, 132, 157, 183, 210, 237, 276, 284, 314, 320, 328, 342, 353, 367, 390, 391, 393
郊外　→庭園，庭；都市の発展もみよ
エジバストン　16, 20, 22 地図 3, 23, 31, 33-35, 56, 85, 108, 113, 174, 180, 192, 201, 203, 228, 242, 276, 282, 283, 288, 289, 291, 292, 294, 298, 299, 311, 319, 325, 334, 339, 349, 353, 392, 398, 399, 402, 403, 405
郊外の発達　85, 132, 133, 174, 191, 192, 278, 282-284, 353, 354

ラウドン（ジョン・クローディアス）　132-135
広告　30, 189, 219, 222, 285, 291, 注 65, 注 83
「公私」,「公と私」　1, 10, 14, 16, 70, 84, 123, 246, 349, 354-368, 391
公衆衛生　8, 291, 326
交通，運輸　5, 19, 23, 139, 192, 219, 229-231, 309, 310
合理化　195, 201, 209, 230, 286, 298
功利主義　130, 177, 179
合理主義　9, 315, 346
小売店　24, 145, 184, 205, 312, 317　→商売もみよ
国勢調査　6, 17, 50, 148, 169, 172, 173, 175, 182, 189, 197, 207, 208, 213, 226-228, 231, 242, 243, 248, 277, 349, 380, 383, 390, 393, 398, 399
穀物法　63, 185, 315, 323
子ども　→教育もみよ
　遊び　40, 163, 176, 215, 240, 254, 255, 264, 288, 381
　育児室　101, 123, 321
　家業の手伝い　7, 30, 34, 40, 43, 131, 191, 193, 194
　子育て　30, 33, 34, 38-40, 61, 123, 125, 127, 130, 131, 149, 150, 162, 168, 215, 217, 218, 225, 236, 241, 243, 249, 251, 253-265, 272, 275, 277, 296, 299, 301, 302, 321, 353, 380, 381, 393, 注 54
　思春期　66, 167, 263, 264, 265, 270, 359
　授乳　236, 259, 306
　使用人との関係　73, 121, 122, 258-260
　病気　227, 255, 259, 260, 261, 324

サ　行

財産
　女性の財産権　13, 152-154, 210-213, 243, 244, 346, 349, 369, 注 98
　相続　13, 14, 84, 85, 90, 98, 149-151, 153-156, 163, 165, 167, 191, 192, 194, 211, 212, 217, 242, 244, 256, 263, 273, 287, 289, 325, 346, 368-371, 379, 393, 394, 注 71, 注 91
　中産階級の財産形態　3, 6 表 1, 138, 139, 149
　投資　3, 6 表 1, 14, 19, 30, 41, 138, 144, 151, 152, 155, 156, 158, 160, 170, 186, 187, 210, 212-214, 223, 239, 240, 242, 243, 265, 279, 283, 289, 325, 393, 注 64, 注 98, 注 99
裁縫，針仕事　30, 81, 83, 128, 216, 222, 232, 255, 260, 264, 267, 269, 288, 289, 295, 353, 376, 381　→婦人服仕立て業もみよ
産婆　236
死
　子どもの死　30, 44, 98, 162, 253, 255, 259-261, 注 60　→ 32 頁の「家系図 1」, 37 頁の「家系図 2」もみよ
　財産や経営体の継承　6 表 1, 83, 90, 143, 144, 146, 151-153, 157, 162, 169, 200, 210, 211, 215, 221, 229, 269, 371, 393, 395
　宗教的死生観　51, 58, 61, 78, 79, 98, 108, 260, 261, 273
　葬儀　33, 68, 78, 87, 91, 199, 217, 248, 273, 313, 316, 注 50, 注 70
　病気と死の脅威　4, 5, 44, 204, 249, 253, 260, 261, 272, 273, 275
　墓地　132, 313, 314
　喪の文化，服喪　314, 318
詩　→クーパー，クラブ，スコット，テイラー（アン・マーティン），バイロン，ヘマンズ，ワーズワースをみよ
　女性の詩作　40-44, 59, 62, 98, 108-111, 124, 125, 224, 232, 258, 263, 266, 268, 275, 306, 347-349
『[妻を探す] シーレブズ』（ハナ・モア）　108, 115-118, 302, 308
ジェンダーによる差異
　外観　315-319
　教育　215, 222, 223, 261, 262, 264
　娯楽　311-315
　上品さ　305, 306
　正当化　47, 48, 76, 84
　相続　153-157, 162
　育てられ方　40, 264, 265, 293, 295, 296, 306
　賃金，収入　43, 216-218, 226, 227, 235, 238
　庭仕事，庭園との関わり　239, 285, 286
ジェントリ
　価値観，文化　26, 51, 65, 72, 149, 165, 169, 170, 192, 197, 321, 334
　生活様式　72, 149, 169, 197, 309, 312, 313, 315, 364
　中産階級とのつながり　4, 36, 46, 54, 69, 112, 113, 120, 143, 150, 151, 169, 176, 186-188, 200, 201, 306, 307, 注 61
　中産階級による反発　51, 72, 149, 192, 196, 197, 322
　中産階級による模倣　4, 133, 139, 169, 170, 278, 289, 注 61
　伝統的支配　28, 68, 171-174, 185, 196, 321, 367
　土地所有　75, 149, 192, 194, 210, 369

屋敷　129, 278, 279, 287
仕事
概念　12, 74, 140, 207, 222, 378-382
職業　12, 173-176, 236-241
市場　3, 4, 141-143, 183, 219, 313
地主　2, 23, 55, 56, 75, 91, 100, 114, 116, 117, 147, 152, 167, 192, 196, 221, 283, 304, 322, 364
資本　4, 11, 13-15, 21, 23, 37, 80, 90, 121, 138, 140, 144, 147, 149-153, 155, 156, 160, 162, 165, 175, 183-186, 189, 190, 192, 193, 199, 204, 210, 212, 213, 216, 226, 229, 231-233, 242, 244, 291, 346, 353, 354, 368, 370, 371, 379, 380, 383, 393
資本主義　1, 11, 16, 138, 145, 242, 355, 356, 379, 380, 386, 387, 389, 392, 395, 注 56
「市民社会」　320, 322, 364, 366, 367, 注 89
社会的移動，社会的上昇　14, 69, 79, 182, 186, 273
社交　26, 30, 50, 53, 65, 66, 95, 112, 118, 133, 150, 172, 183, 187, 199, 201, 213, 229, 232, 235, 246, 250, 257, 276, 277, 286-288, 306, 311-315, 321, 322, 328, 330, 334-337, 339, 383, 386　→余暇もみよ
住居，住まい　21, 29, 33, 34, 121, 157, 166, 184, 203, 216, 217, 226, 232, 235, 242, 267, 269, 272, 276-278, 280, 282, 283, 286-288, 292
宗教　→イングランド国教会，教会，聖職者もみよ
祈り，祈祷　8, 36, 38, 40, 52, 57, 59-62, 71, 72, 75, 82, 83, 85, 88, 93, 95, 105, 108, 111, 115, 235, 256, 261, 263, 266, 292, 328, 注 46, 注 58
回心　36, 48, 54, 57, 58, 61, 72-74, 83, 95, 96, 110, 112, 115, 126, 142, 264, 269, 292, 307, 335, 345, 350, 352, 注 50, 注 72
帰属意識　49, 61, 69
讃美歌，聖歌　43, 60, 98, 108, 139, 234, 331, 注 46
宗教的義務　4, 8, 36, 40, 53, 56, 57, 66, 72, 74, 77, 79, 81-83, 87, 88, 93, 113, 121, 146, 204, 255, 257, 302
宗教的ネットワーク　30, 47, 56, 58, 65-69, 163, 168, 194, 226, 323
小冊子，冊子　64, 72, 79, 95-98, 101, 140, 212, 234, 241, 306, 333, 334, 354, 388
信仰復興運動　4, 7, 46-48, 51, 52, 54-65, 82, 84, 315, 355, 357, 361, 392
収入，所得
現金収入　150, 218, 235, 298
給与，賃金　5, 19, 23, 40, 57, 63, 98, 109, 130, 145, 174, 176, 182, 184, 192, 195, 199, 204, 216-219, 222, 225, 227, 235, 241, 243, 300, 336, 349, 373, 380, 382, 392, 注 46, 注 57
年金　144, 148, 155, 156, 191, 211, 212, 218, 232, 242, 305, 注 99
十分の一税　56, 80, 148
祝祭　8, 30, 99, 191, 273, 287, 331
出産　30, 76, 104, 166, 223, 236, 241, 251, 258, 259, 263, 332, 380, 385, 393, 396
狩猟，狩り　3, 55, 65, 72, 74, 118, 149, 166, 194, 200, 305, 307, 311-313, 315
商業，商取引　3, 4, 8, 18, 23, 27, 28, 47, 60, 66, 74, 114, 129, 141-144, 152, 162, 165, 169, 172, 174, 177, 178, 180, 182, 184-186, 189, 199, 205, 208, 212, 223, 231, 238, 240, 246, 282, 327, 353, 354, 360, 370, 379
醸造業　23, 63, 139, 151, 158, 167, 173, 185, 186, 189, 193, 212, 219, 230, 231, 238, 270, 280, 304, 308, 313
使用人，召使い，奉公人　296-302
男性性　142, 172, 204
人数（世帯内）　296, 404 表 8
農村文化　8, 122
商売　30, 33, 72, 86, 145, 150, 151, 182-185, 191, 220, 222, 232, 240, 242-244, 259, 271, 280, 320, 324, 353, 360, 370, 393　→家族経営体，家業もみよ
消費，消費者　8, 11, 14, 16, 28, 29, 139, 193, 195, 207, 247, 248, 293, 332, 337, 339, 341, 353, 360, 364, 372, 380, 392, 397
上品さ，紳士らしさ　46, 50, 75, 93, 117, 118, 120, 127, 133, 166, 243, 259, 264, 287, 292, 304-306, 308, 312, 314, 318, 377, 380
情報伝達　→新聞，雑誌；交通，運輸
職業訓練，徒弟，見習い　2, 29, 30, 34, 38, 41, 60, 109, 126, 132, 140, 141, 148, 150, 166, 167, 174-177, 180, 182-184, 187, 190, 197, 198, 200, 215, 222, 224, 228, 232, 237, 238-240, 254, 256, 257, 259, 265, 268, 271, 297, 308, 311, 326, 341, 383
食事，食べ物，調理，食卓　30, 34, 38, 40, 65, 81-83, 99, 123, 132, 174, 184, 185, 194-196, 199, 214, 216, 227, 229, 235, 236, 259, 262, 276, 277, 286-288, 292-294, 299-302, 306, 307, 309, 313, 323, 326, 340, 364, 368, 376, 381
植物園芸協会　67, 323-325
女性

移動の自由　309-311
財産　152-154, 210-213, 242, 243
女性参政権　347, 348, 350, 356
相続　210-213, 215, 242
魂の平等　51, 69-71, 76, 88, 93, 94, 126, 142, 241, 329, 346
投資　41, 144, 155, 156, 213, 214, 240, 242, 243, 289, 325, 393, 注 98, 注 99
博愛主義活動　35, 42, 348, 364, 371, 380, 注 98
女性性，女性らしさ，女らしさ
依存性，家庭性　76-79, 103, 244, 251, 346, 369
外見，身体性，美　9, 134, 318, 367
慈善活動との関わり　329-334
宗教的基盤　48, 61, 76, 78, 79
生活態度，習慣　219-222, 264, 307, 308, 319
人口動態　140, 166, 168, 253, 272, 377, 390
親族関係，血縁関係　13, 15, 65, 142, 159, 160, 162, 168, 173, 177, 194, 200, 271-273, 352, 370, 382
信託財産，信託財産管理人，管財人　30, 47, 67, 80, 90, 97, 143, 151, 153-155, 157, 158, 178, 190, 198, 201, 211, 268, 271, 305, 370, 371, 393
新聞，雑誌　26, 30, 43, 52, 89, 91, 99, 101, 102, 104, 107, 114, 124, 131, 132, 156, 157, 181, 196, 219, 222, 285, 293, 305, 317, 320, 322, 323, 328, 330, 332, 333, 343, 358, 363, 390
信用，信用取引　4, 6, 14, 57, 81, 141, 152, 157, 160-162, 183, 186, 188-190, 199, 210, 212-214, 219, 226, 232, 235, 271, 277, 372, 379, 380, 393
性差　→ジェンダーによる差異
生産　5, 8, 11, 14, 16, 23, 25, 27, 28, 80, 84, 90, 106, 138, 139, 144, 146-149, 152, 172, 174, 182, 183, 189, 190, 192, 193, 195, 205, 208, 209, 233, 235, 240, 276, 280, 282, 295, 299, 306, 314, 315, 353, 359, 361, 364, 372, 374, 376, 378, 379, 381, 385, 390, 393, 397
政治　→トーリー派，トーリー党；ホイッグ派，ホイッグ党もみよ
参政権，選挙権　2, 27, 142, 341, 347, 348, 350, 356, 364, 373, 374, 注 85
女性と政治　340-343, 347-350, 363-365
チャーティスト運動　5, 21, 27, 35, 63, 319, 347-349
非国教徒の公職就任　26, 27, 47, 49, 91, 289, 341
聖書協会　55, 56, 63, 67, 83, 84, 94, 97, 329
聖職者，聖職
家族　60, 79, 80, 82-84, 86, 87, 91, 96, 98, 99, 157, 204, 220, 266, 284, 296, 300, 注 48
住居　79, 81-84, 157, 282, 283, 353
聖職給　80, 84, 86, 87, 197
男性性　60, 73-75, 79, 205, 266, 319
製造業　5, 9, 12, 21, 23, 27-29, 46, 51, 54, 68, 89, 107, 108, 127, 129, 132, 139, 142-144, 149, 150, 152, 154, 156, 159, 161, 165, 170, 172-176, 178-183, 186, 188-193, 197, 199-201, 205, 208, 214, 216, 220, 228, 230, 232-234, 237, 240, 251, 268, 279, 280, 282, 284, 291, 298, 306, 308, 310, 319, 321-326, 338-340, 353, 379, 390
性的欲望，セクシュアリティ　8, 11, 13, 49, 61, 76, 101, 104, 106, 117, 249, 309, 358, 369, 373, 375, 377, 378, 391, 394-397
性別分業　1, 84, 96, 131, 172, 235, 236, 270, 302, 348, 350, 382, 385, 386, 394
生命保険　148, 157, 327
選挙法改正（1832 年）　2, 27, 341, 364
洗濯　78, 83, 276, 294-296
専門職　3, 5, 12, 13, 18, 23, 24, 26-28, 35, 46, 51, 54, 67, 74, 80, 82, 119, 127, 128, 140, 142-145, 150, 152, 154, 155, 157, 158, 168, 174-176, 178, 186, 187, 197-202, 204, 205, 211, 220, 222, 225, 236, 238, 240, 242, 243, 246, 250, 278-280, 283, 296, 306, 312, 315, 321, 326, 329, 330, 334, 340, 342, 353, 355, 363, 379, 390
葬儀，葬式　33, 68, 78, 87, 91, 199, 217, 248, 273, 313, 注 50, 注 70
相互扶助組合　157, 200
相続，遺産　4, 6, 13, 14, 34, 36, 42, 84, 90, 96, 98, 112, 115, 121, 149-151, 153-156, 161-163, 165, 167, 170, 184, 191, 192, 194, 204, 211, 212, 214, 217, 221, 229, 232, 242, 244, 246, 256, 263, 273, 287, 289, 325, 346, 356, 368, 370, 371, 379, 382, 393, 394　→遺言，遺言書もみよ
測量，測量士　23, 148, 193, 198, 199, 201, 210, 218, 237, 238, 326, 341

タ　行

男性，男
移動の自由　309-311
娯楽　311-315
自発的結社への関わり　320-343
宗教的役割　70-82

職業　12, 173-176, 236-240
女性，家族への依存　16, 346, 391, 注 97
女性による内助　1, 6 表 1, 7, 29, 30, 34, 40, 61, 62, 78, 132, 191, 200, 214, 217, 218, 222, 224, 231, 243, 250, 254, 293, 334, 340, 注 18, 注 79, 注 97
政治活動　2, 26-27, 46, 340-343
男性性，男性らしさ，男らしさ
外見　315-319
宗教的基盤　46, 47, 57, 70-75, 307
職業　12, 171, 172, 204-206
生活態度，習慣　4, 72-73, 307, 308
父親，父親業，父性　7, 12, 30, 33-36, 39-41, 43, 44, 60, 75, 77, 80, 81, 83, 93, 115-117, 119, 121, 125, 131, 151, 157, 159, 161, 162, 165, 166, 169, 170, 190, 191, 193, 194, 205, 214-217, 222, 223, 226-228, 236, 238, 251, 253-258, 265-267, 269, 276, 284, 301, 313, 316, 328, 331, 333, 348, 368, 369, 396
中産階級
階級内区分　6 表 1, 175 表 4
定義　2-10
長子相続　149, 150
庭園，庭　283-286　→ラウドン（ジョン・クローディアス），ラウドン（ジェイン・ウェッブ），レプトンもみよ
公園，植物園　26, 104, 132, 284, 注 70
理想　9, 114, 278, 284
定期市　24, 183, 219
哲学協会　→文芸協会，文芸哲学協会
田園生活，田園風景　3, 9, 124, 133, 277, 283, 284
投資　3, 14, 19, 30, 41, 65, 138, 144, 151, 152, 155, 156, 158, 160, 170, 186, 187, 210, 212-214, 223, 239, 240, 242, 243, 265, 279, 283, 289, 325, 393, 注 64, 注 98, 注 99
道徳性　9, 71, 101, 134, 138, 285, 292, 294, 353, 379
トーリー派，トーリー党　5, 21, 27, 31, 44, 48, 50, 54, 104, 125, 178, 199, 322, 342, 349, 364, 注 38
読書　7, 20, 26, 52, 106, 107, 109-111, 113, 181, 196, 224, 278, 293, 305, 323, 328, 339, 注 68
独身女性　→附録 2 各表もみよ
家族の世話　30, 35, 243, 254, 256, 267, 269, 271, 333
家族への依存　243, 267
就業　130, 227, 235
上品さ　234
博愛主義活動　35, 242, 331, 333
「余剰」女性問題　349, 393
独立派，独立教会派（会衆派）　38, 42, 46, 48, 53, 56-58, 60, 65, 67, 72, 84, 89, 90, 107, 111, 121, 200, 272, 284, 334
都市自治体法　2, 26, 54
都市の発展　9, 19-28, 85, 107, 138-140, 173, 174, 182, 183, 188-190, 278, 279, 282, 283, 292, 342
図書館，図書閲覧室，書庫　20, 42, 107, 108, 181, 280, 323, 328, 333
土地
相続　149, 153, 165, 192, 194, 242, 325
富の基盤　3, 141, 149, 155, 192, 193
度量衡　147, 149

ナ　行

ナポレオン戦争　138, 148, 185, 195, 196, 312, 317, 338
名前，名づけ　13, 42, 43, 81, 109, 163, 165, 208
日曜学校　27, 37, 40, 42, 52, 55, 64, 66, 67, 79, 82, 84, 87, 95-97, 99, 115, 181, 188, 202, 223, 224, 228, 323, 329, 333, 364, 380, 注 49
日記，日誌　59, 61, 79, 93, 98, 107, 108, 111, 123, 156, 161, 196, 211, 218, 221, 235, 249, 251, 252, 273, 275, 302, 305, 308, 313, 331, 333, 338, 341, 354, 381, 注 58, 注 63
妊娠　38, 167, 236, 259, 298, 378
年金　144, 148, 155, 156, 191, 211, 212, 218, 232, 242, 305, 注 54
農業　3, 16, 23, 26, 28, 80, 132, 147, 159, 166, 172, 174, 182, 185, 188, 189, 192-196, 208, 209, 212, 221, 225, 227, 234, 237, 288, 297, 298, 304, 305, 315, 323, 326, 330, 334, 379
農場，農業経営
会計の合理化　145-148, 194, 195
家屋　282, 288
家族の労働　217-221, 235
農業経営者家族と奉公人との分離　195, 196, 288
農業の発達　23-26, 139, 208, 209
農業労働からの中産階級女性の排除　209

ハ　行

博愛主義事業，博愛主義活動　27, 31, 35, 42, 52, 140, 170, 182, 187, 203, 353, 364, 368, 371, 380
破産　3, 38, 51, 66, 68, 130, 143-146, 151, 156, 160, 169, 170, 257, 258, 328
母親，母親業，母性　30, 34-36, 40, 42, 43, 59,

67, 76, 77, 82-85, 87, 93, 95, 98, 109, 115, 119-123, 125, 127-129, 131, 133, 161, 162, 165, 177, 180, 215-217, 222-224, 226, 239, 252-254, 256, 258-267, 274, 293, 297, 299, 301, 306, 311, 335, 346, 369, 371, 385, 388, 391, 注 54
バプティスト 53, 61, 84, 107, 227
反奴隷制運動，奴隷制反対，反奴隷制協会 7, 31, 35, 42, 62, 63, 68, 74, 78, 83, 85, 92, 129, 323, 329, 332, 334, 348, 注 62
美意識，良識 9, 118, 125, 132-135, 278, 283, 302, 314, 340, 342, 353
非国教徒（国教反対派） 2, 5, 19, 21, 26, 27, 46, 47, 49, 51, 53, 54, 56, 57, 60, 62, 63, 65, 67-69, 79, 84, 88, 91, 125, 143, 177-182, 186, 192, 199, 224, 289, 313-315, 322, 341, 348, 371, 386, 注 38, 注 49
非嫡出 102, 305, 319, 391, 注 50
ピューリタン 4, 7, 42, 57, 70, 83, 106, 109, 250, 306
フェミニズム，フェミニスト 1, 10-12, 15, 48, 64, 70, 118, 126, 130, 131, 244, 320, 334, 348-350, 354-356, 361, 362, 365, 371, 375, 376, 382, 384, 386-389, 393, 注 54, 注 88, 注 90, 注 100
福音主義 4, 7, 9, 16, 28, 43, 46, 50, 51, 53, 54, 58, 59, 62-64, 68, 72, 74, 76, 79, 93, 94, 99, 101, 102, 107, 108, 114, 115, 120, 122, 129, 131, 135, 142, 258, 263, 304, 315, 318, 328-330, 345, 352, 355, 357, 361, 366, 377, 392, 396, 注 46, 注 98
父系，父系制 13, 165, 210
婦人服仕立て業 183, 232, 241
婦人帽子店 232, 241, 317, 326, 336, 337
不動産管理 36, 147, 193, 198, 199, 203, 220, 221
フランス革命 2, 21, 28, 48, 62, 64, 115, 142, 182, 355, 359, 361, 注 78
フリーメイソン 142, 152, 321, 326, 327, 330, 333, 335, 340
文芸，文学 26, 36, 43, 107, 109, 112, 119, 205, 224, 234, 263, 267, 295, 343, 378, 388
文芸協会，文芸哲学協会 40, 67, 181, 224, 323, 328, 339
文明 76, 92, 157, 278, 366, 378, 注 58
ホイッグ派，ホイッグ党 21, 27, 305, 322, 342, 343, 364, 注 38, 注 56, 注 82
暴動 5, 20, 63, 147, 179, 196, 注 80
法律家，弁護士 5, 17, 57, 67, 113, 156, 158, 159, 174, 177, 178, 186, 193, 197-199, 201, 209, 220, 235, 267, 272, 289, 305, 314, 321, 323, 324, 326, 339, 340, 注 38, 注 63
暴力，暴力行為 10, 184, 249, 391
保険 25, 30, 143, 148, 157, 158, 174, 200, 211, 212, 267

マ 行

密輸 147
迷信 9, 122, 130, 260, 286
メソディスト 53, 92, 114

ヤ 行

宿屋，宿屋経営，旅館 13, 63, 167, 173-175, 194, 225, 229-231, 242, 243, 281, 292, 298, 305, 312, 325, 327, 342, 370
遺言執行者 30, 155, 157, 158
遺言，遺言書 17, 35, 90, 148, 150, 153-157, 198, 200, 204, 210, 211, 213, 229, 235, 267, 370-371, 390, 393, 398, 399, 注 59, 注 65-67, 注 98, 注 100 →相続，遺産もみよ
有価証券 148, 212 →生命保険もみよ
有限責任 145, 注 57
友人関係，友情 15, 66, 80, 85, 102, 109, 142, 159-163, 166, 168, 177, 181, 188, 194, 268, 270, 271, 308, 309, 327, 367, 383, 注 41, 注 56, 注 67, 注 96
ユニテリアン 46, 47, 54, 67, 90, 93, 105, 107, 129, 130, 151, 163, 167, 179, 185, 223, 251, 252, 264, 310, 注 38
余暇 72, 106, 168, 169, 219, 278, 290, 334-340, 378

ラ 行

恋愛 30, 43, 110, 250-252, 256, 259, 268, 297, 309, 331, 注 79, 注 80
老化，老い，老齢 35, 67, 162, 200, 237, 254-256, 262, 265, 272, 276, 305, 369, 395
労働
　肉体労働 2, 46, 133, 191, 194, 195, 282, 285, 286, 299, 373, 381
　労働力 5, 11, 16, 23, 138, 141, 142, 144, 160, 167, 184, 190, 216, 217, 219, 241, 254, 290, 291, 380
労働者階級 5, 8, 11-13, 20, 21, 27, 50, 52, 63, 64, 69, 130, 138, 145, 148, 176, 183, 197, 198, 201, 204, 226, 227, 229, 273, 282, 296, 299, 306, 325, 336, 357, 359, 362, 375, 380, 386, 387
ロマン主義 9, 74, 110, 263, 311, 362, 366, 378

図表一覧

地図1　イングランド ……20
地図2　バーミンガム，1787年 ……21
地図3　バーミンガム，1848年 ……22
地図4　コルチェスター，1805年 ……24

家系図1　カドベリー家 ……32
家系図2　テイラー家 ……37
家系図3　二家族間での兄弟姉妹婚，いとこ婚，共同経営と結びついた結婚 ……164

図1　サミュエル・ラインズ「バーミンガム公会堂」1821年 ……17
図2　北側からのコルチェスターの眺め，1820年代 ……25
図3　コルチェスターの大通り，1820年代 ……25
図4　バーミンガム中心部ブル街に面したカドベリー家の店舗と家屋，1824年 ……31
図5　ベンジャミン・ヘッド・カドベリーとキャンディア・ワドキン・カドベリー夫妻とその子どもたち ……31
図6　エジバストンのコールソープ街にあるカドベリー邸 ……33
図7　ジェイン・テイラーとアン・テイラー，父親アイザック・テイラーの作品，1792年　39
図8　アイザック・テイラー，1787～1865年 ……39
図9　バーミンガムのカーズ通り会衆派礼拝堂 ……52
図10　エジバストン教区教会 ……53
図11　W・ウィリアムズ「エジバストンのモニュメント通り沿いにある邸宅前での家族の肖像」1780年ごろ ……113
図12　ジェイン・テイラー作品集の口絵 ……122
図13　アン・マーティン・テイラーが母親の務めについて著わした『実用的手引き』の口絵 ……122
図14　「愛情あふれる家族」。セーラ・スティックニー・エリス夫人の小品集『家族の秘密』のなかの挿絵版画，1840年代 ……127
図15　バーミンガムのエドワード六世グラマースクール ……178
図16　ジョン・ハリス「手芸品」1818年 ……232
図17　レベッカ・ソリー・シャーン，35歳 ……262
図18　レベッカ・シャーン，6歳 ……262
図19　素人画家が描いたエセックスのある農家の内部 ……277
図20　バーミンガムのオールド・スクウェア ……279
図21　バーミンガムの金属加工業者トマス・ギビンズと，その妻エマ・カドベリー・ギビンズが1837年から50年にかけて住んだディグベス地区の家 ……281
図22　エセックス州ウィッタムのブルー製粉所と隣接する水車管理住宅 ……281
図23　エドウィン・ビアード・バディングは1830年に芝刈り機の特許を獲得した ……285
図24　エセックスにあるシャーン家の屋敷，クリックス邸の客間の内部 ……288

図 25 トマス・ローレンス「田舎の楽しみ」1811 年 …… 290
図 26 T・ライランド父子商会の銀メッキ製品を扱った広告 …… 291
図 27 若々しく女性らしい人物像 …… 318
図 28 J・エクスタイン「フリースと仲間たち」1792 年 …… 322
図 29 バーミンガム公会堂での盛大な晩餐会，1845 年 …… 338

表 1 中産階級内の区分 …… 6
表 2 対象地域別の宗派分布 …… 55
表 3 対象地域における職業別宗派分布 …… 55
表 4 全標本中の男性世帯主の社会経済的階級の割合（職業別） …… 175

主要参考文献

以下はおもに二次文献の一覧である。一次文献や地域史料の多くは，注のなかで言及している。個人や家族の伝記，特定企業の経営史，団体の歴史，同時代の定期刊行物，議会報告，すべての創作物語《フィクション》は，遺憾ではあるがここには載せていない。とくに記されていないかぎり，出版地はすべてロンドンである。

全般的な文献

【書　籍】

Alexander, D., *Retailing in England during the Industrial Revolution*, 1970.

Allen, D. E., *The Naturalist in Britain : A Social History*, 1978.［阿部治訳『ナチュラリストの誕生——イギリス博物学の社会史』平凡社，1990 年］

Allen, D. E., *The Victorian Fern Craze : A History of Pteridomania*, 1969.

Altick, R. D., *The English Common Reader*, Chicago, 1963.

Anderson, M., *Approaches to the History of the Western Family 1500–1914*, 1980.［北本正章訳『家族の構造・機能・感情——家族史研究の新展開』海鳴社，1988 年］

Ardener, S. (ed.), *Women and Space*, 1981.

Ashton, T. S., *An Economic History of England : the 18th Century*, 1955.

Ashton, T. S., *Iron and Steel in the Industrial Revolution*, Manchester 1924, 2nd edn, 1951.

Bamford, T. W., *The Rise of the Public Schools*, 1967.

Barley, M. W., *The House and Home : A Review of 900 years of house planning and furnishing in Britain*, 1971.

Barrell, J., *English Literature in History 1730–80 : An Equal Wide Survey*, 1983.

Bayne-Powell, R., *Housekeeping in the 18th Century*, 1956.

Bayne-Powell, R., *English Country Life in the 18th Century*, 1935.

Bebb, E. D., *Nonconformity and Social and Economic Life 1660–1800*, 1935.

Bennett, J., *The History of Dissenters from the Revolution to the Year 1808*, 1833.

Benson, J., *The Penny Capitalists : A Study of 19th Century Working Class Entrepreneurs*, 1983.

Berg, M., *The Age of Manufacturers, 1700–1820*, 1985.

Best, G. F. A., *Temporal Pillars : Queen Anne's Bounty, the Ecclesiastical Commissioners and the Church of England*, Cambridge, 1964.

Binfield, C., *Belmont's Portias : Victorian Nonconformity and Middle Class Education for Girls, Dr Williams Trust*, 1981.

Binfield, C., *So Down to Prayers. Studies in English Nonconformity 1780–1920*, 1977.

Bossard, J., *The Large Family System, Philadelphia*, 1956.

Bovill, E. W., *The England of Nimrod and Surtees 1815–1854*, 1959.

Bradley, I., *The Call to Seriousness : the Evangelical Impact on the Victorians*, 1976.

Bratton, J. S., *The Impact of Victorian Children's Fiction*, 1981.

Briggs, M. S., *The English Farmhouse*, 1953.

Bristow, E. J., *Vice and Vigilance. Purity Movements in Britain since 1700*, Dublin, 1977.

Brown, F. K., *Fathers of the Victorians : The Age of Wilberforce*, Cambridge, 1961.

Brundage, A., *The Making of the New Poor Law : the Politics of Enactment and Implementation 1832-1839*, 1978.

Burman, S. (ed.), *Fit Work for Women*, 1979.

Burnett, J., *A Social History of Housing 1815-1970*, 1980.

Burnett, J., *A History of the Cost of Living*, 1969.

Burnett, J., *Plenty and Want*, 1966.

Butler, M., *Romantics, Rebels and Reactionaries : English Literature and its Background 1760-1830*, Oxford, 1981.

Butler, M., *Jane Austen and the War of Ideas*, Oxford, 1975.

Cannon, J., *Aristocratic Century : the Peerage of 18th Century England*, Cambridge, 1984.

Chadwick, O., *The Victorian Church*, part I, 1966.

Chalkin, C. W., *The Provincial Towns of Georgian England. A Study of the Building Process 1740-1820*, 1974.

Charles, L. and Duffin, L. (eds.), *Women and Work in Pre-Industrial England*, 1985.

Chesterman, M., *Charities, Trusts and Social Welfare*, 1979.

Church, R. A., *Economic and Social Change in a Midland Town. Nottingham 1815-1900*, 1966.

Clark, Alice, *Working Life of Women in the Seventeenth Century*, 3rd edn with new introduction by M. Chaytor and J. Lewis, 1982.

Cockerall, H. A. L. and Green, E., *The British Life Insurance Business 1547-1970 : An Introduction and Guide to Historical Records in the U. K.*, 1976.

Colby, V., *Yesterday's Woman : Domestic Realism in the English Novel*, Princeton, 1974.

Cott, N. F., *The Bonds of Womanhood. 'Woman's Sphere' in New England 1780-1835*, Yale, 1977.

Crouzet, F. (ed.), *Capital Formation in the Industrial Revolution*, 1972.

Curl, J. S., *The Victorian Celebration of Death*, Newton Abbot, 1972.

Dale, R. W., *History of English Congregationalism*, 1907.

Davidoff, L., *The Best Circles : 'Society', Etiquette and the Season*, 1986.

Davidson, C., *Woman's Work is Never Done : A History of Housework in the British Isles 1650-1950*, 1982.

Davis, D., *A History of Shopping*, 1966.

Delamont, S. and Duffin, L. (eds.), *The 19th Century Woman : Her Cultural and Physical World*, 1978.

Delphy, C., *Close to Home : a Materialist Analysis of Women's Oppression*, 1984.［井上たか子・加藤康子・杉藤雅子訳『なにが女性の主要な敵なのか――ラディカル・唯物論的分析』勁草書房，1996 年］

Douglas, A., *The Feminization of American Culture*, New York, 1978.

Douglas, M., *Implicit Meanings : Essays in Anthropology*, 1975.

Duckworth, A., *The Improvement of the Estate : A Study of Jane Austen's Novels*, Baltimore, 1971.

Duman, D., *The Judicial Bench in England 1727-1875 : the Reshaping of a Professional Elite*, 1982.

Dunn, J., *Sisters and Brothers*, 1984.

Dyos, H. J. and Wolff, M. (eds.), *The Victorian City. Images and Realities*, 2 vols., 1973.

Eagleton, T., *The Function of Criticism*, 1984.［大橋洋一訳『批評の機能――ポストモダンの地

平』紀伊國屋書店，1988 年]

Elias, N., *The Civilizing Process : the History of Manners*, Oxford, 1978. [中村元保・吉田正勝・赤井慧爾訳『文明化の過程』上，改装版，法政大学出版局，2010 年，波田節夫・溝辺敬一・羽田洋・藤平浩之訳『文明化の過程』下，改装版，法政大学出版局，2010 年]

Elshtain, J. B. (ed.), *The Family in Political Thought*, Brighton, 1984.

Elshtain, J. B., *Public Man, Private Woman. Women in Social and Political Thought*, 1981.

Emsley, C., *British Society and the French Wars 1793-1815*, 1979.

Fawcett, T., *The Rise of English Provincial Art*, Oxford, 1974.

Faxon, F. W., *Literary Annuals and Gift Books*, Surrey, 1973.

Finch, J., *Married to the Job : Wives Incorporation in Men's Work*, 1983.

Foster, J., *Class Struggle and the Industrial Revolution. Early Industrial Capitalism in Three English Towns*, 1974.

Fraser, D. (ed.), *A History of Modern Leeds*, 1981.

Fraser, D., *Urban Politics in Victorian England*, Leicester, 1976.

Fraser, D. and Sutcliffe, A. (eds.), *In Pursuit of Urban History*, 1984.

Gash, N., *Aristocracy and People : Britain 1815-1865*, 1979.

Gay, J. D., *The Geography of Religion in England*, 1971.

Gentle, R. and Field, R., *English Domestic Brass 1680-1810 and the History of its Origins*, 1975.

Gilbert, A. D., *Religion and Society in Industrial England : Church, Chapel and Social Change 1740-1914*, 1976.

Gillis, J., *For Better for Worse : British Marriages 1600 to the Present*, Oxford, 1985. [北本正章訳『結婚観の歴史人類学――近代イギリス・1600 年〜現代』勁草書房，2006 年]

Gillis, J. R., *Youth and History, Tradition and Change in European Age Relations 1770 to the Present*, 1974. [北本正章訳『「若者」の社会史――ヨーロッパにおける家族と年齢集団の変貌』新曜社，1985 年]

Girouard, M., *The Return to Camelot. Chivalry and the English Gentleman*, New Haven, 1981. [高宮利行・不破有理訳『騎士道とジェントルマン――ヴィクトリア朝社会精神史』三省堂，1986 年]

Girouard, M., *Life in the English Country House : A Social and Architectural History*, Harmondsworth, 1980. [森静子・ヒューズ訳『英国のカントリー・ハウス――貴族の生活と建築の歴史』住まいの図書館出版局，1989 年]

Girouard, M., *Victorian Pubs*, 1975.

Goody, J., Thirsk, J. and Thompson, E. P. (eds.), *Family and Inheritance : Rural Society in Western Europe 1200-1800*, Cambridge, 1976.

Gorham, D., *The Victorian Girl and the Feminine Ideal*, 1982.

Gough, R., *The History of Myddle*, 1981.

Gramsci, A., *Selections from the Prison Notebooks*, edited and translated by Hoare, Q. and Nowell Smith, G., 1971. [山崎功監修『グラムシ選集』合同出版，1986 年]

Gray, R. A., *The Labour Aristocracy in Victorian Edinburgh*, Oxford, 1976.

Grubb, I., *Quakerism and Industry Before 1800*, 1930.

Haig, A., *The Victorian Clergy*, 1984.

Hans, N., *New Trends in Education in the 18th Century*, 1951.

Hareven, T. K., *Family and Kin in Urban Communities 1700-1930*, New York, 1977.

Hareven, T. K., *Family Time and Industrial Time : The Relationship Between the Family and Work in a New England Industrial Community*, Cambridge 1982.［正岡寛司・安藤由美訳『家族時間と産業時間』新装版，早稲田大学出版部，2001 年］

Harrison, B., *Drink and the Victorians*, 1971.

Harrison, J. F. C., *The Second Coming : Popular Millenarianism 1780–1850*, 1979.

Harvey, A. D., *Britain in the Early 19th Century*, 1978.

Harvey, N., *A History of Farm Buildings in England and Wales*, Newton Abbot, 1970.

Heasman, K., *Evangelicals in Action. An Appraisal of their Social Work in the Victorian Era*, 1962.

Hecht, J. J., *The Domestic Servant Class in 18th Century England*, 1956.

Heeney, B., *A Different Kind of Gentleman : Parish clergy as professional men in early and mid Victorian England*, Connecticut, 1976.

Hennell, M., *Sons of the Prophets : Evangelical Leaders of the Victorian Church*, 1979.

Hirschman, A. O., *The Passion and the Interests : Political Arguments for Capitalism before its Triumph*, Princeton, 1977.［佐々木毅・旦祐介訳『情念の政治経済学』新装版，法政大学出版局，2014 年］

Hobsbawm, E. J., *The Age of Capital 1848–75*, 1977.［柳父圀近・長野聰・荒関めぐみ訳『資本の時代 1848–1875』新装版，1・2，みすず書房，2018 年］

Hobsbawm, E. J., *The Age of Revolution : Europe 1789–1848*, 1962.［安川悦子・水田洋訳『市民革命と産業革命――二重革命の時代』岩波書店，1968 年］

Hobsbawm, E. J. and Ranger, T.（eds.）, *The Invention of Tradition*, Cambridge, 1983.［前川啓治・梶原景昭ほか訳『創られた伝統』紀伊國屋書店，1992 年］

Holcombe, L., *Wives and Property. Reform of the Married Women's Property Law in 19th Century England*, 1983.

Hole, C., *The English Housewife in the 17th Century*, 1953.

Hollowell, P., *Property and Social Relations*, 1982.

Hont, I. and Ignatieff, M.（eds.）, *Wealth and Virtue*, Cambridge, 1983.［水田洋・杉山忠平監訳『富と徳――スコットランド啓蒙における経済学の形成』未來社，1990 年］

Hopkins, J., *A Woman to Deliver Her People : Joanna Southcott and English Millenarianism in an era of revolution*, Austin, Texas, 1982.

Howe, A., *The Cotton Masters 1830–60*, 1984.

Hudson, K., *Patriotism with Profit : British Agricultural Societies in the 18th and 19th Centuries*, 1972.

Hunt, B. C., *The Development of the Business Corporation in England 1800–1867*, Cambridge, Mass., 1936.

Ignatieff, M., *A Just Measure of Pain. The Penitientiary in the Industrial Revolution 1750–1850*, 1978.

Isichei, E., *Victorian Quakers*, Oxford, 1970.

Jaggar, A. M., *Feminist Politics and Human Nature*, Brighton, 1984.

Jarrett, D., *England in the Age of Hogarth*, 1976.

Jones, E. L.（ed.）, *Agriculture and Economic Growth in England 1650–1815*, 1967.

Jones, G. S., *Languages of Class : Studies in English Working Class History 1832–1982*, Cambridge, 1983.［長谷川貴彦訳『階級という言語――イングランド労働者階級の政治社会史 1832–1982 年』刀水書房，2010 年］

Joyce, P., *Work, Society and Politics. The Culture of the Factory in Later Victorian England*, Brighton, 1980.

Katz, M. B., *The People of Hamilton, Canada West. Family and Class in a mid 19th Century City*, Cambridge, Mass., 1975.

Kerridge, E., *The Farmers of Old England*, 1973.

Knoop, D. and Jones, G. P., *The Genesis of Freemasonry*, Manchester, 1974.

Kussmaul, A. S., *Servants in Husbandry in Early Modern England*, Cambridge, 1981.

Laqueur, T. W., *Religion and Respectability. Sunday School and Working Class Culture 1780–1850*, New Haven, 1976.

Lawson, M. S., *The Rise of Professionalism : A Sociological Analysis*, Berkeley, 1977.

Lawton, R., *The Census and Social Structure : An interpretative guide to 19th century censuses for England and Wales*, 1978.

Leavis, Q. D., *Fiction and the Reading Public*, 1932.

Lebsock, S., *The Free Women of Petersburg : Status and Culture in a Southern Town 1784–1860*, New York, 1984.

Littleton, A. C. and Yamey, B. S., *Studies in the History of Accounting*, 1956.

McClatchey, D., *Oxfordshire Clergy 1777–1869*, 1960.

McCord, N., *The Anti Corn Law League 1838–46*, 1958.

Macfarlane, A., *Reconstructing Historical Communities*, Cambridge, 1977.

McKendrick, N., Brewer, J. and Plumb, J. H. (eds.), *The Birth of a Consumer Society : The Commercialization of 18th England*, 1982.

McLeod, H., *Religion and the People of Western Europe 1789–1970*, Oxford, 1981.

McNaron, T., *The Sister Bond : A Feminist View of a Timeless Connection*, New York, 1985.

Marshall, G., *In Search of the Spirit of Capitalism : An Essay on Max Weber's Protestant Ethic Thesis*, 1982.

Martin, E. W., *The Secret People : English Village Life After 1750*, 1954.

Mathias, P., *The Transformation of England*, 1979.

Mathias, P., *The Brewing Industry in England 1700–1830*, Cambridge, 1959.

Mercer, E., *English Vernacular Houses : A Study of the Traditional Farmhouses and Cottages*, 1975.

Milne, J. D., *Industrial and Social Position of Women m the Middle and Lower Ranks*, 1857.

Mineka, F. E., *The Dissidence of Dissent. The Monthly Repository 1806–38*, North Carolina, 1944.

Mingay, G. E., *The Victorian Countryside*, 2 vols, 1980.

Mingay, G. E., *Rural Life in Victorian England*, 1977.

Mingay, G. E., *English Landed Society in the Eighteenth Century*, 1976.

Mingay, G. E., *The Gentry : The Rise and Fall of Ruling Class*, 1976.

Mingay, G. E., *Enclosure and the Small Farmer in the Age of the Industrial Revolution*, 1973.［亀山潔訳『イギリス産業革命期の農業問題』成文堂，1978 年］

Mintz, S., *A Prison of Expectations : the Family in Victorian Culture*, New York, 1983.

Mitchell, J. and Oakely, A. (eds.), *The Rights and Wrongs of Women*, 1976.

Moers, E., *Literary Women*, 1978.［青山誠子訳『女性と文学』研究社出版，1978 年］

Moers, E., *The Dandy. Brummel to Beerbohm*, 1960.

Newsome, D., *The Parting of Friends : A Study of the Wilberforces and Henry Manning*, 1966.

Newsome, D., *Godliness and Good Learning : Four Studies in a Victorian Ideal*, 1961.

Newton, J. L., *Women, Power and Subversion. Social Strategies in British Fiction 1778–1860*, Athens, Georgia, 1981.

Obelkevich, J., *Religion and Rural Society : South Lindsey 1825–75*, Oxford, 1976.

Okin, S. M., *Women in Western Political Thought*, 1980.［田林葉・重森臣広訳『政治思想のなかの女――その西洋的伝統』晃洋書房，2010 年］

Ortner, S. and Whitehead, H., *Sexual Meanings : the Cultural Construction of Gender and Sexuality*, Cambridge, 1981.

Owen, D., *English Philanthropy 1660–1960*, 1965.

Parkin, P., *Marxism and Class Theory : a Bourgeois Critique*, 1979.

Parry, N. and Parry, J., *The Rise of the Medical Profession : A Study of Collective Social Mobility*, 1976.

Perkin, H., *The Origins of Modern English Society 1780–1880*, 1969.

Peterson, M. J., *The Medical Profession in mid-Victorian London*, Berkeley, 1978.

Pinchbeck, I., *Women Workers and the Industrial Revolution 1750–1850*, 1930.

Plumb, J. M., *The First Four Georges*, 16th edn, 1981.

Pollard, S., *The Genesis of Modern Management*, 1965.［山下幸夫・桂芳男・水原正亨訳『現代企業管理の起源――イギリスにおける産業革命の研究』千倉書房，1982 年］

Poovey, M., *The Proper Lady and the Woman Writer. Ideology as Style in the Works of Mary Wollstonecraft, Mary Shelley, and Jane Austen*, Chicago, 1984.

Porter, R., *English Society in the 18th Century*, Harmondsworth, 1982.［目羅公和訳『イングランド 18 世紀の社会』新装版，法政大学出版局，2016 年］

Powis, J., *Aristocracy*, Oxford, 1984.

Presnell, L. S., *Country Banking in the Industrial Revolution*, Oxford, 1956.

Prior, M.（ed.）, *Women in English Society 1500–1800*, 1985.［三好洋子編訳『結婚・受胎・労働――イギリス女性史 1500–1800』刀水書房，1989 年］

Prochaska, F. K., *Women and Philanthropy in 19th century England*, Oxford, 1980.

Quinlan, M. J., *Victorian Prelude : A History of English Manners 1700–1830*, 1941.

Rae, G., *The Country Banker, His Clients and Work from an Experience of 40 Years*, 1976.

Raistrick, A., *Quakers in Science and Industry*, 1950.

Raynes, H. E., *A History of British Insurance*, 1948.［庭田範秋訳『イギリス保険史』明治生命 100 周年記念刊行会，1985 年］

Read, D., *The English Provinces 1760–1960*, 1964.

Reader, W. J., *Professional Men. The Rise of the Professional Classes in 19th Century England*, 1966.

Reiss, E., *Rights and Duties of Englishwomen, Manchester*, 1934.

Rendall, J., *The Origins of Modern Feminism : Women in Britain, France and the U. S. 1780–1860*, 1985.

Roberts, D., *Paternalism in Early Victorian England*, 1981.

Roberts, J. M., *The Mythology of the Secret Societies*, 1972.

Rosa, M. W., *The Silver Fork School : Novels of Fashion Preceding Vanity Fair, Washington*, New York, 1936.

Royal Institute of British Architects, *Rooms Concise : Glimpses of the Small Domestic Interior 1500–1850*, RIBA Exhibit, 1981.

Rubin, G. R. and Sugarman, D.（eds.）, *Law, Economy and Society 1750–1914 : Essays in the History of English Law*, 1984.

Ryan, M. P., *Cradle of the Middle Class. The Family in Oneida County New York 1790–1865*, Cambridge, 1981.

Sachs, A. and Wilson, J., *Sexism and the Law : A Study of Male Beliefs and Judicial Bias*, 1978.
Scase, R. and Goffee, R., *The Real World of the Small Business Owner*, 1980.
Schochet, G. J., *Patriarchism in Political Thought*, Oxford, 1975.
Scourse, N., *The Victorians and their Flowers*, 1983.
Sennett, R., *The Fall of Public Man*, Cambridge, 1974.［北山克彦・高階悟訳『公共性の喪失』晶文社，1991 年］
Showalter, E., *A Literature of Their Own. British Women Novelists from Bronte to Lessing*, 1982.［川本静子訳『女性自身の文学——ブロンテからレッシングまで』みすず書房，1993 年］
Simey, M. B., *Charitable Effort in Liverpool in the 19th Century*, Liverpool, 1951.
Simon, B. and Bradley, I.（eds.）, *The Victorian Public School*, Dublin, 1975.
Simpson, M. A. and Lloyd, T. H.（eds.）, *Middle Class Housing in Britain*, Newton Abbot, 1977.
Slater, M., *Dickens and Women*, 1983.
Smith, B., *Ladies of the Leisure Class : The Bourgeoises of Northern France in the 19th Century*, Princeton, 1981.［井上堯裕・飯泉千種訳『有閑階級の女性たち——フランスブルジョワ女性の心象世界』法政大学出版局，1994 年］
Smythe, C., *Simeon and Church Order : A Study of the Origins of the Evangelical Revival in Cambridge in the 18th Century*, Cambridge, 1940.
Soloway, R. A., *Prelates and People : Ecclesiastical Social Thought in England 1783-1852*, 1969.
Spiers, M., *Victoria Park Manchester : a 19th Century Suburb in its Social and Administrative Context*, Manchester, 1976.
Spiller, R. E., *The American in England During the First Half Century of Independence*, Philadelphia, 1976.
Stacey, M. and Price, M., *Women, Power and Politics*, 1981.
Stacey, N., *English Accountancy : A Study in Social and Economic History 1800-1954*, 1954.
Stone, L., *The Family, Sex and Marriage in England 1500-1800*, 1977.［北本正章訳『家族・性・結婚の社会史——1500-1800 年のイギリス』勁草書房，1991 年］
Taylor, B., *Eve and the New Jerusalem. Socialism and Feminism in the 19th Century*, 1983.
Thacker, C., *The History of Gardens*, 1979.
Thomas, K., *Man and the Natural World : Changing Attitudes in England 1500-1800*, 1983.［山内昶監訳，中島俊郎・山内彰訳『人間と自然界——近代イギリスにおける自然観の変遷』法政大学出版局，1989 年］
Thompson, E. P., *The Making of the English Working Class*, 1963.［市橋秀夫・芳賀健一訳『イングランド労働者階級の形成』青弓社，2003 年］
Thompson, F. M. L., *Chartered Surveyors. The Growth of a Profession*, 1968.
Thompson, F. M. L., *English Landed Society in the 19th Century*, 1963.
Thorne, B.（ed.）, *Rethinking the Family : Some Feminist Questions*, 1982.
Tilly, L. and Scott, J., *Women, Work and Family*, 1978.
Tomkins, J. M. S., *The Popular Novel in England 1770-1800*, 1932.
Trudgill, E., *Madonnas and Magdalens. The Origins and Development of Victorian Sexual Attitudes*, 1976.
Trumbach, R., *The Rise of the Egalitarian Family. Aristocratic Kinship and Domestic Relations in 18th century England*, New York, 1978.
Vance, N., *The Sinews of the Spirit. The Ideal of Christian Manliness in Victorian Literature and*

Religious Thought, Cambridge, 1985.

Vicinus, M., *Independent Women. Work and Community for Single Women 1850–1920*, 1985.

Victoria and Albert Museum, *The Garden : A Celebration of One Thousand Years of British Gardening*, 1979.

Walkowitz, J. R., *Prostitution and Victorian Society. Women, Class and the State*, Cambridge, 1980.［永富友海訳『売春とヴィクトリア朝社会——女性，階級，国家』上智大学出版，2009 年］

Warner, M., *Alone of all her sex. The myth and cult of the Virgin Mary*, 1976.

Watt, M. H., *The History of the Parson's Wife*, 1943.

Weber, W., *Music and the Middle Class*, 1975.［城戸朋子訳『音楽と中産階級——演奏会の社会史』新装版，法政大学出版局，2015 年］

Weeks, J., *Sex, Politics and Society. The Regulation of Sexuality Since 1800*, 1981.

White, R. J., *The Age of George III*, 1968.

White, R. J., *Life in Regency England*, 1963.

Wiener, M. J., *English Culture and the Decline of the Industrial Spirit 1800–1980*, Harmondsworth, 1985.［原剛訳『英国産業精神の衰退——文化史的接近』勁草書房，1984 年］

Wilbur, E. M., *A History of Unitarianism in Transylvania, England and America*, Cambridge, Mass., 1952.

Wilson, E., *Adorned in Dreams : Fashion and Modernity*, 1985.

Wilson, R. G., *Gentlemen Merchants. The Merchant Community in Leeds 1700–1830*, Manchester, 1971.

Wohl, A. (ed.), *The Victorian Family, Structure and Stress*, 1978.

Woodward, J. and Richards, D. (eds.), *Health Care and Popular Medicine in 19th Century England*, 1977.

Wright, D., *Woman and Freemasonry*, 1922.

Wright, L., *Clean and Decent*, 1960.［高島平吾訳『風呂トイレ讃歌』晶文社，1989 年］

Wrigley, E. A., *Identifying People in the Past*, 1973.

【論　文】

Alexander, S., 'Women, class and sexual difference in the 1830s and 1840s : some reflections on the writing of a feminist history', *History Workshop Journal*, no. 17, spring 1984.

Allen, D., 'The women members of the Botanical Society of London 1836–1856', *The British Journal for the History of Science*, 13 no. 45, 1980.

Anderson, B. L., 'Money and the structure of credit in the 18th century', *Business History*, XII no. 1, 1970.

Anderson, B. L., 'Provincial aspects of the financial revolution of the 18th century', *Business History*, XI no. 1, January 1969.

Anderson, M., 'Household structure and the industrial revolution : mid-19th century Preston in comparative perspective', in P. Laslett and R. Wall (eds.), *Household and Family in Past Time*, Cambridge, 1972.

Andrew, D., 'The code of honour and its critics : the opposition to dueling in England 1700–1850', *Social History*, 5 no. 3, October 1980.

Armstrong, W. A., 'A note on the household structure of mid-19th century York in comparative perspective', in P. Laslett and R. Wall (eds.), *Household and Family in Past Time*, Cambridge, 1972.

Bechhofer, F. and Elliott, B., 'Petty property : the survival of a moral economy', in F. Bechhofer and B.

Elliott, *The Petite Bourgeoisie : Comparative Studies of the Uneasy Stratum*, 1981.

Binfield, C., 'Congregationalisms' Baptist grandmothers and Methodist great aunts : the place of family in a felt religion', *The Journal of the United Reformed Church History Society*, 2 no. 1, 1978.

Blumin, S. M., 'The hypothesis of middle-class formation in 19th century America. A critique and some proposals', *American Historical Review*, 90 no. 2, 1985.

Bordieu, P., 'Marriage strategies as strategies of social reproduction', in R. Forster and O. Ranum (eds.), *Family and Society*, 1976.

Cannadine, D., 'Civic ritual and the Colchester Oyster Feast', *Past and Present*, no. 94, February 1982.

Cannadine. D., 'Victorian cities : how different?', *Social History*, 2 no. 4, 1977.

Carré, B., 'Early Quaker women in Lancaster and Lancashire', Centre for N. W. Regional Studies Occasional Paper, no. 5, *Early Lancaster Friends*.

Chaytor, M., 'Household and kinship : Ryton in the late 16th and early 17th century', *History Workshop Journal*, no. 10, 1980.

Church, C., 'Victorian masculinity and the Angel in the House', in M. Vicinus (ed.), *A Widening Sphere : Changing Roles of Victorian Women*, 1982.

Clark, K., 'Public and private children : infant education in the 1820s and 1830s', in C. Steedman, C. Urwin and V. Walkerdine (eds.), *Language, Gender and Childhood*, 1985.

Colley, L., 'The apotheosis of George III : loyalty, royalty and the British nation 1760–1820', *Past and Present*, no. 102, February 1984.

Cott, N. F., 'Passionlessness : an interpretation of Victorian sexual ideology, 1790–1850', *Signs*, 4 no. 2, 1978.

Crozier, D., 'Kinship and occupational succession', *The Sociological Review*, new series, 13, 1965.

Cunningham, H., 'The language of patriotism', *History Workshop Journal*, no. 12, autumn 1981.

Darrow, M. H., 'French noblewomen and the new domesticity', *Feminist Studies*, 5 no. 1, spring 1979.

Davidoff, L., 'Mastered for life : servant and wife in Victorian and Edwardian England', in A. Sutcliffe and P. Thane (eds.), *Essays in Social History*, Oxford, 1986.

Davidoff, L., 'The role of gender in the "First Industrial Nation" : agriculture in England 1780–1850', in R. Crompton and M. Mann (eds.), *Gender and Stratification*, 1986.

Davidoff, L., 'Class and gender in Victorian society : the diaries of Arthur J. Munby and Hannah Cullwick', in J. L. Newton, M. Ryan and J. Walkowitz (eds.), *Sex and Class in Women's History*, 1983.

Davidoff, L., 'The rationalization of housework', in D. Barker and S. Allen (eds.), *Dependency and Exploitation in Work and Marriage*, 1976.

Davidoff, L. and Hall, C., 'The architecture of public and private life : English middle class society, in a provincial town 1780–1850', in D. Fraser and A. Sutcliffe (eds.), *The Pursuit of Urban History*, 1984.

Davidoff, L., L'Esperance, J. and Newby, H., 'Landscape with figures : home and community in English society', in A. Oakley and J. Mitchell (eds.), *The Rights and Wrongs of Women*, Harmondsworth, 1976.

Delphy, C. and Leonard, D., 'Class analysis, gender analysis and the family', in R. Crompton and M. Mann (eds.), *Gender and Stratification*, 1986.

Feinstein, C., 'Capital accumulation and the industrial revolution', in R. Floud and D. McClosky (eds.), *The Economic History of Britain Since 1700*, vol. 1, 1700–1860, Cambridge, 1981.

Fox-Genovese, E., 'Property and patriarchy in classical bourgeois political theory', *Radical History Review*, nos. 2–3, 1977.

George, C. H., 'The making of the English bourgeoisie 1600–1750', *Science and Society*, no. 4, winter 1971.

Gray, R. Q., 'Bourgeois hegemony in Victorian Britain', in J. Bloomfield (ed.), *Class, Hegemony and Party*, 1977.

Grubb, E., 'The Evangelical movement and its impact on the Society of Friends', *Friends Quarterly Examiner*, 1924.

Habermas, J., 'The public sphere : an encyclopedia article', *New German Critique*, 1 no. 3, 1974.

Hall, C., 'Private persons versus public someones : class, gender and politics in England, 1780–1850', in C. Steedman, C. Urwin and V. Walkerdine (eds.), *Language, Gender and Childhood*, 1985.

Hall, C., 'Gender divisions and class formation in the Birmingham middleclass, 1780–1850', in R. Samuel (ed.), *People's History and Socialist Theory*, 1981.

Hall, C., 'The early formation of Victorian domestic ideology', in S. Burman (ed.), *Fit Work for Women*, 1979.

Hall, P. D., 'Family structure and economic organization : Massachusetts merchants 1700–1850', in T. Harayen (ed.), *Family and Kin in Urban Communities 1700–1930*, New York, 1977.

Hall, S., 'The problem of ideology – Marxism without guarantees', in B. Matthews (ed.), *Marx : A Hundred Years On*, 1983.

Hall, S., 'Rethinking the "base and superstructure metaphor"', in J. Blomfield (ed.), *Class, Hegemony and Party*, 1977.

Harris, O., 'Households and their boundaries', *History Workshop Journal*, no. 13, spring 1982.

Harrison, B. 'Philanthropy and the Victorians', *Victorian Studies*, no. 9, 1966.

Hausen, K., 'Family and role-division : the polarisation of sexual stereotypes in the 19th century', in R. Evans and R. Lee (eds.), *The German Family : Essays on the Social History of the Family in 19th and 20th Century Germany*, 1981.

Hueckel, G., 'Agriculture during industrialization', in R. Floud and D. McClosky (eds.), *The Economic History of Britain Since 1700*, vol. 1, 1700–1860, Cambridge, 1981.

Hughes, E., 'The professions in the 18th century', in D. A. Baugh, (ed.), *Aristocratic Government and Society in 18th Century England*, New York, 1975.

Hunt, M., 'Hawkers, bankers and mercuries : women and the Enlightenment', *Women in History*, no. 9, spring 1984.

Inglis, K. S., 'Patterns of religious worship in 1851', *Journal of Ecclesiastical History*, XI no. 1, 1960.

Inkster, I., 'Marginal men : aspects of the social role of the medical community in Sheffield 1790–1850', in J. Woodward and D. Richards (eds.), *Health Care and Popular Medicine in 19th Century England*, 1981.

Jordanova, L. J., 'Natural facts : a historical perspective on science and sexuality', in C. MacCormack and M. Strathern (eds.), *Nature, Culture and Gender*, Cambridge, 1980.

Kelly, J., 'The doubled vision of feminist theory', in J. L. Newton, M. Ryan and J. Walkowitz (eds.), *Sex and Class in Women's History*, 1983.

McLeod, H., 'White collar values and the role of religion', in G. Crossick (ed.), *The Lower Middle Class in Britain*, 1979.

Malmgreen, G., 'Anne Knight, and the Radical sub culture', *Quaker Education*, 71 no. 2, autumn 1982.

Medick, H., 'The proto-industrial family economy : the structural function of household and family during the transition from peasant society to industrial capitalism', *Social History*, 1 no. 3, 1976.

Medick, H. and Sabean, D., 'Interest and emotion in family and kinship studies : a critique of social history and anthropology', in H. Medick and D. Sabean (eds.), *Interest and Emotion : Essays on the Study of Family and Kinship*, Cambridge, 1984.

Miles, M., 'Eminent practitioners : the new visage of country attorneys 1750–1800', in G. Rubin and D. Sugarman (eds.), *Law, Economy and Society : Essays in the History of English Law 1750–1914*, 1984.

Minchinton, W. E., 'The merchants in England in the 18th century', in B. Supple (ed.), *The Entrepreneur*, 1954.

Mitchell, S., 'The forgotten woman of the period : Penny Weekly Family Magazines of the 1840s and 1850s', in M. Vicinus (ed.), *A Widening Sphere : Changing Roles of Victorian Women*, 1982.

Morris, R. J., 'Middle-class culture 1700–1914', in Fraser, D. (ed.) *A History of Modern Leeds* (1981).

Morris, R. J., 'Voluntary societies and British urban elites 1780–1850 : an analysis', *The Historical Journal*, 26 no. 1, 1983.

Morris, R. J., 'The middle class and the property cycle during the industrial revolution', in T. C. Smout, *The Search for Wealth and Stability*, 1979.

Morris, R. J., 'In search of the urban middle class. Record linkage and methodology : Leeds 1832', *Urban History Yearbook*, 1976.

Neale, R. S., 'The bourgeoisie, historically, has played a most revolutionary part', in E. Kamenka and R. S. Neale (eds.), *Feudalism, Capitalism and Beyond*, Whitstable, 1975.

Neale, R. S., 'Class and class consciousness in early 19th century England', in R. S. Neale (ed.), *Class and Ideology in the 19th Century*, 1972.

Obelkevitch, J., 'Proverbs and social history', in P. Burke and R. Porter (eds.), *The Social History of Language*, Cambridge, 1986.

O'Brien, P. K., 'British incomes and property in the early 19th century', *Economic History Review*, 2nd series, 12 1959–1960.

Pederson, J. S., 'The reform of women's secondary and higher education : institutional change and social values in mid and late Victorian England', *History of Education Quarterly*, 1979.

Peterson, M. J., 'No angel in the house : the Victorian myth and the Paget women', *American Historical Review*, 89 no. 3, 1984.

Pocock, J. G. A., 'Early modern capitalism : the Augustan perception', in E. Kamenka and R. S. Neale (eds.), *Feudalism, Capitalism and Beyond*, Whitstable, 1975.

Pythian-Adams, C., 'Rural culture', in G. Mingay (ed.), *The Victorians Countryside*, vol. II, 1980.

Rapp, R., Ross, E. and Bridenthal, R., 'Examining family history', *Feminist Studies*, 5 no. 1, 1979.

Ravetz, A., 'The Victorian coal kitchen and its reformers', *Victorian Studies*, 11 no. 4, 1968.

Redlich, F., 'Economic development, entrepreneurship and psychologism : a social scientists critique of McClelland's *Achieving Society*', *Explorations in Entrepreneurial History*, 1, 1963–4.

Rogers, N., 'Money, land and lineage : the big bourgeoisie of Hanoverian London', *Social History*, 4 no. 3, 1979.

Rosaldo, M., 'The use and abuse of anthropology : reflections on feminism and cross-cultural understanding', *Signs*, 5 no. 3, spring 1980.

Rubinstein, W. D., 'The Victorian middle classes : wealth, occupation and geography', *Economic History*

Review, 30, 1977.

Rubinstein, W. D., 'Wealth, elites and the class structure of modern Britain', *Past and Present*, no. 76, August 1977.

Ryan, M. P., 'The empire of the mother : American writing about domesticity 1830–60', *Women and History*, nos. 2–3, 1982.

Ryan, M. P., 'Femininity and capitalism in ante bellum America', in Z. Eisenstein (ed.), *Capitalist Patriarchy and the Case for Socialist Feminism*, New York, 1979.

Samuel, R., 'Workshop of the world : steam power and hand technology in mid-Victorian Britain', *History Workshop Journal*, no. 3, 1977.

Saville, J., 'Primitive accumulation and early industrialization in Britain', *The Socialist Register*, vi, 1969.

Saville, J., 'Sleeping partnership and limited liability 1850–1856', *Economic History Review*, 2nd series, 8, 1956.

Schoenwald, R. L., 'Training urban man : a hypothesis about the Sanitary Movement', in M. Wolff and H. Dyos (eds.), *The Victorian City : Images and Realities*, vol. II, 1973.

Seed, J., 'Theologies of power : Unitarianism and the social relations of religious discourse 1800–1850', in R. J. Morris (ed.), *Class, Power and Social Structure in British Nineteenth Century Towns*, Leicester, 1986.

Seed, J., 'Unitarianism, political economy and the antinomies of liberal culture in Manchester 1830–50', *Social History*, 7 no. 1, 1982.

Slater, T. R., 'Family society and the ornamental villa on the fringes of English country towns', *Journal of Historical Geography*, 4 no. 2, 1978.

Smeaton, J. S., 'Origins of the Society of Civil Engineers', in T. P. Hughes (ed.), *The Development of Western Technology since 1500*, New York, 1964.

Smith-Rosenberg, C., 'Sex or symbol in Victorian purity : an ethnohistorical analysis of Jacksonian America', in J. Demos and S. Boocock (eds.), *Turning Points : Historical and Sociological Essays on the Family*, Chicago, 1978.

Smith-Rosenberg, C., 'The female world of love and ritual : relations between women in 19th century America', *Signs*, 1 no. 1, 1975.

Spring, D., 'Aristocracy, social structure and religion in the early Victorian period', *Victorian Studies*, VI no. 3, 1963.

Spring, E., 'Law and the theory of the affective family', *Albion*, 16, 1984.

Thomas, D., 'The social origins of marriage partners of the British peerage in the 18th and 19th centuries', *Population Studies*, 26, part 1, 1972.

Vigne, T. and Howkins, A., 'The small shopkeeper in industrial and market towns', in G. Crossick (ed.), *The Lower Middle Class in Britain*, 1977.

Whitehead, A., 'Kinship and property : women and men : some generalizations', in R. Hirschon (ed.), *Women and Property : Women as Property*, 1983.

Yamey, B. S., 'Scientific bookkeeping and the rise of capitalism', *Economic History Review*, 2nd series, 1 nos. 2–3, 1949.

Yeatman, A., 'Women, domestic life and sociology', in C. Pateman and E. Gross (eds.) *Feminist Challenges : Social and Political Theory*, 1986.

【未刊行文献】

Anderson, M., 'Preparation and analysis of a machine readable national sample from the Enumerators Books of the 1851 census of G. B.', SSRC Report HR2066, January 1980.

Arnstein, W. L., 'The Victorian family and the Roman Catholic revival', Paper presented to the Anglo American Conference of Historians, London, 1982.

Auchmuty, R., 'Victorian spinsters', Australian National University, Ph. D., 1975.

Balda, W. D., '"Spheres of Influence" : Simeon's Trust and its implications for Evangelical patronage', University of Cambridge, Ph. D., 1981.

Clark, K., 'Infanticide and the medical profession', Paper presented at the University of Warwick Social History seminar, 1980.

Corfield, P. J., 'The social and economic history of Norwich 1650-1850', University of London, Ph. D., 1975.

Fawcett, T., 'Lecturing in literary and philosophical societies', Paper presented to the Sheffield Conference on Provincial Culture, 1981.

Field, J., 'Bourgeois Portsmouth : social relations in a Victorian dockyard town 1815-75', University of Warwick, Ph. D., 1979.

Forder, C., 'A historical perspective on women and property law', Women and Property Conference, University of Sussex, May 1983.

Freer, D., 'Business families in Victorian Leicester : a study in historical sociology', University of Leicester, M. Phil., 1975.

Gatrell, V. A. C., 'The commercial middle class in Manchester 1820-75', University of Cambridge, Ph. D., 1971.

Gerard, J., 'Family and servants in the countryhouse community in England and Wales 1815-1914', University of London, Ph. D., 1982.

Hall, P. D., 'Family structure and class consolidation among the Boston Brahmins', State University of New York at Stonybrook, Ph. D., 1973.

Higgs, E., 'Gender, occupations and work in the 19th century occupational census', Paper presented to the Social History Society Conference, January 1985.

Honeyman, K., 'Origins of enterprise : a study of social mobility in the industrial revolution', University of Nottingham, Ph. D., 1976.

Kaplan, C., 'Language, gender and history', Paper presented to the History Workshop, London seminar, 1982.

Koditschek, T. S., 'Class formation and the Bradford bourgeoisie', University of Princeton, Ph. D., 1981.

McNeil, M., 'A contextual study of Erasmus Darwin', University of Cambridge, Ph. D., 1979.

Meikle, S., 'Issues of masculinity and femininity in three novels by George Eliot', University of Leicester, Ph. D., 1981.

Morris, R. J., 'A year in the public life of the British bourgeoisie', unpublished manuscript, 1985.

Morris, R. J., 'The making of the British middle class', Paper presented to the social history seminar, Birmingham University, 1979.

Morris, R. J., 'Organization and aims of the principal secular voluntary organizations of the Leeds middle class 1830-51', University of Oxford, D. Phil, 1970.

Murphy, T., 'Female shadow, male substance : women and property law in 19th century England', unpublished paper, 1982.

Pope, N. P., 'Charitable activities and attitudes in early Victorian England with special reference to Dickens and the Evangelicals', University of Oxford, D. Phil, 1975.
Reid, C. O., 'Middle class values and working class culture in 19th century Sheffield', University of Sheffield, Ph. D., 1976.
Rosman, D. M., 'Evangelicals and culture in England 1790-1833', University of Keele, Ph. D., 1978.
Russell, A. J., 'A sociological analysis of the clergyman's role with special reference to its development in the early 19th century', University of Oxford, D. Phil, 1970.
Schneid, J., 'The problem of criminal conversation : a study of Victorian sexual attitudes', unpublished paper, 1975.
Scott, J. W., 'Is gender a useful category of historical analysis?', unpublished paper, 1985.
Seed, J., 'The role of unitarianism in the formation of Liberal Culture 1775-1851', University of Hull, Ph. D., 1981.
Shteir, A., '"The Fair Daughters of Albion" and the popularization of British botany', Paper presented at the British Society for the History of Science, 1982.
Tozer, M., 'Manliness : the evolution of a Victorian ideal', University of Leicester, Ph. D., 1978.
Valenze, D., 'Women preachers in 19th century England', Paper presented to the History Workshop Conference on Religion and Society, 1983.
Worsnop, J., 'A re-evaluation of "the problem of surplus women" in 19th century England, in the context of the history of gender', University of Essex, M. A., 1983.

バーミンガムに関する文献

【書 籍】

Allen, G. C., *The Industrial History of Birmingham and the Black Country 1860-1927*, 1929.
Cannadine, D., *Lords and Landlords : the Aristocracy and the Towns 1774-1967*, Leicester, 1980.
Court, W. H. B., *The Rise of Midland Industries 1600-1838*, Oxford, 2nd edn, 1953.
Gill, C., *History of Birmingham*, vol. I. *Manor and Borough to 1865*, Oxford, 1952.
Flick, C., *The Birmingham Political Union and the Movement for Reform in Britain 1830-39*, Connecticut, 1978.
Hennock, E. P., *Fit and Proper Persons : Ideal and Reality in 19th Century Urban Government*, 1973.
Hutton, W., *History of Birmingham Continued to the Present Time (1819) by his Daughter Catherine Hutton*, 1819.
Langley, A. S., *Birmingham Baptists Past and Present*, 1939.
Little, B., *Birmingham Buildings. The Architectural Story of a Midland City*, Newton Abbot, 1971.
Money, J., *Experience and Identity. Birmingham and the West Midlands 1760-1800*, Manchester, 1977.
Prosser, R., *Birmingham Inventors and Inventions*, Birmingham, 1881.
Pugh, R. E. (ed.), *The Victoria County History of Warwick*, vol. VII, *The City of Birmingham*, Oxford, 1964.
Schofield, R. E., *The Lunar Society of Birmingham. A Social History of Provincial Science and Industry in 18th Century England*, Oxford, 1963.
Skipp, V., *A History of Greater Birmingham - Down to 1830*, Birmingham, 1980.
Smith, J. S., *The Story of Music in Birmingham*, Birmingham, 1945.
Timmins, S. (ed.), *The Resources, Products and Industrial History of Birmingham and the Midland*

Hardware District, 1866.
Trinder, B., *The Industrial Revolution in Shropshire*, 1973.

【論 文】

Allen, B. M., 'Priestley and the Birmingham Riots', *Transactions of the Unitarian Historical Society*, 5 no. 2, 1932.

Behagg, C., 'Masters and manufacturers : social values and the smaller unit of production in Birmingham, 1800–1850', in G. Crossick and H. G. Haupt (eds.), *Shopkeepers and Master Artisans in Nineteenth Century Europe*, 1984.

Behagg, C., 'Custom, class and change : the trade societies of Birmingham', *Social History*, 4 no. 3, October 1979.

Briggs, A., 'The background of the Parliamentary reform movement in three English cities 1830–1832', *Cambridge Historical Journal*, 1952.

Briggs, A., 'Press and public in early 19th century Birmingham', *Dugdale Society Occasional Papers*, no. 8, 1949.

Briggs, A., 'Thomas Attwood and the economic background of the Birmingham Political Union', *Cambridge Historical Journal*, 1948.

Buckley, F., 'The Birmingham glass trade 1740–1833', *Transactions of the Society of Glass Technology*, 11, 1927.

Chaloner, W. H., 'Dr Joseph Priestley, John Wilkinson and the French Revolution', *Transactions of the Royal Historical Society*, 5th series, no. 8, 1958.

Craig, G. W., 'The Old Square : a chapter of bygone local medical history', *Birmingham Medical Review*, X, 1935.

Fraser, D., 'Birmingham and the corn laws', *Transactions of the Birmingham Archeology Society*, 82, 1965.

Money, J., 'The schoolmasters of Birmingham and the West Midlands 1750–90', *Historie Sociale – Social History*, X no. 1, 1976.

Reid, D., 'Popular theatre in Victorian Birmingham', in L. James, D. Bradby and B. Sharratt (eds.), *Performance and Politics in Popular Drama*, Cambridge, 1980.

Reid, D., 'The decline of Saint Monday 1766–1876', *Past and Present*, no. 71, 1976.

Walker, B., 'Birmingham directories', *Birmingham Archeological Society Transactions and Proceedings*, 58, 1934.

【未刊行文献】

Bailey, M. H., 'The contribution of Quakers to some aspects of local government in Birmingham 1828–1902', University of Birmingham, M. A., 1952.

Bushrod, E., 'The history of Unitarianism in Birmingham from the middle of the eighteenth century to 1893', University of Birmingham, M. A., 1954.

Cannadine, D., 'The aristocracy and the towns in the 19th century : a case study of the Calthorpes and Birmingham 1807–1910', University of Oxford, D. Phil, 1975.

Cunningham, P., 'Art and social control in early Victorian Birmingham', Paper presented to the Sheffield Conference on Provincial Culture, 1981.

Cunningham, P., 'The formation of the schools of design 1830–50 with special reference to Manchester, Birmingham and Leeds', University of Leeds, Ph. D., 1979.

Franklin, R. E., 'Medical education and the rise of the general practitioner', University of Birmingham,

Ph. D., 1950.
Frost, M., 'The development of provided schooling for working class children in Birmingham 1781-1851', University of Birmingham, M. Litt., 1978.
Hooper, A. F., 'Mid Victorian Radicalism : community and class in Birmingham 1850-80', University of London, Ph. D., 1979.
Lane, J., 'Apprenticeship in Warwickshire 1700-1834', University of Birmingham, Ph. D., 1977.
Mole, D. E. H., 'The Church of England and society in Birmingham 1830-66', University of Cambridge, Ph. D., 1961.
Ram, T. W., 'The social evolution of five dissenting communities in Birmingham', University of Birmingham, Ph. D., 1972.
Smith, D., 'A comparative study of class relationships and institutional orders in Birmingham and Sheffield with particular reference to the spheres of education, industry and polities', University of Leicester, Ph. D., 1980.
Trainor, R. H., 'Reports of the death of the middle class in industrial districts are greatly exaggerated : the Black Country 1830-1900', Paper presented to the urban history conference, 1983.
Trainor, R. H., 'Authority and social structure in an industrialized area : a study of three Black Country towns 1840-90', University of Oxford, Ph. D., 1981.

エセックスとサフォークに関する文献

【書　籍】

Bax, C., *Highways and Byways in Essex*, 1939.
Benham, H., *Some Essex Water Mills*, Colchester, 1976.
Blaxill, A. E., *The Non-Conformist Churches of Colchester*, Colchester, 1948.
Booker, J., *Essex and the Industrial Revolution*, Chelmsford, 1974.
Bramston, J., *Witham in Olden Times*, Chelmsford, 1855.
Brown, A. F. J., *Chartism in Essex and Suffolk*, Chelmsford, 1982.
Brown, A. F. J., *Colchester 1815-1914*, Chelmsford, 1980.
Brown, A. F. J., *Essex People 1750-1900 : from their diaries, memoirs and letter*s, Chelmsford, 1972.
Brown, A. F. J., *Colchester in the 18th Century*, Colchester, 1969.
Brown, A. F. J., *Essex At Work*, Chelmsford, 1969.
Brown, A. F. J., *Witham in the 18th Century*, Witham, 1968.
Burls, R., *A Brief Review of the Plan and Operation of the Essex Congregational Union*, 1848.
Cockerill, C. and Woodward, D., *Colchester as a Military Centre*, Colchester, 1978.
Cromwell, T., *History and Description of the Ancient Town and Borough of Colchester*, Colchester, 1825.
Cryer, L. R., *A History of Rochford*, 1978.
Cullum, J., *The History and Antiquities of Hawstead and Hardwick*, 1813.
Dale, M. A., *The Annals of Coggeshall in the County of Essex*, Coggeshall, 1863.
Dickin, E. P., *A History of Brightlingsea : A Member of the Cinque Ports*, Brightlingsea, 1939.
Eastment, W., *Wanstead Through the Ages*, Letchworth, 1969.
Edwards, A. C., *A History of Essex*, 1978.
Erith, F. H., *Ardleigh in 1796 : Its farms, families and local government*, East Bergholt, 1978.

Essex County Telegraph, *The Story of Layer-de-la-Haye*, Colchester, 1934.
Fitch, S. H., *Colchester Quakers, Ipswich*, n.d.
Fletcher, R., *The Biography of a Victorian Village : Richard Cobbold's Account of Wortham, Suffolk*, 1977.
Glyde, J., *The Moral, Social and Religious Condition of Ipswich in the Middle of the 19th Century*, 1971.
Glyde, J., *Suffolk in the 19th Century : Physical, Social, Moral, Religious and Industrial*, c. 1855.
Griggs, Messers, *General View of the Agriculture of the County of Essex*, 1794.
Klaiber, A., *The Story of the Suffolk Baptists*, 1931.
Marshall, W., *The Review and Abstract of the County Reports to the Board of Agriculture : Eastern Department*, 1818.
Mason, B., *Clock and Watchmaking in Colchester*, 1969.
Neale, K., *Essex in History*, 1977.
Page, W. and Round, J. H. (eds.), *The Victoria History of the County of Essex*, 1907.
Peacock, A. J., *Bread and Blood : A Study of the Agrarian Riots in East Anglia in 1816*, 1965.
Phillips, A., *Ten Men and Colchester*, Chelmsford, 1985.
Raynbird, W. and H., *On the Agriculture of Suffolk*, 1849.
Redstone, L. I., *Ipswich Through the Ages*, Ipswich, 1969.
Rickword, G., *Social Life in Bygone Colchester*, Colchester, 1925.
Rowntree, C. B., *Saffron-Walden – Then and Now*, Chelmsford, 1951.
Torrey, G., *Chelmsford Through the Ages*, Ipswich, 1977.
Tuffs, J. E., *Essex Coaching Days*, Letchworth, n.d.
Vaughan, E., *The Essex Village in Days Gone By*, Colchester, 1930.
West, F., *A Sketch of the History of Nonconformity in Braintree and Backing*, 1891.
Wilkinson, F. W., *A History of Leyton*, Leytonstone, 1897.
Wilson, D., *A Short History of Suffolk*, 1977.
Wood, E. A., *A History of Thorpe-le-Soken to the Year 1890*, Thorpe-le-Soken, 1975.
Wright, T., *The History and Topography of the County of Essex*, 1836.
Young, A., *General View of the Agriculture of the County of Essex*, 1807.

【論　文】

Baker, R., 'On the farming of Essex', *Journal of the Agricultural Society*, 1844.
Christy, M., 'The history of banks and banking in Essex', *The Journal of the Institute of Bankers*, October 1906.
D'Cruze, S., '"To Acquaint the Ladies" : women traders in Colchester c. 1750 to c. 1800', *The Local Historian*, 17 no. 3, 1986.
Dixon, R. W., 'Reminiscences of the Old Dissent in Witham', *Transactions of the Congregational Society*, V 1911–12.
East, F. J., 'The Quaker brewers of Saffron Walden', *Essex Countryside*, 20, April 1927.
Golding, S., 'The importance of fairs in Essex, 1759–1850', *Essex Journal*, 10 no. 3, 1975.
Laver, H., 'Cheese making in Essex', *Essex Naturalist*, viii, 1893.
Neale, K., 'Chingford enumerated : the village community at the census of 1851', *Essex Journal*, 3 no. 1, January 1968.
Snell, K. D., 'Agricultural seasonal unemployment, the standard of living and women's work in the south and east, 1690–1860', *Economic History Review*, 34 no. 3, 1981.

Wadhams, M. C., 'The development of buildings in Witham from 1500 to c. 1880', *Post-Medieval Archeology*, 6, 1972.

【未刊行文献】

Caroe, L., 'Urban change in East Anglia in the 19th century', University of Cambridge, Ph. D., 1966.

Davies, S. T., 'History of Witham', unpublished manuscript, 1869.

D'Cruze, S., 'The society no. surrounding us : Colchester and its middling sort 1780–1800', University of Essex, M. A., 1985.

Gyford, J., 'Men of bad character : property crime in Essex in the 1820s', University of Essex, M. A., 1982.

King, P., 'Prosecution associations in Essex 1740–1800', unpublished paper, Cambridge, 1983.

Shrimpton, C., 'The landed society and the farming community of Essex in the late 18th and early 19th centuries', University of Cambridge, Ph. D., 1966.

Speight, M. E., 'Politics in the Borough of Colchester 1812–1847', University of London, Ph. D., 1969.

Turner, J., 'The Colchester poll books – voting behaviour and politics in Colchester 1832–1852', University of Essex（Department of History）, B. A., 1979.

Watson, S. P., 'Nineteenth century Witham : the role of local government', University of Essex（Department of History）, B. A., 1978.

WEA Coggeshall, 'The story of Coggeshall 1700–1900', typescript, n.d.

注

新聞

ABG　『バーミンガム・ガゼット』*Aris's Birmingham Gazette*
BC　『バーミンガム・クロニクル』*Birmingham Chronicle*
CC　『チェルムスフォード・クロニクル』*Chelmsford Chronicle*
ECS　『エセックス・カウンティ・スタンダード』*Essex County Standard*
IJ　『イプスウィッチ・ジャーナル』*Ipswich Journal*

史料の所蔵場所

BRL　バーミンガム市立図書館参考部
BUL　バーミンガム大学図書館
CBL　エセックス州立図書館（コルチェスター分館）地域公文書コレクション
DWL　ドクター・ウィリアムズ図書館（ロンドン）
ERO　エセックス州立文書館（チェルムスフォード）
FHL　フレンズ・ハウス図書館（ロンドン）
IRO　サフォーク州立イプスウィッチ文書館
PRO　イギリス国立公文書館
WSRO　ウエストサフォーク州立文書館［現サフォーク州立文書館ベリ・セント・エドマンズ分館］

公文書

DQB　フレンズ・ハウス図書館および［アメリカ合衆国］ペンシルヴェニア州フィラデルフィアのハヴァフォード・カレッジに所蔵されている未刊行のクエイカー伝記辞典
DNB　『イギリス国民伝記辞典』

＊とくに記されていないかぎり，以下の出版地はすべてロンドンである。

プロローグ

（1）E・J・ホブズボームが行なった，一階級としてのブルジョワジーの主要な特徴の定義を参照。E. J. Hobsbawm, *The Age of Capital*（1977）, p. 286［柳父圀近・長野聡・荒関めぐみ訳『資本の時代 1848–1875』新装版，1・2，みすず書房，2018 年］.

（2）同時代人が「中間身分《ミドリング・ランクス》」「中間層《ミドリング・ソート》」「中間階層《ミドリング・ストラータ》」といった言葉を使っていたのは，「階級」という概念が 18 世紀には未発達で，ようやく 19 世紀に入って一般的な用語になったからである。Asa Briggs, 'The language of "class" in early nineteenth-century England', in A. Briggs and J. Saville（eds.）, *Essays in Labour History*（1967）を参照。定義をめぐり引き続き論じられている問題については，G. Crossick, 'The petite bourgeoisie in 19th century Europe : problems and research', in K. Tenfelde（ed.）, *Arbeiter und Arbeiterbewegung im Vergleich*（Munich, 1986）を参照。

（3）C. Phythian-Adams, 'Rural culture', in G. E. Mingay（ed.）, *The Victorian Countryside*（2 vols., 1980）, vol. 2, p. 619.

（4）C. Emsley, *British Society and the French Wars 1793–1815*（1979）.

（5）R・J・モリスによるリーズについての研究は，ホイッグ派と非国教会，トーリー派と英

国国教会のあいだの関係についての詳細な分析を提供している。彼の議論によれば，つながりは直接的なものではなく，断定できるものではないという。R. J. Morris, *The Making of the British Middle Class*（forthcoming）［*Class, Sect and Party : The Making of the British Middle Class : Leeds, 1820–1850*（Manchester, 1990）として出版された］.

（6）W. Marshall, *On the Landed Property of England*（1804）, p. 335. J. Powis, *Aristocracy*（Oxford, 1984）, p. 24 での引用。

（7）E. Pickard, 'Some account of my own life', BRL 22/11.

（8）P. Joyce, *Work, Society and Politics. The Culture of the Factory in Later Victorian England*（1982）; P. Joyce, 'Labour, capital and compromise : a response to Richard Price', *Social History*, 9 no. 1（Jan. 1984）; David Roberts, *Paternalism in Early Victorian England*（1979）.

（9）D. Andrews, 'The code of honour and its critics : the opposition to duelling in England 1700–1850', *Social History*, 5 no. 3（October 1980）. 新しい道徳の核心部分は，この時代に好まれた中産階級小説，トマス・ホルクロフトの『アナ・セント・アイヴス』に登場する決闘反対論のなかにある。ピーター・フォークナーによる序文を参照。Peter Faulkner, introduction to Thomas Holcroft's *Anna St Ives*（1970）, p. xiii.

（10）承認を求める主張は，ほとんどが道徳的根拠を提示している。D. Lockwood, 'Civic stratification', unpublished paper（April 1985）. この時代のイングランドという場の特殊性については，M. Butler, *Poets and Myths*（forthcoming）［Marilyn Butler, *Mapping Mythologies : Countercurrents in Eighteenth-Century British Poetry and Cultural History*（Oxford, 2015）として死後出版された］を参照。D. Landes, 'Religion and enterprise : the case of the French textile industry', in E. C. Carter, R. Forster and J. Moody（eds.）, *Enterprise and Entrepreneurs in 19th and 20th century France*（Baltimore, 1976）も参照。

（11）あるユニテリアンの事務弁護士の妻は，「あたかも全知を与えられているかのように」，のちの子孫のために何年も先のことまで計画を立てることは「犯罪的」に思われると述べている。Rebecca Solly Shaen, unpublished diary, Bodleian Library, John Johnson Collection 18 and 19, p. 225.

（12）John Gillis, *For Better, for Worse : British Marriages, 1600 to the present*（Oxford, 1985）, p. 135.

（13）W. D. Rubinstein, 'The Victorian middle classes : wealth, occupation and geography', *Economic History Review*, 30 no. 4（1977）, p. 608.

（14）J. Brewer, 'Commercialization and polities', in N. McKendrick, J. Brewer and J. H. Plumb（eds.）, *The Birth of a Consumer Society : The Commercialization of Eighteenth-Century England*（1982）, p. 24 ; R. J. Morris, 'The making of the British middle class', unpublished paper（1979）; P. Corfield, 'The social and economic history of Norwich 1650–1850', unpublished Ph. D. thesis, University of London（1976）, p. 568 ; J. Foster, *Class Struggle and the Industrial Revolution*（1974）, p. 74 ; J. Burnett, *A History of the Cost of Living*（Harmondsworth, 1979）, p. 77 ; D. E. C. Eversley, 'Industry and trade 1500–1800', in Victoria County History, *History of Warwick*, R. B. Pugh（ed.）, 'The City of Birmingham', vol. VII（Oxford, 1964）; 1851 census sample.

（15）G. Crossick, 'Urban society and the petty bourgeoisie in nineteenth century Britain', in D. Fraser and A. Sutcliffe（eds.）, *The Pursuit of Urban History*（1983）.

（16）J. Burnett ; 1851 Census Sample ; Birmingham and E. Anglia wills.

（17）J. Obelkevich, *Religion and Rural Society : South Lindsey 1825–1875*（Oxford, 1976）.

（18）K. Thomas, *Man and the Natural World : Changing Attitudes in England 1500–1800*（1983）.

（19）C. Phythian-Adams, 'Rural culture'.

(20) R. Porter, *English Society in the Eighteenth Century* (Harmondsworth, 1982), p. 167.

(21) M. A. Hedge, *The Retreat or Sketches from Nature* (Colchester, 1820), p. 6. 全般的な議論については，K. Figlio and L. Jordanova, 'Myths of creation, knowledge of nature and the production of otherness', unpublished paper, Conference on History and Anthropology (February 1984) を参照。

(22) William Burgess, 'Reciprocal duties of a minister and his people', sermon preached at Thorpe-le-Soken, Essex (2 February 1823), *Essex Sermons* (Colchester, n. d.), CBL.

(23) Count Pecchio, S*emi-serious Observations of an Italian Exile During His Residence in England* (1833), p. 41 ; E. M. Butler, *A Regency Visitor : the English Tour of Prince Puckler-Muskau. Described in his Letters 1826–1828* (1957).

(24) Q. D. Leavis, introduction to Charlotte Brontë's *Jane Eyre* (Harmondsworth, 1973), p. 28. 中産階級文学のなかで，幽霊だと思われていたものが実際には軋む扉や牛やロバであったと示すことによって，こうした信仰が巧みに嘲笑の対象にされていたことに留意せよ。R. Bloomfield, 'The Fakenham Ghost', in Wm. Wickett and N. David, *The Farmer's Boy : The Story of a Suffolk Poet : Robert Bloomfield, his Life and Poems, 1766–1823* (Lavenham, 1971). Jane and Ann Taylor, 'The Handpost', in *Original Poems for Infant Minds* (1865).

(25) M. Weber, 'Religious ethics and the world : sexuality and art', in G. Roth and C. Wittich (eds.), *Economy and Society* (2 vols., Berkeley, 1978), vol. 1.

(26) K. Thomas, *Man and the Natural World*, p. 43. M. Chamberlain, *Old Wives Tales : Their History, Remedies and Spells* (1981), ch. 4.

(27) L. Davidoff, 'The rationalization of housework', in D. Barker and S. Allen (eds.), *Dependency and Exploitation in Work and Marriage* (1976).

(28) M. Girouard, *The Return to Camelot : Chivalry and the English Gentleman* (1981).

(29) L. Davidoff, J. L'Esperance and H. Newby, 'Landscape with figures : home and community in English society', in J. Mitchell and A. Oakley (eds.), *The Rights and Wrongs of Women* (Harmondsworth, 1976).

(30) E. Burke, 'A philosophical inquiry into the origins of our ideas of the sublime and the beautiful' (1756), in F. and J. Rivington, *The Works and Correspondence of Rt. Hon. Edmund Burke* (2 vols., 1852), vol. 2 ［中野好之訳『崇高と美の観念の起源』みすず書房，1999 年］.

(31) グラムシの「常識」概念については，Q. Hoare and G. Nowell Smith (eds.), *Selections from the Prison Notebooks of Antonio Gramsci* (1971) のとくに 'State and civil society' と 'The philosophy of praxis' ［山崎功監修『グラムシ選集』合同出版，1986 年］を参照。

(32) 二重のカテゴリーの重要性については，C. Whitbeck, 'Theories of sex difference', *Philosophical Form*, 5 no. 1 (1973–74); C. Whitbeck, 'A different reality : feminist ontology', in G. Gould (ed.), *Beyond Domination* (New York, 1983) を参照。

(33) たとえば，J. Winship, 'Sexuality for sale', in S. Hall, D. Hobson, A. Lowe and P. Willis (eds.), *Culture, Media, Language* (1980); R. Coward, *Female Desire* (1984); J. Williamson, *Consuming Passions* (1986) を参照。

(34) ここでの地位とは，マックス・ヴェーバーによって構想されたもの，すなわち「肯定的ないし否定的な特権という観点からの社会的名声にたいする実効性のある主張」として用いられている。G. Roth and C. Wittich (eds.), vol. 1, p. 305. この時代における消費の重要性については，N. McKendrick, 'Commercialization and the economy', in N. McKendrick, J. Brewer and J. H. Plumb (eds.) のなかで述べられている。

(35) E. P. Thompson, *The Making of the English Working Class* (1963) ［市橋秀夫・芳賀健一訳

『イングランド労働者階級の形成』青弓社，2003 年］. トムスンによる労働者階級の性格づけにたいする直接的な論評については，C. Hall, 'The Tale of Samuel and Jemima : gender and working class culture in early nineteenth century England', in T. Bennett, C. Mercer and J. Wollacott (eds.), *Popular Culture and Social Relations*（1986）を参照。

（36）Mary P. Ryan, *Cradle of the Middle Class : the Family in Oneida County, New York 1790–1865* (Cambridge, 1981).

（37）たとえば，M. Darrow, 'French noblewomen and the New Domesticity 1750–1850', *Feminist Studies*（spring 1979）; B. Smith, *Ladies of the Leisure Class : the Bourgeoises of Northern France in the Nineteenth Century*（Princeton, 1981）; K. Hausen, 'Family and role-division : the polarisation of sexual stereotypes in the nineteenth century', in R. Evans（ed.）, *The German Family*（1981）を参照。近年の研究でより包括的な視点をとっているものとして，Suzanne Lebsock, *The Free Women of Petersburg : Status and Culture in a Southern Town 1784–1860*（New York, 1984）がある。

（38）M. Douglas, *Purity and Danger : An Analysis of Concepts of Pollution and Taboo* (Harmondsworth, 1966), p. 15.

（39）S. Ortner and H. Whitehead, *Sexual Meanings : the Cultural Construction of Gender and Sexuality* (Cambridge, 1981), p. 12.

（40）階級とジェンダーを連動して機能するものとして「とらえる」ことの重要性は，つぎの論文のなかで強調されている。J. Kelly, 'The doubled vision of feminist theory', in J. L. Newton, M. Ryan and J. Walkowitz（eds.）, *Sex and Class in Women's History*（1983）. 商工人名録のなかで「寡婦」が職業的カテゴリーとして用いられていたことは，女性がいかに家庭の枠組みのなかにとどまっていたのかを示す明白な実例である。

（41）M. Chaytor, 'Household and kinship : Ryton in the late sixteenth and early seventeenth centuries', *History Workshop Journal*, no. 10（autumn 1980）, p. 29.

（42）A. Kussmaul, *Servants in Husbandry in Early Modern England*（Cambridge, 1981）, p. 7.

（43）D. R. Bender, 'A refinement of the concept of household : families, co-residence and domestic functions', *American Anthropologist*, 69（1979）; O. Harris, 'Households as natural units', in K. Young, C. Walkowitz and R. McCullagh（eds.）, *Of Marriage and the Market : Women's Subordination in International Perspective*（1981）.

（44）P. Bordieu, 'Marriage strategies as strategies of social reproduction', in R. Forster and O. Ranum (eds.), *Family and Society*（Baltimore, 1976）.

（45）R. Rapp, E. Ross and R. Bridenthal, 'Examining family history', in J. Newton et al.（eds.）.

（46）たとえば，H. Medick, 'The proto-industrial family economy : the structural function of household and family during the transition from peasant society to industrial capitalism', *Social History*, no. 3（October 1976）; N. Smelser, *Social Change in the Industrial Revolution*（1959）; M. Anderson, *Family Structure in Nineteenth Century Lancashire*（Cambridge, 1971）; T. Hareven, *Family Time and Industrial Time : Relations Between the Family and Work in a New England Industrial Community*（Cambridge, 1982）を参照。最近の批評については，D. H. J. Morgan, 'Family history', in *The Family, Politics and Social Theory*（1985）を参照。

（47）T. S. Koditschek, 'Class formation and the Bradford bourgeoisie', unpublished Ph. D. thesis, University of Princeton（1981）; A. Howe, *The Cotton Masters 1830–60*（Oxford, 1984）.

（48）D. Crozier, 'Kinship and occupational succession', *Sociological Review*, no. 13（1965）.

（49）R. J. Morris, 'The middle class and the property cycle during the industrial revolution', in T. C. Smout（ed.）, *The Search for Wealth and Stability*（1979）.

(50) この言いまわしは，H. Medick and D. Sabean, 'Interest and emotion in family and kinship studies : a critique of social history and anthropology', in H. Medick and D. Sabean (eds.), *Interest and Emotion : Essays on the Study of Family and Kinship* (Cambridge, 1984), p. 13 のなかで引用されたエスター・グッディのもの。

(51) E. Goody, *Parenthood, Social Reproduction and Occupational Roles in West Africa* (Cambridge, 1982), p. 15.

(52) M. Strathern, 'The place of kinship : kin, class and village status in Elmdon', in A. P. Cohen (ed.), *Belonging : Identity and Social Organization in British Rural Culture* (Manchester, 1982).

(53) C. Smith-Rosenberg, 'The female world of love and ritual : relations between women in nineteenth century America', *Signs*, 1 no. 1 (autumn 1975); N. Cott, *The Bonds of Womanhood. "Woman's Sphere" in New England 1780–1835* (Yale, 1977).

(54) H. Perkin, *The Origins of Modem English Society 1780–1850* (1969), pp. 49–50. 友人関係の可変性をめぐる議論については，R. Brain, *Friends and Lovers* (1977), pp. 12–20 を参照。

(55) S. Ortner and H. Whitehead, p. 17 で引用されたM・ストラザーンの表現。

(56) 私たちが用いてきたのは，A. MacFarlane, *Reconstructing Historical Communities* (Cambridge, 1977) のなかで推奨された研究視角の修正版である。

(57) W. A. Armstrong, 'Social structure from the early census returns', in E. A. Wrigley (ed.), *An Introduction to English Historical Demography* (1966).

場面設定

(1) W. Hutton, *History of Birmingham* (continued to the present by his daughter, Catherine Hutton) (1819), p. 141.

(2) H. W. Dickinson, *Matthew Boulton 1728–1809* (Cambridge, 1937).

(3) D. E. C. Eversley, 'Industry and trade 1500–1880', in V. C. H., vol. VII ; C. Behagg, 'Custom, class and change : the trade societies of Birmingham', in *Social History*, 4 no. 3 (1979); C. Behagg, 'Masters and manufacturers : social values and the smaller unit of production in Birmingham, 1800–1850', in G. Crossick and H. G. Haupt (eds.), *Shopkeepers and Master Artisans in Nineteenth Century Europe* (1984).

(4) W. Hutton.

(5) C. Gill, *History of Birmingham* 'Manor and borough to 1865' (Oxford, 1952), vol. 1.

(6) たとえば，D. Cannadine, *Lords and Landlords : the aristocracy and the towns 1774–1967* (Leicester, 1980) を参照。

(7) C. Behagg, 'An alliance with the middle class : the Birmingham Political Union and early Chartism', in J. Epstein and D. Thompson (eds.), *The Chartist Experience : Studies in Working Class Radicalism and Culture 1830–60* (1982), p. 74.

(8) W. White, *History, Gazetteer and Directory of the County of Essex* (Sheffield, 1848), pp. 13 and 49.

(9) E. A. Wrigley, 'A simple model of London' s importance in changing English society and economy, 1650–1750', in D. A. Burgh (ed.), *Aristocratic Government and Society in 18th Century England* (New York, 1975).

(10) A. F. J. Brown, *Essex at Work* (Chelmsford, 1969).

(11) A. C. Edwards, *A History of Essex* (1962).

(12) A. Young, *General View of the Agriculture of the County of Essex*, 2 vols. (1807), vol. 1.

（13） W. and H. Raynbird, *On the Agriculture of Suffolk*（1849）.

（14） J. Saville, ‘Primitive accumulation and early industrialization in Britain’, *Socialist Register*（1969）.

（15） J. Saville, p. 256.

（16） J. Booker, *Essex and the Industrial Revolution*（Chelmsford, 1974）.

（17） H. Benham, *Some Essex Water Mills*.

（18） Census of Great Britain.

（19） J. E. Tuffs, *Essex Coaching Days*（Letchworth, n.d.）.

（20） A. F. J. Brown, *Essex People 1750–1900 from their Diaries, Memoirs and Letters*（Chelmsford, 1972）.

（21） ジャネット・ガイフォードとの個人的な情報交換による。

（22） M. C. Wadhams, ‘The development of buildings in Witham from 1500 to circa 1880’, *Post-Medieval Archeology*, 6（1972）.

（23） H. N. Dixon, ‘Reminiscences of an Essex county practitioner a century ago’, *Essex Review*, xxiii（1914）, p. 92.

（24） Witham Census 1851. 30 人の専門職はウィッタムの外で生まれ，そのうち 17 人は［エセックス］州の外で生まれていた。一方，58 人の商売人はウィッタムの外で生まれ，27 人は州の外で生まれていた。

（25） M. E. Speight, ‘Politics in the Borough of Colchester 1812–1847’, unpublished Ph. D. thesis, University of London（1969）.

（26） フィリップ・ヒルズとの個人的な情報交換による。

（27） Essex and Suffolk File.

（28） 1821 年から 31 年のあいだにバーミンガムの人口は 38 パーセント増加し，エセックスとサフォークでは 13 パーセント増加した。Census of GB.

（29） 私たちは国勢調査の標本で出生地については算定しなかったが，慎重な「目視」による調査では，中産階級のあいだに多くの新来者がいたという印象が残った。T. Kodischek, ‘Class formation and the Bradford bourgeoisie’, unpublished Ph. D. thesis, University of Princeton（1981）も参照。

（30） J. Gyford, ‘Men of bad character : property crime in Essex in the 1820s’, unpublished M. A., University of Essex（1982）; E. Hobsbawm and G. Rudé, *Captain Swing*（1969）.

（31） たとえば，コルチェスター・グラマースクールを卒業し，やがて王立天文台長になったある人物は，収税吏に転身した小規模農業経営者の息子だった。W. Airy（ed.）, *Autobiography of Sir George Biddell Airy*（Cambridge, 1896）.

（32） A. G. Gardiner, *Life of George Cadbury*（1923）, p. 17 で引用された G・カドベリーの言葉。カドベリー家に関する史料はすべて，バーミンガム市立図書館参考部に所蔵されているカドベリー文書とその他のカドベリー関連史料からのものである。この文庫《アーカイヴ》にはつぎのものが含まれている。‘Letters from Richard Tapper Cadbury and his wife Elizabeth to members of the family. 1806–55’, BRL 466/300/1–21 ; ‘Letters from Richard Tapper Cadbury to his wife Elizabeth (Head) Cadbury 1801–51’, BRL 466/299/1–54 ; ‘A collection of letters concerning the family of Benjamin and Candia Cadbury 1805–51’, BRL 614280 ; ‘Letters from John Cadbury mainly to his parents Richard Tapper and Elizabeth Cadbury written during visits in Leeds. 6 May 1819–15 Sept. 1822’, BRL 466/247 ; ‘Collection of letters from John Cadbury addressed mainly to his wife Candia, written during John’s visits in Ireland. 19 May 1842–8 June 1846’, BRL 466/258 ; ‘John Cadbury’s

account of his father Richard Tapper Cadbury', BRL 466/310/1-3 ; 'John Cadbury's notes on the death of his wife Candia Cadbury 3 March 1855', BRL 466/264/1-6 ; 'Candia Cadbury's Recipe Book', BRL 466/104 ; 'Letters from Candia to her daughter Maria, whilst at school 1853-54', BRL 466/102/1-6 ; 'Letters from Richard Cadbury to his sister Maria 28 March 1846-4 Nov. 1855', BRL 466/285/1-11 ; 'Letters from Henry Cadbury to his brothers, Richard and John 1849-56', BRL 466/231/1-2 ; 'Letters from Henry Cadbury to his sister, Maria, 1852-54', BRL 466/232/1-5 ; 'Letters from Edward Cadbury to his sister, Maria, 1850-56', BRL 466/106/1-5 ; 'Letters from Richard Cadbury to his sister Maria 28 March 1846-4 Nov. 1855', BRL 466/285/1-11 ; 'Letters from Maria Cadbury to her parents whilst at Lewes School 23 March-9 November 1835', BRL 466/341/1-6 ; Maria Cadbury' s Book of childhood reminiscences 'The Happy Days of our Childhood', BRL 466/344 ; 'Cadbury Family Book', BRL 466/445. つぎの人物の遺言書は，バーミンガム市立図書館参考部の遺言書検認コレクションにある。Richard Tapper Cadbury (1860), Benjamin Head Cadbury (1880), Maria Cadbury (1887), Candia Cadbury (1888), John Cadbury (1889). カドベリー家に関する印刷史料としては，つぎのものがある。E. Gibbins, *Records of the Gibbins Family also a few reminiscences of Emma S. Gibbins and letters and papers relating to the Bevington Family* (Birmingham, 1911); H. C. Alexander, *Richard Cadbury* (1906); A. G. Gardiner and I. A. Williams, *The Firm of Cadbury 1831-1931* (1931); Barrows, *Barrows' : A Store Record 1824-1949* (Birmingham, 1949); T. Insull, *John Cadbury 1801-89* (Birmingham, 1979).

(33) J. Cadbury, 'On Richard Tapper Cadbury'.

(34) E. Gibbins, appendix 1, p. 247.

(35) J. Cadbury, 'On Richard Tapper Cadbury'.

(36) M. Cadbury, 'The Happy Days of our Childhood'.

(37) H. C. Alexander, p. 110.

(38) Candia Cadbury to Hannah Cadbury, n.d., 'A Collection of letters concerning the family of Benjamin and Candia Cadbury 1806-51'.

(39) この部分はつぎの史料にもとづいている。テイラー家に関する文献として，D. M. Armitage, *The Taylors of Ongar : Portrait of an English Family in the 18th and 19th Centuries* (Cambridge, 1939); J. Bensusan-Butt, 'Jane and Ann Taylor as engravers', *Essex County Standard* (12 Jan. 1968); E. Blaikley, 'Four Isaac Taylors', *East Anglian Magazine*, 21 (1961-2), pp. 682-3 ; Colchester Library Bi-centenary Exhibit, Dec. 1983 ; L. Davidoff, *Life is Duty, Praise and Prayer : Some Contributions of the New Women's History* (1981); G. E. Harris, *Contributions Towards a Bibliography of the Taylors of Ongar and Stanford Rivers* (London, 1965); H. C. Knight, *Jane Taylor : Her Life and Letters* (1880); W. M. Letts, 'Ann Taylors Friend', Ms. WSRO HD 588/5/8 ; F. M. Savill, *Ann and Jane Taylor : A Colchester Reminiscence* (Colchester, c 1900); C. Stewart, *The Taylors of Ongar : An Analytical Bio-Bibliography*, 2 vols. (New York, 1975). テイラー家の人びとによる文献として，Rev. Isaac Taylor, *The Family Pen : Memorials, Biographical and Literary of the Taylor Family of Ongar* (1867); Jane Taylor, *Display* (1815); Jane Taylor, *Essays in Rhyme* (1816); Jane Taylor, *Memoirs and Poetical Remains* (ed. Isaac Junior) (1831); Jane Taylor, *The Contributions of QQ* (1845) (Appearances in *Youth's Magazine of Evangelical Miscellany*); Ann Taylor Gilbert, *Sketches from a Youthful Circle* (1834); Ann Taylor Gilbert, *Autobiography and Other Memorials of Mrs Gilbert*, (ed. Josiah Gilbert), 2 vols. (1874); Ann and Jane Taylor, *Original Poems for Infant Minds* (1865); Ann and Jane Taylor, *Rural Scenes : or a Peep into the*

Country（1848）; Ann and Jane Taylor, *Rhymes for the Nursery*（1877）; Jemima Taylor, unpublished recollections WSRO HD588/6/107 ; Josiah Conder（ed.）, *The Associate Minstrels*（1813）; Wills of Isaac Taylor（1829）, PRO Prob 11/1764 ; Ann M. Taylor（1830）, PRO Prob 11/1773（アン・マーティン・テイラーの著作一覧については，第3章の注77を参照）.

(40) Ann Taylor Gilbert, *Autobiography*, vol. 1, p. 75.

(41) Rev. Isaac Taylor, *The Family Pen*, vol. 1, p. 85.

(42) Jane Taylor, *Memoirs*, p. 5.

(43) Ann Taylor Gilbert, *Autobiography*, vol. 1, p. 105.

(44) Jane Taylor, *Memoirs*, p. 95.

(45) Ibid., p. 107.

(46) Ibid., p. 72.

(47) Ibid., p. 160.

(48) Rev. Isaac Taylor, *The Family Pen*, vol. 1, p. 98.

(49) Jane Taylor, *Memoirs*, p. 74.

(50) Ann Taylor Gilbert, *Autobiography*, vol. 2, p. 19.

第I部への序

(1) J. Barrell, *English Literature in History 1730–80 : An Equal Wide Survey*（1983）.

(2) T. W. Davids, 'England' s obligations to her pious men'. Sermon preached at Lion Walk Congregational church, Colchester, 9 April 1848, *Essex Sermons*（Colchester, n.d.）, CBL.

(3) Rev. C. B. Tayler, *Edward or Almost an Owenite*（1840）.

第1章

(1) K. S. Inglis, *The Churches and the Working Classes in Victorian England*（1963）.

(2) H. McLeod, *Religion and the People of Western Europe 1789–1970*（Oxford, 1981）, p. 107での引用。

(3) R. Bretnall, 'Unpublished Diary', ERO D/DBsF38, 24 July 1846. ジャネット・ガイフォードに感謝する。

(4) M. Jesup, *Selections from the Writing of Mary Jesup : late of Halstead Essex*（1842）, p. 24.

(5) C. Binfield, *So Down to Prayers, Studies in English Nonconformity 1780–1920*（1977）, p. 11.

(6) C. Sturge, *Family Records*（1882）, p. 107.

(7) 17世紀におけるピューリタニズムと中間層のあいだの独特な関係は，歴史学上の大きな論争の的となっている。とくに，C. Hill, *Society and Puritanism in Pre-Revolutionary England* (1964) を参照。それとは対照的に，［ダニエル・］デフォーの描いた『モル・フランダース』は，より世俗的な18世紀像を映しだしている。

(8) F. K. Brown, *Fathers of the Victorians : The Age of Wilberforce*（Cambridge, 1961）; A. D. Gilbert, *Religion and Society in Industrial England. Church, Chapel and Social Change 1740–1914*（1976）; T. W. Laqueur, *Religion and Respectability : Sunday Schools and Working Class Culture 1780–1850*（New Haven, 1976）; F. E. Mineka, *The Dissidence of Dissent : the Monthly Repository 1806–38*（North Carolina, 1944）.

(9) J. Walsh, 'The Anglican Evangelicals in the eighteenth century'. T. W. Laqueur, p. 102での引用。

(10) D. E. H. Mole, 'The Church of England and society in Birmingham 1830–66', unpublished Ph. D. thesis, University of Cambridge（1961）; H. McLeod, p. 84.

(11) C. M. Marsh, *The Life of the Rev. William Marsh* (1868).
(12) A. D. Gilbert, p. 121.
(13) M. E. Speight, p. 250.
(14) I. Bradley, *The Call to Seriousness : the Evangelical Impact on the Victorians* (1976); Birmingham and Essex and Suffolk Files.
(15) A. D. Gilbert, p. 40 ; R. W. Ram, 'The social evolution of Five Dissenting communities', unpublished Ph. D. thesis, University of Birmingham (1972).
(16) ビカステス師の言葉。O. Chadwick, *The Victorian Church*, 2 vols. (1966), vol. 1, p. 443 での引用。
(17) T. Gisborne, *An Enquiry into the Duties of Men in the Higher and Middle Classes of Society*, 2 vols. (1794).
(18) D. E. H. Mole ; D. N. Cannadine, 'The aristocracy and the towns in the nineteenth century : a case study of the Calthorpes and Birmingham 1807–1910', unpublished D. Phil Thesis, Oxford (1975).
(19) D. E. H. Mole.
(20) C. Binfield, p. x.
(21) Ibid., p. 12.
(22) E. D. Bebb, *Nonconformity and Social and Economic Life 1600–1800* (1935), p. 115.
(23) J. Bennett, *The History of Dissenters from the Revolution to the year 1808*, 2 vols. (1833), vol. 1, p. 169.
(24) E. Isichei, *Victorian Quakers* (Oxford, 1970).
(25) M. Jesup, p. 83.
(26) たとえば，J. A. James, *Youthful Consecration ; a Memorial of Rosalinda Phipson with an Introduction by John Angell James* (1844) を参照。
(27) Rev. J. G. Breay, *A Memoir of the Rev. John George Breay, Minister of Christ Church Birmingham, with Correspondence and a Sermon* (Birmingham, 1840), pp. 79, 393.
(28) A. Camps, *The Diary and Work of Mrs Amy Camps, with extracts from her Writing* (1893), p. 28.
(29) Rev. C. Tayler, *Personal Recollections : With a Memoir*, Religious Tract Society (n.d.).
(30) Biddell Collection, IRO HAq/D/2.
(31) M. Bayly, *The Life and Letters of Mrs Sewell* (1889), p. 78.
(32) C. M. Marsh, preface.
(33) H. Pinchback, *Ongar Congregational Church, Essex* (1937), p. 11.
(34) たとえば，R. W. Evans, *The Rectory of Valehead* (1839) を参照。
(35) Marsh children, *Memorials of a Beloved Mother by her children* (Birmingham, 1837).
(36) Anon, unpublished diary of a farmer's wife on the Warwick/Leicester border (1823), 17 March 1823, BUL, Heslop Coll. Ms 10/iii/15.
(37) Marsh children, p. 26.
(38) J. Taylor, *Display* (1817), 6th edn, p. 184.
(39) たとえば，H. Allen, *A Beloved Mother. Life of Hannah S. Allen by her Daughter* (1884) を参照。
(40) M. Jesup, *Selections*, p. 40.
(41) R. I. and S. Wilberforce, *Life of William Wilberforce*, vol. 1 には，ウィルバーフォースの週間予定表が収録されている。
(42) H. C. Colman, *Jeremiah James Colman : A Memoir* (1905), p. 35.
(43) G. H. Pike, *Charles Haddon Spurgeon : Preacher, Author and Philanthropist* (1886), p. 8.

（44）E. Shewell, *Memoir of the late John Talwin Shewell*（Ipswich, 1870）, pp. 54, 62.

（45）A. and J. Taylor, *The Poetical Works of Ann and Jane Taylor*（1877）, p. 6.

（46）C. M. Marsh, p. 89.

（47）Ibid., p. 159.

（48）G. R. Hamilton, 'Vicar of St. Peter's', in *James Hurnard : A Victorian Character*（Cambridge, 1946）.

（49）J. A. James, *The Crisis ; or Hope and Fear Balanced, a sermon delivered at Ebenezer chapel*, 28 November 1819（Birmingham, 1819）, p. 27.

（50）D. E. H. Mole, 'John Cale Miller : a Victorian Rector of Birmingham', *The Journal of Ecclesiastical History*, XVII no. 1（1965）.

（51）J. P. Fitzgerald, *The Quiet Worker for Good, a Familiar Sketch of the Late John Charlesworth*（Ipswich, 1865）, p. 43.

（52）J. A. James, *The Crisis*.

（53）ジェイムズは若い女性たちにたいし，もしキリストの加護がなければ，革命的な政治によって彼女たちが恐ろしい危険に直面すると警告した。J. A. James, *Female Piety or the Young Woman's Friend and Guide through Life to Immortality*, 5th edn.（1856）.

（54）Rev. C. Craven, *Church Extension or the Duty of the State in its Relation to the Church at the Present Period*（Birmingham, 1843）, p. 16.

（55）Rev. W. Marsh, *Antichrist Detected*（Birmingham, 1841）, p. 11.

（56）L. E. O'Rorke（ed.）, *The Life and Friendships of Catherine Marsh*（1917）, p. 290.

（57）J. Seabrook, 'Faith without Works', unpublished Commonplace Book, Boreham, Essex（1829）. エセックス州コルチェスターのメアリ・マラワラッチの許可による。

（58）I. Bradley.

（59）J. Fletcher, *Christian Sanctity Exemplified and Rewarded*（Birmingham, 1819）, p. 22. このようにして，中産階級にとって福音主義の宗教は，労働者階級にとってのメソディズムと同じような役割を果たした。メソディズムは，労働者階級の「気取ったジャケットをフロックコートに，パブで唱う歌を讃美歌に，給料日の夜の浮かれ騒ぎを祈りの集いに取って代わらせ」るものだった。J. Walsh, 'Methodism at the end of the 18th century', in R. Davies, A. R. George and G. Rupp（eds.）, *A History of the Methodist Church in Great Britain*, 2 vols.（1978）, vol. 1, p. 311.

（60）D. R. Thomason, 'Journal of a visit to Birmingham during the Christmas vacation'（unpublished journal）, BRL 822.

（61）A. Camps.

（62）Rev. J. Fielding, *A Series of Letters Addressed to the Church and Congregation Assembling at the Great Meeting, Coggeshall*（Coggeshall, 1815）, p. 181.

（63）E. Bushrod, 'The history of Unitarianism in Birmingham from the mid eighteenth century to 1893', unpublished M. A. dissertation, University of Birmingham（1954）.

（64）J. Howgego, 'Unpublished Diary, 1829–1834'. V・シェルドレイクの許可による。

（65）H. C. Bentall, *A Merchant Adventurer : Being the biography of Leonard Hugh Bentall*（1936）, p. 20.

（66）C. C. Hankin（ed.）, *Life of Mary Ann Schimmelpenninck*（3rd edn, 1859）; H. N. Dixon, 'Reminiscences of an Essex county practitioner'.

（67）Essex and Suffolk File ; J. Penfold, *The History of the Essex County Hospital, Colchester*

1820–1948 (Colchester, 1984), p. 65.

(68) S. Galton, 'Address to the Friends of the monthly meeting of Birmingham by Samuel Galton re his manufacturing arms' (1795), BRL Galton Family Papers, 194 ; W. A. Richards, 'The Birmingham gun manufactory of Farmer and Galton and the slave trade in the eighteenth century', unpublished M. A. dissertation, University of Birmingham (1972).

(69) W. Banks Austin, 'Unpublished Diary 1851–2', BRL 710101 ; R. W. Dale, *The Funeral Sermon for John Angell James* (Birmingham, 1859).

(70) Essex and Suffolk File.

(71) ABG, 10 and 24 April 1820.

第2章

(1) 17世紀の議論については，とくにC. Hill, *The World Turned Upside Down* (1972) を参照。女性の説教者が沈黙させられるようになった全般的な傾向については，H. McLeod, *Religion and the People of Western Europe 1789–1970* (Oxford, 1981) のとくに第2章を参照。

(2) H. McLeod.

(3) *Family Prayers for Everyday of the Week : Culled from the Bible for Morning and Evening* (1824).

(4) S. Meacham, *Henry Thornton of Clapham 1760–1815* (Cambridge, Mass., 1964).

(5) E. M. Forster, *Marianne Thornton : A Domestic Biography 1797–1887* (1956), p. 20［川本静子・岡村直美訳『ある家族の伝記――マリアン・ソーントン伝』みすず書房，1998年］.

(6) Corder Family, 'My Home and Friends' (1846), ERO TB/228/3.

(7) 'Family Worship' in *Leisure Hour* (May 1852). エセックスのある農家の屋根裏で見つかった記事。

(8) J. A. James, *The Family Monitor, or a Help to Domestic Happiness* (1st pub. 1828), in T. S. James (ed.), *The Works of John Angell James*, 17 vols. (Birmingham, 1860–4), vol. 12, p. 17.

(9) C. M. Marsh, p. 2.

(10) Ibid.

(11) H. Groome, *Two Suffolk Friends* (1895), p. 13.

(12) G. Thomas, *William Cowper and the 18th Century* (1948), p. 13.

(13) R. Winter, *The Character and Honour of the Approved Minister : A sermon on the much lamented death of the Rev. Samuel Newton* (1822), p. 26.

(14) J. A. James, 'The young man from home', in T. S. James, vol. 5, p. 422.

(15) Ibid., p. 468.

(16) J. A. James, 'Christian mercy explained and enforced', in T. S. James, vol. 1, p. 239.

(17) 強調は引用者による。J. A. James, *The Family Monitor*, p. 78.

(18) *The Christian Lady's Friend and Family Repository* (1832–3), p. 186.

(19) J. A. James, *Female Piety*, p. 63.

(20) Ibid., p. 63.

(21) たとえば，C. C. Hankin (ed.), p. 105を参照。

(22) H. More, *Coelebs in Search of a Wife : Comprehending of Domestic Habits and Manners, Religion and Morals*, 2 vols. (9th edn, 1809).

(23) Rev. T. Binney, 'Martha of Jerusalem or the Hebrew Wife', in *Mothers and Maidens or the Christian Spinster and the Hebrew Wife : A book for young women* (1850), p. 39 ; Rev. T. Binney,

Address on the Subject of Middle Class Female Education (Bishops Stortford, 1873), p. 64. ウィッタムの医師H・ディクソンはこの牧師の説教を聴いた若い聴衆のひとりであった。

(24) J. A. James, 'To young mothers', in *Female Piety*.

(25) W. Thackeray, *The Newcomes*, 2 vols. (1853), vol. I, pp. 20-1. 現実にヘンリ・ソーントンの娘でクラッパム派の中心にいたマリアン・ソーントンが一家の経営する銀行にもっとも近づいたのは，重役会議室で開かれた晩餐会に招かれた際であった。E. M. Forster.

(26) M. Ryan, *Cradle of the Middle Class*, p. 87.

(27) A. J. Russell, 'A sociological analysis of the clergyman's role with special reference to its development in the early nineteenth century', unpublished D. Phil thesis, University of Oxford (1970); B. Heeney, *A Different Kind of Gentleman. Parish Clergy or Professional Men in Early and mid-Victorian England* (Connecticut, 1976); D. McClatchey, *Oxfordshire Clergy 1777-1869* (Oxford, 1960); W. D. Balda, '"Spheres of Influence": Simeon's Trust and its implications for Evangelical patronage', unpublished Ph. D. thesis, University of Cambridge (1981); A. Haig, *The Victorian Clergy* (1984).

(28) Essex File; Rev. William Burgess, Reciprocal Duties of a Minister and His People, Sermon preached at Thorpe-le-Soken, Essex, 2 February 1823.

(29) C. M. Marsh.

(30) D. McClatchey.

(31) C. M. Marsh, pp. 103-4. 似たような場面が『紳士ジョン・ハリファックス』にも現われる。このことは，共同体のなかでハリファックスに与えられた名誉を示している。Dinah Maria Mulock (Mrs Craik), *John Halifax Gentleman* (1857).

(32) L. C. Sier, *The Blomfields of Dedham and Colchester* (Colchester, 1924).

(33) A. Camps, p. 39.

(34) 牧師は，家庭生活にたいする健全な敬意と知識をもつ既婚男性であるべきだと論じられた。独身の司祭が既婚女性の告解を聞くという習慣は，とりわけ衝撃的なものとみなされた。独身のカトリックの聖職者には，男らしくないところ，さらにはイングランドらしくないところがあると考えられた。とくに，Sir G. H. Smythe (Bart, MP), *Maynooth College: Justification of the term 'beastly' as applied to the Instruction at Maynooth College* (Colchester, 1841); G. F. A. Best, 'Popular protestation', in R. Robson (ed.), *Ideas and Institutions of Victorian Britain* (1967) を参照。反カトリック感情が福音派のあいだで広がっていたことについては，C. M. Marsh を参照。

(35) D. McClatchey, p. 24 での引用。

(36) J. P. Fitzgerald, *The Quiet Worker for Good, a Familiar Sketch of the Late John Charlesworth* (Ipswich, 1865), p. 100.

(37) Marsh children, p. 98.

(38) C. M. Marsh, p. 101.

(39) M. C. Marsh, *Memorials of a Beloved Mother by her Children* (1837), p. 232.

(40) たとえば，E. Sewell, *Autobiography* (1907), p. 15.

(41) M. C. Marsh, p. 308.

(42) O'Rorke (ed.).

(43) A. Haig.

(44) M. Hill, 'The role of women in Victorian society: sisterhood, deaconesses and the growth of nursing', in M. Hill, *The Religious Order* (1973); Martha Vicinus, *Independent Women. Work and*

Community for Single Women 1850–1920 (1985).

(45) このジェイムズに関する節は，つぎの文献にもとづいている。T. S. James ; R. W. Dale (ed.), *Life and Letters of John Angell James* ; Birmingham File ; 'Church minute books 1838–48, 1849–56', BRL Carrs Lane Church Collection, nos. 5, 6 ; A. H. Driver, *Carrs Lane 1748–1948* (Birmingham, 1948).

(46) Carrs Lane, 'Church Minute Book 1838–48'.

(47) 'Ministerial duties', in T. S. James, vol. 1, p. 258.

(48) J. A. James, *Christian Fellowship or the Church Members' Guide* (Birmingham, 1822), p. 107.

(49) Ibid., p. 102.

(50) Ibid., pp. 102, 103.

(51) J. A. James, 'Sermon on the death of Mrs Sherman', in T. S. James, vol. 2, p. 238.

(52) R. W. Dale (ed.), *Life and Letters of John Angell James including an unfinished autobiography* (1861), p. 318.

(53) J. A. James, *Christian Fellowship*, preface.

(54) R. W. Dale ; Birmingham File.

(55) Ibid.; 'Church minute books 1838–48, 1849–56'.

(56) 'Church book meeting and minutes 1783', BRL, Carr's Lane Church Collection, no. 4.

(57) コリント人への第一の手紙，14 章 34 節。

(58) *Congregational Magazine*, 20, 3rd series I (1837).

(59) C. Binfield, 'Witham', in *So Down to Prayers : Studies in English Nonconformity 1780–1920* (1977).

(60) M. L. Smith, 'A brief history of Witham Congregational Church', mimeo (n.d.). この情報に関して，ジャネット・ガイフォードに感謝する。オリファント夫人の小説『セイラム礼拝堂』(1863 年) に登場する礼拝堂の女性たちは，牧師候補の「話を聞く」ときほど幸せなことはないという。

(61) 敬虔なキリスト教徒の世帯，とくに牧師の生活を支えていた非国教徒の世帯では，宗教への献身は金銭面でもみられた。たとえば，あるエセックスの毛織物商の一家がつけた 1821 年の家計簿を参照 (Savill Accounts, Bocking, ERO D/Dcd A5, 1821)。

日曜学校	2 ポンド	2 シリング 0 ペンス
聖書協会	2 ポンド	2 シリング 0 ペンス
慈善学校	2 ポンド	2 シリング 0 ペンス
伝道協会	1 ポンド	0 シリング 0 ペンス
会合と図書館		5 シリング
会衆伝道活動	1 ポンド	0 シリング 0 ペンス
互恵協会	11 ポンド	4 シリング 0 ペンス
合計	20 ポンド	15 シリング 0 ペンス［計算の誤りのママ］

(62) Birmingham Wills ; Mrs C. Hutton Beale, *Memorials of the Old Meeting House and Burial Ground, Birmingham* (Birmingham, 1882) ; E. Bushrod ; F. K. Prochaska, *Women and Philanthropy in Nineteenth Century England* (Oxford, 1980) のとくに第一部。

(63) New Meeting, 'Proceedings at general meetings of the congregation July 1771–June 1868' ; A. W.

Matthews, *Life of Sarah Bache of Islington School Birmingham* (1900).

(64) *Christian Observer*, 19 no. 225 (September 1820), p. 639.

(65) *Congregational Magazine*, 20, 3rd series I (1837) には，非嫡出子を産んだメソディストの女性説教者を知っているとする投書がみられる (p. 576)。

(66) J. P. Fitzgerald, p. 15.

(67) H. Gurdon, 'The Methodist parish chest', *History Workshop Journal*, no. 3 (spring 1977), p. 75.

(68) E. Isichei, *Victorian Quakers* (Oxford, 1970).

(69) D. E. Swift, *Joseph John Gurney, Banker, Reformer and Quaker* (Connecticut, 1962), p. 210 での引用。

(70) Thomas Clarkson, *A Portraiture of Quakerism*, 3 vols. (1807), vol. III, p. 289.

(71) J. Bevan Braithwaite, *Memoirs of Anna Braithwaite* (1905), p. 59.

(72) E. Isichei, p. 109 での引用。L. H. Doncaster, *Quaker Organisations and Business Meetings* (1958).

(73)「結社の時代」については，J. Stephen, *Essays in Ecclesiastical Biography* (1848) を参照。

(74) W. D. Balda, p. 111.

(75) A. Camps.

(76) Rev. J. Fielding, *A Series of Letters Addressed to the Church and Congregation Assembling at the Great Meeting, Coggeshall* (Coggeshall, 1815).

(77) たとえばメアリ・アン・シムズは，ウィッタムのロビンソン師に 100 ポンドの遺産を残し，自分の葬儀の席で説教をしてくれるよう頼んだ。Will of Mary Ann Sims, ERO.

(78) M・ライアンは，家族のなかで女性が最初の回心者となって，男性たちを回心へと導いたことを指摘している。M. Ryan, *The Cradle of the Middle Class* を参照。

(79) Anon., Diary of a farmer's wife.

(80) M. L. Smith, 'A brief history of Witham Congregational Church'. 女性と慈善活動については，F. K. Prochaska ; A. Summers, 'A home from home : women's philanthropic work in the nineteenth century', in S. Burman (ed.), *Fit Work for Women* (1979) を参照。

(81) J. A. James, *The Sunday School Teacher's Guide*, in T. S. James, vol. 16, p. 97.

(82) J. A. James, *Female Piety*, p. 134 ; Carrs Lane, 'Minutes of Sabbath School 1812-45', BRL Carrs Lane Church Collection, no. 58 ; Church book meeting and minutes 1783-1810.

(83) E. Shewell, *Memories of the late John Talwin Shewell* (Ipswich, 1870), p. 31.

(84) A. Camps (December 1868).

(85) John Perry, 'Unpublished diary 1818-1842', FHL, Box T (December 1838) ; A. Camps (August 1865).

(86) L. Maw, *A Memoir of Louisa Maw, daughter of Thomas and Lucy Maw of Needbam Market, Suffolk* (1828), p. 49.

(87) M. Bayly ; 'Mary Wright Sewell', DNB.

(88) M. Charlesworth, *The Female Visitor to the Poor, by a Clergyman's Daughter* (1846), p. 129.

第3章

(1) Hazlitt, 'Commonplaces', no. 73 (15 November 1823), in P. Howe (ed.), *The Complete Works* (1934), T. W. Laqueur, 'The Queen Caroline affair : politics as art in the reign of George IV', *Journal of Modern History*, no. 54 (September 1982), p. 417 での引用。ラカーの論文は啓発的で，ここでの分析は彼の影響を強く受けている。

（2）Anon., 'Tale of a Royal Wanderer', in *A Political Lecture on Tails*（1820）, p. 24.

（3）キャロライン王妃事件の説明については，R. Fulford, *The Trial of Queen Caroline*（1967）; T. Holme, *Caroline*（1979）を参照。

（4）T. W. Laqueur, p. 439. E・アレヴィは，この裁判を急進主義の歴史のひとつの画期とみなす古典的な説明を行なっている。E. Halevy, *The Liberal Awakening 1815–30*, vol. 2, *History of the English People in the Nineteenth Century*（1961）. より最近の解釈は，I. Prothero, *Artisans and Politics in Early Nineteenth Century London*（1979）; A. J. Hone, *For the Cause of Truth – Radicalism in London 1796–1821*（Oxford, 1982）にみられる。DNBはキャロラインが失意のうちに亡くなったと述べている。*The Concise Dictionary of National Biography*（Oxford, 1978）, p. 207.

（5）T. W. Laqueur, p. 466.

（6）たとえば，*Address of the Female Inhabitants of Nottingham*, British Library 1852 b.9（18）. 保護されざる女性というイメージについては，J. Evans, *A Sermon Occasioned by the Death of her Late Majesty Queen Caroline*（1821）を参照。

（7）R. Fulford, *The Trial of Queen Caroline*, p. 243での引用。

（8）John Bull（pseud.）, 'Ode to George the IV and Caroline his wife'（1820）.

（9）J. H. Plumb, *The First Four Georges*, 16th edn（1981）, p. 148での引用。

（10）R. J. White, *Life in Regency England*（1963）.

（11）*Christian Observer*, 19（1820）, editorials and correspondence.

（12）ABG（20 November 1820）; S. L. Courtauld, *The Huguenot Family of Courtauld*, 3 vols.（1857）, vol. III. サミュエル・コートールドはのちに，表立ってこの王妃の事件に関わったことを理由に，地元の図書クラブから除名された。

（13）*A Full Report of the Middlesex County Meeting*. コルチェスターの急進的な庶民院議員D・W・ハーヴィーは，キャロラインの強力な支援者だった。Essex File ; Rev. C. B. Tayler, 'Mme de Stael', *Personal Recollections : with a Memoir*, Religious Tract Society（n.d.）.

（14）IJ（18 August 1821）.

（15）J. Seabrook, 'Commonplace Book' 1829–51. M・マラワラッチの許可による。

（16）Rev. J. C. Barrett, *Sermon in Memory of Adelaide, Queen Dowager*（Birmingham, 1849）, p. 11.

（17）たとえば，Rev. G. S. Bull, *'Home' and How to Make it Happy*（Birmingham, 1854）を参照。「イングランドのバラのつぼみ」としてのヴィクトリア像については，N. Scourse, *The Victorians and their Flowers*（1983）を参照。

（18）L. Stone, *The Family, Sex and Marriage in England 1500–1800*（1977）［北本正章訳『家族・性・結婚の社会史――1500～1800年のイギリス』勁草書房，1991年］; R. Trumbach, *The Rise of the Egalitarian Family Aristocratic Kinship and Domestic Relations in Eighteenth Century England*（New York, 1978）.

（19）M. Wollstonecraft, *Vindication of the Rights of Woman*（Harmondsworth, 1975）［白井堯子訳『女性の権利の擁護』未來社，1980年］.

（20）J. Luckcock, *Moral Culture*（1817）; J. Luckcock, *Sequel to Memoirs in Humble Life Including the Period from 1809–25*（Birmingham, 1825）.

（21）I. Watt, *The Rise of the Novel*（Harmondsworth, 1963）［藤田永祐訳『小説の勃興』南雲堂，2007年］.

（22）R. D. Altick, *The English Common Reader*（Chicago, 1963）, p. 64.

（23）J. Barrell, *English Literature in History 1730–80 : An Equal Wide Survey*（1983）.

(24) Castle Library, Colchester, membership list, E. Simcoe, *A Short History of the Parish and Ancient Borough of Thaxted* (Saffron Walden, 1834). イプスウィッチについては，T. Wright, *The Life of Edward Fitzgerald*, 2 vols. (1904), vol. I.

(25) W. Withering, *The Miscellaneous Tracts of William Withering* (1822).

(26) J. Seabrook, 'The White Cottage', in 'Commonplace Book'.

(27) J. Austen, *Sense and Sensibility* (Harmondsworth, 1969), p. 51［中野康司訳『分別と多感』筑摩書房，2007年］.

(28) M. C. Marsh, p. 76.

(29) T. Clark Junior, 'Leaflets, newspaper cuttings etc. relating to Thomas Clark Junior and Clark's metallic hothouse works. Birmingham 1813-63', BRL 520452.

(30) J. Taylor, 'On visiting Cowper's garden and summer house at Olney', in *The Contributions of Q. Q.* (1845).

(31) C. C. Hankin (ed.).

(32) シャーロット・ブロンテは『シャーリー』(1849年) のなかで，クーパーを朗読する年配のおばを少し時代遅れな人物であるかのように描いているが，私たちが見いだした史料は，1780年代から1850年代にまで及ぶものである。Birmingham and E. Anglia Files ; C. Brontë, *Shirley* (Harmondsworth, 1974).

(33) Birmingham File ; A. T. Gilbert, *Autobiography*, vol. 1, p. 202.

(34) たとえば，J. A. James, *Female Piety* を参照。

(35) M. C. Sturge, *Some Little Quakers in their Nursery* (1906).

(36) C. C. Hankin (ed.), p. 105. なお，スコットはイプスウィッチ職工学校で人気の作家だった。J. Glyde, *Suffolk in the 19th Century : Physical, Social, Moral, Religious and Industrial* (c. 1855), p. 291.

(37) W. H. Ryland (ed.), *Reminiscences of Thomas Henry Ryland* (Birmingham, 1904).

(38) R. W. Dixon, 'Reminiscences of the Old Dissent at Witham', *Transactions of the Congregational Society*, 5 (1911-12), p. 333.

(39) Jane Ransome Biddell, 'Manuscript book of poems', IRO HA2/D/1.

(40) W. Beck, *Family Fragments Respecting the Ancestry, Acquaintance and Marriage of Richard Low Beck and Rachel Lucas* (Gloucester, 1897), p. 52.

(41) G. E. Evans, *The Horse in the Furrow* (1960); H. Biddell, 'A short biography of Arthur Biddell', IRO. qs Playford 9.

(42) L. Barton (ed.), *Selections from the Poems and Letters of Bernard Barton* (Woodbridge, 1849), p. 276.

(43) E. Moers, *Literary Women* (1978), p. 174. ウィリアム・マーシュに師事していたコルチェスターのある外科医もまた，『コリンヌ』を読んで深く感動した。J. B. Penfold, 'Charles Boutflower FRCS : Surgeon in Wellington's Army and Hon. Surgeon to the Essex and Colchester Hospital', *History of Medicine*, 7 no. 1/2 (spring/summer, 1976).

(44) なお，ヘマンズ自身の結婚生活は破綻していたが，この事実はあまり公にされていなかった。DNB ; H. Chorley, *Memoir of Mrs Hemans*, 2 vols. (1836), vol. 1, p. 304 ; F. Hemans, *The Poetical Works of Felicia Hemans* (Oxford, 1914), p. 478.

(45) J. Taylor (ed.), *Memoirs, Correspondence and Poetical Remains* (1831), p. 294.

(46) W. Wilson, *The Life of George Dawson 1821-76* (Birmingham, 1905); Birmingham File.

(47)「文化を取引する市場」については，M. Ryan, 'The empire of the mother. American writing

about domesticity 1830–60', *Women and History*, nos. 2/3（1982）を参照。

（48）この時代にバーミンガムの中産階級が好んだ日帰り旅行先は，詩人ウィリアム・シェンストン（1714–63）の屋敷「リーソウズ邸」であった。Birmingham Directories.

（49）J. Barrell.

（50）クーパーの人生と作品に関する議論については，つぎのものを参照。G. Thomas, *William Cowper and the Eighteenth Century*（1948）; B. Spiller, *Cowper : Prose and Poetry*（1968）; M. Priestman, *Cowper's Task ; Structure and Influence*（Cambridge, 1983）.

（51）W. Cowper, *The Task*, book V, *in The Poetical Works of William Cowper*（Chandos edn, n.d.）, p. 305.

（52）W. Cowper, 'Retirement', ibid., p. 208.

（53）W. Cowper, 'The Negro's Complaint', ibid., p. 407.

（54）W. Cowper, *The Task*, book VI, ibid., p. 330.

（55）G. Thomas, p. 13.

（56）W. Cowper, 'Retirement', in *The Poetical Works*, pp. 194, 197, 207.

（57）Ibid., pp. 211, 194.

（58）W. Cowper, *The Task*, books III and IV, *The Poetical Works*, pp. 271, 287.

（59）W. Cowper, *The Task*, book IV, pp. 274–7.

（60）W. Cowper, *The Task*, book III, p. 262.

（61）「企業家の理想」と「専門職の理想」については，H. Perkin, *The Origins of Modem English Society 1780–1880*（1969）のとくに第7章を参照。

（62）ハナ・モアの人生と作品については，つぎのものを参照。W. Roberts（ed.）, *Memoirs of the Life and Correspondence of Mrs Hannah More*, 3 vols.（1834）; H. Thompson, *The Life of Hannah More*（1838）; M. A. Hopkins, *Hannah More and Her Circle 1745–1833*（1947）; M. G. Jones, *Hannah More 1745–1833*（Cambridge, 1952）.

（63）H. Thompson, ibid., p. 247.

（64）M. Syms, unpublished 'Letters and Reminiscences'（5 June 1810）. 故マーガレット・ウィルソンの許可による。

（65）W. Roberts, vol. 3, p. 313 での引用。

（66）M. A. Hopkins, p. 223.

（67）M. Vitale, 'The domesticated heroine in Byron's Corsair and William Hone's prose adaptation', *Literature and History*, 10 no. 1（spring 1984）.

（68）H. More, *Coelebs in Search of a Wife, Comprehending of Domestic Habits and Manners, Religion and Morals*, 2 vols., 9th edn（1809）, p. 2.

（69）H. More, *Strictures on the Modern System of Female Education*, 2 vols.（1799）, vol. 2, pp. 186–7.

（70）たとえば，G. J. Schochet, *Patriarchalism in Political Thought*（Oxford, 1975）を参照。

（71）H. More, *Coelebs*, vol. 2, pp. 149–50.

（72）M. Poovey, *The Proper Lady and the Woman Writer. Ideology as style in the works of Mary Wollstonecraft, Mary Shelley and Jane Austen*（Chicago, 1984）のとくに第1章の議論を参照。

（73）H. More, *Strictures*, vol. 2, p. 179. なお，ジェイン・テイラーの『見せかけ』という題名の小説は，このテーマへの関心を示している。

（74）H. More, *Coelebs*, vol. 2, pp. 167–8, 180, 184.

（75）R. Strachey, *The Cause : A Short History of the Women's Movement in Great Britain*, 2nd edn（1978）, p. 13［栗栖美知子・出淵敬子監訳『イギリス女性運動史――1792–1928』みすず書

房，2008 年].

(76) Q. Hoare and G. Nowell Smith (eds.), *Selections from Prison Notebooks of Antonio Gramsci* (1971) のとくに第 1 章［『グラムシ選集』前掲］。

(77) アン・マーティン・テイラーに関するこの節は，つぎの文献をもとにしている。*Maternal Solicitude for a Daughter's Best Interests* (1814); *Practical Hints to Young Females on the Duties of a Wife, a Mother and a Mistress of a Family* (1815); *The Present of a Mistress to a Young Servant: Consisting of Friendly Advice and Real Histories* (1816); *Correspondence between a Mother and her Daughter at School* (1817); *Reciprocal Duties of Parents and Children* (1818); *The Family Mansion: a Tale* (1820); *The Itinerary of a Traveller in the Wilderness* (1825). 出版社の役割は，すべてがテイラー＆ヘッセー社による出版であったことに示されている。

(78) A. Martin Taylor, *Maternal Solicitude*, p. 5.

(79) Ibid., p. 10.

(80) A. Martin Taylor, *Practical Hints*, p. v.

(81) Ibid., p. 139.

(82) Ibid., p. 54.

(83) A. Martin Taylor, *Reciprocal Duties*, p. 167.

(84) Ibid., p. 168.

(85) たとえば，メアリ・スーエルは子育てに関する文章にしばしば商工業の言葉を織り交ぜて使っている。M. Bayly.

(86) A. T. Gilbert, vol. 1, p. 304.

(87) P. Moon James, *Poems* (1821); J. Luckcock, 'My House and Garden: Lime Grove, Edgbaston', BRL 375948.

(88) Jane Biddell, 'Home' in 'Manuscript poems' (1840), IRO HA 2/D/l.

(89) エディスとドンビー氏が結婚したのち，フローレンス・ドンビーが家族の家屋について語った言葉を参照。C. Dickens, *Dombey and Son* (New York, 1964), p. 530［田辺洋子訳『ドンビー父子』こびあん書房，2000 年].

(90) E. Conder, *Josiah Conder: A Memoir* (1857), p. 112.

(91) M. A. Hedge, *My Own Fireside* (Colchester, 1832), p. 44.

(92) H. Allen, *A Beloved Mother by her Daughter: the Life of Hannah S. Allen* (1884), p. 70.

(93) J. P. Layer, *Home: or the Months, a poem for domestic life* (1838), p. 64.

(94) J. Biddell.

(95) L. Barton, p. 270. 神の愛の優しい側面である思いやり《ケアリング》の心は，母親のそれに似たものだと強調された。Rev. C. B. Tayler, preface to *May You Like It* (1823) を参照。

(96) 第 8 章，とくに 1851 年の国勢調査のデータを参照。

(97) Mrs S. Stickney Ellis, *The Home Life and Letters of Mrs Ellis* (1893).

(98) Mrs S. Stickney Ellis, *Mothers of England, Their Influence and Responsibility* (n.d.), p. 27.

(99) この「女性の使命」という概念のフェミニズム的な利用に関する議論については，B. Taylor, *Eve and the New Jerusalem. Socialism and Feminism in the Nineteenth Century* (1983) を参照。

(100) Mrs S. Stickney Ellis, *The Daughters of England. Their Position in Society, Character and Responsibilities* (n. d.), p. 318.

(101) Mrs S. Stickney Ellis, *Mothers*, p. 348.

(102) Mrs S. Stickney Ellis, *The Women of England* (1839) の「結婚」に関する章を参照。

(103) Mrs S. Stickney Ellis, *The Home Life and Letters*, p. 94.

(104) Mrs S. Stickney Ellis, *The Daughters*, preface.

(105) Ibid., p. 373 ; Anon. 'Englishwomen of the seventeenth and nineteenth centuries', *English Review*, 12 (1847), p. 288.

(106) しかし，エリス夫人は，女性があまりにも無私になりすぎる危険にたいしても警告していた。Mrs S. Stickney Ellis, *The Wives of England, their Relative Duties, Domestic Influence and Social Obligations* (1843); Mrs S. Stickney Ellis, *The Women* ; 第 7 章も参照。

(107) H. Martineau, *Autobiography with Memorials by Maria Weston Chapman*, 3 vols. (1877); V. V. K. Pichanick, *Harriet Martineau.* The Woman and Her Work 1802-76 (Ann Arbor, 1980); F. E. Mineka, *The Dissidence of Dissent. The Monthly Repository 1806-38* (North Carolina, 1944).

(108) H. Martineau, *Autobiography*, vol. 1, p. 142.

(109) 古典的リベラリズムとそこでの女性の扱いについては，A. M. Jaggar, *Feminist Politics and Human Nature* (Brighton, 1984); R. W. Krouse, 'Patriarchal liberalism and beyond : from John Stuart Mill to Harriet Taylor', in J. B. Elshtain (ed.), *The Family in Political Thought* (Brighton, 1984) を参照。

(110) とくに，J. Bentham, *An Introduction to the Principles of Morals and Legislation* (Oxford, 1839), pp. 58-9［堀秀彦訳『道徳の原理――法と功利主義的道徳に就いて』銀座出版社，1948 年］.

(111) H. Martineau, *Autobiography*, vol. 1, p. 401.

(112) J. S. Mill, *The Subjection of Women*［大内兵衛・大内節子訳『女性の解放』岩波書店，1953 年］; H. Taylor Mill, *Enfranchisement of Women* (1983). ヴィラーゴ版に付されたこの二つの論文についての K・ソーパーの有用な序文を参照。

(113) H. Martineau, *Household Education* (1848), p. 244.

(114) *The Magazine of Domestic Economy*, 1 (1835-6), p. 66 ; 7 (1841-2), p. 271.

(115) J. Loudon, 'An Account of the Life and Writings of John Claudius Loudon', in J. C. Loudon, *Self Instruction for Young Gardeners, Foresters, Bailiffs, Land Stewards and Farmers* (1845); J. Gloag, *Mr Loudon's England* (Newcastle, 1970).

(116) J. Gloag, p. 61.

(117) G. Taylor, *Some Nineteenth Century Gardeners* (1951), p. 39.

(118) D. Allen, *The Victorian Fern Craze : A History of Pteridomania* (1969), p. 12.

(119) J. C. Loudon, *The Suburban Gardener, and Villa Companion : Comprising the Choice of a Suburban or Villa Residence, or of a Situation on which to Form one ; the Arrangement and Furnishing of the House ; and the Laying out, Planting and General Management of the Garden and Grounds. Especially Intended for Those who Know Little About Gardening and Ladies* (1838), p. 2.

(120) Ibid., p. 88.

(121) Ibid., p. 3.

(122) ここで彼は，多くのほかの教訓的な著述家たちのなかでも，ハンフリー・レプトンとジェイン・テイラーに共鳴していた。ラウドンは下層階級にとっても，よりプライヴァシーを守ることが望ましいと確信していた。

(123) J. C. Loudon, *A Treatise on Forming, Improving and Managing Country Residences and the Choice of Situation Appropriate to Every Class of Purchaser*, 2 vols. (1806), vol. 2, p. 678.

(124) J. C. Loudon, *The Suburban Gardener.*

(125) J. C. Loudon, *The Greenhouse Companion : Comprising a General Course of Greenhouse and*

Conservatory Practice (1829), pp. 1, 2.

(126) J. C. Loudon, *Treatise*, vol. 1, p. 45.

(127) Ibid., vol. 2, p. 686.

(128) Ibid., vol. 1, pp. 38-9. 美と道徳の同一視というテーマは，たとえば，哲学協会の会員でもあったコルチェスターのある仕立て屋が表現したように，地方の著述家たちのあいだにもみられる。J. Carter, *Two Lectures on Taste* (Colchester, 1834).

(129) N. F. Cott, 'Passionless : an interpretation of Victorian sexual ideology 1790-1850', *Signs*, 4 no. 2 (1978) を参照。

第 II 部への序

(1) C. Feinstein, 'Capital accumulation and the industrial revolution', in R. Floud and D. McClosky (eds.), *The Economic History of Britain since 1700* (Cambridge, 1981), vol. I, 1700-1860, p. 137.

(2) D. R. Grace and D. C. Phillips, *Ransomes of Ipswich : a History of the Firm and Guide to its Records* (Reading, 1975); P. K. Kemp, *The Bentall Story : Commemorating 150 Years Service to Agriculture 1805-1955* (1955).

(3) S. Timmins, 'The industrial history of Birmingham', in S. Timmins (ed.), *The Resources, Products and Industrial History of Birmingham and the Midland Hardware District* (1866), p. 222.

(4) R. Gentle and R. Field, *English Domestic Brass 1680-1810 and the History of its Origins* (1975), p. 69.

第 4 章

(1) L・ネイミアによる主張。C. Shrimpton, 'The landed society and the farming community of Essex in the late 18th and early 19th centuries', unpublished Ph. D. thesis, University of Cambridge (1966), p. 1 での引用。

(2) R. S. Neale, 'The bourgeoisie, historically, has played a most revolutionary part', in E. Kamenka and R. S. Neale (eds.), *Feudalism, Capitalism and Beyond* (Whitstable, 1975), p. 98.

(3) J. G. A. Pocock, 'Early modern capitalism : the Augustan perception', in E. Kamenka and R. S. Neale (eds.), p. 79.

(4) J. Brewer, 'Commercialization and polities', in N. McKendrick, J. Brewer and J. H. Plumb (eds.), p. 199.

(5) M. Ignatieff, 'Primitive accumulation revisited', in R. Samuel (ed.), *People's History and Socialist Theory* (1981).

(6) E. P. Thompson, 'The moral economy of the English crowd in the 18th century', *Past and Present*, no. 50 (February 1971).

(7) J. M. Roberts, *The Mythology of the Secret Societies* (1972).

(8)「恩顧関係とは，封建的な主従関係と資本主義的な貨幣関係との中間を指す用語であった」。H. Perkin, *The Origins of Modem English Society 1780-1880* (1969), p. 49. また，友人関係，恩顧関係，財産権についての彼の議論も参照（pp. 41-51)。

(9) F. M. L. Thompson, *Chartered Surveyors : The Growth of a Profession* (London, 1968), p. 64. マルサスは地方に暮らしていたにもかかわらず，［ホイッグ派のクラブとして有名な］「クラブの王」を含むロンドンでのこうしたいくつかの会合に定期的に出席していた。彼はリカード，ジェイムズ・ミル，マコーリなどとともに，1821 年には政治経済学クラブの設立を助けた。P. James, *Population Malthus : His Life and Times* (1979).

（10） P. Mathias, *The Brewing Industry in England 1700–1830* (Cambridge, 1959), p. 289.

（11） マイケル・レインとの個人的な情報交換による。

（12） 1601年の公益信託法の前文は，信託を教育，宗教，貧民救済を目的としたものに制限した。信託という制度は，衡平法《エクイティ》によって生みだされたものであるため，慣習法においてはこれらの信託は認められていなかった。W. Holdsworth, *A History of English Law* (1966), 17 vols. (1966), vol. IV, p. 478.

（13） B. C. Hunt, *The Development of the Business Corporation in England 1800–1867* (Cambridge, Mass., 1936), p. 9.

（14） 信託とは異なり，共同経営関係は慣習法にもとづいたもので，19世紀前半にはより洗練されたものになっていった。J. Collyer, *A Practical Treatise on the Law of Partnership* (1832).

（15） W. Holdsworth, vol. VIII, p. 192.

（16） 重要なことに，慣習上，ロンドンの金融街では夫の庇護下の妻《カヴァチャー》の地位の原則は適用されていなかった。J. Collyer, pp. 9–10, 72.

（17） J. B. Saunders, *Words and Phrases Legally Defined*, 5 vols. (1969), vol. 1, p. 78. マシュー・ボールトンは，1788年につぎのように書いている。「共同経営関係は，衡平法の原則にもとづくべきであり，天秤のはかりのように，金銭，時間，知識，販路を確保する力のいずれかによってバランスが保たれなければならない」。T. S. Ashton, *Iron and Steel in the Industrial Revolution* (Manchester, 1951), p. 60での引用。

（18） S. L. Courtauld, vol. 2.

（19） 資本を投下するだけの形式的な共同経営者《スリーピング・パートナー》への移行は，1840年代後半の有限責任の発展と結びついて進展した。J. Saville, 'Sleeping partnership and limited liability : 1850–1856', *Economic History Review*, Second series, 8 (1956).

（20） 1838年の銀行家たちへの回覧告知。B. C. Hunt, p. 86での引用による。

（21） より専門的な議論については，S. Pollard, *The Genesis of Modem Management* (1965), pp. 233–5を参照。

（22） L. S. Presnell, *Country Banking in the Industrial Revolution 1760–1830* (Oxford, 1956), p. 236.

（23） J. Saville.

（24） H. Rayne, *A History of British Insurance* (1948), p. 175.

（25） エセックスのある農業経営者の個人財産には，コルチェスターのテイラー社によって出版された農業経営者向けのヘイドンの会計簿の地元版が含まれていた。この会計簿は，つぎのような名称であった。「農業経営者用のわかりやすい完全会計簿。労働者の名前，仕事内容，賃金を一目で正確に把握できる。穀物，種子，肥料の購入，売却，播種使用の説明を記入できる表付き」。このなかには，「農業経営者がどんなときでも正確に会計簿をつけ，収支をあわせることができるように」，生きている家畜と屠殺した家畜の査定や，農作物の栽培に関する説明がそれぞれ項目を分けて記載されていた。多くの場合そうであるように，この農業経営者はあれこれ勘定や必要事項を記入しはじめていたが，この会計簿は，やがてまとまりのないメモを書きなぐるだけに使われるようになった。Edmund Cook, farmer of Great Henny, Essex, ERO D/DU 441/54.

（26） 重要なことに，これは海軍のある元主計官の考えであった。J. Munro, *A Guide to Farm Book-keeping, Founded Upon Practice and Upon New and Concise Principles* (Edinburgh, 1821), p. xi.

（27） B. S. Yamey, 'Scientific bookkeeping and the rise of capitalism', *Economic History Review*, second series, 1 nos. 2 and 3 (1949), p. 100.

(28)「どんな日も，その一日が終わろうとするときに始末を明らかにし〔すなわち日記を書いて〕，慎ましく熱心な祈りを捧げた後で，主は……すべてが許されたと言ってくださった」。W. Haller, *The Rise of Puritanism* (New York, 1957), p. 100 での引用。

(29) E. A. Blaxill, *These Hundred Years 1838–1938 : A Brief History of the Progress of Kent, Blaxill and Co. Ltd of Colchester* (Colchester, 1938), p. 13.

(30) Rev. John Savill, 'Unpublished diary, 1823', ERO D/Dcd/F29.

(31) E. P. Thompson.

(32) James Ward, 'A tour to Cambridge, Norwich and Ipswich in the summer of 1815', unpublished manuscript, Bodleian Library, Top. gen. e. 72, p. 15.

(33) E. Pickard, 'Some account of my life' (1839), BRL 22/11 ; C. Sturge, *Family Records* (1882).

(34) A. Young, *General View of the Agriculture of the County of Essex*, 2 vols. (1807), vol. 2, p. 416.

(35) C. Shrimpton, p. 331.

(36) C. Emsley, *British Society in the French Wars 1793–1815* (1979).

(37) H. A. L. Cockerill and E. Green, *The British Insurance Business 1547–1970 : An Introduction and Guide to the Historical Records in the U. K.* (1976).

(38) D. C. Eversley, 'Industry and trade 1500–1880', in *Victoria County History : History of Warwick*, R. B. Pugh (ed.), 'The City of Birmingham' (Oxford, 1964), vol. 7.

(39) D. R. Grace and D. C. Phillips, *Ransomes of Ipswich.*

(40) 婚姻継承財産設定よりも，厳密な財産贈与規定がしだいに多く用いられるようになったことは，より中産階級的な解決の方向性を指し示している。T. Murphy, 'Female shadow, male substance : women and property law in 19th century England', unpublished paper (1982). 著者の許可による。

(41) John Hanson, 'Unpublished memoirs'. エセックス州グレートブロムリーのジーン・ハーディングの許可による。

(42) ドブキン・ホールは共同経営関係を，資本をそのまま維持するための生存者間の贈与形態とみなしているが，この時代の前半には少なくとも，そのことが最優先の関心ではなかったというのが私たちの議論である。P. Dobkin Hall, 'Family structure and class consolidation among the Boston Brahmins', unpublished Ph. D. thesis, State University of New York at Stony Brook (1973), pp. 52–6.

(43) Samuel Galton's will and other documents, BRL.

(44) 父親の事業を継いだ息子たちの問題は，これに関連する論点である。技能や縁故は明らかに，事業の継承に有利に働いただろうが，ここでの議論からは，それが複雑な問題であって，何人かの歴史家が提示しているよりもずっと流動的であったことがわかる。プレストンは，「中産階級」の職業と呼ばれうるもののなかでごくわずかなパターンしか示しておらず，「中産階級」についての説明も行なっていない。B. Preston, *Occupations of Fathers and Sons in Mid-Victorian England* (Reading, 1977), Geographical Papers, no. 56.

(45) 18世紀末に社会評論家のギズボーンは，営利活動がいかに文明の進歩，学問の普及，科学の進展，とりわけキリスト教信仰の受容への道を拓くのかを明らかにしようとした。彼の批評は，男性の人生において営利活動が占めるべき位置にたいする大きな不安を示している。T. Gisborne, *Enquiry into the Duties of Men in the Higher and Middle Classes of Society* (1974).

(46) R. Wilson, *Greene King : A Business and Family History* (1983), p. 78.

(47) S. L. Courtauld, vol. 2, p. 27.

（48） J. Brewer, p. 216.

（49） Witham File.

（50） J. Trusler, *The Way to be Rich and Respectable* (1777), p. 11.

（51） B. L. Anderson, 'Money and the structure of credit in the 18th century', *Business History*, xii no. 1 (January 1970).

（52）「為替手形」とは，ある人物が別の人物にたいして無条件に一定の金額を支払うことを要求ないし命令した文書のことである。前者を「手形名宛人」といい，手形名宛人が手形を受け取れば，その人物は「手形引受人」となった。「約束手形」とは，それを作成した人物が，別の人物に支払いを要求するのではなく，みずからの支払いを約束したものである。この文書を作成した人物は，手形振出人にたいする元本回収を保証する。

（53） R. J. Morris, 'Men, women and property : the reforms of the married women's property act, 1870', unpublished paper, University of Edinburgh (1982).

（54） E. Spring, 'Law and the theory of the affective family', *Albion* (Appalachian State University, spring 1984), p. 13.

（55） D. M. Walker, *Oxford Companion of Law* (Oxford, 1980), p. 1241.

（56） かつて［フレデリック・］メイトランドは，発展を遂げた 18 世紀の信託を「社会実験のもっとも強力な手段」と呼んだ。B. L. Anderson, 'Provincial aspects of the financial revolution of the 18th century', *Business History*, xi no. 1 January 1969), p. 20 ; M. R. Chesterman, 'Family settlements on trust : landowners and the rising bourgeoisie', in D. Sugarman and G. R. Rubin (eds.), *Law, Economy and Society, 1750–1914 : Essays in the History of English Law* (Abingdon, Oxon, 1974).

（57） R. J. Morris, p. 4.

（58） つぎのものも参照。S. D'Cruze, 'The society now surrounding us : Colchester and its middling sort', unpublished M. A. thesis, University of Essex (1985), p. 56.

（59） ここでの私たちの調査結果は，「息子たちは通常，まったく遠慮なく自分たちの分け前を受け取った」という，ヨークシャーの遺言書の史料から引き出されたモリスの証言とは異なる。その理由は，私たちが統制や抑制よりも，遺言の指示に強調を置いているからかもしれない。R. J. Morris, p. 5.

（60） この区別は，経営者とは異なった専門職の役割に関する，リーズを対象としたモリスの議論の延長線上にある。R. J. Morris, 'Economic history of the Leeds middle class' (Conference on the Middle Class, Leeds, 1983).

（61） G. Rae, *The Country Banker, His Clients, Cases and Work from an Experience of 40 Years* (first pub. 1886, 1976), p. 9.

（62） C. W. Chalklin, *The Provincial Towns of Georgian England : A Study of the Building Process 1740–1820* (1974), p. 242.

（63） R. J. Morris, p. 7.

（64） B. L. Anderson, 'Provincial aspects of the financial revolution', p. 17.

（65） J. Saunders, p. 91.

（66） A. Ryland, notes from an unpublished journal 1844–50. R・ウォーターハウス夫人の許可による。

（67） M. Trustram, *Women of the Regiment : Marriage and the Victorian Family* (Cambridge, 1984).

（68） 'Life insurance', *The Leisure Hour : A Family Journal of Instruction and Recreation* (April 1852), p. 249.

(69) R. Fletcher, *The Biography of a Victorian Village : Richard Cobbold's account of Wortham, Suffolk 1860* (1977), p. 70.
(70) Birmingham Victorian Benefit Building Society, *Rules and Regulations* (Birmingham, 1850).
(71) J. Ross, *A Few Loose Remarks on the Advantages of Friendly 'Societies', and also on a scheme for supporting the widows and orphans of teachers* (Edinburgh, 1804), p. 2.
(72) 'Life insurance', p. 249.
(73) Witham File.「地域社会の仲介役」という用語については，S. D'Cruze, p. 72 に依拠している。管財人が決定的に重要な役割を果たしていたことは，派手な破産をしたのち，ジェイコブ・パティソンが行なった家族の財産の処理をめぐる論争のなかで明らかとなる。Chancery, May 1861, ERO D/Dra E109 の訴訟を参照。
(74) B. Drew, *The Fire Office : Being the history of the Essex and Suffolk Equitable Insurance Society Ltd 1802–1952* (1952), p. 19.
(75) V. Redstone, 'The Suffolk Garrets' (1916), IRO L92.
(76) J. Oxley Parker, *The Oxley Parker Papers : From the letters and diaries of an Essex family of land agents in the 19th century* (Colchester, 1964), p. 91.
(77) J. Harriott, *Struggles Through Life Exemplified*, 2 vols. (1807), vol. 1.
(78) E. Gibbins.
(79) A. Kenrick, 'Unpublished diary (1787–89)', BRL 110/24.
(80) R. Kenrick to L. Kenrick, July 1830 in R. Kenrick 'Letters from Mrs Archibald (Rebecca) Kenrick to her niece, Miss Lucy Kenrick : 1804–1858', BUL.
(81) F. A. Blaxill.
(82) R. Kenrick, 'Unpublished diary 1839–89' (ジョン・ケンリックの許可による); A. Kenrick, 'Personal Cash Ledger' (ウェストブロミッチのケンリック父子株式会社の許可による).
(83) クエーカーの礼拝会は，公式にはいとこ同士の結婚を禁じていたが，地域の史料からは7件の事例が見つかっている。
(84) R. S. Shaen, 'Unpublished diary 1800–1855', John Johnson Collection, Bodleian Library, Ms 18 and 19. サウジーとコールリッジがフリッカー家の姉妹とそれぞれ結婚したこともまた想起されるであろう。
(85) H. Sebastian, 'A brewing family in Essex' (Coggeshall Women's Institute, n.d.). 著者の許可による。
(86) Shaw letters, no. 4, BUL.
(87) *James Allen Ransome, The Story of His Life* (Ipswich, 1880), IRO ; Birmingham, Essex and Suffolk Files.
(88) M. Anderson, 'The social implications of demographic change, 1750–1950' (1985), unpublished paper. 著者の許可による。
(89) Birmingham, Essex, Suffolk and Witham Files. この史料のタイプを考えると，たとえば死産や乳幼児の死亡がしばしば記録されておらず，このデータは信頼性に欠けるところがある。しかしながら全般的傾向は明らかである。18世紀後半イングランドの完結出生児数は5.43人と推計されている。E. A. Wrigley and R. S. Schofield, 'English population history from family reconstitution – summary results, 1600–1799', *Population Studies*, 37 (1983).
(90) R. B. Beckett, *John Constable's Correspondence : the Family at East Bergholt 1807–1837* (London, 1962).
(91) H. Sebastian.

(92) R. S. Shaen.
(93) Mrs W. Byng Kenrick (ed.), p. 215.
(94) Elizabeth Anne Wheler (née Gallon), 'Memorials of my Life', 2 vols., vol. 1. ジョン・モイリエット氏の許可による。
(95) J. Webb, 'Lines Written by my Father on his First Residence at Kitwell, After his Purchase of It', *Prose and Verse* (1824).

第5章

(1) H. C. Colman, p. 28.
(2) W. A. Armstrong, 'The use of information about occupation', in E. A. Wrigley (ed.), *19th Century Society : Essays in the use of quantitative methods for the study of social data* (Cambridge, 1972). 職業的な肩書きを統一することの難しさに対処しているのが，R・J・モリスによる洗練された分析である。彼の未発表論文を参照のこと。R. J. Morris, 'The distorting lens : multi-dimensional codes and sources, the poll books and directories for the 1830s' (December 1983).
(3) Census of Great Britain, *The Population Returns of 1831* (1832), p. 2.
(4) この点をめぐる社会学的議論については，F. Bechoffer and B. Elliott, 'Pretty property : the survival of a moral economy', in F. Bechoffer and B. Elliott (eds.), *The Petite Bourgeoisie : Comparative studies of the uneasy stratum* (1981) を参照。
(5) Census of 1851 : 1 in 8 sample of all Colchester.
(6) Census of 1851 : all of Witham, Essex.
(7) Census of 1851 : Edgbaston. sample.
(8) W. White, *Directory of Ipswich 1844* (Newton Abbot, 1970); W. White, *History, Gazetteer and Directory of the County of Essex* (Sheffield, 1848); *Edgbaston, Directory and Guide 1853* (Birmingham, 1853); Birmingham Census Sample.
(9) コルチェスターのイーストヒル地区にあるマリッジ社の製粉所の図面によく示されている。この点について，エセックス州アードリーのダドリー・ホワイト氏に感謝する。
(10) マーティン・J・ウィーナーはハロルド・パーキンを引用しながら，こうした専門職と製造業者のあいだの違いから，専門職はジェントリと同一化するにいたったと考えており，製造業者に比べ専門職の収入がより安定的であまり変動しなかったこともその一因であるととらえている。しかし少なくともこの初期の段階において，また地方レベルでは，この主張には説得力がない。M. J. Wiener, *English Culture and the Decline of the Industrial Spirit : 1850–1980* (Cambridge, 1982), p. 15［原剛訳『英国産業精神の衰退――文化史的接近』勁草書房，1984年］.
(11) Isaac Taylor, *Self Cultivation Recommended* (1817), pp. 17, 42.
(12) ウォリントン・アカデミーがもっともよく知られている。このアカデミーは，エイキン家による家族経営であった。娘のアナ・リティシア・エイキン（1743–1825）は，夫とともにサフォークに男子校を設立し，夫が校長を務めた。エセックスやサフォークの上層中産階級の著名人のなかには，この学校出身者もみられる。バーボールド夫人という名前で書かれた子ども向けの著作は大きな影響力をもった。彼女は，アンとジェインのテイラー姉妹と個人的な知り合いであった。B. Rogers, *Georgian Chronicle : Mrs Barbauld and her Family* (1958). 本書の対象とする二つの地域には，同様の学校がいくつか確認されている。
(13) R. E. Schofield, *The Lunar Society of Birmingham : A Social History of Provincial Science and*

Industry in 18th century England (Oxford, 1963).

(14) N. Hans, *New Trends in Education in the Eighteenth Century* (1951). イプスウィッチで製鉄業を営んでいたクエイカーのランサム家は，第三世代のロバートにクエイカー系の寄宿学校での教育を続けさせることに決めたが，それは彼が学校で学問に打ち込みすぎても怠けすぎてもいなかったからで，この按配が事業に向いているからだった。デイヴィッド・ランサムからの個人的情報。

(15) 航海術の学校運営に成功した女性がいたという珍しい事例については，K. R. Alyer, *Mrs Janet Taylor: 'authoress and instructress in navigation and nautical astronomy' 1804–1800* (1982), Fawcett Papers, no. 6.

(16) M. D. and R. Hill, *Public Education: Plans for the Government and Liberal Instructions of Boys in Large Numbers; as practiced at Hazelwood School* (2nd edn, 1825).

(17) D. Newsome, *Godliness and Good Learning* (1961).

(18) Charity Commissioners Reports: 1824, H. C. xiv; 1835, H. C. xxi; 1837–8 H. C. xxv; 1815–37, H. C. vol. xxxv.

(19) たとえば，王立天文台長になったジョージ・エアリーの経歴を参照。1810年に農業経営者から収税吏に転身してコルチェスターに移った父をもつ彼は，私立のアカデミーに送りだされ，そこで地理，算数，簿記，計算尺，測量法，代数を学んだ。アカデミー在学中には，友人の生徒の父親が所有する醸造所で蒸気機関を間近で観察する機会を得たほかに，光学の実験を行なっている。その後は改革されたグラマースクールに進学し，より古典に重点を置いた勉強をすることになった。母方のおじでイプスウィッチ近郊の富裕な農業経営者であったアーサー・ビデルを通じ，エアリーは初老の奴隷制改革論者トマス・クラークソンと出会い，彼にケンブリッジ大学への出願の保証人になってもらった。W. Airy, *Autobiography of Sir George Biddell Airy* (Cambridge, 1896).

(20) King Edward VI School Birmingham, Governors Order Book 1798–1818; 1818–32; 1832–41; 1842–50. すべての学校の手稿については，バーミンガムのエドワード六世校の理事会幹事であるウォーキントン氏の許可による。

(21) King Edward VI School, Governor's Order Book 1798–1810; 1818–32; 1832–41.

(22) BC (30 October 1823).

(23) ABG (7 June 1830); King Edward VI School. Governor's Order Book 1832–41.

(24) BC (11 March 1824).

(25) BC (23 October 1823).

(26) King Edward VI School, Birmingham 'Secretary's Register 1838–1857'.

(27) K. Pearson, *The Life, Letters and Labours of Francis Galton,* 3 vols. (Cambridge, 1914), vol. I, 1822–53, p. 20.

(28) T. W. Hill, *Remains of the Late Thomas Wright Hill* (1859); M. D. and R. Hill, *Public Education*; R. and G. B. Hill, *The Life of Sir Rowland Hill and the History of Penny Postage*, 2 vols. (1880); R. and F. Davenport-Hill, *The Recorder of Birmingham: A Memoir of Matthew Davenport Hill* (1878); F. Hill, *An Autobiography of Fifty Years in Time of Reform. Edited with Additions by His Daughter Constance Hill* (1893).

(29) とくに，F. Hill, ibid. を参照。

(30) C. G. Hey, 'Rowland Hill and Hazelwood School, Birmingham', BRL 660912, p. 14.

(31) R. Hill, p. 89; W. H. Ryland (ed.).

(32) Birmingham and Edgbaston Proprietary School, *Deed of Settlement 1838* (Birmingham, 1840);

Birmingham and Edgbaston Proprietary School, *Report and Resolutions* (Birmingham, 1838); Birmingham and Edgbaston Proprietary School, *Report of the Proceedings at the Distribution of the Medals and Certificates of Honour at the Close of the Annual Examination, 1841* (Birmingham, 1841).

(33) S. Lines, *A Few Incidents in the Life of Samuel Lines* (Birmingham, 1858), p. 13.

(34) A. F. J. Brown, 'Voluntary public libraries', in W. R. Powell (ed.), *A History of the County of Essex* (bibliography) (1959).

(35) Birmingham Brotherly Society, *Minutes* (Birmingham, 1835); Young Men's Christian Association, *The Chief End of Life : a New Year's Address to Young Men* (Birmingham, 1850).

(36) Essex and Suffolk File.

(37) 会衆派のウィリアム・パティソンと国教徒のヘンリ・クラブ・ロビンソンは，コルチェスターの法律家のもとで見習いを行なった。彼らは1790年代という高揚した時代に，政治問題や知的関心事について議論を交わし続けた。Witham File.

(38) W. and H. Raynbird, *On the Agriculture of Suffolk* (1849), p. 96.

(39) A. F. J. Brown, *Essex at Work* (Chelmsford, 1969), p. 63.

(40) L. Caroe, 'Urban change in East Anglia in the 19th century', unpublished Ph. D. thesis, University of Cambridge (1969), p. 72.

(41) B. Mason, *Clock and Watchmaking in Colchester* (1969).

(42) Census of 1851 : 3 Colchester clusters.

(43) W. White, *Ipswich*.

(44) A. F. J. Brown, 'Jonas Asplin – Prittlewell 1826–28', in *Essex People 1750–1900 : From their diaries, memoirs and letters* (Chelmsford, 1972); Robert Bretnall, 'Unpublished diary' (1846).

(45) J. Drake, *The Picture of Birmingham* (Birmingham, 1825), p. 69.

(46) A. T. Gilbert, *Autobiography*, vol. 1, p. 21.

(47) *Whitelock's Book of Trades*, 1831. D. Alexander, *Retailing in England During the Industrial Revolution* (1970), p. 207での引用。

(48) W. Beck, *Family Fragments* ; E. A. Blaxill, *These Hundred Years 1838–1938 : A Brief History of the Progress of Kent, Blaxill and Co. Ltd. of Colchester* (Colchester, 1938).

(49) J. J. Green, *The History of a Country Business at Stanstead in the County of Essex 1687–1887* (Ashford, 1887).

(50) E. Shewell, *Memoir of the late John Talwin Shewell* (Ipswich, 1870).

(51) Rev. Kenrick, *Memoir of the Rev. John Kentish* (Birmingham, 1854), pp. 9–10.

(52) J. Hurnard, *A Memoir : Chiefly Autobiographical with Selections from his Poems* (1883).

(53) M. Fawcett, *What I Remember* (1927).

(54) *Halstead and District Local History Society Newsletter*, 3 no. 10 (December, 1979) のなかのグリーンウッド家の明確な事例を参照。

(55) T. Vigne and A. Howkins, 'The small shopkeeper in industrial and market towns', in G. Crossick (ed.), *The Lower Middle Class in Britain* (1977).

(56) H. N. Dixon, 'Reminiscences of an Essex country practitioner'.

(57) ある銀行支店長（ヨークシャー）の日記によれば，5,000ポンドにも及んだ。A. Vernon, *Three Generations : the Fortunes of a Yorkshire Family* (1966) を参照。

(58) Ibid., p. 69.

(59) ひとりの銀行家が小さな共同体のなかで，信用貸しを認める能力を通じて手にした権力

と，わずかな汚点でもあればその名声が傷つけられてしまったことについては，ジョージ・エリオットの『ミドルマーチ』に登場するバルストロードという人物のなかに見事に活写されている。

(60) J. Oakes, 'Unpublished diary 1778–1827', WSRO HA 521/1–14 (December 1826).
(61) A. Moilliet, 'Unpublished Memoranda, 1819–28'. J・L・モイリエット氏の許可による。
(62) A. F. J. Brown, *Colchester 1815–1914* (Chelmsford, 1980).
(63) W. Hawkes Smith, *Birmingham and its Vicinity as a Manufacturing and Commercial District* (Birmingham, 1836), p. 2.
(64) J. Booker.
(65) S. Timmins, preface.
(66) W. Hutton, *History of Birmingham (Continued to the Present Time by his Daughter Catherine Hutton)* (1819), p. 132.
(67) C. Behagg, 'Custom, class and change : the trade societies of Birmingham', *Social History*, 4 no. 3 (October 1979).
(68) 18世紀でさえ，大規模な製鉄用の溶鉱炉には巨額な投資が必要であったが，1812年にバーミンガムの近郊にあった10ヶ所の製鉄所では，工場の設立にそれぞれ50,000ポンドの費用がかかったと論じられている。T. Ashton, *Iron and Steel in the Industrial Revolution* (Manchester, 1951), p. 100.
(69) W. Hawkes Smith, p. 16.
(70) R. Samuel, 'The workshop of the world : steam power and hand technology in mid-Victorian Britain', *History Workshop Journal*, no. 3 (spring 1977).
(71) J. L. Moilliet and B. M. D. Smith, *A Mighty Chemist : James Keir of the Lunar Society* (Birmingham, 1982).
(72) Swinney's Birmingham Directory, 1774. S. Timmins, p. 211 での引用。
(73) マシュー・ボールトンは，富裕な家族の息子たちを採用してほしいという要求攻めにあった。S. Pollard, *The Genesis of Modern Management* (1965), p. 149.
(74) W. King, *Arthur Albright, Notes of His Life October 12, 1811–July 3, 1900* (Birmingham, 1901); D. C. Coleman, *Courtaulds : An Economic and Social History*, 2 vols. (Oxford, 1969), vol. I.
(75) A. Kenrick, 'Unpublished diary' ; R. A. Church, *Kenricks in Hardware, a Family Business 1791–1966* (Newton Abbot, 1969).
(76) Birmingham Wills ; Birmingham Directories.
(77) J. Evans, *The Endless Webb : John Dickinson and Co. Ltd* (1955).
(78) P. K. Kemp, *The Bentall Story : Commemorating 150 Years Service to Agriculture 1805–1955* (1955).
(79) D. C. Coleman.
(80) W. C. Aitken, 'Brass and brass manufactures', in S. Timmins, p. 359.
(81) S. L. Courtauld, vol. 2, p. 37.
(82) W. H. Ryland (ed.), p. 50.
(83) E. Roll, *An Early Experiment in Industrial Organisation Being a History of the Firm of Boulton and Watt 1775–1805* (1968), p. 145.
(84) J. Glyde, *Suffolk*, p. 331.
(85) J. Obelkevich, p. 96.
(86) たとえば，遺言の機能における変化を参照。H. Benham, *Some Essex Water Mills* (Colches-

ter, 1976).

(87) ウィリアム・マーシャルは，農業経営者には少なくとも，サフォークの日雇い労働者の年収25ポンドの二倍の収入があるべきで，たとえば，50ポンドの年収を得るには，60エーカー以上の農地が必要だと見積もった。W. Marshall, *The Review and Abstract of the County Reports to the Board of Agriculture, Eastern Department* (1818), vol. III.

(88) B. A. Holderness, 'Agriculture and industrialization in the Victorian economy', in G. E. Mingay (ed.), *The Victorian Countryside*, vol. 1.

(89) M. C. Wadhams, 'The development of buildings in Witham from 1500 to circa 1800', *Post-Medieval Archeology*, 6 (1972) での引用。

(90) J. Oakes ; A. F. J. Brown, 'Jonas Asplin', in *Essex People*.

(91) J. Thirsk and J. Imray, 'Suffolk farmers at home and abroad', in J. Thirsk and J. Imray (eds.), *Suffolk Farming in the Nineteenth Century* (Ipswich, 1958), p. 165.

(92) William Bentall, 'Unpublished diary, 1807', ERO DF 1/30.

(93) E. L. Jones, 'Agriculture 1700–1780', in R. Floud and D. McClosky (eds.), *The Economic History of Britain since 1700*, 2 vols. (Cambridge, 1981), vol. 1, p. 78.

(94) W. and H. Raynbird, p. 305.

(95) J. Cullum, *The History and Antiquities of Hawstead and Hardwick* (1813), p. 258.

(96) J. Glyde, 'The autobiography of a Suffolk farm labourer', published in *The Suffolk Mercury* (1894).

(97) Robert Bretnall (4 July 1846).

(98) より広く展開された議論としては，L. Davidoff, 'The role of gender in "the first Industrial Nation": agriculture in England 1780–1850', in R. Crompton and M. Mann (eds.), *Gender and Stratification* (Cambridge, 1986) を参照。

(99) M. Karr and M. Humphrey, *Out on a Limb : An Outline History of a Branch of the Stokes Family 1645–1976* (Ongar, Essex, 1976).

(100) *Select Committee on Agriculture*, Minutes of evidence (1833), vol. IV, Q. 10624. つぎのものも参照。K. D. M. Snell, *Annals of the Labouring Poor : Social Change and Agrarian England 1660–1900* (Cambridge, 1985), p. 87.

(101) W. Green, *Plans of Economy or the Road to Ease and Independence* (1804), p. 10.

(102) M. J. Peterson, *The Medical Profession in Mid-Victorian London* (Berkeley, 1978); R. E. Franklin, 'Medical education and the rise of the general practitioner, 1760–1860', unpublished Ph. D. thesis, University of Birmingham (1950); Birmingham Directories.

(103) ウィッタムのディクソン医師は，ジョージ・エリオットの『ミドルマーチ』のリドゲートという進歩的な医師がしたように，自分自身で薬剤を調合することを断った。

(104) R. E. Franklin. 1825年の『バーミンガム・ガゼット』には，こうした教育課程の広告が載っている。K. D. Wilkinson (ed.), *The Birmingham Medical School* (Birmingham, 1925).

(105) Birmingham File ; J. Penfold, *The History of the Essex County Hospital.*

(106) G. Manning Butts, *A Short History of the Birmingham Law Society 1818–1968* (Birmingham, 1968).

(107) Witham File ; Suffolk Mercury, *Public Men of Ipswich and East Suffolk : A Series of Personal Sketches* (Ipswich, 1875).

(108) 'Records and minutes of the Birmingham Law Society' (19 August 1837). バーミンガム法学協会の許可による。

(109) Witham File.
(110) J. Oxley-Parker.
(111) Birmingham File ; Essex and Suffolk File.
(112) W. Withering (ed.), *The Miscellaneous Tracts of William Withering to which is prefixed a memoir* (1822); T. W. Peck and K. D. Wilkinson, *William Withering of Birmingham* (Bristol, 1950).
(113) H. N. Dixon, 'Reminiscences of an Essex county practitioner'.
(114) Census of 1851 : Edgbaston ; Birmingham File.
(115) F. M. L. Thompson, *Chartered Surveyors : the Growth of a Profession* (1968).
(116) J. E. Oxley, *Barking Vestry Minutes and Other Parish Documents* (Colchester, 1955), p. 222.
(117) Census of Great Britain, *Parliamentary Reports, Occupational Abstract 1841,* p. 193.
(118) Witham File.
(119) D. Lockwood, *The Blackcoated Worker : A Study in Class Consciousness* (1956), p. 123 での引用。
(120) E. Gaskell, *North and South* (Oxford, 1977), pp. 75, 80［朝日千尺訳『北と南（ギャスケル全集 4)』大阪教育図書，2004 年］.
(121) R. J. Morris, 'The economic history of the middle class', unpublished paper delivered to the Conference on the Middle Class, University of Leeds (1983).

第 6 章

(1) Census of Great Britain, 1851 ; *Population Tables*, part 2, vol. 1 (1854).
(2) A. Clark, *Working Life of Women in the Seventeenth Century*, 3rd edn (1982); I. Pinchbeck, *Women Workers and the Industrial Revolution 1750-1850*, 2nd edn (1981).
(3) G. E. Evans, *The Horse in the Furrow* (1960); 'Account Book of Mrs Mann, Arthur Biddell, Housekeeper 1814-1917', IRO HA2 ; Jane Ransome Biddell, Unpublished commonplace book, IRO HA2/D/1 and 2.
(4) E. W. Martin, *The Secret People : English Village Life after 1750* (1954), p. 243 での引用。
(5) この点に関するより詳細な議論については，Davidoff, 'The role of gender' を参照。
(6) イングランド東部で女性が農作業に携わらなくなったきっかけと時期については，若干の論争がある。しかし本論で重要なのは，当時この問題が主に道徳的な根拠から論じられていたことである。K. D. Snell, 'Agricultural seasonal unemployment, the standard of living and women's work in the South and East, 1690-1860', *Economic History Review*, 34 no. 3 (1981).
(7) J. Obelkevich, p. 50.
(8) A. Whitehead, 'Kinship and property ; women and men : some generalizations', in R. Hirschon (ed.), *Women and Property ; Women as Property* (1983).
(9) J. B. Elshtain, *Public Man, Private Woman : Women in Social and Political Thought* (Princeton, 1981).
(10) J. Glyde, *Suffolk*, p. 324.
(11) S. D'Cruze, 'The society now surrounding us', p. 56. 遺言書の標本では，1830 年以降に逆の傾向がみられ，裁量を任される寡婦のほうがふたたび多くなる。
(12) こうした形態は，アイザック・テイラーと妻アン・M・テイラーの遺言に顕著にみられる。アンは自分の書物，衣服，装身具を，指名して特定の子どもや孫に遺すためにおびただしい指示を残している。たとえば，結婚指輪，イアリング，母親の髪をジェマイマに「とくに託すことを提言する」としている。PRO Prob. 11/1773 and 1764. このような遺言に

みられる男性的／女性的な傾向は，S. D'Cruze の研究で確認されている。アメリカ合衆国の場合については，S. Lebsock, *The Free Women of Petersburg : Status and Culture in a Southern Town 1784–1860* (New York, 1984).

（13）Henry Dixon, 'Unpublished diary' (26 November 1845). デンホルム博士の許可による。

（14）夫の共同経営との関係で，寡婦の地位についての法的論争があった。J. Collyer, *A Practical Treatise on the Law of Partnership* (1840), p. 26 を参照。

（15）Letter to R. Arkwright (5 May 1828), ERO D/DAr. C7/9.

（16）C. Shrimpton, 'The landed society and the farming community of Essex in the late 18th and early 19th centuries', unpublished Ph. D. thesis, University of Cambridge (1966), p. 233.

（17）C. Chalklin, *The Provincial Towns of Georgian England : A Study of the Building Process 1740–1820* (1974), p. 242 ; J. Field, 'Bourgeois Portsmouth : social relations in a Victorian dockyard town 1815–1875', unpublished Ph. D. thesis, University of Warwick (1979), p. 132.

（18）J. E. Oxley.

（19）Mrs Henstridge Cobbold, 'Inventory of house and estate, 1849', IRO HA2/A2/886.

（20）Nathaniel Lea, 'Unpublished memorandum book, 1837–8'. I・C・リーの許可による。

（21）それゆえ，女性たちの意識の場としてだけでなく，意識の限界として「愛と友情」が重要であった。Caroll Smith Rosenberg, 'The female world of love and ritual : relations between women in nineteenth century America', *Signs*, 1 no. 1 (autumn 1975) を参照。

（22）R. Scase and R. Goffee, *The Real World of the Small Business Owner* (1980), p. 94. J. Finch, *Married to the Job : Wives' incorporation in men's work* (1983) も参照。

（23）M. Karr and M. Humphrey, p. 39.

（24）S. L. Courtauld, vol. 2, p. 13.

（25）T. A. B. Corley, *Quaker Enterprise in Biscuits : Huntley and Palmers of Reading : 1822–1972* (1972).

（26）T. Cross, *The Autobiography of a Stage-Coachman*, 2 vols. (1861), vol. 2, p. 162.

（27）L. Maw, *A Tribute to the Memory of Thomas Maw : by his widow* (1850), p. 20.

（28）二つの地域の 83 の事例にもとづく。

（29）M. Bayly, p. 104.

（30）J. Wentworth Day, 'A Victorian family's inventive genius', *Country Life* (2 May 1963), p. 962.

（31）M. Bayly, p. 36. ジョージ・エリオットの『アダム・ビード』のなかでもこうした方法が確認できる。この小説では，農業経営者の妻ポイザー夫人が夫の姪ヘティ・ソレルを引き取って乳製品づくりを教え込み，さらに親を亡くした自分の姪ダイナを住まわせる代わりに家事を手伝わせている。

（32）Birmingham File. Joseph Sturge を参照。

（33）Census of 1851 : whole sample.

（34）S. L. Courtauld, vol. 2, p. 27.

（35）J. Bisset, 'Reminiscences of James Bisset', Leamington Public Library, CR 1563/247.

（36）Walker's Charity in Fyfield Essex, *Charity Commission Reports*, vol. XVIII (1833).

（37）W. Beck, *Family Fragments*, p. 2.

（38）E. Gibbins, appendix I.

（39）J. Oxley-Parker, p. 128.

（40）J. Perry (August 1838).

（41）T. Cross, vol. 1, p. 113.

(42) B. Mason.
(43) J. A. Watson, *Savills : A Family and a Firm 1652–1977* (1977).
(44) Robert Bretnall, 'Unpublished diary 1846'.
(45) IJ (24 June 1809).
(46) Mary Hardy, *Diary* (Norfolk Record Society, 1968).
(47) J. Glyde, 'The autobiography of a Suffolk farm labourer', p. 74.
(48) M. A. Hedge, *Life or Fashion and Feeling : A Novel* (1822), p. 75.
(49) Ibid., p. 62.
(50) G. Crabbe, 'The Parish Register', *Poems* (Cambridge, 1905).
(51) S. Pollard, *The Genesis of Modern Management* (1965), p. 146.
(52) George Eliot, 'Mr Gilfil's love story', in *Scenes from Clerical Life*, 2 vols. (Edinburgh, 1856), vol. 1, p. 158［浅野萬里子訳「ギルフィル氏の恋物語」『牧師館物語』あぽろん社，1994年］.
(53) J. Oxley-Parker, p. 107.
(54) M. Bayly, p. 31.
(55) キャサリン・マーシュが金を稼いだのは，慈善事業の資金を調達するために筆跡による性格診断をした際のみであった。L. E. O'Rorke (ed.), p. 25.
(56) QQ in *Youth's Magazine or Evangelical Miscellany* (1820), p. 370 (QQはジェイン・テイラーのペンネーム).
(57) M. Smith, *The Autobiography of Mary Smith, Schoolmistress and Nonconformist* (Carlisle, 1892), p. 169.
(58) ここで強調している点において，私たちは，M. J. Peterson, 'No angel in the house : the Victorian myth and the Paget women', *American Historical Review* (June 1984) が引きだした結論とは意見を異にする。
(59) Rebecca Solly Shaen, 'Unpublished commonplace book', John Johnson Collection, Bodleian Library, Oxford, Ms 18 and 19.
(60) A. Shteir, '"The Fair Daughters of Albion" and the popularization of British botany', Paper delivered at the British Society for the History of Science (March 1982), p. 8.
(61) J. Obelkevich, p. 53.
(62) E. Shore, *Journal of Emily Shore* (1891), pp. 220, 352.
(63) E. A. Wheler ; Amelia Moilliet, 'Memoranda', どちらもJ・L・モイリエットの許可による。
(64) Harriet Walker, 'Journal of a tour made in the spring of 1837', IRO HD/236/3/5.
(65) A. F. J. Brown, 'Voluntary public libraries', in W. R. Powell (ed.), *A History of the County of Essex* (bibliography) (1959). しかしながら，リトル村の読書室を描いた水彩画には，机に向かって座る女性ひとりと三人の子どもが描かれている。Corder collection, ERO T/B 228.
(66) E. Gaskell, *Cranford* (1980), p. 130［小池滋訳『クランフォード・短編（ギャスケル全集1)』大阪教育図書，2000年］.
(67) Census of 1851.
(68) M. Reeves, *Sheep Bell and Ploughshare : the Story of Two Village Families* (1980).
(69) J. Manton, *Mary Carpenter and the Children of the Streets* (1976).
(70) Birmingham Statistical Society, 'Report on the state of Education in Birmingham', *Journal of the Historical Society of London*, 3 (1840); King Edward VI School, Birmingham, Governors Order Book, 1832–41, 1842–50. 理事会幹事ウォルキントン氏の許可による。
(71) R. Fletcher, *The Biography of a Victorian Village : Richard Cobbold's Account of Wortham,*

Suffolk（1977）.

（72）J. Manton, *Sister Dora : The Life of Dorothy Pattison*（1971）, p. 137.

（73）M. L. Smith, 'Witham schools'（Witham, n.d.）, p. 6.

（74）A. E. Morgan, *Kith and Kin*（Birmingham, 1896）, p. 9.

（75）E. T. Phipson, *A Memorial of Mary Anne Phipson*（Birmingham, 1877）, Phipson Children.

（76）Census of 1851 : Birmingham.

（77）E. T. Phipson.

（78）L. Davidoff, 'The separation of home and work? Landladies and lodgers in 19th and early 20th century England', in S. Burman（ed.）, *Fit Work for Women*（1979）.

（79）Witham File.

（80）J. E. Tuffs.

（81）T. Cross, vol. 2, p. 206.

（82）B. Mason.

（83）J. Booker, p. 32.

（84）M. Girouard, *Victorian Pubs*（1975）, p. 28 〔強調は引用者による〕.

（85）P. Mathias.

（86）G. Sturt, *A Farmer's Life with a Memoir of the Farmer's Sister*（Firle, Sussex, 1979）, p. 26.

（87）B. Harrison, *Drink and the Victorians : The Temperance Question in England 1815–1872*（1971）, p. 46.

（88）E. Edwards, *The Old Taverns of Birmingham*（Birmingham, 1879）, p. 82.

（89）W. White, *Directory of Ipswich*（1844）.

（90）Census of 1851 : Witham.

（91）D. Alexander.

（92）S. D' Cruze, '"... To Acquaint the Ladies": women proprietors in the female clothing trades, Colchester c. 1750–1800', unpublished paper（1985）, pp. 2, 3. 著者の許可による。*The Local Historian*, 17 no. 3（1986）を参照。

（93）J. Taylor, 'Prejudice', in *Essays in Rhyme on Morals and Manners*（1816）, p. 6.

（94）G. J. Holyoake, *Sixty Years of an Agitator's Life*（1900）, p. 10.

（95）W. H. Ryland（ed.）.

（96）W. White, *History Gazetteer and Directory of the County of Essex*（Sheffield, 1848）.

（97）R. Fletcher.

（98）たとえば，バーナード・バートンの姉のマライア・ハックは『硝子の発見と製造——レンズと鏡』などの児童書を出版した。ハックの著作はすべて，アン・テイラーとジェイン・テイラーの処女作を世に出した児童書の出版社ハーヴェイ＆ダートン社から出版された。

（99）Marianne Nunn, *Dictionary of National Biography* ; C. Porteous, 'Singing the praises of women', *The Guardian*（22 December 1982）.

（100）M. J. Shaen, *Memorials of Two Sisters : Susanna and Catherine Winkworth*（1908）, p. 39〔強調はシャーンによる〕. ジョージ・エリオットも翻訳から文学の道に進んだことに留意せよ。

（101）J. Oxley, p. 222.

（102）J. Penfold, 'Early history of the Essex County Hospital', unpublished manuscript（1980）, p. 13. 著者の許可による。

（103）M. Hardy.

(104) Anon., unpublished diary of a farmer's wife on the Warwick/Leicester border (1823), BUL, Heslop Collection, Ms 10/iii/15, 1823.
(105) Birmingham File.
(106) D. C. Coleman, vol. 1, p. 126.
(107) J. Newton, 'Pride and Prejudice : power, fantasy and subversion in Jane Austen', *Feminist Studies*, 4 no. 1 (February 1978) は，この点を強く主張している。
(108) たとえば，ディルウィン・シムズは，ランサム家の農業機械会社で働く前にイプスウィッチの製粉業者のもとで徒弟奉公していた。DQB.
(109) コルチェスターのヘイワード家の事例。ポール・トンプソンとの個人的な情報交換による。The Beadel Family of Witham, Witham File. チグウェルのサヴィル家については，J. A. Watson の前掲書を参照。
(110) 職人層では，男性が指物技術をもち棺桶製造を行なったことで，葬儀準備において女性が伝統的にもっていた死者埋葬の機能が侵害されたことに留意せよ。
(111) サフォークについては，G. E. Evans, *The Horse in the Furrow* (1960) を参照。ハナ・モアは『妻を探すシーレブズ』のなかで，「勝気な」ミス・スパークスを辛辣に描いているが，とくに彼女が厩舎にたいして女性らしからぬ関心をもっていることを強調している。第3章参照。
(112) J. D. Sykes, 'Agriculture and science', in G. E. Mingay (ed.), *The Victorian Countryside*, vol. 1.
(113) A. Richards and J. Robin, *Some Elmdon Families* (Cambridge, 1975).
(114) デボラ・チェリーがつぎの未発表の草稿を読ませてくれたことに感謝する。Deborah Cherry, 'Women artists' ; R. Parker and G. Pollock, *Old Mistresses : Women Art and Ideology* (1981).
(115) S. Lines, *A Few Incidents in the Life of Samuel Lines, Senior* (Birmingham, 1858).
(116) J. Blatchly, *Isaac Johnson 1754–1835* (Suffolk Record Office, 1979), p. 9.
(117) W. Beck.
(118) D. Stroud, *Humphrey Repton 1752–1818* (1962).
(119) ウィリアム・ジャクソン・フッカーは，キュー植物園の初代園長であった。フッカーとその息子，ならびに義理の息子は園芸学への貢献を称えられ，ナイト爵に叙された。後者の妻となったフッカーの娘は，フッカー家が編纂した定期刊行物の挿絵を描いた。N. Scourse, *The Victorians and their Flowers* (1983). 第3章のジョン・クローディアス・ラウドンの事業についても参照。
(120) D. Allen, 'The women members of the Botanical Society of London ; 1836–1856', *The British Journal for the History of Science*, 13 no. 45 (1980), p. 247.
(121) E. Mann, *An Englishman at Home and Abroad 1792–1828* (1930), p. 201.
(122) S. L. Courtauld, vol. 1, p. 44 ; D. C. Coleman, vol. 2, p. 469.
(123) J. Manton, *Mary Carpenter*, p. 39.
(124) N. Stock, *Miss Weeton's Journal of a Governess*, 2 vols. (Newton Abbot, 1969), vol. 1, p. 23 を参照。
(125) J. Perry (August 1838).
(126) H・セバスチャンとの個人的な情報交換による。
(127) R. D. Best, *Brass Chandelier : A Biography of R. H. Best of Birmingham* (1940), p. 25.
(128) K. Pearson, *The Life, Letters and Labours of Francis Galton,* 3 vols. (Cambridge, 1914), vol. 1, p. 124.

(129) Birmingham File ; Essex and Suffolk File.
(130) Halstead and District Local History Society Newsletter, 3 no. 10 (December 1979).
(131) F. Prochaska, p. 106.
(132) Census of 1851 : Edgbaston ; Ratebook for Edgbaston.
(133) 全標本中，世帯主の 80 パーセントが男性，20 パーセントが女性であったのにたいし，成人女性親族の 59 パーセントは男性世帯主と同居しており，41 パーセントが女性世帯主の世帯に住んでいた。給与職の独身男性と同居する姉妹は，未婚の兄弟と同居する成人姉妹全体の 5 分の 1 であった。給与職の男性はほかの職業の場合よりも若年で，収入が低い傾向にあった。Census sample : whole. 19 世紀イギリスの独身女性についての重要な議論については，M. Anderson, 'The social position of spinsters in mid-Victorian Britain', *Journal of Family History*, 9 no. 4 (1984) を参照。
(134) F. Parkin, 'Social closure as exclusion', in *Marxism and Class Theory : a Bourgeois Critique* (1979), p. 53. ジェンダーと相続慣行のより一般的な意味については，C. Delphy and D. Leonard, 'Class analysis, gender analysis and the family', in R. Crompton and M. Mann (eds.), *Gender and Stratification* (1986) を参照。
(135) Mrs S. Stickney Ellis, *The Women*, p. 463.

第 7 章

(1) F. Hill, *An Autobiography of Fifty Years in time of Reform*, edited with additions by his daughter Constance Hill (1893).
(2) V. K. Pichanick, *Harriet Martineau : the Woman and her Work, 1802-76* (Ann Arbor, 1980), p. 238 ; Rebecca Solly Shaen, 'Unpublished diary 1800-1855', John Johnson Collection, Bodleian Library Ms 18 and 19, p. 276.
(3) 両親と 8 人の子どものいる家庭であれば，計算上 45 組の順列と，28,500 の潜在的関係が存在していた。J. Bossard, *The Large family System* (Philadelphia, 1956).
(4) R. S. Shaen, p. 24.
(5) M. Anderson, 'The social implications of demographic change, 1750-1950', unpublished paper (1984), p. 25. 著者の許可による。
(6) M. S. Hartman, 'Child-abuse and self-abuse : two Victorian cases', in *History of Childhood Quarterly*, 2 no. 2 (1974).
(7) William Henry Pattison, letter to Henry Crabb Robinson, 20 February 1800, DWL.
(8) Birmingham, Essex, Suffolk and Witham Files ; これは 1800 年までの全人口のおよそ 3 分の 2 に匹敵する。E. A. Wrigley and R. S. Schofield, 'English population history from family reconstitution : summary results 1600-1799', *Population Studies*, 37 (1983), p. 168.
(9) Census sample. 地域のファイルに妻よりも年長の夫の割合が多いのは，上層中産階級が優勢であるためかもしれない。
(10) Rev. C. B. Tayler, *Edward or Almost an Owenite* (1840), p. 15.
(11) J. Priestley, *Autobiography* (new edn, Bath, 1970), p. 87.
(12) A. G. Gardiner, *The Life of George Cadbury* (1923), p. 23.
(13) W. H. Ryland, (ed.), p. 83.
(14) A. Kenrick, 'Unpublished diary'.
(15) Henry Dixon, 'Unpublished diary' (13 May 1843).
(16) J. Harriott, vol. 1, p. 338.

（17） M. Bayly, p. 51. シャーロット・ブロンテは自身の結婚直前に，こうした表現で結婚への強い疑念を表明していた。M. J. Shaen, pp. 117–8 を参照。
（18） R. S. Shaen, p. 168.
（19） Ibid., p. 233.
（20） Ibid., p. 238.
（21） E. A. Wheler, vol. 1, p. 171.
（22） Bundle of letters from Sophia Brewin, no. 32.
（23） Bundle of letters from Samuel Tertius Galton to John Howard Galton 1805–41, BRL Galton Collection, 315, no. 33 ; ibid., no. 31.
（24） R. S. Shaen, p. 290.
（25） J. A. James, *The Family Monitor*, p. 108.
（26） R. S. Shaen, p. 242. ある 1803 年生まれのウィンチェスター校の校長は，11 人兄弟の一人で，この兄弟からは 93 人の子どもたちと 256 人の孫が生まれた。C. A. E. Moberley, *Dulce Domum : George Moberly, His Family and Friends*（1911）.
（27） 異父母兄弟姉妹関係と組み合わさったこの構造の重要性は，フロイトの家族との関係で説明されている。フロイトの家族は，ヴィクトリア時代初期のイングランド中産階級と同じ特徴を数多く示していた。E. Jones, *The Life and Work of Sigmund Freud*（Harmondsworth, 1964）, pp. 36–40［竹友安彦・藤井治彦訳『フロイトの生涯』紀伊國屋書店，1969 年］.
（28） H. Allen.
（29） E. Hodder, *The Life of Samuel Morley*（1887）, p. 183.
（30） S. L. Courtauld, vol. 2, p. 72.
（31） W. Hutton, *The Life of William Hutton, Stationer of Birmingham and the History of His Family*（1841）, p. 113.
（32） S. L. Courtauld, vol. 2, p. 19.
（33） E. Conder, p. 113.
（34） E. Gibbins, p. 220. アーサー・ヤングは末娘「ボビン」を溺愛しており，この娘がヤングの満たされない結婚生活の埋め合わせとなった。ボビンは 14 歳で亡くなり，これが一因となって彼は中年になって回心した。M. Betham-Edwards, *The Autobiography of Arthur Young*（1898）.
（35） E. Gibbins, p. 23.
（36） E. Conder, p. 180.
（37） M. C. Marsh, p. 340.
（38） I. Southall, W. Ransome and M. Evans（eds.）, *Memorials of the Families of Shorthouse and Robinson and others connected with them*（Birmingham, 1902）, p. 48.
（39） Rev. J. G. Breay, p. 369.
（40） J. C. Reid, *Thomas Hood*（1963）, p. 195.
（41） S. L. Courtauld, vol. 2.
（42） J. Seabrook.
（43） ECS（30 January 1935）.
（44） M. Bayly, p. 122.
（45） A. and J. Taylor, *Original Poems for Infant Minds*（1865）.
（46） これにたいし，教区の家族復元作業から推定される全人口における末子出産年齢の平均は，39.3 歳であった。E. A. Wrigley and R. S. Schofield, p. 174.

（47）E. Gibbins.
（48）たとえば，ジェイン・オースティン『説得』（1818年）の登場人物，マスグローヴ夫人を参照。またゴア夫人の小説『妻の小遣い』（1843年）では，このテーマが中心となっている。
（49）M. C. Marsh, pp. 403–4.
（50）M. Jesup, *Selections from the Writings of Mary Jesup*（1842）, p. 38.
（51）L. A. G. Strong, *A Brewer's Progress 1757–1957*（1957）.
（52）P. H. Chevasse, *Advice to Mothers on the Management of their Offspring* (Birmingham, 1840), p. 97. この本の売り上げは460,000部にのぼった。すぐに続いて *Advice to Wives on the management of themselves during the periods of pregnancy, labour and suckling* (Birmingham, 1843) が出版され，その売り上げは390,000部を数えた。数字は G. W. Craig, 'The Old Square : a chapter of bygone local medical history', in *Birmingham Medical Review*, X（1935）, p. 102 による。
（53）L. E. O'Rorke（ed.）, p. 11.
（54）M. C. Marsh, p. 18.
（55）H. Allen, p. 111.
（56）A. Moilliet.
（57）R. S. Shaen, pp. 242, 302.
（58）S. Knight, *Memoir of Sarah Knight, Wife of Thomas Knight of Colchester*（1829）, p. 23.
（59）Mrs. S. Stickney Ellis, *Mothers*, p. 3.
（60）エセックスのある小店主の妻は，「愛する小さな家族」が絶え間なく邪魔するので，（宗教的）備忘録を書く暇がほとんどなかった。M. Jesup, p. 43.
（61）Jane Ransome Biddell, 'A Reply for Some Versos', 1836, in unpublished Book of Poems, IRO HA2/D/1.
（62）J. H. Plumb, 'The new world of children in 18th century England', in N. McKendrick, J. Brewer and J. H. Plumb（eds.）, *The Birth of a Consumer Society : the Commercialization of 18th Century England*（1982）.
（63）Mrs W. Byng Kenrick, p. 137.
（64）E. Mann, p. 27.
（65）A. M. Taylor, *Reciprocal Duties of Parents and Children*（1818）, p. 42.
（66）A. Smith, 'Pocket diaries 1837–1846', *East Anglian Miscellany*（1928）.
（67）S. Chitty, *The Woman Who Wrote Black Beauty : A Life of Anna Sewell*（1971）.
（68）J. Perry（June 1824）.
（69）A. Camps, p. 9.
（70）J. Webb, 'Lines to My Father on His Birthday', *Prose and Verse*（1824）.
（71）L. E. O'Rorke, pp. 16, 23.
（72）A. M. Taylor, p. 128.
（73）M. Slater.
（74）Will of Daniel Till of Witham, Essex, ERO.
（75）D. Gorham, pp. 44–7.
（76）George Eliot, 'Brother and Sister', in *The Spanish Gypsy, Collected Works*（1901）, p. 587.
（77）I. Taylor（ed.）, 'To a Brother on His Birthday', in *Memoirs, Correspondence and Poetical Remains*（1831）.
（78）J. Dunn, *Sisters and Brothers*（1984）を参照。

（79） E. M. Forster, pp. 114–27.
（80） J. W. Ley, *The Dickens Circle ; a narrative of the novelist's friendships* (1918).
（81） R. S. Shaen, pp. 288, 276.
（82） E. De Selincourt, *Dorothy Wordsworth : A Biography* (Oxford, 1933) の描写を参照。
（83） H. Martineau, *Autobiography*, vol. 1, p. 99.
（84） N. Anderson, 'The marriage with a deceased wife's sister bill controversy : incest anxiety, and the defence of family purity in Victorian England', *Journal of British Studies*, 21 no. 2 (1982). ハリエット・マーティノーの唯一の小説『ディアブルック村』（1839 年）は，妻の妹と恋に落ちるひとりの男性を中心にしている。
（85） R. S. Shaen, p. 188.
（86） J. Dunn. 姉妹のあいだで強固な関係が続いたこととその両義性については，T. McNaron, *The Sister Bond : A Feminist View of a Timeless Connection* (New York, 1985) を参照。
（87） R. B. Beckett, p. 306.
（88） John Webb to Elizabeth Webb Savill, letter (26 June 1799), ERO, D/DUcdC6.
（89） M. Karr and M. Humphrey.
（90） クエイカー教徒のあいだでは，公式にはいとこ同士の結婚を禁じていたが，地域の記録を見るとこれは破られることもあったようである。
（91） Samuel Savill, correspondence with the Sayer-Walkers, ERO D/DUcdC6.
（92） John Hanson, 'Unpublished journal, 1822 to 1829'. ジーン・ハーディングの許可による。
（93） H. N. Dixon.
（94） M. A. Hedge, p. 126.
（95） R. S. Shaen, p. 259.
（96）「誕生日が用いられるのはもっぱら，そこにいない友人たちの場合，彼らのことを特別に思い出す決まった時間をもつためである」(E. Conder, p. 104)。
（97） A. Wohl, 'Sex and the single room : incest among the Victorian working class', in A. Wohl (ed.), *The Victorian Family : Structure and Stresses* (1978).
（98） この点は，19 世紀半ばに成人した男性にとりわけ顕著に認められるようである。L. Davidoff, 'Class and gender in Victorian England', in J. L. Newton, M. P. Ryan and J. R. Walkowitz (eds.); S. Chitty, *The Beast and the Monk : A Life of Charles Kingsley* (1974) を参照。
（99） R. S. Shaen, p. 318.

第 8 章

（1） E. Shore, p. 22.
（2） L. E. O'Rorke (ed.), p. 15.
（3） A. Camps (1 May 1844).
（4） Count Pecchio, *Semi-Serious Observations of an Italian Exile During His Residence in England* (1833), p. 19.
（5） W. Green, *Plans of Economy on the Road to Ease and Independence* (1804), p. 20.
（6） L. Davidoff, 'The rationalization of housework'.
（7） *Census of Great Britain, 1851 : Tables of the Population and Houses*, p. xxxvi.
（8） H. Repton, 'View from my own cottage in Essex', *Fragments on the Theory and Practice of Landscape Gardening* (1816).
（9） その社会的影響については，E. Eden, *The Semi-Detached House* (1859) を参照。

(10) J. Seabrook, 'Unpublished commonplace book' (c. 1830). メアリ・マラワラッチの許可による。
(11) J. Stovin, *Journals of a Methodist Farmer 1871–1875* (1982), p. 182.
(12) A. D. Harvey, *Britain in the Early 19th Century* (1978).
(13) J. Hill and R. K. Dent, *Memorials of the Old Square* (Birmingham, 1897).
(14) R. Palmer (ed.), *A Touch on the Times : Songs of Social Change 1770–1914* (Harmondsworth, 1974), pp. 78–9.
(15) C. Pye, *A Description of Modern Birmingham* (Birmingham, 1818), p. 74.
(16) T. R. Slater, 'Family, society and the ornamental villa on the fringes of English country towns', *Journal of Historical Geography*, 4 no. 2 (1978). コルチェスターについては，George Rickword, *Social Life in Bygone Colchester* (Colchester, 1975) を参照。コルチェスターの J・ベンスーザン＝バットとの個人的な情報交換による。
(17) C. Fox and J. Melville, unpublished typescript : 'Diary of a Visit to Bingley Hall, Birmingham' (1819), BRL 669392, p. 20.
(18) R. B. Beckett.
(19) 1790 年代に銀行業に専念した際，ジェイムズ・オークスはベリ・セント・エドマンズの自宅を改築し，銀行用の応接間を設けた。
(20) Charity Commissioners, *Reports on Charities and Education of the Poor in England and Wales*, 1815–37, vol. xxxv.
(21) ジャネット・ガイフォードとの個人的な情報交換による。
(22) L. I. Redstone, *Ipswich Through the Ages* (Ipswich, 1969), p. 125.
(23) G. Torrey, *Chelmsford Through the Ages* (Ipswich, 1977), p. 71 ; J. Drake, pp. 69, 34.
(24) B. Harrison, p. 46.
(25) M. Briggs, *The English Farmhouse* (1953).
(26) N. Harvey, *A History of Farm Buildings in England and Wales* (Newton Abbot, 1970), p. 76.
(27) E. Mercer, *English Vernacular Houses : A Study of the Traditional Farmhouses and Cottages* (1975), p. 74.
(28) F. H. Erith, *Ardleigh in 1796 : Its farms, families and local government* (East Bergholt, 1978).
(29) Rev. J. Bramston, *Witham in Older Times. Two lectures delivered at Witham Literary Institute* (Chelmsford, 1855), p. 48.
(30) C. M. Marsh.
(31) H. H. Horton, *Birmingham : A Poem in Two Parts* (Birmingham, 1851), p. 87.
(32) *Edgbaston Directory and Guide* (Birmingham, 1853).
(33) D. Cannadine, *Lords and Landlords*, p. 214.
(34) J. Bisset, 'Reminiscences of James Bisset', Leamington Public Library, CR 1563/ 246–251.
(35) C. Southall, *Records of the Southall Family* (1932). マーク・ラザフォードは小説『キャサリン・ファーズ』(1896 年) のなかで，1840 年代のイーストミッドランド州の金物商一家にとっての職住分離の潜在的な弊害を詳細にあげている。
(36) J. Burnett, p. 112.
(37) ABG (23 August 1830).
(38) R. Gover, 'The gardenesque garden', in Victoria and Albert Museum, *The Garden : A Celebration of 1,000 Years of British Gardening* (1979).
(39) T. Clark Jnr., 'Leaflets, newspaper cuttings etc.'

(40) J. C. Loudon, *The Greenhouse Companion : Comprising a General Course of Greenhouse and Conservatory Practice*（1829）, p. 1.
(41) A. T. Gilbert, *Autobiography*, vol. 1, p. 285.
(42) K. Sanecki, 'Tools of the trade', in Victoria and Albert Museum.
(43) J. Harvey, 'Nurseries, nurserymen and seedsmen', in ibid. ; J. Harvey, *Early Gardening Catalogues*（1972）.
(44) L. Barton（ed.）, p. 294.
(45) M. Syms（3 October 1809）での引用。
(46) Rev. J. Creighton, 'A father's advice to his daughter', *The Youth's Magazine or Evangelical Miscellany*（1820）, p. 67.
(47) M. Cadbury, 'The Happy Days of our Childhood'.
(48) Jane Loudon, *Gardening for Ladies*（1840）, p. 244.
(49) C. Phythian-Adams, 'Rural culture', G. Mingay（ed.）, *The Victorian Countryside*, vol. 2.
(50) E. Cadbury, 'Letters from Richard Tapper Cadbury and his wife Elizabeth to the family 1806–55', BRL Cadbury Collection 466/300/1–21（27 August 1824）; M. Cadbury, n. p.
(51) Jane Loudon, p. 7.
(52) G. Darley, 'Cottage and suburban gardens', in Victoria and Albert Museum, p. 155 ; L. Davidoff, 'His cabbages and her pinks : men, women and the English garden', unpublished paper（1984）.
(53) J. C. Loudon, *The Suburban Gardener*, p. 680.
(54) L. Davidoff, 'The rationalization of housework' ; J. T. Bunce, *Birmingham Life Sixty Years Ago, articles for the Birmingham Weekly Post*（Birmingham, 1899）. とくに 1899 年 4 月 15 日の記事を参照。
(55) J. Luckcock, *Hints for Practical Economy in the Management of Household Affairs*, p. 5.
(56) G. Crabbe, 'The Parish Register', in *Poems*（Cambridge, 1905）, p. 169.
(57) G. Sturt, *William Smith, Potter and Farmer 1790–1858*（Firle, Sussex, 1978）.
(58) M. Cadbury, 'The Happy Days of our Childhood'.
(59) 農家を新築する際に，応接間は「絶対的に不可欠」だとされた。T. Stone, *An Essay on Agriculture with a View to Inform Gentlemen of Landed Property Whether Their Estates are Managed to their Greatest Advantage*（Lynn, 1785）, p. 243.
(60) J. Thirsk and J. Imray, *Suffolk Farming in the Nineteenth Century*, Suffolk Records Society（1958）, p. 129.
(61) たとえば，J. Cullum, *The History and Antiquities of Hawstead and Hardwick*（1813）, p. 258 の農家の気圧計についての記録を参照。
(62) 帝国から輸入されたマホガニーが，17 世紀の黒ずんだ重厚な地元産のオーク材に取って代わっていた。Estate of Simcox as described in ABG（15 March 1830）; Estate of William Marsh, ABG（27 July 1840）; *Sale Catalogue of the Neat Household Furniture of the late Bernard Barton*（26 July 1849）.
(63) J. Hurnard, *A Memoir*, p. 10.
(64) T. M. Hope, *The Township of Hatfield Peverel : Its History, Natural History and Inhabitants*（Chelmsford, 1930）, pp. 152–5. R. S. Shaen, 1822. エレイン・ストラットからの個人的情報による。
(65) J. Burnett, *A Social History of Housing 1815–1970*（1980）; J. Taylor, 'The life of a looking glass', *Contributions of QQ*（1845）.

(66) C. Davidson, *Woman's Work is Never Done : A History of Housework in the British Isles 1650–1950* (1982). A. Ravetz, 'The Victorian coal kitchen and its reforms', *Victorian Studies*, XI no. 4 (June 1978).

(67) 石炭ガスはもっぱら公共用として街灯や店舗の灯りに使われ，19世紀半ば過ぎまで家庭用には供給されなかった。

(68) Anon., *Passages in the Life of a Young Housekeeper Edited by Herself* (1862).

(69) L. R. Cryer, *A History of Rochford* (1978), p. 29. コルチェスターにおける上下水道敷設の取り組みについては，Andrew Phillips, *Ten Men and Colchester : Public Good and Private Profit in a Victorian Town* (Chelmsford, 1985), pp. 23–31 を参照。

(70) L. Wright, *Clean and Decent* (1940).

(71) C. P. Fox and J. Melville.

(72) J. Glyde, *The Moral, Social and Religious Condition of Ipswich in the Middle of the 19th Century* (1971), p. 47.

(73) G. Rosen, 'Disease, debility and death', in M. Wolf and H. Dyos (eds.), *The Victorian City, Images and Realities*, 2 vols. (1974), vol. 2.

(74) D. Sperber, *Rethinking Symbolism* (Cambridge, 1975).

(75) R. M. Anthony, 'A diary of 1803', *History Today*, 16 (1966), pp. 477, 482.

(76) G. M. Young, *Victorian England : Portrait of an Age* (Oxford, 1966), p. 7［松村昌家・村岡健次訳『ある時代の肖像――ヴィクトリア朝イングランド』ミネルヴァ書房，2006年］.

(77) A. M. Taylor, *Practical Hints*, p. 54.

(78) *Magazine of Domestic Economy* (1835) 創刊号の第一段落での引用。

(79) J. Luckcock, *Hints*, pp. 16–7.

(80) 食事の給仕がもつ意味と，決まった順序で給仕することの重要性については，Mary Douglas, 'Deciphering a meal', *Daedalus*, 101 (1972) を参照。

(81) Mary Young, 'Account books 1818–1819'.

(82) A. Vernon, p. 101.

(83) M. Howitt, *Mary Howitt, An Autobiography* (1889), p. 120.

(84) C. Davidson ; E. M. Forster, p. 179 では，乳幼児用の帽子のひだ飾りのつくり方を詳細に記述している。

(85) Reckitt Family, DQB.

(86) C. Davidson, p. 158.

(87) M. E. Fox, *Mary Pease. A Memoir by her daughter* (1911), p. 21.

(88) E. Higgs, 'Domestic service and household production', in A. John (ed.), *Unequal Opportunities : Women's Employment in England 1800–1918* (1986).

(89) Census sample : all areas.

(90) S. Cadbury to E. Cadbury, 'A collection of letters concerning the family of Benjamin and Candia Cadbury, 1806–1851' (26 November 1846).

(91) E. Gibbins (ed.), p. 135.

(92) A. M. Taylor, *Practical Hints*, p. 38.

(93) J. Gerard, 'Family and servants in the country-house community in England and Wales 1815–1914', unpublished Ph. D. thesis, University of London (1982).

(94) Census : Colchester sample.

(95) J. J. Hecht, *The Domestic Servant Class in 18th Century England* (1956).

(96) K. D. M. Snell, *Annals of the Labouring Poor*, p. 326.
(97) A. Vernon.
(98) L. Davidoff, in A. Sutcliffe and P. Thane (eds.), *Essays in Social History II* (Oxford, 1986).
(99) M. Young.
(100) E. Gibbins (ed.), appendix I, p. 251 ; M. Cadbury, 'The Happy Days of our Childhood'.
(101) J. Hardy, 'The diary of Julius Hardy, button-maker of Birmingham 1788–93', transcribed and annotated by A. M. Banks, BRL 669002, p. 36.
(102) O. R. Sherrard, *Two Victorian Girls* (1966), p. 201.
(103) A. Fraser-Tytler, *Commonsense for Housemaids* (5th edn 1869), p. 21.
(104) C. Cadbury, A Collection of Letters (7 March 1829).
(105) A. Vernon, p. 101. ギャスケル夫人は，作品中のある昔かたぎの登場人物に，使用人が文字を読むことができるようになれば，そのような「刃物」によってイングランドにフランス革命が起きることになる，という台詞を語らせている。'My Lady Ludlow', *Round the Sofa* (1859).
(106) Mary Young, 'Agreements with servants', commonplace book.
(107) J. A. James, *The Family Monitor*, p. 125.
(108) L. E. O'Rorke (ed.), pp. 68–9.
(109) 'Minute Book of the Ladies Committee of the Protestant Dissenting Charity School, 1845–91', 5 vols., BRL 471926.
(110) 'A small ray of genius' Radio 4 (23 December 1983); Rev. H. Thompson, *The Life of Hannah More* (1838), p. 314.
(111) E. Gibbins (ed.), appendix I.
(112) 'Bundle of letters from Miss L. A. Patterson to John Howard Galton 1807–1818', BRL Galton Collection, 369, letters 8, 14.
(113) 中産階級の階級意識にたいする使用人の影響についての議論は，L. Davidoff, 'Class and gender in Victorian society : the diaries of Arthur J. Munby and Hannah Cullwick', in J. L. Newton, M. P. Ryan and J. R. Walkowitz (eds.) を参照。
(114) G. H. Pike.
(115) E. A. Wheler, vol. I, p. 91.
(116) R. S. Shaen, p. 305.
(117) H. More, vol. 2, p. 178.

第9章

(1) 18世紀は，16世紀にまで遡る緩慢とした一連の変化の頂点のようである。つぎのものを参照。N. Elias, *The Civilizing Process : The History of Manners* (Oxford, 1978)［中村元保・吉田正勝・赤井慧爾訳『文明化の過程』上，改装版，法政大学出版局，2010年，波田節夫・溝辺敬一・羽田洋・藤平浩之訳『文明化の過程』下，改装版，法政大学出版局，2010年］; J. Quinlan, *Victorian Prelude : A History of English Manners, 1700–1830* (1941).
(2) Robert Bretnall, 'Unpublished diary 1846'.
(3) O. R. Sherrard, *Two Victorian Girls* (1966), p. 201.
(4) E. Edwards, 'The electroplate trade and Charles Askin', unpublished Mss. BRL 294924, pp. 32–3.
(5) H. N. Dixon, 'Unpublished diary' (1 December 1846).
(6) J. Hurnard, *A Memoir* ; A. Vernon, p. 34.

（7）J. Burnett, *A History of the Cost of Living*.
（8）V. Martindale, *The Life and Work of Harriet Martineau*（1957）, p. 136.
（9）Mrs C. Hutton Beale, *Reminiscences of a Gentlewoman of the Last Century*（Birmingham, 1891）, p. 62.
（10）T. Binney, *Town Life or a Youth from the Country*（1868）.
（11）P. Unwin, *The Publishing Unwins*（1972）, p. 12.
（12）バーミンガムのある銀行家の息子は，軽率な恋愛沙汰を起こしたあと，大陸へと送られた。しかしそれでも，地元での噂は沈静化しなかった。'Bundle of letters from Sophia Brewin née Galton to John Howard Galton', 1805–33, BRL, Galton Collection, no. 307 ; 'Bundle of Letters from Adèle Booth née Galton to John Howard Galton 1805–33', BRL, Galton Collection, no. 306.
（13）E. Shore, p. 178.
（14）W. Bridges Adams, *English Pleasure Carriages : Their Origin, History, Varieties, Materials, Construction, Defects, Improvements and Capabilities*（1837）.
（15）A. F. J. Brown, *Witham in the 18th Century*（Witham, 1968）.
（16）J. Harriott, vol. 1, p. 276.
（17）E. Edwards, *Personal Recollections of Birmingham and Birmingham Men*（Birmingham, 1877）; E. A. Wheler, vol. 1, p. 25.
（18）J. Austen, *Pride and Prejudice*（Oxford, 1980）, p. 28［大島一彦訳『高慢と偏見』中公文庫, 2017 年］.
（19）Mrs W. Byng Kenrick（ed.）, p. 137.
（20）C. Willett and P. Cunnington, *Handbook of English Costume in the Nineteenth Century*（1959）, p. 381.
（21）R. S. Shaen, 'Unpublished diary 1800–1855', John Johnson Collection Ms 18 and 19, Bodleian Library, Oxford, p. 273.
（22）E. Morley, *The Life and Times of Henry Crabb Robinson*（1935）. また，ヨーロッパを徒歩で冒険旅行したウィリアム・ワーズワースと，兄の手伝いをさせられていたドロシーとも対比せよ。E. De Selincourt.
（23）E. Gibbins（ed.）, p. 25.
（24）R. S. Surtees, 'Analysis of the hunting field', in E. W. Bovill（ed.）, *The England of Nimrod and Surtees 1815–54*（Oxford, 1959）, p. 91.
（25）D. Wilson, *A Short History of Suffolk*（1977）, p. 129.
（26）S. Golding, 'The importance of fairs in Essex, 1759–1850', *Essex Journal*, 10 no. 3（1975）, p. 53.
（27）AGB（6 January 1840）.
（28）Mrs L. Benton, *Recollection of New Street in the Year 1877*（Birmingham, 1877）, p. 4.
（29）Mary Hardy（February 1778）.
（30）Robert Bretnall（January 1848）.
（31）L. Taylor, *Mourning Dress : A Costume and Social History*（1983）, p. 25.
（32）J. S. Curl, *The Victorian Celebration of Death*（Newton Abbot, 1972）, pp. 82–3 で引用された J・C・ラウドンの言葉。
（33）Birmingham General Cemetery Company, *Articles of Association*（Birmingham, 1857）; *Showell's Dictionary of Birmingham*（1st published 1885, 2nd edn Wakefield, 1969）; J. Glyde, *Suffolk*.
（34）D. C. Courtauld, *Courtaulds, An Economic and Social History*, 2 vols.（Oxford, 1969）; L. Taylor.
（35）Robert Bretnall（2 March 1847）. ノリッジ出身で，改宗してクエイカー教徒になったアミ

ーリア・オーピーも，飽くことなく裁判の傍聴に通った。C. L. Brightwell, *Memorials of the Life of Amelia Opie*（1854）.

(36) これは「男らしさの一大放棄」と呼ばれている。最近では，この変化が複雑かつ不徹底なものであったことが示唆されている。E. Wilson, *Adorned in Dreams : Fashion and Modernity*（1985）, p. 29 を参照。

(37) G. Sturt.

(38) J. A. James, *The Young Man's Friend and Guide through Life to Immortality*（1851）, p. 188.

(39) G. E. Mingay（ed.）, *Arthur Young and His Times*（1975）, p. 216.

(40) George Betts, 'Unpublished diary 1772–1827', IRO HD 79/AF2/1.1–39.

(41) J. Perry（March 1838）.

(42) W. Beck, *Family Fragments*.

(43) 男性の「ニッカーボッカー」［裾を絞った膝下丈のズボン］から借用した名称。C. Willett Cunnington, *English Women's Clothing in the 19th Century*（1937）, p. 21.

(44) E. A. Wheler, vol. 1, pp. 90–1.

(45) C. Willett Cunnington and P. Cunnington, p. 381.

(46) IJ（10 May, 1823）.

(47) J. Taylor, *The Contributions of QQ*, p. 383.

(48) Rev. E. P. Hood, *Thomas Binney : His Mind Life and Opinions*（1874）, p. 151.

(49) E. J. Morley, p. 205. アン・プランプトリはアミーリア・オーピーの友人であった。プランプトリはフランス滞在中，メアリ・ウルストンクラフトの恋人であったイムレイ大尉と恋仲になった。

(50) E. Gibbins（ed.）, appendix 1, p. 265.

第10章

(1) ビシットは，プリーストリ暴動の発端となったあの悲惨な晩餐会に参加していた。自由討論協会会員としてのビシットの活動については，J. Money, *Experience and Identity : Birmingham and the West Midlands 1760–1800* (Manchester, 1977) を参照。

(2) T. B. Dudley（ed.）, *Memoir of James Bisset*, p. 77.

(3) Ibid., p. 79.

(4) ABG（10 October 1830）.

(5) J. Habermas, 'The public sphere : an encyclopedia article', *New German Critique*, 1 no. 3（1974）. この典拠に関して，G・イリーに感謝する。

(6) J. Brewer, 'Commercialization and politics', in N. McKendrick, J. Brewer and J. H. Plumb（eds.）, p. 219.

(7) R. J. Morris, 'A year in the public life of the British bourgeoisie', unpublished manuscript（1985）.

(8) R. J. Morris, 'Voluntary societies and British urban elites, 1780–1850 : an analysis', *The Historical Journal*, 26 no. 1（1983）, p. 101.

(9) K. Clarke, 'Public and private children : infant education in the 1820s and 1830s', in C. Steedman, C. Unwin and V. Walkerdine（eds.）, *Language, Gender and Childhood*（1985）.

(10) Birmingham Infant School, 'Minute Books 1825–31'.

(11) J. Luckcock, *Sequel*, p. 92.

(12) Birmingham Botanical and Horticultural Society.

(13) Ibid（4 October 1833）.

(14) Ibid (22 October 1845).
(15) たとえば，Society for the Protection of Property of Manufacturers and Others, *Rules and Orders* (Birmingham, 1840) を参照。
(16) Peter King, 'Prosecution associations in Essex, 1740-1800', unpublished paper. 著者の許可による。
(17) ECS (10 May 1834).
(18) Notice of meeting held at the Blue Posts, Witham (10 May 1798). この典拠に関して，J・ギフォードに感謝する。
(19) K. Hudson, *Patriotism with Profit : British Agricultural Societies in the 18th and 19th Centuries* (1972).
(20) D. E. Allen, *The Naturalist in Britain : A Social History* (Harmondsworth, 1978).
(21) ECS (5 December 1834).
(22) J. M. Roberts.
(23) D. Knopp and G. P. Jones, *The Genesis of Freemasonry* (Manchester, 1947), p. 141.
(24) J. M. Roberts, p. 52.
(25) J. Gillis, *Youth and History : Tradition and Change in European Age Relations 1770-Present* (1974), p. 78.
(26) D. Wright, *Woman and Freemasonry* (1922).
(27) A. F. J. Brown, 'Joseph Page, farmer of Fringrinhoe, 1799-1803', *Essex People 1750-1900 from their diaries, memoirs and letters* (Chelmsford, 1972).
(28) E. Edwards, *The Old Taverns*, p. 5.
(29) Ibid., p. 5.
(30) B. Harrison ; P. Clark, *The English Alehouse : A Social History 1200-1830* (1983); M. Girouard, *Victorian Pubs* (1975).
(31) Watercolour of the Writtle Reading Room and Library, Corder Family Records, ERO T/B 228.
(32) Birmingham Philosophical Institution, *Reports* (Birmingham, 1834, 1835, 1840).
(33) J. Taylor, *Display*, 6th edn (1817), p. 41.
(34) J. Penfold, *The History of the Essex County Hospital.*
(35) S. P. Watson, 'Nineteenth century Witham : the role of local government', unpublished B. A. thesis, University of Essex (1978).
(36) H. More, *Coelebs in Search of a Wife Comprehending of Domestic Habits and Manners, Religion and Morals*, 2 vols., 9th edn (1809), vol. 2, p. 20.
(37) R. I. and S. Wilberforce, *Life of William Wilberforce*, 5 vols. (1838), vol. 5, p. 264.
(38) *Youth's Magazine or Evangelical Miscellany*, new series (1816-27), 1820 QQ (Jane Taylor), p. 370.
(39) M. A. Hedge, *Affections Gift to a Beloved God-child* (1819), p. 27.
(40) A. Summers, 'A home from home'.
(41) J. A. James, *Female Piety*, p. 130.
(42) *The Birmingham Monthly Argus and Public Censor*, 2 no. 11 (June 1829).
(43) A. Camps.
(44) 'James Allen Ransome, the Story of His Life', *The Official Directory for Suffolk* (1880).
(45) A. R. Mills, *Two Victorian Ladies* (1969). 夫探しの駆け引きは，トロロープやサッカレーのような小説家にとって恰好の標的となっていた。

(46) Birmingham File.

(47) たとえば，*Birmingham Society for the Protection of Young Females and Suppression of Juvenile Prostitution* (Birmingham, 1840). 非公式の組織の重要性を過小評価するべきではない。コルチェスターでは，ホイッグ支持で会衆派に属するある裕福な穀物商の妻が定期的に茶会を開いていたが，この茶会は「町中の敬虔な人物が集う親睦会」であった。G. Rickword, *Social Life in Bygone Colchester* (Colchester, 1975), p. 37.

(48) H. C. Colman, p. 92.

(49) たとえば，イプスウィッチのランサム家，バーミンガムのスタージ家，ジェイムズ家を見よ。Essex, Suffolk and Birmingham File.

(50) ABG (22 April 1833).

(51) A. Moilliet, 'Memoranda'.

(52) Birmingham Ladies Negro's Friend Society, 'Reports 1845–89', BRL 98614.

(53) A. F. J. Brown, *Colchester 1815–1914* (Chelmsford, 1980), p. 95.

(54) John Penfold, 'Early history of the Essex County Hospital'（バーミンガムの温室製造業者T・クラーク・ジュニアは，バザーで販売されていた商品を「ご婦人お手製」と呼んだ。'Leaflets, newspaper cuttings etc.').

(55) 女性の財政的貢献について，より詳しくはF. K. Prochaskaのとくに第1〜3章を参照。

(56) J. Penfold.

(57) A. Kenrick, 'Unpublished Diary' ; R. A. Church, *Kenricks*.

(58) Mrs W. Byng Kenrick (ed.).

(59) R. Kenrick, 'Unpublished diary 1839–89'. ジョン・ケンリック氏の許可による。

(60) West Bromwich Temperance and Education Mission, 'Selected papers'. ウェストブロミッチのケンリック父子株式会社の許可による。

(61) R. Kenrick.

(62) C. Kenrick, 'Unpublished diary 1854–59', 3 vols., BUL, Austen Chamberlain collection ACl/1/1–3.

(63) G. Malmgreen, 'Anne Knight and the radical sub-culture', *Quaker History*, 71 no. 2 (autumn 1982).

(64) E. Conder, p. 318. アレックス・ティレルはこの引用を，女性たちが圧力団体における政治活動を通じて公への関わりを深める際に，「女性の使命」を根拠に正当化したさまを論じる出発点として用いている。A. Tyrrell, '"Women's Mission" and pressure group politics in Britain (1825–60)', *Bulletin of the John Rylands University Library of Manchester*, 63 no. 1 (autumn 1980).

(65) M・P・ライアンは，女性の無給での貢献の重要性を論じ，女性たちが互いに結集することで真の社会的権力を行使したと主張した。M. Ryan, *Cradle of the Middle Class*. とくに 'The era of association between family and society 1825–45' を参照。

(66) E. Shore, p. 203.

(67) D. Reid, 'Popular theatre in Victorian Birmingham', in L. James, D. Bradby and B. Sharralt (eds.), *Performance and Politics in Popular Drama* (Cambridge, 1980), p. 75での引用。J. E. Cunningham, *Theatre Royal : The History of the Theatre Royal Birmingham* (Oxford, 1950).

(68) The Playgoer, *The Theatre Royal Colchester – A Century's History* (Colchester, 1912).

(69) J. A. James, *Youth Warned* (Birmingham, 1824).

(70) S. Roberts, 'Gentlemen and players : the Romford Philanthropic Theatre, 1831', *Essex Journal*, 2

no. 1 (January 1967). 地方紙には素人演劇の痕跡がみられる。たとえば，ABG (19 April 1790) を参照。

(71) D. Reid.

(72) W. Weber, *Music and the Middle Class* (1975).

(73) E. Edwards, *Some Account of the Origin of the Birmingham Musical Festivals and of James Kempson the Originator* (Birmingham, 1881), p. 5. 1777年に店員のジェイムズ・ケムソンは，バーミンガムの聖ポール教会で教会書記兼聖歌隊指揮者の職を与えられた。男性に開かれた可能性として典型的な種類のものである。

(74) J. Money, p. 84.

(75) J. Drake, pp. 56-7 ; E. A. Wheler, vol. 1, p. 52.

(76) J. T. Bunce, *The Birmingham General Hospital and Triennial Music Festivals* (Birmingham, 1858), p. 75.

(77) エリザベス・アン・ウィラーは，客人をもてなすために屋根裏で寝るはめになった。E. A. Wheler, vol. 2, p. 87.

(78) J. T. Bunce, *The Birmingham General Hospital.*『バーミンガム・ガゼット』は家族券の広告を載せている。たとえば，ABG (27 April 1840).

(79) ABG (27 March 1820).

(80) ABG (16 November 1840).

(81) ABG (27 February 1840).

(82) ECS (30 January 1835).

(83) S. Chitty, *The Woman who Wrote Black Beauty.*

(84) J. W. Shorthouse, 'Unpublished diary, 1853', BRL 612498.

(85) T・フォーセットは，女性が解剖学の講義への参加を許されることはあまりなかったと論じている。T. Fawcett, 'Lecturing in literary and philosophical societies', unpublished paper, Sheffield Conference on Provincial Culture (1981).

(86) J. Drake, p. 36 ; W. Smith, *A New and Compendious History of the County of Warwick from the earliest period to the present time* (Birmingham, 1830), p. 352.

(87) バーミンガム哲学協会の事例。1834年の年次報告書と *Suffolk Chronicle* (26 April 1846) を参照。この出典に関して，フィリップ・ヒルズに感謝する。

(88) R. K. Dent, *The Society of Arts and the Royal Birmingham Society of Artists* (Birmingham, 1918), p. 5 ; J. Hill and W. Midgley, *The History of the Royal Birmingham Society of Artists* (Birmingham, 1928) ; Birmingham Society of Arts, 'Collection of circulars, leaflets etc. relating to the Birmingham Society of Arts and School of Design 1821-45', BRL 265350.

(89) Birmingham Society of Arts.

(90) E. J. Hobsbawm, *The Age of Capital*, p. 286［『資本の時代 1848-1875』前掲］; C. Hall, 'Private persons versus public someones : class, gender and politics in England, 1780-1850', in C. Steedman, C. Unwin and V. Walkerdine (eds.).

(91) J. Barrell, *English Literature in History 1730-80. An Equal Wide Survey* (1983).

(92) たとえば，*Past and Present* (1843) に掲載された仕事の尊厳についてのT・カーライルの文献を参照。こうした考えが与えた影響に関する議論については，A. Howe を参照。

(93) M. E. Speight.

(94) D. Fraser, *Urban Politics in Victorian England* (Leicester, 1976).

(95) M. E. Clive, *Caroline Clive. From the diary and family papers of Mrs Archer Clive 1801-73*

(1949).

(96) J. Howgego, 'Unpublished diary'. フィリップ・ヒルズからも情報を得た。

(97) ABG (5 July 1830).

(98) F. White and Co., *History and General Directory of the Borough of Birmingham* (Sheffield, 1849), p. 36.

(99) A. Phillips, *Ten Men and Colchester*; M. Berman, *Social Change and Scientific Organization: The Royal Institution 1799–1844* (1978), pp. 146–91.

(100) ABG (9 August 1830).

(101) *Birmingham Journal* (16 February 1839). バーミンガム市制施行記念晩餐会の説明については，C. Hall を参照。ティレルはバーミンガム公会堂の桟敷のひとつが，1835 年のある公開集会の報告書のなかで「婦人用桟敷」と呼ばれていたと記録している。A. Tyrrell, p. 202.

(102) A. F. J. Brown, *Colchester*. これは十分に確立した伝統であり，とりわけ貴族階級の婦人のあいだで顕著であった。E. Eden, *The Semi-Attached Couple*, 2nd edn (1979), p. 215 を参照。

(103) このついたては，コルチェスターのホーリー・ツリーズ博物館に展示されている。

(104) IJ (6 July 1820).

(105) M. Girouard, *The Return to Camelot*.

(106) IJ (6 July 1820).

エピローグ

(1) P. Stallybrass and A. White, 'Bourgeois hysteria and the carnivalesque', in *The Politics and Poetics of Transgression* (1986).

(2) J. L. Newton, 'Making – and remaking – history: another look at patriarchy', *Tulsa Studies in Women's Literature*, 3 (spring/fall 1984); J. L. Newton, *The Dispute Between the Sexes: Gender,* Sexuality and Class in the 1840s (forthcoming).

(3) L. Davidoff, 'Class and gender in Victorian England'; S. Chitty, *The Beast and the Monk*.

(4) C. Forder, 'A historical perspective on women and property law', unpublished paper, Women and Property Conference, University of Sussex (May 1983).

(5) M. Vicinus, *Independent Women*. たとえばマイケル・アンダーソンは，なぜ独身女性たちが就職し経済的に自立しなかったのかという疑問を投げかけている。彼の答えは，彼女たちが資本を利用できなかったからというものであるが，私たちの研究からは，多くの独身女性が名義上は財産を所有していたことがわかっている。Michael Anderson, 'The social position of spinsters'.

(6) J. Bowles, *Remarks on Modem Female Manners* (1802), p. 13.

(7) Rev. R. Cobbold, *The Character of Woman*, lecture for the benefit of the Governesses Benevolent Institution (13 April 1848).

(8) 'Lines on marriage', in J. Seabrook, commonplace book, 1830–56. M・マラワラッチの許可による。

(9) Hutton Beale Collection BRL 116/2 で見つかった'The Cipher'; Alexander, Sims and May collection, IRO HD827: 4747.

(10) B. Taylor, *Eve and the New Jerusalem*.

(11) アメリカの女性代表，エリザベス・キャディ・スタントンとルクレチア・モットが急進化したのも，同じ経験からであった。B. Taylor, p. 282; M. Ramelson, *The Petticoat Rebellion: A Century of Struggle for Women's Rights* (1972), pp. 72–3; G. Malmgreen, 'Anne Knight'.

(12) たとえばチェルムスフォードでは，資格を満たす独身女性には議会選挙権があるという通知が掲載されていた。*CC* (30 July 1831).

(13) A. T. Gilbert, *Autobiography*, vol. 2, pp. 185–6.

(14) J. Conder (ed.), 'Remonstrance', *The Associate Minstrals* (1813), p. 95.

(15) J. Taylor, *Memoirs, Correspondences and Poetical Remains* (1831), pp. 98–9.

(16) J. Taylor, *The Contributions of QQ*, p. 341 ; J. Taylor, *Memoirs*, p. 295 ; A. T. Gilbert, *Sketches from a Youthful Circle*. さらなる議論については，L. Davidoff, *Life is Duty, Praise and Prayer* を参照。

(17) L. E. O'Rorke (ed.), pp. 21, 64. 女性たちの反応を判別するうえで同時出生集団が重要であることについては，E. Showalter, *A Literature of their Own : British Women Novelists from Brontë to Lessing* (1982) を参照。

(18) W. J. Gregg, 'Why are women redundant?', *Literary and Social Judgements*, 2nd edn (1869); J. Boucherett, 'How to provide for superflous women', in J. Butler (ed.), *Women's Work and Women's Culture* (1869), p. 45.

(19) M. J. Peterson, 'The Victorian governess : status incongruence in family and society', in M. Vicinus (ed.), *Suffer and be Still* ; L. Davidoff, 'The English Victorian governess : a study in social isolation', unpublished paper (1971).

(20) L. Holcombe, *Wives and Property : Reform of the Married Women's Property Law in Nineteenth-Century England* (Oxford, 1983); R. Strachey.

(21) J. S. Mill, *On the Subjection of Women*, new edn with H. Taylor, *Enfranchisement of Women* (1983), with introduction by K. Soper［『女性の解放』前掲］.

(22) *Westminster Review* (July 1851) に匿名で発表された。ミルはのちにこの論文がハリエット・テイラーの著作であることを明らかにした。

(23) Candia Cadbury to Hannah Cadbury (n.d.), 'A collection of letters concerning the family of Benjamin and Candia Cadbury 1806–1851', BRL 614280.

(24) 地方の中産階級の女性は，貴族階級や都会の上層中産階級の女性たちと比べ，「社交界」という社会的地位を基盤とする公式儀礼に携わる機会が少なかった。L. Davidoff, *The Best Circles : 'Society', Etiquette and the Season* (1986) を参照。

原著第二版に寄せて

(1) Richard Price, 'Historiography, Narrative and the Nineteenth Century', *Journal of British Studies*, vol. 35, 1996.

(2) Amanda Vickery, 'From Golden Age to Separate Spheres? A Review of the Categories and Chronology of English Women's History', *Historical Journal*, 36 no. 2 (1993) ; Penelope Lane, 'Women, Property and Inheritance : Wealth Creation and Income in Small English Towns, 1750–1835', in Jon Stobart and Alastair Owens, *Urban Fortunes : Property and Inheritance in the Town 1700–1900* (Ashgate, 2000 [Routledge, 2016]).

(3) Miles Taylor, 'The Beginnings of Modern British Social History', *History Workshop Journal*, no. 43 (1997).

(4) Ludmilla Jordanova, *History in Practice* (Edward Arnold, London, 2000), p. 113.

(5)「……歴史においては，「テクストの内部」にとどまろうとするにもかかわらず，社会的現実はつねに動いている」。Michele Barrett, 'Words and Things : Materialism and Method in Contemporary Feminist Analysis', in Michele Barrett and Ann Phillips (eds.), *Destabilising Theory :*

Contemporary Feminist Debates (Polity Press, 1992), p. 210 ; Helen Longino, 'Feminist Standpoint Theory and the Problem of Knowledge', *Signs : Journal of Women in Culture and Society*, vol. 19, no. 1, 1993 ; Kathleen Canning, 'Feminist History After the Linguistic Turn : Historicising Discourse and Experience', *Signs : Journal of Women in Culture and Society*, 19 no. 2 (1994).

(6) David Sabean, *Property,* Production and Family in Neckerhausen 1700–1870 (Cambridge University Press, 1990), pp. 11 and 37.

(7) ジョン・トッシュは，歴史におけるジェンダーの位置を求めて「大胆な変化のモデル」［を用いること］にたいして警告を発している。John Tosh, 'The Old Adam and the new man : emerging themes in the history of English masculinities 1750–1850', in Tim Hitchcock and Michele Cohen (eds.), *English Masculinities : 1660–1800* (Longman, 1999), p. 237.

(8) とくに，Amanda Vickery, 'From Golden Age to Separate Spheres?' ; Linda Colley, *Britons : Forging the Nation 1707–1837* (Yale University Press, 1992)［川北稔監訳『イギリス国民の誕生』名古屋大学出版会，2000 年］を参照。

(9)『家族の命運』の詳細かつ洞察力に溢れた位置づけについては，Judith Newton, 'Family Fortunes : History and Literature in Materialist-Feminist Work', *Radical History Review*, no. 43, 1989, reprinted in Judith Newton, *Starting Over : Feminism and the Politics of Cultural Critique* (University of Michigan Press, Ann Arbor, 1994) を参照。

(10) Linda Kerber, 'Separate Spheres, Female World, Woman's Place : the rhetoric of women's history', *Journal of American History*, 75 no. 1 (1988).

(11) Alice Clark, *Working Life of Women in the Seventeenth Century* 1st. pub. 1919, new edition with introduction by Amy Erickson (Routledge, 1992).

(12) Ivy Pinchbeck, *Women Workers and the Industrial Revolution 1750–1850* (Frank Cass, 1969).

(13) E. P. Thompson, *The Making of the English Working Class* (Gollancz, 1963)［『イングランド労働者階級の形成』前掲］.

(14) この時点では，グローバルなもの，大陸的なもの，あるいは植民地的なものの外部で国民史《ナショナル・ヒストリー》を概念化することに問題があるとは考えられていなかった。1980 年代に登場し，歴史学のパラダイムを変化させはじめたのは，国民と帝国をめぐる議論であった。Catherine Hall, Keith McClelland and Jane Rendall, *Defining the Victorian Nation. Class, Race, Gender and the Reform Act of 1867* (Cambridge University Press, 2000) の序章を参照。『家族の命運』の議論に棹さしながら，この時代の人種との関わりでジェンダーと階級の問題を取りあげた文献としては，たとえばつぎのものがある。Mrinalini Sinha, *Colonial Masculinities.* The 'Manly' Englishman and the 'Effeminate' Bengali (Manchester University Press, 1995); E. M. Collingham, *Imperial Bodies : The Physical Experience of the Raj, c1800–1947* (Polity Press, 2001); Catherine Hall, *Civilising Subjects. Metropole and Colony in the English Imagination 1830–1867* (Polity Press, 2002).

(15) Pamela Sharpe (ed.), *Women's Work : The English Experience 1650–1914* (Edward Arnold, 1998), p. 208.

(16) Michelle Barrett, 'Words and Things', p. 212.

(17) Arthur Stinchcombe, 'The Origins of Sociology as a Discipline', *Acta Sociologica*, 27 no. 1 (1984), p. 52.

(18) Jane Flax, *Disputed Subject : Essays on Psychoanalysis, Politics and Philosophy* (Routledge, 1993) p. 58.

(19) G. R. Elton, *Return to Essentials : Some Reflections on the Present State of Historical Study*

(Cambridge University Press, 1991), pp. 117-8.

(20) Jane Flax, *Disputed Subjects*, p. 21.

(21) James Epstein, 'Victorian Subjects : Introduction', special issue, *Journal of British Studies*, 34 no. 3 (1995), p. 295.

(22) Martin Weiner, *English Culture and the Decline of the Industrial Spirit, 1850-1980* (Cambridge University Press, 1981)［『英国産業精神の衰退』前掲］; W. D. Rubinstein, *Capitalism,* Culture and Decline in Britain 1750-1990 (Routledge, 1993)［藤井泰・平田雅博・村田邦夫・千石好郎訳『衰退しない大英帝国――その経済・文化・教育 1750-1990』晃洋書房，1997年], summary in F. M. L. Thompson, *Gentrification and the Enterprise Culture : Britain 1780-1980* (Oxford University Press, 2000).

(23) たとえば女性史では，パメラ・シャープが指摘するように，連続説と断絶説のいずれもが，女性が自分たちの状況に対処する力をもたないことを示唆する傾向がある。連続性は，服従の力が覆せないほどに強力なものであることを暗に示し，その一方で，［断絶説で論じられる］変化は単線的で，女性の地位が産業化の結果として悪化の一途をたどっているかのようにとらえられてしまう。Pamela Sharpe, 'Continuity and Change : Women's History and Economic History in Britain', *Economic History Review*, LVIII no. 2 (1995).

(24) つぎのものを参照。Judith Bennett, 'Women's History : A Study in Change and Continuity' *Women's History Review*, vol. 2, no. 2, 1993, and debate with Bridget Hill ; Judith Bennett, 'Confronting Continuity', *Journal of Women's History*, 9 no. 3 (1997) ; John Tosh, 'The Old Adam and the New Man'.

(25) Ludmilla Jordanova, *History in Practice*, p. 116.

(26) Richard Price, 'Historiography, Narrative and the 19th Century'.

(27) 中産階級の生活様式を維持することができる人びとの数とその割合の増加については，John Rule, *Albion's People : English Society 1714-1815* (Longmans, 1992) を参照。

(28) Michael McKeon, 'Historicizing Patriarchy : the Emergence of Gender Difference in England, 1660-1760', *Eighteenth-Century Studies*, XXVIII (1995), p. 295 ; Anthony Fletcher, *Gender, Sex and Subordination in England, 1500-1800* (Yale University Press, 1995).

(29) Peter Earle, *The Making of the English Middle Class : Business, Social and Family Life in London 1660-1730* (University of California Press, 1989); John Smail, *The Origins of Middle Class Culture : Halifax, Yorkshire, 1660-1780* (Cornell University Press, 1994); Margaret Hunt, *The Middling Sort. Commerce, Gender and the Family in England 1680-1780* (University of California Press, 1996); Kathleen Wilson, *The Sense of the People. Politics, Culture and Imperialism in England, 1715-1785* (Cambridge University Press, 1998).

(30) Hunt, *The Middling Sort*, p. 8.

(31) A・ジェイムズ・ハマートンの本は，この調和的な歴史像を修正することに大いに寄与している。James A. Hammerton, *Cruelty and Companionship : Conflict in Nineteenth-Century Married Life* (Routledge, 1992).

(32) 2001年12月15日の個人的な意見交換より。

(33) Amanda Vickery, 'From Golden Age to Separate Spheres?'

(34) Anna Clark, 'Review of Amanda Vickery's *Gentleman's Daughter : Women's Lives in Georgian England*', September 1998, 'Reviews in History', ed. David Cannadine, Institute of Historical Research, University of London, http//:www.history.ac.uk/reviews/ihr/anna.htmi

(35) Norma Clarke, *Dr. Johnson's Women* (Hambledon, 2000) ならびに2001年12月15日の個人

的な意見交換より。

(36) Dror Wahrman, *'Percy's Prologue* : from Gender Play to Gender Panic in Eighteenth Century England', *Past and Present*, no. 159 (1998) ; Dror Wahrman, 'Gender in Translation : How the English Wrote Their Juvenal 1644–1815', *Representations*, vol. 65 (winter 1999).

(37) Miriam Fraser, 'What is the Matter of Feminist Criticism', *Economy and Society*, 31 no. 4 (2002)（原稿段階で読ませてくれた著者の厚意ある許可による）.

(38) たいへん広範囲に及ぶ文献のなかから，つぎのものを参照。Judith Butler, *Gender Trouble : Feminism and the Subversion of Identity* (Routledge, 1990)［竹村和子訳『ジェンダー・トラブル――フェミニズムとアイデンティティの攪乱』新装版，青土社，2018 年］; Judith Butler, *Bodies that Matter : On the Discursive Limits of Sex* (Routledge, 1993); Stuart Hall and Paul de Gay (eds.), *Questions of Cultural Identity* (Sage, 1996)［柿沼敏江・佐複秀樹・林完枝・松畑強・宇波彰訳『カルチュラル・アイデンティティの諸問題――誰がアイデンティティを必要とするのか？』大村書店，2001 年］.

(39) Anna Clark, 'Separate Spheres Revisited : Aristocratic and Middle-Class Women in Politics, 1760–1840', unpublished ms. 1999. この文献を私たちに読ませてくれたアナ・クラークに感謝する。Anna Clark, Review essay, 'Gender and Politics in the Long Eighteenth Century', *History Workshop Journal*, 48 (autumn 1999), pp. 252–7 ; Anna Clark, *The Struggle for the Breeches. Gender and the Making of the British Working Class* (Rivers Oram, 1995); K. D. Reynolds, *Aristocratic Women and Political Society in Victorian Britain* (Clarendon Press, 1998); Clare Midgley, *Women Against Slavery. The British Campaigns 1780–1870* (Routledge, 1992). アレックス・ティレルとポール・ピカリングは，「領域の分離というイデオロギーはヴィクトリア時代のブルジョワジーの想像力にきわめて大きな威力を発揮しており，このイデオロギーと交渉することは中産階級の中心的な関心事であった」と論じている。Alex Tyrrell and Paul Pickering, *The People's Bread : A History of the Anti-Corn Law League* (Leicester University Press, 2000), p. 123.

(40) Judith R. Walkowitz, *City of Dreadful Delight. Narratives of Sexual Danger in Late-Victorian London* (Virago, 1992) ; Lynda Nead, *Victorian Babylon : People, Streets and Images in Nineteenth-Century London* (Yale University Press, 2000); Lynne Walker, 'Home and Away : The Feminist Remapping of Public and Private Space in Victorian London' in I. Borden, J. Kerr, J. Rendall with A. Pivaro (eds.), *The Unknown City. Contesting Architecture and Social Space* (MIT Press, 2001); Erica Rappaport, *Shopping for Pleasure. Women in the Making of London's West End* (Princeton University Press, 2000).

(41) Deborah Cherry, *Beyond the Frame. Feminism and Visual Culture, Britain 1850–1900* (Routledge, 2000), p. 31. 芸術史家たちは，歴史地理学者や文化地理学者たちによる空間と場所についての新たな研究を大いに活用しており，それらの研究では『家族の命運』がしばしば引用されている。たとえば，Alan Lester, *Imperial Networks in Nineteenth-century South Africa and Britain* (Routledge, 2001) がある。

(42) Patricia Hollis, *Ladies Elect : Women in English Local Government, 1865–1914* (Clarendon Press, 1987); Lisa Tickner, *The Spectacle of Women. Imagery of the Suffrage Campaign 1907–14* (Chatto and Windus, 1987).

(43) A. James Hammerton, *Cruelty and Companionship*.

(44) John Tosh, *A Man's Place : Masculinity and the Middle Class Home in Victorian England* (Yale University Press, 1999); John Tosh, 'The old Adam and the new man'.

(45) John Tosh, *A Man's Place* ; John Gillis, *A World of Their Own Making : Myth, Ritual and the Quest for Family Values* (Oxford University Press, 1997). M. Jeanne Peterson, *Family, Love and Work in the Lives of Victorian Gentlewomen* (Indiana University Press, 1989) は，19 世紀には［上層専門職層を中心とする］上層中産階級の女性《ジェントルウーマン》の生活様式に何の重要な変化もみられず，この時期を通じて身分はジェンダーよりも重要な不平等の指標であり続けたと論じる研究のもっとも重要な例である。その議論によれば，上層中産階級の女性たちには夫の配偶者《パートナー》として生涯をかける仕事があり，彼女たちのほとんどはその仕事に完全に満足していたという。ヴィクトリア時代の女性たちに関するいくつかの研究の書評として，Judith S. Lewis, 'Separate Spheres : Threat or Promise?', *Journal of British Studies*, vol. 30 (1991) を参照。

(46) Anne Summers, 'Common Sense About Separate Spheres', *Female Lives, Moral States : Women, Religion and Public Life in Britain 1800–1930* (Threshold Press, 2000), p. 5.

(47) Amanda Foreman, *Georgiana, Duchess of Devonshire* (HarperCollins, 1999).

(48) Elaine Chalus, '"That Epidemical Madness": Women and Electoral Politics in the Late Eighteenth Century', in Hannah Barker and Elaine Chalus (eds.), *Gender in Eighteenth Century England : Roles, Representations and Responsibilities* (Longman, 1977).

(49) Kathryn Gleadle and Sarah Richardson (eds.), 'Introduction', *Women in British Politics, 1760–1860. The Power of the Petticoat* (Macmillan, 2000), p. 8. 宗教的実践との関係で類似した論点が生まれている。Beverly M. Kienzle and Pamela Walker, *Women Preachers and Prophets Through Two Millenia of Christianity* (University of California Press, 1998) を参照。

(50) Elaine Chalus, 'Women, Electoral Privilege and Practice in the Eighteenth Century', in Gleadle and Richardson (eds.), *Women in British Politics*.

(51) Jill Liddington (ed.), *Female Fortune. Land, Gender and Authority. The Anne Lister Diaries and Other Writings 1833–1836* (Rivers Oram, 1998), p. xvii.

(52) John Brewer and Roy Porter (eds.), *Consumption and the World of Goods* (Routledge, 1993).

(53) Margaret Hunt, *The Middling Sort* ; Amanda Vickery, *The Gentleman's Daughter : Women's Lives in Georgian England* (Yale University Press, 1998).

(54) Katherine A. Lynch, 'The Family and the History of Public Life', *Journal of Interdisciplinary History*, XXIV no. 4 (1999). また，Jane Rendall, 'Women and the Public Sphere', *Gender and History*, 11 no. 3 (1999) も参照。

(55) Amanda Vickery, *The Gentleman's Daughter*.

(56) Linda Colley, *Britons*, p. 281［『イギリス国民の誕生』前掲］.

(57) Kathleen Wilson, *The Island Race : Englishness, Empire and Gender in the Eighteenth Century* (Routledge, 2002).

(58) Jill Liddington, *Female Fortune*.

(59)「公」をめぐる議論は，市民社会についてのハーバマスの研究が英語圏に紹介されたことで喚起された。ハーバマスと彼の信奉者たちにとって，公的なもの《ザ・パブリック》とはしばしば政治領域，市民社会の関係性，公式的な政治，国家に限定されたものであり，かくして経済は発展途上の公的活動領域として軽視されることになる。Jurgen Habermas, *The Structural Transformation of the Public Sphere : An Inquiry into a Category of Bourgeois Society* (MIT Press, 1989)［細谷貞雄・山田正行訳『公共性の構造転換――市民社会の一カテゴリーについての探求』第二版，未來社，1994 年］. 批評としては，Craig Calhoun (ed.), *Habermas and the Public Sphere* (MIT Press, 1992)［山本啓・新田滋訳『ハーバマスと公共圏』未來社，1999 年］のとくにナンシー・フレイザーの論考と，Anne Summers, 'Introduction', *Female Lives, Moral States* ;

Leonore Davidoff, ‘Regarding Some “Old Husbands’ Tales”: Public and Private in Feminist History’, *World’s Between : Historical Perspectives on Gender and Class* (Polity Press, 1995) を参照。

(60) Ludmilla Jordanova, ‘Naturalising the Family’, *Nature Displayed : Gender, Science and Medicine 1760–1820* (Longman, 1999).

(61) ほかには，主体／客体，理性／自然，精神／身体，独立／依存，個人／社会，男性的／女性的といったカテゴリーがありうる。Anna Yeatman, ‘A Feminist Theory of Social Differentiation’, Linda Nicholson (ed.), *Feminism/Postmoderism* (Routledge, 1990), p. 288 を参照。

(62) 社会学においては「機能主義」として知られており，これは「偽りの普遍性」を導きだしもする。Elizabeth Minnich, *Transforming Knowledge* (Temple University Press, 1990), ch. 5.

(63) つぎのもののなかで，さらに詳述されている。Susan Reverby and Dorothy Helley, ‘Introduction’, *Gendered Domains : Rethinking the Public and Private in Women’s History* (Cornell University Press, 1992); Jane Rendall, ‘Women and the Public Sphere’. 批評としては Lawrence Klein, ‘Gender and the Public/Private Distinction in the 18th Century : Some Questions About Evidence and Analytic Procedure’, *Eighteenth Century Studies*, 29 no. 1 (1995) を参照。

(64) Lawrence Klein, Appendix, p. 105ff.

(65) Geof Eley, ‘Nations, Publics and Political Cultures : Placing Habermas in the 19th Century’, in N. Dirks, G. Eley and S. Ortner (eds.), *Culture/Power/History : A Reader in Contemporary Social Theory* (Princeton University Press, 1994).

(66) John Tosh, ‘The old Adam’, p. 229.

(67) Raymond Williams, *Key Words : A Vocabulary of Culture and Society* (Fontana, 1976), p. 204［椎名美智・武田ちあき・越智博美・松井優子訳『完訳キーワード辞典』平凡社，2002 年］. 依然として君主制を掲げるイングランドの政治体制においては，庶民院に一般議員《プライヴェイト・メンバー》立法があり，また枢密院《プリヴィ・カウンシル》という，もともとは国王の極秘事項が取り扱われていた組織が存在する。

(68) John Brewer and Susan Staves (eds.), ‘Introduction’, *Early Modern Conceptions of Property* (Routledge, 1995), p. 17.

(69)『オクスフォード英語辞典』が「パブリック」の意味のひとつに「すべての文明化された国民」をあげていることは意味深長である。

(70) さらなる議論としては，Chapter 2 : ‘Conceptualising the Family’ in L. Davidoff, M. Doolittle, J. Fink and K. Holden, *The Family Story : Blood, Contract and Intimacy, 1830–1960* (Addison, Wesley, Longman, 1999) を参照。

(71) Anna Yeatman, ‘A Feminist Theory of Social Differentiation’, p. 287.

(72) ヘーゲルの『法哲学』(1821 年) より。Michelle Perrot, *A History of Private Life*, vol. 14 (Harvard University Press, 1990), p. 100 での引用。

(73) フェミニズム批評内部での精神分析的解釈をめぐる議論としては，Jessica Benjamin, *The Bonds of love : Psychoanalysis, Feminism and the Problem of Domination* (Pantheon Books, 1988) を参照。

(74) Ludmilla Jordanova, ‘Naturalising the Family’, p. 179.

(75) David Lowenthal, *The Heritage Crusade and the Spoils of History* (Viking Press, 1997), p. 48 での引用。いまだに 1989 年の時点で，無意識のうちに「個人，そして彼の妻と家族」という表現を用いた家族史がある。James Casey, *The History of the Family* (Blackwell, 1989), p. 15.

(76) Anthony Giddens, *The Transformation of Intimacy : Sexuality, love and Eroticism in Modern Societies* (Polity Press, 1993)［松尾精文・松川昭子訳『親密性の変容——近代社会における

セクシュアリティ，愛情，エロティシズム』而立書房，1995年］; Joe Bailey, 'Some meanings of "the Private" in Sociological Thought', *Sociology*, 34 no. 3 (2000).

(77) Jane Ribbens McCarthy and Rosalind Edwards, 'Illuminating Meanings of "the Private" in Sociological Thought : A Response to Joe Bailey', *Sociology*, 35 no. 3 (2001).

(78) Donna Birdwell-Phesant and Denise Lawrence-Zuniga, *House Life : Space, Place and Family in Europe* (Berg Publishers, 1999).

(79) Robert Shoemaker, *Gender in English Society : The Emergence of Separate Spheres, 1650–1850* (Longman, 1998), p. 307.

(80) Jane Ribbens McCarthy and Rosalind Edwards, 'Illuminating Meanings of "the Private"', p. 770.

(81) Peter Bailey, 'Parasexuality and Glamour : The Victorian Barmaid as Cultural Stereotype', *Gender and History*, 2 no. 2 (1990) ; John Tosh, *A Man's Place*, esp. ch. 6 ; Simon Gunn, *The Public Culture of the Victorian Middle Class : Ritual and Authority in the English Industrial City 1840–1914* (Manchester University Press, 2000).

(82) M. Jeanne Peterson, p. 226, footnote 3.

(83) Nancy Fraser, 'Sex, Lies and the Public Sphere : Reflections on the Confirmation of Clarence Thomas', Joan Landes (ed.), *Feminism : The Public and the Private* (Oxford University Press, 1998), p. 334.

(84) Jon Stobart and Alastair Owens (eds.), *Property and Inheritance in the Town, 1750–1900* (Ashgate, 2000), pp. 5–6. しかし，この編者たちが『家族の命運』を，社会経済的関係を軽視する傾向の例外として引用していることに留意せよ。

(85) Henrietta Moore, *Feminism and Anthropology* (Polity Press, 1988), p. 71 ; Carol Blum, 'Of Women and the Land ; Legitimising Husbandry', in John Brewer and Susan Staves (eds.), p. 161.

(86) Mary L. Shanley, *Feminism, Marriage and the Law in Victorian England, 1850–1895* (Princeton University Press, 1989) ; Susan Staves, *Married Women's Separate Property in England, 1660–1833* (Harvard University Press, 1990) ; Amy Erickson, *Women and Property in Early Modern England* (Routledge, 1993).

(87) Maxine Berg, 'Women, Property and the Industrial Revolution', *Journal of Interdisciplinary History*, 34 no. 2 (1993), p. 234.

(88) 遺産相続のパターンは，女性の財産所有についての伝統的な見解と修正主義的な見解の両方の根拠となるようにみえる。Penelope Lane, 'Women, Property and Inheritance : Wealth creation and income in small English Towns, 1750– 1835' in Jon Stobart and Alastair Owens (eds.), *Property and Inheritance in the Towns*, p. 179.

(89) Amy Erickson, *Women and Property*, p. 168.

(90) ペネロペ・レインのように，「歴史家は，ほかに何の経済的支援も得ていない中産階級の寡婦が目的としていたのが自助であったと示唆してきたが，私たちは本当に，これらの女性たちが自助を超えるものを望んでいなかったといえるのだろうか」と問うことは刺激的かもしれない。だが，レインの分析がこうした目的をつねに自覚していたとはいえない。Penelope Lane, 'Women, Property and Inheritance', p. 194.

(91) Maxine Berg, 'Women, Property and the Industrial Revolution', p. 239.

(92) Shani D'Cruze, 'The Middling Sort in Eighteenth-Century Colchester : Independence, Social Relations and the Community Broker', in Jonathan Barry and Christopher Brooks (eds.), *The Middling Sort of People*.

(93) 20世紀後半については，Janet Finch and Lynn Hayes, 'Gender, Inheritance and Women as

Testators', in Lydia Morris and E. Stina Lyon (eds.), *Gender Relations in Public and Private* (Macmillan, 1996), p. 125 を参照。ここでの発見は聞き取り調査によって確証されている。

(94) Maxine Berg, 'Women's property and the Industrial Revolution', esp. p. 249.

(95) Megan Doolittle, 'Keeping it in the Family : The Exploration of Material and Social Inheritance in Victorian Families', 10th Annual Cultural Studies Symposium, Kansas State University, March 2001.

(96) そのため，どの時点においても成人女性のうちどれだけの割合が，独身や寡婦の立場にあったのかに注意することは重要である。Amy Erickson, *Women and Property*, p. 5 を参照。

(97) M. Vicinus, *Independent Women*.

(98) Penelope Lane, 'Women, Property and Inheritance', p. 194.

(99) Margot Finn, 'Women, Consumption and Coverture in England, c. 1760-1860', *Historical Journal*, 39 no. 3 (1996), p. 703.

(100) Ibid., p. 707.

(101)「女性が保有する権利は，認可という状態から，誰にたいしても擁護されうる権利へといたる境界線を踏み越えるのが難しい傾向にある」。Caroline Forder, 'An Historical Perspective on Women and Property Law', Seminar on 'Women, Property and Family', University of Sussex, May 1983, p. 45.

(102) Huw Benyon, 'Class and Historical Explanation', M. L. Bush (ed.), *Social Orders and Social Classes in Europe Since 1500 : Studies in Social Stratification* (Longman, 1992), p. 232.

(103) Rosemary Crompton, *Class and Stratification : An Introduction to Current Debates* (Polity Press, 2nd edn, 1998), p. 96.

(104) さらなる議論としては，L. Davidoff, 'Regarding Some "Old Husbands' Tales"' を参照。

(105) クラウス・オッフェの言葉。Rosemary Crompton, *Class and Stratification*, p. 84 での引用。

(106) John Scott, *Stratification and Power : Structures of Class, Status and Command* (Polity Press, 1996), p. 201.

(107) たとえば，つぎのものがある。Bryan S. Turner (ed.), *Citizenship and Social Theory* (Sage Publications, 1993); Kathleen Canning and Sonya O. Rose (eds.), Special Issue on Gender, Citizenships and Subjectivities, *Gender and History*, 13 no. 3 (2001).

(108) William Reddy, 'The Concept of Class', in M. Bush, *Social Orders and Social Classes in Europe*.

(109) つぎのものを参照。Dror Wahrman, '"Middle Class" Domesticity Goes Public : Gender, Class and Politics from Queen Caroline to Queen Victoria', *Journal of British Studies*, vol. 32 (1993).

(110) Joan W. Scott, 'On Language, Gender and Working Class History', in *Gender and the Politics of History* (Columbia University Press, 1988) ［荻野美穂訳『ジェンダーと歴史学』増補新版，平凡社，2004 年］.

(111) Patrick Joyce, *Visions of the People : Industrial England and the Question of Class 1848-1914* (Cambridge University Press, 1991); Patrick Joyce, *Democratic Subjects : the Self and the Social in Nineteenth-Century England* (Cambridge University Press, 1994); James Vernon, *Politics and the People : A Study in English Political Culture c.1815-1867* (Cambridge University Press, 1993); James Vernon (ed.), *Re-reading the Constitution : New Narratives in the Political History of England's Long Nineteenth Century* (Cambridge University Press, 1996); Helen Roberts, *Women and the People. Authority, Authorship and the Radical Tradition in Nineteenth-Century England* (Ashgate, 2000).

(112) Harold Perkin, *The Rise of Professional Society : England Since 1880* (Routledge, 1988); Pat Jalland, *Women, Marriage and Politics 1860-1914* (Oxford University Press, 1988); Robert Morris,

Class, Sect and Party : The Making of the British Middle Class : Leeds 1820–1850 (Manchester University Press, 1990) ; Theodore Koditschek, *Class Formation and Urban Industrial Society : Bradford 1750–1850* (Cambridge University Press, 1990).

(113) ロラン・バルトの言葉。Simon Gunn, *The Public Culture of the Victorian Middle Class*, p. 17 での引用。

(114) ピーター・アールの言葉。Jonathan Barry and Christopher Brooks, *The Middling Sort of People*, p. 2 での引用。

(115) Simon Gunn, *The Public Culture of the Victorian Middle Class*, p. 14.

(116) J. Barry, 'The Making of the Middle Class?', *Past and Present*, no. 45, 1994, p. 198.

(117) サイモン・ガンが,『家族の命運』をバーミンガムとコルチェスターに限定された研究として言及しているのは的外れである。Simon Gunn, *The Public Culture of the Victorian Middle Class*, p. 15.

(118) David Cannadine, *Class in Britain* (Yale University Press, 1998), p. 11［平田雅博・吉田正広訳『イギリスの階級社会』日本経済評論社，2008 年］.

(119) Michael Savage, James Barlow, Peter Dicken and Tony Fielding, 'The Dynamics of Service Class Formation', *Property, Bureaucracy and Culture : Middle Class Formation in Contemporary Britain* (Routledge, 1992), p. 40 ; Geoffrey Crossick, 'The Bourgeoisie in Nineteenth Century Britain : Recent Developments in Research and Interpretation', English version of 'La Bourgeoisie britannique au XIXe siècle : recherches, approches, problematiques', *Annales : Histoire, Sciences Sociales*, no. 6 (1998). 著者の厚意ある許可による。

(120) Christopher Kent, 'Victorian Social History : Post-Thompson, Post-Foucault, Post-Modern', *Victorian Studies*, 40 no. 1 (1996), p. 118.

(121) Stuart Blumin, *The Emergence of the Middle Class : Social Experience in the American City 1760–1900* (Cambridge University Press, 1989) p. 11. H・L・マルハウは家族と親族の重要性を認識しているが，この論点をそれ以上は深めていない。H. L. Malchow, *Gentlemen Capitalists : The Social and Political World of the Victorian Businessman* (Macmillan, 1991).

(122) しかし，John Barry and Christopher Brooks, *The Middling Sort of People*, p. 2 を参照。

(123) Zarina Maharaj, 'A Social Theory of Gender : Connell's Gender and Power', *Feminist Review*, no. 49 (spring 1995), pp. 57 and 58.

(124) Catherine Hall, *White, Male and Middle Class : Explorations in Feminism and History* (Polity, 1992) のとくに序章。多くの議論のなかでも，Gisela Bock and Susan James (eds.), *Beyond Equality and Difference : Citizenship, Feminist Politics and Female Subjectivity* (Routledge, 1992) を参照。

(125) Louise Tilly, 'Gender, Women's History and Social History', *Social Science History*, 13 no. 4 (1989).

(126)「単一の自己とは不必要で不可能であり，また危険な幻想である。求められているのは，固定的というより流動的，普遍的というより状況依存的，全体図を描くというより過程に重点を置くもので，自己というより諸主体《サブジェクツ》なのである」(Jane Flax, *Disputed Subjects*, p. 93)。

(127) つぎのものを参照。Mike Featherstone, Mike Hepworth and Brian Turner, *The Body : Social Process and Cultural Theory* (Sage, 1990) ; Susan Bordo, *Unbearable Weight : Feminism Western Culture and the Body* (University of California Press, 1993) ; Susan Bordo, *The Male Body : a New Look at Men in Public and Private* (Farrar, Straus and Giroux, 1999).

(128) ドナ・ハラウェイの言葉。Miriam Fraser, 'What is the Matter of Feminist Criticism' での引用。

(129) たとえば，ドロール・ウォーマンの批評は，ジェンダーからセックスを区別する認識にその基礎を置いている。Dror Wahrman, *Percy's Prologue : From Gender Play to Gender Panic*, p. 19.

(130) Judith Butler, *Bodies that Matter*, Judith Butler, *Contingency, Hegemony, Universality : Contemporary Dialogues on the Left* (Verso, 2000)［竹村和子・村山敏勝訳『偶発性・ヘゲモニー・普遍性——新しい対抗政治への対話』青土社，2002年］. バトラーの解釈については，Miriam Fraser, 'What is the Matter' に負っている。

(131) David Nokes, 'The Importance of Darning Socks', *The Spectator*, July 11, 1987, p. 35.

(132) Lyndal Roper, 'Introduction', *Oedipus and the Devil : Witchcraft, Sexuality and Religion in Early Modern Europe* (Routledge, 1994); Sally Alexander, 'Feminist History and Psychoanalysis', *Becoming a Woman and Other Essays in Nineteenth and Twentieth Century Feminist History* (Virago, 1994).

(133) Katherine Kearns, *Psychoanalysis, Historiography and Feminist Theory* (Cambridge University Press, 1997), p. 149.

(134) さらなる議論としては，Iris Young, 'Throwing Like a Girl : A Phenomenology of Feminine Body Comportment, Motility and Spatiality', in *Throwing Like A Girl and Other Essays in Feminist Philosophy and Social Theory* (Indiana University Press, 1990) を参照。

(135) Roy Porter, 'Mixed Feelings : The Enlightenment and Sexuality in 18th Century Britain', in P. G. Bouce, *Sexuality in 18th Century Britain* (Manchester University Press, 1982), p. 8.

(136) たとえば，1990年の *Journal of the History of Sexuality* の創刊がある。

(137) Jeffrey Weeks, *Sex, Politics and Society : the Regulation of Sexuality Since 1800* (Longman, 1989); Martin Duberman, Martha Vicinus and George Chauncy, *Hidden From History : Reclaiming the Gay and Lesbian Past* (NAL Books, 1992); Martha Vicinus, '"They Wonder to Which Sex I Belong": The Historical Roots of the Modern Lesbian Identity', in her edited collection, *Lesbian Subjects : A 'Feminist Studies' Reader* (Indiana University Press, 1996).

(138) Michael Mason, *The Making of Victorian Sexual Attitudes* (Oxford University Press, 1994); Michael Mason, *The Making of Victorian Sexual Behaviour and its Understanding* (Oxford University Press, 1994); Simon Szreter, *Family, Class and Gender in Britain, 1860–1940* (Cambridge University Press, 1996).

(139) たとえば，A. James Hammerton, *Cruelty and Companionship* ; James Twitchell, *Forbidden Partners : The Incest Taboo in Modern Culture* (Columbia University Press, 1987) を参照。

(140) Roy Porter, '"The Secrets of Generation Displayed", Aristotle's Masterpiece in Eighteenth Century England', in R. Maccubin (ed.), *'Tis Nature's Fault : Unauthorised Sexuality During the Enlightenment* (Cambridge University Press, 1987), p. 1.

(141) Martha Vicinus, 'Lesbian History : All Theory and No Facts or All Facts and No Theory', *Radical History Review*, vol. 60 (fall 1994), p. 66.

(142) Tim Hitchcock, *English Sexualities 1700–1800* (Macmillan, 1997), esp. ch. 2.

(143) Tim Hitchcock and Michel Cohen, 'Introduction' to *English Masculinities* ; Thomas Laqueur, *Making Sex, Body and Gender from the Greeks to Freud* (Harvard University Press, 1990)［高井宏子・細谷等訳『セックスの発明——性差の観念史と解剖学のアポリア』工作舎，1998年］.

(144) Roy Porter, '"The Secrets of Generation Displayed"', p. 21.

(145) Tim Hitchcock, *English Sexualities*, p. 91.

(146) Michel Foucault, *The History of Sexuality*, tr. R. Hurley, 3 vols. (Penguin, 1990)［渡辺守章訳

『性の歴史 I　知への意思』1986年，田村俶訳『性の歴史 II　快楽の活用』1986年，田村俶訳『性の歴史 III　自己への配慮』1987年，すべて新潮社]; Simon Szreter, 'Victorian Sexuality 1837–1963 : towards a social history of sexuality', *Journal of Victorian Culture*, vol. I, 1996.

(147) Jane Lewis, *The End of Marriage? Individualism and Commitment in Intimate Relationships* (Edward Elgar, 2001).

(148) Roy Church, 'The Family Firm in Industrial Capitalism : International Perspectives on Hypotheses and History', *Business History*, 35 no. 4 (1993).

(149) Mary B. Rose, 'The Family Firm in British Business 1780–1914', in M. W. Kirby and M. B. Rose, *Business Enterprise in Modern Europe From the Eighteenth to the Twentieth Century* (Routledge, 1994).

(150) Mary B. Rose, 'The Family Firm', p. 82.

(151)「単一の世帯を扶養しながら，親戚から親戚へと引き渡される個人所有者の経営体」もあった。Stana Nenadic, 'The Small Family Firm in Victorian Britain', *Business History*, 35 no. 4 (1993), p. 93.

(152) John Seed, 'From "Middling Sort" to Middle Class in late 18th and early 19th Century England', in M. L. Bush (ed.), *Social Orders and Social Classes in Europe*, p. 120.

(153) Penelope Corfield, *Power and the Professions in Britain 1700–1850* (Routledge, 1995), p. 33.

(154) Anne Witz, *Professions and Patriarchy* (Routledge, 1992), p. 32.

(155) 逆説的なことに，こうした関連性は大規模な20世紀の法人組織でより詳細に調査されてきた。Michael Roper, *Masculinity and the British Organisation Man Since 1945* (Oxford University Press, 1994); George Marcus, *Lives in Trust : The Fortunes of Dynastic Families in Late Twentieth-Century America* (Westview Press, Boulder, 1992). しかしスウェーデンに関しては，Anita Goransson, 'Gender and Property Rights : Capital, Kin and Owner Influence in 19th and 20th Century Sweden', *Business History*, 35 no. 2 (1993), pp. 22 and 29 を参照。

(156) 男性らしさと仕事の関係は，労働者階級に関してより詳細に調査されてきた。Keith McClelland, 'Masculinity and the "Representative Artisan" in Britain 1850–1890', in M. Roper and J. Tosh (eds.), *Manful Assertions : Masculinities in Britain Since 1800* (Routledge, 1991); Laura Frader and Sonya Rose (eds.), *Gender and Class in Modern Europe* (Cornell University Press, 1996).

(157) Kathryn Gleadle, *British Women in the Nineteenth Century* (Palgrave, 2001), p. 51.

(158) John Brewer and Porter (eds.), *Consumption and the World of Goods* (Routledge, 1993); Amanda Vickery, *The Gentleman's Daughter*.

(159) John Tosh, *A Man's Place*.

(160) Anne Summers, *Female Lives, Moral States*; Midori Yamaguchi, '"Unselfish" Desires : Daughters of the Anglican Clergy, 1830–1914', PhD Thesis, Dept of Sociology, University of Essex, 2001.

(161) Clare Midgley, *Women Against Slavery*.

(162) Deborah Valenze, *The First Industrial Woman* (Oxford University Press, 1995).

(163) Leonore Davidoff, 'Regarding Some "Old Husbands' Tales"', p. 252.

(164) Ibid., pp. 246 and 247.

(165) Anne Witz, *Professions and Patriarchy*, p. 36.

(166) Katherine Gleadle, *British Women in the Nineteenth Century*, p. 53.

(167) Leonore Davidoff, 'The Separation of Home and Work? Landladies and Lodgers in Nineteenth and

Twentieth Century England', in *Worlds Between* を参照。

(168) John Gillis, *A World of Their Own Making*.

(169) Megan Dolittle, 'Close Relations? Bringing Together Gender and Family in English History', L. Davidoff, K. McClelland and E. Varikas (eds.), *Gender and History*, 11 no. 3 (1999), reprinted in *Gender and History : Retrospect and Prospect* (Blackwell, 2000).

(170) Naomi Tadmor, *Family and Friends in 18th Century England : Household, Kinship and Patronage* (Cambridge University Press, 2001); Ruth Perry, 'Women in Families : the Great Disinheritance', in Vivien Jones (ed.), *Women's Literature in Britain 1700–1800* (Cambridge University Press, 2000); Diana Cooper and Moira Donald, 'Household and "Hidden" Kin in Early 19th Century England', *Continuity and Change*, vol. 10 (1995).

(171) Linda Nicholson, *Gender and History : the Limits of Social Theory in the Age of the Family* (Columbia University Press, 1986), p. 201.

(172) Alan Bray and Michel Rey, 'The Body of the Friend : Continuity and Change in Masculine Friendships in the Seventeenth Century', in Tim Hitchcock and Michele Cohen (eds.), *English Masculinities*, p. 82.

(173) L. Davidoff, Megan Doolittle, Janet Fink and Katherine Holden, 'Conceptualizing the Family', *The Family Story*.

(174) Naomi Tadmor, *Family and Friends*, p. 167.

(175) Alan Bray and Michel Rey, 'The Body of the Friend'.

(176) 19世紀後半には，家族と世帯の構成員は時として「親類《ビロンギングス》」と呼ばれることがあった。

(177) John Seed, 'From "Middling Sort" to Middle Class', p. 130.

(178) John Gillis, *A World of Their own Making*; John Tosh, *A Man's Place*.

(179) 社会学者と政治学者たちは近年，友人関係について再検討しはじめている。Graham Little, *Friendship : Being Ourselves with Others* (Text Publishing, 1993); Ray Pahl, *On Friendship* (Polity Press, 2000) を参照。

(180) Miriam Glucksmann, *Cottons and Casuals : The Gendered Organisation of Labour in Time and Space* (Sociologypress, 2000), p. 17［木本喜美子監訳『「労働」の社会分析――時間・空間・ジェンダー』法政大学出版局，2014年］.

(181) David Morgan, *Family Connections : An Introduction to Family Studies* (Polity Press, 1996), p. 199.

(182) John Holmwood, 'Feminism and Epistemology : What Kind of Successor Science?', *Sociology*, 29 no. 3 (1995), p. 425.

原著第三版に寄せて

(1) サリー・アレグザンダー，コーラ・カプラン，バーバラ・テイラー，リン・シーガルには，日ごろから議論の相手となってくれていることにたいして感謝する。また，エズメ・クリオール，キース・マクレランド，ジェイン・レンダル，アン・ホワイトヘッド，そして2017年9月にケンブリッジ大学で開催されたワークショップ「世界史をジェンダー化する」への参加者にも謝意を表する。

(2) この点に関する彼女自身の説明については，つぎのものを参照，Leonore Davidoff, *Worlds Between. Historical Perspectives on Gender and Class* (Polity Press, 1995), Introduction, p. 3.

(3) *Worlds Between* に再録されている。

（4）Leonore Davidoff, ‘Regarding Some “Old Husbands’ Tales” : Public and Private in Feminist History’, in *Worlds Between*, p. 232.

（5）ポール・トンプソンによるレオノーア・ダヴィドフへのインタヴュー。BL Pioneers of Social Research Archive.

（6）E. P. Thompson, *The Making of the English Working Class*（Victor Gollancz, 1963）, p. 8［『イングランド労働者階級の形成』前掲］.

（7） Ibid., p. 10［前掲］.

（8）Karl Marx, *The Eighteenth Brumaire of Louis Bonaparte*, in *Surveys from Exile*, ed. David Fernbach（Harmondsworth, 1973）, p. 146［植村邦彦訳『ルイ・ボナパルトのブリュメール18日』平凡社，2008年］.

（9）ジョーン・スコットのつぎの画期的論文が最初に出版されたのは，1986年であった。Joan W. Scott, ‘Gender : A Useful Category of Historical Analysis’, *American Historical Review*, 91 no. 5（December 1986）, pp. 1053–75.『家族の命運』に向けての私たちの研究が始まったのは，1978年だった。

（10）Sarah Franklin (ed.), Marilyn Strathern, *Before and After Gender : Sexual Mythologies of Everyday Life*（University of Chicago Press, 2016）, ‘Introduction’, p. xvii.

（11）Geoff Eley and Keith Nield, *The Future of Class in History. What’s Left of the Social?*（University of Michigan Press, 2007）. 現在では，20世紀イギリスの階級に関して多くの研究が行なわれている。たとえば，Selina Todd, *The People : The Rise and Fall of the Working Class*（John Murray, 2015）［近藤康裕訳『ザ・ピープル――イギリス労働者階級の盛衰』みすず書房，2016年］を参照。

（12）こうした歴史を叙述するひとつの方法として，商品が対象とされてきた。つぎのものを参照。Sven Beckert, *Empire of Cotton. A New History of Global Capitalism*（Penguin, 2013）; Priya Satia, *Empire of Guns. The Violent Making of the Industrial Revolution*（Penguin, 2018）. 後者の書物は，『家族の命運』のなかで重要な役割を果たしたゴルトン家を中心にしており，工業発展のなかで大陸を横断して銃が果たした役割について物語るきわめて興味深いものである。出版前の完成原稿に目を通すことを許してくれた著者に感謝する。

（13）この文脈でプリヤ・サティアによるスヴェン・ベッカートの前掲書についての書評を参照。*Journal of Modern History*, 88 no. 3（September 2016）, pp. 640–2. つぎの書評も参照。Peter James Hudson, ‘The Racist Dawn of Capitalism : New Books on the Economy of Bondage’, *Boston Review*, 42 no. 2（March/April 2016）, 42–8.

（14）アマンダ・ヴィカリーも，夫と妻の相互依存関係が階級を横断してみられることを強調し，既婚女性財産法が成立するまでに明らかな連続性があったとする。つまり「世帯は，構造においては理論的に家父長制的であったものの，日々の実践のなかでは協調的であった」という。ジョアンナ・ベイリーは，配偶者間の相互依存関係を断固として強調する。つまり，妻は被扶養者ではなく内助者であり，夫も妻に依存しており，男女にとっての結婚のもたらす恩恵は不利益にまさるものがあった。妻は「不公正なジェンダー秩序の操り人形」ではなかったという。しかしカレン・ハーヴェイは，男性支配の基盤として，18世紀の世帯に家父長制を復権させようとする。家政［経済学の語源となったoeconomy］という言説を中心的に取りあげながら，彼女は中間層の男性が日常の物質的実践をアイデンティティの根拠とし，秩序の基盤として世帯の経済的および道徳的資源の管理を重視していたと論じている。中間層の男性は，家族と世帯の良き行ないを通じて，自分たちが良き市民であることを示すことができたという。Amanda Vickery, *Behind Closed Doors. At Home in*

Georgian England (Yale University Press, 2009), p. 292 ; Joanne Bailey, *Unquiet Lives. Marriage and Marriage Breakdown in England, 1660–1800* (Cambridge University Press, 2003), p. 204 ; Karen Harvey, *The Little Republic : Masculinity and Domestic Authority in Eighteenth-century Britain* (Oxford University Press, 2012).

（15）博愛主義活動に携わった女性に関する最近の研究は，私たちが福音主義の力を誇張しすぎた可能性があることを示唆している。社会の道徳的および社会的改善に独自の役割を果たすことができるという確信など，ほかにも女性たちを奮い立たせた思想的源泉があった。Jane Rendall, 'Women's Associations in Scotland, 1797–1825', in Mark Wallace (ed.), *The Need to Belong : Associationalism in Enlightenment Scotland* (Bucknell University Press, forthcoming); 'Gender, Philanthropy and Civic Identities in Edinburgh, 1795–1830', in Deborah Simonton (ed.), *The Routledge History Handbook of Gender and the Urban Experience* (Routledge, 2017); 'Female Improvers : Women, Philanthropy and Border Crossings' (unpublished paper).

（16）Harriet Martineau, 'Female Industry', in S. Hamilton (ed.), *Criminals, Idiots, Women and Minors : Victorian Writing by Women on Women* (Broadview Ontario, 1995), p. 13.

（17）Kathryn Gleadle, 'Revisiting Family Fortunes : Reflections on the Twentieth Anniversary of the Publication of L. Davidoff and C. Hall (1987) *Family Fortunes : Men and Women of the English Middle Class, 1780–1850*', *Women's History Review*, 16 no. 5 (2007), pp. 773–82. 女性と財産権に関するエイミー・エリクソンの研究は貴重である。とくにつぎのものを参照，Amy Erickson, 'Couverture and Capitalism', *History Workshop Journal*, 59 (spring 2005), pp. 1–16 ; Alexandra Shepard, 'Crediting Women in the Early Modern English Economy', *History Workshop Journal*, 79 (spring 2015), pp. 1–24. ハナ・バーカーによる北部の三都市における下層中産階級の研究は，女性の商業活動にみられる明らかな連続性について論じている。家族企業はこうした産業都市における急速な経済成長の最前線に位置していたが，年齢，富，技能のほうがジェンダーより優先されることがあった。Hannah Barker, *The Business of Women : Female Enterprise and Urban Development in Northern England, 1760–1830* (Oxford University Press, 2006).

（18）Jennifer Aston, 'Female Business Ownership in Birmingham 1849–1901. Midland History Prize Essay 2011', *Midland History*, 37 no. 2 (2012), pp. 187–206.

（19）マキシン・バーグは，信託の本来の目的は，財産が女性の家族のもとに確実に留まるようにすることにあったことを論証した。Maxine Berg, 'Women's Property and the Industrial Revolution', *The Journal of Interdisciplinary History*, 24 no. 2 (autumn 1993), pp. 240–1, 249. R・J・モリスは，夫，父，兄弟の遺言に強制力を与えるために信託が用いられた場合であっても，その信託から女性がある程度の経済的な独立性と所有権を得た場合もあったことを明らかにしている。R. J. Morris, *Men, Women and Property in England, 1780–1870* (Cambridge University Press, 2005), p. 263.

（20）Margaret Hunt, 'Wives and Marital "rights" in the Courts of Exchequer in the early C18', in Paul Griffiths and Mark S. R. Jenner, eds., *Londinopolis : Essays in the Cultural and Social History of Early Modern London* (Manchester University Press, 2000), p. 124. 女性の財産との関係という問題については，ハナ・ヤングと交わした議論から多くを学んだ。

（21）最近のある研究が示しているのは，1700 年から 1950 年にかけて「完全に女性が不在の経済的領域がほとんどなかった」こと，また女性が，実業家，投資家，金融の意思決定に関わる者の 5〜15 パーセントを構成していたことである。Anne Lawrence, Josephine Maltby and Janette Rutterford (eds.), *Women and their Money, 1700–1950* (Routledge, 2009),

Introduction, p. 10. 女性が明らかにほかよりも目立った存在となる領域もあり，国債においてはとりわけ女性の投資家が多かった。1810年には投資家全体の34.7パーセントが女性であったが，1840年には47.2パーセントにまで上昇した。国債は安全かつ確実な投資であり，帝国の戦争と拡大を円滑ならしめる公共財政の中心に位置していたが，投資することで戦争や帝国の拡大といった政策への発言権をもつわけではなかった。David R. Green and Alistair Owens, 'Gentlewomanly Capitalism? Spinsters, Widows and Wealth-holding in England and Wales, c1800–1860', *Economic History Review*, 56 no. 3 (2003), pp. 524, 531. ある研究によれば，女性の証券保有は18世紀に頂点を極め，その後衰退したが，1830年代にふたたび上昇し，1840年代には投資家の約20パーセントを構成していた。Mark Freeman, Robin Pearson and James Taylor, '"A Doe in the City" : Women Shareholders in Eighteenth and Early-Nineteenth Century Britain', *Accounting, Business and Financial History*, 16 no. 2 (2006), pp. 26, 271–2. 奴隷所有を基盤とした年金にみられるように，ほかにも女性の経済的必要性が同じように考慮されうる方法があった。この年金は，つぎの［奴隷］補償記録のなかで明らかにされている。www.ucl.ac.uk/lbs. こうした証拠は総体として中間層の女性の経済活動についての私たちの知識を増やしてくれたが，その数値を心にとめておくことが重要である。バーカーが示唆するのは，彼女の研究では，1773年から1828年にかけての都市部の営利活動のうち，4.3〜9パーセントほどが女性によって所有されていたことである。Barker, *The Business of Women*, p. 56.

(22) Joan W. Scott, 'Unanswered Questions', *American Historical Review*, Forum, 'Re-visiting "Gender : a useful category of historical analysis"', 113 (December 2008), pp. 1442–29 ; Judith Butler, 'Afterword', in Franklin (ed.), *Before and After Gender*, p. 299. 「女性」概念に異議を申し立てた古典的テクストは，Chandra Talpade Mohanty, 'Under Western Eyes : feminist scholarship and colonial discourse', *boundary* 2, 12/13 (autumn 1984).

(23) ひとつだけ例をあげるなら，二重人格に関するメラネシア的な理解がある。James Clifford, *Person and Myth : Maurice Leenhardt in the Melanesian World* (University of California Press, 1982). パプアニューギニアで現在みられるジェンダー関係の変容に関しては，つぎのものを参照。Margaret Jolly and Christine Stewart with Caroline Brewer (eds.), *Engendering Violence in Papua New Guinea* (Australian National University, 2017).

(24) サリー・アレグザンダーは，この点を一貫して追究してきた歴史家のひとりである。彼女のつぎの論文集を参照。Sally Alexander, *Becoming a Woman and Other Essays in Nineteenth and Twentieth Century Feminist History* (Virago, 1994). 最近のものとしては，バーバラ・テイラーとのつぎの共編論文集がある。Sally Alexander and Barbara Taylor eds., *History and Psyche : Culture, Psychoanalysis and the Past* (Palgrave Macmillan, 2012).

(25) Ann Phoenix and Pamela Pattynama, 'Introduction' to issue on intersectionality. *European Journal of Women's Studies*, 13 (2006), pp. 187–92.

(26) Kathryn Gleadle, *Borderline Citizens. Women, Gender and Political Culture in Britain, 1815–1867* (Oxford University Press, 2009). この書物は，『家族の命運』での私たちの主張，つまりヴィクトリア時代のイデオロギーはさまざまな矛盾に引き裂かれており，女性に力を与えると同時に女性を従属させるものであったという主張に立脚し，女性の政治的主体性との関連で同様の考え方を提示している。政治的な行為者《アクター》としての女性たちの立場や政治的な主観性は，しばしば不安定かつ偶発的であり，女性たちはまさに「境界線上の市民」なのであった。

(27) この点に関しては，厖大な文献が存在する。たとえば，つぎのものを参照，Ann Laura

Stoler, *Carnal Knowledge and Imperial Power. Race and the Intimate in Colonial Rule* (University of California Press, 2002)［永渕康之・水谷智・吉田信訳『肉体の知識と帝国の権力――人種と植民地支配における親密なるもの』以文社，2010 年］; Antoinette Burton (ed.), *Moving Subjects : Gender, Mobility and Intimacy in an Age of Global Empire* (University of Illinois Press, 2008) ; Esme Cleall, Laura Ishiguro and Emily J. Mankelow eds., *Imperial Relations : Histories of Family in the British Empire*, special issue of *Journal of Colonialism and Colonial History*, 14 no. 1 (spring 2013) ; Adele Perry, *Colonial Relations : The Connolly-Douglas family and the Nineteenth-Century Imperial World* (Cambridge University Press, 2015).

(28) Anne McClintock, *Imperial Leather : Race, Gender and Sexuality in the Imperial Context* (Routledge, 1995).

(29) Margot Finn, *Imperial Family Formations* (Cambridge University Press, forthcoming).

(30) 東インドと西インドを横断する結合については，たとえば，つぎのものを参照。Chris Jeppesen, 'East Meets West : Exploring the Connections between Britain, the Caribbean and the East India Company, c1757–1857', in Katie Donington, Ryan Hanley and Jessica Moody (eds.), *Britain's History and Memory of Transatlantic Slavery. Local Nuances of a 'National Sin'* (Liverpool University Press, 2016), pp. 102–28.

(31) Katie Barclay, *Love, Intimacy and Power : Marriage and Patriarchy in Scotland, 1650–1850* (Manchester University Press, 2013).

(32) Leonore Davidoff, *Thicker than Water : Siblings and their Relations, 1780–1920* (Oxford University Press, 2012), p. 2.

(33) Leonore Davidoff, 'Class and Gender in Victorian England : The Case of Hannah Cullwick and A. J. Munby', *Feminist Studies*, 5 no. 1 (spring 1979).

(34) Catherine Hall, *Civilising Subjects : Metropole and Colony in the English Imagination, 1830–1867* (Cambridge University Press, 2002).

(35) Catherine Hall, *Macaulay and Son : Architects of Imperial Britain* (Yale University Press, 2012).

(36) Davidoff, *Thicker than Water*, p. 258.

(37) Ibid., p. 259.

(38) Ibid., p. 266.

(39) Ibid., p. 270.

(40) フェミニズム史家による伝記への関心の転回については，Alice Kessler Harris, 'Why Biography?', *American Historical Review*, 114/3 (June 2009), pp. 625–30.

附録 1

(1) ケンブリッジシャーで 1848 年から 57 年のあいだに死亡した全男性のおよそ 10 分の 1，女性の 5 分の 1 に遺言書の検認が行われていたというヴィンセントの推定に留意する必要がある。J. R. Vincent, *Pollbooks : How the Victorians Voted* (Cambridge, 1967)参照。

(2) M. Anderson, 'Preparation and analysis of a machine readable national sample from the enumerators books of the 1851 Census of Great Britain', Social Science Research Council Report, HR 2066, January 1980 ; W. A. Armstrong, 'The Census enumerators' books : a commentary', in R. Lawton, *The Census an Social Structure : An interpretative guide to nineteenth century census for England and Wales* (1978).